디지털 디퍼런스

※ 이 도서의 국립중앙도서관 출판예정도서목록(CIP)은 서지정보유통지원시스템 홈페이지(http://seoji.nl.go.kr)와 국가자료종합목록 구축시스템(http://kolis-net.nl.go.kr)에서 이용하실 수 있습니다. CIP제어번호: CIP2020017714(양장), CIP2020017717(무선)

뉴스통신진흥총서 26

디지털 디퍼런스

미디어 기술과 커뮤니케이션 효과 이론

W. 러셀 뉴먼 지음 배현석 옮김

한울
아카데미

The Digital Difference

: Media Technology and the Theory of Communication Effects

by W. Russell Neuman

차례

서문

Prologue

정보혁명이 커뮤니케이션 연구의 과학적 혁명을 불러일으키고 있다.

— 에버릿 로저스Everett Rogers(1986)

고객들은 미디어 회사가 관련 있는 콘텐트를 적절한 시기에 전해주는 것을 기다리기보다 그들이 원할 때 콘텐트를 그들에게 끌어당기려pull 점점 더 노력하고 있다.

— 존 헤이글John Hagel과 존 실리 브라운John Seely Brown(2005)

❖

이 책은 인간 커뮤니케이션human communication 분야에서 일어나고 있는 혁명, 즉 디지털 디퍼런스digital difference[1]에 대한 연구이다. 이 책은 컴퓨터-기반 미디어 기술이 점진적이긴 하지만 근본적으로 수용자와 미디어 간의 관계와 매개되는mediated 소셜 네트워크 내의 개인들 사이의 관계를 어떻게 바꾸어놓고 있는지 살펴본다. 미디어 세계에서 그것은 '푸시push', 즉 밀어내기에서 '풀pull', 즉 끌어당기기로의 변화이다. 한때는 단지 소수의 헤드라인이나 채널에서 원하는 것을 골랐던 수용자들이 이제는 자유로이 검색 엔진에서 사실상 상상할 수 있는 모든 쿼리query[2]를 통해 전 세계에서 수집된 무한한 양의 기사와 책과 동영상을 살펴본다. 그것은 또한 일방향적인 매스 커뮤니케이션에서 양방향적인 매스 커뮤니케이션으로의 변화, 즉 방송과 출판으로부터 소셜 네트워킹social networking으로의 변화이기도 하다. 대인 커뮤니케이션과 매스 커뮤니케이션은 점차 서로 뒤얽히고 있다. 커뮤니케이션학에서 대면face-to-face '대인' 커뮤니케이션과 매개되는mediated 매스 커뮤니케이션의 구분은 반세기 동안 매우 기본적인 경계선이었다. 교탁 앞에 서서 가르치는 나이 든 교수에게 그와 같은 구분은 자명하고 필수적인 반면, 교탁 뒤쪽에 앉아 있는 젊은 학생들에게는 아마도 그것이 오히려 기이한 유물로 보일 것이다. 그러한 학문적 연구 패러다임[3]은 가차 없이 빠르게 이루어지는 기술 변화에 멀찌감치 뒤처지고 있다.

---

1 저자 뉴먼과의 이메일 교신에 따르면, 디지털 디퍼런스는 "디지털 시대의 일단의 복잡한 특성을 나타내는 포괄적인 용어로, 산업혁명에 대한 정확한 정의가 없듯이 이 단어 또한 정확히 정의내릴 수 없다(There is no precise definition — the word is used to capture a complex set of characteristics of the digital age. You might say there is no precise definition of the industrial revolution. It is an overarching term)"고 한다. 따라서 '디지털 차이'라고 직역할 수도 있겠지만 그러면 이 단어의 이러한 포괄적 의미를 살릴 수 없을 것 같아서 그냥 '디지털 디퍼런스'로 번역하기로 한다 — 옮긴이.

2 쿼리란 데이터베이스에 정보를 요청하는 것을 말한다 — 옮긴이.

학자들은 구어口語의 혁명과 문어文語, 인쇄 및 방송의 혁명이 각각 경제, 정치, 문화 및 사회생활 영역에서 인간이 생존하는 데 어떤 극적인 영향을 미쳤는지 연구해 왔다. 오늘날 우리 주위에서 소용돌이치고 있는 편재적遍在的 전자 커뮤니케이션 혁명을 이해하려 노력하면서 앞으로 써나갈 이 책에서 만약 이러한 통찰력에 의지하지 않는다면 필자는 태만한 사람일 것이다. 그 결과, 이 책은 과거를 뒤돌아보는 것과 미래를 내다보는 것을 의도적으로 뒤섞고 있다.

간단히 말해, 논지는 커뮤니케이션 기술 혁명이 커뮤니케이션을 연구하고 이해하는 방식에서 패러다임 전환paradigm shift을 가능하게 한다는 것이다. 현재 일어나고 있는 혁명에서 이러한 '디지털 디퍼런스'는 '커뮤니케이션 효과'의 기초 개념과 갈수록 더 복잡해지는 커뮤니케이션 효과의 역학dynamics을 체계적으로 측정하는 기법에 대해 근본적으로 다시 생각할 기회를 제공한다고 필자는 주장한다. 이것이 힘든 설득 작업일 수도 있다는 것을 잘 알고 있다. 다음과 같은 다섯 가지 이유에서 필자의 논지를 회의적으로 볼 수도 있다. 첫째, 체계적인 학문적 연구가 개인적인 수준과 구조적인 수준에서 그리고 인간 커뮤니케이션의 사회과학적 전통과 인문학적 전통에서 수십 년 동안 이루어져 왔고, 중심 이론과 전통적인 방법론 또한 일반적으로 잘 받아들여져 왔으며 중대한 수정이 필요하다고 여겨진 적도 그리 많지 않았다는 것이다. 둘째, 디지털 기술의 중요성에 의지하는 것은, 기술 설계 및 사용에서 인간의 행위 주체성human agency과 인간의 역할에 대한 미숙한 둔감함을 보여주는 '기술결정론technological determinism'의 낌새가 엿보인다는 것이다. 셋째(두 번째 이유와 관련 있음), 비록 커뮤니케이션 기술이 갑자기 변했을 수도 있지만, 진화해 온 인간의 인지 체계는 갑자기 변하지 않았으며, 어떤 기술이 사용되든 우리는 여전히 지

---

3 패러다임(paradigm)이란 어떤 한 시대 사람들의 견해나 사고를 근본적으로 규정하고 있는 테두리로서의 인식의 체계, 또는 사물에 대한 이론적인 틀이나 체계를 의미하는 개념을 말한다 — 옮긴이.

각의 다양한 체계적 왜곡에 지배되기 쉽다는 것이다. 넷째, 일부 사람들에게는 앞으로 필자가 제시하는 의견 가운데 많은 것이 다른 연구자들이 이미 이러한 연구 방향을 추구해 오고 있었기 때문에 전혀 새로운 것으로 보이지 않을 것이라는 점이다. 다섯째, 많은 학자가 토머스 쿤Thomas Kuhn 전통의 패러다임 및 패러다임 전환이라는 개념에 대해 미심쩍어 하는 견해를 가지고 있다는 점인데, 이러한 개념은 단순하며 물리학에서 사회과학과 인문학으로 부적절하게 들여온 듯한 인상을 준다는 것이다.

따라서 종합하면 이러한 회의적인 시각에는 매우 합당한 근거가 있는 것처럼 보일 것이기 때문에 그것을 기꺼이 받아들이고 그것에 치밀하게 대응할 것이다. 필자의 논거가 정당함을 가능한 한 강하게 주장할 것이고, 이러한 이슈들이 주목을 받는 데 약간의 논란이 도움을 주길 희망한다. 사람들은 사실상, 이 계획을 이 분야의 친구들과 동료들이 잘못된 이론을 검증하고 잘못된 방법을 사용하고 있다고 추정적推定的으로 주장함으로써 그들을 매우 화나게 만드는 지름길로 간주할지도 모른다. 확실하게 짚고 넘어가자. 필자는 지난 반세기에 걸쳐 이루어진 커뮤니케이션이라는 학문의 진전에 깊은 존중심을 가지고 있으며, 이것은 이러한 문헌들이 많이 인용·재인용되는 것을 통해서도 분명히 드러난다. 그러나 이러한 이론과 이러한 이론과 연관된 방법이 매우 중차대한 이 시점에 재구성과 재충전을 하겠다는 큰 약속을 하는 것이라고 생각한다. 이것은 결코 오래된 이론과 방법 그리고 관련된 규범적인 관심사를 버리는 것이 아니라, 디지털 디퍼런스와 관련되어 있는 새로운 이슈와 기회에 대한 대응으로 중심축을 조금 회전하는 것이다.

커뮤니케이션 과학의 혁명?

지난 세기에 걸쳐 커뮤니케이션학은 설득하고 정보를 제공할 수 있는 일방향적인 매스 커뮤니케이션의 힘에 초점을 맞추어왔다. 일반적으로 인정되는 이 학문[4]의 역사는 선전과 피하주사 같은 강력한 효과에 초점을 맞추었던 초창기, 일부 누적된 소위 최소효과minimal effect의 발견을 토대로 미디어 효과를 재고再考했던 중기, 매스 미디어의 강력한 사회적·심리적 효과로 되돌아간 현재로 나누어진다(Neuman and Guggenheim, 2011). W. 랜스 베닛W. Lance Bennett과 샨토 아이옌거Shanto Iyengar는 2008년에 발표한 중요한 논문에서 뉴미디어 혁명과 극적으로 확장된 미디어 환경에서 여과하고 선택할 수 있는 수용자들의 향상된 능력에 비추어볼 때 강효과big effect 대 최소효과 논쟁에 대한 재평가가 절실히 필요함을 확인해 주었다. 그들은 이 논문의 제목을 「최소효과의 새로운 시대? 변하는 정치 커뮤니케이션의 기반A New Era of Minimal Effects? The Changing Foundations of Political Communication」이라고 붙였다. 그들은 커뮤니케이션 연구 패러다임을 재검토할 것을 확고하게 촉구하고 있으며, 다른 훌륭한 학자들도 같은 요구를 하고 있다(Rogers, 1986; Bryant, 1993; Newhagen and Rafaeli, 1996; Chaffee and Metzger, 2001; Napoli, 2010). 이 논문은 우리가 공적 영역public sphere의 역학을 이해하게 되는 방식에서 패러다임 전환이나 적어도 진화 중인 패러다임으로 간주될 수도 있는 것이 일어날 가능성을 제기한다.

필자는 근본적인 재평가에 대한 그들의 요청을 열성적으로 지지하지만, 그 방향에서는 차이가 있다. 베닛과 아이옌거의 주장은 대체로 강효과 대 최소효과라는 이분법적인 생각을 토대로 한다. 우리가 효과의 크기 측면에서 그러한 전형적이고도 역사에 기반을 둔 커뮤니케이션 효과 개념을 넘어서야 할 필요가 있다고 생각한다. 미디어 효과는 특징상 강하거나 아주 약한 것이 아니다 – 미디어 효과는 특징상 매우 가변적이다. 그리고 그러한 변동variation의 원천은 이 책의 주

4 현대 영어사전에는 literature가 고어로서만 학문이란 의미가 있다고 되어 있으나, 이 책에서는 문헌이라는 의미 외에 여기처럼 학문의 의미로도 사용되고, 이는 실제로 저자와의 이메일 교신을 통해서도 확인한 바다 – 옮긴이.

된 초점인 오래 지속되는 커뮤니케이션의 구조(즉, 매스 커뮤니케이션의 일상적인 관행, 확립된 제도, 그리고 진화된 문화적 규범) 속에 깊이 그리고 미묘하게 뒤얽혀 있다. 따라서 디지털 정보 보고寶庫에서 선택의 기회가 증가하는 것이 좀 더 선택적인 주의selective attention로 이어지고 따라서 '최소효과'로 이어질 것이라고 단정하는 것은 기계적·설득적 커뮤니케이션 효과 개념에서 화자의 메시지와 청자의 해석 사이에 존재하는 매우 가변적인 공명resonance[5] 개념으로 이동할 수 있는 기회를 놓치는 것이다. 선택적 주의의 극적이고 가변적인 효과는 디지털 시대에 새롭게 나타나거나 새롭게 부활하는 현상이 아니다. 그러한 효과는 인간 커뮤니케이션의 근본적으로 다의적인 특성과 늘 그렇듯 우리에게 쏟아지는 풍부한 수량水量의 상징적 물줄기의 본질적인 부분이다. 대부분의 미국 성인은 미국 국가國歌를 수백 번 혹은 수천 번 들어왔다. 그러나 그 가운데 3분의 1만이 가사를 기억한다(Corso, 2008). (좀 더 젊은 미국인들의 경우는 7분의 1만이 기억한다.) 미디어의 언급과 수많은 옥외 광고판, 지지 정당을 표시하는 팻말, 범퍼 스티커bumper sticker[6]를 통해 수백 번, 때로는 수천 번 들었음에도, 미국 성인의 절반만이 선거구의 상원의원이나 하원의원의 이름을 식별할 수 있다(Delli Carpini and Keeter, 1996). 동시에 유명인사의 이혼, 정치 스캔들, 혹은 극적인 범죄에 대한 세부적인 내용은 문화적으로 소외된 소수의 사람들을 제외한 모든 사람 사이에 잘 알려져 있을 (그리고 자주 논의될) 수도 있다. 선택적 주의는 산업시대의 인쇄 및 방송 매스 커뮤니케이션에서 아주 분명하게 나타났다.

---

5 사회과학 문헌에서 resonance를 공명으로 옮기는 것이 다소 낯설 수도 있으나, 배양효과 이론에서 이미 공명 효과라는 개념을 사용하고 있고 이 책의 저자 또한 "resonance", "resonate with" 혹은 "resonant with" 등의 표현을 50여 곳에서 사용하기 때문에 조화 혹은 일치라는 의미로 공명이라는 용어를 사용하기로 한다. 우리 문학에서도 "그의 머릿속이 현악기의 울림통처럼 비워지면서 두 사람이 주고받는 말이 공명하고 있었다"에서처럼 공명이란 단어를 사용하고 있다〔이상문, 『황색인』(한국문학사, 1989)〕 — 옮긴이.

6 범퍼 스티커는 자동차에 붙이는 조그만 스티커로 상업적인 내용, 종교적인 내용, 정치적인 내용, 응원하는 스포츠 팀, 혹은 다른 조직을 나타내는 등 다양한 메시지를 담고 있다 — 옮긴이.

이런 이유로 미디어의 잠재력에 대한 찬양이나 비방의 양자택일에서 벗어나, 필자가 생각하기에 미디어 효과(강효과와 소효과 모두)가 분명하게 보이거나 보이지 않는 조건에 대한 좀 더 과학적으로 초점이 맞추어진 조사로 옮기는 하나의 전략을 제안한다. 커뮤니케이션 과학communication science이라는 학문 분야가 발전함에 따라, 커뮤니케이션 과학은 전형적인 미디어 효과가 다소 놀랍게도 작은 것 같다고 주장하는 사람들을 상대로 한 방어적인 자세가 아닌, 커뮤니케이션 효과를 향상하거나 방해하는 구조적 조건에 거의 확실하게 초점을 맞출 것이다. 과학은 변동을 연구하며, 예를 들어, 미디어 캠페인의 영향은 변동이 심하다 — 매년 수십 억 달러가 투자되는 제품 판촉과 정치 후보자 홍보, 그리고 공공서비스 캠페인은 때로는 극적인 효과를 거두고, 때로는 아무런 효과도 거두지 못하며, 또 놀랍게도 의도했던 효과와 분명히 반대되는 효과가 나타날 때도 흔히 있다(Yzer et al., 2003). 변동성variability과 아직 부분적으로만 이해되는 커뮤니케이션 효과의 조건성conditionality은 앞으로 이 책이 다룰 중심 주제이다.

필자는 뉴미디어가 어떻게 사용될 것인지와 미디어 기관이 어떻게 진화할 것인지를 이해하는 열쇠는 인간 정신의 주의 역학attentional dynamics을 더 잘 이해하는 것이라고 주장한다. 사람들은 무엇을 알기를 원하는가? 그들은 무엇에 주의를 기울이는가? 그리고 그 이유는 무엇인가? 이러한 새로운 패러다임의 커뮤니케이션 효과 개념은 미디어 소스media source가 아니라 수용자 구성원과 청자聽者로 시작한다. 이러한 전환의 중요성은 아무리 강조해도 지나치지 않다 — 그것은 사람들이 그들에게 보이는 것에 의해 설득되는지의 문제가 아닌 그들이 무엇에 주의하기로 선택하는지의 문제이다. 이러한 관점은 1970년대와 1980년대에 널리 인정받았던 '이용과 충족uses and gratifications' 연구 전통에서 분명히 나타났지만, 이 전통은 이론과 방법론이 복합적으로 문제가 되어 최근 동력을 잃었다. 이용과 충족은 매력적인 개념이긴 하지만, 연구자들은 그와 같은 관점을 전통적인 설문조사나 실험에 통합하는 방법을 결코 확실히 생각해내지는 못했다. 그러나 앞으로 수십 년 안에 디지털 빅 데이터big data가 이러한 오래 지속되는 이론적 영감theoretical impulse[7]을 좇아갈 수 있는 새로운 방법론적 기회를 열어줄지도 모른다.

커뮤니케이션학은 극적인 진술[8]을 하는 경향이 있다. 사회과학 연구 전통은 물론 문화 연구 전통의 수많은 책과 논문은 판에 박힌 듯 미디어 경영진과 규제자들에게 나쁜 방식을 바꾸고 최근 연구에 주의를 기울여달라고 호소한다. 이에 미디어 경영진과 규제자들은 이러한 불평을 간단하게, 철저하게 무시한다. 미디어 사업 행위와 공공정책에 가해지는 경제적·정치적 압력은 분명하면서도 강력하다. 학자들은 대부분 미디어 실무 종사자 공동체와 공명을 일으킬 수 있도록 그들과 소통하는 데 필요한 기술을 익히지 못했다. 실제로 커뮤니케이션학과 미디어 업계 실무 간의 단절은 흔히 '행정적'[9] 관점에 의해 방해받지 않는 독립적인 비판 목소리의 실천으로 학계에 널리 알려져 있다. 어쩌면 그럴 수도 있지만, 그것은 학계 밖에서는 좀처럼 들리지 않는 목소리이다.

미디어 진화의 역사에서 현 단계가 특히 흥미로운 이유는 커뮤니케이션학이 매우 중요하면서도 유의미해질 수 있는 드문 기회를 현 단계가 제공하기 때문이다. 푸시 광고push advertising[10]와 공분모적[11] 문화 식단cultural fare을 토대로

7 저자는 원문의 impulse를 창조적 자극(stimulus)이나 영감(inspiration) 혹은 열망(aspiration)의 의미로 사용했다고 한다. 따라서 나중에 소개되듯이, 여기서는 커뮤니케이션 효과 이론이 메시지 송신자가 아닌 수용자의 주의 역학으로 시작해야 함을 뜻한다 — 저자와의 이메일 교신.

8 원문의 pronouncement는, 예를 들면, "TV를 더 많이 볼수록 학교 성적이 더 안 좋아진다" 혹은 "비디오 게임을 하는 것은 대인 폭력으로 이어진다"와 같은 극적인 진술(dramatic statements)의 의미로 사용했다고 한다 — 저자와의 이메일 교신.

9 매스 커뮤니케이션 현상을 경험주의와 기능주의 관점에서 접근하는 미국을 중심으로 발전한 커뮤니케이션 연구로, 주로 정책적 도움과 실무적 도움을 필요로 하는 정부와 기업의 재정적 지원을 받았기 때문에 행정적 연구(administrative research)라고 불리게 되었다 — 옮긴이.

10 전통적인 마케팅 접근법으로 전단지, 잡지, 텔레비전, 라디오, 옥외 광고판과 같은 채널을 통해 판촉물이 제시된다. 온라인 푸시 광고 사례로는 이메일 캠페인, 인터스티셜(interstitials: 휴대폰 스크린을 가득 채우는 전면 광고), 프리-롤 동영상 광고(pre-roll video ads: 동영상 서비스가 시작되기 전에 먼저 재생되는 광고), 배너 광고 등이 있다 — 옮긴이.

하는 전통적인 미디어 실무는 경제적 위기에 처해 있다. 방송과 출판 분야에서 평상시 일하는 방식이 작동하지 않자, 경영진은 더욱 귀 기울여 듣고자 할 뿐만 아니라 진상을 캐기 위한 몇 가지 유용한 질문을 할 수도 있다. 1978년에 마무리된 텔레비전이 인간 행동에 미치는 영향을 살펴본 600쪽 분량의 조사보고서의 결론에서 주저자인 조지 콤스톡George Comstock은 수용자들은 그들이 얻고 있는 것에 대해 불만이 없으며 방송 산업은 경제적으로 그리고 정치적으로 강력하기 때문에 연구팀이 이끌어낸 정책 권고 사항들이 많은 관심을 불러일으킬 가능성이 없다는 점을 기꺼이 인정했다.[12] 그와 같은 단서但書, 즉 수용자들이 보는 것에 대해 만족하고 있고 방송 산업은 강력하다는 것은 더 이상 타당하지 않다.

수용자들이 무엇에 돈을 지불할 것인지를 파악하는 것뿐만 아니라 공적 커뮤니케이션public communication[13]이 공적 목적에 봉사하기 위해 어떻게 설계될 수 있는지를 이해하는 것은 어쩌면 커뮤니케이션 분야의 상업적 연구와 특히 독립 학자들independent scholar[14]의 연구가 직면한 근본적인 과제일지도 모른다. 집단 공동의 목표는 처음에는 도출해내기가 까다롭고 깨지기 쉽다가, 그다음에는 역사의 발전과 제도의 실패에 직면해 그러한 목표를 유지하기가 까다롭고 깨지기 쉽다. 만약 공적 영역의 구조가 세심하게 설계되고 유지되지 않는다

11 광고가 주 수익원인 방송사들은 시청률을 높이기 위해 시청자가 공통적으로 좋아할 만한 프로그램 위주로 편성하게 되는데, 이를 최소 공분모(least common denominator)적 프로그램 편성이라고 한다. 최소 공분모란 두 분수의 분모가 공통적으로 가지는 가장 작은 배수, 즉 분모들의 최소 공배수이다 — 옮긴이.

12 콤스톡(Comstock), 채피(Chaffee), 카츠먼(Katzman)은 1978년 미디어의 반사회적 폭력적 성향이 수용자로 하여금 폭력적이고 반사회적 행동의 원인이 된다고 지적한 바 있다 — 옮긴이.

13 여기서 public communication은 하버마스가 말하는 "공적 영역에서 이루어지는 커뮤니케이션(communication in the 'public sphere' in the sense of Habermas)" 혹은 "공적 이슈에 대한 커뮤니케이션(speech about public issues)"을 의미한다 — 저자와의 이메일 교신.

14 대학이나 전통적인 학계 밖에서 학문적 연구를 수행하는 사람들 말한다 — 옮긴이.

면, 양극화와 기능 마비가 일어날 가능성이 있다.

지난 세기의 심리학 연구는 '생래적生來的'이고 체계적인 편향bias의 목록이 인간의 인지 체계 내에 길게 자리 잡고 있음을 강력하게 입증했다. 우리는 우리의 선개념preconception[15]을 확증하는confirm 방식으로 정보를 해석하는 경향이 있다. 우리는 긍정적인 경험보다 부정적인 경험을 더 중요시한다. 우리는 어떤 물건의 획득gain 가능성보다 어떤 물건의 잠재적 손실loss에 더 주목한다. 우리는 익숙한familiar 것을 선호한다. 우리는 섹스와 폭력에 많은 관심을 기울인다. 앞으로, 특히 4장과 5장에서, 이러한 것들은 물론 이와 관련된 인지적 편향에 대해 좀 더 자세하게 다룰 것이다.

그와 같은 인지적 선호preference와 왜곡distortion의 체계적 패턴은 소규모 수렵·채집 부족사회에서 사람들의 진화적 생존이라는 측면에서 이해가 될 수도 있다. 그러나 이러한 체계적인 인지적 오개념misconception[16]이 즉각적인 전 세계적 커뮤니케이션과 공중 테러와 미사일 기반 핵탄두의 시대에는 이제 우리의 집단적 생존에 중대한 위협이 된다. 따라서 과학적 추구가 규범적인 관심사와 별개로 분리되어 있지 않다는 것은 놀라운 일이 아니다. 세 번째 천년의 초기에 커뮤니케이션 과학에는 분명하고도 어쩌면 심지어 시급한 규범적 과제가 존재하는데, 그것은 우리의 관례화된 나쁜 습관과 불가피한 인지적 편향이 최대한 균형을 잡아주게끔 기술 체계, 제도, 그리고 매스 커뮤니케이션의 규범을 만드는 것을 돕는 것이다. 심리학 연구자 데이비드 휴런David Huron의 책에서 가져온 다음의 풍자적인 인용문은 이러한 당면 이슈를 간결하게 포착하고 있다: "생물학의 주요 관심사는 진실과 정확성이 아니라 생존과 생식生殖[17]이

15 스스로의 경험, 특히 편견이나 선입견으로 인해 학습이나 적절한 증거를 확보하기도 전에 형성되는 개념이다 — 옮긴이.

16 선개념이 형식적인 학습 후 올바른 개념으로 형성되는 경우도 있으나, 학습 후에도 자신의 인지구조 속에 잘못된 개념으로 형성되어 변하지 않는 개념을 오개념이라고 한다 — 옮긴이.

17 생물이 자기와 닮은 개체를 만들어 종족을 유지하는 것 또는 그런 현상을 말한다 — 옮긴이.

다”(2006: 105). 만약 진화하고 있는 우리의 뉴스 및 오락 체계가 진실 및 정확성과 같은 것을 향한 집단 공동의 움직임을 지속시키고자 한다면, 우리는 분명 그러한 움직임이 일어나기를 바라긴 하지만 그것이 ‘자연스럽게’ 일어나길 기대할 수는 없다.

2500년의 역사를 가진 서구 문화의 정신 깊숙한 곳으로부터 우리는 동료들로 구성된 공정한 배심원들이 정의를 추구할 것이고 또한 유권자들은 골똘히 생각한 후 최고의 후보를 선택할 것이라고 믿고 싶어 한다. 우리는 일반 시민들이 날조된 사건에 설득되어 전쟁을 시작하지는 않을 거라고 생각하고 싶어 한다. 우리가 집단사고groupthink와 희망적 사고wishful thinking[18]의 압력에 구애받지 않는다고 주장하고 싶어 한다. 그러나 그와 같은 전제들은, 단순히 순진해빠진 것이 아니라면, 분명 불완전하다. 개인 커뮤니케이션과 집단 커뮤니케이션에 대한 체계적 연구를 계속하고자 하는 사람들에게 주어지는 과제는 분명할 것이다. 그것은 다음과 같은 필수적인 퍼즐puzzle[19]을 가지고 있는 고전적인 쿤의 패러다임이다. 우리의 개인적·집단적 인지 패턴은 수단과 목적을 조화시키는 우리의 능력을 왜곡하는데, 우리는 개인적·집단적 인지 패턴을 고려하는 공적 영역을 위한 규범과 제도를 어떻게 만들어내는가? 쿤이 정상 과학normal science[20]이라고 부르는 그의 모델은 필수적인 퍼즐이 그 퍼즐을 ‘풀기’ 위한 일련의 연구방법론과 매치가 된다고 가정한다. 커뮤니케이션 연구의 경우, 그러한 방법들은 당면한 퍼즐과 잘 매치되지 않는다. 실제로 그러한 방법들은 잘못된 퍼즐, 즉 미디어의 강효과를 입증하고, 따라서 그러한 연구 활동을 정당화하려는 충동

18 바라는 대로 이뤄질 것이라고 생각하는 것을 말한다 — 옮긴이.

19 문제들의 특이한 범주로, 문제 풀이에서의 탁월성이나 풀이 기술을 시험하는 구실을 한다 — 옮긴이.

20 패러다임이 확립됨에 따라 공통된 이론적 기반/방법론이 받아들여지는 시기로, 이 시기의 과학적 탐구는 퍼즐-풀이 같은 성격을 지니며, 그 탐구의 성과는 차곡차곡 쌓인다[나무위키(https://namu.wiki)] — 옮긴이.

에 초점을 맞추는 퍼즐과 매치된다고 주장할 수 있을 것이다. 그로 인해 초래되는 퍼즐과 방법의 미스매치mismatch는 2장이 다룰 주제이다.

1장에서는 미디어의 강효과와 설득에 초점을 맞추는 것이 우위를 점하게 된 역사적 배경을 살펴본다. 현대의 커뮤니케이션 연구자 대부분은 우리가 20세기 중반에 라스웰Lasswell, 라자스펠드Lazarsfeld 및 호블랜드Hovland와 연관된 선전 패러다임의 연구를 훨씬 넘어섰다고 느낀다. 이것은 중요한 포인트이다. 그러나 필자는 우리가 아직 충분히 멀리 나아가지 못했으며 선전의 개념이 여전히 미묘하게 커뮤니케이션 효과에 대한 우리의 관념 속에 배어들어 있다고 주장하려고 한다.

일부 독자는 여기서 필자가 커뮤니케이션 과학이라는 표현을 반복적으로 사용하는 것을 확인하고, 커뮤니케이션학의 지적인 고향이 의심할 나위 없이 비과학적인 인문학적 전통에 있다는 부분적인 이유로 회의적인 반응을 보일 것이다. 그러나 앞으로 다룰 내용에서 커뮤니케이션학이 양 전통, 즉 인문학적 전통과 사회과학적 전통 모두로부터의 수렴적[21]이고도 통섭적統攝的[22]인 기여의 덕을 볼 것이며, 인간 행동에 대한 과학은 정신은 물론 목적과 방법에서도 인문학적일 수 있고 또 인문적이어야 한다고 주장한다(Wilson, 1998).

---

21 컨버전스(convergence)는 원래 볼록렌즈(convex lens)를 통해 광선이 한 점으로 모이는, 즉 '수렴'하는 광학적 현상을 설명하는 개념으로, '여러 개체가 한곳으로 모인다'는 의미이다. 따라서 '서로 다른 종류의 것이 녹아 서로 구별이 없게 하나로 합쳐지는 화학적 결합'을 뜻하는 'fusion'을 '융합'이라 해야 할 것이다〔미디어오늘(http://www.mediatoday.co.kr)〕 — 옮긴이.

22 통섭(統攝, consilience)은 지식의 통합이라고 부르기도 하며, 원래 자연과학과 인문학을 연결하고자 하는 통합 학문 이론이다 — 옮긴이.

네 개의 퍼즐

큰 전통의 과학은 퍼즐을 풀고자 노력하는 과정이다. 커뮤니케이션 효과가 엄청나게 큰가 아니면 아주 작은가라는 이슈는 대단한 퍼즐은 아니며 주장컨대, 진정한 학문을 위한 전도유망한 출발점도 아니다. 그 대신, 다음 네 가지 기본적인 질문에 주목한다:

1. **정보의 풍부함**profusion of information 풍부한 정보의 시대와 점점 더 복잡해지는 사회적·기술적 정보 체계 속에 살고 있는 사람들은 당연히 주변 정보 환경에서 주목을 기울일 수 있는 부분이 줄어들 수밖에 없으며 풍부한 정보 속에서 추구하는 것을 찾기 위해 점점 더 기술 체계에 의존하게 된다. 사람들이 (잠재적으로) 알 수 있는 것과 현실적으로 알 수 있는 것 간의 비比, ratio가 증가하는 것은 불가피한가? 이것이 진화하는 사회구조를 변화시킬 것인가?
2. **다의성**polysemy 인간 커뮤니케이션은 근본적으로 그리고 불가피하게 모호하고 다의적多義的이다. 사람들은 그들이 보내고 받는 메시지의 모호성을 과소평가하는 경향이 있다. 대부분의 경우 사람들은 싫어하는 정보의 설득 효과성은 과대평가하고 열정적인 관심을 보이는 정보의 설득 효과성은 과소평가한다. 다의성 개념이 커뮤니케이션 효과 이론에 통합될 수 있는가?
3. **양극화**polarization 인간 노력의 산물인 많은 다른 분야와 마찬가지로 상징체계도 인간의 정체성identity 및 중심이 되는 가치들의 여러 측면과 밀접한 관계가 있으며, 따라서 사람들의 해석은 흔히 양극화되고 다툼거리가 된다. 우리의 공적 커뮤니케이션 제도는 본의 아니게 양극화를 촉진하는가?
4. **다원성**pluralism **— 공적 영역의 역설** 진화해 온 인간 커뮤니케이션 행동의

> 역설적 특성과 대부분의 공공 및 민간 공적 커뮤니케이션 기관의 자기-본위적이고 자기-재생산적인self-reproducing 특성을 감안할 때, 이와 같은 기관의 체계가 사상의 공개 시장open marketplace of ideas과 융통성 있고 책임감 있는 공공 기관을 최적으로 보호하게끔 구조화될 수 있는가?

연구자 공동체가 적절한 해결책을 찾기 위해 애쓰고, 그런 다음 그다음 문제나 흔히 그렇듯 그 결과로 생긴 퍼즐로 이동할 때, 쿤 모델 속의 퍼즐은 하나의 방법이나 일단의 방법과 매치된다. 때로 그러한 퍼즐은 빛의 성질은 무엇인가, 즉 그것은 입자인가 파동인가와 같은 기본적인 질문으로 표현되기도 한다. 또 때로 퍼즐은 연관된 좀 더 실용적이거나 기능적인 목표로 표현되기도 하는데 예를 들면, 우리는 암을 좀 더 성공적으로 치료하기 위해 암의 복잡한 역학을 조사한다.

퍼즐, 패러다임, 방법, 그리고 역사적 시대정신zeitgeist 간의 연관성은 역사를 통해 분명히 살펴볼 수 있다. 연금술사들은 아타노르Athanor[23]라 불리는 특수 가마 속에서 납을 유황 및 수은과 결합함으로써 납을 금으로 바꾸겠다는 분명한 목표를 달성하기 위해 수 세기 동안 씨름했다. 물론 그들은 성공하지 못했는데, 그 이유는 엄격히 화학적인 방법으로 82개의 양자를 가진 어떤 요소를 79개의 양자를 가진 요소로 전환하는 것이 불가능하기 때문이다; 그것은 현대의 입자 가속기와 꽤 어려운 분자 조작법을 필요로 할 것이다. 그러나 보아하니 해결할 수 없는 패러다임과 방법으로 연구를 하는 것이 연구를 실행하는 사람들의 열의를 꺾어놓지는 못한 것 같다. 활기찬 연금술 연구는 메소포타미아와 이집트 문명의 가장 초창기부터 그리스와 로마 시대 그리고 이슬람 문화를 거쳐 18세기에 이르기까지 번성했는데, 결국 18세기 유럽에서 그것은 근대 화학으로 발전했다. 납을 금으로 바꾸는 것은 (아마도 탐욕이 약간 도움을 주긴 했지

---

23 연금술 작업이 이루어지는 도가니를 말한다 — 옮긴이.

만) 단순히 탐욕에 의해서만 동기화 되지는 않았다. 금속을 정제하는 기술이 개발될 수 있다면 그것은 인간 정신의 완성에도 적용될 수 있다는 것이 일반적인 생각이었는데, 그것은 정말 고상한 유인誘因이었다(Eliade, 1979; Linberg, 2007).

우리의 생각이 천동설에서 지동설로 발전한 것 역시 마찬가지로 단순히 수정된 이론과 더 현대적인 망원경의 문제가 아니었다. 우리의 과학적 연구는 우주 속에서의 우리의 위치에 대한 이해와 깊이 뒤얽혀 있었다. 과학적 과정과 기술 발명에는 우리의 규범적인 관심사와 역사에 기반을 둔 집단적 도전이 깊이 자리하고 있다. 1장에서는 특히 제2차 세계대전으로 인해 나타난 선전과 세뇌의 부정적인 영향과 유럽의 여론을 통제하고 조작하려는 파시스트들의 노력에 대한 우려가 어떻게 미디어 효과와 태도 변화에 대한 체계적인 사회과학적 연구의 토대가 되었는지에 대한 상세한 역사적 고찰을 근거로 주장을 펼친다. 4장 이후의 장들은 진화하고 있는 역사적 조건이 커뮤니케이션 이론화 작업에 주의를 환기시킬 수도 있다는 주장을 펼친다. 우리는 그러한 우려와 진화해 온 지난 세기의 연구 전통을 완전히 버리는 것이 아니라, 새로운 세계적 조건과 특히 개인 및 매스 커뮤니케이션의 변하고 있는 기술 하부구조에 비추어 그것들을 확장하고 다듬을 필요가 있다. 필자는 두운頭韻의 매력 때문에 P로 시작하는 네 가지 퍼즐, 즉 풍부함profusion, 다의성polysemy, 양극화polarization, 그리고 다원성pluralism을 제시한다.

풍부함. 첫 번째 퍼즐이자 복합적인 문제problematique인 전자 커뮤니케이션의 폭발적인 풍부함은 비교적 새로운 현상으로, 우리 커뮤니케이션 하부구조의 용량 확대와 관련 있다. 만약 사람들이 스팸 필터spam filter, 검색 엔진, 친구 목록, 보이스 메일, 그리고 DVR을 사용해 기량skill을 발전시킨다면, 그들은 밀려드는 정보의 파도를 성공적으로 길들일 수 있기 때문에 극적으로 확대된 커뮤니케이션의 흐름이 문제가 될 필요는 없다. 그러나 정보 수요·공급의 역학은 주목할 가치가 있는 지속적인 이슈가 될 가능성이 있다. 좀 더 분명하게 규범적인 수준에서 문제가 되는 것은 사람들이 알 필요가 있는 것을 알게 될까, 즉 커뮤니케이션의 용량이 시민들이 좀 더 충분한 정보를 가질 수 있도록 체계적으로 배분될 것인가 하는 것이다. 이러한 질문이 3장, '풍부함의 역설'의 초점이다.

정보의 기하급수적인 성장의 한 가지 요소는 수학적 필연성인데, 이것은 명백하고도 극명한 사실로, 누적된 지식이 늘어남에 따라 사람들이 잠재적으로 알 수 있는 것과 합리적으로 알 수 있는 것 간의 비比가 커지는 것을 말한다. 물론 이것은 우리 환경의 기술적 복잡성에 반영되어 있다. 우리가 자신의 비누를 만들고 우물에서 펌프로 물을 퍼 올렸을 때, 우리는 우리가 만들어낸 환경을 이해했고 물건이 고장 났을 때 우리가 맨 처음 그것을 만들었던 것처럼 고칠 수도 있었다. 그러나 GPS 내비게이터와 휴대폰은 경우가 다르다. 우리는 우리 환경에서 생존하기 위해 기술 전문가들에게 의존하며 아마도 고객 서비스 센터에서 줄을 서서 그들이 잘 고쳐줄 것을 기다리면서 상당한 시간을 보낼 것이다. 우리의 직업 생활에서는 모든 것이 전문화되어 있다. 18세기와 19세기 대부분의 기간에 모든 대학 교수는 고전 라틴어와 그리스어를 읽을 수 있을 것으로 기대되었으며, 모든 교수는 사실상 수학, 역사, 언어, 혹은 문학 수업 가운데 그 어떤 것도 가르칠 수 있었다. 중세시대의 삼학과trivium[24]와 사학과quadrivium[25]에서 유래된 기본 교양과목들은 지난 8세기 동안 거의 변하지 않았다. 그러나 과학이 융성함에 따라, 전문화와 부문화departmentalization가 중요해졌고, 교양과목 커리큘럼에 큰 변화가 일어났으며, 선택 과목이라는 주목할 만한 새로운 아이디어가 제도화되었다(Veysey, 1965; Rudolph, 1993). 전문화와 전문지식의 조각화fragmentation라는 이슈가 어떻게 집단적 선택의 역학과 공적 영

24 삼학과란 중세 대학의 7개 교양 과목 중 문법, 논리학, 수사학의 세 학과로 사학과의 기초였다 — 옮긴이.

25 중세 대학의 7개 교양 과목 중 산술, 음악, 기하, 천문학을 말한다 — 옮긴이.

역에 영향을 미치는지 살펴본다. 우리는 푸시에서 풀로 그리고 일방향에서 양방향 커뮤니케이션으로 이동했다. 우리는 공식 선정된 소수의 전문가들이 자세히 설명했던 『브리태니카 백과사전*Encyclopedia Britannica*』에서 사실상 마음 내키는 사람이면 누구나 자세히 설명할 수 있는 위키피디아Wikipedia로 이동했다. 그리고 기적과도 같이 위키피디아는 제대로 돌아가고 있는 것처럼 보인다. 『브리태니카 백과사전』과 위키피디아의 기술적 정확성에 대한 평가는 각각의 부정확도가 상당히 낮으며 둘의 부정확도가 거의 같음을 보여준다(Giles, 2005).

위키피디아 사례는 뉴미디어 환경의 전형적인 특징을 효과적으로 잘 보여준다. 위키피디아 사례는 자원봉사 하는 아마추어들과 취미생활자들이 쓴 백과사전은 완벽하고 정확한 설명으로 이어질 수 없을 거라는 인상을 심어줄 수도 있다. 한 세기 동안 우리는 "세상일은 다 그런 것입니다"라고 편안한 목소리로 설명하는 CBS 텔레비전 네트워크의 친척 아저씨 같은 인상의 월터 크롱카이트Walter Cronkite처럼 공식적이고 직업적인 전문가나 혹은 마찬가지로 영향력 있고 상징적인 잡지 ≪라이프*Life*≫의 사진에 의존하는 데 익숙해졌다. 이따금씩 의견을 제시하는 지적인 비평가들은 이러한 공적 영역의 대변인들과 대중의 취향을 결정하는 자들이 거의 전적으로 모두 상업 회사였다는 사실을 달리 볼 수도 있겠지만, 대부분의 시민에게는 그러한 사실이 아주 자연스럽다는 인상을 줄 것이다(Williams, 1974; Habermas, 1989; Chomsky, 2004). 시민 밴드citizens band[26] 무전기와 케이블 텔레비전의 공공 접근 채널public access channel[27]을 포함한 쌍방향 커뮤니케이션이 일시적으로 관심을 끌기는 했지만, 이러한 실험들 가운데 그 어떤 것도 정체성과 수용자를 계속 유지하면서 스스로 버텨나갈 수 있을 것처럼 보이진 않았다. 출판의 산업적 특성과 제한된 방송용 주파수 스펙

---

26 27 MHz대 생활무전기의 다른 이름이다 — 옮긴이.

27 케이블 SO의 채널 가운데 시민들이 직접 제작한 프로그램을 방송하도록 의무화한 채널을 말한다 — 옮긴이.

트럼은 목소리voice의 수가 많지 않을 것이라는 점과 그들이 상업적일 것이라는 점을 결정해 준 것처럼 보인다. 수용자 크기에 기반을 둔 경제로 인해 상업적 실체들은 그저 수용자들에게 '그들이 원하는 것'을 제공할 뿐이라는 막연히 인정되는 생각이 이러한 자연스러운 질서[28]를 강화하는 것처럼 보였다.

그러나 일방적인 상업적 푸시 미디어는 자연스러운 질서가 아니다; 그것은 기술적 진화의 한 단계(긴 단계, 아마도 1세기 반)에 해당한다. 인터넷과 뉴미디어 혁명은 모든 것을 바꾸어놓는다. 블로고스피어blogosphere, 즉 블로그 영역은 거대하고, 압도적으로 비직업적이고, 계속 성장하고 있으며, 자급자족적이다. 추정치마다 차이가 있긴 하지만, 최근 추정치는 합리적 활성 블로그reasonably active[29]가 1억 5000만 개에서 2억 개, 매일 새롭게 소개되는 블로그가 10만 개, (140자로 제한되는[30] 수백만 개의 트위터Twitter 포스트를 제외하고) 매일 올라오는 에세이 스타일의 포스트가 수백만 개로 블로고스피어의 규모를 추산했다(Winn, 2008). 중요한 것은 여러분이 우려하는 특정한 이슈가 있어서 블로거blogger들이 그 이슈에 대해 무슨 말을 하고 있는지 찾고자 한다면, 블로그에 초점을 맞춘 광범위한 검색 엔진과 추이 요약trend summary이 이용 가능하기 때문에 그것을 찾을 수 있다는 것이다. 숫자들은 종합적으로 이해하기가 어려우며 환경은 때로 새로운 정보와 이슈에 폭발적으로 대응하면서 역동적인 모습을 보인다. 그것은 진정 사상의 공개 시장으로, 때로는 다루기 힘들고 예의가 없으며 때로는 사려 깊고 심지어 시적詩的이기까지 하다. 의견, 정보, 그리고 오정보誤情報[31]로 생기 넘치는 이러한 영역이 주류 미디어 및 공유된 공중의 의제public agenda

---

28 수용자들이 원하는 것을 제공하는 것을 의미한다 — 옮긴이.

29 합리적 활성 블로그란 매주 혹은 매달 새로운 콘텐트로 업데이트 되는 블로그를 말한다 — 저자와의 이메일 교신.

30 2017년 11월 8일 자로 한국, 중국, 일본 같은 한자문화권 국가들을 제외하고 140자 제한을 풀어 280자까지 게시가 가능해졌다 — 옮긴이.

31 오정보(misinformation)는 고의성이 없는 잘못된 정보 혹은 부정확한 정보를 뜻하며, 이러한 잘못된 정보가 고의적으로 유포되면 역정보(disinformation)라고 한다 — 옮긴이.

와 어떻게 상호작용해야 하며 어떻게 계속해서 상호작용할 수도 있는가 하는 것은 앞으로 이 책에서 던지는 매우 중요한 질문이다.

다의성. 일련의 단어와 이미지가 하나 이상의 의미를 불러일으킬 수 있다는 사실은 새로운 개념, 즉 디지털 미디어 혁명에게 그것의 의미를 분명히 해 달라고 할 필요가 있는 개념이라 하기 어렵다. 그러나 다의성은 커뮤니케이션 과정의 중심에 있으며, 진화해 온 커뮤니케이션학의 전통은 계속해서 그것과 씨름하고 있다. 커뮤니케이션 연구의 인문학적 전통은 다의성을 정말 매우 진지하게 받아들이는데, 이것은 좋은 출발점이 될 수 있다. 그러나 불행하게도 다의성을 진지하게 받아들이는 것이 결과적으로는 커뮤니케이션 과정에 대한 체계적인 과학적 평가 전망에 대한 회의론을 야기하는 것처럼 보인다. 아마도 이것은 대부분의 실험 연구와 설문조사 설계가 얼마나 단순한 경향이 있는지에 대한 실망에서 비롯되는 것 같다. 실험 연구와 설문조사는 판에 박힌 듯 개인 및 매스 커뮤니케이션 행동의 다의적 특성을 무시한다. 경험적empirical 연구 전통은 특성상 설득 메시지("X 후보에게 투표해 주세요", "Y 제품을 구매해 주세요")나 (어쩌면 폭력 행동이나 소비 행동을 모델링하게 만들 수도 있는) 오락 프로그램이 단 하나의 메시지를 가지고 있는 것으로 취급하며, 공식적으로 확인된 '송신된 대로의 메시지message as sent'[32] 외의 의미론적 해석은 단순히 무작위 오류random error로 취급되어 무시된다. 예를 들어, 어떤 정치 광고 캠페인은 매우 효과적이고, 또 어떤 정치 광고 캠페인은 가치가 없으며, 많은 캠페인이 아이러니하

32 '송신된 대로의(as sent)' 메시지란 수신자의 자의적인 해석에 의해 의미의 변형이 일어나지 않고 송신자가 원래 의도한 메시지가 그대로 유지되는 상태를 말한다. 혹자는 'message as sent'와 'message sent'를 구분하지 않고 '송신된 메시지'로 동일하게 번역하는데, 이것은 두 어구의 미묘한 의미 차이를 살리지 못한 것이다. 'message sent'는 단순히 어떤 메시지가 송신자로부터 수신자에게로 어떤 매체를 통해 전달된 메시지를 말할 뿐이다. 그야말로 '송신된 메시지'이다 — 옮긴이.

게도 역효과를 낳는다는 것이 널리 인정됨에도 불구하고(West, 1997; Kaid, 2004), 정치 캠페인 효과를 측정할 때 분석가들은 통상 캠페인 광고 지출비와 그것에 상응하는 선거 투표 비율을 비교한다. 이것은 이해할 수 있는 연구 수행 전략이다. 다의성은 불편하다. 다의성은 체계적인 평가를 성가실 정도로 복잡하게 만든다. 방법론적 전략에 관한 2장과 다의성 자체의 역학에 관한 4장에서 이 이슈를 다룬다.

커뮤니케이션 과정의 과학적 모델링modeling으로 되돌아가서 다의성 문제를 명확하게 다루는 것은 커뮤니케이션 조건성이라는 이슈의 중심이다. 즉, 송신된 대로의 메시지와 수신된 대로의 메시지message as received[33] 간의 잠재적인 공명이 상수常數가 아니라 변수라는 것은 일반적으로 인정되는 것인데, 필자는 그것이 커뮤니케이션 행위에 대한 이론의 핵심에 있는 변수라고 주장한다. 클로드 섀넌Claude Shannon의 기본적이고도 독창적인 수학적 커뮤니케이션 모델은 송신자와 수신자 사이의 전송의 오류 수준을 공식적으로 모형화했다(Shannon and Weaver, 1949). 그리고 15년 동안 사회과학 전통의 커뮤니케이션 학자들은 섀넌의 모델을 출발점으로 무언가를 만들어보겠다는 생각을 했으나 결국은 그 계획을 포기했다(Smith, 1966; Rogers, 1994). 그렇게 된 그럴 만한 이유는 섀넌이 잡음noise을 간섭interference이라는 구체적이면서도 기술적技術的 차원에 한정된 정의를 내렸기 때문인데, 무작위 잡음random noise[34]이나 정전기는 벨 연구소Bell Labs 공학자[35]에게는 완벽하게 이해되는 개념이었다. 그러나 인간의 상호작용과 제도화된 커뮤니케이션 체계는 오소통miscommunication과 비

33 '수신된 대로의 메시지'는 이미 수신자에 해석에 의해 '송신된 대로의 메시지'에 어떤 변형이 일어나 있을 수도 있다 — 옮긴이.

34 무작위 잡음이란 넓은 주파수 범위에 걸쳐 단위 주파수당 파워가 일정한 잡음으로, 백색 잡음(white noise)과 동일한 의미로 사용된다. 백색광은 모든 파장의 성분을 포함하고 있다는 데서 유래한 용어이다 — 옮긴이.

35 섀넌은 벨 연구소 연구원이었다 — 옮긴이.

소통noncommunication을 야기하는 훨씬 더 흥미로운 간섭 패턴을 보여준다. 인간 커뮤니케이션의 잡음과 간섭은 좀처럼 무작위적이지 않다. 그것은 무엇보다 체계적으로 구조화된 간섭이다. 그것은 문화적으로 강화된 편향과 예단prejudgment이다. 공적 영역에서의 커뮤니케이션 과제는 청자가 환경의 임의적인 잡음 때문에 화자의 말을 들을 수 없는 것이 아니라, 청자가 화자의 발화[36]를 체계적으로 해석하고, 재해석하고, 무시하며, 재프레임하는 것이다.

오지각misperception이 있을 수 없다고 추정하는 깊이 뿌리박힌 인간의 성향은 상황을 더 복잡하게 만든다. 필자는 이러한 현상을 의미론적 오류semiotic fallacy라고 부른다. 다의성의 역학에 관한 4장에서 이것에 대해 좀 더 자세하게 살펴볼 것이다. 찰스 오그던Charles Ogden과 아이버 리처즈Ivor Richards의 경구적인 표현은 이러한 오류를 잘 포착하고 있다. "보통 우리는 어떤 말을 들을 때마다 자연스럽게 어떤 즉각적인 결론, 즉 저 화자는 만약 우리 자신이 말을 하고 있다면 언급할 내용을 언급하고 있다는 결론에 이르게 된다"(Ogden and Richards, 1923: 15).

다의성과 모호성은 커뮤니케이션 과정의 중심이다. 리즈-허위츠Leeds-Hurwitz의 말대로, "코드code[37]는 본질적으로 차이, 즉 불일치로 가득 차 있으며 계속해서 변한다"(Leeds-Hurwitz, 1993: 66). 인간은 오소통에 관심을 기울이게끔 타고난 것으로 보이는데, 오소통은 인간이 희극적으로 간주하는 것의 가장 중요한 부분이다. 이것 역시 나중에 더 자세하게 다루겠지만, 여기서 간략하게 이야기하자면, 내러티브 속 등장인물들은 관객이 모를 것이라고 오해하지만 관객은 의도된 바에 대해 알고 있는 것을 즐긴다. 어떤 과장된 오해는 시트콤이나 소극笑劇[38]의 핵심이며, 농담을 구성하는 고전적인 요소로, 익살스러운 반전 효과를

36 발화(utterance)란 소리를 내어 말을 하는 현실적인 언어 행위를 말한다 — 옮긴이.

37 코드란 의미를 발생시키는 상징, 문자, 단어, 사운드 등의 체계를 말한다 — 옮긴이.

38 프랑스 중세극에서 기원한 연극으로, 짤막하고 우스꽝스러운 희극이다 — 옮긴이.

연출하는 문구는 청자가 처음에 가정했던 것이 이제 완전히 반대로 뒤집어짐을 보여준다(Zillmann, 2000).

양극화. 1957년, 세 명의 심리학자, 찰스 E. 오스굿Charles E. Osgood, 조지 J. 수치George J. Suci, 그리고 퍼시 태넌봄Percy Tannenbaum은 『의미 측정*The Measurement of Meaning*』이라는 단행본 형태의 논문을 출간했다. 이 논문은 그 당시 양극단의 형용사 쌍들을 사용하여 설문조사 문항을 설계하는 창의적이고도 새로운 접근법으로 꽤 많은 주목을 받았다. 그들은 이 방법을 의미 분별법sematic differential method이라고 불렀다. 그들은 무작위로 선택된 짝지어진 형용사들과 무작위로 선택된 명사들을 서로 맞춘 후 영어를 사용하는 사람들을 대상으로 조사했을 때, 어떤 근원적이고도 근본적인 의미 구조가 나타난다는 사실을 발견했다. 그들은 아버지라는 단어를 선택한 후, 응답자들에게 무작위로 선택된 다양한 양극단의 형용사들(빠른 … 느린, 딱딱한 … 부드러운, 큰 … 작은 등)로 된 척도상에 그 단어의 의미를 확인해달라고 요청했다. 이 사례와 같이 양극단의 형용사들로 짝을 짓는 것은 흔히 특별히 분명하고 쉽게 이해되지는 않았다. 그럼에도 세 가지 기본적인 차원으로 명확하게 정의된 구조가 나타났다. 나중에 동일한 구조가 전 세계의 다른 언어 및 문화에서도 발달했음을 확인했는데, 이것은 인간 커뮤니케이션의 근본적인 의미 구조이다. 이것은 중요한 발견이었다. 첫 번째 차원은 평가evaluation 차원이다. 당면한 대상물이나 개념이 좋은가 혹은 나쁜가, 이로운가 혹은 해로운가, 안전한가 혹은 위험한가? 이것은 가장 자주 사용되는 의미론적 평가의 차원이다. 두 번째 차원은 강도/힘potency 차원이다. 그 대상물은 강한가 혹은 약한가, 완강한가 혹은 유연한가, 큰가 혹은 작은가? 세 번째 차원은 능동성activity 차원이다. 그 대상물은 능동적인가 혹은 수동적인가, 동적인가 혹은 정적인가, 활기찬가 혹은 조용한가?

커뮤니케이션학의 작은 구석에 불과한 이 접근법의 특이한 내력은 이 단행본이 커뮤니케이션이나 심리학과 특별히 관련된 것이 아닌 설문조사 문항 설계에 기여했다고 해석되었다는 점이다. 그것은 부분적으로 원래의 논문 원고가 상세한 전문적 스타일로 작성되었기 때문일 수도 있다. 이 설문조사 기법은 잠시 인기를 끌었지만 지금은 자주 사용되지 않는다. 진화해 온 인간의 인지 체계가 그것이 지각하는 세계를 어떻게 구조화하는가에 대한 기본적인 연구 결과가 어쩌다 한 번씩 언급될 뿐이다. 분명 오스굿과 동료들 그리고 그들의 초기 독자들에게 이러한 연구 결과가 얼마나 극적이며 커뮤니케이션 과학의 다듬어진 패러다임에 어떻게 기여할 수 있는지가 당장 분명하게 와 닿지는 않았다.

진화 심리학evolutionary psychology의 관점에서 이러한 연구 결과를 다시 살펴보면, 수렵·채집 생활을 한 작은 부족들이 커뮤니케이션과 생존을 위해 언어를 발명하고 다듬어나갈 때 그들이 평가와 귀인歸因, attribution[39]의 어떤 차원들을 사용했을 거라고 사람들은 예상할까? 그것은 꽤 조악해 보일 수도 있지만, 어떤 새로운 대상물에 당면해 제기할 첫 번째 질문은 이것은 잠재적인 자원인가 아니면 잠재적 위협인가 하는 것일 것이다. 내가 그것을 먹을 수 있는가 아니면 그것이 나를 먹을 것인가? 친구인가 아니면 적인가? 좋은 것인가 아니면 나쁜 것인가? 여러분의 가족 및 부족과의 커뮤니케이션 공유를 위해 그것이 터무니없는 출발점은 아니다. 만약 그 대상물이 위협이라면, 그것은 강한가 혹은 약한가, 적극적인가 혹은 소극적인가? 의미의 모든 중요한 전략적 차원은 분명하게 생존 과정과 연결되었다. 만약 그 대상물이 우호적이고 잠재적인 성적性的 파트너라면, 그것은 강하고, 건강하며, 적극적인가?

인간은 계속해서 그들을 둘러싸고 있는 세계를 바라보는 방식에서 기본적

39 귀인은 '원인의 귀착'의 줄임말로서, 한 개인이 타인의 행동이나 사건의 원인을 어떻게 설명하느냐와 관련 있는 말이다. 예를 들어, 컵을 실수로 떨어뜨려 깨뜨렸을 때, 옆에 있는 사람과 부딪혔기 때문에 떨어뜨렸다고 생각할 수 있고, 자신이 너무 덜렁대서 깨뜨렸다고 생각할 수도 있다. 이처럼 하나의 결과를 갖고도 원인으로 생각하는 것은 개인에 따라 다를 수 있으며, 다양한 귀인이 나타난다 — 옮긴이.

으로 부족적tribal[40]이다. 여기서 핵심 개념은 정체성, 즉 민족성, 종교, 젠더gender,[41] 나이, 그리고 지역 혹은 민족 정체성이다. 실제로 제기되는 첫 번째 질문은 평가 차원의 질문이다. 즉, 그것은 우리 팀이나 상대 팀, 즉 상대 부족 혹은 상대 종種에 좋은가 혹은 나쁜가? 사람들은 양극화된다. 집단도 양극화된다. 그것은 인간의 본성, 예를 들어, 영토의 경계에서 극적이고 정말 폭력적인 전투를 벌이는 개미 집단의 예에서 볼 수 있듯이, 실제로는 동물의 본성이다(Wilson, 1975).

부족 간의 경쟁, 학문적인 경쟁, 운동선수들의 경쟁, 회사들의 경쟁, 이러한 것들은 아마도 생존 능력을 유지하기 위한 합리적인 행위일 것이다. 전 세계적인 핵전쟁, 종족 대학살, 신神을 둘러싼 대립하는 종파들 사이의 종교적 동기에 의한 테러와 같은 것들은 아마도 그리 좋은 일은 아닐 것이다. 개인 커뮤니케이션과 특히 집단 커뮤니케이션 및 공적 영역의 구조 자체에 주어진 기본적인 과제는 깊이 몸에 밴 양극화 성향에 맞서는 것이다.

다원성. 양극화는 정체성과 의견의 상호작용, 그로 인한 개인적 수준에서의 갈등 성향에 초점을 맞추는 반면, 다원성 이슈는 집단적 수준에서의 이러한 역학에 초점을 맞춘다. 공적 영역의 다원성은 다음과 같은 문제 제기를 상정한다: 어떤 제도적 배열[42]이 사상의 공개 시장을, 즉 갈등에 의해 마비되지 않는 대안적인 정책적 관점들의 건강한 경쟁을, 매우 효과적으로 촉진하는가 아니면 어떤 특정한 이데올로기의 지배나 지배적인 정체성 집단으로 인해 발생하

40 부족적이란 '사회적 부족과 관련되어 있는' 혹은 '정치집단이나 사회집단에 대단한 충성을 보이는'이라는 뜻을 가지고 있다 — 옮긴이.

41 섹스(sex)가 생물학적인 성이라면 젠더는 사회적인 성을 말한다 — 옮긴이.

42 제도적 배열(institutional arrangement)이란 다양한 제도들이 어떻게 조정되느냐 하는 것과 관련된 것으로, 결정적인 시기에 핵심 행위자들이 자신의 이해관계를 극대화하기 위해 어떻게 질서를 만들어내느냐에 따라 그 경로가 결정된다〔이정동·권혁주·김기현·장대익 외, 『공존과 지속: 기술과 함께하는 인간의 미래』(민음사, 2019)〕 — 옮긴이.

는 어색한 안정성을 제공하는가? 진정한 다원적인 정치는 유지하기 어렵다. 정치 체계가 한쪽으로 기울어지면, 흔히 자기-수정self-correction 쪽이 아닌 불균형 쪽으로 압력이 증가한다. 다수가 관대하고 어쩌면 심지어 소수가 표현한 견해를 지지한다 하더라도, 그것은 엄청난 구조적 규율을 필요로 한다. 사회 내의 혹은 사회들 사이의 여러 집단이 경제적 권력과 군사적 권력 그리고 그다음에는 정치적 권력을 확보하고 있기 때문에 지배적인 집단이 공적 영역의 구조를 그들과 그들의 상속인에게 유리하게 편향되도록 그들의 축적된 자원을 사용하지 않을 거라고 기대하는 것은 지극히 순진한 일일 것이다. 1세기 전 막스 베버Max Weber의 제자 로베르트 미헬스Robert Michels는 엘리트가 통제하는 공공기관의 이러한 기울어진 경사 문제를 "과두제의 철칙iron law of oligarchy"으로 공식화했다(Michels, 1962: 342). 미헬스는 처음에 조합원들의 견해를 대표하고 실행하기 위해 조합원 중에서 선출된 유럽의 노조 지도자들이 시간이 흐르면서 어떻게 점차 제도적 지도자[43]로서 그들의 역할에 특권을 부여했는지 연구했다. 특징적 패턴으로 엘리트들은 조합원의 직접적 관심을 넘어 제도의 자기-재생산self-reproduction 필요성을 강조했다. 아이러니하게도 최초의 노동조합 설립 동기는 바로 그러한 직접적 관심이었다. 미헬스의 철칙은 종교 제도부터 정치, 문화 및 군사 제도에 이르는 집단적 인간 행동의 사실상 모든 영역에서 분명히 볼 수 있는 인간 역사의 현상만큼이나 자연스럽다.

6장에서는 이러한 이슈들에 대해 다소 상세하게 살펴본다. 필자는 공적 영역의 이념형[44]으로서 사상의 공개 시장 개념에 의존한다. 시장 은유의 출처인

---

43 제도적 리더십(institutional leadership)은 소위 정치적 리더십이라고 할 수 있는 리더십 유형으로 조직학자인 셀즈닉(Selznick)에 의해 제시되었다. 셀즈닉은 제도를 이끄는 사람들의 행동이 다른 사람들의 행동과 어떻게 다른가에 관심이 있었다. 그에 의하면 일반적인 행정가들은 능률성 중심의 행정관리로부터 합법성과 제도를 중시하는 제도적 리더십으로 전환하게 된다고 한다〔박광덕, 「사회복지조직의 리더십의 유형과 조직성과간의 관계분석: 노인 장기요양기관을 중심으로」(한국행정학회 2014년 동계학술대회), http://m.kapa21.or.kr/datasearch/data_download.php?did= 7026〕 — 옮긴이.

경제학 분야와 매우 유사하게 시장(이 경우, 사상의 시장)이 어떻게 편향되고, 비효율적이며, 참여자들 사이의 공개된 경쟁을 유지할 수 없게 될 수 있는지에 대한 여러 가지 복잡한 문제를 검토한다. 예를 들어, 경제적 시장에는 물질적 제품의 수에 대한 실제적인 제한이 없다. 그러나 개별 인간의 정신이 한 번에 고려할 수 있는 대상물이나 아이디어의 수에 실질적인 제한이 있는 것처럼(대략 일곱 개인 것으로 밝혀져 있음), 공중 의제public agenda의 수용량에도 한계가 있다. 새로운 이슈가 오래된 이슈를 밀어낸다(Miller, 1956; Neuman, 1990). 공중은 해결되지 않는 문제에 싫증을 낸다(Downs, 1972). 분명 전체적인 여론의 역학은 공적 쟁점에 대한 개인의 생각 및 의견의 역학과 다른 영역을 가지고 있으며, 이 둘의 유사점과 차이점 모두를 살펴볼 것이다. 풍부함의 역설과 전문성의 폭발적 성장을 감안할 때, 매우 중요한 문제는 '쟁점 공중들issue publics'의 역학, 즉 이들이 아니라면 공중과 미디어의 관심 '레이더에 잡히지 않을' 쟁점을 추적하는 관심과 정보를 가지고 있는 일반 공중 구성원 집단의 역학이 된다.

역설에 대한 편벽偏僻

이 책은 지난 50년간 이 분야에 종사하면서 수행한 일들을 어느 정도 종합적으로 정리한 것이다. 필자는 1960년대 이후 인터뷰와 실험을 해왔고, 역사와 기술을 추적하고 있으며, 정책과 정치에 대해서도 골똘히 생각해 왔다. 박

44 베버는 이념형(ideal type)을 통해 그가 '순수 유형(pure type)'이라고 불렀던 것, 즉 엄격하게 분석적인 개념으로서 실재(reality)에 대한 가치 평가를 포함하고 있지 않은 인공적 구성물을 말하고자 했다. 따라서 이념형은 논리적 합리성에 의해 지배된다. 지극히 좋은 것의 이념형도 있을 수 있듯이, 지극히 악한 것의 이념형 역시 존재할 수 있다. 게다가 전형적으로 신-칸트주의의 흐름 속에서 베버는 이념형이 실재에 대한 모사(picture)로 여겨져서는 안 되며 오히려 현실에 대한 의도적 왜곡(willful distortion of reality)으로 여겨져야 한다는 점을 강조했다 — 옮긴이.

사 논문을 토대로 한 『대중 정치의 역설*The Paradox of Mass Politics*』이라는 제목의 첫 번째 저서는 민주적 과정이 작동하는 방식뿐만 아니라, 놀랍게도 재정 개혁을 제안하는 최근 법안에 대한 세부 사항보다 스포츠면과 가십 칼럼을 더 좋아하는 평균적인 시민의 부주의함을 감안할 때 민주적 과정이 어떻게 작동하는지에 대해서도 이해하고자 했다. 뒤이어 미디어 회사 여섯 곳의 지원을 받아 쓴 『대중 수용자의 미래*The Future of the Mass Audience*』는 뉴미디어 환경을 제도와 정책의 관점에서 이해하고자 했다. 『상식*Common Knowledge*』(공저)과 『고르디우스의 매듭*Gordian Knot*』(공저)은 여론과 뉴스 그리고 변하고 있는 정책 환경에 대한 추가적인 고찰을 다루었다. 지난 연대에 (역시 동료들과 함께 쓴) 『정서 지능*Affective Intelligence*』은 특별히 정서가 주의 집중을 어떻게 조종하는지에 주목하면서 공중의 주의와 정치의 역학을 더 잘 이해하기 위해 설문조사와 실험 연구에 초점을 맞추고 있다. 이 책은 심리학, 사회학, 사학, 경제학, 정치학, 정책학, 그리고 커뮤니케이션학을 망라하고 있으며, 따라서 하나의 학문 분야에 기반을 두지 않았다는 표현은 적절할 수도 있으나 초점이 없지는 않다고 주장하고 싶다. 사실 이러한 간략한 역사를 언급하는 이유는 방법론과 분석 수준에서의 나름대로의 차이에도 불구하고 필자의 저서가 모두 동일한 근본적인 퍼즐 혹은 일단의 서로 얽혀 있는 퍼즐들(공적 영역에서 역사가 펼쳐짐에 따라 자신들의 사생활이 직면하는 매우 구체적인 난관에 몰두하는 사람들이 그들을 둘러싸고 있는 세상을 관찰할 시간을 어떻게 가질까? 그들이 아는 것은 무엇인가? 커뮤니케이션 혁명이라는 변화하는 제도적·정책적 환경 속에서 이것은 어떻게 변하는가?)에 대한 것임을 주장하기 위한 것이다.

새로운 천년의 커뮤니케이션 연구

인문학 전통의 학자들은 때로 행동 사회과학behavioral social science의 집착에 실망하며 행동 사회과학을 지배하는 여러 종류의 설문조사와 실험의 가치에 의문을 제기하는 경향이 있다. 화학 실험은 괜찮지만, 인간이 처한 조건의 복잡성은 시험관과 분젠 버너Bunsen burner[45]로 분석하기 어렵다. 그들은 이러한 행동과학적 연구가 우리 시대의 긴급한 규범적 이슈는 무시한 채 순진하게 인간 행동에 대한 어떤 보편적인 진리를 찾고 있기 때문에 몰역사적인ahistorical 것이 문제라고 이의를 제기할 수도 있을 것이다.

그들은 중요함 점을 지적한다. 그러나 그 전제에 이의를 제기한다. 필자는 1장과 4장에서 반대로 커뮤니케이션 효과에 관한 행동과학 연구가 인문학자들의 텍스트 분석과 비판적 연구만큼이나 역사적이고 규범적이라고 주장한다. 여기서의 초점은 아마도 아직 하나의 학문 분야는 아니지만 연구의 한 분야인 인간 커뮤니케이션에 대한 연구에 맞추어져 있다. 현대의 경제학, 심리학, 인류학, 정치학, 그리고 사회학이 모두 20세기로의 전환기에 제도적으로 공식화되었다는 점에 주목하는 것은 흥미롭다. 그러나 커뮤니케이션에 대한 학문적인 연구의 경우에는 그렇지 않다. 커뮤니케이션학과, 커뮤니케이션 저널, 그리고 커뮤니케이션 학회는 부분적으로 라디오와 텔레비전의 성장과 제2차 세계대전에서 비롯된 선전을 우려한 대응으로 20세기 중반에 나타나기 시작했다.

만약 예를 들어, 우리가 1800년대 후반에 등장한 사회학의 기원을 살펴본다면 도시화, 산업화, 그리고 대도시로의 이주가 사회적 통제에 대한 우려 증가로 이어졌음을 분명히 알 수 있다. 시골 지역에서 시민들은 서로 알고 지냈고 주민 회의와 잡화점에서 만난 사람들 사이의 소박한 대화는 공적 영역을 지탱하는 독자 생존이 가능한 장소였다. 산업화된 도시의 과제는 사회적 조각화, 대중사회, 그리고 교회와 공동체 내의 제도화된 정체성 센터의 부재이다. 그것들은 20세기로의 전환기에 사회학의 초석이 된 관심사이다.

20세기 중반이 되자 그러한 주제가 반전되어, 미디어의 사회적 통제와 영향

45 분젠 버너는 화학 실험용 가스버너를 말한다 — 옮긴이.

이 지나치게 작은 것이 아니라 지나치게 큰 것(선전, 세뇌, 과도한 상업화, 영향력이 있는 폭력 묘사, 뉴스 미디어의 정치적 의제 설정)이 관심사가 된다. 커뮤니케이션 분야가 심리학과 사회학에서 독립해 성장하면서 그 자체의 정체성을 수립하기 시작하는 시점이 바로 이 시점이다.

그러나 이제 우리는 다시 제자리로 돌아왔다. 뉴미디어 혁명이 폭발적으로 일어났던 20세기 말에 그러한 관심사는 다시 조각화, 양극화, 그리고 문화적 중심점의 상실에 맞추어지고 있다.

디지털 시대에 이러한 이슈들의 역사적 기반성grounding[46]은 방향을 바꾸었을 수도 있지만, 인간 커뮤니케이션에 관한 근본적인 질문, 즉 인간 커뮤니케이션에 관한 핵심적이고도 패러다임적인 연구 문제는 비록 때로는 모호하긴 하지만 여전히 변함이 없다. 그것은 커뮤니케이션 효과가 아주 작으냐 아니면 그렇게 아주 작지는 않느냐 여부가 아니다. 그것은 사람들이 어떤 조건에서 성공적으로 (특히 다양한 관점을 가진 사람들 사이에서) 커뮤니케이션을 하며, 사회 내에서 정보의 흐름을 구조화하기 위해 개발하는 관행, 제도, 그리고 규범은 어떻게 현상 유지와 강자 보호를 지향하는 시장이 아닌[47] 사상의 공개 시장을 촉진할 수 있는가의 문제이다. 그와 같은 출발점은 다소 희망 사항처럼 들리며 어쩌면 순진해 보일 수도 있다. 그와 같은 개념은 위르겐 하버마스Jürgen Habermas의 보편적 화용론universal pragmatics(커뮤니케이션을 통해 이해에 도달하기 위한 필요조건)이라는 매우 이상주의적 개념을 그대로 되풀이한 것이다. 그러나 그러한 질문을 철학적 고찰을 위해 따로 남겨둘 필요는 없다. 그것은 체계적인 경험적 연구에 굴복할 수 있을 것이다. 세계적인 커뮤니케이션과 세계적인 폭력의 시대에 연구의 방향을 이쪽으로 바꾸려는 동기는 더 강해져야 하고 또한 충분히 실용적이어야

---

46 원어 'ground(기반 두기)'의 의미를 살려 '기반성'으로 번역했으나, 저자는 연관성(connection) 혹은 관련성(relevance)의 의미로도 사용할 수 있다고 한다 — 옮긴이.

47 원문 19쪽의 "ideas and rather than"에서 and는 잘못 삽입된 것으로 빼는 것이 맞다 — 저자와의 이메일 교신.

한다.

커뮤니케이션 과학과 문화 연구cultural study의 인문학적 분야는 모두 인간 커뮤니케이션의 구조를 연구한다. 이러한 각각의 학문 공동체에 있는 대부분의 연구자는 대체로 상대 관점의 학문을 어떤 종류의 이해하기 어려운 까다로운 표현으로 간주하며 기를 쓰고 피하는 나머지 상호 교류가 거의 없다. 그것은 불행한 일이며, 그것이 커뮤니케이션이란 이름을 가지고 있는 분야에서 여러분이 기대하는 것이라고 생각하고 싶지 않다.

1

선전 문제

The Propaganda Problem

사상思想 경찰은 그래도 그를 잡아갈 것이다. 그는 그 자체에 다른 모든 범죄를 포함한 본질적인 범죄를 저질렀다 — 비록 그가 결코 종이에 글을 쓰기 시작하지 않았더라도 그는 범죄를 저질렀을 것이다. 사상 범죄, 그들은 그것을 그렇게 불렀다. 사상 범죄는 영원히 감출 수 있는 것이 아니었다. 여러분은 잠시 동안, 심지어 수년 동안은 성공적으로 피할 수 있을지 모르겠지만 조만간 여러분은 그들에게 잡혀가지 않을 수 없었다.

— 조지 오웰George Orwell(1949)

커뮤니케이션 연구는 … 효과에 대한 것이다. 안 그럴 수도 있었을 텐데, 예를 들어 미술 연구[1]를 살펴보자 — 그러나 미술 연구는 효과에 대한 연구가 아니다…. 늘 인정되는 것은 아니지만, 커뮤니케이션 연구의 근본적인 목적은 미디어의 힘을 설명하는 것이다.

— 엘리후 카츠Elihu Katz(2001)

우리는 새로운 미디어가 존재할 때마다 새로운 이론을 요구할 것이 아니라, 뉴미디어를 손쉽게 아우르는 이론들을 반드시 가지고 있어야 한다.

— 애니 랭Annie Lang(2013)

❖

이 책은 21세기의 커뮤니케이션에 대한 책이다. 우리 앞에 놓여 있는 극적인 과제들과 기회들을 더 잘 이해하기 위한 역사적인 장을 마련하기 위해 이 장을 20세기에 일어난 커뮤니케이션학의 발전을 살펴보는 데 할애한다. 이 장의 논지는 반세기 전에 개발된 패러다임과 디지털 시대의 인간 커뮤니케이션의 빠르게 변하는 역학을 이해하기 위한 기회 간에는 중대한 괴리가 존재한다는 것이다. 우리는 위의 엘리후 카츠의 인용문에 잘 나타나 있는 퍼즐로 시작한다. 간단히 말해, 그 퍼즐은 이러하다: 커뮤니케이션학은 어떻게 미디어 효과의 '강도'에 초점을 맞추고 있는 현재의 지배적인 연구 패러다임으로 발전해 오게 되었나? 연구 패러다임은 전통적으로 퍼즐뿐만 아니라 퍼즐을 푸는 방법도 제공한다. 이 경우 일반적으로 인정된 방법론은 어떤 미디어 노출 측도[2]를 여러 공언된 태도, 태도의 변화, 혹은 행동의 변화와 상호 연관 짓는 것이다. 미디어 효과가 '그렇게 아주 작지는 않다는' 것을 입증하기 위한 이러한 임무의 역사적 기원은 무엇인가? 과도한 상업주의와 폭력 같은 부정적인 미디어 효과를 지배적으로 강조하는 이유에 대한 설명은 존재하는가? 나아가 학계의 미디어 효과 연구는 왜 여러 측면[3]의 커뮤니케이션 산업들에 의해 수행되는 응용 연구와 거의 완전히 단절되어 있는가? 그러한 마지막 요소는 충분히 긍정적인 발전으로 밝혀질 수도 있지만, 우리는 그것의 역사적 기원을 더 잘 이해함으로써 도움을 받을 수 있을 것이다.

---

1 카츠는 art를 미술의 의미로 사용했고, 미술 연구는 효과에 대해 연구하지 않기 때문에 미술 연구와 커뮤니케이션 연구를 비교한 것이라고 한다 — 저자와의 이메일 교신.

2 도수를 재는 것, 측정한 정도(측정치), 혹은 길이, 넓이, 부피 개념을 일반적인 집합으로 확장한 것으로서의 측도(measure)와 어떠한 대상의 특성을 단위를 사용하여 정량화하는 것을 의미하는 척도(scale)와 구분해서 사용했다 — 옮긴이.

3 텔레비전, 신문, 영화 등을 말한다 — 옮긴이.

필자는 이러한 질문들에 대한 대답의 많은 부분이 1940년대와 1950년대 사람들(이 시대 특징상 주로 남성이었고 여성은 소수였음)의 소집단 활동에서 발견될 수 있다고 주장한다. 진화하고 있는 매스 커뮤니케이션 연구는 이 시기의 역사적 사건, 규범적 관심사, 그리고 사회운동과 깊이 뒤얽혀 있었다. 이러한 시대정신으로 인해 지적 탐구가 특정 질문을 향하면서 다른 질문들로부터는 멀어지게 되었다. 사람들은 발전하고 있는 커뮤니케이션 연구 분야에 여러 가지 방식으로 기여한 아마도 수백 개의 다양한 프로젝트(그들 가운데 일부는 수십 년 더 앞서서, 일부는 수십 년 더 뒤에 이루어졌음)를 확인할 수 있겠지만, 필자는 1930년대 말에 록펠러 재단Rockefeller Foundation의 후원하에 조직된 특별히 영향력 있는 한 집단에 초점을 맞추는데, 이 집단은 1950년대 말까지 계속해서 연구를 이끌고 지원했다. 1939년 9월 1일, 그 집단이 회의를 하고 있었을 때, 독일이 폴란드를 침공함으로써 제2차 세계대전이 시작되었다. 나치가 여론 조작과 극적인 선전에 매료된 것은 이미 잘 알려져 있다. 학계, 언론인, 그리고 공무원들이 이러한 선전이라는 곤혹스러운 현상을 이해하려 노력하기 시작하면서 제2차 세계대전의 발발은 독특한 절박함의 문화culture of urgency를 만들어냈다.

그 시대의 학문을 정말로 지배했던 선전propaganda이라는 용어는 더 이상 흔히 사용되지는 않지만, 인간 커뮤니케이션을 기술하는 이러한 매우 규범적인 용어는 계속해서 연구 패러다임에 영향을 미치는데, 그러한 영향은 불행하게도 눈에 잘 띄지도 않고 현대 학문에서 인정되는 경우도 드물다. 선전은 거짓되고, 조작적이며, 설득적인 커뮤니케이션을 나타내는 약칭 용어[4]이며, 공적 영역에 선전이 존재함으로 인해 마찬가지로 설득적이지만 그것을 바로잡아 주는 '수정' 커뮤니케이션corrective communication이 긴급히 필요하게 된다. 이러한 관점의 역사적 기원이 기억 속에서 사라졌다 하더라도, 그것의 어원적 의미는

---

4 propaganda는 교황청에서 1599년에 설립한 포교성(Congregatio de Propaganda Fide)을 약칭하여 'propaganda'라고 한 것에서 유래되었다〔나무위키(https://namu.wiki)〕 — 옮긴이.

우리에게 여전히 매우 중요하다.

안 그럴 수도 있었을까?

커뮤니케이션 연구 분야에 있는 대부분의 학자들은 연구 행위의 반사실적counterfactual[5] 역사를 상상하는 것을 다소 이상하게 생각할 수도 있다. 직관적으로 만족스러운 연구 행위 패러다임 내에서 60년 동안 설문조사와 실험 연구를 수행하고 연구 결과를 축적해 온 후인지라(Neuman and Guggenheim, 2011), 거기에는 일이 이루어지는 방식에 대해 어떤 당연시 여기는 것이 존재한다. 그러나 논란의 여지는 있지만 상당히 합리적인 몇몇 대안을 간략하게 살펴보자.

첫 번째 대안은 서문에서 이미 소개한 바 있다(그리고 이 책에서 계속되는 역사적 비유로 이따금씩 등장할 것이다). 커뮤니케이션학은 안 그럴 수도 있었을 뿐만 아니라, 정반대의 지적知的 출발점을 기반으로 할 수도 있었을 것이다. 1800년대 말과 1900년대 초의 사회학의 역사적 뿌리를 살펴보자. 매스 미디어 선전을 통한 몹시 강력한 중앙 통제에 대한 우려 대신, 초기 사회학의 주요 관심사는 사회적 접착제social glue의 결여였는데, 사회적 접착제는 사람들이 서로 알고 지내는 좀 더 규모가 작은 시골 공동체에서부터 산업화된 도시 중심의 아노미적인anomic[6] 군중으로의 뿌리째 뒤흔드는 변화에서 살아남게 해줄 사회의 조직화와 조정coordination[7]을 위한 의미 있는 토대이다(Merton, 1968; Coser, 1971;

5 반사실적이란 "만약 ~하지 않았더라면 결과는 어땠을까?"라는 식으로 실제로는 일어나지 않은 사실을 가정하는 시나리오를 일컫는다 — 옮긴이.

6 뒤르켐(Durkheim)은 아노미(anomie)를 구성원의 행위를 규제하는 공통의 가치나 도덕적 규범이 상실된 무법·무질서의 혼돈 상태를 나타내는 개념으로 사용했다 — 옮긴이.

7 사회구성원 간의 이해관계와 의견 대립 등을 조정·조화시켜 협력 체계를 이루게 하는 기능이다 — 옮긴이.

Giddens, 1976; Jones, 1983; Collins, 1986). 커뮤니케이션학 분야가 50년 더 일찍 학문적 정체성을 개발했다면, 이것은 아마 사실이었을 수도 있을 것이다. 혹은 정치학의 시발점처럼 커뮤니케이션학도 설득의 심리학이 아니라 공동체와 국민-국가nation-state 내의 커뮤니케이션 체계와 같은 총제적인 구조에 초점을 맞출 수 있었을 것이다. 헌법과 법체계에 대한 비교 연구로서 정치학은 1950년대에 이 분야에서 '행동주의 혁명behavioral revolution'이 일어날을 때까지 반세기 동안 지속되었다(Crick, 1959). 혹은 매개되는 커뮤니케이션에 대한 체계적 연구는 문학 및 문화 연구에서 진화해 매스 미디어의 텍스트, 서사 구조, 그리고 문화적 공명에 초점을 맞출 수도 있었을 것이다. 약 25년 뒤 풍부한 에너지로 인해 그런 일이 일어났지만, 그것은 실험과 설문조사의 대안[8]으로 진화한 것이지 실험과 설문조사에 앞서 나타난 것은 아니었으며, 이러한 대안은 계속해서 이 분야의 대표적인 지적知的 단층선[9]이다(Grossberg, 2010). 혹은 사람들은 미디어 연구를 아마도 저널리즘이나 영화학부 혹은 광고 혹은 홍보학과의 커리큘럼과 문화와 더 비슷한 실용적이고 응용적인 분야로 진화하고 있는 것으로 상상할 수 있을 것이다. 그와 같은 학과와 학부는 존재하지만, 학문적인 커뮤니케이션 연구와는 항상 어느 정도 거리가 있다. 또한 사람들은 현재 교육 심리학, 교육 공학, 그리고 정보 과학의 일부 분야의 특징인 연구 패러다임으로서 설득이 아닌 미디어로부터의 학습에 초점을 맞춘 실험 지향적인 학문 분야를 상상할 수 있을 것이다(Chaffee and Berger, 1987). 마지막으로, 매개되는 커뮤니케이션학 분야와 대인 커뮤니케이션학 분야는 공통의 지적 뿌리를 공유할 수도 있었을 것이다. 어떤 사람들은 공유해 왔다고 주장할 수도 있지만, 밀러와 스타인버그(Miller and Steinberg, 1975)의 책이 출간된 이래로 이 두 학문적 전통

8 저자는 counterpoint를 alternative라는 의미로 사용했다 — 저자와의 이메일 교신.

9 연속적으로 쌓인 지층의 연속성이 무너지면서 하나의 면 또는 대(帶)를 경계로 상대적으로 어긋난 현상을 단층이라고 하기 때문에 여기서 연속적으로 쌓인 지층은 실험과 설문조사에 의한 연구를 말하고 텍스트 분석은 이것과 어긋한 하나의 대안임을 의미한다 — 옮긴이.

은 대체로 제 갈 길을 걸어왔다는 것이 일반적으로 받아들여지는 견해이다.

피하주사 효과

아마도 중심축이 되는 20세기 중반의 상징적 이미지는 조지 오웰의 『1984』에 나오는 위압적이면서도 요구가 많은 대형大兄, Big Brother의 얼굴일 것이다. 원래 가까운 미래의 어느 연도를 오웰의 책의 제목으로 하려했으나, 제2차 세계대전 직후 원고가 완성되어 책은 1949년 6월에 출간되었다. 이 소설의 중심 주제인 전체주의자의 선전과 마인드 컨트롤mind control은 그다지 알아차리기 어렵지 않게 히틀러Hitler의 나치 독일Nazi Germany과 스탈린Stalin의 소비에트 러시아Soviet Russia를 지칭하는 솜씨 있는 배합이었다. 오웰의 소설 주인공인 윈스턴 스미스Winston Smith는 진리부Ministry of Truth에서 편집인으로 근무하는 직급이 낮은 정부 관료이며, 그의 주된 책임은 공식적인 과거가 현재의 중앙 당국의 필요에 부합하도록 공식적인 (사실은 유일한) 역사 기록을 바꾸는 것이다. 현재 눈 밖에 난 사람들을 "무인無人, unperson"으로 만들고 불편한 역사 기록을 돌이킬 수 없도록 기억 구멍memory hole[10] 속으로 지우기 위해 기록을 고치고 사진을 바꾸는 것이 그의 일상 업무이다.

이 책 앞부분에서 특히 인상적인 시퀀스[11]는 "2분 증오two-minutes hate"라는 필수 일과이다:

> 11시가 다 되어가자 **기록국**Records Department에서는 직원들이 칸막이 방에서 의자들을 꺼내 맞은편의 거대한 스크린이 있는 사무실 가운데로 모아 놓고 2분 증오를 준비하고 있었다…. 다음 순간, 마치 기름을 치지 않은 어떤 거대한 기계에서

---

10 불편한 기록을 삭제하는 것이다 — 옮긴이.

11 시퀀스(sequence)란 하나의 상황이 시작되어 끝나는 곳까지의 장면으로, 같은 맥락선상에서 구성점을 이루는 이야기이다 — 옮긴이.

나는 소리처럼 소름이 끼칠 정도로 무시무시한 굉음이 방 끝에 있는 거대한 텔레스크린에서 터져 나왔다. 그 소리는 이가 악물리고 목 뒤의 머리카락이 곤두서게 만들었다. 증오가 시작된 것이다.

여느 때처럼 인민의 적인 이매뉴얼 골드스타인Emmanuel Goldstein의 얼굴이 화면에 비쳤다. 여기저기서 관중들의 야유가 터져 나왔다…. 골드스타인은 오래전(얼마나 오래되었는지는 아무도 확실히 기억하지는 못했음) 한때는 당의 지도자급 인물 가운데 한 사람으로서 거의 대형과 맞먹는 지위에 있었으나 반혁명 활동에 가담하여 사형선고를 받았다가 불가사의하게 탈출해서 종적을 감춘 변절자이자 배교자였다…. 골드스타인은 언제나 당의 강령에 악의에 찬 공격을 퍼부었으며, 그 공격은 매우 과장되고 심지가 사나워서 어린애들까지도 그 속을 훤히 들여다볼 수 있을 정도였지만, 덜 신중한 사람들은 거기에 넘어갈 정도로 매우 그럴 듯했다….

그러나 이상한 점은 골드스타인이 모든 사람의 증오와 경멸의 대상이었고, 하루에 수천 번씩 연단에서, 텔레스크린에서, 신문과 책 속에서 그의 이론이 반박당하고 두들겨 맞고 조롱거리가 되고 하잘것없는 헛소리라고 폭로되고 있음에도 불구하고 그의 영향력이 결코 줄어드는 것 같지는 않다는 것이었다. 언제나 그의 말에 현혹되어 속아 넘어가는 사람들이 새로 생겨났다. 그의 지령에 따라 행동하는 스파이와 태업자들이 사상경찰에 발각되지 않는 날이 하루도 없었다. 그는 실체를 드러내지 않는 거대한 군대의 사령관이자 국가를 전복시키는 데 몸을 바치는 음모자들의 지하조직망의 두목이기도 했다….

2분 정도 지나자 증오는 광란으로 변했다. 사람들은 스크린에서 나오는 그 미칠 것만 같은 울음소리가 안 들리도록 자리에서 펄쩍펄쩍 뛰며 고래고래 소리를 질렀다. 옅은 갈색 머리카락의 체구가 작은 여자는 얼굴이 빨갛게 되어 입을 오므렸다 벌렸다 하는 것이 마치 낚여 뭍으로 나온 물고기 같았다….

증오는 최고조에 달했다. 골드스타인의 목소리는 진짜 염소 울음소리로 변했고, 한때는 얼굴마저 염소 얼굴로 바뀌었다. 그러다 염소 얼굴은 거대하고 무시무시한 유라시아 군인의 모습으로 변해 기관총을 쏘아대며 전진해 와 마치 스크린 밖으로 뛰쳐나올 것 같았다. 그러나 그 순간 그 적대적인 인물의 모습이 대형의 얼굴로 바뀌자 사람들은 모두 안도의 한숨을 내쉬었다.

오웰의 시나리오는 혐오의 대상이자 대의를 위한 배신자로서 나치 독일의 반유대주의적 인종 선전과 트로츠키Trotsky(골드스타인이라는 인물로 등장함)에 대한 스탈린의 비방을 잘 섞고 있다. 심지어 마음이 내키지 않는 주인공 윈스턴 스미스는 자신이 순간적인 격분에 발목이 잡혔다고 생각한다. 그것은 꽤 예리하게 공을 들인 극작법일 수도 있지만 원자화된 개인, 대중사회, 외로운 군중, 심리학적으로 정교하게 만들어진 선전의 맹공격에 무기력한 개인에 대한 그 시대의 우려를 매우 효과적으로 포착하고 있다. 물론 선전의 극단적인 사례는 스미스의 두려움과 약점이 저항하고자 하는 그의 의지를 꺾어놓는 데 이용되는 이 소설의 결론부에서 특별한 역할을 하는 체계적인 마인드 컨트롤 혹은 '세뇌'이다.

우리는 오늘날 이러한 지속되는 주제들을 상기시키기 위해 일상적인 말로 오웰적인Orwellian, 대형, 그리고 사상경찰thought police이라는 용어를 계속해서 사용한다. 출간된 후 수십 년 동안 『1984』는 수천만 부가 팔렸고 60개 이상의 언어로 번역되었는데, 이는 그 당시 그 어떤 소설이 기록했던 수치보다 높은 수치이다(Rodden, 1989). 열전熱戰, hot war은 승리로 끝났지만, 경쟁하는 이데올로기들 간의 냉전冷戰, cold war은 이제 막 시작되고 있었다. 오웰의 소설은 제2차 세계대전 후 서방 세계를 지배하는 매우 실제적이지만 전적으로 합리적이지는 않은 공포와 우려의 분위기에 대한 하나의 제유提喩[12]이다. 그것은 히틀러의 선

12 사물의 한 부분으로써 그 사물 전체를 가리키거나, 반대로 전체로써 부분을 가리켜 비유하는 것. 예를 들어, "Australia lost by two goals(오스트레일리아가 두 골 차이로 졌다)"에서 "오스트레일리아"는 "오스트레일리아 팀"을 가리킨다 — 옮긴이.

전부 장관 요제프 괴벨스Joseph Goebbels의 이론과 실제에 대한 회고적인 추억이었을 뿐만 아니라(Baird, 1975; Herzstein, 1978), 그것이 유럽에서 발생했다면 유럽이나 미국, 혹은 공산주의 선전에 대한 반응으로 개발도상국에서 다시 발생할 수 있는 압도적인 공포이기도 했다. 1950년대 초반, 공산주의에 대한 공포는 잠깐이었긴 하지만 신진 상원의원이었던 조셉 매카시Joseph McCarthy에 의해 극적으로 조작되었다. 매카시가 국무부에 소련의 정보요원이 들끓는다는 날조된 이미지로 미디어의 스포트라이트를 성공적으로 받은 것은 좌익은 물론 우익의 선전과 선동적인 여론 조작의 위협을 강화하는 아이러니한 결과를 초래했다(Rogin, 1967; Bayley, 1981; Hamilton, 1982; Gibson, 1988; Gary, 1996). 한국전쟁Korean War은 중국의 사상 개혁과 세뇌라는 조작의 극단적인 유형에 대한 새로운 이미지를 만들어냈다(Lifton, 1961). 슬리퍼 에이전트sleeper agent[13]로서 정치인을 암살하고 정부를 통제하라고 비밀리에 세뇌당하는 전직 육군 장교를 묘사하는 리처드 콘든Richard Condon의 1959년 소설 『만츄리안 캔디데이트*The Manchurian Candidate*』와 마찬가지로 영향력 있었던 같은 제목의 1962년 MGM 영화는 공중의 분위기와 강한 공명을 불러일으켰다.

추정컨대 1957년에 출간된 상업적인 잠재의식 설득에 대한 논픽션 폭로물인 밴스 패커드Vance Packard의 『숨은 설득자*The Hidden Persuaders*』는 영화 스크린에서 알아차릴 수도 없게 짧게 지나가는 코카콜라 이미지가 관객들에게 설명할 수 없는 갑작스러운 갈증을 유발해 특대 사이즈의 음료수를 사러 구내매점에 우르르 몰려들게 했다고 경고했다(실제로 이 연구는 언론의 주목을 끌기 위해 만들어진 가짜였다; Pratkanis, 1992 참조). 그것은 오늘날에도 여전히 활발한 조작적인 상업 및 정치 광고에 관한 비판적 학문의 전통의 시발점이 되었다(Key, 1974; Baker, 1994; Goldstein and Ridout, 1994; Turow, 1997; Chomsky, 2004).

---

13 슬리퍼 에이전트는 적국에 위장 신분으로 들어가서 장기간 아무런 적대 활동을 하지 않다가 지령을 받으면 돌변해서 테러나 간첩 행위를 하는 사람을 말한다 — 옮긴이.

우리는 20세기 중반의 대중문화와 정치문화에서 나온 이러한 주목을 끄는 주제들을 살펴보는데, 왜냐하면 이러한 주제들이 선전 문제에 대한 논의의 중심이기 때문이다. 서문의 결론부에서 언급한 것처럼, 체계적인 커뮤니케이션 연구와 대학에 커뮤니케이션학과가 도입된 때는 다른 모든 사회과학 학문이 그랬던 것처럼 19세기 말이 아니라 20세기 중반이었다. 제2차 세계대전 막바지에 어떤 학문적 정체성을 갖게 된 커뮤니케이션 연구 분야는 선전 문제, 즉 (설문조사를 통해) 읽어낼 수 있는[14] 공중의 마음속에 조작적 이미지와 주장이라는 피하주사hypodermic needle를 놓는 것에 대한 우려를 해결하기 위한 패러다임을 채택했다. 선구적 연구자들은 후대의 학자들이 멸시하듯 그들 탓으로 돌린 피하주사 및 마법의 탄환magic bullet 효과라는 단순한 자극-반응stimulus-response 개념을 실제로 사용하지 않았다는 것이 밝혀지고 있다. 그들은 그것보다 훨씬 더 정교한 분석가들이었다(Bineham, 1988; Chaffee, 1988; Lubken, 2008). 그러나 그와 같은 생생한 이미지는 이 기간의 시대정신을 정확히 포착하고 있다.

다른 마셜 플랜

존 마셜John Marshall은 록펠러 재단의 인문학 분과에서 일하는 중간급 프로그램 담당자였다. 영문학과 중세 역사를 연구하는 학자였던 그는 1930년대에 이 재단의 도서관 프로젝트로 유럽을 여행한 후 유럽 파시스트 선전의 명백한 위력을 특히 우려하게 되었다(Buxton 2003). 그는 재단에서 이름을 떨치고 있었으며 그 시대의 지적 엘리트 가운데 한 사람이었기 때문에 영국의 에드워드 R. 머로우Edward R. Murrow, 사회학자이자 사회운동가였던 컬럼비아 대학교 로버

14 원문의 perusable은 설문조사 등을 통해 여론을 알 수 있는 상태를 좀 세련되게 표현한 것이다 — 저자와의 이메일 교신.

트 S. 린드Robert S. Lynd, 정치학자이자 선전 전문가였던 예일 대학교의 해럴드 라스웰Harold Lasswell, 사회학자이자 방법론 학자였던 폴 F. 라자스펠드Paul F. Lazarsfeld(그는 곧 컬럼비아 대학교에서 매우 영향력 있는 연구 프로그램을 개설했음), 그리고 영향력 있는 영국의 문학 비평가 I. A. 리처즈I. A. Richards와 관계를 발전시킬 수 있었다. 마셜은 하나의 계획을 구상하게 되었는데, 그것은 미국 전역의 연구 센터에 자금을 지원해서 커뮤니케이션 및 태도 변화를 체계적이고도 계량적으로 연구하는 새로운 사회과학 분야를 개발한다는 계획이었다. 역사가 브렛 게리Brett Gary는 이 시대를 다음과 같이 기술한다:

> 1939년부터 마셜은 커뮤니케이션 프로젝트의 주역들을 록펠러 재단이 후원하는 토론 집단인 커뮤니케이션즈 그룹Communications Group 혹은 커뮤니케이션즈 세미나Communications Seminar(둘 다로 불렸음)에 끌어들이기 시작했는데, 이 집단의 주된 목적에는 그 분야의 패러다임에 관한 합의를 도출하는 것도 포함되어 있었다…. 이 집단에 대한 그의 영향력을 통해 그는 남의 이목을 의식하며 이제 시작 단계인 이 학제 간 연구 분야에 이론적 일관성과 '과학적' 연구 패러다임을 부여하는 데 도움을 주었다. 제2차 세계대전 이전 이 집단의 목적은 다음과 같이 마셜이 매스 커뮤니케이션 연구의 주된 문제로 간주하는 것을 해결하기 위해 이제 막 시작된 분야를 위한 경험주의적인 청사진을 만드는 것이었다: "수백만 명에게 도달하는 매스 커뮤니케이션은 좋건 나쁘건 대중에게 영향을 주는 존재가 된다"(Gary, 1996: 126).

연구와 자금 지원의 초기 초점은 라디오 방송이었는데, 라디오 방송은 1930년대에 점차 대중문화와 공적 영역을 지배하는 매체가 되었다. 마셜은 꺼려하는 폴 라자스펠드를 설득하여 록펠러 라디오 연구 프로젝트의 관리자직을 맡게 했다. 이 프로젝트를 맨 처음 이끌었던 프린스턴 대학교의 해들리 캔트릴Hadley Cantril은 뉴어크 대학교로 옮겼다가 곧 다시 컬럼비아 대학교에 있는 점차 영향력이 높아진 연구 센터로 자리를 옮겼다. 그러나 위에서 언급한 것처럼 1939년 9월, 제2차 세계대전의 발발은 이 집단의 절박감을 바꿔놓았을 뿐만 아니라 그러한 절박감을 더욱 고조시켰다. 마셜은 나중에 다음과 같이 기록했다: "우리는 불행하게도 이러한 꽤 처참한 전쟁 상황에서 이 연구 분야 전체를 개념화할 수 있는 기회를 포착했다. 이를테면, 이 전쟁은 모든 요인에 날카로운 초점을 맞추게 만들었다"(Morrison, 1978: 349).

흥미롭게도 마셜은 이러한 연구 노력을 재정적으로 그리고 지적으로 지원하면서 새롭게 영향력을 높여가고 있을 뿐만 아니라 점차 부유해지고 있던 방송사들을 그의 재단에 합류하도록 설득하기 위해 여러 노력을 기울였다. 마셜은 이러한 연구의 결과들이 고군분투하고 있는 국가뿐만 아니라 방송 산업에도 유용할 것이라고 주장했다. 역사가인 모리슨Morrison과 게리는 특별한 관심을 가지고 이러한 전개 과정을 추적한 끝에 방송 산업은 연구 결과를 통제할 수 없을 뿐만 아니라 그러한 결과가 잠재적으로 그들의 사업 행위를 비판하거나 규제하는 것을 정당화하는 데 사용될 수 있기 때문에 연구를 지원하는 데 조심스러워했다고 결론 내린다(Morrison, 1978; Gary, 1996). CBS 사장의 특별 보좌진 가운데 한 사람은 마셜에게 솔직하게 다음과 같이 말했다: "그것은 아주 간단합니다. 우리는 평지풍파를 일으키길 원치 않습니다"(Morrison, 1978: 353). 상업적 방송 연구는 방송이 광고주에게 매력적으로 보이게 하는 것을 극대화하는 데 맞추어져 있었다. 마셜은 결국 미디어 산업을 발전하고 있는 연구 노력에 포함시키려는 시도를 포기했다. 이것은 중요한 새로운 사건이었으며, 오늘날도 여전히 지배적으로 남아 있는 상업적 연구와 학문적 연구가 서로 독자성을 갖게 된 계기가 되었다.

이렇듯 사건들과 제도적 발전의 특별한 합류의 결과로 커뮤니케이션 연구 패러다임의 세 가지 결정적인 특징이 확립되었다:

1. 연구가 여론 조작, 선전 문제와 같은 긴급한 잠재적 사회문제에 얽매여

있다. 기본 전제는 매스 커뮤니케이션의 주된 전형典型들이 중립적이거나 정보 제공적인 것이 아니라 꽤 높은 유인가valence[15]를 지니고 있다는 것이다. 공중의 인식과 잘 돌아가고 있는 민주주의 체계를 보호하기 위해 의도적으로 기만하고, 오도하며, 조작하는 그와 같은 메시지를 적절하고도 성공적으로 바로잡는 수정 커뮤니케이션으로 맞설 긴급한 필요성이 연구 동기이다.

2. 커뮤니케이션 및 여론 분야가 그 자체의 일관되고도 체계적인 이론적 총체corpus와 새로운 실험적 설문조사 연구 및 내용 분석 방법론을 필요로 하는 새로운 탐구 영역이라는 인식이 존재한다.
3. 급성장하는 커뮤니케이션 산업은 진화해 온 그들의 사업 관행과 점차 수익성을 더해가는 사업 모델에 잠재적으로 문제를 제기할 수 있는 연구 활동에 포함되는 것을 조심스러워한 나머지, 그러한 연구와 정부, 재단 및 학계에 연구 자금을 지원하는 것에서 조용히 손을 떼기로 했다.

그렇게 아주 작지는 않은 미디어 효과를 입증하려는 여세가 이 시대에 출간된 보고서, 논문, 그리고 책에 특별히 나타나 있지는 않았다. 미디어의 힘은 당연한 것으로 의심의 여지가 없었다. 이러한 선구적인 패러다임의 영향은 여전히 매우 강하며 그것은 이 분야의 연구자들이 이 분야가 안 그럴 수도 있었음을 상상하기 어려울 정도로 매우 당연시되는 성질을 지니고 있다(Lasswell 1927; Lee and Lee 1939; Wirth 1948; Hovland, Janis and Kelley 1953; Katz et al. 1954). 캠브리지Cambridge에 있는 매그들린 대학의 저명한 문학 비평가인 I. A. 리처즈는 록펠러 재단의 계획 수립에 적극적으로 참여했다. 사람들은 신新비평[16]의 인문학

15 심리학에서 유인가란 사람들이 어떤 대상, 사건, 혹은 상황에 대해 느끼는 매력/좋은 점(긍정적 유인가)이나 혐오/나쁜 점(부정적 유인가)의 정도를 말한다. 따라서 긍정적 유인가를 지니고 있는 정서는 긍정적 유인가를 지니고 있는 대상, 사건, 혹은 상황에 의해 야기된다 — 옮긴이.

적 전통과 연관된 정독精讀[17] 방법론의 아버지인 리처즈가 라스웰, 베럴슨Berelson, 그리고 풀Pool이 내용 분석content analysis으로 알려지게 된 것에서 공식화한 계량적인 빈도 계산과 상당히 다른 내용연구 접근법을 개발했을 거라고 예측할 수도 있었을 것이다(Berelson, 1952; Pool, 1959). 나치 독일과 이후의 소비에트 러시아 그리고 공산주의 중국의 커뮤니케이션 흐름의 구조에는 서방 세계와 비교해 극적인 차이가 있었다. 따라서 사람들은 아마도 그 당시 비교 헌법과 대조적인 법체계에 초점을 맞춘 정치학의 지배적인 접근법처럼 미디어 체계 비교를 토대로 하는 접근법을 예측할 수도 있었을 것이다. 사람들은 존 듀이John Dewey, 월터 리프먼Walter Lippmann, 그리고 심지어 막스 베버의 유명한 저서에서 다뤄진 것처럼 교육, 학습, 공중의 지식, 혹은 언론기관에 관한 활기찬 연구 프로젝트를 예측할 수도 있었을 것이다(Dewey, 1927; Lippmann, 1922; Weber, 1910). 사람들은 매스 커뮤니케이션에 대한 우리의 이해와 대인 커뮤니케이션 및 소집단 커뮤니케이션을 연결하려는 노력을 상상할 수 있겠지만, 그것은 1950년대 중반이 되어서야 비로소 문헌에 다시 등장할 것이며 그 후에는 커뮤니케이션의 2단계 흐름two-step flow의 독자적인 발견으로 다시 등장하는데, 2단계 흐름은 개념화에서 다른 연구 전통과 상당히 독립적이다.

그래서 매스 커뮤니케이션에 대한 진지한 연구는 '유인가를 가진 커뮤니케이션', 즉 전체주의적인 선전(처음에는 파시스트 그리고 그다음에는 공산주의자들) 대對 자유 민주주의적인 수정 커뮤니케이션 간의 싸움의 효과에 대한 분석으로 제도화되었다. 권위주의적인 아버지 같은 존재를 안심시키는 데 집착하는 원자화 되고 아노미적인 개인에 대한 이러한 모델은 사회 이론과 인간 심리학 이론을 결합했다.

---

16 신비평(New Criticism)이란 작품 자체의 연구에 중점을 두는 비평 방법을 말한다 — 옮긴이.

17 정독(close reading)은 독자가 텍스트에 주의를 집중하여 명시된 정보를 확인하고, 논리적인 추론을 전개하여 텍스트 전체의 의미를 심도 깊게 이해하는 정교한 읽기를 의미한다 — 옮긴이.

창시자

1940년에 존 마셜이 한데 끌어 모았던 여러 연구자들은 미국 전역의 연구소와 대학에서 일하면서 이미 이따금씩 서로 연락하며 지냈다. 일리노이 대학교의 윌버 슈람Wilbur Schramm이 커뮤니케이션 연구 분야에서 완전한 모습을 갖춘 대학원 프로그램을 개설하기까지는 8년이란 시간이 더 필요했다. 1948년에도 여전히 존 마셜은 록펠러 재단에서 발전 상황을 점검하고 『현대사회의 커뮤니케이션*Communications in Modern Society*』(Schramm, 1948)이라는 제목의 편저에 기고할 뛰어난 연구 집단(몇몇 새로운 인물이 추가됨)을 한곳에 모으는 데 필요한 자금을 제공했는데, 그 책은 커뮤니케이션학 분야 최초의 대학원 교재가 되었다. 주역들은 이때까지는 서로 잘 알고 지냈으며, 전시에 선전 연구자로 동원되어 함께 일하기도 했다. 독일에서 히틀러가 발흥하자 오스트리아로 도망쳐 망명한 폴 라자스펠드는 미국 시민이 아니었기 때문에 자문역을 맡았다. 윌버 슈람은 의회 도서관의 사실·수치국Office of Facts and Figures에 합류했다. 해럴드 라스웰은 사실·수치국과 이 부서의 후신인 전쟁정보국Office of War Information, 전략서비스국Office of Strategic Services, 연방 커뮤니케이션 위원회Federal Communications Commission의 외국방송 모니터링 서비스Foreign Broadcast Monitoring Service, 그리고 육군 심리전 분과Psychological Warfare Branch를 포함해 여러 프로젝트에 적극적으로 참여했다. 예일 대학교의 칼 호블랜드Carl Hovland는 설득적인 영화가 군인에게 미치는 영향을 평가하기 위해 전쟁부War Department의 정보·교육과Information and Education Division에 합류했다(Schramm, 1980; Rogers, 1992; Cmiel, 1996; Sproul, 1997; Gary, 1999; Glander, 2000; Katz et al., 2003; Peters and Simonson, 2004; Wahl-Jorgensen, 2004; Park and Pooley, 2008; Pooley, 2008; Simonson, 2010). 채피Chaffee와 로저스Rogers는 이 시기를 다음과 같이 기술했다:

> 제2차 세계대전 동안 워싱턴은 사회과학자들을 위한 장소였다. 미국의 적들은 매

우 지독한 악을 상징하는 것처럼 보였기 때문에 이 전쟁을 반대하는 사회과학자는 거의 없었다. 미국의 전쟁 목적은 이러한 과학자들을 하나의 공통된 대의로 결속시켰고 그들을 하나의 장소로 불러 모았는데, 그들은 거기서 앞으로 과학자로서의 삶을 사는 동안 지속될 관계 네트워크를 형성했다. 전쟁 물자 동원[18]은 문제에 대한 학제 간 접근법을 요구했는데, 여러모로 전쟁 물자 동원은 '말들의 전쟁war of words'으로 비쳐졌기 때문에 흔히 커뮤니케이션 연구와 밀접히 연관되어 있었다. 커뮤니케이션은 또한 미국인들이 자원自願하고, 물자를 아껴 쓰며, 달리 표현하면 국가의 자원을 전쟁 승리에 집중하는 데 도움을 주도록 동원하는 기본 도구로 간주되었다. 그래서 중요하게도 제2차 세계대전은 커뮤니케이션 분야의 기반을 만드는 데 필요한 조건을 만들어냈는데, 슈람은 말년에 이 점을 그의 제자들에게 자주 강조했다(Schramm, 1997: 134~135).

이 시대는 선명하게 이원론적이었다. 공중의 상상력은 매스 미디어의 숨은 잠재의식 메시지의 위력, 사상 개혁과 세뇌, 그리고 좀 더 일반적으로는 매카시 스타일의 선동적인 여론 조작에 대한 두려움에 지배되고 있었다(Packard, 1957; Shils, 1957; Kornhauser, 1959). 서서히, 신중하게 이루어진 연구들은 독일의 선전단이 특히 1942~1943년 스탈린그라드Stalingrad에서의 참패[19] 이후 러시아 전선에서 있지도 않은 승리에 대한 거짓말이 실제로 성공하지 못했음을 보여

---

18 war effort란 전시에 군대를 지원하기 위해 사회의 자원(산업 자원 및 인적 자원 모두)의 조율된 동원을 의미한다 — 옮긴이.

19 스탈린그라드 전투는 1942년 8월 21일부터 1943년 2월 2일까지 스탈린그라드(현재 이름은 볼고그라드) 시내와 근방에서 소련군과 추축군(독일, 이탈리아 및 일본) 간에 벌어진 전투를 말한다. 이 전투는 제2차 세계대전의 가장 중요한 전환점이었다. 이 전투에서 약 200만 명이 죽거나 다쳤으며, 인간사에서 가장 참혹한 전투로 기록되고 있다. 이 전투는 독일 제6군과 다른 추축국 군대의 스탈린그라드 포위와 이후 소련군의 반격으로 이루어져 있다. 이 전투는 전쟁의 전환점이 되었을 뿐만 아니라, 이 전투를 기점으로 소련군의 전투력은 대폭 향상되어 독일군과 대등하게 싸울 수 있는 능력을 갖추게 되었다 — 옮긴이.

주었다. 잠재의식 광고도 실제로 작동하지 않았고, 중국은 죄수들을 이용한 일반적인 협박 기법을 사용하고 있었으며, 국무부에 소비에트 정보요원들이 들끓는다는 매카시의 의도적인 거짓말은 시간이 흐르면서 세간의 주목을 받지 못한 것으로 드러났다(Schein, 1971; Baird, 1975; Schrecker, 1998). 수정修正과 취소가 좀처럼 원래 비난이나 제안만큼 주목을 끌지 못한다는 것은 널리 인정되는 사실이다. 『만츄리안 캔디데이트』는 1950년대 한국과 중국에서 실제 일어났던 것에 대한 건조한 전사戰史보다 훨씬 더 사람들의 마음을 사로잡는다. 필자는 그러한 문제에 대한 어떠한 연구도 알지 못하지만, 오늘날 코카콜라의 잠재의식 광고 테스트에 대해 들어본 적이 있는 사람들 대부분은 그것이 실제로 일어났다고 계속해서 믿고 있으며, 그것이 매스컴의 주목을 끌기 위한 날조였다는 것과 그 효과를 입증하기 위한 진정한 시도들이 성공하지 못했다는 것을 정말로 알지 못한다는 쪽에 내기를 걸 것이다(Pratkanis, 1992).

선전 개념의 쇠퇴

이 장의 중심 주제는 체계적인 커뮤니케이션학의 매우 영향력 큰 연구에는 선전 개념이 스며들어 있다는 것이다. 선전의 위협은 그러한 연구 활동에 동기를 부여했다. 아노미적인 대중 수용자들은 악의적이고 표리부동한 세력에 의해 조작당할 가능성이 있기 때문에 사람들은 이러한 진화하고 있는 매스 미디어의 위력과 특성을 잘 이해할 필요가 있었다. 또한 비록 선전이라는 용어 자체는 (수사적으로 도발하기 위해 간헐적으로 사용하는 경우를 제외하고는) 거의 점차 잊혔지만 선전 개념의 논리는 계속해서 커뮤니케이션 과정에 대한 이론들에 스며들어 있다는 것 역시 사실로 받아들여진다. 게다가 이러한 역사적이면서도 지적인 연관성은 좀처럼 인정되지 않기 때문에 이론적 진전은 은연중에 제약을 받을 수도 있다. 논지는 이러하다. 선전 개념은 분명하게 그리고 염치도 없이 비대칭적이다. 선전이라는 용어를 사용하는 사람은 '상대방'의 허위, 반쪽 진실, 왜곡, 그리고 누락에 맞서 진실을 전달한다고 주장한다. 현대 커뮤니케이션학은 정치 커뮤니케이션, 건강 커뮤니케이션health communication, 그리고 상업적인 매스 미디어 오락물을 다루기 때문에 미묘한 비대칭은 지속된다(비록 그것이 인정되지 않거나 적어도 좀처럼 인정되지 않긴 하지만). 만약 치명적이고 진실하지 못한 생각이 도덕적이고 진실한 생각보다 더 쉽게 전파된다는 것이 실제로 사실이라면, 그것은 정말 흥미로운 연구 결과가 될 것이다. 어떤 연구자도 그와 같은 전제나 패러다임을 인정하고 싶어 하지 않을 것이라고 생각한다. 그러나 그러한 전제가 연구 행위에서 확인 가능하며 성과 폭력의 묘사에서부터 정치적 편향과 고정관념stereotype 그리고 해로운 건강 행동에 이르기까지 부정적인 커뮤니케이션에 대한 학자들의 집착 속에 스며들어 있다고 주장한다. 선전 패러다임의 아주 흥미로운 진화 과정을 살펴본 후 커뮤니케이션 분야의 지적 역사의 이러한 중요한 요소에 대한 일부 가능한 대응을 다루고자 한다.

의도적으로 기만적이고 조작적인 커뮤니케이션을 나타내기 위해 선전이라는 용어를 사용한 것은 제1차 세계대전으로 거슬러 올라간다. 아이러니하게도 20세기 이전 이 용어의 역사적 기원은 '전파하는'이라는 뜻의 라틴어 *propagare*에서 찾을 수 있으며, 이 용어는 성경의 '좋은 말씀'을 확산하고 신앙을 전파하는 기독교 전통에서 전적으로 긍정적인 의미로만 사용되었다. 제1차 세계대전과 제2차 세계대전 이후 이 개념은 서구 민주주의에서 공산주의자의 선전과 체제 전복에 대한 점증되는 우려로 되살아났다. 예를 들어, 최근에 개발된 무선 표본 설문조사의 연구 결과들을 살펴보는 교재의 제목은 단지 '여론'이 아닌 『여론과 선전*Public Opinion and Propaganda*』(Doob, 1948)이었다. 이 시기에 나온 탈콧 파슨스Talcott Parsons의 에세이[20]는 첫 단락에 이 개념의 중심성을 정확히 담

---

20 일반적이고 포괄적인 의미의 논문으로 'article'보다는 덜 체계적이다 — 옮긴이.

아내고 있다. "선전으로 꽤 모호하게 분류되고 있는 것이 현 세계의, 과학적 관점과 실제적 관점 모두의 관심을 빨아들이는 가장 뚜렷한 사회현상 가운데 하나가 되었다"(Parsons, 1942: 551).

파슨스 논문의 중심 주장은 흥미롭게도 선전 현상이 기본적으로 심리학적인 힘으로 일반적으로 여겨지지만, 사회학 영역인 사회구조와 사회 통제에 대한 연구의 중심으로 간주되어야 한다는 것이었다. 사람들은 자신의 선전으로 적의 선전과 싸우지 않는다; 사람들은 '진실'로 적의 선전과 싸운다. 그래서 미국이 공산주의자에 맞서기 위해 1950년대 초에 미공보국United States Information Agency: USIA을 설립했을 때, 공공 외교[21]라는 단어가 처음 만들어졌으며 그것은 '역선전'보다 '진실, 정의, 그리고 미국적 방식'의 전파를 위한 훨씬 더 나은 활동인 것처럼 들렸다(Tuch, 1990).

선전 개념에 대한 극적인 지적知的 거부나 비판의 증거는 없다; 다른 관심사와 어휘로 주목이 옮겨감에 따라 그저 점차 쓰이지 않게 되었을 뿐이다. 〈그림 1.1〉은 미국 서적에 선전이란 단어가 연도별로 사용된 추이를 보여준다.

선전시대의 유산. 전후 시대의 사고思考가 현대 커뮤니케이션 연구에 미친 영향에 지나치게 결정론적인 역할을 부여하는 것은 실수일 것이다. 그럼에도 일부 있을 수 있는 연결고리를 살펴보고 또한 일반적으로 받아들여지는 미디어 효과 패러다임이 새로운 미디어 혁명을 수용하는 데 어떻게 고전하고 있는지에 대한 어떤 신선한 생각을 자극하는 것은 유용할 수도 있다. 논지는 이러하다. 미디어 효과 연구의 초점은 선전 및 설득 연구에서 산만하게 모아놓은 커뮤니케이션의 '부정적인' 효과에 대한 연구로 서서히 변해갔다. 만약 이와 같은 명제가

---

21 공공 외교(public diplomacy)란 기존 정부 간 협상 중심의 전통 외교와 대비, 외국 공중(public)을 대상으로 하는 외교라는 뜻이다 — 옮긴이.

22 말뭉치 또는 코퍼스(corpus)는 자연언어 연구를 위해 특정한 목적을 가지고 언어의 표본을 추출한 집합이다 — 옮긴이.

〈그림 1.1〉 미국 영어서적 말뭉치[23]에 나타난 **선전**이란 단어의 사용 추이(1900~2008) (단위: %)

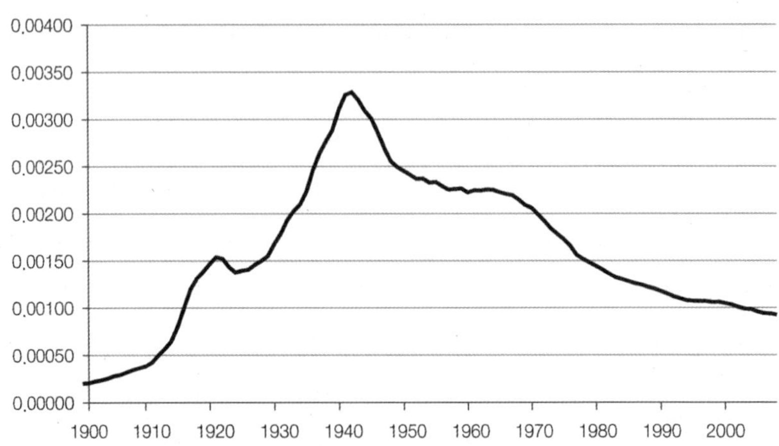

주: 모든 단어 가운데서 차지하는 비율로, 따라서 증가한 출판물 수를 통제한 수치임.
자료: 구글 북스 엔그램 뷰어(Google Books Ngram Viewer)를 통해 생성됨.

사실이거나 부분적으로나마 사실이라면, 그것은 연구가 설계되는 방식, 연구 자금이 지원되는 방식, 그리고 연구 패러다임이 점진적으로 발전하는 방식에 중요한 영향을 미칠 수 있을 것이다. 경제학자들이 흔히 경제 위기에 초점을 맞추고, 의학자들도 생물학적 병리학에 초점을 맞추듯, 부정적이고 문제가 있는 것에 초점을 맞추는 것은 분명 이해할 수 있다. 그러나 그 같은 경우 건강하게 기능하는 경제와 병리학과 대비될 수 있는 건강한 생물학적 체계에 대한 분석 모델이 존재한다. 커뮤니케이션 연구에서는 그렇지 않는 것 같다. 이 책에서 계속되는 주제들 가운데 하나는 건강한 커뮤니케이션에 대한 분석 모델이 존재할 수 있고 존재해야 한다는 것이다. 언뜻 보기에 커뮤니케이션은 비교적 긍정적인 인간 현상(아이디어 공유, 갈등에 대한 대안으로서의 커뮤니케이션, 예술과 문화라는 독특한 인간 업적)으로 보일 것이기 때문에 부정적이고 문제가 있는 것에만 초점을 맞추는 것은 더 주목할 만한 가치가 있을 수도 있다. 선전 및 설득 연구는 오늘날 연구에 이월되지 않은 두 가지 특징을 가지고 있었다. 첫째, 과학자들이 군대의 노력과 그 후 냉전 시기의 말들의 전쟁을 돕기 위해 워싱턴에 모였을 때, 특히 처음부터 실제적인 적용과 연구에 대한 절박함이 존재했다. 둘째, 파시스트의 선전과 이후 공산주의자의 선전의 거짓에 대한 명백한 대안이 존재했으며, 그것은 당시 주로 전단 살포와 단파 방송을 통해 단순히 진실을 알리는 것이었다. 그와 같은 생각은 이론상 건강한 경제와 건강한 유기체에 해당하는 커뮤니케이션을 나타낸다고 말할 수도 있을 것이다. 그러나 필자의 주장은 실제적인 적용과 역사적 절박함에 대한 의식과 성공적인 긍정적 커뮤니케이션이라는 대안 모두 대체로 사라졌다는 것이다. 불행하게도 폭력, 소비주의, 고정관념, 그리고 충분한 정보를 알려주지 않는 뉴스 방송에 주목하는 많은 커뮤니케이션 학자의 '비판적인 입장'은 이따금 있는 의회의 박수나 상징성은 크지만 효과가 없는 규제 법령에서 벗어나 상업적 커뮤니케이션 산업의 변화로 좀처럼 이어지지 않는다(Neuman, McKnight and Solomon, 1998).

부정적 효과에 대한 강박증에 가까운 집착을 가장 효과적으로 입증한 것 가운데 하나는 엘런 워텔라Ellen Wartella와 바이런 리브스Byron Reeves가 1985년에 발표한 어린이에게 미치는 미디어의 영향에 대한 역사적 고찰이다. 돌이켜 생각해 보면 각 시대의 뉴미디어에 대한 당시의 지배적인 우려는 다소 진기해 보인다. 계속 이어져온 뉴미디어에 대한 우려를 다음과 같이 묘사할 수 있다: 영화는 청소년 비행으로, 만화책은 독해 능력 감퇴로, 텔레비전은 공격적인 행동으로 이어지는 것으로 보인다. 라디오가 집 안으로 들어왔을 때 부모들이 어떤 반응을 보였는지 여러분은 알고 있었는가? 워텔라와 리브스는 그 토픽에 관한 1936년의 한 연구를 인용했다: "이 새로운 가정의 프라이버시 침해자[라디오]는 사람들을 불안하게 만드는 여러 가지 영향의 흔적을 남겼다. 부모들은 자녀의 행동에 영문을 알 수 없는 변화가 일어나는 것을 알게 되었다. 그들은 여러 새로운 문제로 당황해하고 있으며, 스스로 준비되어 있지 않고, 두렵고, 분개해하며, 무기력하다고 느끼고 있다"(Wartella and Reeves, 1985: 129~130). 이러한 패턴은 오늘날까지 계속되어, 학자와 저널리스트들은 "구글Google이 우리를 바보로 만들고 있다"는 일화적인 증거와 몇몇 실험적인 증거를 살펴보고 있다

(Carr, 2008, 2010; Sparrow, Liu and Wegner, 2011).

과학 분야에서는 자주 그리고 인문학을 포함한 다른 학문 영역에서는 때때로 발견 의식sense of discovery, 새로운 출발, 일부 오래된 문제에 대한 약간의 해결 의식sense of resolution, 그리고 일부 새로운 문제들의 중요성과 가능성에 대한 공유된 의식이 존재한다. 특이하게도 커뮤니케이션 분야는 그렇지 않았는데, 왜냐하면 선전에 대한 우려가 다소 조용하게 사라졌으며 연구가 전반적인 '미디어 효과' 영역과 연관된 산만하고 체계적이지 못한 일단의 다른 이슈들로 거의 아무렇게나 바뀌었기 때문이다. 이러한 이상하면서도 우연에 가까운 선전 효과에서 미디어 효과로의 변화에는 세 가지 어려움이 존재한다. 첫 번째이자 아마도 가장 중요한 어려움은, 연구가 점점 더 좁고 놀라울 정도로 지적으로 고립된 다양한 하위 전문 분야들로 조각화 되고 있다. 따라서 예를 들어, 건강 커뮤니케이션 연구는 정치 커뮤니케이션 이론이나 정치 커뮤니케이션의 연구 결과를 인용하는 경우는 물론 그것들을 기반으로 하는 경우도 매우 드물다. 두 번째, 선전시대의 특징이었던 절박함과 실제 세계의 실무와의 연관성이 약화되어 소멸했다. 소규모 동료 전문가 집단이 학문적 저작물을 집필하고 판단한다. 예외가 없는 것은 아니지만, 그러한 예외는 또다시 비교적 매우 드물다. 세 번째, 규범적 기반성은 부분적으로 커뮤니케이션 과정의 부정적인 특성이나 문제시 되는 특성에 대한 초점과 관련된 채 여전히 거기에 있지만, 그것은 점점 더 이해하기 어려워지고 불분명해졌다. 예를 들어, 선전시대에 선전의 잘못된 정보에 대한 대안은 정확한 정보이다. 내러티브와 뉴스의 폭력 행위 묘사나 소비주의 묘사에 대한 대안은 덜 분명하다. 폭력이나 소비주의 묘사를 제한하기 위해 예술과 저널리즘을 규제하는 것은 수정조항 제1조(표현의 자유)의 강한 전통과 아마도 수용자의 관심을 끌기 위한 강한 상업주의적 유인誘因에도 반하는 것이다. 폭력적이거나 상업적인 콘텐트를 우려하는 부모와 다른 사람들이 좀 더 정보를 바탕으로 한 선택informed choice을 할 수 있도록 콘텐트에 등급을 표시하는 것이 올바른 방향의 조치이긴 하지만, 그것 역시 실제로 매우 문제가 있는 것으로 드러난다.

현대의 미디어 효과 연구의 초점에서 한 걸음 뒤로 물러나서 보면, 하나의 패턴이 나타난다. 이 패턴에 대한 요약은 불완전하며 일부 중요한 연구 갈래들을 빠뜨릴 수도 있지만, 뚜렷이 드러나는 그러한 구조는 좀 더 통합적이고 일관된 이론 수립 및 이론 검증에 도움이 될 수도 있다. 필자는 원래의 선전 문제가 네 가지 관련된 연구 조사 분야로 바뀌었다는 결론에 도달했다:

1. 규범 위반 — 특히 폭력과 성
2. 고정관념화 — 특히 인종 및 젠더 고정관념
3. 정치적 편향 — 대개 정치적 좌파와 우파로부터의 상반된 비판들
4. 건강 커뮤니케이션 — 대개 미디어 콘텐트에 묘사되는 건강하지 못한 행동과 건강 지향적인 행동의 효과를 대조시킴

제2차 세계대전이 기억에서 지워지고 냉전이 그 중요성을 잃어가면서, 미국과 대부분의 서방 산업국가의 관심은 유럽의 파시즘과 소비에트 공산주의에서 사회적·정치적 가치와 민족 정체성을 둘러싼 내부적인 싸움으로 바뀌었다. 앨버트 밴두라Albert Bandura의 사회학습모델과 헨리 타지펠Henri Tajfel의 내집단in-group/외집단out-group 정체성 역학 분석은 폭력, 성적 행동, 그리고 과장된 인종·민족·젠더 고정관념이 규범 위반, 둔감화desensitization 및 편견prejudice을 어떻게 강화할 수도 있는지에 관한 연구를 위한 패러다임적 플랫폼을 제공했다. 〈표 1.1〉에서 볼 수 있듯이, 만약 여러분의 미디어에 관한 글이 이러한 구성요소를 다루지 않는다면 출판사를 찾기 어려울 것이다. 물론 특히 미디어와 어린이, 광고 효과, 비디오 게이밍 하부문화, 노래 가사, 교육적 미디어, 스포츠, 그리고 미디어에 대한 정서적 반응에 관한 다른 관심의 초점도 존재하지만, '4대' 주제는 정식으로 인정받은 것으로 이윽고 교육을 위한 필수 토픽이 되었다.

〈표 1.1〉 미디어 효과에 관한 도서의 중심 주제

저자와 연도	도서 제목	규범 위반에 관한 장들	고정관념에 관한 장들	정치적 편향에 관한 장들	건강 커뮤니케이션에 관한 장들
퍼스 2001	『미디어 효과와 사회』	- "폭력적 미디어 맥락의 효과" - "노골적으로 성적인 미디어 내용의 효과"		- "여론 형성"	
해리스 2004	『매스 커뮤니케이션의 인지 심리학』	- "폭력: 그러한 모든 폭력을 보는 것은 정말 중요해" - "섹스: 흥분을 안겨주는 것으로서의 포르노그래피, 성적 암시, 그리고 강간"	- "집단에 대한 미디어 묘사: 왜곡된 사회적 거울"	- "정치: 선거에 이기기 위해 뉴스와 광고 사용하기"	- "가치와 건강 가르치기"
프라이스 외 2007	『매스 미디어 효과 연구』	- "미디어 폭력이 제한받지 않는 사회적 상호작용에서 시청자의 공격성에 미치는 효과" - "노골적으로 성적인 미디어의 효과"	- "젠더 고정관념화가 사회화에 미치는 효과"	- "신문 소유권이 신문의 대통령 선거 캠페인 보도의 편향에 미치는 역할에 관해"	- "매개되는 건강 캠페인에 대한 메타-분석" - "어린이 및 청소년을 위한 미디어 건강 캠페인 분석"
브라이언트·올리버 2009	『미디어 효과: 이론 및 연구의 진전』	- "미디어 폭력" - "미디어에 묘사되는 섹스의 효과"	- "인종 및 민족 고정관념화의 효과" - "텔레비전과 영화의 성-역할 고정관념화를 둘러싼 내용 패턴과 효과"	- "뉴스는 시민 의제를 어떻게 형성하나"	- "미디어가 개인 및 공중 건강에 미치는 효과" - "미디어가 식사 장애와 신체 이미지에 미치는 효과"
스파크스 2010	『미디어 효과 연구: 기본 개요』	- "미디어 폭력의 효과" - "미디어의 성적 내용"	- "미디어 고정관념의 효과"	- "뉴스 및 정치적 내용의 효과"	- "건강에 미치는 잠재적인 미디어 효과"

역사적으로 진화된 다소 이상한 토픽들이 뒤섞여 있긴 하지만 이 네 가지 연구 분야 모두는 전적으로 합리적인 연구 주제들이다. 그러나 이러한 학문의 구성에는 진보와 지적 통합의 여지가 엄청나게 남아 있다. 이러한 새롭게 인정된 전통에서 문제가 되는 네 가지 요소를 확인한다. 첫째, 각각은 다른 연구 분야와 거의 전적으로 단절되어 있다. 하부 토픽subtopics의 조각화와 연통stovepipe[23]의 분리는 학술지 출간 및 전문가 회의의 구조와 종신 재직권tenure 심사 및 교수 채용 '전공 분야' 구성의 전형적인 특징이다. 과학의 전문화가 문제는 아니다. 정반대로 고도로 전문화된 연구는 과학적 진보의 징후이다. 그러나 예를 들어, 화학과 생물학의 전문화된 연구는 고도화된 토픽에 적용되는 일반적으로 인정되는 패러다임적 핵심을 토대로 한다. 커뮤니케이션 연구 구조에서는 공통된 핵심에 대한 단지 일시적이고 부분적인 인정만 존재하며 하부 전문 분야들이 종합되고 통합된 이론적 핵심에 기여하는 경우는 거의 없다. 물론 개별 학자들을 비난해서는 안 된다; 논문 발표와 진급의 유인 구조는 매우 너그럽지 않으며, 하부 전문 분야 공동체 구성원들이 점진적으로 발전시켜 온 부족적 정체성은 그들 자신만의 사회적·전문적 보상을 가지고 있다.

둘째, 비록 완전히 이해할 수는 있지만, 부정적 커뮤니케이션에 초점을 맞추는 것은 꽤 비대칭적인 연구 구조로 이어진다. 수용자들은 의심할 여지없이 미디어로부터 엄청나게 다양한 긍정적·부정적 단서를 알아챈다. 전형적인 미디어 묘사에는 소수의 자부심이 있고, 용감하며, 빈틈없는 경찰 역할 모델뿐만 아니라 소수의 사악하고 폭력적인 경향이 있는 범죄자도 있다. 거기에는 협력과 협업의 사례뿐만 아니라 폭력과 혼란도 존재한다. 미디어 믹스media mix[24]에

---

23 연통 조직(stovepipe organization)은 신조어로, 연통으로만 연기가 빠지듯이 정보 흐름이 제한적이고, 위계가 엄격하여, 부서 간 협력이 어려운 조직을 말한다〔한빛미디어 홈페이지(http://www.hanbit.co.kr/media/channel/view.html?cms_code=CMS6451441148)〕— 옮긴이.

24 미디어 믹스는 원래 광고업계 용어로, 상품을 광고하기 위해 여러 매체를 조합함으로써, 각 매

는 정치적 지혜의 조합뿐만 아니라 이기적인 선동적 왜곡도 존재한다. 엄청나게 다양한 민족 특성이나 복잡한 젠더 역할에 대한 진정성 있는 묘사를 무시하고 서둘러 꼬리를 물고 발생하는 제도적 인종차별주의나 성차별주의 사례를 비판하는 것은 다소 이상하게 보인다. 만약 사회적 학습social learning과 동일시identification가 좀 더 사회적으로 바람직한 미디어의 역할 모델보다 폭력적이고 편협한 역할 모델 묘사에 더 강하다면, 그것은 정말 근본적으로 중요한 발견일 것이지만, 의미 있는 분석이 되려면 비교도 필요하고 현재 유행하고 있는 것보다 더 폭넓은 연구 초점도 필요하다는 생각이 든다.

셋째, 그와 같은 미디어 효과를 이해하는 데는 수용자의 선택과 선호에 대한 이론이 필요하다. 미디어 기관들은 혼란과 노골적인 성 그리고 문화적 고정관념을 제공하는 것이 이득이 되기 때문에 그렇게 한다고 판에 박힌 듯 가정한다. 뉴스 및 오락 미디어의 제작 의사 결정에 대한 진지한 연구들은 그 과정이 놀라울 정도로 복잡하고, 다층적이며, 영합과 이윤 추구라는 단순한 모델 때문에 곤란을 겪고 있음을 보여준다(Cantor, 1971; Auletta, 1992; Waterman, 2005; Lotz, 2007). 풀로 덮힌 작은 둔덕에 서 있는 불가사의한 인물[25]에 대한 개략적인 이야기에 저항할 수 없는 사람들처럼, 단순히 현대 미디어의 결점을 자본주의의 근본적인 사악함과 고위 경영진의 지독한 이윤 추구 탓으로 돌리는 것이 다소 편리하긴 하다. 공영 미디어와 상업 미디어가 뒤섞여 있는 제도적 구조에 대한 규범에 기반을 둔 비판은 칭찬할 만한 일이며 분명 커뮤니케이션 연구 의제에

체의 약점을 보완하는 수법을 가리키는 말이었다. 하지만 최근에는 하나의 매체로 표현할 수 없는 것을 소설, 만화, 애니메이션, 게임, 음악 CD, TV 드라마, 영화, 탤런트, 캐릭터 상품 판매 등의 다양한 방면으로 전개하는 것을 뜻하기도 한다 — 옮긴이.

25 존 F. 케네디 대통령 암살의 전말이 명쾌하게 설명되지 않자 나온 음모론의 하나가 케네디 대통령을 죽음에 이르게 한 총알이 전방에서 발사되었다고 주장하는 'Grassy Knoll('풀로 덮힌 작은 둔덕'이라는 의미)' 가설인데, 바로 케네디 대통령이 타고 있던 차량을 기준으로 우측에 있는 작은 둔덕 펜스 너머에서 케네디를 저격했다는 가설이다. 이 음모론은 사실 케네디 대통령 암살 사건의 가장 대표적인 음모론이다 — 옮긴이.

포함되어야 한다. 그러나 비록 어떤 비판적인 관점이 변화를 일으키기 위한 것이라 하더라도, 철저하게 독립적이고 비판적이라는 자만심은 결국 자멸에 이르게 될 것이다. 사람들은 대부분 단순히 증가한 폭력(불필요하든 그렇지 않든)이 늘어난 수용자 규모와 상관관계가 있을 것이라고 가정하지만, 세심한 연구들은 그렇지 않음을 보여주었다(Hamilton, 1998). 수용자들은 민족 묘사, 폭력 묘사, 그리고 성적 묘사를 다양하고 다의적으로 해석하는 방식과 그 대안으로 그러한 묘사를 피하거나 추구하는 방식은 아직 공동 연구 의제 목록에 진정으로 진입하지 못했다.

네 번째이자 마지막으로, 이러한 비판적인 관점의 기저에 있는 규범적인 기반은 이제 연구 과정에 깊이 뿌리를 내린 나머지 더 이상 인정받거나 분석적으로 검토되지 않는다. 어쩌면 이것은 "독단의 선잠"[26]의 전형이다. 그와 같은 견해가 폭력이나 인종차별주의나 근본적 상대주의[27]에 대한 어떤 종류의 포스트모던postmodern[28]한 찬사를 옹호한다는 의미는 아니다. 규범적 기반성에 대한

---

26 칸트는 영국 철학자 데이비드 흄(David Hume)의 경험론에도 영향을 받았는데, 흄의 회의주의 덕택에 칸트는 합리론이 '근거 없는 독단에 빠져 있는 것'을 자각하게 되었다고 한다. 칸트는 이러한 흄의 태도에 자극을 받고 "독단의 선잠(dogmatic slumber)"에 빠져 있던 자신을 돌아보았으며 새로운 형이상학을 구상한다〔황광우, 『고전의 시작 서양철학』(서울: Thinking Garden, 2015)〕 — 옮긴이.

27 상대주의(relativism)는 경험과 문화 등 여러 가지 조건의 차이에 따라 가치 판단 또는 진실의 기준이 달라진다는 것을 주요 내용으로 하는 사상이다. 모든 가치의 절대적 타당성을 부인하고 모든 것이 상대적이라고 보는 입장으로, 근본적 상대주의, 보편적·합리적 상대주의 등 여러 갈래로 나뉜다 — 옮긴이.

28 포스트모더니즘(postmodernism)은 일반적으로 모더니즘 이후의 사회, 문화, 예술의 총체적 운동을 일컫는다. 모더니즘의 이성 중심주의에 대한 근본적인 회의를 내포하고 있는 사상적 경향의 총칭이다. 제2차 세계대전 및 여성운동, 학생운동, 흑인 민권운동과 구조주의 이후 일어난 해체 현상의 영향을 받았다. 자크 데리다(Jacques Derrida)가 주장한 해체(deconstruction, 탈구축)가 핵심어인데 탈중심적 다원적 사고, 탈이성적 사고가 포스트모더니즘의 가장 큰 특징으로 1960년대 프랑스와 미국을 중심으로 일어났다. 자크 데리다, 장 프랑수아 리오타르(Jean-François Lyotard), 장 보드리야르(Jean Baudrillard) 등이 대표적인 포스트모더니즘 철학자이다 — 옮긴이.

세심한 재검토와 고도로 발전한 산업사회에서의 인간 커뮤니케이션 구조 연구에 대한 과학적 전망을 촉구하는 것이다. 앞으로 다룰 장들에서 그와 같은 기반성을 위한 몇 가지 제안을 개략적으로 기술한다.

그러나 선전에 대한 초점과 이와 관련된 대중사회 개념은 학문적인 커뮤니케이션 문헌에서 거의 완전히 물러났다. 제임스 베니거James Beniger는 과거 일어났던 일을 그 나름대로의 이론을 가지고 설명한다. 그것이 특별히 명쾌하거나 인상적인 이론은 아닐 수도 있지만, 그것은 아마 이러한 지적 추이를 가장 정확하게 포착하고 있는 것 같다. 베니거는 선전이라는 용어가 그저 '흐지부지되었으며' 미묘하게 때로는 우연히 좀 더 초점이 좁은 미디어 효과 이론에 의해 대체되었다고 단정한다. 커뮤니케이션 구조와 사회구조의 상호작용에 초점을 맞추는 조직화 개념organizing concept[29] 대신, 미디어 효과가 그렇게 아주 작지는 않다는 결론을 지지하는 것이 새롭게 부여받은 임무가 되었다. ≪퍼블릭 오피니언 쿼털리*Public Opinion Quarterly: POQ*≫ 1987년 특별호에 기고한 지난 50년간의 여론 연구에 대한 평가에서 그는 선전/대중사회 전통은 여론 연구의 발전을 근본적으로 자극했다고 주장한다. 그는 실제로 규범에 강력한 초점을 맞추고 있는 ≪POQ≫ 창간호 편집인이 쓴 서문의 다음 구절을 언급한다: "사람들의 문자 해독력 확산과 커뮤니케이션 수단의 놀라운 향상으로 야기된 세상을 통해 새로운 상황이 벌어졌다. 늘 비교적 작은 규모의 공중public의 의견이 정치생활의 원동력이었으나, 이제 역사상 처음으로 우리는 정치적·경제적 행위의 최종 결정으로서 대중mass의 의견을 어디서나 마주한다. 오늘날 여론은 상당히 새로운 차원에서 그리고 새로운 강도로 작동한다; 여론이 사건에 미치는 급격히 커지고 있는 영향은 현시대의 특징 — 현시대의 파멸 혹은 구원 — 이 되고 있다"(Beniger, 1987: S46).

베니거는 라스웰, 라자스펠드, 그리고 베럴슨과 같은 중심인물이 커뮤니케

---

29 연구 패러다임을 뜻한다 — 저자와의 이메일 교신.

이션 분야를 떠나 다른 이슈와 다른 부문으로 옮겼다고 주장한다. 그러나 칸버스Converse의 제한쟁점 투표 모델model of limited issue voting,[30] 맥콤스McCombs와 쇼Shaw의 의제 설정 패러다임agenda-setting paradigm, 노엘레-노이만Noelle-Neumann의 침묵의 나선 모델spiral of silence model, 그리고 거브너Gerbner와 동료들의 배양 모델cultivation model은 모두 실제로 선전과 대중사회 개념에서 나왔다고 주장하는데, 선전과 대중사회 개념이 뿌리라는 그의 주장이 거의 인정되지는 않는다. 그는 계속해서 설문조사 방법 하나에만 의존하는 것부터 방법론적으로 더 다양한 인지적 관점으로 이동하는 "패턴과 과정의 새로운 대중 패러다임New Mass Paradigm of Pattern and Process"의 특징을 기술하는데, 그러한 인지적 관점은 "인지 심리학과 사회 심리학을 초월해 정치 정보 처리, 거시사회학macrosociology, 그리고 전통적 인문학 주제의 상당 부분을 포함한다"(Beniger, 1987: S53). 이렇듯 낙관적인 평가를 내리는 그는 그러한 새로운 연구를 앞으로 50년 동안의 ≪POQ≫의 지적知的 역사에서 중심적인 역할을 해야 하는 "오래된 새로운oldnew" 패러다임이라 부른다. 그는 그 기저 이론의 토픽과 용어의 다원성이나 산만함에 대해 심각하게 염려하는 것 같지는 않다.

그러나 데니스 K. 데이비스Dennis K. Davis는 몇 년 뒤 이러한 이슈들을 검토하면서 한 가지 중요한 경고를 덧붙인다. 컬럼비아 학파, 특히 라자스펠드, 카츠, 머튼Merton, 클래퍼Klapper의 연구는 미디어 효과가 실제로 놀라울 정도로 아주 작다는 것을 입증함으로써 시카고 학파Chicago School에 이의를 제기한 것으로 보였다. 그는 계속해서 다음과 같이 적고 있다: "컬럼비아 학파가 토대로 하고 있던 관점과 데이터는 곧 시카고 학파의 대중사회에 대한 두려움이 근거가 없다는 이론異論의 여지가 없는 증거를 제공하는 것으로 학계 내에서 해석

30 유권자는 선거에서의 쟁점이나 정당에 의해 제시된 공약에 대한 합리적 판단을 하고 이에 근거해 투표한다. 합리적 판단이란 자신의 이익과 부합하는 대안을 선택한다는 의미이다. 이러한 쟁점 투표는 정당 간 정책 차이가 뚜렷할 때 나타난다 — 옮긴이.

되었다"(Davis, 1990: 151).

이것은 특히 연구 패러다임이 여러 미디어 효과의 사회적·문화적 조건을 이해하고자 하는 것으로부터 최소효과 학파의 이의 제기에 맞서 강효과 이론을 옹호하기 위한 캠페인으로 바뀐다는 점에서 하나의 중요한 국면 전환이다. 데이비스는 최소효과 전통을 "엘리트 다원주의elite pluralism"라고 특징지으면서 그러한 입장이 광범위한 시민 참정參政이 필요 없으며 … 광범위한 관여는 비현실적이거나 심지어 위험하다고 주장하는 것으로 기술한다(Davis, 1990: 153). 컬럼비아 학파의 학자들은 물론 그와 같은 묘사를 즉각 거부했지만, 그와 같은 도전적인 말은 그러한 유명한 학자들의 논쟁이 뿜어내는 에너지를 설명하는 데 도움을 준다. 그러한 긴장 상태는 고조되어 이제는 학파 간 갈등의 수준에 이르면서 컬럼비아 학파 사람들이 미디어 산업과 결탁한 부패한 사람으로 묘사되었다(Rowland, 1983; Chaffee and Hochheimer, 1982; Delia, 1987). 이러한 비평들은 그들이 폴 라자스펠드와 동료들의 마케팅 관점marketing perspective이라고 부르는 것이 어떻게 발전해 왔는지 추적한다. 그들은 그러한 마케팅 관점이 정치 후보자를 파는 것과 조각 비누를 파는 것을 동일하게 여기는 경향이 있으며, 그 결과 미디어 효과 이론의 규범적 핵심 골자를 빼버리고 있다고 생각한다. 예를 들면, 델리아Delia는 기업 마케팅 연구와의 친밀한 연계가 사회 내의 원래 커뮤니케이션 모델을 보이지 않게 만든 상업적 이해관계와 정치적 이해관계 간의 연계를 만들어냈다고 주장한다. 델리아는 경험적 연구 결과의 상태가 사회의 상태에 대한 원래의 관심을 대체했다고 주장한다. 그의 견해에 따르면, 과학적인 것과 역사적으로 관련된 것 사이에는 자연스러운 긴장이 존재한다. 그는 그러한 미디어 효과 패러다임의 점령이 "계량적 사회과학의 헤게모니"로 이어졌다고 주장한다(Delia, 1987: 71).

퍼즐: 기로에 서 있는 커뮤니케이션 연구

오늘날 커뮤니케이션 연구의 위태로운 전통에 대한 이러한 검토는 그 자체가 다소 위태롭다. 선전시대부터 근대로의 변화가 지나치게 무계획적이며 또한 이론의 여지가 있고, 조각화 되었으며, 산만한 이론과 연구의 집합체로 이어졌다고 묘사했다. 이론은 합의에 의한 개선, 연구 결과의 통합, 퍼즐의 해결, 잘못되거나 부적절한 가설에 대한 집단적이고도 수렴적인 거부를 통해 발전해야 할 만큼 발전하지 못했다. 그것은 뭐랄까 차고를 곧 가득 채워버려 정작 차는 진입로에 주차할 수밖에 없게 만드는 차곡차곡 쌓기만 했지 좀처럼 사용하지는 않은 넘쳐흐르는 물건이다. 전혀 발전이 없었다고 주장하고 있는 것이 아니다. 지적하고자 하는 바는 커뮤니케이션 문헌들이 너무 조각화 되어 있고 산만하며 저자들 또한 자신들을 피하주사 효과나 최소효과를 주장한 선임자들과 거리를 두는 데 너무 조바심을 낸 나머지, 거기서 어떤 발전이 이루어졌는지는 확인하기가 어렵다는 것이다. 차고의 은유를 조금 더 이어가면, 사람들은 차고 속 물건 더미 속에서 좀 더 오래된 것을 찾아낼 수 있겠다는 희망은 크게 갖지 않고 단지 새로운 것을 갖는 것이 더 쉽다고 생각할 수도 있다. 따라서 현존하는 연구를 잊어버렸거나 무시하는 사람들은 거리낌 없이 널리 알려진 패턴을 재발견해 놓고는 그것에다 그냥 새로운 이름을 붙인다. 그와 같은 행위는 로버트 크레이그Robert Craig가 이 분야의 상태에 대해 다음과 같은 회의적인 결론을 내리기에 충분할 만큼 너무 널리 퍼져 있을 수도 있다: "앤더슨(Anderson, 1996)은 커뮤니케이션 이론 교재 일곱 권의 내용을 분석한 결과, 249개의 각기 다른 '이론'을 확인했는데, 그 가운데 195개는 일곱 권 중 단 한 권에만 등장했다. 즉, 그 이론들 가운데 단 22%만이 일곱 권 중 한 권 이상에 등장했으며, 249개의 이론 가운데 18개(7%)만이 세 권 이상에 포함되어 있었다. 만약 커뮤니케이션 이론이 정말 하나의 분야라면, 개론서에 해당하는 교재들 가운데 절반 이상이 이 분야의 필수적인 내용 중 7%가 조금 넘는 것에 동의하는 것처럼 보인다.

커뮤니케이션 이론이 아직 일관성이 있는 연구 분야가 아니라는 결론을 피할 수 없을 것 같다"(Andersson and Pearson, 1999: 120).

이 분야에서 활동 중인 학자들은 대부분 아마도 크레이그의 논지는 인정할지라도 그것에 몹시 괴로워하지는 않을 것이다. 이 분야는 업계 실무 분야와 분리되어 있기 때문에 예를 들어, 의료계나 법조계와는 달리 실제 세계의 긴급한 문제를 해결하는 데 도움을 주는 이 분야의 가치를 입증하라는 요구를 받지 않는다. 직업상의 승진에 대한 유인誘因은 전문화를 장려하며 본의 아니게 조각화도 장려하기 때문에 이 분야에서는 내적 압력도 거의 없다. 그래서 사람들은 어떤 극적인 외적 개입이 없다면 이와 같은 상황이 바뀔 가능성은 없다고 추측할 수도 있을 것이다.

여기가 바로 이야기가 흥미로워지는 부분이다. 상당히 극적인 결과로 이어지는 상황이 펼쳐진다. 아마도 그것은 분명한 사실일 것이다. 그것은 디지털 혁명이다 — 푸시에서 풀로의 변화, 1세기나 된 광고에 기반을 둔 산업적 상업 뉴스 및 오락 매스미디어와 서적 및 녹음물 판매 모델의 생존 가능성에 대한 근본적인 문제 제기. 더욱이 한때 독립적이었고 사실상 문제가 되지 않았던 국민-국가가 통제하거나 규제했던 전화 및 매스 커뮤니케이션 시스템이 전 세계적으로 침해당하고 있다. 이러한 상황으로 인해 이 절의 제목을 '기로에 선 커뮤니케이션 연구'로 붙일 수밖에 없었다. 실제로 이 책 전체는 커뮤니케이션 행위의 혁명이 커뮤니케이션학의 혁명을 어떻게 가능하게 하느냐에 대한 질문을 다루기 위한 시도로 구성되었다. 이 장의 시작 부분의 인용문에 포함되어 있는 애니 랭의 적절한 조치 요구는 무엇보다 중요하다. "우리는 새로운 미디어가 존재할 때마다 새로운 이론을 요구할 것이 아니라, 뉴미디어를 손쉽게 아우르는 이론들을 반드시 가지고 있어야 한다"(Lang, 2013: 23).

그리고 이 장의 주제는 우리가 선전시대의 커뮤니케이션 연구의 역사적 기원으로부터 달아나기보다 그것을 받아들여야 한다는 것이다. 나치 선전 포스터를 연구한다는 의미로 받아들이지 마라. 지난 60년간의 학문을 무시한다는 의미로 받아들이지도 마라. 하지만 존 마셜과 함께 일한 사람들의 헌신과 에너지에 잘 나타나 있는 연구의 뿌리를 재발견하기 위한 노력의 일부로 받아들여라. 절박감과 선전자들로부터 공적 영역을 보호하기 위해 공적 영역의 역학이 실제로 어떻게 작동하는지 이해할 필요가 있다는 실제적이고 현실적인 중요성은 특별히 흥미롭다. 퍼즐은 계속된다 — 퍼즐 풀이는 어떻게 성취될까?

세 가지 제안, 말하자면 그러한 퍼즐에 대한 세 가지 잠재적인 열쇠를 제시한다. 첫 번째 열쇠는 선전 개념이 미디어와 수용자의 현대적인 역학을 이해하는 분석 도구로 재생되고, 재해석되며, 과학적으로 일반화될 수 있는지 알아보기 위해 다시 선전 개념으로 돌아가는 것이다. 이러한 실행을 위한 후보는 원래 선전 개념의 명백한 비대칭(그들의 견해는 조작적·이기적 선전이고 우리의 견해는 단순히 진실 되고 편견 없는 의견임)을 버리고 유인가를 가진 커뮤니케이션(즉, 서로 다른 사회집단의 정체성과 관심사들로 가득 채워져 있어 불가피하지는 않더라도 가능성이 높은 다의적 갈등을 야기하는 커뮤니케이션 과정)에 대한 단순한 전망을 살펴보는 것이다.

두 번째 제안은 커뮤니케이션 연구 행위의 기반을 다시 역사적인 순간에 두는 것이다. 1950년대의 역사적인 주제는 대중사회, 즉 성장하는 산업 미디어와 정부 미디어의 조작의 힘에 지배당하기 쉬운 아노미적이고 원자화된 개인이었다. 그와 같은 주제는 상당히 효과적인 과장과 강조에 빠져들 수도 있다. 그러나 그것은 학계와 공적 영역에 에너지를 불어넣는 지성의 시기와 지성의 양식을 특징짓는 아주 중요한 부분이다. 인간이 처한 조건의 연속성과 역사적 분절에도 세심한 주의를 기울이면서 대중사회에서 정보사회로의 변화를 명확하게 살펴보자는 것이 필자의 제안이다.

세 번째 제안은 잘못 인도된 최소효과 시대를 미디어 효과가 자랑스럽게도 그리고 불가피하게도 '그렇게 아주 작지 않다는' 어떤 빛나는 새로운 분석 모델로 대체하기보다는 미디어 효과가 크거나 작게 나타나는 조건을 이해하기 위한 계속되는 노력으로 연구 활동을 재프레임하고 연구 활동의 기반도 재설정하자는 것이다.

퍼즐을 푸는 첫 번째 열쇠: 유인가를 가진 커뮤니케이션

유인가를 가진 커뮤니케이션의 효과라는 측면에서 더 오래된 선전 효과 이론을 어떻게 다듬어야 할지에 대한 전망을 직접 다루기에 앞서, 한 걸음 물러서서 인간 커뮤니케이션의 주제를 몇몇 다른 사회과학의 행동적 초점과 대비해 보는 것이 유용할 수도 있을 것이다. 많은 패러다임적 모델이 기본적인 게임이론의 제로-섬zero-sum 역학 개념, 즉 한 개인이나 사회집단의 이득이 다른 한 개인이나 사회집단의 비용이나 손실과 연관될 가능성이 있다는 개념을 토대로 한다. 물론 시장에 대한 경제학적 모델은 자발적 구매자와 자발적 판매자를 가정하고 있는데, 이것은 구매자와 판매자가 경쟁적이라기보다는 협력적인 것처럼 들린다. 그러나 분명 시장의 교환은 교환 물품에 대한 차별적 가치 평가differential valuation를 토대로 하고 있다. 즉, 각 참여자는 상대의 가치 평가 실수를 기분 좋게 이용하고 그것으로부터 이익을 얻는다. 정치학에서 제로-섬 역학은 부富가 아닌 권력을 수반하지만, 한 정치적 실체의 권력 획득은 상대 실체의 권력 손실과 연관될 가능성이 있다. 진화생물학에서 적자생존의 제로-섬 역학은 명백하다. 그렇다면 사람들은 커뮤니케이션에 그와 같은 역학이 일반적으로 존재하는지 물을 수도 있을 것이다. 위에서 언급했듯이, 역사적으로 커뮤니케이션은 공유지/공유재commons, 정보 공유, 합일coming together, 친교communion의 의미에서 정의되어 왔다. 그래서 첫 번째로 검토해 보면, 추상화된 시장에서의 자발적인 판매자, 자발적인 구매자와 마찬가지로 커뮤니케이션 교환도 시장 교환처럼 협력적이면서도 협업적인 과정의 특징, 즉 제로-섬이 아닌 포지티브-섬positive-sum[31] 과정을 가지고 있다. 매스 커뮤니케이션에서 자발적인 수용자는 콘텐트와 광고에 주목하거나 저자와 저널리스트가 제공한 오락과 정보를 추구하면서 입장료를 지불하며, 이에 저자와 저널리스트는 적절한 절차에 따라 공개된 경쟁적인 정보 시장에서 성공한 데 따른 보상(흔히, 충분한 보상)을 받는다. 이와 같은 관점은 충분히 합리적인 것 같다(Napoli, 2001).

자 이제 선동가와 선전자를 이 논의 속에 함께 섞어 넣어보자.[32] 자기-동기화된self-motivated 문화적 행위자와 정치적 행위자는 잘 속는 수용자를 의도적으로 조작하며, 그렇지 않으면 사상의 공개 시장이 될 시장을 왜곡한다. 선전 시대의 규범적 자세는 있는 그대로의 자기-동기화 되지 않은 진실로 자기-동기화된 거짓에 맞서고, 가능하다면 선동가를 제거하거나 악의 제국이나 현재의 악의 축을 물리치는 것이다. 물론 이것은 선전 패러다임의 내재된 비대칭을 반영한다.

그 대신, 유인가를 가진 커뮤니케이션 개념, 즉 모든 인간 커뮤니케이션은 적어도 부분적으로 이기적인 행동이라는 견해를 도입할 수 있다. 인간은 공적 영역의 뉴스와 오락물에서 자신의 정체성과 이상을 강화하고자 한다. 서문에서 그랬듯이, 의미 분별 분석에서 파생된 (그리고 다수의 언어와 문화에서 되풀이되는) 언어적 의미의 세 가지 기본적인 차원 각각은 자기-이익과 정체성 문제를 논한다는 점이 다시 한 번 지적될 수 있다(Osgood, Suci and Tannenbaum, 1957). 첫 번째 차원은 '평가(좋은 대 나쁜)', 두 번째 차원은 '능동성(능동적 대 수동적)',

---

31 게임이론에서 비-제로섬 게임(non zero-sum game)은 윈윈전략으로 불리기도 하는데, 가정되는 상황에서 상호 의존적 관계를 유지하는 한 사람들은 어느 한쪽이 보다 큰 이득을 얻게 되더라도 다른 쪽도 역시 여전히 이득을 볼 수 있는 경우나 또는 어느 한쪽이 이득을 얻게 되더라도 다른 쪽은 큰 손해를 입지 않는 경우를 말한다. 비-제로섬 게임의 포지티브-섬(positive-sum) 게임 사례로 '죄수의 딜레마'나 윈윈전략이, 제로섬 게임의 네거티브-섬(negative-sum) 게임 사례로는 '치킨 게임' 등이 거론되기도 한다 — 옮긴이.

32 원문의 "into the mix"는 논의에 토픽을 소개한다는 것을 멋있게 표현한 것("a fancy way of saying introduce topics into a discussion")으로 믹스는 이슈나 아이디어의 집합체를 말한다("The mix refers to a collection of issues or ideas") — 저자와의 이메일 교신.

그리고 세 번째 차원은 '강도/힘(강한 대 약한)'이다.

그래서 우리는 사람들이 새로운 상황에 들어가는 것을 상상해 본다; 친구인가 적인가가 제기되는 첫 번째 질문이다. 나아가 (특히 만약 적이라면) 이러한 새로운 실체는 능동적인가 혹은 수동적인가 그리고 강한가 혹은 약한가? 이 세계를 그렇게 보는 것은 진화론적으로 이해하는 것으로 보인다. 아마도 그것은 인간이 처한 조건의 일부라고 말할 수 있을 것이다. 우리는 그렇게 타고났다. 그것은 우리가 발명해서 사용하는 언어 패턴 속에 나타난다. 커뮤니케이션 행동을 할 때 본질적으로 이기적인 것이 부자연스럽거나 부적절하지는 않다. 우리는 복잡하고 다의적인 메시지를 우리에게 말이 되는 쪽으로 그리고 우리의 정체성을 강화하는 쪽으로 해석한다. 우리는 우리의 장점과 가치를 강조하는 방향으로 말한다. 특히 공적 영역에서 인간 커뮤니케이션은 유인가를 가진 커뮤니케이션인 경향이 있다. 그리고 정체성, 지리적 위치, 경제적 이해관계가 서로 다르기 때문에 공적 영역에서의 커뮤니케이션은 양극화되는 경향이 있다. 양극화가 본질적으로 나쁜 것은 아니다. 그것은 자연스러운 조건이다. 그것은 반박되어야 하고 척결되어야 할 것인 선전과는 다르다(물론 다른 사람들의 유인가를 가진 견해를 그와 같은 방식으로 지각하는 것이 가장 쉽기는 하다). 나쁜 생각에 대한 적절한 대응은 검열이 아니라, 좋은 생각을 사상의 공개 시장에 집어넣는 것, 즉 공정한 경쟁의 장에서 펼쳐지는 다원주의이다.

간단히 말해, 커뮤니케이션 구조는 다음과 같은 분석적이면서도 규범적인 질문을 내포하고 있다: 경쟁이 실제로 공정하게 벌어지고 있는가? 커뮤니케이션은 유인가를 가지고 있기 때문에 공적 영역에 있는 대부분의 참여자들은 경기장이 평평하지 않는다는 것을 충분히 확신한다; 경기장은 그들에게 불리하게끔 편향되어 있고 그들의 관점에 대해 기본적으로 야박하다. 미국적인 맥락에서 보수주의자들은 주류 언론이 편향된 진보적인 저널리즘 기관의 수중에 있다고 확신한다. 진보주의자들 역시 정반대의 상황, 즉 많은 정치자금을 내는 부유한 자본주의 언론은 오른쪽으로 기울어져 있으며 광고주, 대기업, 영향력이 있는 로비 단체의 주머니 속에 들어가 있다는 것을 확신한다. 경쟁이 공정하지 않다는 이러한 서로의 인식은 좋은 출발점이며, 진보와 보수의 관점에서 볼 때 대략 공정하다는 증거로 삼을 수도 있다. 비록 그것이 공적 영역에 문제가 되는 조건인 것처럼 보일 수도 있지만, 그것은 건강한 민주주의 사회에서 그래야 하는 바로 그런 것이다. 커뮤니케이션은 유인가를 가지는 경향이 있다. 5장과 6장에서 이러한 문제들에 대해 꽤 자세하게 다시 다룰 것이다.

퍼즐을 푸는 두 번째 열쇠: 역사에 기반을 둔 연구

일을 체계화하는 데 도움을 주는 것으로 세계대전만 한 것도 없다. 그리고 군사적 갈등이 없는 상태에서는 악의 제국과의 냉전이 꽤 좋은 대안이 된다. 물론 서방의 현대 커뮤니케이션 연구의 역사는 그와 같은 역사적 조건하에서 이루어졌다. 냉전이 소멸되자 커뮤니케이션 연구의 초점은 더 조각화 되고 산만해졌으며 마셜 시대의 특징이었던 절박함, 업계 실무와 연계성을 강조하는 문화가 확실히 없어졌다. 초창기 선전시대의 에너지와 지적 초점을 되살리는 것이 가능한가?

아마 그렇지 않을 것이다. 그리고 지난날 황홀했던 시절로 되돌아가는 것을 상상하는 것이 낭만적이긴 하지만, 그것이 반드시 올바른 방향으로 가는 단계는 아니다. 그러나 현대의 역사적 조건과의 연관성을 되살리겠다는 것은 더 유망한 선택이다.

당시에는 매우 중요했던 선전 개념 및 이와 관련된 대중사회 개념이 이제는 더 이상 역사와의 연계성을 보여주는 적절한 개념적 모델이 아니라고 필자는 주장했다. 유인가를 가진 커뮤니케이션이 둔감하게 비대칭적인 선전 개념을 대체할 유망한 개념일 수도 있다는 주장이 정당하다는 것을 입증하고자 했다. 현시점에서 필자는 재충전된 정보사회 개념이 역사와 규범에 연구 의제의 기반을 두는 매우 적절하고도 바라건대 자극적인 수단 역할을 할 수 있을 거라는 주장이 정당함을 입증하고자 한다.

대중사회를 규정하는 복합적인 문제는 미디어 메시지의 조작적 특이성이었다. 오웰의 영향력 있는 소설에서 그것은 아돌프 히틀러Adolf Hitler와 이오시프 스탈린Joseph Stalin을 적절하게 뒤섞어놓은 무서운 인물인 대형大兄의 과장된 캐리커처였다. 이후의 비평에서 소비자는 물질 소비와 신용카드 채무를 조장하는 강력한 상업적 이해관계자들에 의해 지배되는 대중사회의 무기력한 노리개였다. 비록 두 개념 모두 오늘날 계속해서 큰 정부와 큰 회사의 권력에 대한 사전 경고로서 아주 적절한 반향을 불러일으키고 있지만, 우리 시대의 사상의 시장marketplace of ideas에 관한 새로운 사실, 즉 디지털 혁명을 강조하는 것이 유용할 수도 있다. 20세기 거의 내내 큰 정부들은 인쇄 미디어에 대한 검열과 전자기 스펙트럼을 기반으로 하는 방송 미디어에 대한 대체로 직접적인 통제를 통해 미디어 산업을 엄청나고 강력하게 통제했다. 금지된 녹취와 복사, (구소련 시절) 지하 출판 스타일의 지하 팸플릿, 그리고 신문이 정부의 손이 닿지 않는 곳에 혁명적인 사상을 전파했지만, 주로 산재해 있는 극소수의 지식인 항의자들에게 닿았을 뿐이고 또한 공개적으로 자주성을 드러내 보이는 것에 대해서는 가혹한 제재, 대개 대대적인 투옥으로 이어졌을 뿐이다(Pool, 1973). 그리고 민주적인 서방에서와 마찬가지로, 외진 산속 오두막에서 자급자족하며 살지 않는 한 광고 메시지의 지속적인 폭격에서 벗어난 삶을 상상하기 어려웠다(Baker, 1994).

그러나 정보시대에는 정보가 풍족하다. 여전히 많은 정부 메시지와 광고 메시지가 존재하지만, 위성과 인터넷은 국경 밖에서 흘러나오는 사상으로부터 시민들을 격리할 수 있는 국민-국가의 능력을 방해한다. 그리고 충분한 동기를 가지고 있고 문제를 해결할 수 있는 새로운 방법을 알고 있는 사람들은 디지털 비디오 리코더digital video recorder, 팝업 차단 프로그램, 정교한 온라인 필터filter를 이용해 상업광고 스트림을 막을 수 있다. 산속 오두막이 필요하지 않다.

대중사회 개념처럼 정보사회 문헌은 약점과 모호성, 특히 정보사회 개념이 지난 세기에서 현 세기로 이어지는 사회구조와 문화적 역학의 많은 연속체를 과소평가한다는 것을 지적하는 다양한 비평가를 자극했다. 그러나 이와 같은 비판은 요점을 놓칠 수도 있다. 지속되는 사회생활 이슈가 현시대에 나타나는 특히 독특한 방식을 강조하는 것은 시대정신의 시대 구분, 진화하는 학설, 문화적·정치적 유행 양식에 동기를 부여한다. 어떤 시대가 근대라고 선언된다면, 주기가 다시 시작될 때까지 거기에는 반드시 포스트모던한 것이 존재하고 머지않아 곧 포스트-포스트모던post-postmodern한 것이 존재한다.

정보와 커뮤니케이션의 폭발적인 풍부함과 대중사회 및 정보사회에 관한 풍부한 문헌은 3장의 주된 주제이다. 3장에서는 선전시대에 어느 정도 종지부를 찍고, 비록 좀처럼 인정되지는 않지만 학문 형성 공동체를 구성한 존 마셜의 시대와 현시대 간의 많은 연속성을 강조하기 위한 전문용어가 소개된다.

퍼즐을 푸는 세 번째 열쇠: 효과의 크기에서 효과의 조건으로

선전시대에는 미디어 메시지의 강도와 효과성에 관해 의심하지 않았는데, 그것은 공중의 관심사와 학자들의 관심사 모두의 토대가 되는 본질이었다. 그러나 1940년대와 1950년대에 이루어졌던 초기의 설문조사와 심지어 일부 실험 연구는 다소 놀랍게도 직관에서 벗어나는 연구 결과와 일화들을 내놓았다. 대부분의 수용자는 결코 잘 속는 고립된 노리개가 아니다. 수용자들은 듣고 읽는 것을 다른 사람과 논의하는데, 이것은 유명한 2단계 흐름two-step flow 모델이다. 어떤 가치와 관점은 우리 몸에 깊이 배어 있고 강하게 느껴지기 때문에 미디어 조작의 대상이 되지 않는다. 미디어 믹스 속에 담긴 어떤 메시지는 의견을 변화시키기보다는 기존 견해를 강화한다. 그리고 많은 사람은 약간의 자기-선택적self-selective 행동을 통해 동의할 만한 콘텐트는 추구하고 동의하지 않는 메시지는 피한다. 조셉 클래퍼Joseph Klapper는 처음에는 1949년 컬럼비아 대학교 학위논문에서 그리고 이를 업데이트한 후 1960년에 출간된 『매스 커뮤니케이션의 효과*The Effects of Mass Communication*』에서 이러한 초기 연구 결과들을 잘 요약했다. 클래퍼의 검토는 실제로 미세한 차이를 꽤 섬세하게 다루고 있으며 합리적이다. 300쪽에 이르는 그의 책에서 클래퍼는 미디어의 최소효과minimal effect라는 문구를 한 번도 사용하지 않았다. 그러나 영화 〈카사블랑카*Casablanca*〉에 나오는 대사인 "다시 연주해줘요, 샘Play it again, Sam"[33]처럼, 그 책에 존재하지도 않는 문구가 그 책의 주된 주제로 인기를 끌었으며 가련한 클래퍼 박사는 생각이 신중하지 못한 '최소효과' 학파의 거짓 예언자로서 이 분야에서 상당히 품위를 잃은 악당이 되었다. 얼마나 써먹기 편리한 악당인가! 클래퍼는 CBS에서 일했는데, 이것은 그러한 최소효과 결론을 방송산업을 위한 이기적인 변명처럼 보이게 만들었다. 그는 업계에 기반을 둔 전문가로서 적극적으로 글을 발표하지 않았으며 류마티스성 관절염에 시달리다 1984년에 사망했기 때문에 적절한 변명을 하거나 그의 초기 결론을 갱신할 입장에 있지도 않았다. 그래서 학술 출판 분야의 수 싸움에서 더 다듬어진 이론과 더 정교한 측정 기법을 통해 그렇게 아주 작지는 않은 효과를 입증함으로써 클래퍼와 최소효과 학파에 대한 반박으로 논문이나 심지어 책을 구성할 필요가 있었다. 여기서 주장하고자 하는 바는 노이먼W. Russell Neuman과 구겐하임Lauren Guggenheim의 논문에 더 자세하게 설명되어 있지만, 다음과 같이 다른 말로 바꾸어 표현할 수 있다(Neuman and Guggenheim, 2011). 그것의 교육적 매력에도 불구하고 최소효과-상당한 효과significant effect의 양극성은 이론화의 방해요소 역할을 할 수 있을 것이다. 이러한 주장에는 세 가지 요소가 있다.

---

33 원래 영화에서는 일자(잉그리드 버그만 분)가 릭 블레인(험프리 보가트 분)을 기다리다가 샘(돌리 윌슨 분)에게 "연주해줘요, 샘(Play it, Sam)"이라고 말하지만 "Play it again, Sam"으로 잘못 알려져 있다〔나무위키(https://namu.wiki)〕 — 옮긴이.

첫째, 최소효과-상당한 효과 양극성은 미디어의 영향의 경험적인 효과의 크기와 그것의 이론적·실제적 중요성을 하나로 합쳐버린다. 수학적으로는 아주 작은 효과이지만 시간이 흐르면서 누적되어 결정적인 역할을 할 수 있다. 많은 선거 캠페인에서처럼 흔히 유권자들 가운데 극히 작은 일부가 중요한 역할을 하는 부동층이 된다. 선거 결과라는 실질적인 측면에서, 유권자 대다수가 정치 광고와 범퍼 스티커에 휩쓸리는 것처럼 보이지 않는다는 사실은 그야말로 요점에서 벗어난 것이다. 수적으로는 작지만 과학적으로 중요한 결과에 대해 해명할 필요는 없다.

둘째, 최소효과-상당한 효과의 양극성 내러티브는 커뮤니케이션 연구의 역사를 지나치게 단순화하며, 초기 학문을 깎아내림으로써 이상하게도 젊은 학자들이 이미 존재하는 아이디어를 쓸데없이 다시 생각해내게 하고 덜 구성적이고 덜 누적적인 방식으로 연구를 반복하게 한다. 예를 들어, 국민 정체성과 정신병리학의 상호작용에 대한 라스웰(1935)의 생각은 9.11 사태 이후에 새로운 공명을 불러일으키고 있다. 라자스펠드와 머튼(1948)의 동조conformity[34]와 지위 부여status-conferral에 대한 섬세한 이론화는 현대의 비판적 이론과 분석을 위한 풍부한 기초 재료를 제공한다(Katz, 1987; Simonson, 1999; Simonson and Weimann, 2003; Chadwick, 2013). 게다가 심지어 많은 조롱을 받는 클래퍼(1960)의 개요와 분석도 미디어 효과가 가장 강한 경향이 있는 조건에 대한 신중한 논의는 물론 추가적인 연구를 통해 그러한 조건성을 우리가 어떻게 분명히 이해할 수 있는가에 대한 조언을 제공한다. 클래퍼의 책을 자세히 읽어보면 그가 다음과 같은 것들에 대한 추가 연구를 요구한다는 것을 알 수 있다: (a)수용자들의 심리적 선유성향predisposition; (b)처해 있는 메시지 수신의 사회적 맥락; (c)메시지 수신의 더 넓은 사회적social 맥락, 사회의societal[35] 맥락 및 문화적 맥락; 그

34 동조란 사람들이 흔히 다른 사람의 믿음이나 행동에 맞추어 자기 자신의 믿음이나 행동을 바꾸는 것을 말한다 — 옮긴이.

리고 (d)수용자들의 신념의 방향뿐만 아니라 신념의 구조. 이러한 네 가지 각각은 커뮤니케이션 과정에서 결정적으로 중요한 조건이며, 각각은 이론적 발전과 개선을 위한 기초 역할을 한다.

셋째, 최소효과-상당한 효과 양극성은 미디어 효과 연구의 설계와 해석에 대한 명백한 장애물이자, 개별적인 수준과 종합적인 수준에서 그러한 효과를 방해하고 촉진하는 조건에 대한 누적 합의된 연구 결과가 점진적으로 발전하는 것을 방해하는 명백한 장애물이다. 예를 들어, 바로 1999년에 에머스-서머Emmers-Sommer와 앨런Allen은 이 분야를 개관하면서 다음과 같이 결론 내린다: "종합하면, 이러한 연구 결과들은 앞으로의 연구 방향에 통찰력을 제공하는 데 사용될 수 있다. 우리는 전반적으로 미디어가 정말 효과가 있다는 결론을 내릴 수 있다"(Emmers-Sommer and Allen, 1999: 492). 심지어 50년 뒤에도 클래퍼의 악의 제국의 흔적에 맞선 계속되는 싸움에서는 단순히 통계적으로 유의적인 효과를 입증하는 것만으로도 찬사와 출판의 충분한 명분이 되는 것처럼 보일 것이다. 사실을 말하면, 일단의 미디어 효과 연구는 무효과에서 매우 큰 효과에 이르기까지 꽤 인상적인 범위의 효과를 입증하고 있다는 것이다. 커뮤니케이션 연구를 진전시키는 데 따르는 과제는 그와 같은 효과를 촉진하거나 방해하는 조건을 체계적으로 이론화하고 검증하는 것이지, 이전 세대의 연구자들에 의해 통상적으로 측정된 효과 크기보다 현재의 효과 크기의 평균치가 더 크다는 것을 단순히 찬양하는 것이 아니다.

이 장은 다소 역사적인 퍼즐, 즉 커뮤니케이션학이 어떻게 미디어 효과의 상대적인 강함이나 약함에 초점을 맞추는 현재의 지배적인 연구 패러다임으로 발전하게 되었는지로 시작했다. 이 퍼즐에 대해 제시된 답이 밝혀지는 과정은 다소 우회적이었다. 선전시대에 대부분의 분석가들은 강하고 상당한 효과를

---

35 '사회적(social)'은 주로 한 사회 내의 인간관계 및 사람의 집단과 관련되어 있는 반면, '사회의(societal)'는 하나의 전체, 하나의 체계로서의 사회와 관련되어 있다 — 옮긴이.

그저 기정사실로 받아들였다. 현실적인 문제는 선전자들에게 어떻게 효과적으로 맞서야 하는가 하는 것이었다. 나아가 선전 개념의 비대칭은 강한 미디어 효과에 대한 가정의 비대칭(즉, 심리학적으로 정교한 선전에 단순하고 있는 그대로의 진실로 맞서는 것은 어렵다는 것)과 연관되어 있었다. 이러한 추정은 마크 트웨인Mark Twain이 한 말이라고도 하고 윈스턴 처칠Winston Churchill이 한 말이라고도 하는 널리 인용되는 다음 경구에 잘 나타나 있다. "진실이 신발을 신기도 전에 거짓말은 세상을 반 바퀴 돌 것이다." 매혹적으로 제시되는 부정적인 커뮤니케이션이 본질적으로 긍정적인 커뮤니케이션보다 더 강할 것이라는 예상은 계속해서 커뮤니케이션학에서 공명을 불러일으키고 있으며 또한 오늘날 커뮤니케이션학 분야에서 부정적인 유인가를 가진 커뮤니케이션에 대한 이상하게도 비대칭적인 주목을 부분적으로 설명할 수도 있다.

커뮤니케이션학에는 제3자 효과the third-person effect라 불리는 유명한 연구 결과가 있다(Davison, 1983). 그것은 수용자들 사이에서 자주 증명되는 경험적 현상이다. 수용자 대부분은 설득적인 선전이 다른 사람에게는 영향을 미칠 수도 있지만 그들에게는 분명 그렇지 않다고 대답하는 것으로 나타났다. 연구자들은 대중 수용자들의 이러한 인지적 편향에 동의하지 않는다. 그러나 정작 이러한 편향성의 변형된 형태가 실제로 연구자 자신들에게서 특징적으로 나타나는 것처럼 보인다. 그들의 패러다임은 그들이 '동의하지 않는' 메시지가 그들의 신념과 더 공명을 일으킬 거라고 생각할 수 있는 메시지보다 더 효과적이라는 가정을 토대로 하고 있다. 이후 장들에서는 수용자와 연구자의 이러한 지각적 비대칭으로 되돌아갈 것이다. 그러나 먼저 2장에서는 그렇게 아주 작지는 않은 미디어 효과에 대한 패러다임적 모델에 함께 따라오는 패러다임적인 측정 방법을 살펴본다.

2

정확성에 대한 전망

The Prospect of Precision

주체의 본성이 허용하는 한,
각 부류의 사물에서 정확성을 찾는 것은 교육받은 사람의 표식이다.

— 아리스토텔레스Aristotle

여론에 대해 정확하게 말하는 것은
성령을 이해하게 되는 것과 다르지 않은 하나의 과업이다.

— V. O. 케이 주니어V. O. Key Jr.(1961)

미디어 효과에 관한 연구 상태는
현대 사회과학의 가장 주목할 만한 골칫거리 가운데 하나이다.

— 래리 바텔스Larry Bartels(1993)

❖

1장에서는 커뮤니케이션 연구 분야가 하나의 특정한 쿤식Kuhnian 퍼즐을 중심으로, 즉 제2차 세계대전에 따른 선전 효과에 대한 깊이 몸에 밴 우려에 의해 역사적으로 프레임된 미디어 효과 이슈를 중심으로 구성되었다고 주장했다. 물론 쿤의 과학적 패러다임 모델은 퍼즐뿐만 아니라 퍼즐을 '풀기' 위한 방법론과 짝을 이룬 퍼즐이 존재한다고 가정한다. 이 장은 퍼즐처럼 지난 반세기 동안 이 분야를 지배하고 진화해 온 방법론에 초점을 맞춘다. 그리고 위에서 언급한 것처럼, 푸시 미디어에서 풀 미디어로의 전환을 감안할 때 그러한 방법론 역시 뉴미디어 환경을 고려해 더 다듬음으로써 덕을 볼 수도 있다. 이 장의 중심 주제(즉, 미디어가 하는 일을 측정하는 데 있어 정확성에 대한 전망)는 인간 커뮤니케이션 현상은 특히 신뢰할 수 있는 측정과 전통적인 사회과학적 계량적 분석의 사용에 특히 저항한다는 전제를 토대로 한다. 다음 두 가지 이유에서 저항성이 있다: (a) 풍부함 — 디지털 시대에 양과 다양성 면에서 훨씬 더 증가하고 있는, 개인의 일상 환경에서의 단어 및 이미지의 엄청난 풍부함, (b) 다의성 — 이러한 단어와 이미지 각각이 각기 다른 개인들에 의해 엄청나게 다르게 해석된다는 사실.

경제학은 풍부함과 대량large quantity을 다루지만, 연구되는 화폐 단위는 명확하게 정의되며 그것의 가치는, 예를 들어, 커뮤니케이션에서 그런 것처럼 깊이 몸에 밴 가치와 사회적 정체성[1]을 토대로, 아마 언제든 달리 해석되지 않을 것이다. 정치학 역시 경제학처럼 대량을 다루지만 예를 들어, 투표 통계도 양적으로 명확해서 1표는 1표이다. 더 다채로운 연구 분야인 사회학은 계층, 지위, 권력의 불평등 이슈를 다루며, 역시 경제학처럼 사회경제적인 지위와 같은

---

1 사회적 정체성이란 다른 사람들과의 어떤 본질적인 특성을 지속적으로 공유하는 것을 말하며, 사회적 정체성 이론(social identity theory)에 따르면 사회적 정체성은 두 개의 인지적 과정, 즉 사회적 범주화(social categorization)와 사회적 동일시(social identification)를 통해 형성된다고 한다 — 옮긴이.

현상의 측정이 더 이상 논란이 되거나 문제 되지 않는다. 그러나 의미의 측정은 추가적인 수준의 복잡성을 수반한다. 현대사회의 대량으로 만들어지는 메시지 흐름 속에서 설득 메시지가 수용자들에게 확인 가능한 영향을 미쳤는지 여부를 입증하려 노력하는 것은 하늘에 있는 모든 별을 헤아리려 노력하는 것과 같다.

별 헤아리기

별은 너무 많고, 계속해서 움직이고, 흔히 분명하지 않으며, 실제로 직접 조사할 수 없기 때문에 별을 헤아리는 것은 어렵다. 희미하고 깜빡거리는 빛의 패턴은 순식간에 바뀐다. 천체天體에 대한 인간의 생각은 가장 유명하고도 역사적으로 가장 큰 논란을 빚은 과학적 패러다임 전환 가운데 하나(즉, 지구 중심적인 천동설에서 태양 중심의 지동설로의 인간 지각 변화)와 공명을 일으킨다. 별들의 구조와 풍부함을 이해하는 것은 고사하고, 밤하늘을 올려다보고 있는 인간이 별 하나하나까지의 거리와 별 하나하나의 부피를 이해하기는 어렵다. 보통 우리는 맨눈으로 수천 개의 별을 볼 수 있다. 우리가 밤에 보는 것은 실제로 우리 은하계에 있는 1조 개의 별 가운데 아주 작은 부분이라고 천문학자들은 설명한다. 과학자들은 다른 천체물리학적 측정과 이론을 사용해 약 1조 개의 은하계가 존재할 것으로 추정한다. 그래서 우리가 밤하늘을 올려다볼 때, 인간이 지각할 수 없을 정도로 희미하고 이래저래 잘 보이지는 않지만, 1조×1조 개의 별을 보고 있는 것이다(Comins and Kaufmann, 2011). 실제로 우리는 지구에 인간이 살기 시작한 이래로 저녁 하늘을 바라보며 우주를 이해하기 위해 애써왔다. 대부분의 문화에서 별들의 패턴은 인간과 동물의 모습 그리고 당연히 여러 종류의 신神으로 해석된다. 하늘을 쳐다보면 곤봉을 들고 칼을 꽂는 벨트를 차고 있는 사냥꾼 오리온Orion 자리와 크고 작은 국자[2]와 같은 가재도구 모양을 하고 있는 별들을 볼 수 있다. 우리는 별들의 패턴을 지각하고 그러한 패턴에 의미와 인과성을 부여하는 데에 상당히 뛰어난 창의성을 보인다. 그러나 실제로 별을 헤아리는 것은, 즉 정확한 정량 평가를 위해 각각의 별을 하나씩 세는 것은 어리석어 보일 것이다. 어떤 비평가들에게 그와 같은 일은 오만한 행위일 것이며, 또 어떤 비평가들에게 그것은 오만보다 더 나쁜 것으로, 그와 같은 천국의 본질에 대한 경솔한 모험은 신성모독일 것이다. 정확성 추구에 관한 이러한 확장 은유[3]를 특별히 고려할 때, 다음 교훈은 조금 덜 가혹하다: 인간 커뮤니케이션의 포괄적인 현상을 정확하게 측정하는 것은 엄청나게 어려우며 제한적이고 오류로 가득 찬 데이터를 해석할 때 인내와 분석적 창의성 모두를 필요로 할 것이다. 인내와 분석적 창의성은 현대의 천문학자들에게 유용하게 사용되었다. 산산조각 난 커뮤니케이션 연구 활동은 마음을 다잡아야 한다.

미디어 효과 연구의 기본 패러다임

진화해 온 미디어 효과 연구 패러다임은 매우 단순해서, 대체로 미디어 노출의 변동과 행동적 반응의 변동 간의 상관관계 분석으로 구성되어 있다. 이러한 수준의 기술記述을 감안하면 미디어 효과 연구 패러다임은 사람들에게 가설을 구성하고 검정檢定[4]하는 아주 합리적인 모델이라는 인상을 줄 수도 있을 것이며 또한 비교적 수행하기 쉬운 것처럼 보일 것이다. 후대에 큰 영향을 준 실

---

2 큰 국자는 북두칠성, 작은 국가는 북극성이 있는 작은곰자리를 말한다 — 옮긴이.

3 확장 은유(extended metaphor)란 하나의 원관념에 두 개 이상의 보조관념이 연결된 형태의 비유로서 혼성 은유로 불리기도 한다. 즉, 여기에서는 별 헤기가 오만한 행위로도 비유되고 동시에 신성모독 행위로도 비유되는 것을 말한다 — 옮긴이.

4 검증(檢證, verification)은 '검사하여 증명함'이라는 의미이고, 검정(檢正, testing)은 '잘 조사하여 바르게 하는 일'이라는 뜻으로, 따라서 '이론 검증'과 '가설 검정'으로 쓰는 것이 맞다 — 옮긴이.

험 설계가 예일 대학교의 칼 호블랜드와 동료들에 의해 처음을 개발되었는데, 그들은 설득 메시지의 특성에 체계적인 변화를 준 다음, 분명히 드러나는 태도 변화의 상대적인 정도를 평가했다(Hovland, Lumsdaine and Sheffield, 1949; Hovland, Janis and Kelley, 1953). 그것에 상응하는 설문조사 설계는 컬럼비아 대학교의 폴 라자스펠드와 동료들에 의해 개발되었는데, 그들은 서로 다른 배경을 가진 유권자의 투표 의향 변화와 일상적으로 서로 다르게 신문에 노출되는 사람과 라디오에 노출되는 사람들의 투표 의향 변화를 살펴보았다(텔레비전은 아직 없었음; Lazarsfeld, Berelson and Gaudet, 1944). 내용 분석으로 알려진 미디어 내용의 체계적인 정량 평가는 제2차 세계대전 동안에는 워싱턴에 있다가 이후에는 스탠퍼드 대학교와 예일 대학교에 있었던 해럴드 라스웰과 그의 선전 연구원 팀에 의해 개발되었다. 1930년대에 개발된 라스웰이 꿈꾸었던 연구 설계(완전히 실행된 적은 없음)는 세계 주의 설문조사World Attention Survey였는데, 이 조사는 신문 내용과 서로 다른 나라의 서로 다른 지배적인 태도 및 행동의 상관관계를 살펴볼 것을 제안했다(Lasswell, 1941). 다음 절에서는 언뜻 보기에는 꽤 구체적으로 명시되고 간단명료하게 수행된 분석적 인과 모델이 왜 불행하게도 전혀 그렇지 않은 것으로 판명되는지에 대해 다소 상세하게 검토한다. 이 기본 모델은 측정 오차measurement error 가능성에 대한 언급이 거의 없긴 했지만 도형으로 여러 차례 표현되었다(McQuail and WIndahl, 1993; Jensen, 2011). 그러나 〈그림 2.1〉에서 볼 수 있듯이 이 기본 모델은 기본적인 구조적 속성을 핵심으로 하고 있다. 이 모델은 이 장이 진행됨에 따라 정교화 된다(〈그림 2.3〉 참조).

이 장의 각 절은 연구 사례와 학자들이 이론 및 데이터와 싸워오면서 수년에 걸쳐 명확하게 요구해 온 연구 개선 사항을 살펴본다. 그러나 위에서 언급했듯이 두 주제, 즉 인간 커뮤니케이션 연구에서만 볼 수 있는 것은 아니지만 인간 커뮤니케이션을 특징짓는 두 가지 과제, 즉 풍부함과 다의성 이슈가 검토 내용의 대부분을 차지할 것이다.

요컨대 성인들에게 사실상 모든 미디어를 통해 전달되고 오랜 시간에 걸쳐

〈그림 2.1〉 미디어 효과 기본 분석 모델

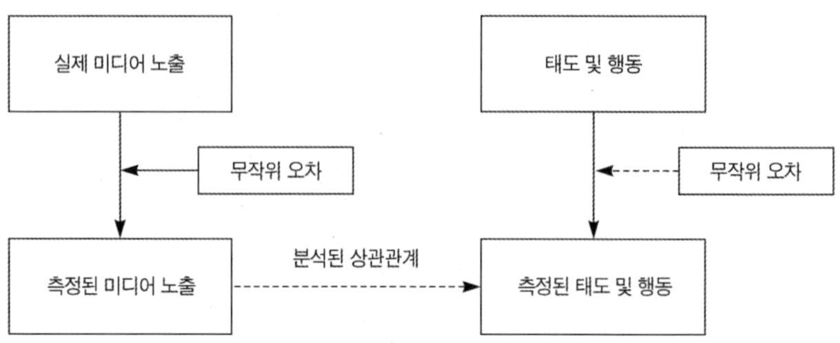

누적되는 일상적인 메시지의 풍부함으로 인해 결과적으로는 방어용으로 사용할 통제집단, 즉 메시지에 노출되지 않는 사회적으로 그리고 심리학적으로 동등한 다른 표본을 찾는 것이 실제적으로 불가능하다. 만약 동일한 기본적인 메시지와 내러티브가 책, 영화, 방송, 인쇄 미디어에도 존재한다면, (이용과 충족 전통에서 전형적으로 이루어지듯이) 각기 다른 미디어 사용을 측정하는 것이 특별히 도움이 되지 않는다. 만약 한 실험에서, 예를 들어, 세 개의 설득적 메시지나 세 개의 특별히 폭력적인 내러티브에 대한 노출과 비노출에 체계적으로 변화를 준 다음, 다른 상응하는 표본의 차별적인 반응을 보고자 한다면 미디어 효과를 한계적으로만,[5] 즉 10만 개의 그와 같은 메시지를 본 사람과 10만 3개의 그와 같은 메시지를 본 사람 간의 차이만 살펴볼 수 있을 뿐이다. 만약 체계적으로 변화를 준 메시지에 노출되는 국가와 문화를 비교한다면 문화, 사회구조,

5 A의 변화에 따라 B도 변한다고 할 때, A가 1단위 변할 때 B의 변화량을 '한계 변화량(marginal change)'이라고 한다. 이처럼 이미 하고 있는 행동이나 현재의 계획을 '조금씩'만(at the margin) 바꾸어 적응해 가는 경우가 많은데, 경제학에서는 이를 '한계적(at the margin)'이라고 표현한다. '경제의 10대 원리' 가운데 '합리적 판단은 한계적으로 이루어진다(Rational people think at the margin)'는 것이 있는데, 이는 많은 경우 사람들은 한계적으로 생각함으로써 최선의 결정을 내린다는 의미이다. '한계적으로' 생각한다는 것은 사람들의 선택에 따라 추가적으로 편익(한계이득)과 비용(한계비용)의 크기를 비교한다는 것으로, 어떤 선택에 대해 편익이 비용보다 더 클 경우에 이러한 선택을 할 것이라는 의미이다 — 옮긴이.

경제적 맥락, 그리고 역사적 맥락의 다른 차이들에서 커뮤니케이션 흐름의 차이를 찾아내 분석하는 것이 실제로 불가능하다.

상대적으로, 다의성은 단 하나의 측정 가능한 '효과'가 아니라 잠재적인 행동적 반응의 광범위하고도 복잡한 분포를 야기한다. 따라서 예를 들어, '건강한 식사의 이점'을 입증하기 위해 세심하게 설계된 어떤 설득 메시지는 이 메시지에 노출된 다수의 사람들이 그 조사가 끝나자마자 달거나 짠 패스트푸드를 푸짐하게 먹으러 가야겠다는 생각을 머릿속에 새겨둠에 따라 단순히 극심한 배고픔을 떠올리게 해줄 뿐이다.

풍부함이 측정에 부여하는 과제

이러한 매개되는 문자, 음성, 이미지의 거대한 흐름을 사려 깊게, 정확하게, 그리고 현실적으로 다루는 것은 당면한 과제이며, 이러한 과제에 대응하기 위한 시도는 이 책의 중심 주제 가운데 하나이다. '풍부함의 역설'이란 제목의 3장은 밀물처럼 밀려드는 많은 양의 커뮤니케이션 흐름에서 나타나는 이러한 새로운 추이들을 더 깊이 다룬다. 여기서는 적절한 방법론 문제와 어느 정도 합당한 측정의 정확도와 신뢰도에 대한 전망에 주목한다.

예를 들어, 새롭고 독창적인 방법론적 접근법을 사용하여 폭력 묘사 노출 문제에 접근할 수도 있을 것이다. 실험에서 폭력 노출의 수준에 체계적인 변화를 주는 대신 어떤 연구자가 소수의 젊은 응답자들과 함께 그냥 앉아서 그들이 보았거나 읽은 기억이 있는 추정컨대 10만 개의 매개된 폭력 행위에 대해 가능한 한 많은 것을 기억해 주도록 요청한다면 어떤가? 그 연구자는 다음과 같이 그들을 안심시킬 수 있을 것이다: "여유를 가지십시오. 시간은 충분합니다." 특정한 묘사에 대한 응답자들의 기억이 수십 건의 총격 사건, 칼부림 사건, 교살, 그리고 아마도 한두 건의 독살을 떠올린 지 수분 만에 고갈될 가능성이 있다. 사회과학자들은 폭력 묘사 산출에 보통 '잠재적으로 폭력적인 언어적 위협'도 포함한다는 점을 조사 대상자들에게 다시 한 번 알려줄 수 있을 것이며, 그것은 또 다른 10여 건의 위협을 느낀 폭력의 기억을 떠올리게 할 수도 있을 것이다. 이것은 미디어 효과에서 인과적 역학의 본질적인 특성이다. 기억할 수 있거나 확인할 수 있는 그러한 노출에 대한 실제 노출의 비율은 기억해내는 1건의 노출당 수천 건의 실제 노출로, 약 10000 : 1이다. 아마도 틀림없이 분명하게 기억하지 못하는 폭력 노출의 중요한 잠재의식 효과[6]가 존재할 수도 있겠지만, 잠재의식 과정은 규정하기도 그리고 평가하기도 훨씬 더 어렵다.

커뮤니케이션 연구 전통에는 이론적으로 눈에 띄는 현상이 얼마든지 있다: 젊은 아프리카계 남성에 대한 고정관념, 차별화된 젠더 역할, 연방정부의 신뢰성, 과시적인 소비재 소비, 그리고 성적 행동(Jeffres, 1997; Perse, 2001; Preiss et al., 2007; Bryant and Oliver, 2009; Sparks, 2010). 예를 들어, 건강하고 적극적이며 바쁜 20세의 젊은이가 지금까지 살아오면서 얼마나 많은 관련 있는 메시지, 즉 학교에서 메시지를 직접 목격했거나 부모나 또래 친구들에게 전해들은 미디어 메시지에 노출되었는가? 이렇게 광의적으로 정의된 토픽에 대한 1만 개의 메시지는 아마도 너무 적을 것이다. 100만 개는 아마 너무 많을 것이다. 정확히 판단하기는 어렵지만, 아마도 대략 10만 개 정도이지 않을까? 관련 있는 메시지 가운데 극히 낮은 비율만이 명확하게 기억될 수 있지만, 여러 유형의 잠재적 '효과'가 있기 위해서는 명확한 현시점에 의식적 자각이 필요하다고 믿을 이유는 없다.

인간 행동에 대한 과학적 이해는 변동에 대한 세심한 분석을 토대로 하기 때문에 반드시 전통적인 사회과학 연구보고서의 첫 문단에서 주된 관심 '변인들'과 그들 사이의 구조적 관계에 대한 몇몇 가설을 밝힌다. 그리고 매스 커뮤

---

6 잠재의식 효과(subliminal effect)란 우리가 의식적으로 인지하지 못하는 자극이 잠재의식 속에서 기억되어 우리의 감정이나 생각, 행동에 영향을 미치는 것을 말한다 — 옮긴이.

니케이션 분야의 연구 대부분은 예외가 없다. 커뮤니케이션 연구자들은 판에 박힌 듯 설문조사 연구에서 텔레비전이나 신문에 대한 자기-보고된self-reported 노출이나 실험 연구에서 5~6분 길이의 설득 메시지, 내러티브에 체계적으로 변화를 준 노출과 같은 변인에 의존한다. 그러한 변인들의 기저 분포[7]의 특성은 통상 문제가 없는 것으로 받아들여지는데, 분명 그렇게 해서는 안 된다.

한계 커뮤니케이션 Communication at the Margin.[8] 커뮤니케이션 연구자들은 놀랄 것도 없이 사회생활에서 현재 관심과 논란을 불러일으키고 있는 미디어 묘사와 설득 메시지의 잠재적 역할에 초점을 맞추는 경향이 있다. 따라서 예를 들어, 인종 혹은 젠더 고정관념 묘사, 뉴스 보도 및 정치 광고, 폭력 및 성 묘사는 각각 축적된 연구 문헌의 상당 부분을 차지한다(Berger, Roloff and Roskos-Ewoldsen, 2009). 이것은 의당 그래야 하는 것일 수도 있지만, 인종, 젠더, 공공관계 활동[9] 등을 다루는 미디어 내용의 양이 엄청나고 아주 널리 퍼져 있기 때문에 그것은 연구 설계에 대한 근본적인 과제를 만들어낸다. 미디어의 대인 폭력과 사회적 폭력 묘사를 사례연구로 살펴보자.

폭력적인 미디어 내용이 현대 세계에서 폭력 성향을 불러일으키는지 여부는 커뮤니케이션 이론화의 주요 요소이다. 그것은 20세기 전반기에 있었던 초기의 원형적인 효과 연구에 뿌리를 두고 있다(Wartella and Reeves, 1985). 그로 인

7 기저 분포란 원 데이터(raw data)를 말한다 — 옮긴이.

8 각주 5의 '한계적(at the margin)'에 대한 설명을 다시 참조하기 바라며, 경제학에서 'cost at the margin'을 한계비용(marginal cost)이라고 번역한다 — 옮긴이.

9 공공관계 활동(public affairs: PA)은 주요 이해관계자들(정치권, NGO, 전문가, 언론, 주주, 업계 등)이 이슈에 대한 올바른 인지를 토대로 여론을 개선해 비즈니스를 둘러싼 공공 환경을 우호적으로 개선하는 활동을 뜻한다. 이러한 활동은 1차적인 결과물로 기업 관련 정책이나 규제, 정부의 기조, 입장 등의 변화를 수반한다. PA는 대공중관계 활동(public relations: PR)보다는 구체적이되, 대정부 활동(government relations)보다는 포괄적인 개념이다(≪DBR≫, 151호(2014), http://dbr.donga.com/article/view/1203/article_no/6389) — 옮긴이.

해 이러한 구체적 토픽을 전문적으로 다루는 학술지 5~6개가 성공리에 출간되었으며, 미디어와 폭력에 관한 다른 연구보고서들도 미디어 심리학 분야의 여러 다른 학술지에서 지배적인 존재감을 계속해서 보여주고 있다. 한 평가 연구는 1950년 이후에 발표된 이러한 미디어 폭력에 관한 3500편의 연구를 추적했다(Grossman and DeGaetano, 1999).

이 전통을 따르는 실험주의자들은 언제나 조사 대상자(보통 분명하고도 특별한 관심의 대상인 젊은 조사 대상자)의 하부 표본을 영화나 비디오 내러티브, 글로 된 시나리오, 혹은 비디오 게임에 묘사된 폭력의 존재와 이에 상응하는 부재不在로 정의된 서로 다른 조건에 무작위로 할당한다. 일반적으로 노출 직후에 자기-보고된 반사회적 행동 성향이나 실제로 관찰된 반사회적 행동의 차이가 분명하게 발견된다. 그러나 이러한 연관을 의미 있고도 잠재적으로 더 장기적인 상태 변화라는 전통적인 과학적 의미의 인과관계로 해석하는 것은 곤란하다. 그 이유는 과학적으로 탐구될 수 있는 유일한 분산은 한계 분산variance at the margin이기 때문이다. 평균적인 미국 젊은이는 초등학교를 졸업할 때까지 텔레비전에서만 10만 건의 폭력 행위와 8000건의 살인을 목격한다(Huston et al., 1992). 심지어 (어린이들이 일상적으로 시청하는 성인용 프로그램은 제외하고) 어린이를 겨냥한 프로그램에서조차 시간당 평균 14건의 폭력 행위가 목격되는 등(Strasburger and Wilson, 2002) 대규모 노출이 정점에 달해 있는 시점에 아주 작은 노출 차이를 연구 대상으로 삼지 않는 것이 어떻게 가능하겠는가? 대중문화의 이러한 요소에 거의 혹은 전혀 노출되지 않는 매우 종교적이거나 다른 이념적인 동기를 가진 가정에서 자란 소수의 어린이들이 흥미로운 궁금증을 자아내긴 하지만 이들은 연구 목적상 전혀 비교가 불가능한 하부 표본이다. 물론 장기간에 걸쳐 누적되는 노출이 매우 유의미한 효과를 나타낼 수 있다는 것은 사실이다. 그러나 종단적인longitudinal 현장 데이터가 존재하는 실제 세계에서 연구자들은 늘 대략 8만 5000건의 폭력 행위에 노출되는 것과 이에 반해 11만 5000건의 폭력 행위에 노출되는 것 간의 인과적 차이에 직면하지 않을 수 없다. 커뮤니케이션의 풍부함이라는 기본적인 사실로 인해 그와 같은 경험적·분석적 과제는 당면한 현상에 분명히 내재되어 있다.

체계적인 부주의와 망각. 심지어 사진 기억photographic memory[10]에 버금가는 기억력을 가지고 있는 일부 비범한 사람도 폭력, 성, 혹은 설득적인 정치적 주장을 담고 있는 미디어 묘사를 몇 퍼센트라도 더 기억해 낼 수 있을 거라고 상상하는 것은 비현실적이다. 그것은 바뀔 수 없는 본질적인 특성으로, 이 경우 현재 검토 중인 인과적 과정의 특성이다. 사실을 말하자면, 우리의 인지 체계는 고맙게도 우리의 시각적·청각적 지각의 상당 부분을 망각하게끔 설계되어 있다. 인간의 뇌는 서로 완전히 분리되어 있는 장기 기억 체계와 단기 기억 체계로 작동한다(Cowan, 1998; Klingberg, 2009). 우리는 호텔에 있는 동안에는 호텔 방 번호를 기억하지만, 일주일만 지나면 더 이상 중요하지 않기 때문에 일반적으로 방 번호를 더 이상 기억할 수 없다. 우리의 존재에 대한 많은 감각적 지각처럼, 그와 같은 맥락별 세부 사항을 기억하는 것은 마음을 어수선하게 할 뿐이다. 인간(사실은 모든 유기체)이 엄청난 감각적 데이터 흐름을 다루는 방식은 소수의 지각 조각을 제외한 모든 것을 걸러내고, 무시하며, 잊어버리는 것이다. 우리는 첫 번째 키스, 첫 등교, 〈토요일 밤의 열기*Saturday Night Fever*〉의 존 트래볼타John Travolta처럼 춤추려고 노력했을 때를 기억할 수도 있다. 체계적인 부주의systematic inattention와 선택적 주의는 그야말로 우리 환경에서 밀물처럼 밀려드는 엄청난 양의 매개되는 메시지에 대한 불가피한 반응일 뿐이다. 우리는 그 시대의 또 다른 영화인 〈도시의 카우보이*Urban Cowboy*〉에서 존 트래볼타를 본 것은 기억하지만 그가 여주인공에게 인상 깊게 보이기 위해 싸구려 술집에서 기계로 작동하는 황소를 탄 것 외에 그 어떤 것도 기억하지 못한다. (그

10 사진 기억이란 어떤 장면을 사진 찍듯이 기억하여 원하는 때에 원하는 부분을 기억해 낼 수 있는 능력을 말한다 — 옮긴이.

여배우가 누구였지?)

강화. 커뮤니케이션 연구 패러다임은 통상 '태도 변화'를 핵심 종속변인으로 간주한다. 물론 그것의 함의는 만약 어떤 고정된 신념이나 의견이 분명하게 변하지 않으면 '효과'가 존재하지 않는다는 것일 것이다. 그러나 경합하는 대부분의 이슈는 물론 제품 마케팅 분야에서는 틀림없이 찬반 메시지가 서로 경합하면서 존재한다는 점을 감안할 때, 잠재적으로 중요한 커뮤니케이션 '효과'가 서로 경합하는 메시지에 직면해 기존의 신념이나 의견을 강화하는 것일 수도 있다. 만약 강화해 주는 메시지 패턴이 부재한 상태에서 신념과 태도가 실제로 어떤 커뮤니케이션 환경에 대한 반응으로 변화하는 것이 입증될 수 있다면, 그것은 분명 '효과'에 해당할 것이다. 조셉 클래퍼(Klapper, 1960)의 유명한 강화에 대한 논의와 그가 강화를 '최소효과'의 무서운 증거와 곤혹스럽게 연관시킴으로 인해, 일반적으로 인정된 연구 설계의 패러다임은 어색하게도 그리고 불행하게도 강화의 패턴에 대한 체계적인 연구를 피해왔다. 선택적 주의와 선택적 회상selective recollection에서 가장 널리 인정되는 요인 가운데 하나가 익숙함familiarity임을 감안할 때, 태도 변화에 대한 이러한 일반적인 방법론적 초점은 이론적 발전과 경험적 발전을 제한해 왔다.

의견 변화 대 의견 생성. 1950년대 예일 대학교의 호블랜드 팀이 세심하게 구성한 누적적인 연구 설계에도 몇 가지 참고할 사항이 있다. 학습 이론learning theory을 배경으로 하는 심리학자들이었기 때문에 그들이 실험적으로 조작된 태도 변화 실험을 위해 선택한 토픽의 내재된 사회적 특성이 아닌 인지적 역학에 주목한 것은 놀라운 일이 아니었다. 선거 기간 동안 정책, 정당 동일시, 후보 선호도에 관한 사회적으로 내재된 신념의 변화에 대한 증거를 거의 찾지 못한 컬럼비아 대학교의 사회학자들과는 두드러지게 대조적으로, 예일 대학교 연구 팀원들은 선택한 토픽에 대해 비교적 그다지 신경 쓰지 않았다. 실제로 그들은 '태도 변화'를 입증할 가능성을 높이기 위해 조사 대상자들이 익숙하지 않을 것 같은 토픽 선정의 중요성을 당당하게 밝혔다. 일부 토픽은 이상하거나 모호하다고 소문이 날 정도였는데, 한 설득 메시지는 초콜릿을 입힌 메뚜기 소비에 초점을 맞추었고 또 다른 것은 치과 의사에게 책임보험에 가입할 것을 요구하는 난해한 이슈에 초점을 맞추었다. 돌이켜 생각해 보면, 원래 연구에서 태도 변화의 증거라고 기술된 것이 많은 경우 태도 생성attitude creation이라고 기술하는 것이 더 적절했다고 이 분야의 많은 분석가가 말했다. 따라서 방법론 개선이라는 힘든 일이 계속되고 패러다임적 목표가 그렇게 아주 적지 않은 효과를 찬양하는 것에서 효과의 조건을 체계적으로 평가하는 것으로 진화함에 따라, 변화되거나 강화될 수 있는 의견과 신념의 배태성embeddedness,[11] 강도, 혹은 그러한 의견과 신념에 대한 헌신의 수준에 대한 세심한 주목이 더 분명하게 확인될 것이다.

배양 분석: 작은 발걸음. 펜실베이니아 대학교 조지 거브너George Gerbner와 동료들은 배양 분석cultivation analysis이라는 깃발 아래 미디어 메시지의 풍부함과 매개된 주제가 장기간에 걸쳐 더 미묘하게 잠재의식에 영향을 미칠 수 있는 가능성을 다루는 가장 창의적이고 영향력 있는 접근법 가운데 하나를 개발했다. 거브너는 전통적인 효과 연구를 정말로 좋아하는 편은 아니었으며 솔직하게 효과라는 용어를 피하고 배양이란 용어를 사용했는데, 이 용어는 특화된 메시지 환경이 사람들을 장기적으로 포위하고 있을 가능성을 잘 포착했다(Gerbner, 1956, 1967, 1969). 이 연구팀은 지상파 텔레비전에 초점을 맞추고 범죄의 위협과 같은 이슈에 대한 신념과 의료 및 경찰 직업이 두드러져 보이는 정

11 배태성이란 본래 '어떤 현상이나 사물이 발생하거나 일어날 원인을 내포한다'는 의미이다. 즉, 개인의 행위가 고립된 상태에서 선택되는 것이 아니라, 눈치도 보고 사회규범도 고려하듯이 사회적 관계에 의해 영향을 받으며 지속적으로 맥락지어진다는 것을 의미한다(≪법률저널≫, 2015년 4월 24일, http://www.lec.co.kr/news/articleView.html?idxno=36503) — 옮긴이.

도를 자기-보고된 일일 텔레비전 시청 수준과 짝짓는matching 설문조사에 기반한 접근법을 개척했다(Gerbner et al., 1976, 1978, 1979, 1980; Gerbner and Gross, 1976). 거브너는 자신의 비판적인 성향에도 불구하고 결국 기본적인 커뮤니케이션 연구 패러다임의 전형적인 변형을 채택했다. 설문조사 결과, 텔레비전을 많이 시청하는 사람이 범죄를 더 두려워하며 (당연히 텔레비전의 범죄 및 의료 장르에서 강조된 대로) 경찰직과 의료직 종사자의 비율을 과장하는 것으로 나타났다. 여기서의 문제는 (길거리 범죄를 더 두려워할 만한 충분한 이유를 가지고 있으며 직업 분포에 대해 잘 모를 수도 있는) 교육을 덜 받은 사람과 사회적 지위가 낮은 사람이 텔레비전을 훨씬 더 많이 시청하며 대학 교육을 받은 응답자와는 달리 시청시간을 기술하는 것에 전혀 당혹해하는 것 같지 않는데, 이는 계층과 시청 수준 간 상관관계를 더욱 과장한다는 것이다. 그 결과, '사회계층 효과'와 '선택적 노출selective exposure 효과'로부터 'TV 효과'를 적절하게 통제하거나 분리하는 것이 어렵다(Hirsch, 1980, 1981a, 1981b; Hughes, 1980; Gerbner et al., 1981a, 1981b; Wober and Gunter, 1982; Rubin, Perse and Taylor, 1988; Potter, 1994). 장기적이고 누적적인 효과 이슈를 다루려는 시도는 분명 옳은 방향으로 한 걸음 나아간 것이고 메시지 흐름에 대한 '몰입immersion' 개념이 계속해서 직관적으로 매력적이긴 하지만(Shrum, 2007), 기본 패러다임의 단순한 노출-태도 연결은 실패작이다. 루빈Rubin과 동료들이 결론 내리듯이, 다시청heavy viewing과 무서운 세계scary world 간의 상관관계는 대체로 허위적[12]이다: "텔레비전 노출이 원인인 배양 효과 cultivation effect를 방법론이 설명할 수도 있다…. 텔레비전 시청이 부정적인 효

12 허위적 상관관계(spurious correlation)란 두 변인 간에 실제로 상관관계가 없음에도 제3의 변인에 의해 두 변인이 상관관계가 있는 것처럼 나타나는 것을 말한다. 예를 들어, 한 도시의 아이스크림 판매량을 보면 수영장에서 익사율이 높을 때 아이스크림 판매량 역시 증가하는 것을 알 수 있는데, 그러나 실제로 여름에는 아이스크림 판매량이 증가할 뿐만 아니라 무더위를 피하기 위해 수영장을 찾는 이용객도 많을 것이므로 익사율이 높아질 것이다. 따라서 익사율의 원인은 아이스크림 판매량이 아니라 무더위를 피하기 위한 수영장 이용이다 — 옮긴이.

과만 초래한다고 믿는 것은 잘못이다…. 다른 선행 변인과 매개 변인이 노출 수준이 설명하는 것보다 더 많이 사회적 태도 지표의 분산을 설명했다…. 텔레비전은 과도한 노출 수준 때문이 아니라 개인차와 〔기존의〕 수용자 태도 및 수용자 능동성audience activity에 의해 완화된 내용 선택 때문에 개인의 지각에 영향을 미친다〔미칠 수도 있다〕…. 사람들은 텔레비전 내용을 사회적 지각 속에 통합하기에 앞서 능동적으로 그리고 차별적으로 그것을 평가한다"(Rubin, Perse and Taylor, 1988: 123~126).

미디어 노출 측정. 앞에서 언급했듯이, 설문조사 방법론은 행동에 대한 자기-보고를 기반으로 한다. 설문조사에서 널리 인정되고 있는 자기-보고된 행동은 체계적 오차와 무작위 오차[13]의 다양한 원천에 의해 왜곡되는 것으로 유명하다. 사람들은 과거 행동을 기억하는 데 어려움을 겪고, 활동 시간과 같은 수치를 추정하지 못하기로 유명하며, 사회적으로 바람직하지 않은 것으로 여기는 행동은 심하게 과소보고過小報告한다. 한 고전적인 연구에서 분석가는 설문조사에서 텔레비전에서 보았다고 말한 것과 시청 행동을 실제로 셋-탑set-top 박스로 측정한 것을 비교했다. 교육 수준이 낮은 응답자들은 퀴즈 쇼, 드라마, 시트콤을 많이 시청했다고 말했고, 실제로 그들은 그렇게 시청했다. 대학 교육을 받은 지적 직업 종사자들은 스포츠, 뉴스, 공영 텔레비전 프로그램만 본다고 주장했지만, 셋-탑 박스는 그들의 시청 습관이 교육을 덜 받은 응답자들과 거의 비슷하게 퀴즈 쇼, 드라마, 시트콤을 많이 시청하는 것을 보여주었다(Wilensky, 1964).

커뮤니케이션 행동을 평가하는 데에 가장 중요한 문제는 미디어 활동이 흔

---

13 체계적 오차(systematic error) 또는 계통오차(constant error)란 오차의 발생 원인이 분명하고 오차의 발생 방향과 크기가 일정하여 수식에 의해 보정이 가능한 오차를 말하며, 무작위 오차(random error) 혹은 비계계적 오차란 측정 과정에서 우연히 혹은 일시적으로 발생하는 불규칙적인 오차를 말한다 — 옮긴이.

히 제2의 혹은 제3의 활동이어서, 요리를 하거나 청소를 하거나 전화로 말을 하는 동안 이루어진다는 점이다(Robinson and Godbey, 1997). 그 결과, 연구자들이 표준적인 24시간 일기식 시간 사용 평가방법을 사용하여 텔레비전 시청이나 라디오 청취를 측정할 때, 실제 노출 정도의 절반이나 셋-톱과 피플 미터 people meter 기술을 토대로 하는 시청률 서비스 회사 추정치의 절반에도 훨씬 못 미치는 노출 정도를 얻는다(Robinson, 1971).

미디어들 간의 내용 차이. 지난 반세기 동안의 커뮤니케이션 연구에 자주 사용된 한 가지 방법론적 도구는 여러 미디어에 대한 차별적인 노출을 평가하는 것이었다. 설문조사를 기반으로 하는 한 가지 고전적인 접근법은 뉴스 대부분을 신문에서 얻는다고 보고하는 사람과 텔레비전 뉴스에서 얻는다고 보고하는 사람을 비교하는 것이다. 인쇄 미디어에 더 의존한다고 보고하는 사람이 정치적 정보를 체계적으로 더 잘 알고 있으며 투표와 캠페인 기부의 측면에서 볼 때 정치적으로 더 적극적인 것으로 드러난다(Robinson and Levy, 1986). 네트워크 텔레비전 뉴스캐스트의 길이는 22분에 지나지 않으며 뉴스캐스트의 전체 텍스트는 ≪뉴욕 타임스*New York Times*≫의 1면도 다 못 채울 것이라는 점은 널리 알려져 있다. 신문이 훨씬 더 광범위하게 보도하기 때문에 신문에 관심 있는 사람은 더 자세하게 읽을 수 있다는 점도 잘 알려져 있다. 그리고 이것은 텔레비전 뉴스 내용과 신문 뉴스 내용의 차이에서 나오는 미디어 효과의 증거라고 한마디로 결론 내려진다. 서로 다른 매체에 대한 상대적인 선호, 특히 영화보다 책을 더 선호하는 것과 같은 현상은 '이용과 충족' 연구 전통의 주요 테마가 되었다. 이용과 충족 연구 전통은 적절하게도 수동적인 탄환 효과가 아닌 적극적인 수용자의 동기화와 동기화된 선택성이 패러다임의 중요한 부분임을 인정하고자 했다(Blumler and Katz, 1974; Rubin, 1986). 불행하게도 이용과 충족 전통은 물리적인 매스 미디어(영화 대 텔레비전 등)를 분석적 변인으로 사용함으로써 가장 흥미로운 내용과 상징적 강조의 차이 일부를 무시했다. ≪뉴욕 타임스≫와

≪데일리 뉴스*Daily News*≫의 보도 특성의 차이와 PBS의 〈뉴스 아워*News Hour*〉와 〈엔터테인먼트 투나잇*Entertainment Tonight*〉이 다루는 내용의 특성의 차이를 고려해 보라.

흥미롭게도 인터넷의 '영향'에 관한 지난 10년간의 연구는 인터넷에 의존한다고 말하는 사람과 신문에 의존한다고 말하는 사람을 비교하는 이러한 '미디어는 메시지다media-is-the-message' 분석 모델을 채택했다. 미디어 수렴이 계속됨에 따라, 지금은 단순화하여 신문, 라디오, 혹은 텔레비전 내용으로 식별되는 것이 앞으로는 모두 웹에서 똑같이 이용 가능해질 것이다. 이러한 발전의 결과로, 분석가들은 '미디어 x에 더 노출되는 것은 독특한 신념과 같은 것이다'라는 비유에 의존하지 말고 차별적인 노출과 차별적인 태도를 짝짓는 데 더 집중해야 할 것이다(DiMaggio et al., 2001).

호블랜드의 역설: 실험 대 설문조사. 위대한 제1세대 커뮤니케이션 연구자인 칼 호블랜드는 그의 때 이른 죽음 몇 해 전인 1959년 ≪아메리칸 사이칼러지스트*American Psychologist*≫에 영향력이 큰 논문 1편을 발표했다. 이 논문의 제목인 「태도 변화에 대한 실험 및 설문조사 연구에서 얻은 상충하는 결과 조정하기Reconciling Conflicting Results Derived from Experimental and Survey Studies of Attitude Change」는 논문의 목적을 간결하고도 명료하게 설명하는데, 간결함과 명료함은 호블랜드의 특징이었다. 호블랜드는 교육과 개인적인 성향에 의한 실험주의자였지만, 설문조사와 실험의 서로 다른 연구 결과는 각 방법론이 특유의 장점을 가지고 있다는 사실에서 비롯되며 과학의 진보에 대한 관심으로 이어진다는 점을 인정했다. 그는 가장 정교한 이론 검증은 두 방법론을 통합하는 데서 나올 거라고 믿었다(〈표 2.1〉 참조). 위에서 언급했듯이, 그는 실험 심리학자들이 의도적으로 강하고/강하거나 개인 정체성과 관련된 태도가 아닌 '바뀌기 쉬운' 태도를 선택한다고 말한다. 그 결과, 그들의 연구는 태도 생성과 의미 있는 태도 변화로 경계가 나뉜다. 호블랜드는 계속해서 실험주의자들이 설문조

〈표 2.1〉 호블랜드의 실험과 설문조사 방법론 비교

요인	실험	설문조사
1) 노출	무선 할당	동기화된 자기-선택
2) 메시지 복잡성	단일 메시지	메시지 캠페인
3) 메시지 길이	짧음	김
4) 커뮤니케이션 맥락	권위 있는 소스/실험실	다양한 소스 /자연스러운 상황
5) 전형적인 표본	학생	대표성 있는 성인 표본
6) 전형적인 이슈	바뀌기 쉬움	사회적으로 중요하고 강함

사 연구를 특징짓던 정당 소속감party affiliation과 후보 평가에 관한 연구와 유사하게 그들의 연구에 (새로운 태도 외에) 더 사회적으로 연결된 깊이 자리 잡은 태도를 포함시키지 못할 이유가 없다고 말한다. 그래서 호블랜드는 설문조사와 실험 간에 연구 결과의 '차이'가 실제로 있는 것이 아니라, 그것보다는 여러 이유에서 두 학문적 전통이 결국 서로 다른 종류의 커뮤니케이션 상황과 서로 다른 특징이 있는 표본으로 서로 다른 종류의 메시지를 연구하게 되었다고 결론 내린다. 그의 말 속에 자신이 속한 연구 전통이 우월함을 암시하는 대목은 없으며, 오히려 공통된 이론적 관심사를 통해 이루어지는 방법론적 통합의 이점을 분명히 촉구하고 있다.

이 논문의 역설은 '최소효과 관점'의 주요 고전으로 여겨지는 클래퍼의 영향력 있는 저서 『매스 커뮤니케이션의 효과』가 출간되기 한 해 전에 글을 쓰면서 호블랜드 역시 그 시대의 정신을 되돌아보았으며 최소효과와 상당한 효과의 차이를 강조하는 것처럼 보였다는 점이다. 호블랜드는 다음과 같이 적고 있다: "상관관계 연구가 그리는 매스 커뮤니케이션 효과에 대한 그림 속에는 커뮤니케이션에 영향을 받는 것으로 여겨지는 사람들이 거의 없다…. 반면에 실험 절차를 사용하는 연구는 커뮤니케이션 노출을 통한 상당한 태도 변화 가능성을 시사한다…. 이러한 두 방법론에서 나오는 연구 결과의 차이는 분석에 몇 가지 대단히 흥미로운 문제를 야기한다"(Hovland, 1959: 496~497).

그러나 그는 분석에서 마침내 그것이 결국 차이가 아니라, 오히려 서로 다른 메시지와 맥락이 특질상 서로 다른 강도의 효과를 만들어내는 완벽하게 합리적인 연구 결과라는 것을 실제로 인정한다.

불행하게도 호블랜드가 1959년에 발표한 통합된 이론에 대한 다방법론적 multimethodological 접근이라는 과제는 그 후 수십 년 동안 대체로 특정한 메시지 유형, 맥락, 그리고 그에 상응하는 편리한 방법론을 전문으로 계속해서 연구활동을 해온 연구자들에게 실제 행동으로 옮겨지지 않았다. 다른 분야와 마찬가지로 커뮤니케이션 분야의 학문적 유인誘引도 전문화와 더 작고 자기-동일시되는self-identified 동료 심사 공동체와의 동일시에 대해 계속해서 보상을 해주기 때문에 이것은 어쩌면 놀라운 일이 아닐지도 모른다. 예를 들어, 학자들은 학문을 하면서 쉽게 정치 캠페인 광고나 금연 공익광고에 대한 연구에 초점을 맞출 수도 있을 것이다. 좋은 소식은, 전형적인 일방적 푸시 아날로그 미디어에서 디지털 미디어로의 변화로 인해 자연스러운 상황에서 커뮤니케이션 흐름의 모니터링과 조작이 가능한 다양한 현장 실험이 호블랜드의 간곡한 권고를 진지하게 받아들일 또 한 번의 기회를 이 분야에 주고 있다는 것이다.

다의성이 측정에 부여하는 과제

호블랜드가 커뮤니케이션 연구방법론에 대한 과제들을 검토했을 때, 그는 예상대로 선택적 노출 현상에 따른 연구 설계 및 이론 수립상의 어려움에 주목했다. 교육 심리학과 학습 심리학에서 미디어 효과에 이르는 자신의 지적 궤적은 물론 어쩌면 20세기 중반의 시대정신도 반영하면서 그는 그 문제의 특징을 상당히 좁게 다음 두 가지 방식으로 묘사했다. 첫째, 그는 정도의 차이는 있어도 어떤 메시지에 대한 동기화된 노출 회피avoidance of exposure 상황을 외생적exogenous이라고, 즉 커뮤니케이션 연구 영역 '밖에' 있다고, 밝혔다. 만약 그 메시지가 실제로 어떤 수용자에게 전달되지 않았다면, 그것은 커뮤니케이션이 일어난 것이 아니며, 따라서 패러다임 밖에 있으며 더 이상 이론화의 대상이 아니라는 것이다. 그것은 디지털 세계에서 분명히 그리고 갈수록 더 사실이어서, 미디어 행동의 동기와 패턴 그리고 노출을 선택하거나 특정 부분을 빨리 건너뛸 수 있는 기술적 능력은 내생적endogenous이어야 하며 측정과 조작 그리고 이론 검증의 대상이어야 한다. 둘째, 다시 권위 있는 설득 메시지를 연구하는 그의 전통을 감안할 때, 그는 수용자들이 동의하지 않는 어떤 메시지에 대한 노출 현상을 해석의 대상이 아니라 왜곡의 대상으로 취급한다. 수용자가 '의도된 대로' 메시지를 수신하지 않을 때, 그것은 '수신' 문제로 간주된다. 따라서 이러한 견해에 따르면, 메시지의 모호성과 다채로운 다의성 그리고 이에 못지않은 수용자들의 지각의 다양한 관점과 평가적 차원은 그러한 모델 밖에 있다. 그러나 아마도 그것들은 내생적이어야 할 필요가 있다.

선택적 노출과 선택적 해석의 복잡성. 수용자의 자기-선택이라는 널리 인정되는 현상은 처음부터 커뮤니케이션 연구방법론에 대한 근본적이고도 중심을 뒤흔드는 난제難題였다. 당파성이 강한 사람이 자신의 생각과 비슷한 미디어 내용에 끌린다는 것에는 논란의 여지가 없다. 제1세대 계량적 커뮤니케이션 연구자들은 이러한 현상을 다루었고, 강화 개념은 클래퍼가 특징적으로 묘사한 대로 '최소효과' 개념과 연관되었는데, 이것은 결국 거부할 수 없는 무서운 것이 되었고 연구자들은 이를 부인하고 오류를 증명하기에 이르렀다. (아이러니하게도 앞에서 언급했듯이, 강화 현상은 효과가 없는 것으로 간주될 필요가 없다; 강화는 하나의 효과'이다'. 그러나 불행하게도 이 연구 분야가 진화해 감에 따라, 대부분의 연구자들은 강화를 흥미롭지 않은 무효과noneffect나 너무 싫어서 무섭기까지 한 최소효과로 취급하는 것 같다.) 그러나 핵심적인 인과적 과제는 특정 내용 유형에 대한 노출 측정과 한 시점에 평가되는 그에 상응하는 태도 혹은 행동 측정 간의 상관관계를 이해하는 것이다. 미디어의 폭력 묘사 노출 사례를 기억해내야 하는 까다로운 과제는 반사회적인 성향을 가진 사람이 폭력적인 장르에 더 끌릴 수도 있다는 사실과 그러한 더 높은 수준의 노출이 반사회적 행동에 빠뜨릴 수도 있다는 사실을 계속해서 구별하는 것이다. (더 많은 노출이 더 높은 수준의 자기-선택으로 이어지는 나선형 과정에 대한 전망은 다음 절에서 다뤄질 것이다.) 자기-선택 문제를 극복하기 위한 심리학 연구의 고전적인 기법은 실험 설계를 할 때 조사 대상자들을 무선 할당하는 것이다. 어떤 경우 그것은 효과적인 수단이지만, 앞에서 언급했듯이 분 단위로 측정되는 짧은 노출 시간은 오랜 기간에 걸쳐 수백 혹은 수천 시간 분량의 미디어 내용에 노출되는 것에 관련된 잠재적인 인과 메커니즘을 거의 포착하지 못한다.

앞에서 언급한 대로, 주요 뉴스와 프라임-타임 네트워크 텔레비전 프로그램이라는 전통적인 '푸시 환경'에서는 선택을 실행할 수 있는 능력이 제한적이었기 때문에 선택적 노출 이슈는 일부 사람들에 의해 외생적인 것으로 간주되었다. 풍부한 콘텐트를 고도로 선택할 수 있는high-choice 환경이 되어가고 정교한 선택 및 검색 알고리즘이 이용 가능해 짐에 따라, 이러한 난제는 더 심각해진다. 매우 동기화된 수용자들은 그들의 전문화된 관심사와 일치하는 콘텐트(그냥 폭력이 아니라 예를 들면, 어떤 특정한 종류의 폭력)가 어디에 있는지 정확하게 찾아낼 수 있다. 그리고 원할 경우, 그들은 내러티브 가운데 (아마도 연속적인 대화 부분은 건너뛰고 바로 액션 장면으로 가서) 그러한 콘텐트가 나오는 부분만을 볼 수도 있다. 뉴미디어 환경에서 점차 증가하는 자기-선택의 중요성은 연구 공동체의 주목과 우려를 동시에 증가시켰으며, 연구 공동체는 그러한 문제를 밝혀내기 위해 ('모델 내에서'라는 의미인) 내생성endogeneity이라는 용어를 채택했다(Clarke and Kline, 1974; Chaffee and Metzger, 2001; Bennett and Iyengar 2008).

선택적 노출과 나선螺線 메커니즘. 역사적으로 대중사회의 원자화된 시민에 대한 우려를 나타내온 커뮤니케이션 연구의 기본 패러다임은 '원인'(즉, 설득 메시지에 대한 노출의 변동)과 '결과'(즉, 태도나 행동의 변동) 간에 꽤 간단한 관계를 가정하고 있다. 당장 자기-보고 측정의 모호성은 차치하고라도, 이 모델은 직관적으로는 말이 되는 것처럼 보인다. 개별 시청자나 독자는 미디어 내용에 영향을 미칠 수 없다; 그와 같은 내용의 특성은 큰 산업 조직의 복잡한 결정 과정에 의해 결정된다. 그래서 메시지 노출과 개인의 결과 간의 어떤 상관관계는 '미디어 효과'의 일방향적인 인과적 과정으로 해석된다. 물론 어떤 사람들은 메시지를 무시하거나 체계적으로 잘못 해석할 수도 있지만, 이 패러다임 내에서 그것은 일반적으로 역방향으로의 인과적 과정이 아닌 무작위 잡음 혹은 측정 오차로 규정된다.

그러나 잘 생각해 보면 미디어 효과의 속성을 상호적이고 잠재적으로 수용자에게 공명을 일으키는 어떤 미디어 내용과 상호작용적인 것으로, 그래서 결국 시간이 흐르면서 태도와 나아가 추가적인 미디어 메시지에 대한 선택적 주의와 선택적 지각에 영향을 초래하는 것으로 모델화하는 것은 더할 나위 없이 간단한 전략처럼 보일 것이다. 그와 같은 모델은 풍부한 다양성, 즉각적인 충족, 추가적인 콘텐트로 사람들을 불러들이는 온-스크린 탭과 버튼을 지닌 풀 미디어 환경에 훨씬 더 적합해 보일 것이다(Chaffee and Merzger, 2001; Bennet and Iyengar, 2008; Brosius, 2008). 미국의 경우, 미디어 흐름의 확장은 더 분명하게 분류 표시가 되어 있고, 더 편파적이며, 더 강하게 자기 의견을 고집하는 일단의 미디어 선택과 동시에 일어나는 것처럼 보인다(Mutz, 2006; Nivola and Brady, 2006; Harwood, 2009; Stroud, 2011). 전 세계 미디어에 대한 연구는 이것이 현시대의 세계적인 현상인지 여부를 아직 확증하지 못했다(Esser and Pfetsch, 2004).

그와 같은 모델의 가망성을 감안할 때, 사람들은 그것이 왜 매우 드물게 언급되는지 의아해할 수도 있을 것이다. 이러한 의아함에 대한 대답은 놀라울 정도로 분명하며 매우 영향력이 크다. 그와 같은 연구 설계는 수행하기 매우 어렵고 비용도 많이 든다는 것이다. 대부분의 학자와 학생들은 시간적으로나 재정적으로 제한된 자원을 가지고 있으며 단 한 번에 끝나는 설문조사나 실험의 실용적 단순함에 끌린다. 앞에서 언급한 것처럼 많은 (폭력적·보수적·성적) 미디어에 주목하는 것에 대한 자기-보고와 그것과 연관된 태도 및 행동에 대한 자기-보고는 지각된 문화적 수용성cultural acceptability, 스피치 스타일과 같은 다양한 공분산covariance의 원천을 가지고 있다. 그와 같은 모든 공분산을 '미디어의 영향' 탓으로 돌리는 것은 제안된 그와 같은 가설이 수집된 데이터에 의해 지지될 가능성을 매혹적으로 강화해 준다. 대부분의 연구자는 그와 같은 한계를 뚜렷하게 의식하고 있으며 실제적인 인과관계와 단순한 상관관계를 가능한 한 구별하기 위해 정교한 통계적 통제를 사용한다. 그러나 연구 설계 속에 하나의 분석적 변인으로 시간을 포함하지 않는다면, 그 둘의 분명한 구분은 심지어 가장 고차적인 통계적 조작도 피해갈 것이다.

추가적인 비용과 복잡성 외에도 종단적 연구는 다른 성가신 문제도 야기한다. 불가피하게도 일부 조사 대상자는 계속 이어지는 조사에서 누락될 것이며, 누락된 데이터에 직면할 가능성은 관심을 가지고 있는 핵심 분석 변인과 연관될 수도 있다. 종단적 연구는 정의상 연구자들이 특정한 측정 시간 간격time interval을 밝혀줄 것을 요구하는데, 이것은 처음에 보는 것보다 더 어려운 설계 작업이다. 실제 세계에서 미디어 효과는 수 년 혹은 심지어 수십 년이 지나야 겨우 분명해질 수도 있는데, 이것은 분명 전형적인 연구 설계에서 실행 가능한 시간 간격이 아니다. 더욱이 조사 대상자들은 설문지 앞부분에서 했던 응답을 기억할 수도 있고 또 잠재적으로 변하는 견해가 아닌 견해의 일관성을 보여주기 위해 앞에서 한 응답을 그대로 반복하려 할 수도 있다. 종단적인 연구는 쉬운 일은 아니지만, 앞에서 언급한 이유에서 그것은 이 분야가 단 한 번만 이루어지는 설문조사와 실험을 보완하기 위한 매우 중요한 추가적인 방법론적 도구로 부상하고 있다.

나선 메커니즘spiral mechanism을 강화하는 것에 더 큰 관심을 가지도록 자극해 준 것은 오하이오 주립대학교의 마이클 슬레이터Michael Slater가 ≪커뮤니케이션 이론*Communication Theory*≫이라는 학술지에 게재한 영향력 있는 논문이다.[14] 건강 커뮤니케이션과 미디어의 폭력에 관한 연구를 통해 슬레이터는 미디어의 설득 메시지와 수용자의 선택성 간의 상호작용의 역학에 대한 주목이 미디어 효과가 어떻게 발생하는지 이해하는 데 매우 중요하다고 확신했다. 그의 개관적인 논문의 제목은 「강화 나선: 미디어 선택성과 미디어 효과의 상호 영향과 그것들이 개인행동과 사회적 정체성에 미치는 영향Reinforcing Spirals: The Mutual Influence of Media Selectivity and Media Effects and Their Impact on Individual Behavior and Social Identity」이었다. 방법론 학자로서 슬레이터는 이 논문 가운데 많은 부분을 종단적 데이터 분석의 수학적 세부 사항에 대해 자세히 논의하는 데 할애했다. 그러나 이 논문의 핵심은 이 책의 주장과 강한 공명을 일으킨다. 예를 들어, 그는 강화 나선 역학이 널리 인정되지만 좀처럼 명확하게 이론화되지 않았다고 단정한다: "그러나 놀랍게도 미디어 선택 및 미디어 효과 과정을 좀 더 포괄적인 모델로 종합하려는 체계적인 노력은 제한적이었다…. 미디어 선택성과 미디어 효과가 함께 상호 영향을 주는 과정을 형성한다는 이러한 개념이 광범위하게 개발되지는 않았지만 여러 고전적인 자료 속에 언급되거나 암시되어 있다"(Slater, 2007: 281~283).

그는 노엘레-노이만(Noelle-Neumann, 1984)의 침묵의 나선 효과에 대한 고전적인 연구에서는 나선 역학, 질만과 브라이언트(Zillmann and Bryant, 1985)의 오락 미디어의 이용과 충족 연구에서는 선택적 노출, 거브너와 동료들(Gerbner et al., 2002)의 연구에서는 배양 과정, 그리고 타지펠과 터너(Tajfel and Turner, 1986)의 연구에서는 광범위하게 사회적 정체성의 장기적인 강화가 하는 중심적인 역할을 검토하는데, 이 주제 또한 이 책의 주장과 강한 공명을 일으킨다. 그는 이 같은 방법들이 어렵고 많은 시간을 요하긴 하지만, 그가 재현한 고전적인 3-파동three-wave 분석 모델(Slater, 2007: 284 〈그림 1〉 참조)에 나타나 있듯이, 중요

14 슬레이터는 이 논문을 보강해 2015년 학술지 ≪미디어 심리학(*Media Psychology*)≫에 「강화 나선 모델: 미디어 내용 노출과 태도의 개발 및 유지 간의 관계 개념화하기(Reinforcing Spirals Model: Conceptualizing the Relationship Between Media Content Exposure and the Development and Maintenance of Attitudes)」라는 제목의 논문을 게재했다 — 옮긴이.

한 요구 사항은 여러 시점에 평가가 이루어져야 한다고 말한다. 이 모델은 자기-보고 측정의 복잡성이 아닌 종단적인 역학에 초점을 맞추는 이전 모델을 확장한 것이다.

그는 뉴미디어와 데이터를 수집하는 새로운 형태 사이의 상호작용에 대해 단지 지나가는 말로 언급하지만, 그러한 상호작용은 분명 방법론적 탐구를 하기 좋은 풍성한 영역이다. 이러한 기법들을 통해 우리가 의례화 되고 일상화되어 있는 미디어 행동을 어떻게 더 잘 이해할 수 있는지 그리고 디지털 미디어가 이동성과 편재성을 갖추게 됨에 따라 그와 같은 정례화된 일상이 어떻게 변하는지에 대해 추측해 보는 것은 흥미롭다. A. C. 닐슨A. C. Nielsen과 같은 상업적 미디어 서비스는 수십 년 동안 텔레비전 시청과 라디오 청취를 추적해 오고 있는데, 통근 습관을 반영하여 '운전 시간대drive time'에 라디오 청취자 수가 정점에 이르는 것과 가정에서의 일상을 반영하여 저녁 9시에 텔레비전 시청자 수가 정점에 이르는 것이 아직까지는 거의 변하지 않고 있다(Nielsen, 1986; 2010). 신문 독자 연구는 '신문 습관newspaper habit'에 대해 언급하며 회한의 눈빛으로 젊은 독자층의 극적인 감소를 추적한다(Bogart, 1989). 예측 가능한 지상파 방송 프로그램 편성은 수용자 행동의 일상적 정례화routinization를 강화했는데, 〈더 투나잇 쇼*The Tonight Show*〉 시청자의 상당수가 오랜 세월 편안하게 즐기는 한밤중의 의례로서 침대에 누워 발가락 사이로 조니 카슨Johnny Carson과 제이 레노Jay Leno를 지켜봤다.[15] 닐슨(2010)은 비록 아이패드iPad와 전자책e-book이 소유자와 함께 침대 속으로 기어들어 옴에 따라 침실 TV가 새로운 경쟁자를 만나다고 보고하지만, 이러한 의례들이 점차 변해나갈지는 아직 분명하지 않다. 특히 젊은 미디어 사용자들 사이의 사회적 압력은 행동에 영향을 주기 때문에 의례화된 미디어 행동은 사회적 정체성의 강화와 연관된다(Anderson and

15 〈더 투나잇 쇼〉는 NBC가 1954년부터 방송해 온 심야 토크 쇼로 조니 카슨은 1962년에서 1992년까지 제이 레노는 1992년부터 2009년까지 이 프로그램을 진행했다 — 옮긴이.

Subramanyam, 2011). 습관화된 미디어 패턴과 사회적 정체성 간의 점차 변해가는 연관성과 사회적 이슈의 프레이밍framing은 피에르 부르디외Pierre Bourdieu가 자세히 설명한 바 있는 아비투스habitus[16] 개념의 의미에서 보면 당연히 복잡 미묘할지도 모른다. 이러한 이슈에 대해서는 이후의 장에서 다시 다룰 것이다 (Bourdieu, 1991, 1993).

종단적 연구의 걸림돌이 되는 것들의 긴 목록을 확인하면 좌절감이 들 정도이기 때문에 좀 더 고무적인 발전된 상황에 기대는 것은 적절해 보인다. 앞에서 언급했듯, 디지털 시대는 풍부한 디지털 발자국digital footprint을 제공한다. 더욱더 많은 미디어 메시지가 온라인 검색과 아이튠즈iTunes, 아마존Amazon, 넷플릭스Netflix와 같은 연관 플랫폼을 통해 디지털 방식으로 매개되기 때문에, 우리는 인간의 기억과 자기-보고보다 훨씬 더 정확한 자원을 눈앞에 두고 있다. 개인 프라이버시가 적절하게 보호만 된다면, 그러한 콘텐트 노출의 패턴은 이후의 노출, 온라인 행동, 그리고 심지어 자연스러운 커뮤니케이션 흐름 속에서의 태도와 신념 그리고 당연히 온라인 설문조사와 연관될 수 있다. 연구자, 특히 젊은 연구자는 이러한 가능성에 점차 흥미를 느끼고 있다. (토머스 쿤은 자랑스러워할 것이다.) 이러한 진화되고 있는 연구 전통은 일반적으로 빅 데이터라는 용어와 연관되며, 이 장의 결론부에서 그것의 가능성과 위험성에 대한 간단한 검토가 제시된다. 분명히 눈치챘겠지만 여기서의 주장은 이러한 새로운 발전 방향을 강력하고도 열정적으로 가리킨다(Wu et al., 2011; boyd and Crawford, 2012; Choi and Varian, 2012).

선택적 해석의 퍼즐. 선택적 노출의 인과적 복잡성은 잠시 제쳐두더라도,

16 아비튀스란 특정한 환경에 의해 형성된 성향이나 사고, 인지, 판단과 행동 체계를 의미하는 프랑스어이다. 무의식적으로 나타나는 인간의 행위를 뜻한다. 이 단어를 처음 사용한 피에르 부르디외는 아비튀스가 교육을 통해 인간에게 내재화 되는 무의식적 사회화의 산물이라고 정의했다(≪연합인포맥스≫, http://news.einfomax.co.kr) — 옮긴이.

어떤 이유에서건 사람들이 설득적이거나 정보적인 메시지에 노출될 때 무슨 일이 일어나는지의 문제는 해결 가능하다. 습관화된 미디어 노출 과정에서 송신자와 수신자가 밀접히 관련된 문화적 배경을 가지고 있고 신념과 가치를 공유하며 메시지가 비교적 간단할 때, 수신된 메시지는 송신된 대로의 메시지 message as sent가 의도한 의미와 일치할 가능성이 높아진다. 그러나 송신자와 수신자 간에 문화적으로나 신념상 좀 더 거리가 있고 메시지가 대단히 복잡한 경우에는 정말 흥미로워진다. 예를 들어, ≪뉴욕 타임스≫ 편집인 빌 켈러Bill Keller가 공적 영역에서 음모 이론conspiracy theory이 만연하는 것에 관한 에세이에서 언급한 다음과 같은 경구적 표현에 주목해 보자: "불가해한 뉴스가 확고부동한 신념과 충돌할 때마다 음모 이론이 분출하고 있다." 이 문장은 정치 사학자 로버트 골드버그Robert Goldberg의 견해를 다른 말로 바꾼 것이긴 하지만, 이는 선택적 해석의 역학을 화려하게 표현하고 있으며 수많은 블로거가 이 문구를 퍼 날랐다(Goldberg, 2001). 이 문장은 본질적으로 다의성 현상을 있는 그대로 인정하는 것이다. 9.11 사건에 대한 아랍 세계 여론의 반응을 고려해 보자. 미국이라는 거대 괴물에 도전하는 아랍의 소규모 테러 집단의 놀랄 만한 '성공'은 일어난 일을 설명하기 위해 딴청을 부리는 많은 아랍 관찰자에게 매우 어색해 보였다. 최근 설문조사에서 무슬림 네 명 중 한 명 미만이 알 카에다Al Qaeda가 9월 11일 공격에 책임이 있다고 믿는 것으로 나타났다. 이스라엘과 국경을 이루고 있는 국가들은 이스라엘 탓을 한다(예를 들면, 이집트 응답자의 43%). 그리고 멕시코 응답자의 30%가 미국이 그 사건 전체를 일부러 꾸몄다고 확신했다(Kull et al. 2009). 물론 이러한 보는 사람의 주관적 관점eye-of-the-beholder 역학은 널리 인정되지만, 아직 커뮤니케이션 연구에 체계적으로 통합되지 못했다.

분석가들은 복잡한 메시지들이 단 하나의 해석이 아닌 다양한 해석의 분포를 만들어낼 것으로 예상한다. 그리고 역시 흥미롭게도 어떤 조건에서는 노출된 사람들 가운데 더 많은 사람이 송신된 대로의 메시지 의도와 대립되거나 심지어 정반대로 메시지를 해석한다. 물론 이것은 최근에 발견된 통찰력은 아니다. 이것은 플라톤Plato이 말한 동굴 벽에 스치듯 지나가는 그림자의 강력한 이미지,[17] 그리고 좀 더 최근에 와서는 1922년 월터 리프먼이 저서 『여론*Public Opinion*』에서 고정관념의 힘에 대해 언급한 유명한 논의와 공명을 일으킨다. 리프먼은 독일에서 몇 해 전에 실시된 한 실험에 대해 다소 조심스럽게 기술한다. 이 실험에서 아마도 잘 훈련된 관찰자인 일단의 심리학자들은 그들의 방에 몰려들어 왔다가 나가버리는 일단의 연기자들이 벌이는 세심하게 연출된 짧은 실랑이를 목격하는데, 그것이 연출된 상황인지 알지 못했다. 즉시 40명의 관찰자들에게 그들이 막 목격한 것을 자세하게 써 줄 것을 요청했다. 리프먼은 그들의 '목격' 보고서를 분석한 것에 대해 다음과 같이 기술하고 있다:

> 딱 한 사람만이 주요 사실과 관련해서 20% 미만의 실수를 했다; 14명은 20~40%의 실수를 했고; 12명은 40~50%의 실수를 했으며, 13명은 50% 이상의 실수를 했다. 더욱이 24명의 세부 사항에 대한 설명 가운데 10%가 순전히 지어낸 것이었으며, 지어낸 이야기의 비율이 이보다 더 높은 사람은 10명이었고 더 낮은 사람은 6명이었다. 간단히 말해, 그들 설명의 4분의 1이 거짓이었다…. 따라서 10건의 거짓 보고서는 옛날이야기와 전설의 범주로 분류될 수도 있으며; 24건의 설명은 반쯤 전설이고 6건은 정확한 증거에 가까운 것으로서의 가치를 지니고 있다. 따라서 그들 눈앞에서 막 펼쳐진 한 장면에 대해 책임 있게 설명한 40명의 훈련된 관찰자 가운데 절반보다 훨씬 더 많은 사람이 일어나지도 않은 장면을 보았다고 썼

---

17 동굴의 비유(allegory of the cave; Plato's cave)는 이데아론을 설명하기 위해서, 고대 그리스의 철학자 플라톤이 생각한 비유이다. 동굴에 사는 속박된 사람들이 보고 있는 것은 실체의 '그림자'이지만, 그것을 실체라고 믿어버린다. 실체를 옮겨 가는 사람들의 소리가 동굴의 안쪽에 반향하고, 이 믿음은 확신으로 바뀐다. 똑같이, 우리가 현실에 보고 있는 것은 이데아의 '그림자'에 지나지 않다고 플라톤은 생각한다. 즉, 세상 만물은 동굴 벽에 비친 그림자에 불과하고 동굴 밖에 실체가 존재하며 인간은 그 실체를 보아야 한다고 그는 주장한다 — 옮긴이.

다. 그렇다면 그들이 본 것은 무엇인가? 일어나지도 않은 일을 꾸며내는 것보다 일어난 일에 대해 말하는 것이 더 쉬웠을 거라고 사람들은 생각할 것이다. 그들은 그와 같은 소동에 대한 그들의 고정관념을 보았다. 그들 모두는 그들이 살아온 과정에서 소동에 대한 일련의 이미지를 가지게 되었고, 그러한 이미지가 그들의 눈앞을 스쳐 지나갔다. 단지 한 사람에게서 그러한 이미지가 실제 장면의 20% 미만을 대체했고, 13명에게서는 절반 이상을 대체했다. 40명의 관찰자 가운데 34명에게서 고정관념이 그 장면의 최소한 10분의 1을 선점했다(Lippmann, 1922: 55).

따라서 리프먼은 목격담의 엉뚱함을 특별히 극적으로 기술하면서 인간 지각에 라쇼몽 효과Rashomon effect[18]가 두드러지게 나타난다는 것을 우리에게 보여준다. 우리의 목적에 부합되게, 이 사례는 설득적이거나 정보적인 메시지를 단 하나의 의미를 갖는 단 하나의 대상물로 취급하거나 혹은 분명하거나 한 방향으로만 설득적이라고 취급하는 연구 설계의 위험성을 분명히 보여주고 있다.

의제 설정, 프레이밍, 그리고 기폭. 다의적인 선택적 해석에는 커뮤니케이션 연구자들의 주목을 끄는 특별한 특성이 존재한다. 1장과 미디어 효과 문헌의 누적적인 특징에 대한 최근의 검토에서 논의한 것처럼, 제2차 세계대전의 영향을 받은 체계적인 미디어 효과, 설득 및 태도 변화 연구가 역사에 뿌리를 두고 있는 점을 감안할 때, 사람들은 그와 같은 우려를 예측할 수 있었을 것이다(Neuman and Guggenheim, 2011). 이러한 연구 전통이 성배聖杯와도 같은 '효과', 특히 '강효과'의 증거를 찾는 것에 초점을 맞추고 있기 때문에 연구자들은 어떤 이슈에 대한 실제 의견은 바뀌지 않았다 하더라도 아마도 어떤 이슈에 대한 해

18 라쇼몽 효과란 같은 사건을 입장에 따라 사실을 달리 해석하는 현상을 말한다 — 옮긴이.

〈표 2.2〉 다의적 효과 모델

구분	의제 설정	프레이밍	기폭
분석적 강조	어떤 공적 이슈를 다른 공적 이슈보다 강조하는 미디어는 시간이 흐르면서 잠재적으로 여론에서 그러한 이슈의 현저성을 높여준다.	미디어가 어떤 복잡한 이슈에 대한 어떤 해석과 그 이슈의 어떤 속성을 다른 해석과 다른 속성보다 강조하는 것은 시간이 흐르면서 잠재적으로 여론에서 그러한 해석과 속성의 현저성을 높여준다.	미디어가 어떤 복잡한 이슈에 대한 어떤 해석이나 그 이슈의 어떤 속성을 다른 해석이나 다른 속성보다 강조하는 것은 잠재적으로 단기 기억에서 그러한 해석이나 속성의 현저성을 높여주고 따라서 그것과 동시에 떠오르는 생각에서 그러한 이슈에 대한 인지적 접근 가능성을 높여준다.
주로 사용하는 방법론	- 미디어 의제의 이슈 현저성을 여론의 이슈 현저성과 비교	- 미디어의 이슈 해석과 여론의 이슈 해석 비교 - 실험에서 강조점 조작하기	- 실험에서 강조점 조작하기

석은 바뀌었을 가능성을 붙잡고 늘어짐으로써 비교적 작은 일부 수용자들의 의견이 바뀌는 것이 반복되는 사례와 씨름하게 되었다. 이러한 관점은 의제 설정agenda setting, 프레이밍, 그리고 기폭priming[19]이라는 영향력 있는 개념을 미디어 효과 연구 패러다임에 소개한다. 〈표 2.2〉에 설명되어 있듯이, 이들 각각의 연구 전통은 미디어 묘사가 수용자들에게 영향을 미쳐서 어떤 복잡한 이슈와 사건에 대해 생각할 때 그 이슈와 사건의 이런저런 속성을 강조하게 할 수도 있다고 가정한다.

이 세 가지 전통 각각의 초기 연구들이 사용한 언어를 볼 때, 연구자들이 이러한 좀 더 미묘한 의미 차이가 있는 개념과 방법을 맥 빠지게 하는 최소효과 전망으로부터 미디어 효과 분석을 구조救助하는 방법으로 간주했다는 것이 더욱더 분명해지긴 한다. 그러나 돌이켜 생각해 보면 경험적 연구자들이 당면한 현상의 다의적 특성을 무시하기보다는 고심하기 시작함에 따라 이러한 발전은 분명한 일보 전진으로 간주될 수 있다.

---

19 priming을 흔히 점화로 번역하나, 미디어 내용이 수용자가 이전에 가지고 있던 관련 기억을 촉발한다는 의미를 살리기에는 점화라는 용어가 좀 약하다고 판단되어, 역자는 다른 역서에서도 '기폭'이라는 좀 더 강한 어감의 용어를 사용했고, 여기서도 계속해서 '기폭'이란 용어를 사용하기로 한다 — 옮긴이.

맥스 맥콤스Max McCombs와 도널드 쇼Donald L. Shaw가 지금도 유명한 버나드 코헨Bernard Cohen의 경구적인 표현을 인용하면서 미디어 의제-설정 효과에 대한 개념을 소개한 것은 주목을 끌었다(McCombs and Shaw, 1972). "신문은 사람들에게 무엇을 생각해야 할지what to think에 대해 말해 주는 데는 많은 경우 성공적이지 않을 수도 있지만, 독자들에게 무엇에 대해 생각해야 할지what to think about에 대해 말해 주는 데는 놀랍도록 성공적이다." "무엇을 생각해야 할지"는 분명 전통적인 태도 변화 연구의 오래된 패러다임과 미디어 노출 척도와 태도 변화 간의 반직관적인 낮은 상관관계 패턴을 말한다. 그러나 이제 새로운 상황[20]이 펼쳐지고 있다: 여론의 관심에서 어떤 이슈가 다른 이슈에 대해 갖는 상대적인 현저성은 어쩌면 좀 더 감지해내기 힘든 역학일 수도 있지만, 그것에 대한 분석은 "놀랍도록 성공적인" 효과를 보여줄 수 있는 가능성을 제공한다. 의제-설정 문헌의 양은 엄청나다. 2004년에 발표한 저서에서 맥스 맥콤스는 전 세계적으로 400건이 넘는 의제-설정 연구가 존재한다고 적었다. 뉴스가 다루는 일단의 이슈와 사건에 대한 종합된 미디어 보도량의 변동은 여론 설문조사에 그 이슈가 '중요한 문제'라고 평가하는 사람들의 비율과 당연히 상관관계가 있다는 명제와 함께 기본적인 인과 모델이 개인 수준에서 종합적인 수준으로 전환된다. 이후의 연구들은 서로 다른 이슈 유형, 서로 다른 미디어 유형, 서로 다른 수용자 유형, 그리고 미디어 보도와 수용자 반응 사이의 서로 다른 시차에 따른 의제-설정 상관관계를 조사함으로써 이 모델을 개선했다(McCombs and Shaw, 1993; Dearing and Rogers, 1996; McCombs, Shaw and Weaver, 1997; McCombs, 2004; Wanta and Ghanem, 2007). 이 전통을 따르는 소수의 학자들은 인과적 방향을 더 잘 가려내기 위해 오랜 시간에 걸쳐 미디어 의제와 공중의 의제 모두를 측정하는 어려운 가능성과 씨름했다(Fan, 1988; Neuman, 1990). 그러나 그와 같

20 원문의 wrinkle은 몇 가지 의미가 있는데, 저자는 'new development'라는 의미로 사용했다고 한다 – 저자와의 이메일 교신.

은 시도의 횟수는 너무 적어서 그것들은 다음과 같은 주석과 함께 메타-분석meta-analysis에서 제거되었다: "대다수의 의제-설정 연구는 피어슨Pearson 상관계수를 사용했기 때문에 이러한 몇 안 되는 시계열time series 연구들을 제거하더라도 우리 분석에 포함된 연구의 수는 크게 줄지 않았다"(Wanta and Ghanem, 2007: 43). 강력한 이론적 출발과 맥콤스 교수와 동료들의 확신에 찬 언어에도 불구하고 미디어 의제와 공중의 의제 간의 상관관계를 평가하는 누적된 연구 결과들의 분포 범위가 매우 넓어서, 효과가 분명한지 여부는 핵심 변인들을 어떻게 조작화operationalization 하느냐에 크게 좌우되는 것처럼 보일 것이다. 바로 앞에서 언급한 의제-설정 연구에 대한 메타-분석을 예로 들어보자(Wanta and Ghanem, 2007). 저자들의 최종 연구 표본 수는 45편이었고 모두 90건의 독립적인 의제-설정 검정을 토대로 미디어 의제와 공중의 의제 간의 상관관계에 대한 가설을 제시했다. 그 결과는 〈표 2.3〉에 나와 있다. 심지어 이 결과를 대강 살펴보더라도 무슨 이유에서인지 맥클러드와 동료들(McLeod et al., 1974)의 연구에서 나온 아주 낮은 0.05의 상관계수부터 맥콤스와 쇼(McCombs and Shaw, 1972)의 최초 연구에서 나온 매우 높은 0.967의 상관계수에 이르기까지 일관되지 않음을 알 수 있다. 표준 메타-분석 기법은 근본적인 인과 패턴에 대한 최상의 추정치를 얻기 위해 발견된 연구 결과들을 단순히 평균하는 것이다. 원타Wanta와 가넴Ghanem이 계산한 평균 상관계수는 0.53으로, 이는 미디어의 이슈 현저성issue salience과 연관되어 있는 공중의 이슈 현저성 분산의 약 25%에 해당한다. 그러나 이와 같은 기법은 사과와 오렌지를 통계적으로 평균하는 것과 같다. 왜 어떤 연구에서는 의미 있는 상관관계가 전혀 나타나지 않는 반면 또 어떤 연구에서는 거의 1에 가까운 상관관계가 나타나는지를 설명할 수 있을 때까지는 이론적 결론을 내릴 때 신중해야 할 필요가 있다. 원타와 가넴은 평균 상관계수가 방법에 따라 달라지는지 살펴보기 위해 메타-분석에 사용된 연구들의 일부를 살펴보았지만 결론을 내리지 못했다.

더욱이 의제-설정 패러다임에는 다음과 같은 훨씬 더 골치 아픈 중요한 문

〈표 2.3〉 의제-설정 연구의 미디어 의제와 공중의 의제 간의 상관관계에 대한 메타-분석

저자	연도	r	N
애트워터	1985	0.64~0.46	304
애트우드	1978	0.44	150
베어	1985	0.73~0.37	MIP
벤턴	1976	0.81~0.62	111
브로셔스	1992a	0.62	1,000
브로셔스	1992b	0.12	1,000
디머스	1989	0.21~0.77	MIP
이튼	1989	0.48	MIP
아인슬레델	1984	0.45	488
어브링	1980	0.10~0.11	MIP
펑크하우서	1973	0.78	MIP
히터	1989	0.96	193
힐	1985	0.19	1,204
허바드	1975	0.24	150
아이옌거	1979	0.35~0.47	MIP
아이옌거	1993	0.85	1,500
야블론스키	1996	0.19	1,324
케이드	1997	0.64	166
라소사	1990	0.57	624
맥콤스	1972	0.967	100
맥클러드	1974	0.05~0.16	389
밀러	1996	0.59	577
팜그린	1977	0.50~0.70	400
살원	1988	0.54~0.98	304
살원	1992	0.56	629
순	1975	0.91	1,302
스미스	1987	0.65	400
스미스	1988	0.71	471
손	1978	0.24	150
스톤	1981	0.47~0.55	302
스완슨	1978	0.45	83
팁턴	1975	0.75~0.88	42~303

저자	연도	r	N
완타	1994a	0.54	MIP
완타	1994b	0.29	341
완타	1994c	0.60~0.92	341
완타	1992	0.31	341
와트	1981	0.35~0.69	MIP
위버	1980	0.27~0.31	339
위버	1975	0.21~0.33	421
윌리엄스	1977	0.49~0.83	350
윌리엄스	1978a	0.11~0.24	503
윌리엄스	1983	0.22~0.78	356
윈터	1981	0.71	MIP
야가드	1990	0.79	MIP
추	1992	0.52	MIP

주: 'MIP'란 표준화된 '미국이 직면한 가장 중요한 문제(*Most Important Problem Facing America*)'라는 역사적인 설문조사 데이터 세트를 사용했음을 의미한다(Gallup.com).

제가 존재한다: 보도된 사건의 속성 효과를 보도 자체의 효과와 어떻게 구분하는가? 바꾸어 말하면, 만약 중대한 군사 개입이나 경제 혹은 환경 위기가 목전에 닥쳐 있다면, 공중과 저널리스트 모두 그 사건을 정치적으로 중요하고 뉴스가치가 있는 것으로 적절하게 그리고 독자적으로 지각하는 것이 합리적일 수 있다. 저널리스트들은 그 사건에 관한 기사를 1면에 싣고, 공중은 그 사건을 '중요한 이슈'라고 평가한다.

미디어의 강조와 공중의 반응 간의 인과관계가 반드시 존재하지는 않는다. 그것을 미디어와 공중이 독자적으로 평가한 특정 이슈나 사건의 중요성으로 기술하는 것이 더 나을 수도 있을 것이다. 이슈의 두드러짐issue obtrusiveness과 실제 세계 단서real-world cues라는 용어의 사용은 이러한 점을 인정하는 것이다(Zucker, 1978; Erbring, Goldberg and Miller, 1980; MacKuen and Coombs, 1981; Behr and Iyengar, 1985; Demers et al., 1989). 인과관계를 기어이 얻어낼 수 있는 유일한 방법은, 대단한 것은 못 되지만 독자적으로 평가되는 사건 강도에 대한 측도를 개발하고(이것은 특히, 예를 들어 군사 및 정치 문제에서 가능해야 함) 또한 사건 강도, 미디어 보도, 공중의 반응 변동을 시간이 흐름에 따라 측정하는 것이다. 그것은 좌절감을 줄 정도로 복잡한 일이지만 의제-설정 연구의 '실제 현실 문제 reality problem'[21]를 해결하는 유일한 방법이다. 맥콤스는 2004년에 발간된 저서 『의제 설정하기*Setting the Agenda*』에 포함되어 있는 "현실과 뉴스Reality and the News"라는 제목의 장에서 이 이슈를 사려 깊게 다뤘다. 리프먼(1922)에 의지해 그는 두 가지에 주목한다: (a) 때때로 미디어는 거짓 경보로 드러나는 어떤 이슈에 대해 흥분하지만, 그럼에도 공중은 최소한 당분간 불안해한다; (b) 복잡한 사건들은 공중의 의식 속에서 단순화되며[바깥 세계와 우리 머릿속의 상像], 미디어는 그러한 단순화 과정에서 중요한 역할을 할 수도 있다. 이 두 가지 점 모두 충분히 이해되지만, 첫 번째 경우는 비교적 드물다(맥콤스는 소수의 역사적 사례연구에 의존함). 그리고 두 번째 경우는 이슈 현저성이라는 의미에서 의제 설정이 아니라 "2차 의제 설정second order agenda setting"이라 불리는 것인데, 이것은 기본적으로 프레이밍 현상이다.

미디어 효과 연구에서 '프레이밍'은 미디어가 공적 영역에 있는 다의적인 이슈, 행위자, 혹은 대상의 특정 속성을 강조함으로써 공중이 이러한 현상을 지각하고 이러한 현상에 반응하는 방식에 영향을 줄 수 있는 가능성을 말한다. 프레이밍 효과는 새롭게 나타난 것이 아니다. 예를 들어, 우리는 선사시대에 모닥불 주변에서 아마도 몇몇 화자들이 무리를 이뤄 사냥하는 과정에서 그들이 특별히 기여한 바를 강조하는 프레임을 사용하면서 그날의 사냥 이야기를 들려주는 것을 상상해 볼 수 있을 것이다. 그러나 소수의 지배적인 매스 미디어가 그날의 뉴스를 보도하는 시대에 그와 같은 인간적 충동은 특별한 중요성

---

21 실제 현실 문제란 의제 설정 연구가 주장하듯 미디어가 뉴스에서 특정 이슈를 비중 있게 다루었기 때문에 공중이 그 이슈를 중요하게 여기는 것이 아니라, 미디어의 보도 이전에 '실제로(in reality)' 그 이슈가 중요하기 때문에 그 이슈가 중요한 것으로 여겨지는 것을 말한다. 따라서 의제 설정 연구자들은 이 둘을 구분해서 설명해내야 하는 문제를 안고 있다 — 옮긴이.

을 지닌다.

다의적 커뮤니케이션의 복잡성으로 인해 프레이밍 효과가 가장 분명히 나타날 수도 있는 조건을 살펴보기 위한 적절한 가설 검정 방법론을 결정하는 것이 간단하지가 않다. 더욱이 이러한 연구는 대부분 단 하나의 이슈나 소수 이슈의 프레이밍에 초점을 맞추며 각 이슈의 유형분류 체계는 대안적인 속성attribute 강조 프레임의 유형분류 체계와 서로 비교가 불가능할 수도 있다. 널리 인용되는 밥 엔트먼Bob Entman의 프레이밍 연구에 대한 검토는 그것을 "부서진 패러다임fractured paradigm"이라 부른다: "사회과학과 인문학 어디에서나 볼 수 있음에도, 프레임들이 어떻게 포함되며 또 글 속에서 어떻게 분명히 드러나는지, 즉 프레이밍이 어떻게 생각에 영향을 주는지를 정확히 보여주는 프레이밍 이론에 대한 일반적인 진술은 어디에도 존재하지 않는다"(Entman, 1993: 51). 디트램 슈이펄Dietram Scheufele는 한 후속 검토에서 그 이유를 다음과 같이 설명한다: "프레이밍 연구는 이론적·경험적 모호함으로 특징지어진다. 이것은 부분적으로 프레이밍 연구의 기초가 되고 공통적으로 공유되는 이론적 모델의 부재 때문이다. 개념상의 문제가 조사 도구와 결과의 양립성을 제한하는 조작화 문제로 옮겨진다"(Scheufele, 1999: 103).

하나의 프레임이 다른 하나의 프레임보다 어떤 이슈를 더 긍정적인 시각으로 보게 만드는 것은 흔히 있는 경우이기 때문에 프레이밍 연구는 설득 및 태도 변화 연구와 자연스러운 공명을 일으킨다. 엔트먼은 프레이밍 연구에 대한 검토에서 스나이더먼, 브로디 및 테틀락(Sniderman, Brody and Tetlock, 1991)의 연구에서 가져온 이러한 역학에 대한 고전적인 사례를 다음과 같이 다른 말로 바꾸어 표현한다. "프레이밍 효과는 가치들을 차별적으로 기폭하여prime 이것 아니면 저것의 현저성을 확립하는 것이다. 〔따라서〕 … 대다수의 공중은 에이즈AIDS 이슈가 (설문조사 문항에서) 시민의 자유에 대한 고려와 지지를 강조하는 방향으로 프레임 될 때는 에이즈를 앓고 있는 사람들의 권리를 지지하며 … 공중보건에 대한 고려를 강조하는 방향으로 프레임 될 때는 의무적인 검사를 지지한다"(Entman, 1993: 54).

커뮤니케이션 연구 분야에서 프레이밍 효과 모델을 정교화하기에 앞서 심리학 전통의 프레이밍 연구가 이미 존재했다. 심리학 전통의 프레이밍 연구는 에이머스 트버스키Amos Tversky와 대니얼 카너먼Daniel Kahneman이 포함된 이스라엘 연구팀에 의해 수행되었다(Kahneman, Slovic and Tversky 1982; Kahneman and Tversky 2000). **동등 프레이밍**equivalence framing 혹은 **전망 이론**prospect theory으로 불리는 인간의 인지적 편향에 관한 이 선구적 연구는 사람들이 손실loss로 프레임 되는지 아니면 획득gain으로 프레임 되는지에 따라 정확히 동등한 결과를 평가하는 방식에서 극적인 차이가 있음을 보여주었다. 전망 이론은 아직 커뮤니케이션 분야에서 상당한 수준의 연구가 이루어지도록 자극하지 못했다. 예를 들어, 손실-프레임 된 설득 메시지와 획득-프레임 된 설득 메시지에 관한 연구 165편을 사용한 광범위한 메타-분석은 그러한 메시지들의 설득 효과에서 의미 있는 차이를 발견하지 못했다(O'Keefe and Jensen, 2006).

그러나 엔트먼이 프레이밍 연구는 부서진 패러다임이라고 선언한 이후 20년 만에 프레이밍 연구에서 또 다른 영역을 향한 발걸음이 확인되었다. 엔트먼이 원래 비판한 요점은 두 가지였다: 하나는 가정된 인과 모델이 불분명하다는 것이었고, 다른 하나는 각 연구자들이 이슈 프레임의 속성을 연구 중인 이슈나 이슈들에 따라 새롭게 정의하곤 한다는 것이다. 두 가지 비판 영역 모두에서 중요한 이론적 연구가 발표되었는데, 이러한 연구는 좀 더 비교 가능하고 누적된 연구 결과가 나올 수 있게 해준다. 중요한 분석적 진전 가운데는 프레임 혹은 프레임이 독립변인으로 분석될 것인지 아니면 종속변인으로 분석될 것인지에 대한 구분, 분석의 수준에 대한 주목(미디어 대 여론), 그리고 좀 더 일반화된 다중 이슈multi-issue 프레이밍 메커니즘 대對 인종 고정관념이나 젠더 역할과 같은 어떤 특정한 종류의 이슈와 밀접히 관련되는 단일 이슈single-issue 프레이밍 메커니즘 간의 구분이 포함된다. 〈표 2.4〉에는 문헌에 나타난 이러한 발전에 대한 개관이 요약되어 있다.

〈표 2.4〉 이슈-프레이밍 연구의 발전

<table>
<tr><td>인과 모델</td><td>종속변인으로서의 프레임 대 독립변인으로서의 프레임</td><td>슈이펄(1999)</td></tr>
<tr><td>분석 수준</td><td>미디어 대 여론 프레임</td><td>슈이펄(1999)</td></tr>
<tr><td>프레임의 종류</td><td>단일 이슈 대 다중 이슈</td><td>드 브리스(2005)</td></tr>
<tr><td rowspan="5">프레이밍 효과의 조절변인</td><td>이슈의 중요성</td><td>레클러, 드 브리스 및 슬로슈어스(2009)</td></tr>
<tr><td>지식</td><td>크로스닉 및 브래넌(1993)</td></tr>
<tr><td>이전 여론의 힘</td><td>드럭먼(2001)</td></tr>
<tr><td>프레임의 힘</td><td>총 및 드럭먼(2007)</td></tr>
<tr><td>일방적 대 경쟁적 프레임</td><td>총 및 드럭먼(2007)</td></tr>
<tr><td rowspan="4">다중-이슈 프레임 분류 체계</td><td>주제적 대 일화적</td><td>아이옌거(1991)</td></tr>
<tr><td>전략적 대 이슈 지향적</td><td>카펠라 및 제이미슨(1997)
뉴먼, 저스트 및 크리글러(1992)</td></tr>
<tr><td>뉴스 스토리 프레임</td><td>갬슨(1992)</td></tr>
<tr><td>뉴스 스토리 프레임
동등 프레임</td><td>오키프 및 젠슨(2006)</td></tr>
</table>

특별히 중요한 것은 그렇게 아주 적지 않은 효과를 입증하기 위해 노력하는 것에서 벗어나 일관되게 중요한 조절변인들[22](효과가 더 두드러지게 혹은 덜 두드러지게 나타나는 조건들)을 밝혀내는 쪽으로 이동했다는 것이다. 흥미롭게도 쿤의 퍼즐을 가장 선의로 해석하면, 시민들 가운데 지식이 더 많은 사람이 프레이밍의 영향을 더 많이 받는지 아니면 지식이 더 적은 사람이 프레이밍의 영향을 더 많이 받는지에 대한 연구들의 결과가 상충한다[킨더와 샌더스(Kinder and Sanders, 1996)의 연구와 넬슨, 클로슨 및 옥슬리(Nelson, Clawson and Oxley, 1997)의 연구를 비교해 보라]. 이슈에 대한 높아진 친숙함과 프레이밍 요소 및 정책 평가 간의 논리적 연결성으로 인해 지식이 더 많은 사람이 더 영향을 많이 받는다는

22 조절변인(moderating variable)이란 독립변인과 종속변인 사이에 강하면서도 불확정적인 효과(contingent effect)를 미치는 변인으로, 이 변인이 존재할 때만 독립변인과 종속변인 사이의 이론적 관계가 성립된다 — 옮긴이.

잠정적인 결론으로 연구의 무게 중심이 이동하고 있는 것처럼 보인다(Druckman and Nelson, 2003). 공적 이슈 프레임에 대한 일반적인 모델이나 '만능all-purpose' 모델이 아직 모습을 드러내지는 않았지만, 아이엔거(1991)의 일화적 프레임episodic frame과 주제적 프레임thematic frame 구분, 패터슨Patterson의 전략적 프레임strategic frame에 대한 연구는 영향력이 있다.

미디어 메시지에 대한 반응의 분포. 본질적으로 다의적인 인간 커뮤니케이션의 특성을 커뮤니케이션 효과 모델과 통합함에 있어서의 중대한 발전은 통상적으로 설득이나 다른 것을 의도로 하는 복잡한 미디어 메시지가 단 하나의 반응이 아니라, 〈그림 2.2〉에 묘사되어 있는 대로 메시지를 접한 모든 사람들 전반에 걸쳐 다양한 반응의 분포를 불러일으킬 가능성이 있음을 인정하는 것이다.

많은 메시지가 일부 수용자들에 의해 잘못 해석되고, 많은 경우 최소한 일부 수용자들의 태도가 의도한 건강한 방향과는 정반대 방향으로 움직인다는 것은, 예를 들어 건강-지향 공익광고의 효과가 광범위하게 연구되는 건강 커뮤니케이션 분야에서 잘 알려져 있다. 예를 들어, 마리화나 사용을 단념시키고자 하는 공중보건 메시지에 대한 한 연구에서 대마초를 피우던 사람이 크랙crack[23]을 피우는 것으로 이어졌고 결국 심각한 중독에 빠지게 되었음을 증언하는 메시지에 노출된 사람들이 실제로 마리화나가 강한 마약으로 가는 관문이라는 데 동의할 가능성이 통제집단보다 더 낮음을 연구자들은 확인했다(Yzer et al., 2003). 대마초 금연에 관한 한 병렬 연구parallel study[24]에서는 건강 메시지에 노출된 사람들의 대마초 흡연 의향이 전혀 감소되지 않은 것으로 나타났다

---

23 강력한 코카인의 일종인 마약이다 — 옮긴이.

24 병렬 연구는 일종의 임상 연구로, 두 처치 집단을 사용해 한 집단에게는 오직 A만 처치하고 다른 한 집단에게 오직 B만 처치하는 방식을 사용한다 — 옮긴이.

〈그림 2.2〉 어떤 설득 메시지에 대한 반응의 가상적 분포

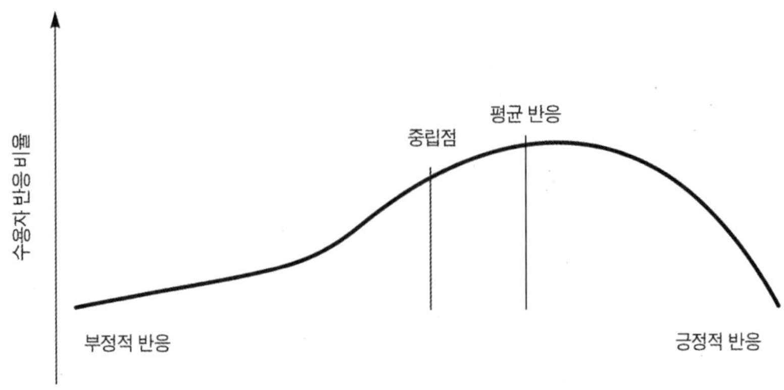

(Hornik et al., 2008). 한 종단적 패널 연구에서 연구자들은 실제로 대마초를 피우고자 하는 의향의 증가가 통계적으로 유의적이었음을 확인했는데, 이러한 연구 결과는 '부메랑 효과'[25]라는 연구 전문용어가 관심을 끌기에 충분할 정도로 자주 발견된다. 이와 같이 기대한 효과가 나타나지 않는 것과 부정적인 효과가 나타나는 것은 전통적인 상업광고 캠페인을 평가하는 데서도 발견된다. 그렇지만 (상업적 고객, 광고대행사, 그리고 인쇄 및 방송 미디어 회사를 포함해) 관련자들에게는 이와 같은 결과가 다소 당혹스럽기 때문에 이러한 결과에 '전유물'[26]이라는 딱지를 붙여놓는 바람에 그것들은 좀처럼 세상에 알려지지 않는다(이러한 패턴에서 벗어난 몇몇 드문 예외를 보려면, Schuson, 1984; Lodish et al., 1995 참조).

---

25 부메랑 효과(boomerang effect)는 어떤 계획 또는 행위가 원래 의도한 목적을 벗어나 계획 입안자나 행위자 측에 불리한 결과를 미치는 것을 말한다 ― 옮긴이.

26 proprietary의 정확한 법적 의미는 사적 소유권에서 파생되는 배타적 지배(exclusivity), 전유적(專有的) 지배를 의미하지, 시장의 구조적 경제 현상을 의미하는 '독점(monopoly)'과는 무관하다. 따라서 proprietary software(전유 소프트웨어)를 '독점 소프트웨어'라고 번역하는 것은 오역이다〔요하이 벤클러, 『네트워크의 부』, 최은창 옮김(커뮤니케이션북스, 2015)〕 ― 옮긴이.

메시지 노출의 변동과 태도적·행동적 결과의 변동을 연결한 실험 연구와 설문조사의 지배적인 전통은 주요 종속변인들의 순차이net difference나 총차이aggregate difference에 초점을 맞추는 것이다. 따라서 실험 전통에서는 통제 조건과 노출 조건에 있는 종속변인의 평균값들이 비교된다. 설문조사 전통에서도 동일한 비교가 이루어지는데, 여기서의 비교는 통상 독립변인인 자기-보고된 노출과 종속변인인 여러 태도 및 행동 보고 간에 이루어진다. 보통 통계적 기법으로 분산분석ANOVA이나 선형 회귀분석linear regression이 사용된다. 그래서 총분산에 대한 공분산(즉, '설명된 분산explained variance')의 비율에서 파생되는 통계적 절차를 통해 메시지 노출에 대한 반응의 분포가 산출된다. 이러한 지배적인 전통이 지닌 문제는 어떤 복잡한 메시지에 대한 태도적 반응이나 행동적 반응의 변동이 연구 대상인 모집단에 대한 총'효과aggregate effect'의 통계적 유의성을 계산하는 데 필요한 통계적인 작위적 산물statistical artifact, 즉 통계적 오류로 취급된다는 것이다. 복잡한 메시지의 본질적인 다의적 특성을 감안할 때, 반응의 분산은 매우 중요한 이론적 관심사로 간주될 수 있고 또 간주되어야 한다.

다음의 사고思考 실험을 예로 들어보자. 연구자들이 잠재 투표자들을 대상으로 한 대통령 후보의 두 정치 광고를 테스트했다고 상상해 보라. 두 광고는 모두 세금을 올리지 않겠다고 약속하는 후보에 대한 지지를 이끌어내고자 제작된 것이다. 각 사례에서 연구자들은 광고에 노출된 후 부동층 투표자들의 후보에 대한 지지가 3% 증가했고, 이는 통계적으로 유의적임을 확인했다. 지배적인 전통에서 보면 이 연구의 임무는 끝났다. 즉, 두 광고는 총總 태도 변화를 불러일으키는 힘에서 동등하다. 그러나 만약 두 광고를 비교했을 때 첫 번째 광고에 대한 반응의 변동이 두 번째 광고에 대한 반응의 변동보다 세 배 더 크다면, 그것은 다양한 수용자가 이러한 메시지들을 해석하는 방식에서 훨씬 더 복잡한 무언가가 일어나고 있음을 보여주는 증거가 된다. 예를 들어, 첫 번째 광고의 경우 문제의 후보에 대한 태도에 작은 긍정적 변화가 있을 수도 있을 것이다. 두 번째 광고의 경우에는 큰 긍정적인 변화와 다소 작은 부메랑 효과가 함께 발생해서 총효과 면에서는 첫 번째 광고와 같을 수도 있을 것이다. 이와 같은 차이는 중요하며, 만약 연구자들이 단지 그와 같은 메시지들이 효과적인지 여부가 아니라 그와 같은 메시지들이 효과적인 이유에 관심이 있다면, 단지 순純반응이 아닌 반응의 분산에 대한 검토가 그 연구 설계의 중심이 되어야 한다. 어떤 수용자들은 그 후보가 사려 깊게 여론에 귀 기울인 결과라고 해석하는 반면, 또 어떤 수용자들은 그 후보가 일시적으로 여론에 편승한 것이라고 냉소적으로 바라볼 수도 있다. 진지한 연구자들, 진지한 캠페인 전문가들이라면 이들 역시 단지 메시지의 효과 여부가 아니라 왜 효과가 있는지를 알아야 한다. 이와 같은 방향을 지향하기 위해서는 사람들이 그와 같은 메시지와 메시지 캠페인에 반응을 보이는 방식에서 흔히 볼 수 있는 극적인 변동을 양적으로 평가할 뿐만 아니라 질적으로도 평가하는 훨씬 더 복잡한 연구 설계가 필요하다.

잭슨의 난제. 샐리 잭슨Sally Jackson은 커뮤니케이션 학자이자 방법론 학자이다(그리고 좀 더 최근에는 어배너-샘페인Urbana-Champaign 소재 일리노이 대학교의 CIO chief information officer, 즉 정보 담당 최고 책임자를 맡고 있음). 그녀의 전공은 수사학 및 설득 커뮤니케이션 연구이다. 그녀는 1980년대 초부터 학문적 동료들을 대상으로 실험과 설문조사에서 결론을 도출할 때 좀 더 신중해줄 것을 설득하는 캠페인을 시작했다. 스콧 제이콥스Scott Jacobs, 대니얼 오키프Daniel O'Keefe, 데일 브래셔스Dale Brashers를 포함한 몇몇 동료들과 함께 연구하면서 그녀는 다음과 같이 주장한다: "메시지 변인들의 효과에 관한 경험적 연구를 하기 위해서는 일반적으로 관심 변인의 가치들을 … 표현하는 실제 메시지에 대한 반응을 조사하는 것이 필요하다. 실제 구체적인 메시지가 변인들의 예시화instantiation로서 적절한가 하는 것은 이와 같은 실험의 타당도를 평가하는 데 매우 중요하다. 오랫동안 실험을 통해 메시지 효과를 연구해 오는 과정에서 사실상 이러한 이슈에 어떠한 주의도 기울이지 않았다. 호블랜드와 동료들이 제2차 세계대전

기간과 대전이 끝난 후 실시한, 후대에 큰 영향을 미친 미디어 효과 연구들이 메시지 변인들에 대한 '조작화operationalization'를 다루는 방법에 대한 선례가 되었는데, 이러한 선례에 대해 커뮤니케이션과 사회심리학 분야 내에서 본질적으로 어떠한 문제 제기도 이루어지지 않았다"(Jackson, O'Keefe and Brashers, 1994: 984).

그녀와 동료들은 커뮤니케이션 연구자들을 정보원情報源의 신뢰성이나 특정한 수사修辭 전략과 같은 메시지 속성에 관심이 있는 자로 기술한다. 그녀의 표현을 빌리면, 이것들은 복잡한 메시지의 "속성"이며, 그녀가 말하고자 하는 핵심은 단 한 차례의 실험 결과는 실험을 위해 선택된 구체적인 메시지가 가지고 있는 많은 다른 속성에서 비롯될 수 있다는 것이다. 다른 말로 하면 커뮤니케이션은 다의적이다. 따라서 연구자로서 우리는 주목하게 하거나 설득할 수 있는 힘을 어떤 주장의 극단성 탓으로 돌릴 수도 있지만, 그것은 관찰된 결과를 불러일으킨 다채로운 은유를 부수적으로 사용했기 때문일 수도 있다. 이 문제를 해결하기 위해 방법론 학자로서 그녀가 추천하는 방법은 간단명료하다: 어떤 속성을 가지고 있는 것처럼 보이는 어떤 선택된 메시지를 그 속성을 가지고 있는 것처럼 보이는 메시지 전집universe에서 뽑은 단 하나의 표본으로 취급하고 어떤 결론을 내리기에 앞서 다른 표집된 메시지로 그 연구 설계를 반복하라 — 유사한 결과를 가지고 있는 표집된 메시지가 많을수록 그 증거는 더 강력하다. 만약 예외가 발견된다면, 해결해야 할 퍼즐은 복잡한 다의적 메시지의 어떤 속성이 실제로 연구들이 관심을 가지고 있는 행위적 혹은 태도적 결과를 실제로 만들어 내거나 억누르고 있는가 하는 것이다. 내가 알기로 잭슨 교수와 동료들은 이 토픽에 관한 논문 여덟 편과 본격적인 방법론 저서 한 권을 발표하거나 출간했으며 이들의 논문이나 저서에 대해 논평하거나 비평한 글도 네 편이나 있다(Bradac, 1983; Jackson and Jacobs, 1983; Jackson, O'Keefe and Jacobs, 1988; Morley, 1988a, 1988b; O'Keefe, Jackson and Jacobs, 1988; Hunter, Hamilton and Allen, 1989; Jackson et al., 1989; Jackson, 1991; Slater, 1991; Jackson, 1992; Jackson, O'Keefe and

Brashers, 1994; Brashers and Jackson, 1999). 잠시 여유를 가지면서, 신중한 주장과 예시를 포함하고 있는 잭슨의 방법론 캠페인이 이 분야에 얼마나 영향을 미쳤는지에 대해 생각해 보자. 불행하게도 그녀의 캠페인이 매우 큰 영향을 미치지는 못한 것으로 보인다. 후대의 연구에 영향을 미쳤던 잭슨과 제이컵스의 1983년 논문은 70회가 넘게 인용되었지만, 1980년에는 연간 평균 네 차례 인용되다가 2000년대에 들어오면 연간 평균 두 차례로 줄어들었다. 한 비판적인 비평가는 그녀가 캠페인을 벌이면서 보낸 "각각의 새로운 편지들"을 "쇠귀에 경 읽기"와 "대부분의 방법론 학자들이 너무 뻔하게 여기는 점에 대한 계속적인 공격"이라고 묘사했다(Harris, 1994: 474).

이러한 강력한 주장과 이 주장에 대한 열의 없는 반응을 "잭슨의 난제Jackson's Conundrum"라고 부른다. 그녀와 동료들이 하는 주장은 매우 중요하다. 그리고 그 주장이 대체로 쇠귀에 경 읽기라는 사실은 훨씬 더 중요할 수도 있다. 이 경우 그녀가 그 문제를 방법론적으로 그렇게 프레이밍한 것은 고정 효과 대 임의 효과[27]를 둘러싼 논쟁과 분산분석에서 교차 실험설계crossed experimental design[28] 대 내재 실험설계nested experimental design[29]를 둘러싼 일련의 까다로운 기술적技術的 논쟁을 초래한 것 같다(Gelman, 2005 참조). 사실은 서로 다른 수용자들이 복잡한 메시지의 완전히 서로 다른 구성 요소에 반응하고 있을 수도 있고, 더 나아가 그러한 서로 다른 수용자들이 어떤 메시지의 동일한 구성 요소

27 선형 회귀에서 임의 효과(random effects) 회귀란 각 개체별로 주어진(시간에 따라 불변하는) 고유한 속성이 있지만, 이 고유한 속성은 관측되는 설명변인과 무관하게 주어진다('임의 효과')고 가정하고 회귀하는 것을 말하며, 고정 효과(fixed effects) 회귀란 각 개체별로 주어진 고유한 속성이 관측되는 설명변인과 상관을 갖는다고 가정하고 회귀하는 것을 말한다 — 옮긴이.

28 독립변인이 두 개일 때 각 독립변인의 영향이 있는가와 두 독립변인의 상호작용이 존재하는지를 밝히고자 하는 설계를 말한다 — 옮긴이.

29 한 독립변인의 각 수준에서 다른 독립변인의 영향이 있는가를 알아보는 설계를 말한다 — 옮긴이.

에 대해 완전히 다른 방식으로 반응할 수도 있다는 것이다. 잭슨이 광범위한 반복 연구를 추천하는 것은 당연히 부담스러우며, 그 점 때문에 많은 사람에 의해 공유되는 것이 제한적이고 실제로 잘 이행되지 않을 수도 있다. 그녀는 이러한 복잡성이 더 잘 이해되기 위해서는 체계적인 변동을 가진 표집된 메시지를 가지고 연구자들이 동일한 기본 연구 설계를 여러 차례 반복함으로써 어떠한 단독 연구 결과도 요행에 의해 나타난 결과가 아님을 확신시켜 줄 필요가 있다고 주장한다. 그와 같은 연구 행위는 집단적인 연구 활동의 누적 특성에 크게 기여할 것이다. 그리고 혼란스럽게 하는 예외가 발생할 때, 무엇이 무엇을 야기하는지 알아내기 위해서는 훨씬 더 많은 반복 연구가 필요할 수도 있다. 불행하게도 그와 같은 잘 통제된 연구의 비교 가능성은 아직 커뮤니케이션 분야의 특징이 되지 못했으며 많은 과학 분야에서 놀라울 정도로 보기 드문 것 같다(Zimmer, 2011). 편집인들은 반복 연구를 출간하길 꺼리고, 연구자들은 분명 그들의 연구가 독창적이라기보다는 파생적인 것으로 간주될 것이라고 생각한다. 반복 연구는 유의성을 검정할 때 단측 검정을 선택할 것인지 아니면 양측 검정을 선택할 것인지와 같은 미묘한 통계적 차이statistical nuance가 아니다. 반복 연구의 체계적 실행은 인간 커뮤니케이션의 구조를 더 잘 이해하는 데 긴요하다. 좋은 소식은 이 이슈가 사회과학 전반에서 점차 더 많은 주목을 받고 있다는 것이다(King, 2004; Benoit and Holbert, 2008; Gerber and Green, 2012).

미디어 연구에서의 측정 오차. 설문조사 연구는 틀린 기억, 불완전한 주의력, 응답자의 편향된 자기-지각self-perception에 의존하지 않을 수 없기 때문에 설문조사 연구의 위험에 대한 눈길을 끄는 사례들이 많이 있다. 즐겨 드는 사례 가운데 하나는 1950년대에 미시건 대학교가 실시한 선거 설문조사에서 미국 남부 시골 지역 사람들이 '외교 문제foreign affairs'에 특별히 관심이 높다는 놀라운 조사결과이다. 물론 이 설문조사는 현지의 면접자가 대면 면접을 통해 질문을 읽어주고 클립보드에 대답을 기록하는 방식으로 진행되었다. 간단한 진상 조사 결과, 느리게 말하는 특징이 있는 미국 남부에서 'foreign'의 발음이 'farm'의 발음과 매우 비슷해서, 응답자들은 실제로 '농장 문제farm affairs'에 대한 관심을 나타냈다는 사실이 밝혀졌다. 이 사례는 재미있고 어쩌면 지어낸 일화일 수도 있지만, 이는 연구 설계에서 매우 중요한 이슈에 대해 이야기하고 있으며 조사 과정 자체가 인간 커뮤니케이션의 다의성 및 모호함과 맞물려 있어서 우리의 관찰에서 신뢰할 수 있는 결론을 도출하기 어렵게 만듦을 보여준다.

자기-보고의 체계적 오차를 보여주는 가장 극적인 증거는 특정 행동에 대한 응답자들의 보고를 그러한 행동을 실제로 녹화한 증거와 비교하는 데서 나온다. 이러한 비교를 위해 최근에 친구나 직장 동료와의 커뮤니케이션을 실제 전화 및 이메일과 함께 추적해 볼 수 있을 것이다. 청각 장애인 공동체 내의 텔레타이프teletype[30] 교환에 관한 한 연구에서 로그log 기록은 가장 자주 교신된 사람이 자기-보고된 상위 네 명의 교신 파트너 가운데 52%를 차지하는 데 그쳤음을 보여주었다(Bernard et al., 1984). 추가 연구는 많은 응답자가 "누구와 커뮤니케이션을 했는가?"라는 질문을 "누구를 좋아하는가?"로 해석하기 때문에 두 질문 가운데 어느 질문이든 기본적으로 동일한 대답을 이끌어냈음을 보여주었다(Bernard et al., 1984). 보고된 행동과 측정된 행동 간에 흔히 의미 있는 연관성이 없는 많은 유사한 사례를 검토한 결과, 이러한 분석가들은 한 동반 논문companion paper에서 마지못해 다음과 같이 결론 내린다: "따라서 우리는 '당신은 누구와 이야기합니까?'라는 질문을 통해 수집한 데이터를 토대로 도출한 결론이 커뮤니케이션의 사회적 구조를 이해하는 데 아무 쓸모가 없다는 점을 당연히 제시하지 않을 수 없다"(Romney and Weller, 1984에서 재인용). 독자적인 기록이 이용 가능한 육아 행동 및 건강관리 추구 행동 분야의 분석에서도 비슷한

---

30 부호 전류로 송신한 통신문을 자동적으로 문자나 기호로 바꾸어 수신기에 인쇄하는 기록 장치 — 옮긴이.

결론이 도출되었다. 그것은 단지 잘못된 기억의 문제가 아니다. 증거들은 각기 다른 조건에서 체계적인 과대보고 및 과소보고 패턴이 존재함을 보여주었다(Bernard et al., 1984).

설문조사 연구자와 실험 연구자는 태도와 행동을 평가하는 조사문항과 척도를 설계하는 데 얼마나 세심한 주의가 필요한지 잘 알고 있다. 이것에 관한 문헌은 많고도 광범위하다(몇몇 예를 들자면, Achen, 1975; Schuman and Presser, 1981; Turner and Martin, 1984; Zaller, 1991; Zaller and Feldman, 1992; Nunnally and Bernstein, 1994; Krosnick, 1999; Hansen, 2009; Alwin, 2010; Babbie, 2010; Marsden and Wright, 2010; Bucy and Holbert, 2014). 이 연구 분야에서 특별한 관심을 끈 세 가지 현상은 다음과 같다: (a) 질문 표현 어구상의 차이가 그리 크지 않은데도 의견 반응에 극적인 변동이 발생하는 것; (b) 약간의 시간 간격을 두고 다시 질문했을 때 의견 문항에 대한 응답자들의 대답에 변동이 발생하는 것; 그리고 (c) 연구자들에게 도움을 주고자 하는 사람들이 모호하거나 익숙하지 않은 정책 문제에 대해 때로 현장에서 '의견'을 새로 만들어낸다는 사실.

첫 번째 현상에 대한 고전적인 사례는 낙태에 대한 태도 관련 설문조사에서 찾아볼 수 있다. 질문이 프레임 되는 방식에 따라, 합법적인 낙태에 찬성한다고 응답하는 사람의 수가 상당한 다수에서 아주 작은 소수로 바뀔 수 있다(Westoff, Moore and Ryder, 1969; Cook, Jelen and Wilcox, 1992). 또 다른 연구는 낙태에 관한 두 질문이 주어지는 순서에 따라 낙태 찬성 비율에 20%나 차이가 남을 보여주었다(Schuman, Presser and Ludwig, 1981). 이것은 사람들이 부주의하게 대답하거나 제멋대로 대답한다는 것을 보여주는 것이 아니라, 그 반대이다. 이것은 낙태의 맥락이 사람들이 낙태에 대해 생각하는 방식에 매우 중요함을 보여준다. 산모의 건강이 위험할 때, 대다수는 낙태에 찬성한다. 낙태가 단순히 부모의 선호 문제일 때, 대다수는 낙태에 반대한다. 낙태 이슈만 그런 것이 아니라, 대부분의 정책 이슈가 프레이밍이나 여러 종류의 해석 효과에 영향을 받는데, 물론 이것은 이 장의 다른 곳에서 다룬 바 있는 커뮤니케이션 구조의 가장 중요한 토픽이다.

방법론적 조각화

널리 회자되는 두 일화, 즉 주정꾼의 일화와 망치의 일화는 인간 커뮤니케이션의 구조에 대한 체계적인 연구에서 정확성과 타당도를 추구하는 데 따르는 어려움을 잘 보여준다. 자주 듣는 첫 번째 이야기에서는 열쇠를 잃어버려 가로등 아래서 찾아보지만 찾지 못하는 주정꾼이 등장한다. 열쇠를 거기서 잃어버렸는지 묻자 그는 전혀 주저함이 없이 아니라고 대답하면서, 열쇠는 저쪽에서 잃어버렸지만 여기가 더 밝기 때문에 여기서 찾는다고 말한다. 두 번째 이야기에는 처음으로 자신의 망치를 가지게 된 열 살짜리 소년(이야기 속 주인공은 대개 소녀가 아닌 소년임)이 등장한다. 이 소년은 자신의 시야에 들어오는 거의 모든 것에 망치질이 필요하다는 것을 알아차리고는 번쩍번쩍 빛나는 망치를 바라보며 웃는다.

특히 손쉽게 확보할 수 있는 대학교 2학년생(학생들의 입장에서는 피하기 어려움)을 활용하여 짧은 설문조사나 실험을 하는 것은 거부하기 어렵다. 이것이 바로 첫 번째 일화에서 말하는 더 밝은 곳이다. 그러나 태도 및 행동과 복잡한 메시지에 대한 반응을 정확하게 측정하는 우리 능력의 외적 타당도external validity와 심지어 내적 타당도internal validity는 이 장에서 개괄적으로 설명한 여러 이유에서 매우 제한을 받는다. 그러나 학계의 인센티브 구조와 이 분야의 저명 학술지에 성공적으로 논문을 발표할 수 있는 가능성은 반복해서 우리를 익숙한 가로등 아래로 이끌 것 같다. 쿤이 지적한 후 큰 영향을 미쳤듯이, 이것이 바로 정상 과학normal science — 각 전문 분야에서 일반적으로 인정되는[31] 퍼즐에 확

31 well-accepted는 'generally approved' 혹은 'generally considered as true'라는 뜻이다 — 옮

립된 방법을 일상적으로 적용하는 것 — 이라 칭해지는 것이다. 더욱이 대학원생인 대부분의 젊은 학자들은 선임 교수의 견습생으로 일하는데, 선임 교수는 신진 연구자들에게 빛나는 망치가 될 실험이나 설문조사나 내용 분석의 특정한 변종에 숙달해 있을 가능성이 있다. 이러한 전문화 패턴은 대부분의 분야에서 매우 흔히 볼 수 있으며 여기서 이러한 전문가들과 전문가 훈련 관행을 폄하할 의도는 분명 없다. 그러나 그것은 인간 커뮤니케이션 연구의 진전과 연구 결과의 축적에 특히 곤혹스러운 문제의 일례이다. 학문 분야에서의 논쟁은 방법론적 '연통'이나 '사일로silo'[32] 내에서 이루어지지 연통이나 사일로를 가로질러서는 좀처럼 이루어지지 않는 경향이 있다. 그것은 방법론적 조각화의 문제이다. 변형된 방법론에서 나오는 연구 결과들은 비교가 불가능한 것으로 여겨지며 관례대로 무시된다. 늘 그런 것은 아니지만 너무 자주 그러하다.

이러한 소견[33]에 대한 주된 증거는 커뮤니케이션 조사방법론 이슈를 다루는 교재들에서 찾을 수 있다. 몇몇 교재는 빠졌을 수도 있지만, 흔히 인용되는 20여 권의 커뮤니케이션 조사방법 교재가 검토되었다. 그 결과, 약 절반이 별도의 장이나 부에서 차례로 개별 방법론적 접근법을 다루었는데 설문조사, 실험, 내용 분석은 일반적으로 포함되었고 텍스트 분석과 심층 인터뷰 혹은 참여 관찰이 포함된 경우도 가끔 있었다(Stempel and Westley, 1989; Berger, 2000; Bertand and Hughes, 2005; Weerakkody, 2008; Priest, 2009; Sparks, 2010; Anderson, 2011; Zhou and Sloan, 2011; Bucy and Holbert, 2014). 학술지와 도서관에서 연구 정보를 수집

긴이.

32 큰 탑 모양의 곡식 저장고를 가리키나, 조직문화에서 조직의 부서들이 다른 부서와 소통하지 않고 내부의 이익만을 추구하는 부서 간 이기주의 현상을 뜻하는 용어로, 전체를 보기보다는 부문주의에 빠져 협동을 불가능하게 하는 구획화한 사고와 행동을 하게 하는 조직 구조를 의미한다 — 옮긴이.

33 observation을 '소견(所見)'으로 번역했는데, 실제 사전적으로 소견은 어떤 일이나 사물을 '살펴보고' 가지게 되는 생각이나 의견이라는 뜻이 있어 관측 혹은 관찰의 의미를 포함하고 있다 — 옮긴이.

하는 학부생에 초점을 맞추고 있는 교재도 일부 있었다(Berger, 2000; Rubin, Rubin and Haridakis, 2009). 간단명료하게 연구보고서와 연구에 대한 평가들을 모아서 편집해 놓은 교재도 일부 있었다(Singletary, 1994; Hansen, 2009; Bucy and Holbert, 2014). 또 통계나 전문적인 질적 방법론에 초점을 맞춘 교재도 있었다(Monge and Cappella, 1980; Hayes, Slater and Snyder, 2008; Lindlof and Taylor, 2010). 이따금씩 이러한 다양한 관점에서 도출된 연구 결과를 하나의 통합된 전체로 끌어들이려 시도하는 장도 있긴 하지만, 그와 같은 노력은 드물다. 전체적으로 이러한 조사방법론 교재들이 주는 메시지는 각자 자신만의 망치가 있다는 것으로, 각각의 방법론적·인식론적 전문성을 가지고 있는 사람들은 브로드웨이 Broadway의 뮤지컬에 나오는 것처럼 "너 자신의 종족에 충실하라"[34]는 것이다.

미디어 효과 연구의 기본 패러다임에 대해 다시 생각하기

따라서 이 장은 지금까지 고전적인 기승전결의 이야기 구조를 따랐다. 먼저 이야기의 주인공이 소개되었다. 이 주인공은 미천한 태생의 고귀한 전사가 아니라 희망적인 생각, 즉 집단적인 인간 커뮤니케이션 행동에 대한 신중하고 체계화된 측정을 통해 인간 커뮤니케이션의 구조와 특성을 더 잘 이해하고 잠재적인 병리 현상으로부터 우리 자신을 보호할 수 있다는 가능성이다. 만약 그렇지 않으면 안정적일 수 있는 민주주의를 강력한 힘을 가진 선전으로부터 지켜

34 미국의 뮤지컬 〈웨스트 사이드 스토리(*West Side Story*)〉 가운데 'Boy Like That/I Have a Love'에 나오는 가사의 일부이다. 이 뮤지컬은 미국 뉴욕 서부 외곽의 한 슬럼가가 배경이다. 백인들로 구성된 제트파와 푸에르토리코에서 건너온 유색인종들로 구성된 샤크파는 서로 주도권 싸움을 위해 반목한다. 이 장면은 샤크파의 두목인 버나도의 연인이었던 아니타가 버나도를 죽인 살인범(토니)을 사랑하는 마리아(버나도의 여동생)를 비난하는 대목으로 자신의 오빠를 죽인 남자를 잊고 백인이 아닌 같은 종족(your own kind)의 푸에르토리코 남자를 찾으라고 노래한다 — 옮긴이.

내기 위한 20세기 중반의 절박한 우려로 인해 사회과학자들은 설문조사, 실험, 그리고 매스 미디어에 대한 내용 분석을 통해 새로운 연구 분야를 구축했다. 분석의 기본 패러다임은 간단했는데, 그것은 바로 매스 미디어 메시지에 대한 노출의 변동과 이러한 메시지가 촉진하는 상응하는 태도 및 행동과의 잠재적인 상관관계를 조사하라는 것이었다. 그 후 이야기의 줄거리는 복잡해진다. 처음에는 간단한 일인 것처럼 보이는 것을 거의 불가능한 일로 만드는 일련의 방법론적 난제가 존재하는 것으로 줄거리가 전개된다. 우리 주인공이 추구하는 바를 방해하는 이러한 고약한 장애물을 살펴본 결과, 풍성함과 다의성이라는 실용적인 개념을 중심으로 그러한 장애물들을 체계화하면서 집단적인 인간 커뮤니케이션 과정이라는 규정하기 힘든 현상을 연구하는 데 따르는 독특한 어려움을 강조하고자 했다:

1. 풍부함
   - 한계 커뮤니케이션
   - 체계적인 부주의와 망각
   - 강화
   - 의견 변화 대 의견 생성
   - 배양 분석: 작은 발걸음
   - 미디어 노출 측정
   - 미디어들 간의 내용 차이
   - 호블랜드의 역설: 실험 대 설문조사
2. 다의성
   - 선택적 노출과 선택적 해석의 복잡성
   - 선택적 노출과 나선 메커니즘
   - 선택적 해석의 퍼즐
   - 의제 설정, 프레이밍, 그리고 기폭

- 미디어 메시지에 대한 반응의 분포
- 잭슨의 난제
- 미디어 연구에서의 측정 오차

우선 우리가 미디어 효과에 주목하게 하고 우리의 직관과 강한 공명을 일으키는 바로 그 현상이, 즉 현대 세계의 시민으로서 우리가 빠져드는 전문적으로 만들어진 엄청난 양의 메시지가, 체계적인 분석을 방해하는 결정적인 장애물로 드러난다. 전체 인구 가운데 고립되어 비교가 불가능한 극히 일부만이 심하게 노출되지 않는다. 더욱이 수용자들은 미디어에 선택적으로 노출되며 또한 소용돌이치는 복잡하고 다의적인 메시지에 훨씬 더 선택적이고 차별적으로 반응하기 때문에 단수형의 설득 '효과effect'라는 개념은 굉장히 단순한 모델이 아닐 수 없다. 그리고 더더욱 사람들에게 미디어 행동과 관심에 대한 기억을 떠올려달라고 요청할 때, 우리가 '종속변인'으로서 평가하고자 하는 바로 이러한 태도는 그들이 보고 듣고 싶어 하는 것에 대한 자기-보고를 편향되게 하고 우리에게 단지 허위적인spurious 지표만을 제공할 수도 있다. 있을 수 있는 직접적인 효과 외에도 상호작용 효과,[35] 맥락 효과,[36] 혹은 조절 효과[37]에 대한 확장된 분석은 올바른 방향으로 한 걸음 나아가는 것이다(McGuire, 1968; McLeod et al., 2001; Preacher and Hayes, 2008). 그러나 측정과 추론의 근본적인 문제는 여전히 남아 있다.

이 지점은 기승전결의 이야기 구조에서 불안한 위치이다. 영웅이 필요하다. 어쩌면 구조작업에 나설 영웅적인 군대 전체가 필요할지도 모른다. 그리고 일

35 상호작용 효과(interaction effect)란 두 개의 독립변인이 동시에 작용하여 종속변인에 미치는 영향을 말한다 — 옮긴이.

36 맥락 효과(contexual effect)란 처음에 알게 된 정보가 그 이후에 알게 된 새로운 정보들에 대한 판단 기준을 제공하고 전체적인 맥락을 만드는 현상을 말한다 — 옮긴이.

37 조절 효과(moderation effect)는 앞의 '조절변인'에 대한 각주를 참조하기 바란다 — 옮긴이.

부 독자들이 의심쩍어할 수도 있듯이, 그 과정에서 나온 최소한 10여 개의 그다지 감지하기 힘들지 않은 실마리들을 감안해, 필자는 그와 같은 데우스 엑스 마키나deus ex machina[38]를 염두에 두고 있다. 글자 그대로 풀어쓰면 '기계 장치로 내려온 신'이라는 뜻의 이 라틴어 문구는 고대 비극이나 희극에서 갈등을 해결하기 위해 부자연스럽게 줄거리를 꾸며낸 데서 나온 것으로, 이때 해결할 수 없는 것을 해결하기 위해 신 역할을 하는 배우나 인형이 크레인을 타고 무대로 내려온다. 그리고 필자가 염두에 두고 있는 그 기계는 바로 가장 최근의 풍부함에 기여해 오고 있는 디지털 기술, 즉 어디에나 있는 인터넷이다.

이 장의 시작 부분에서 소개된 바 있는 커뮤니케이션 연구의 기본 패러다임으로 다시 돌아가 보자. 〈그림 2.3〉은 원래 모델을 그대로 옮겨놓은 것으로, 자기-보고되는 노출 척도에서의 오차나 편향 혹은 설문조사 문항에 대한 해석이 어떻게 미디어 효과에 대한 허위적 결론을 초래할 수 있는지 보여준다. 태도와 사회적 지위가 사람들의 미디어 행동과 정치적 행동 모두를 기술하는 방식에 영향을 미치기 때문에 발생한 오차는 체계적 오차임을 믿을 만한 충분한 이유가 있다. 지금까지 연구자들은 거의 전적으로 이러한 설문조사에 기반을 둔 자기-보고에 의존하지 않을 수 없었기 때문에 있을 수 있는 측정 오차를 실제 행동 및 태도와 분리할 수 없었다. 더욱이 1회만 실시되는 설문조사 측정에 대한 특유의 의존으로 인해, 연구자들은 있을 수 있는 노출 효과로부터 노출의 자기-선택을 분리해 낼 수 없다 — 그렇게 하기 위해서는 (그가 재현한 모델에 묘사된 대로) 종단적인 측정이 필요하다. 텔레비전 대 신문 대 영화 등과 같은 광의의 미

38 문학 작품에서 결말을 짓거나 갈등을 풀기 위해 뜬금없는 사건을 일으키는 플롯 장치이다. 글자 그대로 풀이하면 "기계 장치로 (연극 무대에) 내려온 신(god from the machine)"이라는 뜻이다. 호라티우스는 『시학(*Ars Poetica*)』에서 시인은 이야기를 풀어가기 위해 신을 등장시켜선 안 된다고 일렀다. 신고전주의 문학 비평에서 갑작스러운 기적으로 풀리는 이야기는 나쁜 연극의 특징이다. 가끔씩 신을 나타내는 라틴어 deus를 여성형으로 바꿔 'dea ex machina'라고 쓰기도 한다 — 옮긴이.

〈그림 2.3〉 수정된 미디어 효과에 대한 기본 분석 모델

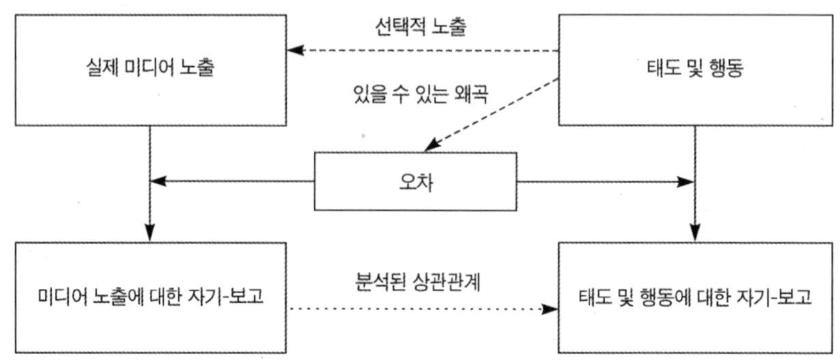

디어 간 비교를 통해서는 포함된 메시지에 대한 아주 세밀한 그림을 그리기가 어렵다. 왜냐하면 각각의 전통적인 방송·인쇄 미디어 내에는 아주 극적인 다양성이 존재하기 때문이다.

그러나 이러한 매우 제한적이고도 오차로 가득 찬 연구 패러다임은 뉴미디어 환경에서는 이제 더 이상 필요하지 않다. 매스 커뮤니케이션의 흐름(즉, 현재 텔레비전, 라디오, 책, 영화, 잡지, 리코딩 및 뉴스레터와 연관되어 있는 사실상 모든 것)은 결국 전자적으로 전달될 것이다. 더 젊은 수용자들에게 이것은 이미 대체로 사실이다. 기술이 신문 용지와 실내 TV 안테나부터 랩탑laptop, 전자책 단말기, 아이패드, 아이팟iPod, 스마트폰, 그리고 인터넷 접속이 가능한 비디오 스크린으로 이동하고 있다. 이러한 디지털 흐름은 흔히 빅 데이터라 불리는 상세한 디지털 발자국을 남긴다. 미래의 커뮤니케이션 연구는 빅 데이터 분석을 하지 않으면 안 될 것이다(Chang, Kaufmann and Kwon, 2014; Shah, Cappella and Neuman, 2015). 어떤 사람들은 빅 데이터보다 전산 사회과학computational social science이라는 용어를 선호하지만, 이 용어가 언급하는 대상은 동일하다. 여기서 우리가 강조하는 것은 데이터 세트data set의 크기가 아니라 데이터가 인위적인 상황에 놓여 있거나 자기-보고되는 것이 아니라 자연스러운 상황에서 발생하고 있다는 점이다. 이것은 인간 커뮤니케이션 연구 분야에서 매우 중요하다.

빅 데이터의 가능성과 위험

디지털 시대가 시작되자 많은 (대개 다소 나이가 많은) 비평가가 잉크로 쓰는 소중한 종이 미디어를 깜박거리는 불편한 스크린 앞에 앉는 것과 결코 맞바꾸지 않을 것이라고 불평했다. 그러나 전통적 미디어와 디지털 미디어 간의 차이점은 줄어들고 있으며, 남아 있는 차이점들 가운데 많은 것이 사용의 용이함과 디지털 저장 및 디스플레이의 유연한 상호작용성과 관련되어 있다. 이메일, 문자하기, 트윗하기, 게시하기, 주문 즉시 제공되는 온라인 비디오, 주문 즉시 제공되는 스트리밍 오디오, 그리고 주문 즉시 제공되는 전자책 시대는 커뮤니케이션 학자들에게 보물창고나 다름없다. 가까운 장래에 인간의 매스 커뮤니케이션 및 대인 커뮤니케이션 가운데 압도적으로 많은 부분이 디지털 방식으로 매개될 것이라고 상상해 볼 수 있다. 이것에 대해 회의적인가? 누군가가 여러분에게 펜으로 편지를 써서 보낸 때가 마지막으로 언제인가?

다음 목록은 수용자들이 보통 사설을 읽거나, 관심 있는 문제를 구글링Googling하거나, 블로그 에세이를 쓰거나, 좋아하는 뉴스 클리핑news clipping을 공유하거나, 혹은 영화를 볼 때 사용하는 것과 동일한 기술을 사용하여 온라인에서 수행하는 미디어 연구의 속성들 가운데 최상위 수준의 속성 몇 가지를 보여준다:

1. 세분화된 실제 미디어 노출과 선택성이 직접 평가될 수 있다.
2. 시간이 흐름에 따라 연속적으로 그리고 장기간 동안 측정이 가능하다.
3. 많은 '실제 세계의' 온라인 행동들 역시 직접 평가될 수 있다.
4. 개인의 지각과 해석이 실시간으로 주어진 맥락 속에서 비간섭적으로 unobtrusively 평가될 수 있다.

물론 이러한 모든 측정 기법은 참여자들에게 충분히 고지하고 동의를 구한

후 수행되어야 하고, 중간에 중단할 수 있는 권리가 있음도 분명히 알려야 하며, 개인의 프라이버시를 보호하는 데도 세심한 주의를 기울여야 한다. 프라이버시와 개인 정보에 대한 개인적인 통제에 관한 이러한 모든 요소는 요즘의 실험, 설문조사, 관찰 연구에서 관례적으로 다뤄지고 있다; 1974년 국가연구법National Research Act이 통과된 후 미국에서 이루어지는 학문적 조사와 연방정부의 지원을 받는 조사는 반드시 독립적인 기관심사위원회Institutional Review Board: IRB를 구성하여야 하며 위원회는 그러한 요소들을 심사해야 한다.

'뉴미디어'에 관한 초기 연구에서 연구자들은 대개 자주 인터넷을 사용한다고 말한 사람과 그렇지 않다고 말한 사람의 비교를 통해 지식, 태도 및 행동에서 있을 수 있는 차이를 조사했으며, 실험 연구자들은 온라인 미디어의 콘텐트 표현과 전통적 미디어의 콘텐트 표현을 대응 비교했다(DiMaggio et al., 2001). 연구 문제들이 전송매체에 초점을 맞추고 있다는 점에서 맥루언적McLuhanesque[39]이었다. 그와 같은 연구 설계는 논란의 여지는 있지만 적절했다. 왜냐하면 초기 인터넷 확산기에는 오늘날 웹 1.0으로 불리는 온라인 신문과 다른 미디어들이 본질적으로 원래 콘텐트와 포맷을 비디오 스크린에 그대로 재현했을 뿐이기 때문이다. 그러나 미디어와 수용자 간의 관계에 대해 두 가지가 변했다. 첫째, 점점 더 많은 다수의 사람들이 온라인상에 있고 또 어디에서나 온라인상에 있을 수 있기 때문에 하나의 분석적 접근법으로서 온라인과 오프라인의 대비가 별로 의미가 없다. 둘째, 앞에서 언급했듯이 사람들이 정보와 오락을 검색하는 방법의 속성도 변했는데, 매일매일의 헤드라인 기사와 편성된 프라임타임 텔레비전 프로그램이 개별 수용자의 통제하의 간소한 검색 상자로 대체되면서 푸시에서 풀로 바뀌었다(Doyle, 2013). 이것은 세 번째 새로운 상황으로의 변화를 촉발한다. 즉, 커뮤니케이션 연구자들은 수용자들이 찾는 콘텐트와

---

39 마셜 맥루언은 기술결정론("미디어는 메시지다(The medium is message)")을 주장했으므로 기술결정론적이라는 의미이다 — 옮긴이.

그들이 그것에 반응하는 방식을 디지털적으로 알아내고 이용할 수 있다. 일부 수용자들, 특히 더 젊은 수용자들은 그들을 둘러싸고 있는 세계에 대한 뉴스를 전통적인 미디어보다 소셜 미디어에서 자주 혹은 훨씬 더 자주 얻는다. 2단계 및 다단계 커뮤니케이션 흐름이 늘 우리와 함께 해왔지만(Katz and Lazarsfeld, 1955), 소셜 미디어를 통한 정보 흐름의 속도와 강도 그리고 다양성과 복잡성이 증가하고 있다(Pew Project for Excellence in Journalism, 2010). 그리고 중요한 점은 그것이 점점 더 직접 분석이 가능해지고 있다는 것이다.

필자는 이러한 발전이 단순한 데이터 수집 전략의 변화 이상의 중요한 의미를 나타내는 것으로 이해될 수 있다고 주장한다. 그것은 우리가 미디어 효과 자체를 이해하는 방식에서의 이론적 변화를 의미할 수도 있다(Neuman et al., 2014). 실험 연구에서 연구자들은 무선화된 메시지 노출의 잠재적 효과를 그 메시지에 노출되지 않았을 때와 비교해서 평가한다. 설문조사 연구에서 연구자들은 통상적으로 자기-보고된 메시지 노출 혹은 미디어 노출과 태도, 지식, 혹은 행동의 상관관계를 평가한다. 통계적으로 유의적인 차이가 발견될 때, 그러한 차이는 교란confounding[40]과 허위성spuriousness 문제에 대한 적절한 경고와 함께 잠재적인 '효과'가 있는 것으로 이해된다. 이러한 설계들은 수용자들 사이의 개인차에 대한 연구와 노출의 조건 및 매개의 체계적 요인에 대한 연구를 가능하게 하는 분명한 장점을 지니고 있다(Shah, Cappella and Neuman, 2015).

현존하는 디지털 소셜 미디어와 전통적 미디어에서 수집한 실제 세계 데이터는 시간이 흐름에 따른 공중의 주의의 연속적인 변이를 보여주면서 여러 미디어와 메시지가 흥하고 망하는 좀 더 전체론적인 미디어 생태학[41]에 분석가

---

40 교란변인이란 X와 Y 두 변인 모두에 영향을 미치나, X와 Y 사이에도 인과관계가 존재할 경우를 의미한다. 따라서 교란변인의 존재는 X와 Y 사이의 인과관계의 크기를 실제보다 크거나 작은 것으로 보이게 한다 — 옮긴이.

41 미디어 생태학(media ecology)은 미디어를 사람들의 감각 형성 경험이 커뮤니케이션을 통해 드러나는 환경으로서 연구한다. 미디어 생태학자들은 미디어에 대한 연구를 단지 사람 외부

들이 주목하게 만든다. 사회적 맥락에서 메시지의 다양성과 복잡성으로 인해 분석가들의 관심이 잠재적으로 태도 'y'에 영향을 미치는 메시지 'x'에서 다수의 메시지 가운데 어떤 것이 공중의 의식과 공명을 일으키는 것처럼 보이고, 어떤 것이 주목이나 댓글을 이끌어내고, 어떤 것이 퍼 날라지며, 어떤 것이 오랜 시간에 걸쳐 지속하는지에 대한 질문으로 바뀐다. 그것은 전통적인 미디어 효과 모델을 대체하기보다는 보완한다. 실제 세계의 빅 데이터는 특히 역사적 맥락에서의 의제 역학agenda dynamics, 자기-강화self-reinforcing[42] 메커니즘, 감쇠 효과damping effect,[43] (공중 주의의)[44] 임계값threshold 및 나선 현상을 분석하는 것과 잘 조화된다(McCombs and Shaw, 1972; Noelle-Neumann, 1974; Neuman, 1990; Page and Shapiro, 1992; Erikson, MacKuen and Stimson, 2002; Slater, 2007). 그러나 중요한 것은 그것이 개인차와 미세한 맥락적 조절변인을 연구하는 연구자들에게는 그리 크게 도움이 되지 않는다는 점이다.

평균적인 수용자 구성원들에게 출판 및 방송 정보원의 수가 제한되어 있었다는 부분적인 이유에서 노출·설득 효과에 대한 강조는 20세기 중반의 초기 커뮤니케이션 연구에서 역사적으로 이해가 될 수도 있다. 그러나 웹에 연결된 각각의 광대역망이 기술적으로 들을 수 있을 뿐만 아니라 말할 수 있는 동등한

의 물체 또는 정보 전달을 위한 도관으로만 한정하지 않는다. 그 대신, 미디어 또는 커뮤니케이션 형식을 사람들이 세계를 이해하는 물리적·감각적·지각적 그리고 상징적 환경이나 구조로 검토한다 — 옮긴이.

42 자신이 통제할 수 있는 보상을 스스로에게 주어서 자신의 행동을 유지하거나 변화시키는 것을 말한다 — 옮긴이.

43 속도에 비례하는 마찰력이 존재할 경우, 이러한 조건에서의 진동을 감쇠 진동(damped oscillation)이라 한다. 실제 이상적이 아닌 상황에선 항상 마찰이 존재하기 때문에 모든 진동은 감쇠 진동을 한다고 볼 수 있다. 사회 체계나 경제 체계에서 감쇠 효과의 예는 주식시장의 변동을 줄이기 위한 메커니즘이나 열띤 협상에서 냉각기를 갖는 것을 들 수 있다 — 저자와의 이메일 교신.

44 이 책의 저자인 뉴먼(1990)의 논문 「공중 주의 임계값(The Threshold of Public Attention)」을 참조해 독자의 이해를 돕기 위해 첨가했다 — 옮긴이.

역량을 제공하는 시대에 우리의 이론적 렌즈lens, 즉 관점은 태도 변화의 역학에서부터 주의(디지털 불협화음을 일으키는 많은 목소리, 무엇이 주의를 끌고 공적 이슈에 대한 어떤 프레이밍이 지속적인 공적 토론에서 가장 강한 공명을 일으키는 것처럼 보이는가?)의 역학으로 바뀐다.

대부분의 초기 빅 데이터 연구는 상업적이었기 때문에 공중의 주의에 대한 추상적인 이론 수립에 주목하기보다는 소셜 미디어 평판과 브랜드 모니터링에 주목하게 되었다. 최근의 한 비평은 디지털 공간에서 상업적으로 서로 경쟁하는 80개 회사의 소셜 미디어 모니터링 서비스를 분석했다(Moffitt, 2011). 이러한 상업적 활동의 결과로 분석과 데이터 처리에 지속적인 향상이 이루어지고 있으며 학계도 이러한 자료를 이용할 수 있다. 물론 상업회사들은 주로 그들의 브랜드나 브랜드 범주와 관련해서 이번 주에 일어난 일에만 관심이 있다. 그러나 이렇게 집계된 데이터는 수개월 혹은 수년에 걸친 추이를 분석할 가능성이 큰 학계 사람들에게도 이용 가능하다. 예를 들어, 지난해 오바마Obama에 대한 언급을 찾기 위해 인기 있는 시소모스 맵Sysomos Map 분석 시스템에 '오바마'라는 검색어를 입력하면 소셜 미디어, 블로그, 온라인 토론 포럼, 그리고 전통적인 방송 및 인쇄 미디어의 온라인 버전에서 찾은 9300만 개 이상의 검색 결과를 보여준다. 사람들은 시간이 흐름에 따른 공식적인 뉴스와 공중의 논평을 추적하면서 오바마, 예를 들면 오바마케어Obamacare라는 구체적인 이슈에 대한 전통적인 미디어의 논평의 부침浮沈을 추적할 수 있다. 그것은 놀라울 정도로 풍부하며 의견의 역학에 관심 있는 사회과학자들이 아직 거의 이용해 보지 못한 자원이다.

소셜 미디어 빅 데이터를 공중의 정서public sentiment, 즉 여론을 보여주는 지표로 사용하는 것은 설문조사를 통해 여론을 조사하는 일부 전통주의자들을 당황스럽게 만든다(Hargittai, 2015에서 재인용). 빅 데이터는 잠재적인 공중의 관심사라는 이슈를 다루기 위해 연구자의 질문을 받는 공중을 대표하는 표본이 아니다. 실제로 빅 데이터는 상당히 다르다 — 그것은 질문을 요청받지 않았지만 어떤 공적 이슈에 대해 발언하게 된 사람들의 표본이다. 어쩌면 그것은 특히 현재 전통적인 우편 및 전화 조사에 대한 응답률이 20%대 초반부나 10%대로 낮아진 설문조사만큼이나 합리적인 지표이다(Ansolabehere and Schaffner, 2014).

'빅 데이터'라는 용어는 다소 자기-확대적인self-aggrandizing[45] 인상을 줄 수도 있지만, 그것은 이러한 종합적인 유형의 데이터와 분석을 나타내는 통칭으로 유행하고 있는 듯하다(boyd and Crawford, 2012). 이러한 새로운 방향의 초기 촉진자들은 비록 대단한 열정, 어쩌면 다소 선교사적인 열정을 가지고 있긴 하지만 대개 이러한 방법론의 많은 한계점과 편향을 잘 알고 있으며 이러한 새로운 연구 기회가 좀 더 전통적인 방법을 대체하기보다는 보완하고 확장한다는 점을 인정한다(Bollier, 2010). 이 분야에서 한 가지 눈에 띄는 문제점은 빅 데이터 체계가 힘들이지 않고 다채로운 색으로 된 많은 시각적인 텍스트 패턴과 장기적인 추이 그래프를 만들어내기 때문에 분석가들이 무심코 이론 검증보다는 기술記述에 의존하고 싶은 유혹을 느낄 수도 있다는 것이다(Borrero and Gualda, 2013).

다음 시나리오들을 상상해 보자. 첫 번째 시나리오에서는 한 시민이 도발적인 뉴스 기사를 다운로드한 직후 자신의 지역 하원의원에게 이메일을 급히 보내고 그 직후 다가오는 선거에서 그 하원의원의 경쟁자에게 정치 기부금을 보낸다. 두 번째 시나리오에서는 한 시청자가 미용제품의 온라인 광고를 본 후 그 제품을 온라인으로 주문한다. 세 번째 시나리오에서는 한 사람이 2년에 걸쳐 점점 더 폭스 뉴스Fox News에 의존하게 되면서 덜 보수적인 뉴스원에 대한 가입을 중단하며 점점 더 보수적인 견해와 투표 의향을 보고한다. 네 번째 시나리오에서는 한 연구자가 관리하는 지속적인 온라인 정치 토론 집단에서 검증 가능한 사실에 입각한 정보 투입이 더 중도적인 견해와 사려 깊은 토론으로

---

45 부정적인 의미를 내포하는 것으로, 적극적으로 자신의 지위나 권력, 명예나 부 따위를 확대한다는 의미이다 — 옮긴이.

이어지게 하는 반면 이에 상응하는 아무런 처치를 하지 않은 통제 집단은 양극화로 치닫는 경향이 있다. 다섯 번째 시나리오에서는 상당 기간 매우 진보적이거나 보수적인 뉴스를 듣거나 이야기를 나누는 환경에 놓이게 된 후 특정 유형의 시민들은 옹호advocacy와 정서성emotionality[46]에 싫증을 내며 미디어 식단의 대부분을 다시 익숙한 주류 미디어로 채우게 된다.

온라인 설문조사 패널 및 온라인 행동 평가를 사용하면 반드시 추론, 대표성, 패널 소멸wear-out과 같은 심각한 문제가 발생하며, 자기-보고가 포함될 경우에는 기억과 해석 그리고 이따금씩 의도적인 허위 진술이라는 어려운 문제가 발생한다. 그러나 자연스러운 환경에서 연구에 사용하는 미디어가 커뮤니케이션에 사용하는 미디어와 동일하기 때문에 그 이점은 상당하다. 실험 전통이 사용하는 노출 조작이 여전히 가능하다. 피실험자의 동의를 통해 그들이 오랜 시간에 걸쳐 노출되는 정보 흐름을 체계적으로 조종하고 여과하는 여러 기법이 사용 가능하다. 대부분의 자발적 참여자들은 분명한 이유로 수십 년 동안 미디어에서 보고 듣는 것이 조작되는 것을 원하지 않았을 것이다. 그러나 수주 혹은 수개월 동안 그렇게 하는 것은 아마도 가능할 것이며, 그것은 표준적인 30분 혹은 40분간의 실험실 연구(이것은 실험 전통의 초석, 실제로 황금 기준임)보다 크게 앞선 것이다.

커뮤니케이션학의 인문학적 전통과 비판적인 전통은 이따금씩 전형적인 시청자나 독자들이 그들이 이용할 수 있는 주류 미디어 내용물을 어떻게 이해하는지 평가하려는 시도를 감행하기도 했다는 점에 주목해 볼 수도 있다. 이러한 시도들 가운데 가장 눈에 띄면서도 가장 많이 인용되는 것은 데이비드 몰리David Morley와 샬럿 브런스던Charlotte Brunsdon이 1970년대 말에 수행한 〈네이션와이드*Nationwide*〉 연구였다. 〈네이션와이드〉는 BBC1에서 평일 오후 6~7시에

46 당혹스러운 상황에서 생리적으로 쉽고 강하게 각성되는 경향성을 의미하는 기질의 차원을 말한다 — 옮긴이.

방송된 인기 있는 시사 매거진 프로그램이었다. 연구팀은 주로 성인 교육이 이루어지고 있는 상황에서 29개의 소규모 시청집단(3~13명 참여자로 구성됨)에게 2회 방송분을 보여주었으며, 런던과 영국 중부 지역에 거주하는 이들 시청 집단은 시청 후 특별한 형식에 구애되지 않고 그 프로그램에 대해 토론했다(Morley and Brunsdon, 1978, 1999; Morley, 1992). 이러한 프로젝트에는 엄청난 비용과 어려움이 뒤따르기 때문에 시청자들이 시청하는 동안 무엇을 생각하는지 살펴보는 이와 같은 경험적 조사는 매우 드물다(또한 Neuman, 1982 참조). 그러나 오늘날 인기 있는 프로그램은 대부분 자연스럽게 구성되는 복수의 온라인 토론 집단을 가지고 있으며, 이러한 토론방에는 반전, 등장인물의 동기, 그리고 당연히 '그것이 도대체 의미하는 바"에 대한 것으로 가득 차 있다(Wohn and Na, 2011). 수용자의 반응을 보여주는 그와 같은 풍부한 자료원은 (토론게시판을 지배하는 에너지 넘치는 팬들이 아닌) 연구자가 주도하는 더 대표성 있는 시청자 표본을 통해 보완될 수 있다. 그러한 자료원은 사람들이 우여곡절이 많은 내러티브의 흐름뿐만 아니라 뉴스 및 공공관계 활동의 프레이밍에 대해 어떻게 반응하고 있는지에 관한 특정한 쿼리도 포함할 수 있다(Jenkins, 1992).

지난 50년 동안 연구자들은 지배적인 미디어 내용물의 주제를 기술하고 그 특징을 묘사하기 위해 클립보드와 엄격한 미디어 메시지 내용 분석을 위한 코드북을 손에 든 채 TV를 보고 신문과 잡지를 읽어왔다. 해석하는 재능이 있는 연구자들이 텍스트를 양적·질적으로 분석하는 것은 인문학 전통과 사회과학 전통이 어느 정도 겹치는 영역이었다. 아직 분명하지는 않지만 언젠가 정교한 자동화된 내용 분석이 풍부도richness,[47] 신뢰도, 그리고 타당도 면에서 사람이 코딩하는 분석에 근접할 수도 있다. 전 세계의 뉴스 흐름을 체계적으로 코딩하는 한 집단mediatenor.com은 컴퓨터 기반 코딩이 아닌 폭넓은 훈련을 받은 코더로 구성된 소규모 집단에만 계속해서 의존하고 있는데, 따라서 이러한 자동화

47 분석 유목의 수, 즉 유목의 다양성을 말한다 — 옮긴이.

는 시간이 좀 더 필요할 수도 있다. 이 연구 집단은 그 과정을 자동화할 유인을 충분히 가지고 있다. 그러나 시간이 흐름에 따른 미묘한 평가적 기사의 프레이밍의 정확성에 재정적 수익성이 상당 정도 좌우되기 때문에 그들은 아직 클립보드와 함께 사람 코더를 포기하지 않았다. 어쨌든 온라인 콘텐트가 광범위하게 기록보관소에 보관되고 있기 때문에 메시지 추이를 추적하고 그러한 추이를 실제로 메시지에 노출된 사람들의 태도적·행동적 반응과 연결 짓기 위해 콘텐트를 검토하고 재검토하는 일을 자동화 기기와 사람에게 함께 맡기는 것이 갈수록 더 실용적일 것이다(Tufekci and Wilson, 2012).

분명 여전히 할 일이 많이 남아 있다. 그러나 전자적으로 매개되는 커뮤니케이션의 흐름과 구조를 체계적으로 측정하는 근본적으로 새로운 접근법에 대한 전망은 분명 밝다. 만약 나이가 많은 연구자들의 타성에 젖은 과학적 연구 수행에 대한 토머스 쿤의 회의적인 견해가 타당하다면, 바라건대 선배 학자들의 격려와 애써서 얻은 경험을 등에 업고 이러한 옵션들을 샅샅이 살펴보는 것은 새로운 세대의 연구자들의 몫일 수도 있다. 따라서 우리의 주인공이 의기양양하게 칼을 들어 올린 채 완패한 악한 위에 두 다리를 벌리고 서 있는 것으로 우리 이야기를 결말지을 수 없다. 이 책은 실제로 진화하고 있는 연구에 관한 책이다. 우리의 이야기는 어쩌면 일련의 에피소드로 구성된 텔레비전 프로그램과 더 비슷할 것이다. 결론은 단순히 '채널 고정'이다.

3

풍부함의 역설

The Paradox of Profusion

정보의 풍요는 주의의 빈곤을 야기한다.

— 허버트 사이먼Herbert Simon(1971)

기술적으로는 매우 정확한 것처럼 들리는 정보 과부하라는 용어는
이상하게도 규정하기 어려운 개념이다.

— 제이 블루머Jay Blumer(1980)

아이러니한 우리의 20세기판 그레샴의 법칙Gresham's law에서
정보는 지식이 유통되지 못하도록 구축한다.

— 대니얼 부어스틴Daniel Boorstin(1989)

❖

이 장에서는 정보의 풍부함abundance이라는 이슈를 정면으로 마주한다. 정보는 일반적으로 좋은 것이다. 풍부함은 좋은 것처럼 보일 것이다. 정보가 풍부한데 어떤 문제, 어떤 역설이 있는가?

필자는 현대 시대를 특징짓는 전자적으로 매개되는 정보의 풍성함(그리고 물론 오정보의 풍부함)과 연관된 몇 가지 역설이 존재한다고 주장한다. 또한 학계와 언론계 및 정책 토론에서 일반적으로 사용되는 정보의 풍성함profusion은 물론 정보 과부하information overload에 대한 잠정적인 개념들이 놀라울 정도로 단순하고, 아무 의심 없이 받아들여지며, 덜 이론화되어 있다고 주장한다. 2장에서 우리는 커뮤니케이션의 많은 양이 측정과 '한계적으로at the margin' 수집된 데이터를 통한 추론에 야기하는 특별한 어려움에 대해 살펴보았다. 여기서 우리는 자기-모순적이고 따라서 역설적인 듯한 인상을 줄 수도 있는 풍부함에 대한 일단의 이슈와 논쟁에 대해 다룬다. 그래서 처음부터 앞으로 다룰 내용의 개요를 나열하고자 한다.

문제 1: 정보의 풍부함과 인간과 기계 사이의 정보 이동의 폭발적인 확장은 놀랍게도 커뮤니케이션 연구자들의 주목을 거의 끌지 못했다. 풍부함은 기정사실로, 문제가 되지 않는 당연하고도 자명한 사실이다. 비록 커뮤니케이션 연구자들이 라디오, 텔레비전, 비디오 게임 및 네트워크화 된 컴퓨터와 같은 특정 커뮤니케이션 미디어의 영향에 대해서는 흔히 집착하지만, 상징의 흐름의 전반적인 양이라는 좀 더 광범위한 이슈가 연구자들의 체계적인 주목을 끄는 경우는 드물다. 이는 중대한 실수라고 생각한다. 따라서 맨 먼저 해야 할 일은 상징의 흐름의 양이라는 더 광범위한 이슈에 주목하고, 그것을 이론화하며 문제화하는 것이다.

문제 2: 학자들이 풍부함 이슈를 다룰 때, 지침이 되는 이론적 비유는 통상 어떤 종류의 정신병리 현상으로 흔히 프레임 되는 '정보 과부하'이다. 그래서 필자가 해야 할 일은 복잡하다. 어떤 이슈에 대한 주목을 끌기 위해 시도하는 동안, 그 이슈가 통상 프레임 되는 방식이 실제로 어느 정도 사람들의 주의를 엉뚱한 데로 돌려서 논점을 흐리게 한다고 주장한다. 정보에 의해 과부하가 걸려 있다는 개념은 저널리즘적으로 강력하고, 직관적으로 만족감을 주며, 많은 개인적 경험과 강한 공명을 이루기 때문에 이것은 특히 다루기 쉽지 않은 문제이다.

문제 3: 푸시 미디어 산업시대에 검열 없는 자유롭고 공개적인 공적 영역 유지라는 규범적인 이슈는 비교적 간단명료했다. 엘리트의 검열은 비교적 간단명료하게 증거 서류로 입증되어 비난받을 수 있다. 그러나 정보 풍요의 시대에는 비판적인 견해를 은폐하고 축소할 수도 있는 더 미묘한 형태의 패권적, 상업적, 혹은 제도적 영향이 주목을 끄는 의제에 미칠 수 있는데, 이러한 형태의 영향은 찾아내서 대처하기가 훨씬 더 어렵다. 만약 대통령의 보좌관이 텔레비전 네트워크의 사장을 설득하여 어떤 기사를 폐기하게 한다면, 스캔들이 발생한다. 만약 구글의 복잡하기로 유명한[1] 알고리즘이 어떤 기사를 숨김으로써 실질적으로 그 기사를 일반 공중이 볼 수 없게 한다면, 일반 공중은 말할 필요도 없고 구글의 엔지니어들도 충분히 이해하지 못할 수 있는 문제가 발생한다.

이 책 전체를 통해 '미디어'와 '수용자' 간의 관계에서 일어난 근본적인 역사적 변화를 나타내는 개념인 푸시에서 풀로의 이동으로 되돌아간다. 브루스 빔버Bruce Bimber는 예측 가능한 미래의 진화하는 디지털 환경은 풀 미디어뿐만 아니라 푸시 미디어와 풀 미디어의 활발한 혼합을 보여줄 것 같다는 것을 우리에게 상기시켜 준다(개인적 교신). 그의 지적은 매우 뛰어나다. '끌어당길' 수 있는 기회는 어떤 기간과 어떤 조건하에서만 주어질 수도 있는데, 이것은 중요한 연구 주제이다. 한 초점 집단 참여자는 디지털 풍요를 맞이하게 된 것에 대한

---

1 원문의 "Google's complex attentional algorithm"에서 'complex attentional'의 의미는 'famously complicated'라는 의미로 사용했다 — 저자와의 이메일 교신.

질문을 받자 다음과 같이 말했다: "그것을 따라잡는 것은 불가능합니다…. 나는 그것이 나를 엄습하도록 어느 정도 내버려두게 된 것 같습니다"(Hargittai, Neuman and Curry, 2012: 169).

우리는 먼저 풍부함이라는 현상과 그러한 현상의 기반이 되는 역사적 추이 그리고 압도적일 정도로 풍부한 정보 환경에 대한 인간의 대응에 대해 우리가 알고 있는 것의 특성을 보여주는 이용 가능한 데이터에 주목할 것이다.

이 장 전체를 통해 정보 처리에 대한 인지 심리학이라는 개인적 수준과 조수潮水와도 같이 밀려드는 정보의 흐름을 다루기 위해 설계된 집단적 구조라는 사회적·문화적·조직적 수준 사이를 왔다 갔다 한다. 이 장은 진정한 정보 폭발과 연관된 이러한 여러 퍼즐에 응답하면서 단 하나의 결론, 하나의 대답, 결정적인 한방punch line을 제시한다. 대부분의 형식에서 그러한 결정적인 한방, 즉 '누가 해냈어?'에 대한 대답이나 농담 속의 결정적인 한방은 끝까지 아껴둔다. 그러나 이 장이 노리는 효과적인 학문적 글 구성에서는 그러한 논리가 뒤집힌다. 학문적 글은 독자들에게 명제나 가설을 제시하는 것으로 시작하며, 그런 다음 독자들이 충분히 생각해 볼 수 있도록 관련 증거와 아직 해결되지 않은 수수께끼를 검토한다. 자, 그럼 시작해 보자.

정보의 풍부함은 지속적으로 주목하고 연구할 만한 가치가 있는 중요한 이슈인가? 정말로 그렇다. 문제는 이 이슈가 대체로 개인 수준에서 정보 과부하의 잠재력에 초점을 맞추고, 이론적으로 고립된 연구의 섬에 남겨진 채 내버려져 왔다는 것이다. 더욱이 그것을 정신병리 현상으로 프레임 하는 것은 대체로 그것에 대한 관심을 엉뚱한 데로 돌리게 만들었다. 대부분의 사람들은 풍부함을 과부하라기보다는 선택의 문제로 여기며 좌절하기보다는 훨씬 더 즐거워한다. 공적 영역에서 시민들이 필요로 하는 접근 가능한 정보에 대한 이론들과의 기본적인 연결이 가려져왔거나 그냥 무시되었다. 대량의 정보 흐름을 대상으로 선택적 주의가 어떻게 작동하는지에 대한 물음은 새로운 에너지, 빅 데이터를 사용하는 새로운 방법, 문화 배양culturation 개념을 다루는 정제된 이론을 필요로 한다.

'건초 더미 속의 바늘'이라는 익숙한 문구 속에 잘 포착되어 있는 정보를 잃어버리는 현상은 바늘로 이루어진 건초 더미 크기의 산에서 어떤 특정한 바늘을 잃어버리는 것으로 더 잘 묘사된다. 이 문제에 대한 해결책은 더 적은 정보가 아니라 더 많은 구조이다.[2] 건초 더미 비유의 힘은 속담 속의 그 건초 더미가 구조화되어 있지 않고 정리되어 있지 않아서 그 바늘이 아무 데나 있을 수 있다는 것이다. 만약 건초들을 가장 짧은 것부터 가장 긴 것까지 길이별로 열을 맞춰 깔끔하게 배열되고 정리되어 있다면, 사람들은 아마도 길이가 짧은 단의 건초 더미 줄에서 그 바늘을 금방 찾아낼 수 있을 것이다.

이러한 건초 더미 이야기가 독자들에게 단순하고 진지하지 않은 듯한 인상을 줄 수도 있지만, 필자는 다른 식으로 주장할 참이다. 추론은 이러하다. 정보는 좀처럼 중립적이지 않다. 어떤 사람은 모든 사람이 알게 되길 바라는 것을 다른 사람들은 위협적이거나 불안하게 하거나 명예를 훼손하거나 신성 모독적인 것으로 생각할 수도 있다. 좀 더 단순했던 시기, 특히 인쇄 신문이 확장되기 전에는, 원치 않는 정보는 검열되었고 원치 않는 화자는 교수형이나 화형에 처해졌다. 현대에는 원치 않는 정보는 무관 혹은 모순으로 분류된 정보 건초 더미 속에 파묻힌다. 이 장의 시작 부분에서 인용했듯이, 박학다식한 허버트 사이먼은 "정보의 풍요는 주의의 빈곤을 야기한다"고 말했다(Simon, 1971: 40). 정반대의 이해관계를 가지고 있는 사람들의 주의를 끌기 위한 전쟁에서 단순히 정보를 '파묻어버리는' 것은 정보를 분류하고 구조화하는 과정에서 나타날 수 있는 체계적 편향systematic bias을 야기할 가능성이 있다. 이 전쟁터는 풀-미디어 공적 영역의 전쟁터이다 — 잠재적으로 중요한 정보를 구글 검색할 때 1페이지에 나올

2 이 문장은 좀 더 구체적으로 다음과 같이 바꿀 수 있다. "해결책은 더 작은 인터넷이 아니라 더 똑똑한 구글이다(the solution is not a smaller Internet it is a smarter Google)". 왜냐하면 문제는 정보의 풍부함이 아니라 구글을 통해 정보를 구조화·체계화해 필요로 하는 정보를 찾을 수 있다면 해결 가능하기 때문이다 — 저자와의 이메일 교신.

것을 100페이지로 옮기는 것은 그 정보가 십중팔구 눈에 띄지 않을 것임을 의미하며, 이것은 진정 강력한 건초 더미이다. 사상의 공개 시장을 유지하려는 과정에서 정보의 존재가 아니라 정보의 풍부함 속에서 정보의 구조와 접근 가능성을 둘러싸고 충돌이 벌어질 것이다.

하버드 경영대학원은 특히 '사례연구법' 수업으로 유명하다. 학생들은 경영자들이 통상적으로 직면하는 어떤 특정한 문제에 대한 악명 높을 정도로 길고 복잡한 사례집이라는 난관에 봉착한다. 드물게 예외는 있으나 그 사례집에는 관련성이 없는 광범위한 자료와 일부러 부정확하거나 오도하는 자료가 흔히 포함되어 있다. 물론 그렇게 하는 이유는 동료들과 경쟁자들이 오도하고 잘못 전달할 동기를 충분히 가지고 있는 실제 세계에서 경영자들이 그러한 것에 직면할 가능성이 매우 높기 때문이다. 가장 빨리 그리고 성공적으로 관련성이 없는 사례들을 걸러내서 문제의 핵심에 도달하는 학생은 A학점을 받게 될 것이다. 아마도 정보시대의 고등교육 가운데 더 많은 교육이 이와 유사한 교수법을 추구해야 할 것이다.

과학적으로 검증될 수도 있고 그렇지 않을 수도 있지만 그럼에도 중요한 점을 보여주는 사람의 마음을 끄는 일화가 있다. 그 일화는 이러하다. 만약 끓는 물에 개구리를 집어넣으면, 개구리는 즉각적인 반응을 보이면서 뛰어나올 것이다. 만약 개구리를 미지근한 물에 넣고 아주 천천히 물의 온도를 높이면, 그 개구리는 물속에 있으면서 결국 불행하게도 죽음을 맞게 될 것이다. 물론 이 일화의 요점은 점진적인 변화는 감지하기 어려워 적절한 반응이 뒤로 미뤄지는 바람에 적절한 반응을 보일 때는 이미 너무 늦을 수도 있다는 것이다.

대니얼 벨Daniel Bell은 이러한 통찰력을 매우 효과적으로 강조해서 보여준 바 있다. 컴퓨터가 사회에 미치는 영향을 검토한 노라Nora와 밍크Minc의 매우 영향력 있는 보고서의 영문 번역판 서문에서 그는 다음과 같이 적고 있다:

우리가 (혁명과는 완전히 다른) 대규모 사회 변혁을 남의 시선을 의식하면서 목격할 수 있는 것은 문화의 역사에서 드문 순간이다. 산업혁명이 시작되고 있었을 때, 일어나고 있는 일의 의미를 알아차린 사람은 거의 없었다. 산업혁명이라는 용어 자체도 그러한 과정이 시작된 지 100년이 지난 1884년 아놀드 토인비Arnold Toynbee가 스스로 "산업혁명"이라고 부른 시대를 되돌아보는 일단의 강연을 하면서 처음 사용했다. 사회적 결과와 미래에 대한 우리의 감수성이 더 높아진 오늘날 — 실제로 우리는 (공상과학 소설에 의해 조건화 되어) 어떠한 새로운 도구도 사회를 변화시키는 마술 지팡이라고 부르며 맞이할 준비가 되어 있기 때문에 — 우리는 기술 변화와 조직 변화의 있을 수 있는 의미에 더욱 경계를 게을리하지 않는다. 그리고 이것은 무조건 환영할 일인데, 왜냐하면 그러한 감수성의 정도에 따라, 우리는 이용 가능한 대안적 미래를 만들거나 받아들이거나 혹은 심지어 거절하기 위해 우리가 가지고 있는 가치와 일치되게 그러한 결과를 추정하고 어떤 정책을 선택해야 할지를 결정하려 할 수 있기 때문이다(Nora and Minc, 1980: x~xi).

벨의 소견은 적어도 두 가지 이유에서 정곡을 찌른다. 첫째, 이 책에서 우리는 정보혁명의 함의를 살펴보고 있으며 정보혁명으로 인한 사회 변혁은 정보혁명보다 앞선 산업혁명으로 인한 사회 변혁만큼이나 아주 중요할 가능성이 더욱 높아질 것 같기 때문이다. '산업혁명'과 같은 포괄적인 개념이 역사적 진행 과정에서 1세기가 온전히 지난 후에 사용되었다는 것은 얼마나 아이러니한가? 우리는 그와 같은 인식상의 지체가 이번에는 일어나지 않을 것이라고 공언하는 경향이 있다. 정보화imformatization(혹은 노라와 밍크가 좀 더 절묘하게 표현한 텔레마티크telematique)에 관한 책과 논문의 수는 수천 개에 이른다. 그러나 여기서 우리는 이러한 기술 혁명의 중대성을 완전하게 이해하지 못할 수도 있다. 둘째, 벨은 우리가 이러한 발전을 더 잘 이해하면 할수록 우리는 집단적 목적에 봉사하는 정책을 더 잘 이끌어내고 집단적 목적에 봉사하는 정보 구조를 더 잘 설계할 수 있다는 중요한 점을 지적하고 있기 때문이다. 여기서의 우리의 전략은, 이 책의 대부분에서 그러하듯이, 개인 수준과 사회 수준 모두에서 이러한 역학을 살펴보는 것이다.

정보 과부하

정보 과부하라는 개념은 정보의 풍부함을 처리하는 개인적 수준과 심리적 수준에 우리가 주목하게 만든다. 우리 모두는 좌절감을 느끼는 경험[3]을 어떤 종류의 정보 과부하라고 해석한 기억을 가지고 있어서, 우리가 일화들을 소수의 실험실 실험을 선택적으로 요약한 것을 결합하면서 현재 진행되고 있는 것과, 중요한 것은 그것이 우리 잘못이 아니라는 점을 설명하는 신문 기사에 잘 속는 사람처럼 보일 것이다. 신문의 헤드라인과 책 제목은 흥미로운 사실을 드러내 보여준다. '컴퓨터에 있는 당신의 뇌Your Brain on Computers'라는 제목의 ≪뉴욕 타임스≫의 2010 시리즈물은 다음과 같은 헤드라인으로 당신의 산만해진 주의력을 끈다:

디지털 환경에서 성장은 산만함과 직결돼Growing Up Digital, Wired for Distraction

디지털 기기는 필요한 휴식시간을 빼앗는다Digital Devices Deprive Brain of Needed Downtime

추한 기술 사용료: 조급함과 건망증An Ugly Toll of Technology: Impatience and Forgetfulness

좀 더 많은 미국인이 늘 연결되어 있는 존재의 단점을 감지하다More Americans Sense a Downside to an Always Plugged-In Existence

기기에 낚이면 정신적 대가를 치른다Hooked on Gadgets, and Paying a Mental Price

동네 서점에 가면 다음과 같은 제목의 책들이 유혹한다:

---

3 체계화되지 않은 정보의 풍성함으로 인해 겪는 혼란을 말한다 — 옮긴이.

『생각하지 않는 사람들: 인터넷은 우리의 뇌에 무슨 짓을 하고 있는가?*The Shallows: What the Internet Is Doing to Our Brains*』
『무한한 미디어: 쏟아지는 이미지와 사운드는 우리 삶을 어떻게 압도하는가? *Media Unlimited: How the Torrent of Images and Sounds Overwhelms Our Lives*』
『아이브레인: 현대 정신의 기술적 개조에서 살아남기*iBrain: Surviving the Technological Alteration of the Modern Mind*』
『데이터 스모그: 정보 과잉에서 살아남기*Data Smog: Surviving the Information Glut*』
『산만함: 주의력 약화와 다가오는 암흑시대*Distracted: The Erosion of Attention and the Coming Dark Age*』

그렇다. 암흑시대가 다가오고 있다. 사람들은 이러한 책 제목들이 저자가 직접 짓는 것인지 아니면 그와 같은 인기 있는 자조自助 스타일 책 출판사의 특별한 비밀스러운 작업실에서 제목 전문 스타일리스트들이 이러한 무서운 위협의 제목을 생각해내는지 궁금해한다. 언론 분야와 출판 분야의 이러한 작은 작업실에서 이루어지는 왕성한 활동으로 인해 필자가 과부하에 관한 이러한 비평의 과부하를 분류하고 걸러내고 해석하며 이해하기 위해 애써야 하는 이상한 입장에 놓이게 되는 것을 보게 된다. 30년 전 무서운 예측과 선택적인 과장에 대한 약간의 좌절감을 표명했던 제이 블럼러Jay Blumler의 말에 동의한다.

기술적으로 매우 정확한 것처럼 들리는 용어인 '정보 과부하'는 이상하게도 규정하기 힘든 개념으로, 이 용어에 대한 나 자신의 반응은 상당히 엇갈리며 또한 모호하다. 한편으로 나는 이 용어의 광범위하게 인도주의적인 취지에 갈채를 보낸다. '과부하'에 대한 언급들은 만족감을 주지 못하는 지나치게 많은 데이터를 수신하는 자들의 추정컨대 포위되고, 지나친 부담이 되며, 갈피를 못 잡는 상황을 동정하는 반가운 외침이다. 그러나 많은 수용자가 자신들을 이렇게 볼지 따라서 정말로 우리의 동정을 받아야 할지를 우리가 진정 알지 못한다는 것은 이상한 점

> 이다…. 아마 우리는 현대 세계의 주요 정보원情報源에 대한 수용자들의 그러한 더 부정적인 반응을 모니터하는 방법을 개발함으로써 그 가설을 경험적으로 검정해 보아야 할 것이다. 다른 한편으로 '정보 과부하' 개념은 상당한 남용의 여지가 있다…. 이러한 주제에 대해 글을 쓰는 일부 작가들은 '과부하'를 마치 통제할 수 없는 원자로처럼 취급하고, 우리 환경의 구석구석을 오염시키는 대량의 데이터를 쏟아 내며, 매우 다양한 종류의 사회 문제를 야기하거나 악화시키면서 우려의 초점을 상당히 과도하게 확대한다…. '정보 과부하'가 매우 무분별하게 비관적 세계관에 휩쓸릴 때 이 용어를 정확하게 사용하려는 모든 가능성은 절망적으로 사라진다(Blumner, 1980: 229).

이 분야에는 세 가지 독특한 하부 장르가 존재한다는 사실이 밝혀졌다. 하나는, 이 책에서 하고 있는 것처럼 정보의 기하학적 증가에 대한 증거를 제시하면서 정보 환경 자체에 초점을 맞춘다. 토드 기틀린Todd Gitlin의 『무한한 미디어』(2002)와 데이비드 셴크David Shenk의 『데이터 스모그: 정보 과잉에서 살아남기』(1998)가 이 범주에 속한다. 두 번째 종류는, 예를 들면 서로 다른 크래커 브랜드 85개와 쿠키 285종이 진열된 슈퍼마켓 통로를 지나가는 것의 부담을 언급하면서 일상생활에서 선택의 기회가 확대된 것이 주는 심리적 부담에 초점을 맞춘다. 쉬나 아이옌거Sheena Iyengar의 『선택하는 기술*The Art of Choosing*』(2010)과 배리 슈워츠Barry Schwartz의 『선택의 역설: 왜 더 많을수록 덜 좋은가*The Paradox of Choice: Why More Is Less*』(2004)는 이 분야의 베스트셀러이다. 개인적으로 좋아하는 세 번째 종류는 정보 환경의 영향(통상적으로 '인터넷'이나 간단히 '구글'이 인간의 뇌에 미치는 영향으로 특징지어짐)에 초점을 맞춘다. 스몰Small과 보건Vorgan은 2008년에 출간된 저서의 제목을 『아이브레인: 현대 정신의 기술적 개조에서 살아남기』로 지었다. 니컬러스 카Nicholas Carr는 "구글은 우리를 바보로 만들고 있는가?"라는 ≪애틀랜틱*Atlantic*≫에 게재된 자신의 2008년 기사의 후속작으로 『생각하지 않는 사람들: 인터넷은 우리의 뇌에 무슨 짓을 하고 있는가?』라는 제목의 책을 선보였다.

이러한 책들의 수순은 약 200쪽 분량에 걸쳐 해일과 조류 같은 대양에 빗댄 은유를 강조하면서 정보 과부하에 대한 절망과 고뇌를 기술하고, 이어 약 50쪽에 걸쳐 시간 관리와 정리 '요령'에 대한 조언을 기술하는 것이다. 컴퓨터에 있는 당신의 뇌your-brain-on-computers[4]와 같은 부류의 책들에 대한 필자의 견해는 이러한 인기 있는 저자들이 신경가소성neuroplasticity[5]에 관한 책을 읽고 근본적으로 그것을 반대로 이해했다는 것이다. 신경가소성은 인간 뇌의 특별한 적응성을 나타내는 일반적인 용어이다. 원래는 대뇌피질의 특정 부위만이 특별히 순응성이 있으며 또한 그것은 통상 뇌가 여전히 발달하고 있는 어린이들에게 국한된 것으로 여겨졌다. 그러나 최근 뇌 과학의 발전으로 사실상 뇌의 모든 부분이 매우 가소성이 있으며 또한 경험의 함수로서 뇌의 생리기능을 문자 그대로 바꿀 수 있는 뇌의 순응성은 성인기 끝까지 확장되는 것으로 밝혀졌다(Buonomano and Merzenich, 1998). 그 결과, 두려움을 모르는 우리의 저널리스트들은 컴퓨터와 컴퓨터 게임의 확대된 사용이 뇌 기능에 주목할 만한 영향을 미친다는 연구들을 인용한다. 예를 들면, ≪미국 노인심리학 저널*American Journal of Geriatric Psychiatry*≫에 실린 개리 스몰Gary Small과 동료들(2009)의 연구, 「구글에 있는 당신의 뇌: 인터넷을 검색하는 동안 뇌의 활성화 패턴Your Brain on Google: Patterns of Cerebral Activation during Internet Searching」을 검토한 카는 다음과 같이 적고 있다:

---

4 이와 상반된 개념은 'the brain in the wild(야생 자연 속의 뇌)'이다 — 옮긴이.

5 신경가소성이란 인간의 두뇌가 경험에 의해 변화되는 능력을 말한다. 우리의 뇌는 가소성(plasticity)과 순응성(malleability)이 있다는 것이다. 즉, 뇌의 신경 경로가 외부의 자극, 경험, 학습에 의해 구조 기능적으로 변화하고 재조직화 되는 현상을 말한다. 신경 경로는 일생을 통해 끊임없이 변하며, 새로운 언어나 운동 기능의 습득이 왕성한 유년기 때 사용되는 새로운 신경 경로의 활동성이 최대치를 보인다. 성년기나 노년기에는 잠재성은 약간 감소하지만, 여전히 새로운 언어나 운동 기술을 어느 정도의 수준까지 습득할 수 있는 일정한 수준의 뇌 신경가소성을 일생 동안 유지한다 — 옮긴이.

> 이 실험의 가장 극적인 부분은 6일 뒤 이 테스트를 반복할 때였다. 그 사이에 연구자들은, 초심자들이 인터넷을 검색하면서 하루에 1시간 온라인에서 시간을 보내게 했다. 새롭게 뇌를 스캔한 결과, 대체로 활성화되지 않았던 초심자들의 전두엽 피질 부위가 — 마치 베테랑 인터넷 서퍼surfer의 뇌가 활성화되는 것처럼 — 이제 광범위하게 활성화되는 것으로 나타났다. 스몰은 "고작 5일간의 연습으로 인터넷 초보자들의 전두엽의 신경회로가 정확히 똑같이 활성화되었다. 인터넷에서 단지 5시간만 보냈을 뿐인데 인터넷 초심자들은 이미 그들의 뇌의 배선을 바꾸었다"[6]라고 보고한다. 그러면서 계속해서 "만약 우리의 뇌가 하루에 단지 1시간 컴퓨터 노출에도 그렇게 민감하게 변한다면, 더 많은 시간을 [온라인에서] 보낸다면 무슨 일이 벌어질까?"라고 묻는다(Carr, 2010: 121).

원래 연구는 실제로 이런 형태의 인지적 자극의 인지적 이점에 상당히 긍정적이었던 것으로 드러난다. 예를 들어, 이 연구와 함께 제공된 보도 자료는 "UCLA 연구, 인터넷 검색이 뇌 기능을 증가시킨다는 사실 발견"이라는 헤드라인을 사용했다. 교묘하게 그것을 마치 정보 과부하가 영원한 뇌 손상으로 이어지는 것처럼 들리게 만드는 것은 다음에 어떤 과업을 떠맡건 뇌의 지속적인 가소성은 그 과업에 대응할 것이라는 사실을 무시하는 것이다. 따라서 구글링을 한 후 셰익스피어를 조금 읽고 모차르트의 음악을 조금 들어보라고 하면, 뇌는 그에 따라 새롭게 배선을 바꾼다. 더 자세한 것을 원하는 관심 있는 독자들은 아마도 실제 뇌 과학자인 토르켈 클링베르크Torkel Klingberg가 이 주제에 관해 쓴 책인 『넘치는 뇌: 정보 과부하와 작업 기억의 한계*The Overflowing Brain: Information Overload and the Limits of Working Memory*』(2009)를 읽어볼 것인데, 이 책에서 클링베르크는 분명하고 공정하게 자신의 주장을 밝히고 있다.

---

6 뇌의 배선을 바꾸는 것 혹은 재배선하는 것, 즉 리와이어링(rewiring)이란 시냅스에 변화가 일어나 신경세포 사이의 연결의 수가 증가하거나 감소하는 것을 말한다 — 옮긴이.

컴퓨터에 있는 뇌와 같은 종류의 장르가 지닌 진정한 매력은 그것에 내재된 그럴듯함과 인기라고 생각한다. ≪뉴욕 타임스≫ 기자인 맷 리치텔Matt Richtel(2010)은 정보 과부하에 관한 그의 일련의 기사들이 특별히 인기가 있었으며 아이러니하게도 많은 이메일을 보내는 사람, 블로거, 그리고 트위터들tweeters이 그의 기사를 퍼 날랐다고 보도한다. 이것은 산업혁명의 기계적인 리듬이 불가피하게 디지털적으로 확장된 것이라고 주장할 수 있을 것이다. 또한 시간 관리의 실패와 현대 생활의 다중적 의무로 인해 이것들은 사악한 힘이며 그와 같은 상황이 독자 잘못이 아니라는 말을 듣는 데서 약간의 위안을 얻는 공감하는 수용자가 생긴다고 주장할 수도 있을 것이다.

이러한 실망스러울 정도로 미성숙한 문헌들을 읽어본 결과, 기술적技術的 연구들과 그러한 연구를 통속화하는 사람들의 숨이 막힐 듯한 소견에는 실제로 네 가지 근본적인 주제(〈표 3.1〉 참조)가 존재한다는 결론을 내렸다. 정보 과부하의 역학을 보여주는 상징적인 예로 전투기 조종사나 어쩌면 전장의 지휘관이 있다. 하이-테크 수술실의 외과의나 여러 대의 스크린 앞에서 일하는 채권 중개인도 다소 덜 자주 언급되지만 또 다른 전형적인 예에 속할 수 있을 것이다. 그와 같은 사례들은 〈표 3.1〉의 차원 1과 2가 매우 중요함을 보여준다. 군사적 결정과 의학적 결정은 흔히 삶과 죽음의 문제이며 또한 통상적으로 시간이나 날짜 단위가 아닌 초 단위로 측정되는 시간 압박하에서 내려진다. 재무적인 결정 역시 그와 맞먹는 시간 압박하에서 내려지며 결정의 중요성은 금전적으로 평가된다. 따라서 통상적으로 이러한 개념을 다루면서 '정보량'을 강조하는 것은 다소 오도할 여지가 있을 수도 있다 — 핵심 이슈는 시간 제약과 시간 제약하에 내려지는 의사 결정이다. 그러한 소견을 고려해, 한 걸음 뒤로 물러서면 전형적인 웹 브라우징과 온라인 정보 검색이 좀처럼 시간 제약을 받지 않으며 또한 좀처럼 비판적인 의사 결정을 요구하지 않는다는 것을 우리는 알 수 있다. 물론 예외도 있는데, 이베이eBay 경매 참여, 온라인 게임 및 시합, 그리고 어쩌면 온라인 도박이 그것이다. 그러나 온라인 읽기는 오히려 종이로 된 신문, 잡지

〈표 3.1〉 '정보 과부하'의 차원

차원	근본적인 역할
1) 시간 민감성	'과부하' 개념의 핵심 요소는 이용 가능한 정보를 검토하는 데 따르는 시간 제약이다.
2) 결정 필요성	시간 민감성과 관련된 것으로, 결정, 특히 매우 중요한 결정을 내려야 할 필요가 있을 때의 시간 제약이다.
3) 정보의 구조	정보의 '양'은 관찰자가 관련성이 있다고 판단하는 것을 검색할 수 있게 해주는 정보의 구조화 정도보다 덜 중요할 수도 있다.
4) 정보의 질	'정보 과부하'에 대한 많은 불만이 실제로는 정보의 질 혹은 신호 대 잡음비[8]라는 공학적 개념의 정보 변량에 대한 우려인 것으로 드러난다.

및 책을 읽는 것이나 텔레비전 시청과 더 가깝다. 아래에서 보겠지만, 엄청나게 다양한 웹사이트나 비디오 스트림에서 무엇을 선택해야 하는가라는 이슈에 대한 결론은 이미 내려져 있다. 사람들은 선택을 소중하게 여기며 선택과 관련된 양에 압도되지 않는다. 디지털 케이블 텔레비전에서 이용 가능한 500개의 채널 가운데 전형적인 시청자들은 리모컨 개인 설정을 통해 그들이 선호하는 12개 정도의 채널[7]을 매우 규칙적으로 시청한다. 구글이 검색 엔진 사용자의 쿼리에 대해 가능한 웹사이트 수십만 개를 제시한다고 해서 사용자들이 수많은 생각을 하느라 실신하지는 않는다. 아무 문제없다. 수천 권의 장서와 카드 목록을 갖추고 있는 산업시대의 공공 도서관을 회상해 보면, 마찬가지로 당시 그들이 찾을 수 있는 것보다 더 많은 정보 자원을 찾을 수 있는 것으로 전망된다고 해서 그것 때문에 아무도 기절하지는 않았다. 물론 카드 목록과 검색 엔진이 이 영역의 세 번째 차원, 즉 정보가 구조화되어 있는 정도와 그러한 구조화는 정보검색자의 관심에 반응을 보이는 정도가 매우 중요함을 확인해 주기는 한다. 카드 목록은 효과가 있었지만 저자, 제목, 단순화된 주제 목록(미국 역

7 이를 흔히 채널 레퍼토리(channel repertoire)라고 한다 — 옮긴이.

8 신호 대 잡음비(signal-to-noise ratio: S/N)란 신호 강도와 잡음 강도의 비로 유용한 정보와 무익한 정보의 비율이라 할 수 있다 — 옮긴이.

사 – 남북전쟁 후)에 국한되어 있었기 때문에 크게 도움이 되진 않았다. 그러나 디지털 시대의 특징은 정보를 광범위하게 구조화하고, 명칭을 붙이며, 분류하는 것이다. 예를 들어, 구글 북스Google Books는 수천만 권의 책에 대한 전문全文 검색을 허용하는 것으로 유명하다. 개인들은 추천 시스템을 통해 생각이 비슷한 검색자들의 의견, 판단, 기술어descriptor로부터 도움을 받을 수 있다.

마지막으로 정보의 질 이슈가 있다. 이 책에서 되풀이되는 두려움은 관련성이 없는 것들이 중요한 것을 덮어 감추게 할 거라는 건초 더미 속의 바늘 개념이다. '자격을 갖춘 자'뿐만 아니라 '자격을 갖추지 못한 자'도 더 쉽게 논평하고 의견을 밝힐 수 있게 하는 것은 실제로 어떤 의미에서 신호 대 잡음비를 낮출 수도 있지만, 그것에 대해서는 두 가지 의견이 있을 수 있다. 첫째, 새롭게 어떤 이슈에 맞서는 사람들이 신선한 관점을 제공할 수도 있다. 의사 결정에서 관점의 다양성은 스캇 페이지Scott Page(2007) 같은 시스템 이론가와 필립 테틀락Philip Tetlock(2005) 같은 심리학자가 강조하는 점이다. 둘째, 위에서 언급한 바 있는 디지털 정보를 구조화하고 평가하며 명칭을 붙이는 것은 통상적으로 온라인에서 이용 가능한 많은 정보를 관리하는 데 큰 차이를 만들어낸다. 따라서 과부하에 대해 이러한 법석을 떠는 모든 행위에 대한 우리의 검토는 다시 한 번 다음과 같은 역설적 결론에 이르게 한다. 늘어난 정보량은 실제로 중요하다. 하지만 문제는 '정보 과부하'가 아니다. 그와 같은 용어는 어느 정도 관심을 엉뚱한 데로 돌리게 만들며 어쩌면 좀 더 중요한 문제를 보지 못하게 방해할 것이다. 인간의 필요에 잘 반응하는 정확하고 반응성이 좋은 정보 표시 및 분류 시스템이 핵심 이슈인데, 이러한 시스템은 모든 시민이 시장의 부당 이득과 결탁 조작으로 인한 왜곡과 자기-보호적인 국가 기관으로 인한 왜곡이 최소화됨에 따른 이득을 볼 수 있는 접근 수단을 제공한다. 후반부의 장들에서 지적재산권법, 국가의 검열, 틈새시장niche market과 긴 꼬리[9]의 경제학 문제를 다

---

9 긴 꼬리(long tail), 또는 롱테일 현상은 파레토 법칙을 그래프에 나타냈을 때 꼬리처럼 긴 부

루는데, 이 문제들은 방향 감각을 잃을 가능성이 있는 웹 서퍼들에 대한 절망이나 걱정보다는 지속적인 주목과 추가적인 분석을 필요로 하는 정말로 매우 중요한 잠재적 문지기들gatekeepers이라고 주장한다.

그렇긴 하지만, 정보의 정확한 위치를 찾고 활용할 수 있는 인간의 역량을 최적화하기 위해 고안된 고급 심리학 이론의 지식을 토대로 하는 개인 수준의 연구도 분명 연구 의제에 적절하게 포함되어 있다. 연구들 가운데는 사용자 인터페이스interface 디자인, 내비게이션navigation, 그리고 데이터베이스 구조화 문제를 다루는 연구도 있다(Nielsen, 2000; Nielsen and Pernice, 2010). 또 어떤 연구는 사용자 태도와 기량에 초점을 맞춘다(Hargittai, 2002).

정보사회 문헌으로 넘어가기 전에 정보 과부하와 인지 역량 이슈에 대해 몇 마디만 더 언급하고자 한다. 이러한 문헌들을 검토하면서, 스위스의 두 경영학 교수의 과부하 문헌에 대한 사려 깊은 검토와 비공식적인 메타분석meta analysis을 우연히 마주하게 되었다(Eppler and Mengis, 2004). 경영 정보 시스템Management Information Systems: MIS은 경영학 교육에서 활발하게 성장하고 있는 분야이며, 이 분야의 연구자들은 네 개의 핵심어(정보 과부하, 정보 부하, 인지 과부하 및 인지 부하)를 포함하는 온라인 학술지명과 초록을 검색한 결과, 논문 500편 이상을 찾아냈다. 그들은 논문 수가 다소 다루기 불편할 정도로 많다고 생각해서, 100편이 넘지 않도록 표본 수를 줄이기 위해 좀 더 최근에 게재된 논문과 몇 가지 다

분을 형성하는 80%의 부분을 일컫는다. 파레토 법칙에 의한 80:20의 집중 현상을 나타내는 그래프에서는 발생 확률 혹은 발생량이 상대적으로 적은 부분이 무시되는 경향이 있었다. 그러나 인터넷과 새로운 물류 기술의 발달로 인해 이 부분도 경제적으로 의미가 있을 수 있게 되었는데 이를 롱테일이라고 한다. 이는 기하급수적으로 줄어들며 양의 X축으로 길게 뻗어나가는 그래프의 모습에서 나온 말이다. 2004년 ≪와이어드(Wired)≫ 12월호에 크리스 앤더슨(Chris Anderson)에 의해 처음 소개되었으며 이후 책으로 나와 베스트셀러가 되었다. 이러한 분포를 보여주는 통계학적 예로는 부의 분포, 단어의 사용 빈도 등이 있으며 크리스 앤더슨에 의해 소개된 롱테일 부분을 경제적으로 잘 활용한 사례로는 아마존의 다양한 서적 판매 사례 등이 있다 — 옮긴이.

른 기준을 사용해 걸러냈다. 그런 다음, 그들은 계속해서 과부하 문제의 원인, 증상, 대책의 측면에서 명확하고도 세심하게 연구 결과를 요약했다. 그들은 아이러니한 점을 알아채지 못했던 것처럼 보일 것이다. 실제로 그들 자신이 약간의 과부하 문제에 직면했고 입수한 정보를 간단하게 걸러내고 조직화함으로써 그다지 큰 어려움 없이 일을 마무리할 수 있었는데, 그들은 그러한 점을 알아차리지 조차 못했다.

우리는 실제로 인지 부하cognitive load를 처리할 수 있는 인간의 역량에 대한 몇몇 꽤 구체적인 사실을 알고 있다. 심리학 분야에서 어느 정도 고전적인 논문으로 여겨지는 조지 밀러George Miller의 1956년 논문인 「마법의 수 7±2: 정보 처리에 대한 우리 역량의 몇 가지 제한The Magical Number Seven, Plus or Minus Two: Some Limits on Our Capacity for Processing Information」에 대해 언급하겠다. 밀러는 놀랍게도 연구를 거듭한 끝에 인간의 뇌는 매우 분명하게 분리된 실체들을 동시에 생각할 수 있는 한정된 역량을 가지고 있음을 발견했다. 이 논문의 제목이 분명히 보여주듯이, 그 수는 7 혹은 7에 매우 가까운 수로 판명되었다. 그것은 사람에 따라 그리고 정신물리학적 변별[10]의 영역에 따라 다소 차이가 있다. 이 논문은 당연하게도 수학의 상수인 원주율 파이π에 해당하는 심리적 상수에 가까운 것으로 이 마법의 수를 찬양하는 것으로 유명하다. 그러나 이 논문이 우리에게 주는 매우 중요한 통찰력은 마법의 수에 대한 것이 아니라 인간이 7보다 더 큰 여러 고려의 차원에 직면할 때 인간이 본능적으로 하는 것에 대한 것이라고 생각한다.

그렇다면 우리는 어떻게 하는가? '덩어리로 자른다chunk'. (이것은 우리가 잘 연상하도록 도와주는 밀러의 어휘이다.) 우리는 비슷한 고려 사항들을 덩어리로 무

---

10 현대 심리학의 창설 이전에 생리학에 대한 활발한 연구와 데카르트의 철학적 전통이 정신물리학(psychophysics)을 탄생시켰으며, 정신물리학 운동은 감각과 지각에 대한 연구에 획기적인 전환점 역할을 했다〔오세진 외, 『인간행동과 심리학』(학지사, 1999)〕— 옮긴이.

리 지어cluster 10여 개의 평가를 7개 이하로 의미 있게 줄인다. 물론 덩어리로 자르는 과정에는 독특하고도 중요한 인간의 인지적 특성인 추상화abstraction가 포함된다. 추상화란, 실제로 위에서 두 스위스 경영학 교수의 예를 통해 언급했듯이, 우리가 만약 그렇지 않았다면 정보 과부하였을 수도 있는 것을 자연스럽게 그리고 자각하지 못한 채 처리하는 방식이다.

이 논문에 한 가지 마지막이자, 필자가 생각하기에 매우 중요한 덧붙일 점이 있다. 이러한 통찰력은 허버트 A. 사이먼Herbert A. Simon의 연구를 토대로 하는데, 그는 인지 심리학, 컴퓨터 과학, 인공지능, 정보 처리, 의사 결정, 주의 경제학,[11] 조직 이론, 복잡계複雜系, complex system, complexity system[12]와 같은 다양한 분야에서 연구를 개척했다. 만약 그렇지 않다면 정보 과부하인 것을 다루기 위한 다른 진화된 인간의 특성, 즉 적정 만족 추구satisficing 특성으로 불릴 수도 있는 것에 대해 말하는 것이다(Simon, 1956). 이 용어는 1950년대에 허버트 사이먼이 만든 것으로, 인간은 의사 결정 시 매우 드물게 잠재적으로 관련된 정보의 양을 최소화한다는 사실을 나타내는 '만족하다satisfy'와 '충분하다suffice'를 합성한 것이다. 인간은 적정 만족을 추구한다는 것이다. 인간은 본능적으로

---

11 주의 경제(attention economy) 혹은 관심 경제란 세계적인 애널리스트 토머스 데이븐포트(Thomas H. Davenport)가 쓴 책 『관심의 경제학(*The Attention Economy*)』으로 잘 알려진 용어이다. 데이븐포트는 정보가 넘쳐나는 시대에는 주의를 끄는 것이 성공하는 길이고, 거의 모든 것이 주의를 끄는 데 초점이 맞춰진 '주의의 산업화' 시대로 나아가고 있다고 말한다 — 옮긴이.

12 복잡계란 과학의 지나친 1차 논리화, 방정식화, 데카르트적 이분법화, 뉴턴식 기계론, 환원주의를 비판해 온 여러 흐름이 컴퓨터 시뮬레이션 능력의 향상과 함께 맞물려서 탄생한 과학 패러다임이다. 복잡계는 단일 이론 체계가 아니다. 확률론과 통계학, 기상학의 파국 이론과 카오스 이론, IT 정치학의 사이버네틱스 이론, 화학의 상호작용(피드백 루프), 열역학의 엔트로피와 상전이, 사회학의 사회 네트워크 이론, 경제학의 행위자 기반 모형, 생물학의 생태학적 접근법, 형태학, 산업공학의 시스템 다이내믹스, 경영학의 네트워크 조직 이론과 학습조직 이론, 심지어는 심리학의 멘탈 트레이닝까지 다양하다. 현재 열역학과 통계역학을 중심으로 연구되고 있으며, 군사학, 생태학, 경영학, 경제학, 기상학계에서 활발히 응용되고 있다〔나무위키(https://namu.wiki)〕 — 옮긴이.

추가적인 정보를 수집하고 평가하는 것이 그러한 노력을 정당화하는지 한계적으로at the margin 계산한다.

기차가 시속 20마일 이상의 예기치 않은 속도로 달리기 때문에 인간은 지나가는 풍경을 도저히 볼 수 없다고 경고한 19세기 벨기에 의사들의 자신감에 찬 공언을 오늘날 우리는 우스워한다. 움직이지 않고 가만히 서 있을 때도 인간의 감각기관은 수십만 개의 감각 정보를 만들어내는데 그 가운데 극히 일부만이 의식적인 인지적 처리 수준에 이른다는 것을 그들은 충분하게 인식하지 못했다(Zimmermann, 1989). 감각적 입력 정보가 의식적 처리 수준에 이르지 못할 때, 개인 수준에서 밀러의 '덩어리로 자르기'와 사이먼의 '적정 정보 추구'를 통해 정보의 파도를 길들이려면 꽤 먼 길을 가야한다. 그러나 인간은 사회적 동물인 동시에 사물을 만들어내기도[13] 한다. 그래서 이 장의 남은 부분은 사회적·기술적 네트워크와 메커니즘이 정보의 풍부함에 대응하는 방식을 살펴보기 위해 사회적·문화적 수준의 사회적 분석으로 이동한다.

정보사회

'정보사회information society' 개념에는 몇 가지 흥미로운 속성이 포함되어 있다. 이 용어(와 밀접히 관련된 몇몇 유사어)는 잠시 동안 우리 주변에 머물러 있었다. 이 용어는 프린스턴 대학교의 경제학자 프리츠 마크럽Fritz Machlup이 1960년대에 맨 처음 사용했다(Machlup, 1962). 그 당시 마크럽은 농업과 제조업이 쇠퇴하는 가운데 정보 처리 및 서비스 경제 분야가 극적으로 성공하고 있음을 보여주는 몇몇 선구적인 연구를 발표했다. 이러한 생각은 경영 전문가인 피터 드러커Peter Drucker와 그 뒤 미래학자인 앨빈 토플러Alvin Toffler에게로 이어져 대

---

13 원문의 fabricator는 'builder of things'라는 의미이다 — 저자와의 이메일 교신.

중화되었다(Drucker, 1969; Toffler, 1980). 이 시대에 이루어진 연구 가운데 가장 생각이 깊고 자극적인 연구는 1973년에 출간된 대니얼 벨Daniel Bell의 『후기산업사회의 도래*The Coming of Post-Industrial Society*』였다. 이것과 관련된 용어로는 '지식사회', '네트워크 사회', '정보혁명', '통제혁명control revolution'이 있다. 지금까지 엄청난 양의 이러한 문헌에 대해 흥미로우면서도 불만스러운 점은 그러한 문헌들의 얕음과 이해하기 어려움 그리고 이론, 풀어야 할 퍼즐, 혹은 추가적인 연구를 이끌어줄 방법론의 부재이다. 그것은 꽤 특이하다. 이 분야에서 적극적으로 저술 활동을 하는 학자들은 흔히 매우 상반된 감정을 가지고 있으며 일부는 조직화해 주는 지적知的 틀로서의 그러한 개념에 적대적이기까지 하다. 영국의 사회학자 프랭크 웹스터Frank Webster를 예로 들어보자. 그는 『정보사회 이론*Theories of the Information Society*』이란 제목의 저서를 현재 3판까지(가장 최근 판은 2008년판) 출판했는데, 이 책에서 그는 다음과 같이 적고 있다: 이와 같은 개념을 사용하여 "사람들은 우리 시대의 적절한 특성을 밝히는 데 사용하기 위해 또 다른 과장된 용어를 준비하고 있다. 그러나 동시에 사상가들은 이러한 정보가 갖추게 될 형태, 그것이 우리의 현 시스템에 중심이 되는 이유, 그리고 그것이 사회적·경제적·정치적 관계에 영향을 미치는 방식에 대해 놀랄 정도로 다양한 해석을 내놓고 있다"(Webster, 2008: 2). 현재 세 번째 판의 끝부분에서 그는 다음과 같이 결론을 내리고 있다: "대부분의 정보사회 시나리오가 정보 추이에 초점을 맞추는 것에 별 도움이 되지 않지만, 정보 추이에 초점을 맞추는 것은 오늘날 세계의 특성을 이해하는 데 매우 중요하다고 나는 확신한다"(Webster, 2008: 263).

포스트모더니즘postmodernism이라는 관련된 개념처럼 '정보사회'가, 반드시 그럴 필요는 없지만, 이슈들이 역사적으로 다루어져야 함을 암시하기 위해 사용되는 어느 정도 중립적이면서 대체로 비어 있는 용기容器라고 확신하게 되었다. 더욱이 중요하게도 그것은 〈표 3.2〉에 자세히 나타나 있는 것처럼 사회적 분석의 두 기본적인 차원에 대한 분석가의 견해를 끄집어내는 어떤 개념적인

〈표 3.2〉 정보사회에 관한 문헌의 구조

구분	변화 강조	연속성 강조
긍정적 강조	- 드러커(Drucker, 1969) - 벨(Bell, 1973) - 마스다(Masuda, 1980) - 토플러(Toffler, 1980) - 길더(Gilder, 1989) - 네그로폰티(Negroponte, 1995)	- 코헨과 지즈먼(Cohen & Zysman, 1987)
중립	- 마크럽(Machlup, 1962) - 프라이스(Price, 1963) - 포랫(Porat, 1977) - 풀(Pool, 1983) - 도딕-왕(Dordick-Wang, 1993) - 반 다이크(van Dijk 1999)	- 베니거(Beniger, 1986)
비판적 강조	- 노라와 밍크(Nora & Minc, 1980)	- 트래버(Traber, 1986) - 머독과 골딩(Murdoch & Golding, 1989) - 맥체스니(McChesney, 1999) - 쉴러(Schiller, 2000) - 마텔라르(Mattelart, 2003) - 모스코(Mosco, 2005) - 푹스(Fuchs, 2008) - 맨설(Mansell, 2009)

로르샤흐 테스트Rorschach test[14]로 진화했다.

〈표 3.2〉는 몇몇 전형적인 문헌을 두 차원에 따라 배열한 것이다. 수평 차원은 정보 기술의 발전으로 초래되는 사회적·경제적 변화를 강조하는 것과 특히 엘리트가 주도하는 정치에서 역사적 연속성을 강조하는 것을 대비한다. 수직 차원은 열정과 낙관이라는 규범적 관점과 비관과 우려라는 규범적 관점을 대비하고 있다. 〈표 3.2〉를 빠르게 살펴보면, 대부분의 사례가 단연코 왼쪽 상단과 오른쪽 하단에 놓여 있다는 점에서 두 차원이 상호 연관되어 있는 것 같다는 것을 알 수 있다. 그것은 일리가 있다. 왼쪽 상단에는 자본주의 시스템의

14 로르샤흐 테스트란 좌우 대칭의 불규칙한 잉크 무늬를 보고 어떤 모양으로 보이는지를 말하게 하여 그 사람의 성격, 정신 상태 등을 판단하는 인격 진단 검사법을 말한다 — 옮긴이.

일상적인 활동에 심하게 불쾌해하지 않는 기술 지향적인 분석가들이 자리하고 있으며 그들의 변화에 대한 시나리오는 증가된 효율성과 생산성을 묘사한다. 이에 반해, 오른쪽 하단에는 주로 그와 같은 시나리오에 대해 공공연하게 냉소적인 태도를 보이며 엘리트 자본주의자들이 정치적 권력과 문화적 지배를 강화하기 위해 이러한 기술을 활용하는 방식을 진지하게 경고하는 정치적 좌파들이 자리하고 있다. 중립 범주에는 경제적·행동적 혹은 기술적 변화를 주로 기술하거나 정보 경제의 측정에 대한 기술적 이슈에 초점을 맞춘 주요 저서들이 포함되어 있다. 베니거의 연구는 예외이다. 널리 인용되는 그의 연구는 '통제혁명'이라는 용어를 사용한다. 베니거는 정보 및 통제 기술의 극적인 성장은 흔히 생각하는 것보다 50년에서 80년 정도 앞서 시작되었으며 또한 정보 및 통제 기술의 극적인 성장은 산업혁명의 요구로 인해 필요했는데, 특히 무엇보다 인간의 실수로 반짝거리는 새로운 기차들이 서로 충돌하는 것을 방지하기 위한 전자 계시計時 및 교환 기술이 필요했다고 주장한다. 비판적으로 연속성을 강조하는 오른쪽 하단에 속하는 것들의 전형적인 예는 마이클 트래버Michael Traber의 『정보혁명 신화*The Myth of the Information Revolution*』(1986)에 나온 포문을 연 공격이다: "이 모든 것은 광범위한 영향을 미치지만, 인간 해방이나 보통 사람들의 삶의 질 향상에 영향을 미치는 것은 아니다. 오히려 커뮤니케이션 혁명은 엘리트의 군사적·경제적·정치적 권력을 공고히 하는 활동으로 드러나고 있다"(Traber, 1986: 3).

이와 같은 숙고 끝에 나온 비관론을 (왼쪽 상단에 있는) 요네지 마스다Yoneji Masuda가 컴퓨터와 유토피아의 합성어인 '컴퓨토피아Computopia'라고 부르는 의기양양한 시나리오와 대비해 보라.

> 컴퓨터 커뮤니케이션 혁명으로 인해 나타날 정보사회는 실제로 보편적인 풍요로운 사회를 향해 움직이는 사회일 것이다. 내가 주장하는 가장 중요한 점은 정보사회가 물질적 가치가 아닌 정보 가치라는 축을 중심으로 기능할 것이라는 점이

다…. 따라서 만약 산업사회가 사람들이 물질적으로 풍요로운 소비를 한 사회라면, 정보사회는 사람들의 인지적 창의성이 사회 전체를 통해 번창하는 사회일 것이다. 그리고 만약 산업사회의 최고 단계가 고도의 대량 소비사회라면, 정보사회의 최고 단계는 전 지구적 규모의 미래지향적 사회일 것인데, 이것은 애덤 스미스Adam Smith의 보편적 풍요 사회 전망을 크게 확대·발전시킨 전망이자, 내가 말하는 "컴퓨토피아"가 의미하는 바이기도 하다(Masuda, 1980: 147).

빈틈없는 독자라면 정보사회 문헌 사례에 대한 우리의 비공식적인 분석에서 유명한 책 — 널리 인용되는 사회학자 마누엘 카스텔스(Manuel Castells, 1996, 1997, 1998, 2004, 2009)[15]가 자신이 사용하는 어휘인 '네트워크 사회'에 초점을 맞춘 여러 권으로 구성된 저서 — 이 빠졌다는 것을 알아챘을 수도 있다. 카스텔스의 저서를 따로 떼어둔 이유는 지속되는 명성에 걸맞게 그의 풍부한 이론적 분석은 〈표 3.2〉의 사분면 가운데 어디에도 쉽게 포함될 수 없다는 점 때문이다. '초시간적 시간timeless time', '흐름의 공간space of flows', '매스 셀프-커뮤니케이션mass self-communication'[16] 같은 다소 규정하기는 어렵지만 자극적인 그의 개념들과 '네트 대 자기net versus the self'의 양극성은 각각 우리 시대의 독특한 특성에 대해 이야기한다. 그러나 그의 분석은 사회적 정체성의 정치적 연속성,[17] 사회운동, 공적 영역의 진화하는 역학, 그리고 자본주의 제도의 강점과 약점 모두에 깊은

15 '카스텔'이라고 표기하는 경우가 많으나 많은 스페인 원어민 발음을 확인해 보면 '카스텔스'로 표기하는 것이 맞다 — 옮긴이.

16 매스 셀프-커뮤니케이션이란 상호작용 커뮤니케이션 과정인데, 이는 잠재적으로 글로벌 수용자에 도달할 수 있는 점에서는 매스 커뮤니케이션이다…. 동시에 그것은 셀프-커뮤니케이션인데, 정도의 차이는 있지만 전문적 유저들이 메시지를 스스로 생성하고(self-generated), 특정한 메시지나 콘텐트의 검색 방향을 스스로 정하며, 전자 커뮤니케이션 네트워크로부터 콘텐트를 받고 리믹싱하는 작업도 스스로 선택하기 때문이다〔김남옥, 『마누엘 카스텔: 컴북스이론총서』(커뮤니케이션북스, 2016)〕 — 옮긴이.

17 정치적 연속성(political continuity)이란 역사적 상황에 기반을 둔 민족적·계층적 분열을 의미한다고 한다 — 저자와의 이메일 교신.

뿌리를 두고 있다. 바꾸어 말하면, 카스텔스는 이 책에서 꿈꾸는 것(기술적 변화의 각 차원과 그 결과 그에 상응해 나타날 수도 있는 가능한 사회적·정치적·경제적·문화적 변화와의 관계를 경험적으로 살펴보는 것)과 상당히 비슷한 큰 활동에 참여하고 있다. 그리고 이러한 활동을 하는 것은 맑스Marx,[18] 베버, 뒤르켐Durkheim이 맨 처음 산업 자본주의의 시작을 이해하기 위해 노력한 이래로 사회과학자들이 관심을 기울여온 평등, 정치적 참여, 사회적 정체성, 양극화, 조각화, 다원주의에 대한 동일한 근본적인 사회학적 질문을 토대로 한다. 이와 같은 활동은 낙관적이거나 비관적인 것으로 특징지어질 수 없는데, 왜냐하면, 첫째, 기술 변화의 결과는 긍정적인 효과와 부정적인 효과가 섞여 있을 가능성이 높으며, 둘째, 기술 변화의 결과는 그것이 더 잘 이해될 때 바라건대 적절하고도 지적인 집단적 개입collective intervention의 대상이 될 것이기 때문이다.

특히 흥미로운 것은 정보사회 문헌들이 그보다 앞선 대중사회 문헌과의 여러 구조적 연관성과 대조적인 점을 매우 일관되게 무시한다는 점이다. 그것은 불행한 일로 보이지만, 그것은 정보사회에 관한 글들의 이론적 빈약함의 일부를 설명하는 데 도움을 준다. 몇몇 정보사회 이론가들, 특히 베니거, 로저스, 그리고 카스텔스는 이러한 두 전통을 연계하고 대비할 것을 주장한다. 필자가 이해하기로 대중사회 문헌의 가장 중요한 질문은 진정으로 결코 해결되지 않았으며 사회과학자들은 점차 더 새로운 성격을 가진 다른 다양한 질문에 주목하게 되었고 새로운 방법론과 데이터를 사용했다. 〈표 3.3〉에서 보듯이, 뉴미디어와 정보사회 분석가들은 이러한 역학을 더 오래된 지적 전통이 약간의 새로운 상황 전개, 새로운 질문, 그리고 새로운 방법이 더해진 채 연속되는 매우 중요한 것으로 이해할 수 있을 것이며 또한 필자는 그렇게 이해해야 한다고 보았다.

18 흔히 '마르크스'라고 표기하는데, '맑스'라고 표기하는 것이 독일어 발음에 더 가깝다 — 옮긴이.

〈표 3.3〉 대중사회와 정보사회의 조우

구분		대중사회 문헌	정보사회 문헌
두드러진 시기		1890~1960	1960~현재
핵심 이론가		퇴니스, 뒤르켐, 파크, 프롬, 리스먼, 아렌트, 벨, 립셋, 콘하우저, 퍼트넘	마크럽, 포랫, 벨, 마스다, 풀, 베니거, 맨설, 카스텔스, 반 다이크, 푹스
핵심 논제:		대개 매우 문제가 있고 끔찍한 것으로 프레임 됨	매우 흔히 해결되지 않는 퍼즐로 프레임 됨
	가구	가족생활의 쇠퇴 — 핵가족이 대가족을 대체하고, 가족 구성원들이 함께 보내는 시간이 더 적고, 아이들이 크고, 중앙집중화되고, 아노미적인 학교에 다니고, 일하는 어머니들이 집을 비울 수도 있으며, 텔레비전 시청이 가족 대화를 대체함	매우 중요하지만 해결되지 않는 연구 문제 — 모바일 및 소셜 미디어의 성장이 가족(및 대가족) 구성원들 간의 유대를 잠재적으로 강화시키는가 아니면 약화하는가?
	직업	소외시키는 직장 — 큰 조직 내에서 이 일에서 저 일로 이동하는 것과 소외시키는 근로 조건으로 인해 사람들에게 직장과 직장 동료 모두가 덜 중요해짐	제조업에서 정보처리 및 서비스 분야 일로의 이동, 직장 소외에 미치는 영향과 경제적 불평등이 불분명하고, 비판 이론가들은 진보에 매우 회의적임
	지리	지역 공동체의 쇠퇴 — 도시화와 교외화가 작은 도시를 대체하고 거주자들은 공동체 의식을 거의 갖지 못함	커지는 세계화의 중요성, 국민-국가의 잠재적 약화와 네트워크화 된 세계적 기업 및 비영리 기관의 성장, 긍정적인 발전과 새로운 문제가 혼재되어 있음
	정체성	종교적·민족적 결속감의 약화 — 지역 현지의 종교 기관이 덜 중요해지고, 시간이 흐르면서 민족 공동체들이 거대화된 도시 풍광 속에 희미하게 묻혀버림	정보사회의 매우 중요한 퍼즐 — 진화하는 미디어가 양극화, 조각화를 강화할 것인가, 세계화는 문명의 충돌을 초래할 것인가?
	집단생활	자발적 결사체 참여가 쇠퇴함	뉴미디어 환경은 집단생활과 자발적 결사체를 강화할 것인가 아니면 더욱 약화할 것인가?
	커뮤니케이션	선전에 대한 직접적이고 여과되지 않은 노출 — 아노미적인 개인들은 매스 미디어의 의사(疑似) 권위자와 의사 공동체에서 위안을 찾을 수도 있음	과도하게 강력한 중심 미디어 기관에 대한 초점이 확대된 다양성과 어쩌면 조각화 되고, 무질서하며, 양극화된 정보 환경으로 이동함

로버트 퍼트넘Robert Putnam이 영향력 있는 그의 저서 『나 홀로 볼링*Bowling Alone*』에서 했던 주장은 대중사회 전통에 대한 절망적인 불안과 자기-확신으로부터 정보사회 분석가들에 대한 의아스러운 호기심과 그들에 대한 뒤섞인 희망과 회의로의 이동을 잘 보여준다(Putnam, 2000). 그의 발언은 자기-확신에 차 있으며 자발적 결사체[19] 참여라는 줄어들고 있는 사회적 자본[20]을 보여주는 수

많은 차트와 그래프에 의해 뒷받침되고 있는데, 그의 주장에 따르면 이러한 사회적 자본의 감소는 주로 사회적으로 소외시키고 고립시키는 텔레비전 시청과 이와 관련된 세대 간의 사회성sociability 차이 때문이다. 그러나 2000년에 이 책을 쓸 당시에 인터넷과 뉴미디어가 텔레비전의 지배에 도전할 것이라는 것이 이미 분명했기 때문에, 그는 인터넷과 뉴미디어가 이러한 추이를 뒤바꿀 수 있을지 여부에 관한 짧은 절을 포함시켰다. 그것은 그와 같은 전망에 대한 분명하고도 사려 깊은 검토이지만, 결국 우리가 이러한 발전을 아직 이해하지 못한다는 것을 그는 전적으로 인정하는데 이러한 인정은 환영받을 만하다.

그러나 시민들의 공공단체 참여에 대한 퍼트넘의 우려는 이 책에서 아직 충분히 다뤄지지 않은 이슈를 제기한다. 시민들은 개인으로서 투표하고 의사 표현을 하는 것 이상의 것, 즉 조직을 만드는 일을 한다. 새로운 정보 환경은 집단행동, 동원, 항의, 그리고/혹은 깃발 아래 집결하는 것의 가능성에 어떻게 영향을 미치는가? 이것은 분명 이론과 연구에 중요한 질문이지만, 실용적인 목적상 여전히 이 책이 다루는 범위 밖에 있다. 다행히도 이 이슈에 대한 연구는 그동안 활발히 이루어져왔다(Bimber, 2003; Castells, 2012; Bimber, Flanagin and Stohl, 2012).

풍부함

만약 인간이 지구상에 존재해 온 기간을 24시간으로 압축해서 표현한다면, 글이 출현한 시기는 밤 12시 8분 전이고, 구텐베르크Gutenberg의 금속활자와 대

---

19 자발적 결사체(voluntary association)란 사회학에서 공동의 목적을 이루기 위해 구성원이 자발적으로 결성한 모든 조직체를 의미한다〔나무위키(https://namu.wiki)〕 — 옮긴이.

20 사회적 자본(social capital)이란 한 개인에게는 없지만 그 개인이 참여하고 있는 사회적 관계를 통해 다른 사람들이 가지고 있는 자원을 동원할 수 있는 능력을 말한다 — 옮긴이.

량 인쇄가 대중화된 시기는 밤 12시 46초 전이며, 마지막으로 전화, 라디오, 텔레비전, 인터넷이 등장한 시기는 모두 밤 12시 몇 초 전에 속할 것이다. 인류 역사에서 최근의 짧은 시기에 깜짝 놀랄 정도로 급증한 미디어와 메시지에 우리가 어떻게 대처해 왔는지를 완전하게 이해하는 것은 어렵다. 따라서 인류 역사를 우리에게 익숙한 24시간으로 환산하여 생각해 보는 것은 어떤 관점을 제공하는 데 도움이 된다. 수 초秒는 정말 하루 가운데 극히 작은 일부이다. 수렵과 채집으로 부족 생활을 유지해야하는 매우 까다로운 생존의 조건 속에서 1만 세대를 살아오면서 우리는 우리 주변을 소용돌이치는 전자 이미지와 사운드의 홍수를 처리하는 데 부적합하게 설계된 인지 시스템을 진화시켜 왔을 것 같은 생각이 든다. 그러나 우리는 꽤 잘 헤쳐 나온 것 같다. 그것은 어떻게 가능했을까?

또다시 핵심 요점으로 시작한 다음, 뒷받침해 주는 주장을 펼쳐나가기로 한다 — 진화해 온 인간 인지 체계의 주목할 만한 특성은 거듭되는 환경적 과제에 잘 적응한 타고난 반응성이라기보다는 오히려 인간 인지 체계의 가소성, 즉 속도, 강도, 혹은 민첩성과 같은 변치 않는 능력이 아닌 인지적 평가와 전략화 과정strategizing에 대한 의존이기 때문에, 우리는 정보의 풍부함을 꽤 잘 관리한다. 수렵과 채집을 통한 생존 과제는 충분한 음식을 얻고 다양한 잠재적 포식자를 피하기 위한 결단력 있으면서도 선택적인 주의를 필요로 한다(Bettinger, 1991; D'Andrade, 1995). 찰스 존서Charles Jonscher의 다음 이야기에는 효과적인 시나리오가 담겨 있다:

> 때는 B.C. 8000년이다. 한 수렵-채집인이 동물 — 그가 먹기 위한 음식일 수도 있고 그를 위협할 수도 있는 동물 — 을 찾기 위해 자세히 살펴보면서 북유럽의 평원 한 가운데 서 있다. 비록 그는 이러한 용어를 사용하여 생각하지는 않을 테지만, 그의 앞에 펼쳐지는 파노라마는 엄청난 수의 광자光子[21]를 발생시키고 있다. 모든

---

21 광자(photon)는 기본 입자의 일종으로, 가시광선을 포함한 모든 전자기파를 구성하는 양자이

잎, 돌, 스쳐 지나가는 새들은 광원光源의 모양, 색깔, 질감에 따라 여러 다른 주파수와 강도로 반사광 빔beam을 내보내고 있다. 이러한 광자의 흐름은 데이터 — 원신호raw signal — 이며 그들의 수는 수조數兆개에 이른다. 나무에 있는 잎들의 패턴만도 『브리태니카 백과사전*Encyclopedia Britannica*』의 전체 페이지보다 더 많은 데이터를 포함하고 있다. 그러나 광선이 대기 공간을 통과할 때 그것은 아직 정보가 아니다. 아무도 아직 그것을 보지 못했으며, 아무도 그것에 대해 알지 못했다. 이러한 광자의 일부는 그 수렵인의 눈에 도달하며, 망막의 간상세포와 원추세포에 초점이 모아져, 신호가 시신경을 통해 뇌의 시각 피질에 전달되게 한다. 이 경로를 따라 많은 처리가 이루어진다. 마음속에 기록되는 것은 원데이터raw data가 아니라 그가 소화하고 이해할 수 있는 것을 추출한 것이다. 그는 광신호의 패턴과 규칙성을 보며 이것들을 나무, 바위, 새라고 해석한다. 이제야 비로소 데이터는 정보가 된다(Jonscher, 1999: 35~36).

장기적 접근법.[22] 인간의 뇌의 놀라운 언어 능력과 정교한 형태의 선택적 주의 및 선택적 망각selective forgetting 능력에 대해서는 이미 많은 연구가 이루어진 것으로 드러난다. 생태학자는 우리의 영장류 조상에게 특별히 주의를 기울이면서 실험실과 현장에서 동물 커뮤니케이션과 사회적 행동을 연구했다(de Waal, 1982; Hauser, 1996; Deacon, 1997). 고고학자와 인류학자는 인간으로서의 우리 역사의 90~99%를 차지하는 부족 생활양식의 사회적 구조와 있었을 법한 일상행위를 모형화했다(Chance, 1976; Barkow, Cosmides and Tooby, 1992). 대략 6000년 전에 최초의 문자 언어 체계가 개발되었을 때까지는 인간들 사이의 상징적 커뮤니케이션에 대해 남아 있는 기록이 없기 때문에 우리가 가지고 있는 정보는 단편적일 뿐이다. 인류 역사 초기의 음성 언어는 아마도 몸짓, 그르렁

자 전자기력의 매개 입자이다 — 옮긴이.

22 진화론적인 장기적 관점에서 살펴보자는 의미이다 — 저자와의 이메일 교신.

거리는 소리, 언어화[23]가 대략 같은 비율로 섞여 있었을 것이며, 아마 주로 작은 집단을 이뤄 어떤 전략적 역할 분담을 통해 더 큰 사냥감을 사냥하기 위한 공동 작업에 방향이 맞춰져 있었을 것이다(Kenneally, 2007).

인류의 진화와 선사시대에 대한 기술적技術的이면서도 대중적인 문헌은 꽤 많이 있다. 인류의 선사시대 문헌에 대한 복잡한 논쟁은 우리의 궁극적인 목적에서 다소 벗어나 있지만, 그것은 간략하게 그리고 절제하면서 살펴볼 만한 가치가 있는 일이며 특히 인간의 심리와 진화하는 기술의 지속적인 상호작용과 관련해서 우리 시대의 디지털 혁명을 해석하는 데 필요한 몇몇 중요한 통찰력을 제공한다.

그러한 문헌들에 대해서는 다음과 같은 네 가지 질문이 제기된다:

1. 인간 커뮤니케이션은 우리 동물 조상들의 커뮤니케이션과 어떻게 다른가?
2. 인간의 말을 글로 옮기는 것이 왜 그렇게 최근에 와서야 이루어지게 되었는가?
3. 우리는 왜 그와 같은 폭발적인 속도의 변화를 최근에야 목격하게 되었는가?
4. 우리는 왜 정보 폭발에 완전히 압도당하지 않는가?

인간은 매우 다른가? 수많은 관찰자가 일반적으로 말해 우리는 우리의

23 말은 본래 문법 구조에서 탄생한 제품이 아니라 공동체적 삶의 욕구에서 비롯된 생산물이다. 공동체적 삶의 욕구란 사회라는 조직체에서 함께 생존해야 하는 구성원들 간의 무수한 상호작용을 서로 엮어가는 것을 말한다. 이러한 무수한 상호작용 행위들이 각각 음성에 기초한 형태로 동기화되면서 이것의 결과물인 언어가 자신의 독자적인 모습을 갖추어 나가게 되었는데, 이것을 언어화(verbalization)이라고 한다〔김하수, 『문제로서의 언어 1: 사회와 언어』(서울: 커뮤니케이션북스, 2016)〕 — 옮긴이.

선행 인류와 그리 다르지 않음을 지적한 바 있다. (소수점 이하의 세부 사항은 기술적 논쟁의 대상이긴 하지만) 침팬지와 인간의 DNA는 대략 98.8%가 일치한다(Diamond, 1992; Grehan and Schwartz, 2011). 이와 같은 추정은 사자와 호랑이 그리고 말과 얼룩말의 유전적 유사성과 대략 일치한다. 따라서 위의 첫 번째 질문에 대한 대답의 일부는 비록 인간과 우리의 가까운 조상 간의 단지 아주 작은 생리적 차이는 있다 하더라도 행동과 인지에 있어서의 꽤 극적인 차이를 우리는 어떻게 설명하는가 하는 것이다. 그런데 뇌 기능의 이러한 작은 생리적 차이가 행동과 지각의 매우 큰 차이를 만들어낸다. 기본적인 차이는 동물 커뮤니케이션은 (전적으로는 아니지만) 대체로 생래적이라는 것이다. 듣기를 통해 배우는 것도 다소 있지만, 새의 지저귐은 대체로 생리적으로 타고나며 기능적으로 고정되어 있다. 긴꼬리원숭이의 일종인 버빗vervet 원숭이는 동종同種에 전혀 노출되지 않은 채 자라는데도 불구하고 종 특유의 경고 발성으로 신호를 보낸다. 만약 그들이 서로 다른 타고난 신호 체계를 가지고 있는 영장류 군집 속에서 자랐다면, 그러한 체계의 의미를 이해하겠지만 정작 자신들은 타고난 경고 및 주의 신호 체계로 신호를 보낼 뿐이다(Hauser, 1996).

동물 커뮤니케이션 전문가인 마크 하우저Marc Hauser는 인간 커뮤니케이션이 그다지 독특하지 않다는 주장으로 유명해졌다. 여러 비인간 종들도 정도의 차이는 있지만 발성을 모방하고 만들어내고, 어떤 발성이 어떤 의미인지 알고, 연속 음성 요소들을 구별해내며, 제한적이나마 화자의 의향이 무엇인지 알 수 있는 능력이 있다(Hauser, Chomsky and Fitch, 2002). 동물의 커뮤니케이션 학습과 인간 아동기 언어 습득에는 대단히 흥미로운 유사점이 있다. 어린 시절 같은 종의 지저귐 소리에 노출되지 못한 새들은 나중에 지저귐 소리에 숙달하는 데 매우 힘든 시기를 겪는 것으로 드러났는데, 이것은 인간의 언어 학습과 모국어 사용자의 언어 기량에서 볼 수 있는 널리 알려진 현상이다. 따라서 생물언어학 문헌들 내에서 여러 가지 기술적인 논쟁이 있긴 하지만, 스피치를 통해 인간 커뮤니케이션을 가능하게 해주는 대부분의 인지적·신경운동적 역량은 실제로 상당수의 동물들과 공유하고 있다고 결론 내릴 수 있다. 또한 인간의 스피치를 독특하게도 풍부하고 복잡하게 해주는 대부분의 차이는 우리가 마지막으로 현대 영장류 사촌들과 공통의 조상을 공유한 이래로 600만 년 동안 점진적으로 진화해 온 문법적 복잡성과 상징적 다양성을 처리하는 역량의 정도 문제라는 결론을 내릴 수 있다. 우리 대부분은 명백한 진화적 도약, 즉 '위대한 발걸음'[24]의 부재를 받아들이기 힘들어 하기 때문에 연구자들은 이러한 연구 결과들을 특히 신중하고 요령 있게 보고한다.

따라서 우리는 또 하나의 퍼즐을 갖게 된다. 그것은 미국의 심리학자이자 영장류 동물학자로 현재 독일 라이프치히Leipzig에 있는 막스 플란크 진화인류학 연구소Max Planck Institute for Evolutionary Anthropology를 이끌고 있는 마이클 토마셀로Michael Tomasello를 거의 강박 상태로 내몬 퍼즐이다. 그리고 토마셀로는 다음과 같은 답을 이끌어냈다:

> 인간과 다른 유인원을 분리시키고 있는 600만 년은 진화적으로 볼 때 매우 짧은 시간이다…. 따라서 우리의 문제는 시간문제이다. 사실은 유전 변이와 자연 도태를 포함하는 정상적인 생물학적 진화가, 현대 인간이 복잡한 도구 사용 산업과 기술, 복합한 형태의 상징 커뮤니케이션과 표상, 그리고 복잡한 사회 조직과 제도를 만들어내고 유지하는 데 필요한 각각의 인지 기술을 하나하나씩 창조하기에 충분한 시간이 없을 뿐이다. 그리고 만약 우리가 다음과 같은 것을 시사하는 현재의 고인류학 연구를 진지하게 받아들인다면 그러한 퍼즐은 과장되었을 뿐이다: (a) 최근 200만 년을 제외하고 인간 계통(human lineage)은 전형적인 유인원의 인지 기술 이상의 그 어떤 징후도 보여주지 않았다; (b) 종 고유의 인지 기술을 보여주는 첫 번째 극적인 징후는 가장 최근의 25만 년 동안 현대 호모 사피엔스에

24 진화적 도약(evolutionary saltation)이란 진화가 위대한 발걸음(great step), 즉 대약진(great leap)하며 일어난다는 개념이다 — 옮긴이.

게서 나타났다.

이 퍼즐을 풀 수 있는 해법은 하나뿐이다. 즉, (그 시간이 600만 년이든 200만 년이든 25만 년이든) 그렇게 짧은 시간에 행동과 인지에서 이러한 종류의 변화를 야기할 수 있는 생물학적 메커니즘은 오직 하나뿐인 것으로 알려져 있다. 이 생물학적 메커니즘은 사회적 혹은 문화적 전승transmission, 〔이 경우〕 종 고유의 문화 전승 양식 혹은 양식들이다(Tomasello, 1999: 2~4).

이러한 많은 이슈처럼, 이러한 소견을 둘러싼 약간의 논란이 있긴 하지만 토마셀로의 주된 주장은 특별한 중요성을 담고 있다. 그것은 천성(유전nature) 대 양육(환경nurture)의 상대적 중요성을 둘러싼 오랜 논쟁이 과학적으로 의견 일치가 이루어져 해결에 이르게 하는 초석 역할을 한다(Pinker, 2004). 이러한 의견 일치는 집단 문화(와 또한 개인의 개성)는 두 요인의 상호작용에서 비롯된다는 것을 지적함으로써 각 요인의 상대적 중요성을 둘러싼 논란을 일축한다. 이러한 생각은 **공진화**共進化, co-evolution[25]라는 용어에 잘 나타나 있다(Durham, 1991; King, 1994; Richerson and Boyd, 2005).

왜 글쓰기는 이주 최근에야 나타났나? 50만 년 전 현재의 형태로 진화한 온전한 인간 대뇌의 널리 알려진 창의성, 가소성, 그리고 문제 해결 능력을 감안할 때, 위 질문들 가운데 두 번째 질문, 즉 어떤 형태의 글쓰기를 통해 인간의 지식을 전달하고 축적할 수 있는 능력이 사실상 50만 년의 99%가 다 지난 시점에서야 비로소 분명하게 드러나게 되었는가라는 질문에, 관심이 가게 된다. 학자들은 일반적으로 이러한 측면의 역사적 기록에 동의하지만, 프린스턴 대학교 역사학 교수이자 근동近東 전문가인 마이클 쿡Michael Cook이 그것을 특히

25 한 생물 집단이 진화하면 이와 관련된 생물 집단도 진화하는 현상을 가리키는 진화생물학의 개념이다 — 옮긴이.

효과적으로 표현하고 있다. 그는 글쓰기는 기본적으로 두 가지, 즉 하드웨어(어떤 종류의 글 쓰는 도구와 글을 쓸 적절한 매체)와 소프트웨어(듣는 것을 보는 것으로 바꿔 놓을 수 있는 어떤 종류의 코딩 체계)를 필요로 한다고 주장한다. 둘 모두 잘 조직된 수렵·채집인 부족들이 쉽게 손에 넣을 수 있어야 했다. 그러나 사실상 그러한 진화를 보여주는 남아 있는 증거는 메소포타미아 문명과 이집트 문명에서는 약 B.C. 3000년, 인도의 인더스 문명에서는 약 B.C. 2000년, (아마도 다른 문명과 독립적인) 중국 문명에서는 약 B.C. 1000년, 그리고 (분명히 다른 문명과 독립적인) 메소아메리카Mesoamerica[26] 문명에서는 B.C. 500년이 되어서야 나타난다. 쿡은 계속해서 다음과 같이 이어간다: "방해가 된 것은 하드웨어를 입수하고 소프트웨어를 개발하는 데 내재된 어려움이 아니었다. 오히려 방해가 된 것은 적절한 사회구조의 필요성이었다. 누군가는 이러한 정보 기술의 필요성과 (다른 점에서는) 비생산적인 필경사 공동체를 유지함으로써 기꺼이 그리고 관대하게 비용을 치르겠다는 마음이 있어야만 했다. 그와 같은 필요성과 자발적인 의사는 복잡한 사회의 특징이다. 노골적으로 표현하면, 초기의 글쓰기는 강력한 국가를 전제로 한다"(Cook, 2003: 47).

쓰는 일은 정규 직업으로, 필경사의 직업이었다. 대부분의 왕과 장군들은 스스로 글을 읽고 쓸 줄 몰랐다. 그리고 읽고 쓸 수 있는 능력은 권력의 원천이었기 때문에 필경사들은 직업상 비밀을 불필요하게 공유하지 않기 위해 행동에 신중했다. 수메르Sumer의 쐐기 모양의 설형문자와 이집트의 상형문자는 로마자 자모로 이루어져 있지 않았으며 복잡한 규칙에 의한 소리 내어 말하기와 연결되어 있어서 배우는 데 아주 많은 노력을 기울여야 했다. 알려진 바에 따르면, 개선된 간단한 (로마자 자모에 더 가까워진) 버전의 상형 코딩 체계가 등장하자, 더 쉽게 배울 수 있는 언어로 인해 자신들의 지위와 권력이 도전받게 될

---

26 메소아메리카는 멕시코와 중앙아메리카 북서부를 포함한 공통적인 문화를 가진 아메리카의 구역이다 — 옮긴이.

까 두려워 이집트의 필경사들은 그것을 거부했다고 한다(Logan, 1986: 33).

현재의 풍부함이 어째서? 우리는 7000년 동안이나 글을 읽고 써왔으면서, 왜 겨우 지난 몇 세기 동안에 정보의 폭발을 목격하게 되었나? 이것은 복잡하지 않은 질문이며 답 또한 어렵지 않다. 두 가지 답이 가능한데, 하나는 문어 커뮤니케이션(인쇄 및 데이터 처리)의 산업적 기계화이고, 다른 하나는 대중적 문자 해독력의 증진이다. 메소포타미아, 이집트, 그리스, 로마의 고대 문화에서는 그리고 독립적으로 진화한 (그리고 놀라울 정도로 유사하게 진화한) 콜럼버스 Columbus가 발견하기 이전의 아메리카 부족 문화에서는 오직 엘리트와 흔히 엘리트 집단의 극히 일부만이 실제로 글을 읽고 쓸 수 있었다. 몇 안 되는 중요 문서의 복사본이나 손으로 옮겨 적은 책 두께의 두루마리는 그것을 이해할 수 있는 사회 내의 비교적 소수의 사람들에게 충분하고도 남았을 것이다. 수작업으로 이루어지는 공급과 문자 해독력의 제약을 받는 수요는 의도하지는 않았지만 그럼에도 조화로운 균형을 이루었다.

많은 것이 구텐베르크의 '발명품'인 인쇄기로 만들어졌다. 극적인 역사적 사건의 경우 흔히 그렇듯이, 이것 역시 꽤 많은 학문적 논쟁으로 인해 혼란스러운 상태에 있다. 어떤 사람들은 (포도 압축기와 직물 압축기에서 비롯된) 인쇄기와 기계 프레스를 구성하는 많은 요소가 구텐베르크보다 앞서며 야금학자로서의 그의 기술의 주요한 기여는 인쇄 기술을 '발명'했다기보다는 무엇보다 (1403년[27] 한국에서 발명된 것으로 알려진) 금속활자의 품질을 완벽하게 한 것이라고 지적한다(Febvre and Martin, 1997). 또 어떤 사람은 구텐베르크 인쇄기의 역사적 중요성 또한 과장되었다고 주장한다(Briggs and Burke, 2009). 현재의 기술 혁명에 관심

---

27 이 책의 저자는 조선시대 태종3년에 발명된 계미자(癸未字)를 최초의 금속활자로 보고 있으나, 이보다 앞선 고려 공민왕 1377년 청주 흥덕사에서 간행된 직지심체요절(直指心體要節, 약칭 '직지')이 현존 세계 최고의 금속활자본이다. 직지는 2001년 9월 4일에 직지는 세계기록유산에 등재되었다 — 옮긴이.

이 있는 우리에게 특히 공감을 불러일으키는 것은 현재 유명한 이러한 '발명품'의 복잡성과 문화적 민감성이다. 기계에 의한 인쇄와 활자 모두에 대한 생각은 수 세기 동안 우리 주변에 존재했었다. 중동과 아시아의 이슬람 당국이 기존 권력을 위협할 수도 있는 어떤 형태의 인쇄도 반대하면서 인쇄를 중죄重罪로 규정했던 것은 널리 알려져 있기 때문에 한국과 중국의 이러한 기술적 발전이 실제로 유럽으로 이동했을 가능성을 둘러싼 논란도 존재한다(Briggs and Burke, 2009). 향상된 공적 커뮤니케이션을 기존 정권에 대한 잠재적 위협으로 인식하는 것은 역사에서 되풀이되는 주제이다(Innis, 1950; Eisenstein, 1979). 아마 이슬람의 인쇄 금지보다 더 흥미로운 것은 아시아에서 공적 커뮤니케이션의 한 형태로서의 인쇄는 금지되는 것 이상으로 아예 상상도 할 수 없었다는 사실이었다. "중국인에게 인쇄의 목적은 시장에서 돈을 받고 팔 목적으로 일정하게 반복적으로 인쇄물을 만들어내고자 하는 것이 아니었다. 활자판은 그들의 경통經筒, prayer-wheel[28]의 대안이었으며 주술적 주문呪文을 배가시키는 시각적 수단이었다"(McLuhan, 1969: 34). 구텐베르크의 경우에서 볼 수 있는 공적 커뮤니케이션을 가능하게 하는 것으로서의 인쇄는 길드guild[29] 문화, 막 생겨나기 시작한 자본주의, 그리고 기술 개량이 역사적으로 독특한 화학작용을 일으킨 결과였다.

미시건 대학교 사학과 교수인 엘리자베스 아이젠스타인Elizabeth Eisenstein은 구텐베르크의 인쇄기가 미친 사회적 영향에 관한 연구로 연구 경력을 쌓았다. 그녀는 맥루언의 일화적이고 사변적인 인기 저서 『구텐베르크 은하계*The Gutenberg Galaxy*』(1964)를 읽고 역사가가 아닌 맥루언이 무언가 중요한 것을 알아차렸고 전통적인 역사학자들이 대체로 놓친 어떤 새로운 사실을 강조하고 있다고 확신하게 되었다. 그녀는 그것을 "인정받지 못한 혁명unacknowledged revolution"이라 부르면서 구텐베르크가 남긴 업적의 문화적 중요성을 입증하는

28 경통이란 기도·명상 때 돌리는 바퀴 모양의 경전을 말한다 — 옮긴이.

29 길드란 중세 시대 기능인들의 조합이다 — 옮긴이.

연구를 계속했다(Eisenstein, 1979). 신중하고 지략이 있는 학자인 그녀는 단순히 기술결정론으로 돌리는 것을 피한 채 기술-문화 상호작용에 초점을 맞춘다. 그것을 보여주는 으뜸 사례는 가장 중요한 공중의 문자해독력 추이이다. 사실상 읽을거리가 하나도 없었을 때 읽기 능력은 일반 공중에게 매우 중요하지 않았다고 그녀는 지적한다. (물론 성경 외에) 소설부터 요리책에 이르기까지 자국어로 된 다양한 책과 팸플릿의 폭발적인 증가는 그것에 상응하는 역사적인 문자해독력 증가와 연결되어 있었다(Eisenstein, 1979). 사학자들과 맥루언 같은 학자들은 때로 극적으로 '인과적인' 기술적 전환점을 찬양하는 데 굴하고 말지만,[30] 우리 시대에 흔히 분명히 볼 수 있듯이, 그러한 과정은 거의 항상 시간이 흐르면서 나타나는 상호작용적이고 인과적인 미묘한 나선형적 현상이다. 더욱이 그것은 통상 현지의 문화적·정치적 조건에 제약되고/되거나 자극받는 상호작용이다. 그래서 아이젠스타인은 증가하는 문자해독력이 인쇄기의 발명을 야기한 이상으로 인쇄가 문자해독력을 높여주었다고 주장하기를 주저한다.

두 번째 좋은 예는 궁극적으로 종교개혁, 르네상스, 과학 혁명을 촉진한 인쇄와 활기 넘기는 공적 영역 간의 상호작용인데, 이것은 첫 번째 예보다 더 논란이 많다. 아이젠스타인의 주장은 적절하기도 하고 부적절하기도 하다. 부적절하다고 하는 이유는 그녀가 뒷받침해 주는 광범위한 세부적인 역사적 사실을 통해 지금은 가격도 싸고 널리 이용도 가능한 자국어로 된 성경이 루터의 종교개혁이 일어나게 된 토대였다고 주장하기 때문이다. 그녀는 한때 긴밀히 제휴했던 과학 엘리트와 종교 엘리트가 하는 일이 인쇄의 출현으로 분리되었다고 주장한다. 중세 초기의 신학자와 천문학자들은 '천체가 어떻게 움직이는지'에 대한 연구와 '어떻게 해야 천국에 가는지'에 대한 연구를 연결했다. 그러나 널리 이용 가능한 인쇄 커뮤니케이션의 출현으로 종교 공동체와 과학 공동체 사이가 틀어져 서로 다른 방향으로 나아가게 되었다(Eisenstein, 1979: 696). 그

30 즉, 결국 기술결정론을 주장하거나 따르지만 — 옮긴이.

녀는 거의 변명하듯 그러나 강력하게 인쇄는 우리가 근대성modernity이라고 부르는 것의 도입에 중심축이 되는 요인이었다고 결론 내리는데, 이것은 정말 역사학의 강력한 전형이다. 이러한 주장은 간단명료하다. 진보는 이성적·비판적 사고를 필요로 하고, 이성적·비판적 사고는 대안들을 비교할 수 있는 능력을 필요로 한다. 그녀는 다음과 같이 주장한다: 우리는 "다양한 기록과 참조 안내서를 모을 수 있고 그것들을 동시에 글로 옮겨 적을 필요 없이 검토해 볼 수 있다는 새로운 경험"을 반드시 인정해야 한다; "만약 우리가 물려받은 제도의 비정상적인 면이나 그러한 제도 관련 불만에 대한 높아진 인식을 설명하고자 한다면, 한때는 단 한 쌍의 눈에 의해 조사되던 더 넓은 범위의 읽을거리를 강조하는 것이 특히 중요한 것 같다"(Eisenstein, 1979: 686).

적절하다고 하는 이유는 그녀가 다시 조악한 결정론 형식의 기술의 역사에서 한 걸음 물러나 성직자와 군주들이 마음이 내켰다면 별로 힘들이지 않고 기존의 위계질서를 홍보하고 찬양하며 보호하기 위해 이 새로운 기술을 이용했을 것이며 공적 커뮤니케이션이 아닌 이단을 막기 위해 공중의 에너지를 이용했을 것이라고 가정하기 때문이다. 어렵지 않게 다른 상황으로 전개될 수 있었다는 것이다. 그녀는 기술결정론적 설명을 하는 것이 아니라 역사적으로 말해 우리가 다소 운이 좋았음을 시사하고 있다.

지금도 여전히 매우 많은 부분이 진행 중인 아이젠스타인(2011)의 연구는 산업화와 디지털화의 다음 단계를 이해하기 위해 노력하고 있는 우리들에게 매우 유용한 인쇄 및 공적 영역에 관한 작은 학문 산업을 만들어냈다(McNally, 1987; Febvre and Martin, 1997; Man, 2002; Baron, Lindquist and Shevlin, 2007). 그 모든 것이 시작되게 한 것은 무엇인가? 아이젠스타인은 그녀의 대작大作 서문에서 그것은 미국역사학회American Historical Society 회장의 다소 종말론적인 연설에 대한 반응으로 1963년 그녀가 연구 활동을 시작한 초기에 시작되었다고 고백했는데, 당시 역사학회 회장은 '고삐 풀린 기술'이 과거와의 모든 유대관계를 끊어놓고 있으며 근대적인 사고가 집단 기억상실로, 전체적으로는 역사의 상실로, 고통받고 있다고 공언했다고 한다. 그것은 우리 옛 친구들의 정보 과부하이다. 이 문제는 그녀가 역사학자로서 경력을 쌓기 시작했을 때 착수한 과제를 규정해 주었다 — 과부하가 지리멸렬로 이어지는 것은 불가피한가?(Eisenstein, 1979). 기업가 자본주의 문화, 공공 교육에 대한 개방성, 높아지는 문자해독력이라는 맥락과 15세기 중반 중부 유럽에서 금지와 검열에 그다지 큰 힘을 들이지 않은 상황 속에서 등장한 인쇄기는 산업적 매스 커뮤니케이션의 첫 번째 물결에 해당하겠지만, 분명 많은 물결 가운데 첫 번째일 뿐이며 각 물결은 그 이전의 물결보다 몇 배는 더 강할 것임을 의미한다.

우리는 왜 완전히 압도당하지 않는가? 우리는 이제 이 장을 연 질문으로 다시 돌아오게 된다. 그리고 우리의 주된 대답은 여전히 동일하다. 우리는 놀라울 정도로 주의를 기울이지 않는 것에 능하기 때문에, 아마 좀 더 정확하게 말하면, 선택적인 주의를 기울이는 데 능하기 때문에 우리는 압도되지 않는다. 몇 페이지 앞에서 우리는 수렵·채집인인 찰스 존셔가 주변 환경을 살피면서 신록이 펼쳐지는 수평선 위의 시청각적 단서 수천 개 가운데 엄선한 소수의 단서에만 선택적으로 주의를 기울이는 것을 관찰한 바 있다. 그러한 단서들은 그가 (그리고 그의 선조들이) 생존에 유용하다고 배운 것들이었다. 선택적 주의라는 인지적 방법은 사실상 그때 이후로 변하지 않았다. 좀 더 최근의 선조들이 주는 교훈은 극적으로 진화했을 수도 있지만, 우리 환경의 더 중요한 변화가 이러한 교훈들을 새롭게 재고해 볼 것을 요구할 수도 있다. 그것은 커뮤니케이션학의 본질적의 의미를 규정하는 질문이다. 인지적 방법과 최근 세기부터 쌓아온 축적된 문화적 규범 모두를 더 잘 이해할수록, 오소통하고 오해하는 우리의 몸에 깊이 밴 누적된 성향들을 더 잘 상쇄할 수 있다.

풍부함의 차원

1980년대 초, 디지털 시대가 막 시작될 무렵, MIT에서 미디어 기술을 선구적으로 공부하는 학생이었던 이시엘 드 솔라 풀Ithiel de Sola Pool은 증가하는 정보의 흐름을 계량화하기 위한 일련의 연구를 발표했는데, 이 연구는 미국과 일본의 매스 미디어에 대한 사례연구에 초점을 맞추었다(Pool, 1983; Pool et al., 1984; Neuman and Pool, 1986). 풀은 점차 늘어나고 있는 전자 미디어 공급을 의미 있는 용어로 계량화하고 이 분석을 이러한 추이가 정보의 수준, 정보의 다양성, 그리고 이러한 미디어를 소비하는 일반 대중 사이에서 나타날 수 있는 양극화에 어떻게 영향을 미칠 수 있는지에 대한 추가적인 이론적 연구로 이어가기 위해 지난 10년 동안 일본과 미국의 동료들과 협력해 오고 있었다. 풀은 정보시대의 역학을 더 잘 이해하기 위해 연구 의제와 핵심 방법론을 넓혀나갔다. 풀의 연구가 발표되었을 때까지 학자들은 농업시대에서 산업시대로 그리고 이제는 정보시대로의 전환을 추적하기 위해 광범위하게 집계된 고용 패턴에 초점을 맞추고 있는 집계 경제 데이터에 주로 의존했었다(Machlup, 1962; Porat, 1977; Bell, 1979).

풀은 얼마나 많은 정보가 '그곳에' 존재하는지 이해하는 것도 중요하지만 얼마나 많은 정보가 실제로 전체 인구에 의해 소비되고 있는지 이해하는 것도 똑같이 중요하다는 것을 알았다. 분석의 핵심 변인은 전국 수준에서 연간 공급되고 소비되는 단어 수와 여러 일반적인 미디어의 단어당 평균 가격이었다. 그의 연구 결과는 극적이었으며 분명한 난제로 대두되었다(〈그림 3.1〉 참조). 첫째, 그는 정보의 흐름이 점차 전자 미디어에 의해 이루어지고 있다고 지적했다. 둘째, 단어당 가격이 급격히 떨어지고 있었다. 셋째, 공급이 연간 8.8%라는 인상적인 증가율로 늘어나고 있었다. 넷째, 소비 역시 늘어나고 있었지만, 연간 3.3%의 증가율을 보였기 때문에 공급되는 정보와 소비되는 정보의 격차가 벌어지고 있었다.

〈그림 3.1〉 미국의 (전송된 1000단어당) 감소하는 비용과 증가하는 커뮤니케이션 양(1960~1977)

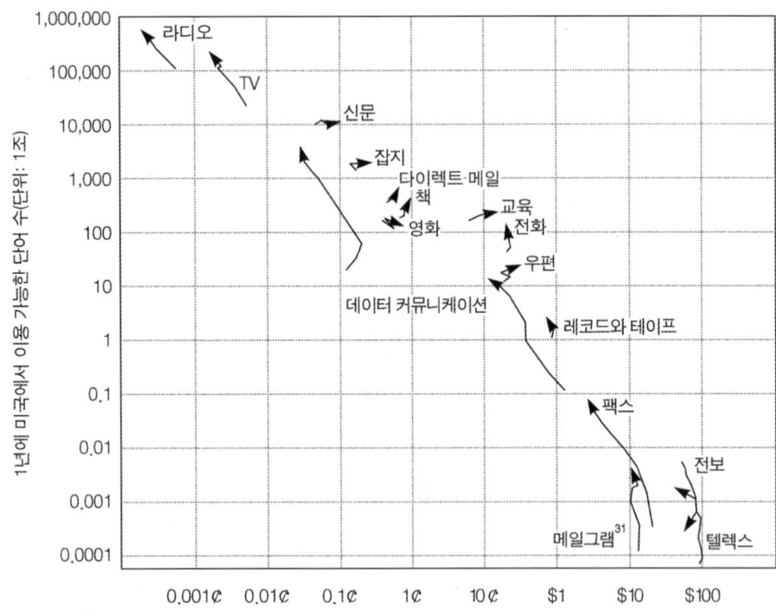

자료: Pool(1983: 99).

난제? 공급 쪽에는 기술적 한계가 없을 수도 있겠지만, 하루는 단지 24시간뿐이기 때문에 개인의 매스 미디어 및 소셜 미디어 소비에서 이것은 명백한 한계이다(〈그림 3.2〉 참조). 풀과 동료들은 정보 과부하, 정보 다양성, 그리고 저널리즘과 대중문화 및 고급문화에서 활기찬 창의적 산업을 유지하는 데 필요한 경제학에 대해 깊이 생각해 보았다. 그 결과, 이 연구 전통의 기본적인 이론적 명제는 미디어 추이에 대한 역사적 분석에서 더 많은 것이 반드시 더 좋다는 일반적으로 의심받지 않는 견해에 이의를 제기하는 것이었다. 그들은 어떤 수준의 미디어 수량이 정보를 바탕으로 한 선택을 비실용적이며 어쩌면 심지어

31 전화로 전신문을 알리면 받는 쪽의 우체국으로 송신되어 그곳에서 보통 우편으로 배달된다 — 옮긴이.

〈그림 3.2〉 미국의 커뮤니케이션 소비를 앞지르는 공급 증가(1960~1980)

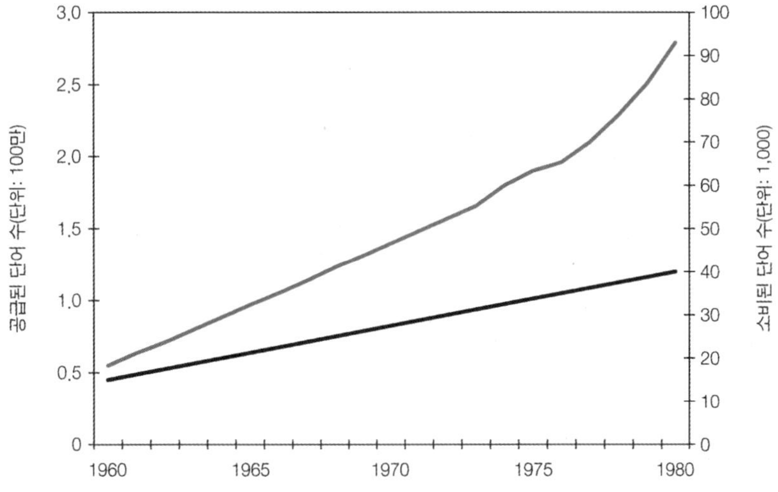

자료: Neuman and Pool(1986: 82)의 〈그림 5.3〉.

좌절감을 안겨줄 수도 있을 것이라는 의견을 제시한다(Miller, 1960; Bell, 1979; Blumler, 1980; Eppler and Mengis, 2004). 더욱이 이 연구는 새로운 미디어가 더 오래된 미디어를 대체하거나 부분적으로 대체한다는 생각에 이의를 제기했는데, 이러한 생각은 일반적으로 상대적 불변성 이론relative constancy theory으로 불린다(McCombs and Eyal, 1980; Dupagne and Green, 1996). 상대적 불변성 이론은 주로 단어나 이용 시간이 아닌 소비지출 데이터에 의존하지만, 기본 주장은 동일하다 — 시간 예산과 재정 예산이 미디어 공급 및 미디어 사용의 성장을 제한한다. 이러한 많은 연구는 인터넷에 연결된 PC가 도입되기 10년 전에 이루어졌는데, 물론 인터넷에 연결된 PC는 이러한 확장되는 미디어 공급 추이를 극적으로 강화했을 것이며 또한 공급, 수요, 과부하, 주의의 역학, 그리고 경제성에 대해 새로운 문제를 제기했을 것이다(Gitlin, 2002; Hindman, 2009).

미시건 대학교의 한 연구팀은 1980년 풀의 데이터 수집이 중단된 곳을 이어갈 기회가 있었다. 우리는 약간의 조정과 미세한 수정을 하고 미국 사례에 초점을 맞추면서 2005년까지 데이터 수집을 이어갔으며 2012년에 연구보고서를 발행했다(Neuman, Yong and Panek, 2012). 그 연구를 간략하게 요약해 보기로 한다.

2005년 이후, 녹음물·녹화물, 신문, 책, 텔레비전, 영화를 통한 전통적인 미디어 흐름이 점차 웹 자체에 의해 전달되면서, 예를 들면 지상파 TV와 디지털 방식으로 전달되는 영상 프로그램을 구분하는 것이 더욱더 미묘하게 어려워짐에 따라 우리는 훨씬 더 극적인 디지털 수렴을 여전히 목격하고 있다. 따라서 지금까지 경험적으로 추적할 수 있었던 추이는 기술에서의 근본적인 구조적 변화와 매스 (및 대인) 커뮤니케이션의 제도화[32]로 펼쳐질 것으로 예상하는 것의 가장 초기 단계에 해당한다. 원래 풀의 일본 및 미국 연구는 전국 수준에서 매년 미디어당當 단어 수를 1000조 단위로 측정된 미디어의 양에 대한 평가에 초점을 맞추었다. 그것은 추이 및 하부구조를 국가 간에 비교하는 데 유용한 측정단위이지만, 이 분석에서 우리의 초점은 선택과 주의의 역학을 다루는 좀 더 인간적 수준의 측정단위[33]이다. 수천조 개의 어떤 것은 개념화하기 어려울 것이다. 그래서 우리는 하루 24시간 기준으로 정보가 전형적인 가구에 흘러들어가는 것을 평가하기 위해 모든 연간 데이터를 365일과 전국의 총가구 수로 나눈 결과, 대부분 단위가 1000단위였는데, 이것이 좀 더 해석 가능하고 이해하기 쉬운 측정단위라고 생각한다. 우리는 또한 주된 척도를 단어에서 분分으로 바꾸었다. 우리는 인쇄매체는 공간 측면에서(칼럼 인치, 1000단위의 단어 수) 분석하고 방송매체는 분과 시간이라는 시간 측정단위로 분석하고 있기 때문에 이러한 유형의 분석은 공통된 측정단위가 필요하다. 우리는 풀을 따라 미국의

32 제도화(institutionalization)란 어떤 제도가 형성되어 그 기능과 역할이 점차 심화되어가는 과정, 즉 제도가 형성된 후 정착되어 가는 진화 과정으로, 낮은 수준의 제도가 높은 수준의 제도로 선진화하여 기능이 고도화되는 것을 말한다 — 옮긴이.

33 인간적 수준(human level)의 측정 단위 혹은 인간적 척도(human-scale)란 인간의 신체 및 감각기관을 통해 활동을 끌어낼 수 있는 범위 혹은 인간의 크기에 비해 너무 적거나 너무 크지 않는 것을 말한다 — 옮긴이.

평균 성인의 독서 속도인 1분당 240단어를 대략 공간 및 시간의 평균 기준으로 삼았다. 풀과 동료들의 원래 분석은 실용적인 전략적 선택을 통해 정지 이미지와 움직이는 이미지 및 그래픽 표현에서 나타나는 유명한 '방 안의 코끼리'[34]는 무시한 채 단어의 흐름에만 초점을 맞추었다. 우리는 더욱더 높은 해상도의 그래픽과 확대된 영상 표시의 세계에 산다. 따라서 그것들에 세심한 주의를 기울이고 이를 분석하는 것은 타당하다. 그러나 우리는 하나의 출발점으로서 풀이 중단했던 지점에서 다시 시작하며 현재의 분석을 위해 그래픽 구성 요소는 무시하기로 한다.

우리는 풀이 원래 내린 데이터 및 측정에 대한 정의를 출발점으로 삼으면서, 주요한 매스 커뮤니케이션과 대인 커뮤니케이션의 역사적 연속성에 초점을 맞추기 위해 필요할 경우 새로운 데이터 소스를 구하고 텔렉스telex와 전보 같은 몇몇 미디어는 뺐다. 공급 측정의 핵심은 전적으로 특정한 역사적 시간 간격을 두고 전형적인 가구에서 이용 가능한 것을 중심으로 한다. 그래서 우리는 이용 가능한 지상파 텔레비전 방송국의 전형적인 수를 추정하기 위해 미국에서 중간 크기의 도시들의 통합 평균(노스캐롤라이나주 샬럿, 인디애나주 인디애나폴리스, 캘리포니아주 샌디에이고, 노스캐롤라이나주 랄리-더햄)을 구했는데, 1960년에는 네 개였다가 2005년에 이르러서는 아홉 개로 계산되었다. 라디오, 신문 등에 대해서도 같은 방식의 계산을 했다. 이러한 평균은 전형적인 도시 가구에서 이용 가능한 채널 수가 흔히 전형적인 시골 가구에서 이용 가능한 채널 수보다 훨씬 더 많다는 사실을 가려버린다. 그러나 1차적인 콘텐트 전송매체로서 전통적인 지상파 전송과 지역 인쇄매체가 아닌 케이블, 위성, 인터넷에 점차 더 의존함

---

34 이 표현은 러시아 우화 작가 크릴로프(Ivan Andreevich Krylov)가 쓴 우화집 『호기심이 많은 남자(*Inquisitive Man*)』에서 비롯되었다. 우화 속 주인공은 박물관에 가서 온갖 사소한 것들을 모두 구경하지만, 정작 커다란 코끼리는 보지 못한다. 이후 "elephant in the room"은 '너무나 뻔히 잘 보이지만 아무도 언급하지 않는, 혹은 모두가 알면서도 모른 체 하는 일'을 뜻하는 유명한 표현이 되었다(자료: 위키피디아) — 옮긴이.

에 따라 그와 같은 차이는 덜 뚜렷하게 된다.

이 시기는 미국이 상당한 성장을 이뤘던 시기이다. 이 46년 동안 미국 인구는 1억 8100만 명에서 2억 9600만 명으로, 가구는 5200만 가구에서 1억 1300만 가구로 늘어났으며, 평균 가구원 수는 3.29명에서 2.63명으로 줄었다. 그래서 만약 기존 영화 스크린 수에 변화가 없다면, 1인당 (혹은 우리의 경우 가구당) 이용 가능한 스크린 수는 상대적인 공급 감소가 반영되어 줄었을 것이다. 그러나 그런 일은 발생하지 않았다. 영화 스크린 수의 증가는 인구 증가를 상당히 앞질러 1만 2291개에서 3만 8852개(더 늘어난 영화관과 영화관당 스크린 수의 증가)로 늘어났는데, 이는 이 기간에 거의 모든 미디어에서 볼 수 있는 특징인 공급 증가의 전형이다. 증가하는 공급의 다른 패턴으로는 가구 내에서 증가된 이용 가능성이 있다(시청 가능한 TV 수가 평균 1개에서 2.7개로, 휴대용 및 자동차용 라디오 수가 평균 5개에서 8개로 증가). 또한 중요한 점은 사람들이 구독하는 신문은 더 줄어들었지만, 그들은 (어쩌면 풍족함의 함수로 혹은 적어도 그러한 풍족함에 대한 지각으로) 더 많은 잡지와 책을 구입하고 있었다는 것이다. 우리의 1차적인 자료원에는 산업협회, 시청률 조사회사, 학술 연구, 정부 분석이 포함되어 있다. 그러한 자료원의 전체 목록과 각 미디어의 공급 및 소비를 계산하는 공식은 뉴먼, 용 및 패닉의 연구(Neuman, Yong and Panek, 2012)에 자세하게 나와 있다.

어느 정도 상당한 돈이 관련되어 있기 때문에 여러 상업 미디어가 경쟁 상황을 주시하는 가운데 미디어 공급에 대한 평가는 꽤 세심하게 모니터 되고 조사된다. 응답자들이 기억에 의존해 시청자 일기를 채워 넣고 '어제 신문을 읽은 시간'을 기억해내야 할 때, 소비 문제는 다소 더 어렵다. 우리의 전략은 모든 이용 가능한 측정치를 기록하고, 각 측정치와 연관된 측정 편향을 평가하며, 적절할 경우 가중 평균을 계산하는 것이었다. 일일 라디오 청취시간이라는 어려운 평가를 예로 들어보자. 널리 알려져 있는 존 로빈슨John Robinson의 24시간 회상 시간 예산 설문조사[35] 결과에 따르면, 1인당 하루 평균 총 라디오 청취시간은 4분이다(Robinson and Godbey, 1997). 아비트론Arbitron의 공식적인 상업 라디오 방송 청취율 조사는 1인당 하루 평균 라디오 청취시간을 1시간 20분으로 추정한다. 그 차이는 상당하지만 그러한 차이가 나타나는 것을 이해하는 것이 어렵지는 않다. 로빈슨은 설문조사에서 사람들이 하루를 보내면서 했던 것을 회상해줄 것을 요구한다. 침대맡, 욕실, 부엌, 자동차에서 이루어지는 대부분의 라디오 청취는 사실 2차적이거나 3차적인 활동으로 로빈슨의 방법론에서 1차적으로 회상되는 시간 활동으로 언급될 가능성이 없다. 아비트론은 기계장치를 사용해 라디오 청취를 평가하고 좋아하는 라디오 방송국이 목록으로 정리되어 있는 일기장을 사용하는데, 회상의 기반이 로빈슨의 설문조사와 매우 다르다. 최근 볼 주립대학교의 연구진이 아침부터 밤까지 전형적인 미디어 사용자들을 추적한 광범위한 현장/문화기술적 연구field/ethnographic study는 아비트론의 측정이 더 정확함을 보여준다(Papper et al., 2005). 그러나 우리는 정적인 측정 기준이 아닌 추이에 초점을 맞추기 때문에 모수parameter[36] 계산이 덜 중요하다. 특히 아비트론과 로빈슨 모두 공히 이 기간 동안 라디오 청취시간의 급격한 감소를 보고하고 있다.

풀이 발견한 패턴이 최근에도 지속되며 많은 경우 가속화 되고 있다. 라디오와 텔레비전 같은 방송 미디어는 계속해서 미국 공중의 정보 및 오락의 주요 원천이다. 라디오 청취가 워크맨Walkman과 아이팟 같은 다른 오디오 미디어와의 경쟁으로 다소 감소하긴 했지만, 라디오 방송국이 더 늘어났고, 일일 방송시간이 더 늘어났으며, 가정과 자동차에서 사용하는 라디오의 수도 늘어났기 때문에 공급은 증가했다. 텔레비전 방송 공급의 증가는 어느 정도는 지상파 방송국의 수가 더 늘어난 탓이기도 하지만 주로 케이블 및 위성 TV의 성장에 따른 것이다. 2005년 미국 텔레비전 시청자의 84%가 케이블이나 위성 전송을 주

---

35 시간 예산 조사(time budget survey)란 일정한 시간 동안에 응답자가 참여하는 활동에 어느 정도의 시간을 썼는지 기록하는 형태의 조사로, 시간 사용 조사(time-use survey)라고도 한다 — 옮긴이.

36 모수란 모집단의 특성을 나타내는 수치로, 모평균과 모분산을 포함하는 개념이다 — 옮긴이.

된 텔레비전 프로그램 소스로 사용했다. 1960년 당시 케이블 가입자는 1%에 지나지 않았다. 상업 위성 TV는 그 당시 이용 가능하지 않았다. 1960년 대부분의 케이블 시스템에서 일반적으로 이용 가능한 채널 수는 여덟 개였다. 2005년에는 그 수가 110개로 증가했다. 우리의 데이터는 최근 저널리즘 분야에서 악화한 패턴과 다소 중요한 우려 사항인 일간지의 꾸준한 쇠퇴를 추적했다(Meyer, 2005). 이 경우 우리는 감소하는 수요와 감소하는 공급의 기울기가 평행하는 것에 대해 보고한다. 신문을 구독하거나 가판대에서 신문을 구입하는 가구가 더 줄어들고 있다. 1960년, 가구당 평균 구독 신문의 수는 1.1이었다. 2005년에는 그 수가 0.5로 줄어들었다. 그리고 하루에 신문을 읽는 시간도 18분에서 7분으로 줄어들었다. 신문을 습관적으로 읽는 사람은 대체로 나이 든 미국인에 한정되어 있다. 신문을 조금이라도 읽는 젊은 시민은 상대적으로 거의 없기 때문에 이러한 감소는 주로 코호트적cohort[37] 인구통계 결과로 젊은 소비자를 찾는 광고주들의 탈출에 기름을 붓고 있는데, 이는 신문 산업의 경제적 쇠퇴를 심화시킬 수도 있다(Pew Research Center, 2015).

〈그림 3.3〉은 가정의 정보 및 오락 미디어로서의 인터넷의 극적이면서도 비교적 최근에 이루어진 성장을 보여준다. 왼쪽 수직축은 인터넷 접속 보급률(이 경우 협대역과 광대역을 합친 것임)을 보여주며 오른쪽 수직축과 이 축에 상응하는 곡선은 실제 사용 수준을 나타낸다. 하루 사용분分을 보여주는 사용 곡선은 인터넷 접속을 하지 못해 하루 사용분이 0인 가구를 포함한 모든 가구의 사용을 반영한다. 위에서 지적했듯이, 인터넷 가구의 웹 사용은 하루 1시간 30분에 가깝다. 그래서 딱 10년 만에 인터넷은 사용 수준에서 이미 라디오 및 텔레비전과 경쟁하기 시작했음을 확인했다. 그러나 사용자들이 시청하고 있는 동영상이나 듣고 있는 음악이 전통적인 미디어를 통해 전송되는지 아니면 인터넷을 통해 전송되는지가 사용자들에게 덜 분명해지게 될 것이기 때문에 이러

---

37 코호트란 특정 기간에 특정의 경험을 공유한 사람들의 집합을 말한다 — 옮긴이.

〈그림 3.3〉 인터넷 가구 보급률 및 사용시간의 증가(1960~2005)

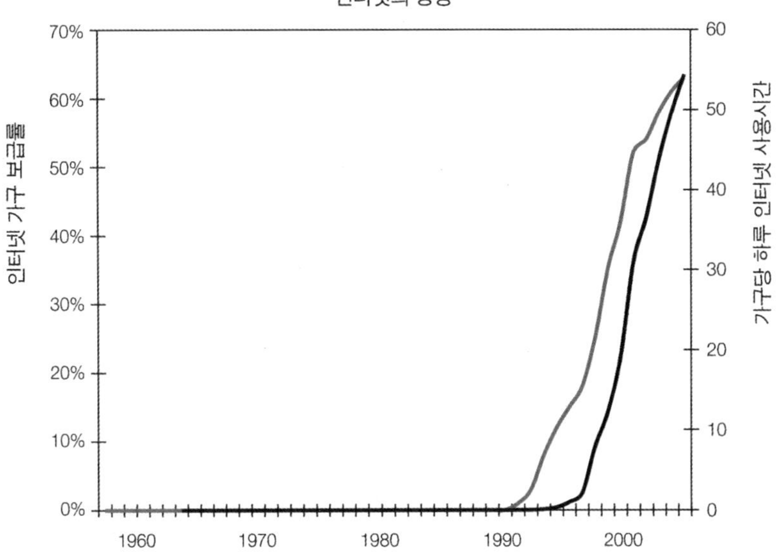

한 '경쟁' 개념은 약해질 것으로 본다.

〈그림 3.4〉는 1960년부터 2005년까지 (라디오와 텔레비전을 제외한) 남아 있는 전통적인 미디어와 인터넷 공급의 증가를 개괄적으로 보여준다. 책, 잡지, 영화 같은 전통적인 매스 미디어는 미디어 공급 분야의 치열해지고 있는 경쟁에서 지지 않고 버텼다. 녹음물·녹화물은 강하게 버텼지만, 누가 봐도 알 수 있듯이 인터넷을 기반으로 하는 (합법적인 그리고 불법적인) 경쟁에 밀리면서 지난 몇 년간 급격히 가라앉았다. 특급 우편과 전화 같은 대인 미디어는 꾸준한 공급을 유지하고 있다. 텔레커뮤니케이션의 경우, 유선에서 모바일 커뮤니케이션으로 극적인 전환이 이루어졌고 실제로 2003년에 유선 가구의 감소가 시작되어 2005년 이후에 가속화 되었다. 홈 비디오, 휴대용 오디오, 비디오 게임 및 인터넷과 같은 진화하고 있는 미디어는 각각 1980년대 말과 1990년대부터 중요한 공급원으로 성장했다. 우리는 앞선 연구들이 공급의 폭발적인 성장 패

〈그림 3.4〉 가정으로의 하루 미디어 공급량(1960~2005) (단위: 분)

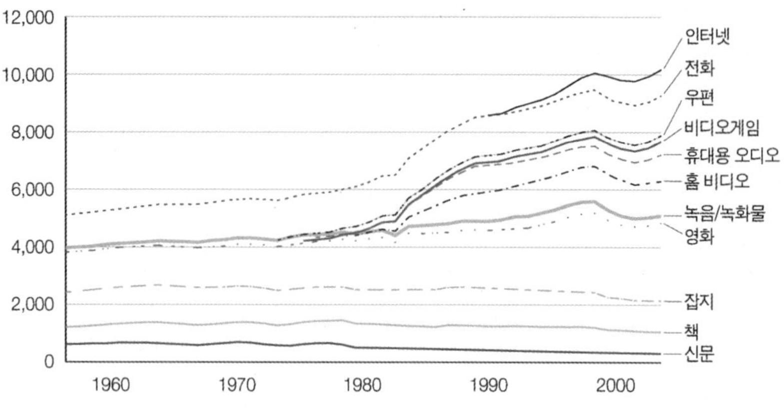

턴의 표면을 살짝 긁어놓기 시작했을 뿐이라는 것을 알았다.

각 미디어의 기여도를 모두 더함으로써 디지털 혁명의 근본적인 이슈인 미디어 공급 대 소비자 수요(실제 시청하고 청취하며 읽는 양으로 측정)의 비율 문제를 다룰 수 있다. 우리의 핵심 결론은 장기간의 미디어 공급 대 미디어 수요의 비율을 보여주는 〈그림 3.5〉에 잘 나타나 있다. 이와 같은 곡선은 매우 당연하게도 소비의 적정한 선형적 증가와 이에 병행하는 공급 크기 증가의 괴리에서 오는 것이다. 그러나 잠시 쉬면서 약간의 수고 끝에 계산한 실제 측정값을 고려해 보는 것은 가치 있는 일이다. 1960년의 공급 대 수요 비율은 82 : 1이다. 이것은 1960년 전형적인 미국 가구에서 이용 가능한 미디어 공급량(단위: 분)을 실제 소비량(단위: 분)으로 나눈 값이다. 이것은 기본적인 선택 측정지수를 보여준다. 그리고 이것은 인간이 감당할 수 있는 정도의 선택이다. 1960년에는 통상 텔레비전 방송국 3.4개, 라디오 방송국 8.2개, 신문 1.1개, 최근 구입한 책 1.5권, 잡지 3.6권이 이용 가능했다. 사람들은 비교적 쉽게 라디오 다이얼에서 컨트리 뮤직 방송국의 주파수, 공영 방송국의 주파수, 록 음악 방송국의 주파수를 알고 있었다. 이 상황은 적절한 덩이 짓기chunking, 명칭 붙이기(Miller, 1956), 습관적 행동, 그리고 라디오 버튼 세팅(Papper et al., 2005)을 통해 인간의

〈그림 3.5〉 가구당 하루에 공급된 미디어 양 대 소비되는 미디어 양의 비율(1960~2005) (단위: 분)

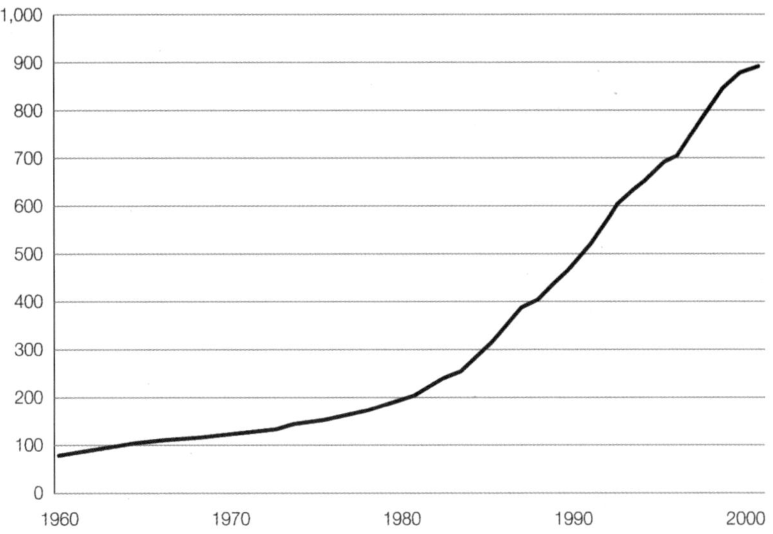

인지 시스템에 의해 직관적으로 관리될 수 있는 선택 상황이다. 그러나 2005년의 공급 대 수요 비율은 매우 다른 측정지수를 보여준다. 그 비율은 884 : 1로, 소비되는 매 분당 이용 가능한 매개되는 콘텐트의 양이 1000분分에 조금 못 미친다. 그것은 인간이 감당할 수 있는 규모의 인지적 과제cognitive challenge가 아니라고 주장할 수 있다; 그것은 인간이 그러한 풍부한 것들을 분류하기 위해 맨 처음 그러한 풍부함을 야기한 점차 똑똑해지는 디지털 기술〔검색 엔진, 티보TiVo의 추천 시스템, 협업 필터링[38]〕에 불가피하게 도움을 요청할 수밖에 없는 과제이다(Adomavicius and Tuzhilin, 2005). 우리는 이것을 널리 인용되는 베니거의 19세기 '통제의 위기crisis of control'가 역사적으로 변형된 것으로 본다. 간단히 말해, 베니거는 기계화된 과정의 속도와 복잡성이 그러한 속도와 복잡성을 통

---

38 협업 필터링(collaborative filtering)은 많은 사용자에게서 얻은 기호 정보(taste information)에 따라 사용자들의 관심사들을 자동적으로 예측하게 해주는 방법이다 — 옮긴이.

제할 개별 인간의 역량을 시험했을 때, 운송 및 제조 분야에서의 자동화된 지능형 통제 시스템의 발달은 기술적인 인공물일 뿐만 아니라 반드시 필요한 발전이었다고 주장한다. 그는 인간의 실수로 19세기 말에 발생했던 잦은 열차 충돌을 특히 극적인 본보기로 인용한다. 미디어 흐름 영역에서는 이와 맞먹는 극적인 사건을 마주하지 않을 수도 있지만, 그럼에도 이러한 풍부함은 사람들이 매개되는 세계를 처리하는 방식에 중대한 변화가 일어났음을 의미한다. 이것은 점진적인 과정이고 열차 사고와 같은 명백한 절박함이 결여되어 있기 때문에 우리는 그것의 구조적 중요성을 과소평가할 수도 있다.

미디어의 풍부함은 푸시의 역학을 풀로 묘사되는 역학으로 이끌었다. 수용자들은 전통적인 일방향적 방송 및 인쇄 미디어에서 그들이 읽을 헤드라인을 신문 편집인이 결정하고 네트워크 운영진이 오후 8시에 어떤 프로그램을 내보낼지 선택하는 것을 받아들인다. 이른바 푸시 미디어인 것이다. 1분에 대략 1000개의 선택이 주어지는 세계에서 수용자들은 8시에 방송되는 것을 보기 위해 수동적으로 기다릴 가능성이 적다. 그들은 진화하는 기술을 사용해 보고 읽기를 원하는 것을 끌어당긴다.

이러한 논리에 따라 우리는 검색 엔진과 소셜 미디어가 점점 더 미래의 미디어 접근 구조를 규정하게 될 것으로 본다. 구글이 잠재적인 온라인 고객과 온라인 벤더vendor들을 연결하는 데 점차 더 중요한 요인이 될 것이라는 것은 널리 인정되는 사실이다. 지금까지 그것은 많은 사람의 축하를 받는 구글의[39] 현 시장 가치 1000억 달러 돌파의 가장 중요한 배후 요인이었다. 페이스북Facebook은 이제 막 이 게임에 뛰어들고 있으며, 이 책을 쓰고 있는 현재, 단지 360억 달러의 가치에 지나지 않는다. 구글, 페이스북, 그리고 광대역 세계를 열어주는 유사한 포털들이 앞으로 우리의 주의를 지시하고, 대중문화의 유행에 대한 단서를 보내며, 여론과 흔히 갖고 있는 정보에 영향을 미치는 데 그들

---

39 원문의 'the companies'는 'the company's'의 오타이다 — 저자와의 이메일 교신.

의 통제력을 어떻게 행사할 것인지에 대해 현재 적절한 정밀조사가 이루어지고 있다(Pariser, 2011).

앞에서 언급한 대로, 이러한 분석의 실용적인 목적을 위해 우리는 인터넷을 모든 미디어 소스의 디지털 관문 역할을 하는 것이 아닌 전통적인 미디어와 '경쟁하는' 단일 매체인 것처럼 취급해 왔다. 알려진 바에 의하면, 최근 몇 년 동안 구글은 대략 85억 개의 웹페이지를 모니터하고 있다고 한다(Gulli and Signorini, 2005). 그 수는 현재 분명 더 많을 것이다. 그와 같은 숫자는 단어와 사용분分에 대한 우리의 계산을 왜소해 보이게 만든다. '풀 미디어' 인터페이스에 대한 분석을 진행할 때, 새로운 측정단위가 필요할 것이며 미디어 효과 연구에서 우리가 가장 소중하게 여겨왔던 일부 이론적 도구에 대해 재고할 필요도 있을 것이다. 예를 들어, 의제 설정 연구는 통상 여론과 미디어 헤드라인 및 방송의 리드 기사를 비교한다(McCombs, 2004). 2단계 흐름 분석은 온라인으로 매개되는 추천 시스템이 아닌 개인 대화에서의 의견 주도력에 의존한다(Rogers, 1973). 살펴본 결과, 상당수의 미디어 효과 이론은 푸시 미디어 개념을 전제로 하는 것으로 밝혀졌다(Katz, 2001).

이러한 결과를 통해 우리는 웹의 성장과 전통 미디어의 디지털화는 단지 또 다른 성장 단계나 기술적 개선이 아니라는 결론을 내린다. 미디어 노출 및 미디어 효과 이론들은 기본 원칙부터 재검토될 필요가 있다. 우리는 단지 몇 개 더 많은 미디어 채널이 아닌 새로운 미디어 환경을 대면하고 있으며, 그것은 미디어와 수용자 간의 근본적으로 새로운 인터페이스인 것처럼 보인다.

2005년 데이터로 결론을 내리고 있는 우리의 분석은 풀Pool 전통에서 개별 전송매체의 정보 흐름을 측정하고 그에 상응하는 일일 공급량과 수요량을 계산하는 것을 중심으로 적절하게 설계될 수 있는 마지막 분석 가운데 하나일지도 모른다. 인쇄된 서적의 수나 VHF와 UHF 주파수를 사용해 전송되는 텔레비전 방송의 수를 계산하는 것은 말발굽 제작 데이터를 토대로 여행 추이를 추정하는 것과 비슷하다는 것이 더욱더 확실해지고 있다. 절대다수의 미국 가구가 케이블, 위성, 그리고 점차 광대역 온-디맨드 비디오 스트리밍에 의존함에 따라, 현재는 단지 약 10%의 미국 가구만이 여전히 지상파 텔레비전 방송에 의존하고 있다(Nielsen, 2014).

문헌들은 디지털 풍요의 규모에도 불구하고 사람들이 현재 산업시대의 지배적인 인쇄 및 방송 푸시 미디어가 최고조였을 때보다 소스와 관점에서 덜 다양하고 훨씬 더 단편적인 정보에 주의하고 있음을 암시한다(Hindman, 2009). 따라서 라이먼과 배리언(Lyman and Varian, 2003)이 예견했듯이, 우리 앞에 놓인 기본적인 방법론적 (그리고 이론적) 과제는 정보량을 측정하는 것뿐만 아니라 정보의 다양성을 의미 있게 평가하는 것이다.

풍부함에 대한 공중의 반응

작업가설[40]은 풍부함이 사실상 우리에게 다가와 있지만, 그리고 비록 우리가 너무 많은 이메일과 '채널이 500개나 되지만 볼 게 없는 것'에 대해 불평하는 것을 즐길지라도 선택적 주의를 기울일 수 있는 인간의 섬세한 지각 능력은, 우리가 실제로는 과부하 상태에 있지 않고, 압도당하지 않으며, 이해할 수 없는 정보의 홍수 속에 있지 않음을 의미한다는 것이다. 진화하는 정보 환경에 대한 다양한 공중의 반응을 살펴보기 위해 노스웨스턴 대학교의 에스터 하지타이Eszter Hargittai와 올리비아 커리Olivia Curry와 함께 미국 전역에 걸쳐 있는 미국인들과 일련의 초점집단을 인터뷰했던 기회를 이용했다. 초점집단 인터뷰에서 참여자들 사이는 물론 참여자와 중재자moderator 간의 격식 없이 이루어지는 의견 교환은 사람들의 지각과 해석의 속성을 질적으로 밝히는 데 도움이 된

40 작업가설(working hypothesis), 연구가설(research hypothesis), 혹은 대립가설(alternative hypothesis)은 모두 영가설 혹은 귀무가설(null hypothesis)의 반대되는 가설이다 — 옮긴이.

다. 설문지의 제한된 문항 옵션 가운데서 선택함으로써 응답하는 것이 아니라 대화를 통해 엿볼 수 있는 자연스러운 언어는 양가성[41]이나 모호성 혹은 때로는 참여자들 사이의 감정이입적 응답을 확인해 볼 수 있게 한다. 초점집단 연구는 당면한 주제에 대한 예기치 않은 응답을 확인하고 앞으로의 더 체계적인 실험 연구와 설문조사 연구를 위해 가설을 다듬는 데 특히 유용하다.

그러나 초점집단은 대표성 있는 표본을 추출하도록 설계되어 있지도 않으며 양적 모수quantitative parameter를 더 큰 모집단에 추정하기 위해 설계된 것도 아니다. 참여자의 인구통계학적 특성을 연구보고서에 분명하게 보여줄 수도 있지만, 전형적으로 작은 초점집단 표본은 인구통계학적 범주별 태도나 행동의 차이를 평가하는 데는 적절하지 않다. 집단 참여의 비교적 공개적인 특성으로 인해 초점집단은 사회적으로 민감하거나 잠재적으로 당혹스럽게 만들 수 있는 인간 활동 영역에 대해 조사하는 데는 이상적이지 않다. 그래서 예를 들면, 웹상의 포르노그래피나 불법적인 온라인 도박 이용에 대한 연구는 일대일 심층 인터뷰가 더 적합할 수도 있을 것이다. 그러나 우리의 관심사가 공적 미디어public media와 온라인 소셜 네트워크에서 뉴스, 오락물, 가십을 찾는 전략임을 감안할 때, 초점집단 기법은 특히 유망한 기법이었다. 다음 내용은 학술지 ≪정보사회*Information Society*≫에 「정보의 조수 길들이기: 정보 과부하, 양극화 및 소셜 미디어에 대한 미국인의 생각Taming the Information Tide: Americans' Thoughts on Information Overload, Polarization and Social Media」(Hargittai, Neuman and Curry, 2012)이라는 제목의 논문으로 따로 발표된 이러한 인터뷰에 대한 우리의 분석에서 가져온 것이다.

라스베이거스에 있는 최신 초점집단 연구시설인 CBS 텔레비전 시티CBS Television City에서 2009년 10월 사흘에 걸쳐 각각 9~12명의 참여자로 구성된 초

41 양가성(ambivalence)이란 동일 대상에 대해 상반된 태도가 동시에 존재하는 것을 말한다 – 옮긴이.

점집단 인터뷰를 일곱 차례 실시했다. 이 장소를 선택한 이유는 그곳이 미국 전역에 걸쳐 있는 다양한 참여자 집단을 한곳에 불러 모을 수 있는 장소였기 때문이다. 온라인에 대한 경험이 거의 없거나 전혀 없는 사람은 제외되었다. 이 연구에 대한 전체 보고서는 하지타이, 뉴먼 및 커리(Hargittai, Neuman and Curry, 2012)를 참조하면 된다.

우리가 초점집단에 제기한 핵심 질문은 다음과 같다:

(a) 세상에서 일어나고 있는 일을 여러분은 어떻게 압니까?

(b) 온라인에 있는 정보의 양에 대해 여러분은 어떻게 생각합니까?

초점집단 중재자가 모든 참여자에게 세상에서 일어나고 있는 일을 어떻게 아는지에 대한 질문과 그러한 정보를 처리하는 전략이 무엇인지에 대한 질문에 의견을 제시해줄 것을 요청하면서 초점집단 인터뷰를 시작했다. 우리는 모든 집단의 참여자들로부터 뉴스 소비를 위해 사람들이 어떤 자원을 사용하는지와 같은 실용적 정보는 물론 이용 가능한 과도한 선택에 대해 사람들이 어떤 생각을 하는지와 같은 정서적 정보도 얻기 위해 노력했다. 우리는 참여자들의 응답을 토대로 질문을 하거나 동일한 질문을 여러 참여자에게 함으로써 토론을 이끌었다. 이따금씩 우리는 모든 참여자가 질문에 대답하는 라운드-로빈 round-robin 방식으로 새로운 토픽에 활력을 불어넣기도 했다. 중재자는 자주 "여러분에게 제공되는 이러한 모든 정보로 인해 과거보다 훨씬 더 똑똑해졌습니까?"와 같은 질문을 집단 전체에 제기하고는 참여자들의 응답을 기다리곤 했다. 토론 세션은 평균 58분 동안 계속되어, 총 9000 단어에 조금 못 미치는 분량의 토론 사본이 만들어졌다. 참여자들의 성비性比는 동일했으며, 연령대는 20대에서 60세 이상까지 다양했는데 40세 이하가 대다수였다. 학력은 비교적 높아서 거의 절반이 학사학위가 있었고 5분의 1 가까이가 석사학위를 가지고 있었는 데 반해, 4분의 1 조금 넘는 참여자들은 대학 중퇴였고 고등학교만 졸업한 사람은 단지 몇 명에 지나지 않았다. 참여자들은 미국 전역에서 왔는데, 거의 3분의 1이 북동부, 역시 거의 3분의 1이 남부, 4분의 1에 조금 못 미치는 사람들이 중서부, 그리고 나머지는 서부 출신이었다. 참여자들 가운데 거의 절반이 교외 지역에 살았고, 다른 많은 사람은 도시 지역에, 그리고 10% 조금 넘는 사람들은 시골 지역에 살았다.

세상일을 '알게 되는 것'으로 인한 만족감과 압도당하는 것으로 인해 생길 수 있는 우려를 묻는 핵심 질문에 대한 대답에서 참여자들 가운데 소수만이 새로운 미디어 환경에 대한 어떤 불편함이나 압도되는 느낌을 언급했다. 토론의 전반적인 톤은 대체로 긍정적이고 열정적이었다. 많은 참여자가 선택에 부담을 느끼는 대신 그것이 주는 자유, 특히 온라인에서 이용 가능한 정보의 범위에 고마움을 표했다. 모든 연령대의 참여자가 다양한 기술을 사용했으며, 그들 가운데 많은 사람이 스마트폰을 가지고 있었고 그에 따른 이동성을 즐겼다. 새로운 미디어 환경에 대한 부정적인 반응은 다음 세 가지 유형으로 확인되었다: (1) 일부 케이블 뉴스 채널에서 점점 더 많이 볼 수 있는 선정적이고 당파적 공언에 대한 좌절감; (2) 트위터와 페이스북 같은 소셜 네트워크 사이트와 연관된 주의를 분산시키는 사소한 것들에 대한 짜증; 그리고 (3) 온라인상의 다양한 전문가와 비전문가의 의견으로 인해 누구를 믿어야 할지 알기 어렵다는 일반적인 느낌. 한 대학생 참여자는 다음과 같이 설명했다:

> 〔나는〕 가장 정확한 정보를 어디에서 얻을 수 있는지 정말 잘 모르겠어요. 그러나 나는 멘붕에 빠지는 경향이 있고 어찌할 바를 몰라서 정말 이러지도 저러지도 못하기 때문에 그것과 관련해서 좀 더 부정적인 연관성을 느끼는 것 같습니다.

남부의 도시 지역에서 온 또 다른 학생은 그녀의 감정을 다음과 같이 설명했다: "나는 압도당한다고 느껴요. 나는 그런 느낌을 좋아하지 않습니다. 무언가를 찾거나 무언가를 조사하려 할 때 나는 (다른 학생을 가리키면서) 그녀가 말한 것처럼 무엇이 정확한 정보인지 정말 알지 못하겠어요.” 중재자가 압도당하는 느낌을 정서적 용어로 표현해 줄 것을 요청하자, 그녀는 “그것은 좌절감이었어요”라고 대답했다. 종합하면, 우리가 모든 집단에 반복해서 이 질문을 던졌음에도 77명의 참여자 가운데 11명만이 어떤 압도당하는 느낌을 인정했다. 다른 사람들은 정보를 찾기 위해 미디어를 이용하는 방식에 대해 토론할 때 다름 아닌 즐거움을 표현하는 경향이 있었으며, 더 많은 사람은 단순히 그 주제에 대해 중립적인 입장을 나타내거나 결국은 양쪽이 균형을 이룬 뒤섞인 감정을 느낀 것처럼 보였다. 남부의 도시 지역에서 온 한 20대 은행원은 현 미디어 환경 속에서 전달되는 정보의 엄청난 양에 놀라지 않았다. “어디에나 미디어가 있기 때문에 우리는 미디어로부터 정말 도망칠 수 없습니다”라고 그는 말했다. 그러나 이것을 압도당하는 것이라고 보는 대신, “아닙니다. 나는 그것이 좋다고 생각합니다. 그것은 사람들이 서로 다른 생각과 태도에 노출되게 해준다고 생각합니다”라고 대답했다. 남부의 도시 지역에서 온 한 30대 상담 전문가는 다음과 같이 말했다: “아주 많은 정보가 존재하죠. 그것은 때로 매우 도움이 됩니다. 우리는 무엇이 좋은 정보원인지 무엇이 좋은 정보원이 아닌지를 판독하기만 하면 되며, 일단 우리가 판독하는 데 정통해지면 괜찮다고 생각합니다.” 남부의 교외 지역에서 온 IT 부서의 데이터베이스 매니저인 한 30대 여성은 다음과 같이 말했다: “나는 그것을 정말 좋아해요. 여러분도 알다시피 내 폰에는 인터넷이 있습니다. 집에도, 직장에도 인터넷이 있습니다. 우리는 위성 텔레비전도 이용할 수 있습니다. 나는 내가 원할 때마다 어떤 정보에든 접근할 수 있는 것을 정말 좋아합니다.” 다른 참여자도 다음과 같이 맞장구쳤다:

> 우리는 아무 때나 〔뉴스를〕 검색해서 살펴볼 수 있습니다. 그래서 만약 다가오는 시간대에 뉴스를 놓친다면, 우리는 늘 되돌아가서 언제든지 검색할 수 있습니다. 제 말은 그래서 나는 그것을 정말 좋아한다는 겁니다. 〔잠시 쉬었다가〕 이동 중에도.

TV 뉴스와 비교할 때, 온라인 뉴스 환경은 거의 한결같이 긍정적인 반응을 불러일으키는 것 같았다. 남부의 도시 지역에 온 한 내과의사는 인터넷 시대에 우리는 더 많은 지식이나 정보를 얻게 된다고 생각했다:

> 오늘날 우리는 독일어, 프랑스어, 혹은 우리가 원하는 그 밖의 어떤 언어로 입력되어 있는 인터넷에 올라탈 수 있습니다. 그래서 우리는 분명 추가적인 종류의 서로 다른 관점을 통해 더 많은 지식이나 정보를 얻게 됩니다. 또한 우리는 지식이나 정보를 더 빨리 얻게 돼서, 동남아시아에서 무슨 일이 일어나는지 금방 알게 됩니다.

남부의 교외 지역에서 온 고객 서비스 일을 하는 한 40대 여성은 동의하면서 다음과 같이 말했다. "거기에는 분명 모든 사람이 더 쉽게 접근해서 이용할 수 있는 더 많은 도구와 정보가 있습니다."

참여자들이 전통적인 미디어와 비교해 뉴스원으로서 인터넷에 상대적으로 열광하는 논리는 개인적 통제에 있는 것처럼 보인다. 소스의 다양성과 온라인 비디오, 오디오 및 텍스트 스트림의 불협화음으로 인해 수용자들은 그냥 가만히 앉아 중요한 것이 무엇인지를 미디어 전문가들이 결정해 헤드라인을 수동적인 수용자들에게 '밀어내게push' 놔두기보다는 그들이 원하는 것을 '끌어당겨야pull' 한다. 끌어당기기에는 이따금씩 실수도 따르고 디지털 환경을 조작하는 데 따르는 노력과 어느 정도 진화된 기술도 필요하다. 몇몇을 제외한 모든 참여자가 원하고 필요로 하는 정보를 어느 정도 성공적으로 얻고, 일상적으로 그러한 정보를 찾아내고 조작하기 위해 약간의 노력과 기술적 '난관'을 극복하고자 동기화 되어 있는 것처럼 보인다. 우리의 방법론과 표집의 속성이 재정적으로나 경험적으로 디지털 영역에서 소외되어 있는 사람들을 제대로 대표하지 못할 가능성은 있다. 그 결과, 비록 이 연구에서 제한된 기술이나 온라인 자원에 대한 제한된 기술적 접근으로 인해 여전히 소외되어 있는 계층의 크기를 추정할 준비가 안 되어 있긴 하지만, 그것은 여전히 분석과 공공정책에 중요한 이슈이다(Hargittai and Hsieh, 2010).

우리의 초점집단 인터뷰 결과는 미국인들이 점점 더 다양한 뉴스원으로부터 뉴스를 얻고 있으며 실제로 그것을 상당히 즐기고 있음을 보여준다. 그들은 너무 많은, 별로 중요하지 않은 것과 선정주의에 대해 때로 불평하기도 하지만 그것은 최근에 발생한 일이 아닐 수도 있다. 인터넷은 시사 사건에 대한 도움을 주는 정보원으로 여겨지는 반면, 텔레비전 뉴스, 특히 케이블 뉴스는 선정주의와 계속 반복되는 기사로 인해 더 많은 비판을 받고 있다. 단지 산발적인 소수의 참여자들만이 직면하는 정보의 양이나 미디어 종류에 압도당하고 있다는 느낌을 표현했다.

참여자들은 다음과 같은 용어를 분명하게 사용하지는 않았지만, 고정된 방송 편성과 일일 뉴스 헤드라인 특유의 '푸시'로부터 온라인 검색으로 특징지어지는 '풀' 역학으로 이동하고 있는 개별 수용자와 미디어 환경 간의 인터페이스에서 일어나고 있는 근본적인 변화를 목격했음을 인정한다. 더욱이 푸시와 풀 사이에서 그들은 추천 엔진, 협업 필터링,[42] 시사 사건에 대한 단문 메시지, 그리고 고전적인 2단계 흐름과 비교해 전자적 2단계 흐름electronic two-step flow이라고 특징지을 수 있는 주류 미디어가 보내는 이메일 첨부물을 특징으로 하는 중간 형태의 상호작용을 인정한다.

미국인들은 한때는 담 너머나 잡화점 안에 있는 크래커 배럴cracker barrel[43]에 앉아서 가십을 나누었을 수도 있지만, 이제는 소셜 네트워크 사이트를 통한 온라인 가십과 댓글이 대세이다. 트위터와 페이스북은 오버셰어링oversharing, 즉 과도한 공유로 인해 특정한 경멸이나 유머의 대상이 되어 일부 사람들에 의해

---

42 협업 필터링(collaborative filtering)은 많은 사용자에게서 얻은 기호정보(taste information)에 따라 사용자들의 관심사들을 자동적으로 예측하게 해주는 방법이다 — 옮긴이.

43 미국의 잡화점 안쪽에 있는 컨트리 스타일의 레스토랑이다 — 옮긴이.

엇갈린 평을 듣는다. 온라인 소셜 네트워킹은 비교적 새로운 것이며, 사회적 확산에서 흔히 있는 일이듯 적절한 사용 규범과 필터링하는 기술이 안정되기까지는 어느 정도 시간이 걸릴 수도 있다. 현재 기술에 밝은 사람들은 미디어 이용이 자신들의 선호도에 맞게 세팅되어 있다고 말하는 반면, 기술에 덜 밝은 사람들은 전혀 조율이 되어 있지 않다.

조각화와 양극화 이슈에 관해 초점집단은 사람들이 패거리적인 사일로나 일방적 정보의 "데일리 미Daily Me"[44]에 은둔해 있다는 증거를 보여주지 않았다. 그와는 반대로 우리의 참여자들은 최근의 설문조사 및 실험 연구를 보강해 주면서(Garrett, 2009), '상대편'이 느끼는 방식과 주장의 논리를 이해하는 데에 관심을 보였다.

전통적인 매스 미디어 소비자와 점점 더 널리 퍼지고 있는 디지털 미디어 소비자에 대해 '정보 과부하' 개념을 부주의하게 사용하는 것은 오해의 소지가 있을 수도 있기 때문에 어느 정도 개념을 명료화하는 것이 도움이 될 것이다. 분명히 말하건대, 2009년 장시간 신중히 생각한 끝에 자신의 의견을 말한 초점집단 참여자들은 거의 전부가 새로운 미디어 환경에 대해 열의를 보였다. 다이얼 접속[45]만 가능한 시골 지역에서 온 사람들은 광대역망에 연결되는 것과 좀 더 신뢰할 수 있는 휴대전화 서비스를 받는 것을 기대하고 있었다. 좌절감을 언급한 경우는 통상 다음 두 가지 형태를 띠었다: (1)사람들은 그들이 원하는 것을 찾을 수 있게 해주는 검색 및 필터링 기술을 아직 완벽하게 터득하지 못했다; (2)사람들은 선정적이고 진지함이 결여되어 있는 콘텐트를 너무 많이 찾는다. 이것은 "나는 어젯밤 3시간 동안 TV에서 가십과 질 낮은 오락물을 봤어. 그것은 굉장했어. 오늘 밤에도 또 3시간 동안 볼 계획이야"와 같은 자주 듣

---

44 "데일리 미"는 MIT 미디어 랩 설립자인 니컬러스 네그로폰티(Nicholas Negroponte)가 한 개인의 취향에 맞춤화된 가상 일간 신문을 기술하기 위해 유행시킨 용어이다 — 옮긴이.

45 다이얼 접속(dial-up)이란 전화선과 모뎀을 통한 인터넷 접속을 말한다 — 옮긴이.

는 이야기로 대표되는 미디어 행위에서 볼 수 있었던 전혀 새롭지 않은 징후일 수도 있다.

4

다의성에 대한 숙고

Pondering Polysemy

보통 우리는 어떤 말을 들을 때마다 자연스럽게 어떤 즉각적인 결론,
즉 저 화자는 만약 우리 자신이 말을 하고 있다면 언급하고 있을 내용을 언급하고 있다는
결론에 이르게 된다.

— 찰스 오그던Chalrles Ogden과 아이버 리처즈Ivor Richards(1923)

눈이 보이지 않거나, 귀가 들리지 않거나, 분별력이 없는 어떤 다른 인간과
소통하는 것은 고사하고, 우리가 귀먹은 자신에게 완전한 진실, 사실 혹은 감각sensation을
표현할 수 있다고 생각하는 것은 어리석은 오만함이다.

— 조지 스타이너George Steiner(1968)

코드는 속성상 차이, 불일치로 가득 차 있으며 지속적으로 변하기 쉽다.

— 웬디 리즈-허위츠Wendy Leeds-Hurwitz(1993)[1]

❖

마셜 맥루언Marshall McLuhan은 우리로 하여금 자주 미디어와 메시지에 대해 새롭게 생각해 보게 하면서 다소 흥미로운 방식으로 커뮤니케이션 이론에 기여했다. 맥루언은 "미디어는 메시지이다"라는 그의 생각과 캐나다 경제학자 해럴드 이니스Harold Innis의 미디어 체계에 대한 소견의 대중화를 통해 이 분야의 연구자들에게 계속해서 영감을 불어넣고 있다(Innis, 1951, 1952). 그의 소견 가운데 필자가 가장 흥미로워하는 것 가운데 하나는 덜 알려진 그의 저서 『구텐베르크 은하계*The Gutenberg Galaxy*』(1969)에 나와 있는 자세한 예이다. 필자가 이해하기로 그가 주장하고자 했던 것은 사람들이 '훈련받을' 필요가 있다는 것, 즉 영화를 제대로 보기 위해서는 영화 관람이라는 문화 관습에 익숙해질 필요가 있다는 것이었다. '미개한' 영화 관람자에 대한 그의 비판은 결코 설득력이 없으며 '원주민'에 대한 그의 비판은 이 책이 출간되었던 시대라 하더라도 꽤 어색하다고 생각했다. 그러나 커뮤니케이션 실패와 다의성에 대한 그의 예는 지속적으로 매우 큰 흥미를 불러일으킨다. 그는 다음과 같이 적고 있다:

> 왜 미개한 사회의 사람들은 많은 훈련을 받지 않으면 영화나 사진을 볼 수 없는가? …
>
> 런던 대학교 아프리카 연구소African Institute의 존 윌슨John Wilson 교수가 쓴 논문의 도움을 받아보자. 글을 읽고 쓸 수 있는 사회에서는 글을 읽고 쓰지 못하는 사람들이 왜 세 차원이나 관점에서 볼 수 없는지를 이해하기가 쉽지 않다. 우리는 정상적인 시력이면 세 차원에서 볼 수 있으며 사진이나 영화를 보는 데 훈련

---

1 리즈-허위츠에 의하면 각각의 문화는 기본적인 유형의 코드를 공유하는데 코드란 상호작용에서 의미의 최소 요소인 기호(sign)들의 집합과 그러한 기호 사용 규칙을 말하며, 흔히 볼 수 있는 사회적 코드로는 음식, 의복, 물건이 있다. 이 코드들이 적절한 맥락, 즉 그것들이 생산되는 문화에서 이해되지 않을 때 소통의 오류가 생긴다 — 옮긴이.

이 필요하지 않다고 가정한다. 윌슨의 경험은 원주민에게 읽기를 가르칠 때 영화를 사용하려 한 것에서 비롯되었다: 다음 증거는 매우, 매우 흥미롭다. 이 사람(위생 검사관)은 원시적인 아프리카 마을의 보통 가구가 고여 있는 물(배수 웅덩이)을 제거하고, 빈 깡통을 주워서 치우는 등의 일을 할 때 필요한 것에 대한 영화를 초저속 기법을 사용해 만들었다. 우리는 이 영화를 관객들에게 보여주고 그들이 본 것에 대해 물었다. 그들은 닭, 가금嘉禽을 보았다고 말했는데, 우리는 이 영화에 가금이 등장했다는 것을 몰랐다! 그래서 우리는 가금이 등장했는지 찾기 위해 프레임들을 하나하나 매우 주의 깊게 훑어본 결과, 과연 약 1초 동안 가금 한 마리가 프레임의 모퉁이를 이리저리 돌아다니고 있었다. 누군가가 그 가금을 겁을 주어 쫓자 그 사람의 오른손 쪽을 통해 프레임 아래 부분으로 날아갔다. 이것이 이 영화에서 본 전부였다. 그들이 이 영화에서 보았기를 바랐지만 그들이 보지 못했던 다른 것들과 우리가 몰랐던 것을 그들이 본 것은 우리가 이 영화를 자세히 조사하고 나서야 이 영화 속에 있었다는 것을 알았다…. 이 영화의 길이는 약 5분이었다. 닭은 이 상황에서 1초 동안 등장했다.

질문: 당신은 정말로 당신이 그 영화를 본 사람들과 이야기했을 때 그들이 닭 외에 다른 어떤 것도 보지 못했다고 믿었다는 말입니까?

윌슨: 우리는 그저 그들에게 다음과 같이 물었습니다. 당신은 이 영화에서 무엇을 보았습니까?

질문: 당신은 무엇을 생각했습니까가 아니고요?

윌슨: 예, 당신은 무엇을 보았습니까가 맞습니다.

질문: 이 영화를 본 사람들 가운데 얼마나 많은 사람에게 이 질문을 했습니까?

윌슨: 30명 남짓 됩니다(Wilson, 1969: 36~37).

세 가지 이유에서 이러한 설명이 특히 효과적이라고 생각한다. 첫째, 그것은 다의성, 이 경우는 오소통 혹은 좀 더 정확하게는 의도하지 않은 커뮤니케이션의 꽤 극적인 예이다. 모기가 들끓는 것을 막기 위해 고인 물웅덩이를 제거하는 것을 너무나도 느린 속도로 5분간 보여주자 관객들은 닭, 이 경우 300초짜리 영화 가운데 대략 1초 동안 프레임의 맨 구석에 보이는 닭의 발 부분을 보았다고 분명히 말했다. 아마도 여러 차례 이 영화를 보았을 영화 제작자들은 너무 당황한 나머지 그 닭을 찾기 위해 영화의 프레임 하나하나를 조사하지 않을 수 없었다. 그야말로 다의적인 커뮤니케이션이다. 둘째, 농부인 이 영화의 관객들에게 닭은 그들이 아는 것이고 그들의 삶과 생존과 관련 있는 것이다. 모기 사태는 분명 아직 그들의 삶과 밀접하게 관련되어 있지는 않았다. 이것은 수용자의 기대와 정체성과의 공명을 보여주는 훌륭한 예이다. 셋째, 커뮤니케이터들은 그들의 커뮤니케이션이 성공을 거두지 못한 것에 놀랐고, 정신이 없었으며, 좌절했다. 그들은 참을성 있고 협조적인 관객들에게서 방금 본 것을 물은 것에 대한 대답을 듣고 다소 망연자실했다고 자신을 묘사했다. 송신자들이 의도한 대로 그리고 그들 스스로가 복잡한 상징의 흐름을 해석하는 대로 메시지가 수신될 것으로 강하게 추정하는 것은 근본적인 의미론적 오류를 보여주는 또 하나의 생생한 사례이다. 아프리카 연구자들과 맥루언 자신은 '원주민들'이 사실상 그 영화를 '부정확하게' 해석하고 있고 따라서 영화 전반뿐만 아니라 그 영화를 올바르게 해석하기 위해 교육받을 필요가 있음을 암시한다.

다의성에 대한 숙고

뛰어난 인류학자인 클리포드 기어츠Clifford Geertz는 다의성에 대해 깊이 생각했다(Geertz, 1973, 2000). 그는 그와 같은 일이 바로 문화기술학자들이 성취하고자 열망하는 것의 핵심이라고 기술한다. 옥스퍼드 대학교 철학과 교수인 길버트 라일Gilbert Ryle이 사용한 용어를 빌려 이 일을 "중층 기술"[2]이라고 묘사했다. 이 용어는 받아들여졌으며 현재 기어츠의 저명한 명성과 확고하게 연관되어 있다. 중층 기술이란 "의미작용signification의 구조들을 분류하고 단순한 발생을 과학적으로 뚜렷이 표현하게끔 만드는 것"이다(Geertz, 1973: 9, 28). 그것은 기호학적 약속이다. "막스 베버와 함께 인간은 인간 자신이 만든 의미의 거미줄에 걸린 동물임을 믿으면서, 나는 문화를 그러한 거미줄로 간주하고 따라서 문화 분석을 법칙을 찾는 실험 과학이 아닌 의미를 찾는 해석 과학으로 간주한다. 그것은 내가 추구하는 설명으로, 나는 겉으로 드러난 사회적 표현을 수수께끼 같은 것으로 해석한다"(Geertz, 1973: 5).

기어츠는 문화가 배어들어 있는 커뮤니케이션 해석의 미묘함에 대한 일련의 사례를 펼쳐 보인다. 프랑스 외인부대가 막 권한을 행사하려 하기 시작한 1912년 모로코의 외진 산악 지역의 상인이었던 코헨Cohen의 이야기는 특히 잊히지 않는다. 기어츠는 자신의 동기를 설명하지 않는다; 그는 그냥 현장 노트 기록으로 넘어가 1968년에 있었던 이야기를 시작한다. 그것은 약간의 식민지 역사로, 코헨이 베르베르Berber 부족에게 강도를 당하자 복수하기 위해 또 다른 베르베르 부족 출신의 친구들과 함께 한밤중에 양을 도둑질하며, 결국 전통적인 아르'ar[3]를 근거로 화해를 하는데 결과적으로 코헨의 말을 믿지 않는 프랑스인들은 코헨이 양과 함께 있는 것을 보고 그가 양을 훔쳤다고 추정할 뿐이라는 오해에 관한 소극笑劇에 아주 가까운 희극이다. 그래서 프랑스인들은 양을 빼앗고 추가로 코헨을 스파이로 보고 감옥에 집어넣는다. 사람의 마음을 끄는 이 상황극의 자세한 내용을 보려면, 기어츠(1973)의 1장을 참조하라. 그것은 (우연히 베르베르어를 유창하게 잘하게 된) 유대인과 여러 베르베르 부족 그리고 그곳에 막 도착한 프랑스 군인 사이의 오소통을 절묘하게 보여주는 것으로, 이

2 두꺼운 기술(thick description)이라고도 한다. 인류학과 타 학문 영역에서 인간 행동을 대할 때, 상황을 전혀 모르는 사람이라도 그 행동을 잘 이해할 수 있도록, 행동 자체만이 아니라 문맥도 포함해 설명하는 것을 가리킨다 — 옮긴이.

3 아르는 전통적인 모로코의 채무 변제 방식으로, 보통 훔쳐간 물건 가치의 4~5배로 갚는다고 한다 — 저자와의 이메일 교신.

경우 몇몇 문화적 차이를 가로질러 송신된 대로의 메시지와 수신된 대로의 메시지 간의 괴리를 몇 배 더 극적으로 잘 보여주고 있다.

마찬가지로 유명한 커뮤니케이션 학자인 에버릿 로저스Everett Rogers는 이제는 고전이 된 널리 인용되는 그의 커뮤니케이션과 혁신에 관한 연구를 실패한 커뮤니케이션과 혁신에 대한 저항에 관한 사례연구로 시작한다(Rogers, 2003). 그것은 남부 페루의 사막 해안을 따라 발달해 있는 리마Lima에서 남쪽으로 300km 떨어진 비교적 외딴 지역인 산호세 데 로스 몰리노스San José de los Molinos에서 있었던 끓인 물에 대한 이야기이다. 보건 당국은 전면적인 위생 시스템을 갖추는 것이 실행 불가능하다고 보고 오염된 수원水源에서 가져온 물을 끓여서 마시도록 마을 주민을 설득하기 위한 광범위하고도 집중적인 캠페인을 시작했다. 이 캠페인에는 200가구의 마을 주민 집을 여러 차례 직접 방문해서 물을 끓이면 많은 마을 주민을 질병과 감염으로 괴롭히는 세균이 어떻게 죽는지에 세심하게 설명하는 것도 포함되어 있었다. 2년에 걸쳐 많은 가정을 방문해 대화하고 시범을 보인 결과 200가구 가운데 11가구만이 이러한 매우 중요한 건강 행동 혁신을 채택했다. 어떻게 이와 같은 커뮤니케이션 실패가 일어났을까? 로저스의 설명에 따르면, 그것은 현지 문화에서 '끓인 물'의 상징적 의미와 관계가 있다. 이미 아픈 사람만이 끓인 물을 마시며, 그것은 건강과 관련된 이유보다는 의례적인 이유에서 그렇게 한다. 아직 아프지 않은 사람이 아픈 사람처럼 행동하는 것은 이러한 문화 상황에서는 그야말로 직관에 반하는 것이었다. 현지 마을의 가정주부 관점에서 본 건강 메시지를 살펴보자: "〔그녀는〕 세균병원설germ theory을 이해하지 못한다. 그녀는 미생물이 사람을 익사시키는 물속에서 생존할 수 있느냐고 따진다. 그들은 물고기인가? 만약 세균이 너무 작아서 우리가 보거나 느낄 수 없다면, 그것이 어떻게 성인을 해칠 수 있단 말인가? 이 세상에는 사람들이 보거나 듣거나 만지거나 냄새 맡지 못하는 작은 동물에 신경 쓰지 않고도 걱정해야 할 진정한 위협(가난과 기아)이 아주 많다. 전통적인 마을 규범에 충실하고자 하는 〔그녀의〕 마음과 물을 끓이는 것은 상충한다. 뜨거운 것과 찬 것에 대한 미신을 확고하게 믿는 그녀는 오직 아픈 사람만이 끓인 물을 마셔야 한다고 생각한다"(Rogers, 2003: 4).

계속해서 로저스는 다음과 같이 적고 있다: "대부분의 가난한 가구는 보건 지도원을 불결한 곳을 살펴보고 집을 더 깨끗이 하는 데 이미 잔뜩 지친 가정주부들을 동원하기 위해 로스 몰리나스에 파견된 '염탐꾼'으로 보았다. 지위가 더 낮은 가정주부들은 자유시간이 더 적었기 때문에 물 끓이기에 대해 [보건 지도원인] 넬리다Nelida와 이야기를 나눌 것 같지 않았다. 지역사회 밖에서 그들이 접촉하는 것은 제한되어 있었기 때문에 그들은 기술적으로 능숙한 넬리다를 사회적 시야social horizon와 로스 몰리나스의 전통적인 믿음에 얽매여 있는 눈으로 바라볼 수밖에 없었다. 그들은 이 외부인을 사회적 이방인으로 인식하면서 믿지 않았다"(Rogers, 2003: 5).

사람들은 전문적인 현장 지도원과 감독자들이 어떻게 2년이 넘도록 세균병원설 접근법이 먹혀들지 않았음을 인식하지 못할 수 있는지 의아해한다. 그러나 그들은 설득 전략을 조정하지 않았다; 그들은 계속해서 설득 전략을 유지한 결과 너무나 충격적인 실패를 맛보지 않을 수 없었다. 자신의 책 시작 부분에 이러한 상세한 사례연구를 소개한 로저스의 전략은 커뮤니케이션의 사회적 맥락의 중요성과 화자와 청자 간의 동기의 복잡한 귀인에 대한 독자들의 주의를 끌고자 한 것이었다.

물론 맥루언의 이야기, 기어츠의 이야기, 그리고 로저스의 이야기는 다의적인 오소통에 대한 비교적 이국적인 문화적 맥락에 대해 말하고 있다. 분명 상업적인 광고주의 정교한 설득 미디어 메시지는 분명한 메시지를 전달하고 서로 반대의 가치를 지니거나 서로 방향이 다른 지각의 다의적 다양성을 피하는 데 좀 더 성공적이라고 생각할 것이다. 사실은 그렇지 않다. 그것은 어쩌면 전문 설득자들로 구성된 업계가 알려지는 것을 원치 않는 비밀이다. 그들은 그것에 매우 능하지 않다. 그와 같은 결론을 시사하는 연구들은 너무나도 마음을 불편하게 하기 때문에 결함 있는 연구로 묵살되거나 매우 흔히 그냥 무시된다.

다음 두 사례는 너무나도 충격적이다: 하나는 2000년대 초에 10억 달러를 들여 6년에 걸쳐 진행된 전국 청소년 약물 방지National Youth Anti-Drug 캠페인이고, 다른 하나는 1990년대의 소비제품 텔레비전 광고 캠페인 389건(대부분 약 1년간 지속되었음)에 대한 메타분석으로, 이들 광고 역시 전체 가치를 따지면 약 10억 달러에 이른다. 건강 캠페인인 첫 번째 예는 표적 수용자에게 어떠한 종류의 측정 가능한 효과를 미치지 못했으며 오히려 많지는 않지만 일부 증거는 이 캠페인이 실제로 약물 사용을 증가시켰을 수도 있음을 보여주었다. TV 광고를 요약해서 보여주는 두 번째 사례는 전체 사례 가운데 오직 17%에서만 통계적으로 유의적인 매출 증가가 있었음을 보여주었다. 두 경우 모두에서 조사 대상자들은 실제로 수개월에 걸쳐 여러 차례 설득 메시지를 보았다는 것을 100% 인정한다. 그 설득 메시지들은 중요하거나 심지어 관련된 것으로 수신되지도 그리고 그렇게 해석되지도 않았으며, 전체 사례 가운데 일부를 제외한 모두에서 어떤 행동적 반응으로 연결되지도 않았다. 좀 더 자세히 살펴보자.

1998년부터 2004년까지 백악관 국가약물통제정책 사무국Office of National Drug Control Policy은 비영리단체인 약물 없는 미국을 위한 동반자 모임Partnership for a Drug-Free America과 제휴해 전국 청소년 약물 방지 미디어 캠페인National Youth Anti-Drug Media Campaign을 감독하기 위해 오길비 앤드 매더Ogilvy and Mather 및 다수의 다른 광고대행사와 계약을 체결했다(Hornik et al., 2008). 의회는 그러한 노력에 거의 10억 달러를 할당했다. 알려진 목적은 미국의 청소년들을 교육하여 불법 약물을 거부할 수 있게끔 하고 청소년들이 약물, 특히 대마초와 흡입제[4]를 처음 사용하는 것을 막으며, 간헐적 약물 사용자들이 사용을 중단하도록 설득하는 것이었다. 이 캠페인은 9세에서 18세까지의 청소년, 그들의 부모, 그리

---

4 흡입제는 인체에 유해한 화학 성분으로 구성되어 있어 본래 목적 이외의 용도로 사용할 경우 인체에 치명적인 해를 입히게 된다. 흡입제에는 본드로 사용되는 아교, 페인트 시너, 매니큐어 제거제, 드라이클리닝 용매, 톨루엔, 가솔린, 아세톤, 벤젠 등이 포함된다. 한국에서는 과거 본드, 부탄가스 등의 사용이 사회적 문제를 유발한 바 있다 — 옮긴이.

고 다른 영향력 있는 성인들에게 초점을 맞춘 채 광범위하게 전개된 대표적인 사회적 마케팅 노력이었다. 이 캠페인은 지역 방송국, 케이블 텔레비전 및 네트워크 텔레비전, 라디오, 인터넷, 잡지, 영화관을 포함한 다양한 미디어 채널을 동원했다. 이것은 엄청난 프로젝트였다. 이 캠페인이 진행되는 동안 주로 TV에 주당 평균 2.5개의 광고, 즉 표적 수용자인 2500만 명의 청소년 각각이 약 800차례 광고에 노출되도록 설계되었다. 막바지 몇 년 동안 이 캠페인은 10대들의 대마초 사용을 막기 위한 시도에 더욱 초점을 맞추었다. 그러한 노력에는 6학년생에게 '파이프'란 배관공의 파이프를 의미한다는 자막과 함께 배관공의 파이프 사진이 포함된 강력한 시각적 효과를 주는 포스터도 포함되었다. 그 이미지 아래에는 또 다른 이미지, 이번에는 7학년생에게 '파이프'란 대마초 파이프를 의미한다는 자막과 함께 대마초 파이프 이미지가 있었다. 또 다른 광고에는 샌드위치가 들어 있는 종이 봉지와 대마초가 들어 있는 비닐봉지 이미지가 포함되었다(Office of National Drug Control Policy, 2000). 문제는 청소년들이 이러한 마케팅 메시지를 통해 받은 인상은 나이가 좀 더 많은 청소년들이 약물, 특히 약물이 가미된 담배와 관련되어 있다는 것이었다. 연구자들은 부메랑 효과, 즉 이 광고 캠페인에 가장 많이 노출된 사람들이 통계적으로 유의미한 높은 수준의 대마초 사용을 보고했다는 사실을 발견했다. 이러한 특별한 결과는 당연히 백악관 국가약물통제정책 사무국을 큰 곤경에 빠뜨렸다. 그러나 이 캠페인 전반에 대한 주된 조사 결과는 캠페인 노출과 어떤 약물 관련 행동 사이에는 그야말로 전혀 상관관계가 없다는 것이었다(Hornik et al., 2008). 메시지는 800차례나 수신되었지만, 800차례 모두 무시되었거나 잘못 해석되었다.

상업광고주들은 광고의 효과성을 평가하는 데 애를 먹는다. 브랜드 광고에 대한 투자를 늘릴 때 흔히 매출이 똑같거나 실제로 감소하는 것을 경험한다(Ashley, Granger and Schmalensee, 1980). 가격 변동, 매장 내 프로모션, 혹은 경쟁자들의 마케팅 행위와 같은 다른 요인으로 인해 분석이 복잡해진다. 비용이 많이 들지만 매우 신뢰할 만한 텔레비전 광고 효과성 측정 기법은 업계에서 행동 스캔Behavior Scan으로 알려진 스플리트 케이블 방법론split cable methodology인데, 행동 스캔은 시카고에 있는 상업정보자원Information Resources 서비스이다(Lodish et al., 1995). 이 기법은 미국 전역의 여러 지역에 있는 동질적인 구역 가운데 한 구역에서는 독립 케이블 시스템이 광고를 내보내고 다른 구역에서는 광고를 내보내지 않은 구역을 짝짓는다. 특정 제품 구입은 대응하는 구역에 있는 식료품점, 약국, 백화점의 자동 UPC[5] 통계로 측정된다. 이 조사에서 이루어지는 비교의 대상은 대부분 다양한 강도로 1년 가까이 계속되는 광고 캠페인들이다. 와튼 스쿨Wharton School의 레너드 로디쉬Leonard Lodish와 동료들은 1990년대 중반까지 이용 가능한 모든 연구를 분석한 결과, 전체의(대부분의 경우 표본 크기가 비교적 컸음) 17%에서만 상업 캠페인이 통계적으로 0과 구별할 수 있는 매출 증가로 이어졌다는 결론을 내렸다. 이러한 통계는 너무나 충격적이다. 약물 방지 캠페인과 마찬가지로 이것은 일회성 현장 실험이 아니라, 광고 메시지에 대한 반복된 노출을 살펴본 종단적인 장기 연구이다. 그것은 (분명한 만족감을 드러내면서 갖고 싶은 제품을 사용하는 노골적으로 섹시하지는 않지만 매력적인 젊은 역할 모델, 솔직한 사람들의 증언, 키친 드라마kitchen drama,[6] 유명 인사의 증언, 시청자들에게 바람직한 제품 속성을 상기시켜 주는 다채로운 텍스트 오버레이overlay[7]를 사용하는) 캠벨 수프Campbell Soup, 콜게이트-팜올리브Colgate-Palmolive, 베스트 푸드Best Foods, 프리토-레이Frito-Lay, 제네럴 밀스General Mills, 크래프트Kraft, 펩시Pepsi 같은 회사의 대표성 있는 실제 세계 광고에 대한 연구로, 이러한 광고의 속성은 고도로 세련되고, 규모가 큰 기업의 마케팅 자금을 동원해야 살 수 있는 것들이다. 그

---

5 통일 상품 코드(Universal Product Code)는 바코드(bar code)로도 알려져 있는데, 이것은 판매용 상품에 인쇄되어 있고 컴퓨터가 읽을 수 있는 정보를 담고 있다 — 옮긴이.

6 키친 드라마란 흔히 부엌 상황에서 이루어지는 상업광고를 말한다 — 옮긴이.

7 동영상 광고에서 오버레이란 콘텐트 재생 도중 동영상 플레이어에서 화면의 일부를 차지하여 게재되는 광고를 말한다. 정적 이미지, 플래시 또는 텍스트 광고가 오버레이 광고로 게재될 수 있다 — 옮긴이.

러나 만약 이렇듯 신중하게 수행된 와튼 스쿨의 연구를 인정한다면, 일곱 번 가운데 여섯 번은 돈(1년에 100억 달러)을 완전히 낭비한 셈이 된다. 성공적인 선전은 보기보다 어렵다. 이러한 통찰력은 직관에 반하며 커뮤니케이션 효과 연구의 패러다임적 토대와 근본적으로 상반된다. 선전은 단 하나의 세계관을 만들어내기 위해 설계된다. 대부분의 인간 커뮤니케이션의 근본적으로 다의적인 성격은 그와 같은 단일성singularity에 매우 상반된다.

이 책은 시작부터 끝까지 커뮤니케이션의 예측할 수 없는 변화, 송신자와 수신자 간의 취약한 연관성에 대한 다양한 사례로 전부 채울 수 있을 것이다. 이해하기 어려운 점은 커뮤니케이션 연구자들이 성공적인 커뮤니케이션과 설득의 좀 더 전통적인 패턴뿐만 아니라 오소통의 체계적인 패턴을 이해하는 데 왜 그렇게 거의 노력을 기울이지 않았느냐는 것이다. 커뮤니케이션 연구 전통의 본질을 규정한 이러한 선유성향의 뿌리는 역사적으로 제2차 세계대전 기간과 그 이후에 이루어진 선전의 힘에 대한 집착에서 찾을 수도 있다고 가정했다. 그러나 다의성과 오소통의 잠재적 중요성을 최소화하려는 그와 같은 선유성향이 그 이후 학자들 사이에서 왜 그렇게 강하게 유지되어 왔는지 좀 더 자세히 살펴보는 것은 가치 있는 일일 수도 있다.

두 이론

커뮤니케이션 연구자들이 다의성에 상대적으로 주의를 기울이지 않은 이유를 두 후보 이론을 통해 설명할 수 있을 것 같다. 첫 번째 이론은 인간 관찰자로서 커뮤니케이션 연구자들 역시 다른 사람들이 커뮤니케이션에서 살펴볼 수 있는 것과 똑같은 인지적 편향과 귀인 오류[8]를 겪을 수 있다는 것이다. 앞에서

---

8 기본적 귀인 오류(fundamental attribution error)란 관찰자가 다른 이들의 행동을 설명할 때

판에 박힌 듯 수신자들이 메시지를 송신자가 의도한 대로 해석했다고 가정하는 근본적인 의미론적 오류에 대해 커뮤니케이터들이 지적한 바 있다. 커뮤니케이션 연구자들은 놀랍게도 커뮤니케이션 이론화 작업 자체가 인간 지각의 진화된 인지적 편향의 대상이 될 수도 있다는 것에 대해 사려 깊게 생각해 보지 않는다. 유명한 커뮤니케이션 이론가인 펜실베이니아 대학교의 클라우스 크리펜돌프Klaus Krippendorff는 1994년 「되풀이되는 커뮤니케이션 이론A Recursive Theory of Communication」이라는 제목의 짧은 논문을 발표했지만, 이 논문은 자주 인용되지 않으며 마땅히 널리 읽혀야 함에도 그다지 널리 읽히지 않았다. 논문은 다음과 같이 시작한다:

> 이것은 인간 커뮤니케이션 분야의 논문이다. 이 논문은 '커뮤니케이션'을 포함하고, 커뮤니케이션에 대해 언급하며, 따라서 커뮤니케이션에 대한 논문이다. 그러나 여기서 중요하게 여기는 것은 독자와의 커뮤니케이션인데, 이것은 다른 논문에서 흔히 간과되어 왔다. 이것은 어떤 진술, 어떤 논문, 어떤 이론도 누군가와 커뮤니케이션 하지 않고서는 커뮤니케이션에 대한 어떤 것도 말할 수 없음을 전형적으로 보여준다. 과학 담론들 가운데 이것은 이례적인 사실 — 이루어졌거나 실현되었다는 의미에서의 사실 — 이며 나는 커뮤니케이션학의 담론은 커뮤니케이션학이 무엇에 대한 것인지에 포함되며 따라서 이것이 수반하는 자기-참조self-reference에서 벗어날 수 없다는 것이 커뮤니케이션학을 구성하는 요소라고 본다. 만약 내가 커뮤니케이션 연구를 위한 첫 번째 공리axiom를 만들어야 한다면, 나는 다음 문장이 그런대로 괜찮다고 말하고 싶다:
>
> 인간 커뮤니케이션 이론 역시 반드시 그 자체에 대한 것이어야 한다.

상황 요인들의 영향을 과소평가하고 행위자의 내적·기질적인 요인들의 영향을 과대평가하는 경향을 말한다 — 옮긴이.

> 이것은 분명해 보이긴 하지만, 나는 이 주제에 대해 글을 쓰는 많은 사람들이 이 공리를 인식하지 못하며 그들 자신의 언어 사용이 커뮤니케이션과 아무런 관련이 없는 것처럼 커뮤니케이션에 대해 말하고 있다고 이해한다. 나는 이러한 누락의 이유가 나쁜 의도나 이러한 현상을 이해할 수 없는 데 있는 것이 아니라, 결과적으로 이러한 학자들이 그들 자신의 구문構文에서 스스로를 직시할 수 없게 만드는 특정한 존재론적 가정과 어휘에 아무런 의심 없이 몰두하는 데에 있다고 생각한다(Krippendorff, 1994: 78).

그의 소견이 설득력 있다고 생각하는데 이 논문이 발표된 이후 비교적 거의 인용되지 않은 것은 학자들이 계속해서 글을 구성할 때 스스로를 직시하는 것을 피하고 있음을 시사할 수도 있다는 말을 덧붙일 수도 있을 것이다.

다의성이 미디어 효과 연구에서 상대적으로 약한 역할을 하는 이유에 대한 두 번째 이론은 훨씬 더 강력한 설명일 수도 있다. 계량적 방법을 사용해 다의성을 다루는 것은 극도로 어려운 과제이다. 이것은 커뮤니케이션에 대한 노출과 태도나 태도 변화 패턴의 잠재적 공분산을 조사하는 것에 문제를 일으킨다. 설득 메시지가 의도한 방향으로의 태도 혹은 행동의 순변화를 마주할 때, 우리는 그것을 효과로 간주한다. 그러나 분명 사실상 모든 실제 세계와 실제 세계의 커뮤니케이션 상황을 실험실에서 시뮬레이션 한 상태에서 설득 메시지는 그 메시지에 노출된 각기 다른 사람들 사이에서 긍정적 반응, 무반응, 그리고 상반되는 반응의 분포를 보인다. 연구자들은 순효과만을 조사하는 경향이 있다. 동반하는 무효과와 '역'효과는 잡음 및 무작위 변동으로 취급된다. 그러나 무효과와 역효과는 아마도 사람들의 메시지 관련성에 대한 다양한 관심의 수준과 메시지의 관련성을 느끼는 정도의 차이에 대한 중요한 체계적 패턴을 반영할 것이다. 또 하나의 역설이다.

여기까지 책을 읽은 일부 독자들은 커뮤니케이션 이론이 다의성을 덧없이 다룰 뿐이라는 주장에 점점 더 마음이 불편해졌을 수도 있다. 일부 독자들의 경우에는 그럴 것인데, 왜냐하면 문화 연구와 텍스트 분석에 초점을 맞추고 있는 인문학 전통의 커뮤니케이션학은 다의성을 정말 매우 진지하게 여기기 때문이다. 실제로 이 전통에서는 그것이 이론화의 중심이다. 따라서 커뮤니케이션학의 인문학 전통과 사회과학 전통 간의 널리 알려져 있는 차이에 대해 간단하게 살펴보자. 무엇이 그러한 차이를 메울 수 있을까? 만약 설문조사 연구자와 실험 연구자들이 다의성을 진지하게 다룬다면 어떤 결과가 초래될까?

문화 연구 전통과 미디어 효과 전통 간의 단절

이 장의 가장 중요한 주장은 다의성 현상이 인간 커뮤니케이션과 인간 커뮤니케이션 연구의 가장 중요한 복합적인 문제 가운데 하나라는 것이다. 커뮤니케이션학, 사회학, 정치학 및 인류학은 각각 때때로 비슷한 구조적 퍼즐을 다루기도 하지만, 송신된 대로의 복잡한 메시지 해석과 수신된 대로의 복잡한 메시지 해석 간의 때로 극적인 차이와 매스 미디어 수용자들 사이의 차이를 다뤄야 하는 과제는 커뮤니케이션학을 사회학, 정치학 및 인류학과 구별 지어준다. 이 절은 인간 커뮤니케이션의 다의적 성질과 싸워 그것을 이해하기 위해 발전해 온 전혀 다른 두 전통에 특별히 주목한다. 2장에서 언급한 대로 첫 번째 전통인 사회과학적 커뮤니케이션 연구 전통은 현재까지 약 70년 동안 계속되어 왔다. 매우 일반적으로 문화 연구로 불리는 두 번째 전통은 1960년대와 1970년대에 영국에서 지속되었던 사회과학적 노력에 대한 비판적 반작용과 대조를 이루면서 구체화되기 시작해, 현재 약 40년 정도 되었다.

두 학문 전통 상호 간의 적대감은 여전히 변함없이 강하며 인식론과 방법론의 몇몇 차원에 관한 관점의 차이에 의해 강화되고 있는데, 앞으로 이것들에 대해 차례대로 살펴볼 것이다(Willis, 1980; Rogers, 1985; Jensen, 1987, 1990, 2011; Schroder, 1987; Lull, 1988; Wolf, 1988; Livingstone, 1998). 이러한 전통 간의 경쟁적인 적대감은 불행하지만 놀랍지도 않다고 생각한다. 학계의 학문은 경쟁적이고 대개 공공연하게 적대적인 학파로 넘쳐난다. 사회학자인 랜들 콜린스Randall Collins는 실제로 기록된 역사에 나타난 철학 분야의 학파들을 철저하게 연구한 결과, 경쟁하는 패러다임들이 흥망성쇠를 겪고 심지어 전략적 제휴를 형성함에 따른 예측 가능한 역학을 입증했다(Collins, 1998). 많은 학자가 문화 연구와 미디어 효과 간의 분열을 다루었는데, 실제로 핵심적인 차이가 무엇인지에 대한 강조점은 학자마다 다소 다른 것처럼 보인다.

영향력 있는 첫 번째 논문이자 지속적인 영향을 미치고 있는 논문 중 하나는 록펠러 재단 시대에 나왔으며 이 드라마의 주연 배우는 컬럼비아 대학교 사회학 교수인 폴 라자스펠드였다. 유럽에서 망명한 여러 동료 학자들, 특히 막스 호르크하이머Max Horkheimer와 테오도어 아도르노Theodor Adorno와의 상호작용을 계기로 라자스펠드는 1941년에 호르크하이머가 발행한 학술지 ≪철학·사회과학 연구*Studies in Philosophy and Social Science*≫에 「행정적 및 비판적 커뮤니케이션 연구에 대한 고찰Remarks on Administrative and Critical Communication Research」이라는 제목의 논문을 기고했는데, 이 논문은 유감스럽게도 이분법적 용어를 소개했다. 라자스펠드가 행정적administrative이라는 용어를 논문에 사용했지만, 당시 그의 인문학적 대안이었던 테오도어 아도르노(1969)는 그 용어를 자신이 만들었는데 라자스펠드가 차용해서 쓴 것인지 아니면 라자스펠드가 실제로 만들어 쓴 것인지 기억하지 못했다. 이후의 글, 특히 토드 기틀린의 글은 그러한 분열을 더욱 양극화했다(Gitlin, 1978). 원래 라자스펠드의 논문은 문화 연구 전통의 역사적·정치적 토대에 대해 상당히 감수성 있는 반응을 보였을 뿐만 아니라 각 전통이 상호 교류를 통해 서로 이익을 얻을 수 있다는 점을 강력하게 지지했기 때문에 그러한 상황 전개는 특히 아이러니했다. "연구 과제에 대한 매우 폭 넓은 개념화만이 가치 있는 결과로 이어질 수 있다…. 행정적 연구에 관심이 있고 또 직업적으로 행정적 연구를 수행해야만 하는 저자는, 만약 어떤 접근 유형이 일반적인 커뮤니케이션 연구 사조에 포함된다면, 알려진 것을 해석하고 새로운 데이터를 찾는 데 유용한 흥미를 끄는 문제와 새로운 개념의 측면에서 상당한 기여를 할 수 있는 접근 유형이 여기 존재한다는 그의 확신을 표현하고자 했다"(Lazarsfeld, 1941: 16).

그의 발언은 화해에 이르는 여러 장애물에 대한 현실적인 평가에 의해 완화되었다. "비판적 연구와 행정적 연구의 사실상의 협력 경험이 매우 적은 한, 협력 방안이 구체적이기는 매우 어렵다"(Lazarsfeld, 1941: 14). 그러나 이 논문에서 그는 두 연구 전통을 위한 매우 유사하면서도 보완적인 일단의 기본적인 질문을 마련했다. 효과 전통에 대해서는 다음과 같은 질문을 던졌다: "다른 미디어에 노출되는 사람들은 누구인가? 그들이 구체적으로 선호하는 것은 무엇인가? 각기 다른 제시presentation 방식의 효과는 무엇인가? 커뮤니케이션 미디어를 사용하는 사람은 목적이 서로 다른 기관들과 경쟁하며, 따라서 연구는 다른 기관에 의해 커뮤니케이션 되는 것도 반드시 추적해야 한다. 마지막으로 커뮤니케이션 연구는 라디오, 인쇄물, 혹은 영화의 효과가 행정기관들이 구성해 놓은 목적에 부합하는 사용으로 끝나지 않는다는 것을 알아야 한다.

문화 연구 전통의 경우, 현대 커뮤니케이션 미디어를 분석하는 비판적인 연구자는 라디오, 영화, 신문을 살펴볼 것이며 다음과 같은 종류의 질문을 할 것이다: 이러한 미디어들은 어떻게 조직되어 있고 통제되고 있는가? 이러한 미디어 조직이 구성될 때 중앙집중화하고, 표준화하며, 판촉 압력을 가하려는 경향이 어떻게 표현되는가? 위장되어 있긴 하지만 그것들은 어떤 형태로 인간의 가치를 위협하는가? 그는 주된 연구 과제가 이러한 미디어들이 그가 당치 않다고 생각하는 생활 습관과 사회적 태도에 기여하는 (대부분) 의도하지 않은 흔히 매우 미묘한 방법을 발견하는 것이라는 것을 느낄 것이다.

위에서 지적했듯이, 라자스펠드가 만든 명칭의 유감스러운 요소는 '행정적'이라는 용어가 자기-이익을 도모하는 정부 행정관과 기업 임원에게 분별없이 봉사하고 그들로부터 직접 명령을 받는 관리직 관료라는 느낌을 전달한다는 것이다. 그와 같은 행위는 라디오 연구국Bureau of Radio Research이나 매우 비판적이고 역사에 기반을 둘 수 있는 라자스펠드의 독자적인 학문적 연구에서는 특징적으로 나타나지 않았다〔대표적인 예를 보려면, 로버트 머튼Robert Merton과 함께 쓴 『매스 커뮤니케이션, 대중의 취향, 그리고 조직화된 사회적 행동Mass Communication, Popular Taste and Organized Social Action』(1948)을 참조하라〕. 라자스펠드는 미디어 전문가들에 의해 의미 있게 활용될 창의적이면서도 경험적인 학문적 연구를 열망했지만, 그가 살았던 시대나 그 이후에도 (약간의 예외는 있지만) 실현되지 않았다. 그 결과, 그의 사려 깊고 희망에 부푼 논문이 발표된 이후 그 용어는 오늘날 경험적 연구에 기울어져 있는 동료들의 연구를 참지 못하는 문화 연구 전문가들의 경멸적인 비난에서만 볼 수 있다.

몇 년 뒤, 제임스 케리James Carey는 두 전통의 차이를 포착하기 위한 또 다른 한 쌍의 개념을 소개하고자 했다. 존 듀이(1925)의 『경험과 자연*Experience and Nature*』의 도움을 받아 그는 전달transmission로서의 커뮤니케이션 개념과 의식儀式, ritual으로서의 커뮤니케이션 개념을 대비했다:

> 전달 관점의 커뮤니케이션은 우리 문화, 아마도 모든 산업 문화에서, 가장 흔하며 이 용어 아래에 있는 동시대 사전 표제어들을 지배한다. 그것은 '전하기', '보내기', '전송하기', 혹은 '다른 사람들에게 정보 제공하기'와 같은 용어들에 의해 정의된다. 그것은 지리나 운송의 은유로 만들어졌다….
> 의식 관점의 커뮤니케이션은, 우리 국민의 생각 속에는 작은 가닥에 지나지 않지만, 그러한 관점들 가운데 단연코 더 오래되었다 — 실제로 사전들이 '고어古語' 아래 나열할 만큼 충분히 오래되었다. 의식 관점의 정의에서 커뮤니케이션은 '공유하기', '참여', '교제', '동료애', 그리고 '공동의 신앙 소유'와 같은 용어와 연관되어 있다. 이러한 정의는 '공통', '친교', '공동체', 그리고 '커뮤니케이션'이라는 용어들의 아주 오래된 유사성과 공통된 뿌리를 활용한다. 의식 관점의 커뮤니케이션은 메시지의 공간적 확장이 아니라 시간적으로 사회가 유지되는 것을 지향하며, 정보를 나눠주는 행위가 아니라 공유된 믿음의 표현을 지향한다(Carey,

1989: 15~18).

전달 개념의 커뮤니케이션은 사람이나 상품의 이동과 같은 '정보'의 이동, 즉 체계적이고 경험적인 확인이 가능한 복잡하지 않고 구체적인 과정을 다룬다. 그러나 의식 개념의 커뮤니케이션은 더 심오한 것에 이르며 케리에게는 이 개념이 더 중요하다. 그는 사회학 출처가 아닌 문학 출처를 주로 인용하지만, 그의 주장은 방대한 지식 사회학sociology of knowledge 문헌에 확고하게 뿌리를 두고 있다(Mannheim, 1936; Berger and Luckman, 1966). 그는 커뮤니케이션을 구성하는 말은 현실에서 어떤 대상이나 과정을 나타내기 위한 것이라는 전통적인 관념을 따를 것이 아니라 그것을 거꾸로 보아야 한다고 주장한다. 즉, 그러한 언어는 지각을 위해 반드시 필요하며 또 지각에 앞선다: "현실은 커뮤니케이션에 의해, 요컨대 상징 형식의 구성, 이해 및 활용에 의해 존재하고 생성된다…. 현실은 단지 상징 형식들의 함수는 아니지만, 결정론적[9] 체계에 의해 생성된다. 우리는 먼저 상징 작업에 의해 세계를 생성하며 그런 다음 우리가 생성한 세계에서 거주한다. 유감스럽게도, 우리의 자기-기만에는 마법이 존재한다"(Carey, 1989: 25~30). 그가 이러한 시도를 하는 목적은 전달 커뮤니케이션이라는 당연시되는 성질을 제거하고 인간 커뮤니케이션 현상을 "그것이 보통 그런 것처럼 보이는 것보다 훨씬 더 문제의 여지가 있는 활동"으로 적절하게 밝히는 것이라고 그는 설명한다(Carey, 1989: 25).

널리 인용되고 있는 한 분석에서 존 더럼 피터스John Durham Peters는 케리가 멈춘 곳을 찾아 (대충 의식과 유사한) 대화dialog와 (대체로 전달과 같은) 전파dissemination라는 용어를 사용하여 그러한 이분법을 철학적으로 그리고 역사적으로 확장한다(Peters, 1999). 그가 강조하는 한 가지 특별한 통찰력(케리는 언급하지 않았음)에 대해 언급하는 것을 제외하고는 피터스의 사려 깊고 복잡한 분

---

9 원문의 terministic은 deterministic의 오자이다 — 저자와의 이메일 교신.

석을 여기서 다루지는 않을 것이다. 그는 케리가 그랬듯이 "커뮤니케이션의 불발不發, 불일치mismatch, 그리고 왜곡된 결과에도 불구하고"라고 하면서 커뮤니케이션은 문제의 여지가 있다는 소견으로 시작한다(Peters, 1999: 6). 그러나 그런 다음 그 용어를 완전히 뒤집어 '오소통' 현상이 커뮤니케이션 자체에 대한 전망에 앞서며 또한 그러한 전망을 가능하게 한다고 주장한다. "장거리 커뮤니케이션의 두절 가능성(분실된 편지, 잘못된 전화번호, 사자死者로부터의 의심스러운 신호,[10] 끊어진 전선, 그리고 분실된 배달물)은 오래전부터 그 반대인 대면 커뮤니케이션의 성가심도 묘사하게 되었다. 개인적으로 직접 만나는 활동으로서의 커뮤니케이션은 매개 커뮤니케이션의 영향 아래에서만 생각할 수 있을 정도로 매개 커뮤니케이션에 가려 거의 주목받지 못하게 되었다. 매스 커뮤니케이션이 우선이다"(Peters, 1999: 6).

또 다른 용어의 구분은 커뮤니케이션이 무엇인지에 대한 이해가 서로 다른 것이 아니라, 커뮤니케이션에 관한 학문을 하도록 동기를 부여하는 학문의 목적이 서로 매우 다름을 강조한다. 이러한 구분은 미학적이고 해석적인 직관적 관점[11]과 원인과 결과에 대한 과학적 분석 간의 차이이다(Schroder, 1987). 로저스(1985)처럼 슈로더Schroder는 그러한 서로 차이가 나는 접근법을 좀 더 광의적으로 정의되는 사회적·문화적 역학에 대한 연구에서 유럽 전통(해석적) 및 북미 전통(사회과학적)과 역사적 관련이 있는 것으로 설명한다. 사실상 이러한 모든 관찰자는 사회과학 전통이 더 나중에 나온 문화 연구보다 더 오래되었고, 더 지배적이며, 지금 지원도 더 잘 받는다고 지적하며 또 그것을 자명한 것으로 받아들인다. 이러한 관찰자들 가운데 열렬한 지지자들은 문화 연구는 반드시 지배적인 담론에 저항하고 인정과 독자성을 위해 싸워야 한다고 주장한다.

---

10 이미 죽은 사람의 목소리를 들을 수 있다고 주장하는 무당이나 점쟁이의 허세를 말한다 — 저자와의 이메일 교신.

11 여기서 impulse는 '직관적인 관점(instinctive points of view)', '근본적인 신념(fundamental beliefs)'의 의미로 사용되었다 — 저자와의 이메일 교신.

슈로더와 로저스는 특히 화해와 협력의 필요성과 가능성을 강조한다. 한 가지는 분명하다. 오늘날 두 전통 모두 대학교, 학술 출판사, 전문가 협회, 그리고 학술지 내에서 인정을 받으면서 강하며 건강하다. 따라서 저항해야 한다는 담론과 지배적이라는 담론의 주장은 지금 단계에서 설득력이 훨씬 떨어진다. 그러나 한 가지 중요한 질문은 여전히 불확실한 채로 남아 있다: 이 두 관점은 실제로 그리고 근본적으로 어울리지 않는가?

동의하지 않는 사람도 있겠지만, 앞으로 꽤 길게 두 관점이 서로 어울린다는 점을 주장할 참이다. 일부 사람들이 주장했듯이 두 전통은 서로 다른 인식 방법, 즉 독립적인 인식론을 가지고 있지 않다. 두 전통 모두 합의된 목적에 더 잘 이바지할 수 있기 위해 역사에 뿌리를 두고 있는 인간 커뮤니케이션을 이해하고 실제 세계의 사회구조와 기술에 영향을 미치고 싶어 한다. 경험주의empiricism의 방식이 서로 다르긴 하지만, 둘 모두 경험적이다. 근본적인 차이는 유일한 강조점의 차이이다. 두 접근법 모두 부분적이고 불완전하다는 주장을 할 참이다; 따라서 두 주장은 서로에게서 상당한 통찰력을 얻을 수 있을 것이다. 요컨대, 필자는 다음과 같이 주장한다: 문화 연구 전통은 미디어 텍스트의 다의적 특성에 깊은 관심을 가지면서 미디어 텍스트에 초점을 맞추지만 수용자들의 수용reception에는 좀처럼 초점을 맞추지 않는다. 사회과학적 연구는 수용자들의 수용에 초점을 맞추지만 메시지 자체의 특성에는 좀처럼 초점을 맞추지 않으며 복잡한 메시지의 다의적 특성에는 더더욱 초점을 맞추지 않는다. 두 전통 모두 대량 매개되는 메시지가 미디어 기관 내에서 어떻게 만들어지는가 하는 것이 중요하다는 것을 인정하면서도 그것에 크게 주목하지 않는다. 필자 관점에서 보면 그것은 장님 코끼리 만지기 우화를 우아하고 극적으로 재탕한 것이다. 인간 커뮤니케이션에 대한 체계적 연구에서 이러한 기본적인 차이가 나는 내재된 근본적인 이유는 알 수 없다. 근본적인 것은 복잡한 메시지의 다의적 특성, 수용자들의 수용 다양성을 다루는 것이 엄청나게 어려우며 어쩌면 협력하여 둘 모두를 연구하는 것은 기하급수적으로 더 어려울 것이라는 것이다. 그러나 분명 그것은 체계적이고 논리 정연한 커뮤니케이션학을 위해 필요하다. 다의성은 커뮤니케이션 연구가 반드시 맞서야만 하는 커뮤니케이션학의 본질을 규정하는 패러다임적 과제라는 것이 이 책의 중심 주제이다. 그것은 수용자들의 수용의 중심 경향만을 연구하는 것으로는 충분하지 않음을 의미한다고 생각한다. 수용의 분산variance 역시 마찬가지로 중요하다. 커뮤니케이션 이론의 중심 가설들은 메시지의 다의적 특성과 수용자들의 수용의 다양성이 각각 어떤 조건에서 변하는 경향이 있는지에 반드시 초점을 맞추어야 한다. 가끔씩 대립하는 진영들의 입장과 그들 사이에 비무장지대가 만들어질 가능성을 살펴보자.

문화 연구

문화 연구는 존 마셜과 록펠러 재단처럼 연구의 성장을 보살펴줄 사람이나 단체는 없었지만, 분명 이 분야를 창시한 연구력이 왕성하고, 헌신적이며, 카리스마 있는 학자들이 있었다. 그리고 영국 버밍햄 대학교 현대문화연구센터Centre for Contemporary Cultural Studies가 문화 연구의 근거지였다. 이 센터는 『리터러시의 사용*The Uses of Literacy*』(1957)으로 유명한 사회학자이자 문학 비평가인 리처드 호가트Richard Hoggart가 1960년대 중반에 설립했다. 『리터러시의 사용』은 제2차 세계대전 후 긴밀하게 조직되어 있던 영국 북부지방 노동자 계층 공동체의 약화와 중앙집중화 되고 사람들을 조정하는 대량 매개 문화가 그러한 공동체를 대체한 것에 대한 비평서이다. 아마도 가장 큰 영향을 미친 학자는 스튜어트 홀Stuart Hall이었을 텐데, 그는 초기에 이 센터에 합류했으며 1968년에 연구소장이 되었다. 캠브리지 대학교에서 드라마를 연구하는 교수이자 매우 영향력 있는 『문화와 사회*Culture and Society*』(1958)의 저자인 레이먼드 윌리엄스Raymond Williams 역시 이 센터 설립에 적극적이었다. 세 사람 모두 노동자 계층 혹은 혼합된 사회 계층에서 자랐고 그러한 계층의 감수성을 가지고 있었으며 세 사람 모두, 특히 홀과 윌리엄스는 영국 좌파 정치와 출판물에 적극적으로 참여했다.

이 센터는 늘 규모가 작았고(직원 3명과 아마도 대학원생 20명) 자금 문제로 힘겨워했으며, 예측 가능한 논란 속에서 2002년에 결국 해산되었다. 그러나 이 센터가 영국과 전 세계의 문화 연구 발전에 미친 영향은 아무리 강조해도 지나치지 않다. 초창기 연구들은 홀의 영향 아래 미디어의 패권적 권력, 특히 영국에서 대중문화와 사회 권력 구조 재생산의 결합에 초점을 맞추면서 1960년대 그람시Gramsci의 신맑스주의neo-Marxism를 강조했다. 후기 연구들은 계층 기반 권력관계를 넘어 인종과 젠더를 포함하는 미디어의 묘사에 초점을 맞추었다.

전통을 따르는 연구자들에게 에너지를 불어넣으며 그들이 지배적이고 잘못 인도된 사회과학적 미디어 효과 패러다임으로 간주하는 것을 비판하고 궁극적으로 거부하게 하는 동기가 되는 네 가지 기본적인 요소가 문화 연구 관점에 존재한다고 주장하려 한다. 이 네 가지 요소를 검토해 봄으로써 우리는 두 관점 사이의 긴장과 평화협상 과정에 대한 전망을 이해하는 데 필요한 적당한 거리감을 갖게 될 것이다.

1) **텍스트에 대한 초점**. 특히 호가트와 윌리엄스의 초기 연구에서 문화 연구는 문학 연구, 즉 텍스트의 다양한 의미에 대한 풍부한 이해와 관심을 가지고 있는 전통에서 발전해 나왔다. 그리고 문화 연구는 또다시 문학적 전통을 반영하면서 분석가의 해석과 저작자, 저작authorship의 사회적·문화적 맥락, 그리고 있을 수 있는 저작자의 의도에 대한 추측에 상당한 주의를 기울이는데, 이 모든 것은 가치 있고 중요한 노력이다. 사회과학 전통처럼 데이터가 분석되기도 하는데, 이때의 데이터는 텍스트이다. 그러나 수용자의 의미 이해sense making와 수용자들이 이해할 수도 있는 의미의 예상되는 다양성에 대한 데이터는 단지 가끔씩 존재할 뿐이다. 예를 들면, 윌리엄스의 『문화와 사회』(1958)는 우리가 문화로 간주하는 것에 대한 정의를 어떻게 전용轉用했는지에 대한 자극

적인 신맑스주의적 주제를 가지고 보수적인 사상가들이 두 세기에 걸쳐 있는 40명의 문학 작가의 작품을 검토했다. 수용자 개념이 중심이지만, 그것은 윌리엄스가 상상한 대로의 수용자이다. 수용자 개념은 호가트의 『리터러시의 사용』(1966)에서 훨씬 더 중요하게 다뤄지지만, 이는 또다시 호가트가 제2차 세계대전 직후 영국 웨스트 미들랜즈West Midlands주州의 리즈Leeds에서 노동자 계층으로 살았던 어린 시절의 기억 속에 남아 있는 수용자이다. 그는 주목의 대상을 고전 문학에서 통속 소설, 대중 잡지, 신문, 그리고 영화에 대한 연구로 바꾸었으며 그의 상상 속 수용자가 이론적으로 여전히 중요한 역할을 하고 있었으나 동시대 노동자 계층의 독자 및 청취자들과의 실제 상호작용을 통해 상상속의 수용자라는 부담을 덜게 된다.

그러나 "부호화/해독Encoding/Decoding"(1980)에서 구체화된 홀의 매우 영향력 있는 패러다임은 미디어 엘리트들이 일반적으로 의도하는 '선호된' 해석preferred reading이 아닌 '대립적' 해석oppositional reading을 통해 수용자들이 미디어 내용의 의미를 이해했는지 여부에 대한 질문을 중앙 무대로 옮김으로써 수위를 높인다. 그는 광범위한 허위의식[12]을 초래하는 자본주의 선전의 결정론적 효과에 대한 오래된 맑스주의자들의 생각보다 더 미묘한 형태의 패권적 권력을 강조했다. 홀은 비록 전형적인 설문조사와 실험 연구에 의한 계량화에 매우 비판적이긴 하지만 맥락 속에 있는 수용자들이 미디어 텍스트를 처리하는 방식을 자연스럽게 경험적으로 평가하는 것은 가치 있는 일이라고 생각했다. 실제로 이 센터의 몇몇 연구원, 특히 1999년 데이비드 몰리David Morley와 샬럿 브런슨Charlotte Brundson은 전국에 방송된 BBC 다큐멘터리 시리즈물 〈네이션와이드〉에 대한 연구에서 경험적 연구를 수행했다. 다의적인 수용자 반응에 대

12 허위의식(false consciousness)이란 맑스주의 사회학에서 어떤 물적·이념적·제도적 과정들이 자본주의 사회의 계급행위자를 오도하여 계급 간 착취관계를 은폐하는 것을 일컫는 용어이다 — 옮긴이.

한 경험적인, 주로 문화기술적인 분석을 점차 인정하는 분위기는 1980년에 이전 연대의 중심적인 연구들을 간추린 홀 등(Hall, Hobson, Lowe and Willis, 1980)의 개요서가 출간되었을 때 나타났는데, 홀의 개요서는 하나의 섹션 전체를 "현대 문화 연구센터의 문화기술연구"에 할애했다. 그러나 불행하게도 문화 연구 전통에서 실제로 텍스트를 넘어 수용자에게까지 나아간 연구는 대단한 칭송을 받긴 했지만, 극히 드물었다. 몰리와 브런슨은 영국 전역에 방송된 거의 4000편의 프로그램 가운데 단 2편에 대한 반응을 연구할 수 있었고 대표성 없는 제한적인 대학생 및 성인 교육 학생 표본과 소규모 집단 인터뷰를 할 수 있었다. 1980년에 출간된 이 개요서에서 문화기술연구에 관한 섹션을 구성하고 있는 다섯 개 장章 가운데 단지 두 장이 실제 문화기술연구에 관한 것이며 그 가운데 단 하나의 장만이 미디어를 다루고 있다(다른 장들은 스카우트 캠프에 초점을 맞추고 있음). (대부분 센터와 상당히 독립적으로 수행되긴 했지만) 이때 인기 있던 미디어에 대한 유명하고도 대단히 영향력이 큰 문화기술적 연구들도 몇 편 있었다. 그러한 연구들 중 1984년에 출간된 재니스 래드웨이Janice Radway의 『로맨스 읽기*Reading the Romance*』가 있다. 펜실베이니아 대학교의 (미국 연구 전통의) 미국문화학과American Civilization Department 소속의 젊고 야심찬 문학자인 래드웨이는 미국 중서부 지역의 가명假名 도시 스미스턴Smithton에서 서점을 운영하는 닷Dot이라는 사람과 친구와 되어 그와 인터뷰를 다. 닷은 자신처럼 로맨스 소설의 헌신적인 팬인 많은 고객을 두었다. 래드웨이는 닷의 고객 가운데 가장 헌신적인 로맨스 소설 독자 21명과 녹음되는 자유로운 반구조화된[13] 초점집단 및 개별 인터뷰를 실시했으며 서점 고객 42명을 설득해 소규모 설문조사를 실시했

---

13 free-ranging이란 반구조화된(semi-structured) 면접을 의미한다 — 저자와의 이메일 교신. 여기서 반구조화된 면접이란 연구자가 만든 면접 지침에 의해 면접을 진행하되 면접자가 범할 수 있는 면접상의 유연성과 융통성을 배제한 면접 형식이다. 그래서 면접자가 미리 준비한 일련의 구조화되고 조직화된 질문을 한 다음 좀 더 풍부한 정보를 얻기 위해 개방형 질문을 사용하여 더 깊게 피면접자의 응답을 이끌어내는 면접이라고 할 수 있다 — 옮긴이.

다. 문화기술연구 전통에서는 어떤 특정한 변인이나 모집단에 대한 전역 모수global parameters[14]를 계산하는 것이 목적이 아니라 이러한 여성들의 삶에서 로맨스 소설이 의미하는 바를 살펴보는 것이 목적이기 때문에 이러한 정보 제공자들이 더 큰 모집단을 대표하는 표본이어야 할 필요는 없다.

『로맨스 읽기』는 즉시 히트를 쳤으며 커뮤니케이션 연구와 여성 연구의 필수 서적이 되었다. 그러나 래드웨이는 문학 연구 분야의 상당히 다른 수용자들을 위해 그리고 형식주의자formalist인 신비평New Criticism 학파[15]와 이들을 폄하하는 사람들 간의 논쟁에 기여하기 위해 이 책을 집필했었다. 신비평 운동은 텍스트 자체만을 연구해야 한다는 점에 특별한 주의를 기울였으며 추정된 저작자의 의도와 수용자의 해석에 주의를 기울이는 사람들을 상당히 무시한다. 래드웨이는 이 책의 후속판 도입부에서 책을 쓸 당시에는 정말 버밍햄 학파를 몰랐지만 그 뒤 10년이 채 지나지 않아 버밍햄 학파를 발견하고 기뻤으며 그녀의 책이 다른 학문의 목적을 위해 "납치"(그녀의 표현)된 데 대해 이의가 없었다고 설명한다(Radway, 1991).

출간 즉시 히트한 또 하나의 책은 1985년에 출간된 이엔 앙Ien Ang의 『댈러스 보기의 즐거움*Watching Dallas*』[16]이다. 암스테르담 대학교의 박사과정 학생이었던 앙은 네덜란드의 한 여성잡지에 네덜란드(와 전 세계)에서 재방송되면서 당시 약간의 문화적 충격을 야기하고 있던 미국의 프라임타임 드라마 〈댈러스〉를 좋아하거나 싫어하는 이유에 대한 짧은 편지를 써줄 자원자를 찾는 간단한 광고를 게재했다. 이 안내 광고를 보고 여성 42명이 자세함의 정도에는

---

14 전역 모수란 한번 모수를 정의해 놓은 다음 그것을 많은 정책에 재사용되기 때문에 어떤 정책에서도 이용 가능한 모수를 말한다. 따라서 전역 모수는 통상 자주 변경되지 않는다. 변경이 필요하다면 지역 모수(local parameters)가 사용된다(https://www.juniper.net) — 옮긴이.

15 신비평(New Criticism)이란 20세기 중반, 미국 문학 비평을 지배했던 문학 이론에서의 형식주의 운동으로, 텍스트와 세계의 관계 그리고 인간의 일상적 삶에 내재한 문제를 대처하는 데 텍스트가 끼치는 공헌을 강조한다(자료: 위키피디아) — 옮긴이.

16 이엔 앙, 『댈러스 보기의 즐거움(Watching Dallas)』, 박지훈 옮김(나남, 2018) — 옮긴이.

차이가 있지만 생각과 느낌을 적은 편지를 보내왔으며, 이들의 편지는 수용자와 텍스트의 상호작용에 의해 제기된 비교 문화적 이슈, 상업적 이슈 및 젠더 이슈에 관한 자극적이면서도 생각이 깊은 그녀의 논문과 책에 충분한 정도 이상의 원자료를 제공했다. 이 연구는 리브스와 카츠(Liebes and Katz, 1990)의 〈댈러스〉 시청자에 대한 다국적 연구와 더불어 문화 연구 분야에서 거의 즉시 고전이 되었다.

간편하게 모은 작은 표본이긴 하지만, 시청자들과의 충분히 상세하고 자유분방한 대화는 녹음된 후 높은 공감력을 가진 사람들에 의해 역사적 맥락, 엘리트 조작elite manipulation, 권력관계, 젠더, 그리고 정체성에 대한 기초가 탄탄한 일련의 풍부한 이론들과 함께 분석된다. 무슨 문제가 있는가? 사실은 문제가 있다. 어려운 점은 문화 연구 문헌이 크게 증가하긴 했지만 실제 수용자들의 상호작용을 포함하는 이와 같은 연구는 비록 칭송은 받지만 극도로 드문데, 사회과학자들이 효과 연구에서 사용하는 텍스트에 많은 주의를 기울이는 사례가 드문 만큼이나 드물다. 텍스트를 정독하는 것은 어려운 일이다. 수용자들이 정독하는 텍스트의 다양성을 분석하는 것은 이를 시도하는 것이 정말 이례적으로 드물 정도로 충분히 벅차다.

2) **전체주의적인 것에 대한 강조**. 사회과학자들은 인간 커뮤니케이션의 속성에 대한 법칙과 유사하고 일반화할 수 있는 일련의 진술을 축적하려 노력하는 과정에서 복잡하고 맥락화할 수 있는 상호작용을 기본 요소들로 줄여 탈맥락화한다decontextualize. 이러한 종류의 이론화는 본질적으로 환원주의적이다.[17] 어떤 특정한 맥락 속에서 어떤 특정한 커뮤니케이션에 대한 한 개인 혹은 몇몇 개인의 반응은 패러다임적으로 중요하지 않다. 역사적으로 보았듯이 사회과

17 환원주의(reductionism)란 철학에서 복잡하고 높은 단계의 사상이나 개념을 하위 단계의 요소로 세분화하여 명확하게 정의할 수 있다고 주장하는 견해를 말한다 — 옮긴이.

학자들은 어떤 부류의 커뮤니케이션 선전의 설득 성공 혹은 실패에 대한 인간의 반응에 대한 일반화를 추구한다. 그러나 이러한 완벽하게 합리적인 연구 작업은 인문학자들을 심란하게 만든다. 인문학자 시각에서 그와 같은 접근법은 다음과 같은 것을 초래한다:

- 그것은 환원주의적이다.
- 그것은 뉴턴Newton 물리학의 힘, 질량, 속도 개념과 매우 흡사하게 인간 커뮤니케이션의 풍부함과 미묘함을 기계적으로 다룬다.
- 그것은 사회과학자들의 가치 및 문화적·정치적 참여가 연구 주제와 조사방법을 선택하는 데 부정적인 영향을 미쳐서는 안 된다는 순진해 빠진 부당한 요구를 토대로 하고 있다.
- 그것은 탈맥락화한다.
- 그것은 복잡한 현상을 변인과 변인들 간의 계량화된 관계로 변환한다.
- 그리고 물론 그것은 관련된 텍스트의 속성에 거의 주의를 기울이지 않는다.

그렇다. 모든 항목에 대해 꽤 큰 비난을 쏟아내고 있다. 문화 연구 공동체 구성원 대부분은 예를 들어, 음식 섭취와 질병의 관계나 수요와 공급의 관계에 대한 계량적 평가와 일반화가 다루는 현상의 기본적인 특성을 훼손하지 않는 공중 보건 역학이나 경제학에 대한 과학적 연구에 대해 거의 혹은 전혀 이의를 제기하지 않는다. 기록된 사망은 공중 보건 연구에서 분명한 데이터이다. 경제학에서 1달러는 1달러이다. 인문학적 커뮤니케이션 학자 공동체의 견해는 정말 인간 커뮤니케이션 현상을 연구하는 데 전통적인 사회과학 방법이 잘 어울리지 않는다는 것이다. 약간의 노력을 기울여 전통적인 사회과학 방법이 더 잘 어울릴 수 있을지 여부를 조사한다.

3) 비판적 관점. 문화 연구 전통의 규범적인 유인가는 깊고도 강하다. 문화 연구 전통은 맑스주의, 신맑스주의, 그리고 자본주의, 상업주의, 식민주의, 신식민주의, 신자유주의에 대한 비판과 젠더, 젠더 선호gender preference, 인종과 관련된 불평등 및 고정관념에 대한 비판에 깊은 뿌리를 내리고 있다. 푸코Foucault의 뒤를 따라 문화 연구 전통은 모든 문화적 활동과 커뮤니케이션에는 본질적으로 정치가 스며들어 있다고 자주 주장한다. 따라서 엘리트 문화와 대중문화 분석은 피할 수 없는 정치적 행위이다. 결과적으로 가치중립적인 척하는 사회과학은 모자랄 정도로 순진해 보이거나 어떤 경우에는 솔직하지 못한 것으로 간주된다. 앞에서 언급했듯이, [비록 홀의 아버지는 마침내 자메이카의 유나이티드 프루트 컴퍼니United Fruit Company의 고위직까지 올라갔지만] 호가트, 홀, 그리고 윌리엄스는 노동자 계층 출신이었으며 그들은 젊은 시절의 경험과 정체성을 불평등을 재생산하는 상업적 대중문화의 역할을 비판하는 데 자주 그리고 두드러지게 사용했다.

래리 그로스버그Larry Grossberg는 저서 『미래의 문화 연구*Cultural Studies in the Future Tense*』(2010)의 "우리 모두는 세계를 변화시키기를 원한다We All Want to Change the World"라는 제목의 도입장에서 정치적 참여 정신을 정확히 담아냈다. 그는 도입장에서 문화 연구에 대한 일련의 정의를 검토한 끝에 그것들을 거부하고 자신의 정의를 다음과 같이 제시한다: "문화 연구는 … 기존의 권력 구조를 재생산하고, 기존의 권력 구조에 대항해 싸우며, 어쩌면 기존의 권력 구조를 완전히 바꿔 놓기 위해 문화적 행위가 인간의 일상생활과 사회구성체 내에서 만들어지고, 인간의 일상생활과 사회구성체 내에 포함되며, 인간의 일상생활과 사회구성체 내에서 작동하는 방식을 기술하고 그러한 방식에 개입하는 것에 관심이 있다…. 문화 연구는 상반된 방식으로 사람들의 일상생활을 조직화하는 특정한 구조와 힘에 의해 사람들의 역량이 강화되는 방식과 역량이 약화되는 방식을 조사한다…. 문화 연구는 담론 행위가 불가분하게 권력관계 조직화에 관여한다는 것을 이해하면서 삶의 맥락을 권력의 행렬matrix of power로 구성하는 데 관심이 있다"(Grossberg, 2010: 8). 얼마 뒤 그는 다음과 같은 점에 주목한다: 문화 연구 내에서 그리고 특히 버밍햄 대학교의 현대문화 연구센터에서 "사람들은 열정, 일생을 살면서 갖데 된 공감력, 정치적 헌신[18]을 (허위적인) 지적(과학적으로 해석됨) 객관성이라는 이름의 괄호 안에 묶어두어야 한다는 요구를 근본적으로 거부한다는, 학계에서 매우 강력하게 제기된" 강력한 주장이 존재한다. 문화 연구는 … 세계와 우리의 삶 그리고 다른 사람들의 삶에 대한 그와 같은 투자가 없이는 지식에 대한 욕망이나 지식의 필요성이나 지식의 가능성이 존재하지 않는다는 것을 알았다. 지식은 늘 본능적인 관련성에 의존한다"(Grossberg, 2010: 18).

사회과학자들은 인간 조사자의 개인적인 가치가 연구 수행에 영향을 줄 수도 있는 방식의 어려운 복잡성을 다루기 위한 다른 만트라mantra, 즉 진언眞言을 가지고 있다. 사회과학에서 가설에 대한 확실한 증거를 찾는 것은 조사자가 찾고 싶어 하는 것과 무관해야 한다. 만약 독립적이지 않다면, 그와 같은 연구를 수행하는 것이 무슨 소용이 있겠는가? (적절한 공중의 인정을 받는) 조사자가 연구 주제를 그들의 가치와 개인 관심사를 토대로 선택하는 것은 지극히 합리적이다. 그러나 연구의 목적이 불확증될disconfirm 여지도 있다. 불확증은 확증만큼이나 가치 있으며 흔히 연구자들을 처음부터 다시 창의적으로 시작하게 하여 주어진 데이터에 어떤 역학이 작용 중인지 이해하게 해줄 것이다. 그로스버그는 활동 중인 전형적인 사회과학자들이 연구를 설계하고 해석하는 방식에서 그들의 가치가 미치는 영향을 제거할 수 있는 능력에 대해 회의적이기 때문에 앞의 인용문에서 "허위적인 과학적 객관성"이라고 언급했다. 그는 일부 미디

---

18 정치적 헌신(political commitment) 행위는 일반적으로 국가를 위해 생명을 바치는 행위에서 가장 현저하게 구현되기 마련이지만 작게는 일상생활에서 자주 봉착하게 되는 문제이기도 하다. 선거일에 투표에 참여하는 행위, 공동제의 결정에서 집단이기주의를 자제하는 행위, 혹은 선거에 임박해서도 선심성 공약을 자제하는 정치인들의 행위 등도 정치적 헌신 행위이다 — 옮긴이.

어 효과 연구자들이 일을 수행하는 방식을 지적했을 수도 있지만, 그것이 근본적인 과학적 원칙의 중요성을 반드시 약화하지는 않는다.

4) **역사에 기반을 둔 관점**. 초기의 선전에 관한 실험과 설문조사 연구가 제2차 세계대전과 뒤이은 냉전의 역사적 정황에 깊이 뿌리고 내리고 있는 것에 대해 다소 자세하게 언급했다. 해럴드 라스웰과 존 마셜 자신을 제외한 록펠러 이니셔티브 주도자들은 그들의 연구가 역사에 기반을 두고 있는 것이 분명하지만 그것을 부수적인 것으로 보았다. 그들은 과학자였다. 제2차 세계대전으로 인해 있을 수 있는 매스 커뮤니케이션과 여론의 병리적 측면에 주목했을 수도 있지만, 그들은 인간 심리와 집단행동의 기본적인 역학을 이해하려 애썼는데, 이러한 이해가 당면한 역사적 환경을 초월해서 다음 세대들에게 유용한 통찰력을 제공하길 바랐을 것이다. 그들은 방송 기술이 새롭고 중요한 것을 나타내지만, 새로운 기술과 지속되는 개인 및 집단행동의 심리적 속성의 상호작용이 당면한 문제로 보였을 것이라는 점을 인정하는 데 주저하지 않았다.

이와 같은 관점은 인문학자들이 잘못 인식하고 있고 순진해 빠진 듯한 인상을 주었다. 역사에 기반을 둔 지적 작업이라는 개념은 비판적이며 정치적으로 참여하는 학문이라는 개념과 함께 인문학 전통의 문화 연구를 근본적으로 규정한다. 맑스주의의 역사발전 단계[19] 개념에 강한 뿌리를 두고 있는 레이먼드 윌리엄스의 매우 영향력 있는 『문화와 사회』와 『기나긴 혁명*The Long Revolution*』은 문화사文化史였다(윌리엄스는 사회사social history라는 문구를 사용했음). 마찬가지로 호가트의 중심 주제도 전후 노동자 계층의 문화 및 매스 미디어의 변화에 초점이 맞추어졌다. 그리고 맑스, 프랑크푸르트 학파Frankfurt School, 그리고 특히 그람시에 의지하고 있는 스튜어트 홀은 연구소장이자 연구

19 원시 공산 사회→고대 노예 사회→중세 봉건 사회→근대 자본주의 사회→미래 공산주의 사회의 5단계를 말한다 — 옮긴이.

를 많이 하는 학자로서 영향력이 큰 역할을 수행하면서 명백하게 역사에 입각했다(그리고 당연히 정치적이었다). 식민 역사와 모더니즘modernism 및 포스트모더니즘은 계속해서 이러한 문헌의 중심 구성 주제이다. 따라서 그로스버그의 "우리는 모두 세계를 변화시키기를 원한다"라는 제목의 인상적인 도입장처럼 그것은 단순히 딱딱할 수 있는 학구적 역사주의를 넘어서는 정치적으로 참여하는 역사적 방향 전환이다.

그렇다면 이 두 전통이 그렇게 자주 서로 딴소리를 하는 이유와 같은 코끼리에 대해 그들이 소중히 여기는 극히 일부분만을 고집스럽게 이해하려 하는 상징적인 장님임을 나타내는 것으로 비춰질 수 있는 있는 이유 모두를 이해하는 것이 가능해진다. 사회적·역사적 맥락 속에서 텍스트의 복잡성을 강조함으로써 문화 분석가들은 텍스트의 의미와 효과에 대해 도발적으로 추정할 수 있지만 그렇게 함으로써 그들의 추정에 대해 전통적인 검증 테스트를 해볼 수는 없다. 다음으로, 탈맥락화된 채 추출된 소수의 커뮤니케이션 속성을 한 번에 살펴보려는 사회과학자들의 성향은 검증은 허용하지만 연구되고 있는 텍스트의 역사적·문화적 맥락과 풍부한 다의성은 잃게 된다. 분명 연구자들은 최대한의 경험적 검증 역량을 가지고 커뮤니케이션을 맥락 속에서 이해하는 것을 열망해야 한다. 왜 그러한 격차가 그토록 좀처럼 좁혀지지 않는지를 설명하는 것은 좌절감을 불러일으킬 정도로 어렵다. 그러나 그것이 불가능하지는 않으며, 극적으로 변하고 있는 미디어 환경을 감안할 때 지금이 화해를 위한 이상적인 시기일 수도 있을 것이다.

스튜어트 홀, 앨버트 밴두라를 만나다

커뮤니케이션학의 거대한 분수령을 더 잘 이해하고 두 전통 모두에게 헤아릴 수 없는 혜택을 가져다줄 수렴 혹은 최소한 부분적인 수렴 가능성을 좀 더 살펴보기 위해 이 학문 분야의 지난 반세기 동안의 지적知的 궤도를 검토해 보자. 논지는 문화 연구와 미디어 효과 전통 모두 20세기 중반 각각 독자적으로 발전함에 따라 그들 각각의 학문적 선조들(문화 연구는 대중문화를 체계적으로 무시한 문학 연구에서 왔고, 미디어 효과 연구는 인간의 인지적·상징적 행동을 체계적으로 무시한 근본적인 행동주의에서 왔음)의 영향을 떨쳐내기 위해 어떤 고생도 마다하지 않았다는 것이다. 물론 어떤 새로운 전통의 지적 탄생은 모체가 되는 전통에 대한 혈기에 찬 반란을 수반한다. 필자가 펴고자 하는 주장은 이러한 반란과 변천의 과정이 문화 연구 모델과 미디어 효과 연구 모델의 분리로 이어졌지만, 두 전통 모두의 궤적이 서로를 지향할 수도 있거나, 아니 적어도 서로를 지향해야 하기 때문에 그러한 분리는 아마 단지 일시적인 분리일 것이라는 것이다. 이러한 곧 있을 수렴의 핵심은 근본적으로 다의적인 커뮤니케이션의 특성을 인정하는 것이라고 주장한다. 이러한 주장을 펴기 위해 각 전통을 대표하는 두 상징적 인물의 역사를 대비對比할 텐데, 한 사람은 찬사를 받고 있는 버밍햄 학파 출신인 문화 연구의 선구자 스튜어트 홀이고, 다른 한 사람은 마찬가지로 찬사를 받고 있는 스탠퍼드 대학교의 실험 심리학자 앨버트 밴두라이다.

스튜어트 홀은 1932년 자메이카 킹스턴Kingston의 중산층 부모 밑에서 태어났다(Rojek, 2003; Proctor, 2004). 그의 아버지는 자메이카의 주요 고용 사업체이자 정치적 영향력이 있는 회사로 미국인 소유의 유나이티드 프루트 컴퍼니에서 경리부장 자리까지 올랐다. 당시 자메이카의 인종 구성을 보면 약 90%가 흑인이었다. 그러나 자메이카 문화에는 정교하게 차별화된 인종별 피부색 체계가 존재하는데, 이 전통에 의하면 홀은 흑인이 아니라 '갈색인'이었다. 1951년, 홀이 영국에 도착했을 때는 그와 같은 인종 구별racial distinction은 이루어지지 않았다. 옥스퍼드 대학교 머튼 대학의 현지 규범에 따르면, 아프리카 혈통인 그는 그냥 흑인이었다. 그가 유년 시절을 보낸 자메이카에서는 식민지 전통이 매우 강했으며, 홀의 표현에 따르면, 검은 영국인을 만들어내기 위해 디자인된 블레이저blazer,[20] 모자, 크리켓 경기까지 철저하게 영국 전통을 모델로 한

학교에 다녔다. 그는 현대 문학과 시 그리고 칼 맑스Karl Marx의 저서들을 공부했으며 로즈Rhodes 장학금을 받고 옥스퍼드 대학교에 진학했다. 옥스퍼드 대학교에서 맨 처음 그는 유명한 문학 비평가 F. R. 리비스F. R. Leavis의 이론과 약간의 맑스의 이론에 의존해 헨리 제임스Henry James의 소설에 나타난 유럽과 미국의 관계에 초점을 맞춘 박사 논문을 쓰고자 했다. 그래서 현재 영국 문화 연구의 기초를 닦은 공로를 인정받는 다른 학자들처럼, 그의 출발점 역시 문학 비평이었다. 그러나 그는 1950년대 후반 런던의 좌파 서클에서 좀 적극적인 활동을 하게 되면서 옥스퍼드 대학교를 떠나 남부 런던 지역에서 임시 교사가 되었고 결국 1960년부터 창간된 ≪신좌파 평론*New Left Review*≫의 초대 편집인을 1962년까지 맡았다. 많은 좌파 파벌 사이에 주의主義를 둘러싸고 티격태격하는 것에 싫증이 난 그는 가르치는 일로 복귀해 런던 대학교에서 대중문화를 강의했다. 런던 대학교 영문학 교수였던 리처드 호가트는 자신의 눈을 사로잡은 홀을 1964년 새로 설립된 버밍햄 대학교 현대문화 연구센터의 연구원으로 초빙했다. 현대문화 연구센터는 유례를 찾기 힘든 연구소였다. 영국에는 대중문화 연구 전통이 없었기 때문에 버밍햄과 다른 곳에 있는 많은 사람이 완전히 새로운 분야를 개척하려 시도하는 건방진 기관에 비판적이었다. 이 센터에 대해 대학 측의 지원은 없었다; 공감을 표한 출판사인 펭귄 북스Penguin Books를 포함한 여러 지원자로부터 그다지 대단하지는 않은 재정적 지원을 받았다. 4년 뒤, 홀은 호가트의 뒤를 이어 이 센터의 소장이 되었고 그 후 10년간의 '황금시대' 동안 더욱 좌파적인 지적·정치적 참여를 이끌어냈으며, 그 후 홀은 런던의 개방 대학교로 떠났다. 1979년, 홀이 떠난 후 이 센터는 새로운 소장 아래 계속해서 부침을 겪었으며, 2002년 논란거리가 된 대학교 당국의 조치로 문을 닫았다. 이 센터의 유명세가 절정에 달했던 10년 동안 홀은 근본적으로 다의적인 커뮤니케이션의 특성을 다룬 「텔레비전 담론의 부호화와 해독Encoding and

---

20 블레이저란 화려한 빛깔의 운동선수용 재킷을 말한다 — 옮긴이.

Decoding in the Television Discourse」(1973)[21]이라는 짧은 에세이를 썼으나 1980년이 되어서야 발표되어 문화 연구에서 매우 영향력 있으면서도 기본적인 이론 및 방법론 모델이 되었다. 흥미롭게도 이 센터의 자기-출판self-publishing 전통에 따라 '스텐실로 찍은 비정기 논문Stenciled Occasional Paper'[22] 형태로 만들어진 원래 논문은 미디어 효과 전통에 따라 연구하는 라이체스터Leicester에 있는 자매 연구소의 행동주의 연구와 특히 유명한 연구소의 소장 제임스 할로란James Halloran에 대한 비판적 반응이었다. "부호화/해독" 논문이 편저編著의 한 장章으로 출간되었을 때, 원래 내용의 상당 부분이 삭제되었으며 2007년 이 센터의 전체 논문이 책자 형태로 출간된 후에야 비로소 원래 에세이의 전체 내용을 볼 수 있었다(Gray et al., 2007). 이 논문에 상응하는 밴두라의 토대 논문과 대비하면서 자세히 살펴볼 것이다.

앨버트 밴두라는 1925년 태어났으며 캐나다 서부 에드먼턴Edmonton 부근 시골 지역에서 우크라이나와 폴란드 혈통의[23] 이민자 부모 아래서 가난하게 자랐다(Evans, 1989; Pajares, 2004). 비록 부모는 많은 교육을 받지 못했지만 교육에 대한 존중심을 심어주었다. 젊은 앨버트는 브리티시 컬럼비아 대학교에서 처음에는 생물학을 공부했지만 등교 스케줄과 더 잘 맞는 수업을 찾던 중 요행히 심리학 과목을 찾아냈다. 그는 첫눈에 심리학에 빠졌으며 1949년 졸업했을 때 그는 지도교수에게 "심리학의 계명이 적힌 돌 명판이 보관되어 있는 학교"로 진학하고 싶으니 그곳이 어디인지 물었고 지도교수는 아이오와 대학교라고 알

---

21 원서에는 홀이 1973년에 『부호화/해독(*Encoding/Decoding*)』라는 에세이집을 쓴 것처럼 표현되어 있으나, 조사해 본 결과 홀이 1973년에 쓴 것은 *Encoding and Decoding in the Television Discourse*라는 제목의 에세이여서 바로잡았다(자료: https://www.birmingham.ac.uk) — 옮긴이.

22 비정기 논문(occasional paper)이란 보통 어떤 특정한 스케줄에 따르거나 어떤 특정한 주제에 초점을 맞춰 발표되는 논문을 말한다. 따라서 비정기 논문은 통상적인 출판 타이밍이나 토픽을 따르지 않는다 — 옮긴이.

23 원문의 decent는 descent의 오자이다 — 저자와의 이메일 교신.

려주었다.

20세기 중반의 심리학과는 프로이트Freud 이론의 다소 교조적인 버전과 엄격한 행동주의가 여전히 지배했으며, 이반 파블로프Ivan Pavlov, 클라크 헐Clark Hull, 존 왓슨John Watson, B. F. 스키너Skinner에 의존하면서 인지와 커뮤니케이션이 집중을 방해하는 것으로 보고 무시했다. 이러한 통설로 인해 실험 심리학자들은 그저 자극과 행동 그리고 그 결과로 생긴 조작적 조건화operant conditioning[24]만 관찰해야 했다. 비록 밴두라는 실험 경험주의를 열렬하게 지지하는 학생이긴 했지만 점차 대학원 시절의 행동주의에서 벗어나 20세기 후반의 심리학적 사고에 불어닥친 인지 혁명에 참여하기 시작했기 때문에 이것은 중요하다. 그는 1953년 스탠퍼드 대학교 심리학과에 합류해 지금도 여전히 명예교수로서 연구를 계속하고 있다. 공격성에 관한 그의 초기 연구와 그가 개발한 사회학습 이론social learning theory은 행동주의 그리고 미디어와 일상 경험의 역할 모델에 대한 특히 어린이들의 행동 모델링에 뿌리를 두고 있음을 보여준다. 이러한 연구 가운데는 고전적인 보보Bobo 인형 실험이 있는데, 이 실험은 어른들이 공기를 주입한 인형을 때리는 것을 관찰한 어린이들이 그들이 본뜬 행동을 통해 인형과 다른 어린이에게 공격적으로 행동할 가능성이 더 높음을 보여주었다. 밴두라는 '사회학습'이 생각 없이 하는 흉내라는 비판에 더욱 민감해진 나머지 '사회학습' 이론을 '사회인지' 이론social cognitive theory으로 이름을 바꾸고 점진적으로 인간의 인지, 선택, 행위주체성agency의 중요성을 강조하는 행위주체적 행동agentic behavior이라는 다소 어색한 용어를 포용하게 되었다.

정년停年을 코앞에 둔 무렵인 2009년 발표된 밴두라의 "매스 커뮤니케이션의 사회인지 이론Social Cognitive Theory of Mass Communication"은 이 경우에 있어서

24 행동주의 심리학 이론으로, 어떤 반응에 대해 선택적으로 보상함으로써 그 반응이 일어날 확률을 증가시키거나 감소시키는 방법을 말한다. 여기서 선택적 보상이란 강화와 벌을 의미한다 — 옮긴이.

문학 비평이 아닌 심리학적 행동주의에서 벗어난 규범적 방법론에 대한 개관이자 커뮤니케이션 과정에 대한 주이론主理論으로서 홀의 "부호화/해독" 논문에 대비되는 논문이다. 철저하게 다른 출발점에서 출발한 홀과 밴두라 모두 근본적으로 다의적인 커뮤니케이션 특성과 미디어를 단 하나의 의미와 결정론적 효과를 가진 것으로 정의하는 것에서 벗어나야 할 필요성에 초점을 맞추고 있다.

우연하게도 두 에세이 모두 미디어의 폭력 묘사가 수용자들에게 미치는 영향을 다룬다. 홀은 단순한 실험이 수용자 해석의 다양성을 성공적으로 평가할 가능성에 대해 회의적이라는 점을 분명히 밝히고 있긴 하지만, 두 에세이 모두 수용자 해석의 다양성을 경험적으로 평가하는 것에 대한 개방성을 반영한다. 〈표 4.1〉은 서로 다른 시기에, 서로 다른 전통에서, 그리고 서로 다른 수용자들을 대상으로 작성하긴 했지만 연구 의제를 규정하는 데 있어 서로 매우 수렴적인 두 기반이 되는 논문은 놀라울 정도로 비슷함을 보여준다.

두 학자는 각각 그들을 길러온 전통과의 힘겨운 싸움으로 시작했다 — 홀은 대중문화에 대한 진지한 연구를 도저히 용납하지 못하는 문학 연구로, 밴두라는 사람들이 관찰 가능한 행동과 반대되게 생각하는 (혹은 생각한다고 말하는) 것에 대한 진지한 연구를 도저히 용납하지 못하는 행동주의적 심리학으로. 두 학자 모두 그러한 싸움에서 이겼고 새롭고 활기 넘치는 학문적 전통(문화 연구와 미디어 효과 연구)을 처음 만든 사람으로 유명해졌다. 두 사람 모두 학문을 근본적 도덕적 가치의 확장으로 보았다: 홀은 현대 산업 체제의 권력 불평등에 초점을 맞추었고, 밴두라는 미디어 폭력과 사람들이 폭력에 호소하고 도덕적으로 이탈되는[25] 조건에 초점을 맞추었다. 학문 스타일 면에서 홀이 더 공공연하게 '정치적'이었고 '비판적'이

25 도덕적 이탈(moral disengagement)이란 문제가 되는 행동에 대해 그 성격이나 결과가 나쁘지 않은 것으로 합리화시키는 과정을 통해 도덕적 자기-조절력이 상실되는 것을 말한다 — 옮긴이.

〈표 4.1〉 홀과 밴두라의 커뮤니케이션 과정에 대한 이론 비교

구분	홀(1980) "부호화/해독"	밴두라(2001) "사회인지 이론"
근본적으로 다의적인 커뮤니케이션 속성	"이 메시지가 '효과'를 발휘할 수 있기에 앞서 … 이 메시지는 반드시 먼저 의미 있는 담론으로 지각되어야 하고 또 의미 있게 해독되어야 한다…. 가장 중요한 정치적 순간들 가운데 하나는 … 협상을 통해 정상적으로 기의되고[26] 있고 해독되는 사건이 대립적으로 해석되기 시작하는 시점이다."	"상징화의 놀라운 능력은 인간에게 환경을 이해할 수 있게 하는 강력한 도구를 제공한다…. 인지적 요인들이 어떤 환경적 사건이 관찰되고 〔또한〕 어떤 의미가 그러한 사건에 부여될지를 부분적으로 결정한다."
수용자 해석의 사회적 맥락	"효과는 … 스스로 이해의 구조뿐만 아니라 수용하는 쪽에서 그러한 이해가 이루어지는 데 상당한 영향을 미치는 사회적·경제적 구조에 의해 프레임 된다."	"인간의 자기-개발, 적응 및 변화는 사회체계 내에 내재되어 있다. 따라서 개인의 행위주체성은 광범위한 사회구조적 영향의 네트워크 내에서 작용한다."
단순한 행동주의적 미디어 효과에 대한 비판	"기호학적 패러다임의 사용은 오랫동안 매스 미디어 연구를 괴롭혀왔던 오래 이어져 온 행동주의를 떨쳐낼 것을 약속한다."	"인간 행동은 흔히 일방향적인 인과관계의 측면에서 설명되어 왔다…. 〔그러나〕 사람들은 단순히 반응적인 유기체가 아니라 자기-개발을 하고, 주도적이고, 자기-조절을 하며, 자기-성찰을 한다."
미디어의 패권적 권력	"정치 엘리트들은 정치를 … 패권적으로 해석한다: 보여줄 행사나 형식의 특정한 선택, 인선(人選), 이미지의 선택, 논쟁의 '각색'."	"사회적 현실에 대한 텔레비전의 묘사는 인간 본성, 사회적 관계, 사회의 규범과 구조를 묘사하는 데 있어서의 이념적 편향을 반영한다."
미디어의 폭력 묘사에 대한 사례연구	"텔레비전 스크린상의 폭력 묘사는 뚜렷한 선악의 마니교[27]적인 이원론적 도덕 세계와 악한과 영웅이라는 분명한 사회적·도덕적 명칭을 가지고 있는 … 폭력이 아니라 폭력에 대한 메시지이다."	"인간의 불화에 대한 텔레비전 묘사에서 신체적 공격성은 선호되는 해결책이고, 용인되고, 대개 성공적이며, 폭력적인 수단을 사용해 악을 물리치고 승리하는 초인적 영웅에 의해 사회적으로 허용된다."

었지만, 두 사람 모두 기본적인 도덕적 관심사를 추구할 수 있다고 느꼈기 때문에 큰 교육 기관의 충실한 고용인으로서 편안한 직장생활을 했다. 그러나

26 기표(signifier)란 말이 갖는 감각적 측면으로, 예컨대 바다라는 말에서 '바다'라는 문자와 'bada'라는 음성을 말한다. 기의(signified)는 이 기표에 의해 의미되거나 표시되는 바다의 이미지와 바다라는 개념 또는 의미 내용이다 — 옮긴이.

27 마니교는 3세기에 지금의 이라크의 남부 지역인 바빌로니아 지역에서 태어난 페르시아인 마니라는 인물에 의해 생겨난 혼합 신앙으로서, 중동 지역의 기독교와 조로아스터교 그리고 불교를 절충하여 만든 종교이다 — 옮긴이.

결국에는 두 사람 모두 그들을 키워온 학문 분야에서 완전하게 벗어나지 못한 것으로 드러났다. 홀의 전통은 문학 연구였는데, 문학 연구는 오직 텍스트만을 연구했다. 밴두라의 전통은 행동주의였는데, 행동주의는 행동적 반응을 연구했지만 통상적으로 텍스트는 주어지는 것으로 간주했다. 두 사람은 모두 대중적인 미디어의 폭력 묘사에 대해 크게 우려했다. 그 두 사람이 만약 우연히 서로 분리되어 있는 바다와 대륙이 아니라 서로 인접한 대학 연구실에 있다는 것을 알았다면 어떤 변화가 일어났을지 사람들은 궁금할 따름이다. 이 자메이카인과 캐나다인은 버밍햄과 팰로 알토Palo Alto[28]에서 평생 직업을 위한 새로운 학문적 고향을 찾았다. 만약 지적 궤적이 수렴되었다면, 그들은 지적인 공통점 또한 찾았을 것이다. 그러나 공교롭게도 그들의 궤적은 결코 서로 만나지 못했다.

효과 연구가 다의성을 진지하게 여겼더라면 어땠을까?

미시건Michigan주 앤 아버Ann Arbor의 어느 무더운 여름날 밤이었다. 미시건 대학교에서 정치학을 공부하던, 특별한 재능이 있는 한 대학원생은 어떤 예감이 들었다. 그는 한 상자의 설문지를 집에 가져가서 저녁에 보기로 했는데, 그것은 옛날 방식으로 집을 방문해 대면 인터뷰를 하면서 면접자가 급하게 받아 적은 여러 피면접자들의 대답이 담긴 등사판으로 인쇄된 설문지였다. 그는 설문지들을 더 자세히 보고 싶었다. 그해는 1958년이었다. 일단 설문지의 대답을 IBM 카드에 숫자로 코딩하고 나면, 아무도 (분명한 코딩 실수가 확인되어 IBM 카드를 수정하는 드문 경우를 제외하고는) '원본' 설문지로 되돌아가지 않았다. 이

---

28 스탠퍼드 대학교가 있는 스탠퍼드에 인접해 있어 스탠퍼드 대학교 교수들이 사는 집들이 모여 있는 작은 도시이다 — 옮긴이.

학생의 이름은 필립 칸버스Philip Converse였고 어떤 중대한 발견을 막 하려는 참이었다. 이 발견으로 그는 학자로서 오랜 명성을 얻게 되었고 곧 중대한 프로젝트에 교수들과 함께 공동 저자가 되는 보기 드문 명예를 얻었으며 학과에서 정년을 보장받는 교수가 되었고 우연하게도 수십 년 동안 맹렬히 계속된 행동주의 정치학 분야에서의 중대한 논쟁을 시작하게 되었다.

그는 설문지를 지하실(이곳은 좀 더 시원했음)로 가져가 밤늦게까지 자세히 읽었다. 처음 그의 의심은 1952년과 1956년 대통령 선거 운동 관련 설문조사에서 그와 동료들이 유권자들의 정서를 해석하는 방식에 다소 잘못이 있다는 막연한 생각에서 비롯되었다. 잠재적 투표자들이 아이젠하워Eisenhower와 스티븐슨Stevenson 그리고 그들의 소속 정당에 대해 좋아하는 점과 싫어하는 점에 대해 말한 것을 옮겨 적은 것의 실제 언어를 계속해서 살펴보면서 그는 불현 듯 남다른 생각이 떠올랐다. 정치인과 저널리스트(그리고 물론 정치학자)는 관례대로 이슈, 정당, 그리고 후보자를 판단하기 위해 진보-보수 연속선으로 이루어진 다목적 정치적 척도를 활용한다. 칸버스의 주목을 끈 것은 대통령 선거 캠페인이 한창일 때 질문에 대답하는 유권자들의 일상 언어에서는 그와 같은 어휘가 상대적으로 드물다는 것이었다. 유권자들은 미디어에서 어쩌면 심지어 매일 언급되는 진보liberal와 보수conservative라는 어휘를 듣지만, 그와 같은 추상적인 개념에 공감하는 것처럼 보이지 않았다.

그래서 칸버스는 동료들을 설득해 색다른 프로젝트, 즉 응답자들에게 그 용어들을 알아듣는지 그리고 만약 알아듣는다면 진보와 보수라는 용어가 그들에게 의미하는 바는 무엇인지 묻는 프로젝트를 시작했다. 단순히 응답자들이 선택할 다수의 선택지들 각각에 단 하나의 의미를 부여하는 것이 설문조사 연구의 속성이기 때문에 그것은 색달랐다. 만약 그렇게 하지 않는다면, 통계적 결과를 해석하는 것이 불가능할 정도로 복잡해진다. 사람들이 '오해석한다'는 것은 널리 알려진 사실이지만, 오해석misinterpretation은 무작위 잡음이고 따라서 잡음을 최소화하기 위해 평균화된 대안적인 표현으로 된 일련의 질문으로부터

'측정 척도'나 '지수'가 만들어진다고 가정하는 것이 일반적이다. 오해석이라는 관념에서 흥미로운 점은 '올바른 해석'은 단 하나이고 이에 상응하는 부적절한 무작위 오해석은 여러 가지라는 생각이다. 그러나 칸버스는 육감에 따라 어떤 깜짝 놀랄 결과를 맹렬히 뒤쫓고 있었다.

마침내 그가 진보와 보수라는 용어가 평균적인 유권자에게 의미하는 바에 대해 말한 것을 있는 그대로 옮겨 적어 놓은 것의 분석을 마쳤을 때, 그는 여섯 명의 응답자 가운데 단지 한 명만이 완벽하고 정확한 대답을 할 수 있었으며 표본 가운데 무려 절반이 용어들이 의미하는 바를 전혀 이해하지 못했다는 결론을 내렸다(Campbell et al., 1960; Converse, 1964). 진보와 보수 두 집단 사이에 있는 많은 사람은 보수주의를 단순히 환경 보호와 '무언가를 절약하는 것'으로 그리고 진보주의자를 돈을 헤프게 쓰는 사람으로 보았다. 칸버스가 고집했던 것은 정치 영역의 가장 기본적인 개념 가운데 하나의 다의적인 특성에 대한 경험적 조사였으며, 그 결과는 놀라웠고 논쟁은 물론 정치적 세련됨[29]과 대중 유권자들이 실제 사용하는 정치적 어휘를 더 잘 이해하기 위한 진지하고 엄격한 연구 프로젝트도 촉발시켰다(Nie, Verba and Petrocik, 1976; Neuman, 1986; Converse, 2000). 아이러니하게도 정치적 세련됨에 대한 논쟁은 대부분 칸버스가 했던 것처럼 정치를 논의하는 시민들의 일상생활 어휘에 대한 심층 분석으로 되돌아가기보다는 쟁점 의견들[30] 간의 상관관계와 쟁점 의견과 보고된 투표행동 간의 상관관계에 대한 서로 다른 해석을 토대로 했다.

행동주의 사회과학 패러다임은 미리 정해진 선택형 문항을 통해 태도와 행동을 조사하는 설문조사와 실험에 많이 의존한다. 연구자들은 드물게 '개방형' 응답이나 자연어natural language[31] 응답을 허용하는 질문을 포함하지만, (칸버스가

---

29 정치적 세련됨(political sophistication)은 정치 세계를 인식하며 자기의 기본적 가치와 정향을 가지고 정치에 대해 지속적 태도를 견지하고 계발할 수 있는 능력을 말한다 — 옮긴이.

30 쟁점 의견(issue opinions)이란 어떤 쟁점에 대한 의견(opinions on an issue)을 말한다 — 저자와의 이메일 교신.

공을 들이고 있었던 선거 연구 경우처럼) 관례적으로 코딩 과정을 통해 연구자가 관심을 가지고 있는 차이를 반영하는 어떤 범주 체계로 자연어를 전환한다. 개방형 질문은 다루기 힘들고 비용이 많이 들며 또한 응답자들이 매우 자주 연구자의 기대와 상충하는 마음가짐이나 어휘로 응답하기 때문에 좌절감을 불러일으킨다는 이유로 일반적으로 피한다. 아이러니하게도 설문조사와 실험이 다의성 문제를 다룰 수 없는 본질적인 이유는 없다. 이와 같은 문제는 단순히 전통적으로 학자들의 주목과 논쟁의 주변부에 머물러 있어서, 사실상 미디어 효과 실험과 설문조사가 일반적으로 인정되는 '정상 과학' 패러다임 바깥에 놓이게 되었다고 토머스 쿤(1962)은 설명할지도 모르겠다.

이제 이 장의 주요 논지로 되돌아간다. 행동주의 연구에서 다의성은 전통적으로 어색한 불편함으로 취급되어 왔지만, 다의성이 이런 식으로 주변화 되어야 한다는 논리적이거나 경험적인 요구는 존재하지 않는다. 실제로 대인 커뮤니케이션과 매스 커뮤니케이션의 복잡성의 중심 요소로서 다의성은 연구 활동의 중심이 되어야 하고 또 될 수 있을 것이다. 만약 행동주의자들이 다의성을 진지하게 취급했다면 어떤 일이 벌어졌을까? 그런데 그것은 사실 꽤 간단하다. 다의성은 핵심적인 분석 변인으로 취급되었을 것이다. 때로 미디어 메시지는 그것이 송신된 것 그리고 의도한 것과 사실상 같은 의미로 수신되고 해석되기도 하고 때로는 극적인 불일치를 보이면서 수신되고 해석되기도 한다. 전자의 경우 어떤 조건과 연관되어 있고 후자의 경우는 어떤 조건과 연관되어 있는가? 커뮤니케이션을 교환할 때 어떤 발화發話[32]는 직설적이고 아마도 간단하거나 구체적이어서, 의도한 의미가 그 언어 공동체 내의 다른 사람들 사이에서 모호함이나 왜곡됨 없이 수신될 것이다. 예를 들어, 영어를 사용하는 사람들이 저녁 식사를 함께 하는 상황에서, "소금 좀 건네주세요"라는 발화는 혼란이나 오

---

31 자연어란 우리가 일상생활에서 사용하는 언어를 말한다 — 옮긴이.

32 언어를 음성으로 표현하는 것을 말한다 — 옮긴이.

해를 야기할 가능성이 없다. 〔머독 펜슬Murdock Pencil이라는 필명으로 글을 쓰는, 스탠퍼드 대학교에서 커뮤니케이션을 전공하는 대학원생인 마이클 파카노브스키Michael Pacanowsky가 1976년 ≪저널 오브 커뮤니케이션*Journal of Communication*≫에 지나치게 융통성 없는 행동주의 연구를 아주 재미있게 조롱하면서 다음과 같이 결론 내린 것에 주목해야 한다: "'소금 좀 건네주세요'라는 발화의 결과에 대한 결정적인 증거는 슬프게도 부족하다"(Pensil, 1976: 31). 이 논문은 이 분야의 모든 대학원생이 반드시 읽어야 한다.〕 그러나 이 장에서 다소 자세하게 검토했듯이, 공적 영역의 콘텐트를 구성하는 것은 대부분 복잡하고, 이론의 여지가 있고, 다면적 가치를 지니고 있으며, 해석에 다양하고 체계적인 변동이 있는 경향이 있다 — 사실상 이것은 관심의 대상이 될 수 있는 경험적 변인을 구성하는 것의 정수精髓이다.

2장에서 언급했듯이, 효과 연구의 정상 과학 패러다임은 분석가들에게 '효과'는 미디어 콘텐트의 특정한 유형과 연관되어 있다고 가정할 것과 따라서 (다양한 방식으로 측정된) 그러한 콘텐트에 대한 노출 증가가 (역시 다양한 방식으로 측정된) 가정된 태도나 행동에 대한 늘어난 증거와 연관되어 있는지 검정할 것을 요구한다. 이와 같은 패러다임 내에서 해석, 반작용, 그리고 행동적 반응의 잠재적으로 광범위한 다양성은 그저 핵심에서 벗어난 것일 뿐이다. 그것은 바다에 있는 고기의 크기의 분포를 평가하기 위해 바다에 나가 2인치 격자의 그물망을 사용해 고기를 잡은 후 자신 있게 바다에는 크기가 2인치 이하인 물고기가 없음을 데이터가 보여주었다고 결론 내린 과학자에 대해 자주 듣던 이야기를 상기시킨다.

커뮤니케이션학 및 관련 학문 분야에서 여러 가지 방식으로 다의성을 하나의 이론적 변인으로 활용하려는 노력이 일부 산발적으로 이루어지고 있는 것으로 드러난다. 그러나 이 분야의 체계적인 연구가 부족한 것은 놀랍다. 각각 독특한 이론적 초점을 맞추고 독특한 방법을 사용한 네 가지 다양한 사례를 확인해 볼 것이다. 이 사례들의 서로 다른 초점과 방법론으로 인해 무심한 관찰자들이 각 사례가 특정한 상징적 대상(하나의 단어, 내러티브, 공공 사건, 혹은 텍스트)의 의미에서 나타나는 변동의 분포를 체계적으로 평가하고 있다는 공통점을 간과할 것이라는 것은 놀라운 일이 아니다. 일관되고 체계적인 분석 기법이 여전히 초보 단계에 머물러 있기 때문에 이러한 평가는 대부분 주로 기술적記述的이다.

타마 리브스Tamar Liebes와 엘리후 카츠Elihu Katz는 미국 프라임타임 드라마 〈댈러스〉가 전 세계적인 인기를 끈 것에 놀라, 이 드라마의 한 에피소드를 막 시청한 일련의 토론 그룹(통상 세 커플과 면접자)과 함께하는 자리를 가졌다. 이스라엘에서 〈댈러스〉는 히브리어 및 아랍어 자막과 함께 영어로 방송되었다. "우리의 피면접자들은 이스라엘의 네 민족 공동체(아랍인, 새롭게 이주한 러시아계 유대인, 모로코계 유대인, 키부츠kibbutz[33] 구성원) 출신으로 중등교육을 받은 사람들과 로스앤젤레스에 거주하는 특정 민족 집단에 속하지 않는 미국인들이었다"(Liebes and Katz, 1990: 114). 물론 이것은 체계적이거나 이러한 민족 인구를 대표하는 표본은 아니었으며 이 연구는 신념의 계량적 분포를 정확하게 추정하고자 하지도 않았다. 연구는 비형식적인 반구조화된 집단 면접을 하고, 참여자들에게 막 시청한 스토리에 대해 다시 이야기하고 논의해 줄 것을 요청했다. 그들은 연구 초점을 다음과 같이 기술했다: "우리는 서로 다른 민족 집단 구성원들이 전 세계적으로 인기 있는 프로그램인 〈댈러스〉를 해독하는 방식을 연구해 오고 있다…. 우리가 여기서 하고자 하는 것은 무엇보다 서로 다른 이해의 유형을 구분하는 것이다. 그런 다음, 이러한 이해 유형이 서로 다른 관여 유형과 관련 있다는 것을 보여주고자 한다. 마지막으로 우리는 〈댈러스〉와 같은 프로그램이 서로 다른 유형의 시청자들에게 매우 다양한 서로 다른 관심을 끄는 활동과 게임을 제공하면서 이러한 다양한 수준의 이해와 관여를 요구한다고 주장할 것이다"(Liebes and Katz, 1990: 114).

그들은 각 집단이 보고 있던 내러티브가 사실상 동일하지만 그러한 내러티

33 키부츠란 이스라엘의 생활 공동체를 말한다 — 옮긴이.

브의 '의미'와 어운은 여러 문화 집단 사이에서 뚜렷하게 서로 달랐음을 계속해서 입증해 보여줬다. 예를 들어, 러시아인들은 톨스토이Tostoy의 이야기 구조와(물론 부정적으로) 비교하면서 메타언어metalanguage적[34] 질문을 이용하는 경향이 있었다. 부자는 불행하다고 결론 내리는 것은 정확히 이 프로그램의 (부유한) 제작자들이 당신이 믿어주기를 원하는 것이라고 러시아인들은 주장했다. 그러나 아랍계 이스라엘 사람들은 등장인물들의 운명의 부침을 도덕성에 대한 중요한 삶의 교훈으로 따르면서 훨씬 더 사실에 의거해 있는 그대로를 받아들이면서 시청했다.

두 번째 예에서 클라우스 브룬 옌슨Klaus Bruhn Jensen과 (이 책의 저자를 포함한) 국제적인 협업자 집단은 전 세계의 하루(1993년 5월 11일) 뉴스를 연구했다. 이들은 두 가지 연구 방법을 사용했는데, 하나는 5월 11일과 그 이전 며칠 동안 방송된 뉴스에 대한 체계적 내용 분석이었고, 다른 하나는 7개국(벨라루스, 덴마크, 인도, 이스라엘, 이탈리아, 미국 및 멕시코) 뉴스 시청자들과의 반구조화된 면접이었다. "이 연구에 이러한 핵심 요소를 포함시킨 목적은 서로 다른 국가의 시청자들이 특정한 문화 환경 속에서 뉴스를 해석하고 적용하는 방식을 살펴보기 위한 것이었던 한편, 연구는 서로 다른 이용 가능한 뉴스 미디어의 질質에 대한 응답자들의 평가와 연구 당시 그들이 세계적으로 가장 중요하다고 평가한 사건의 순위도 살펴보았다. 그 밖에도 5월 11일 이전 한 주 동안 방송된 각 나라의 전국 뉴스 프로그램에 대한 내용 분석도 이루어졌다. 미디어와 수용자 간의 상호작용에서 일일 단위로 시민권이 재행사되는reenact[35] 글로벌 커뮤니케이션 시대에 각각의 증거는 시민권의 의미에 대한 어떤 관점을 제공한다"(Jensen, 1998: 16).

---

34 메타언어란 대상을 직접 서술하는 언어 그 자체를 다시 언급하는 언어나 상징으로서 고차언어(高次言語)라고도 한다 — 옮긴이.

35 사람들이 일일 단위로 전통적인 미디어를 좇고 소셜 미디어에 기여하기 때문에 사람들은 시민권을 매일 다시 행사한다는 의미이다 — 저자와의 이메일 교신.

각 나라의 면접자들은 그날의 주된 뉴스기사 일부에 대해 응답자들에게 자신의 말로 다시 이야기해 줄 것을 요청했다. 옌슨과 동료들은 '초주제supertheme'[36]라는 개념을 사용해 "미디어가 수용자들이 재생산해 주기를 기대할 수도 있는 저널리스트의 주제와 상당히 다른 해석적 주제[37]에 어떻게 시청자들이 이를 수도 있는지" 보여주었다 – '시청자들의 이야기'는 '저널리스트들의 이야기'와 일치하지 않는 것처럼 보일 수도 있다"(1998: 19). 이 경우 서로 중복되는 국제 뉴스 기사도 있었지만 응답자들이 시청한 지역 뉴스는 대부분 권역 뉴스였다. 면접자들은 다음과 같이 캐물었다: "여러분이 방금 시청한 뉴스 가운데 여러분에게 가장 중요한 뉴스 한 가지에 대해 저에게 이야기해 주시기 바랍니다. 여러분에게 그 기사의 주된 사항 혹은 사건은 무엇이었습니까? 그 특정 기사를 시청하고 있었을 때 여러분은 무엇에 대해 생각했습니까? 그 기사가 이 나라에 얼마나 중요합니까?" 이 연구에는 각 국가의 뉴스 방송에 대한 양적 내용분석도 포함되었지만, 이 비교 연구에서 얻은 주요 결론은 초주제들이 놀라울 정도로 유사하다는 것이었다. 권역 뉴스마다 특정 행위자는 달랐지만(이탈리아에서는 교황이 주요 토픽이었고, 벨라루스에서는 소련의 지배에서 최근 독립한 것이었음) 권력 역학, 부패 문제, 그리고 개선의 희망은 놀라울 정도로 공통된 초주제였다. 옌슨은 그립스루트Gripsrud를 인용하며 다음과 같이 결론을 내린다: "만약 이 세계가 이해할 수 없을 정도로 혼란스럽게 보인다면, 그것은 표면적으로만 그럴 뿐이다. 그 아래에서는 늘 그 이야기가 그 이야기이다"(Gripsrud, 1992: 196).

세 번째 예는 사회학자 윌리엄 갬슨William Gamson(1992)에게서 가져온 것인데, 갬슨은 생애를 사회운동과 정치 커뮤니케이션을 연구하는 데 바쳤다. 그는

---

36 초주제란 시청자들이 뉴스 기사의 이국적인 사건들을 쉽게 이해할 수 있고 개인적으로 의미 있는 용어로 옮길 수 있는 해석적 구조, 해석적 스키마, 혹은 해석 프레임을 말한다(Jensen, 1998: 158) – 옮긴이.

37 해석적 구조, 해석적 스키마, 혹은 해석 프레임을 의미하는 초주제를 말한다 – 옮긴이.

뉴스를 시청하는 사람이 당면한 문제가 자신이 그것에 대해 무언가를 할 수 있는 이슈 가운데 하나라고 느끼는 때는 언제인가라고 묻는다. 이것은 그를 유명하게 만들어준 개념인 '이슈 프레이밍issue framing'의 문제로, 뉴스 시청자들은 아마도 여러 공식적인 저널리스트의 프레임을 받아들이거나 거절할 것이다. 언제 어떤 공적 문제가 '개선 조치remedial action' 프레임이나 당신이 그냥 어쩔 수 없이 받아들이는 것을 배우게 되는 것들 가운데 하나의 대상이 되는가? 물론 이것은 스튜어트 홀의 대립적 해석 개념과 유사하다. 그러나 사회학자인 갬슨의 바람은 미디어 콘텐트를 체계적으로 분석하고 수용자들과 충분히 인터뷰한 다음 그 둘을 비교하는 것이다. 그는 당시 미국의 공공생활 분야에서 지속적으로 문제가 되었던 네 가지 이슈, 즉 적극적 우대 조치affirmative action,[38] 원자력 발전, 부실 산업(최근의 공장 폐쇄), 그리고 아랍-이스라엘 분쟁을 초점으로 선정했다. 그는 이러한 이슈들에 대한 텔레비전 네트워크 뉴스 보도, 전국 시사 잡지 기사, 공동 배급되는syndicated 시사만평, 그리고 공동 배급되는 의견란opinion column을 체계적으로 분석했으며 이와 병행해서 동일한 네 가지 이슈를 토론하기 위해 모집한 188명의 응답자들을 37개의 초점집단[그는 이를 동료집단 대화peer group conversation라고 부름]으로 나누어 보스턴 주변에서 인터뷰를 실시했다. 그의 목적은 참여자들의 자연스러운 어휘를 사용하여 비슷한 배경을 가진 사람들이 공유된 의미를 구성하고 협상하는 과정을 옮겨 적은 후 분석하는 것이었다. 동료집단 대화 참여자들은 모두 노동자 계층(요리사와 주방 노동자, 버스 기사, 병원 및 실험실 기술자, 간호사, 소방관, 자동차 서비스 노동자)의 성인들이었다. 동료집단 참여자들의 절반은 아프리카계 미국인이었고, 절반은 백인이었으며, 혼합된 민족성을 가지고 있는 사람은 소수에 지나지 않았다. 리브스 및 카츠

---

38 인종이나 경제적 신분 간 갈등을 해소하고 과거의 잘못을 시정하기 위해 특혜를 주는 사회정책을 말한다. 단순히 차별을 철폐하고 공평한 대우를 하는 것보다 좀 더 적극적으로 가산점을 주는 형태로 이루어진다. 여성고용할당제나 탈북자나 장애자 의무고용 등이 적극적 우대조치의 예이다 — 옮긴이.

(1990)와 옌슨(1998)처럼 그도 수용자들이 지역 뉴스에서 들은 것을 그들의 개인적인 생활 경험, 정치적 신념, 인간의 본성에 대한 약간의 일반적 통념과 자주 뒤섞는 적극적인 해석자임을 강조했다. 그는 어떤 특정한 저널리스트의 뉴스 프레임 효과와 같은 용어를 사용하기보다는 뉴스 프레임과 수용자의 감수성sensibility과의 '공명'의 존재(혹은 자주 나타나는 부재)에 대해 말했다: "모든 상징이 똑같이 강력한 것은 아니다. 어떤 은유는 엄청난 호응을 얻는 반면, 어떤 은유는 아무런 호응도 얻지 못한다; 어떤 시각적 이미지는 마음속에 오래 남는 반면, 어떤 시각적 이미지는 금세 잊힌다. 어떤 프레임은 그것에 담겨 있는 생각과 언어가 더 넓은 정치 문화와 공명을 일으키기 때문에 자연스러운 이점을 지닌다"(Gamson, 1992: 135).

그의 연구를 지배한 것은 공적 이슈의 다의적 특성에 대한 두 가지 주제이다. 첫 번째 주제는 수용자들이 뉴스를 해석하는 공통된 프레임 가운데 많은 것이 공식적인 저널리스트들의 뉴스 프레임에는 전혀 없다는 소견이다. 예를 들면, "미디어 담론에 그것이 부재함에도 불구하고 부실 산업에 관한 대화의 43%가 노동자들의 단체행동을 자연스럽게 언급했다"(Gamson, 1992: 67). 또 다른 예에서는 분명히 원자력 발전소에서 하는 일의 지루함이 작업 현장에서의 음주를 포함해 노동자들 사이의 만성적인 알코올 중독으로 이어지고 이것은 다시 잠재적인 안전상의 위험을 초래한다는 광범위하게 공유되는 믿음이 존재하는데, 이것 역시 그러한 이슈에 대한 미디어 보도에서 존재하지 않는 요소이다(Gamson, 1992: 154).

네 번째이자 마지막 예로, 매리언 저스트Marion Just와 앤 크리글러Ann Crigler와 함께 한 연구에서 우리는 하루 뉴스에 포함된 이슈 다섯 개를 조사하면서 지배적인 저널리스트들의 이슈 프레임을 반구조화된 심층 인터뷰에서 시민들이 자연스럽게 언급한 프레임과 비교했다(Neuman, Just and Crigler, 1992). 우리의 연구 결과는 의제 설정 및 이슈 프레이밍 규칙에서 벗어나는 여러 예외적인 증거를 보여줌으로써 확신감에 차 있는 의제 설정 및 이슈 프레이밍 효과 연구 학파에 극적으로 문제 제기를 했다 — 예를 들면, 남아프리카 공화국에서의 인종 차별에 대한 광범위한 뉴스 보도, 특히 두드러진 텔레비전 뉴스 보도는 공중의 관심사에 반영되지 않았다. 동시에 약물 남용과 이와 관련된 범죄 문제에 대한 공중의 깊은 관심은 미디어 보도에 단지 약하게 반영되었을 뿐이다(Neuman, Just and Crigler, 1992: 111). 더욱이 저널리스트들이 (경마식 선거 보도와 유사하게) 여러 유명한 정치적 실체들political entities 사이의 갈등 측면에서 공중의 관심사를 프레임하는 방식을 보여주는 반복된 사례를 발견했는데, 이것이 공중의 프레이밍에는 좀처럼 반영되지 않았다. 그리고 공중은 도덕적 프레임moral frame, 즉 선과 악에 대한 삶의 교훈을 자주 사용한다는 사실을 발견했는데, 저널리스트들은 이 프레임을 거의 항상 부적절하고 비전문적인 것으로 여기면서 피했다.

이러한 연구들은 모두 이론적으로 그리고 방법론적으로 몇 가지 공통 요소를 가지고 있다. 이론 측면에서 보면 이 연구자들은 미리 정의된 '효과'라는 편협한 개념을 피하고 적극적인 수용자, 협상된 의미, 그리고 설득적이거나 정보적인 미디어 메시지와 수용자의 반응 간의 공명의 존재 및 부재 같은 좀 더 미묘한 개념을 선택했다. 더욱이 각각의 연구는 응답의 다양성(즉, 인간 커뮤니케이션, 이 경우에는 매개된 정치, 뉴스와 대중문화의 근본적으로 다의적인 특성)을 체계적으로 살펴보았다. 그들은 미디어 콘텐트와 다양한 반구조화된 인터뷰나 전사傳寫된 집단 토론을 통해 평가된 수용자 해석에 대한 병행 분석을 사용했다. 이러한 접근 방식은 아직 분명하고도 일반적으로 인정되는 명칭을 갖고 있지 않다. 리뷰 챕터review chapter에서 병행 내용 분석parallel content analysis이란 용어를 대중화하려 노력했고 이 방법론적 접근 방식을 홍보했다(Neuman, 1989). 그러나 이 용어는 물론 용어와 관련된 논리는 인기를 얻지 못했고 그 챕터는 자주 인용되지 않았다. 그런데 그 챕터는 여기서 펼치는 많은 주장의 예고편이며 막스 베버(1910), 해럴드 라스웰(1963), 조지 거브너(1969), 모리스 야노위츠Morris Janowitz(1976), 스티븐 채피Steven Chaffee(1975), 제임스 베니거(1978)의 연구로 거슬러 올라가 이러한 종류의 접근을 옹호한 많은 학자의 역사를 추적한다. 그

챕터는 각기 광범위하고도 영향력 있는 글을 발표한 사회과학자들을 모셔놓은 신전神殿이다. 폭넓은 경험적 연구(이들의 연구는 각각 매우 잘 알려져 있음)를 수행했던 그러한 학자들 모두 실제 스스로 끝까지 노력을 다해 옹호했던 연구를 수행한 것이 아니라 더 전통적인 설문조사와 역사적 방법에 의존했다는 생각을 떠올렸어야 했지만 그 당시에는 그런 생각이 떠오르지 않았다. 만약 그들이 천명했듯이 그것이 공적 커뮤니케이션을 연구하는 유망한 접근 방식이기는 하지만, 그것은 분명 좌절감을 안겨줄 정도로 어렵고, 비용이 많이 들며, 시간 소모적이기도 하다.

커뮤니케이션 연구에서 다소 제한적인 주목을 받아오긴 했지만 더 간단하고 덜 벅찬 경험적 조사 기법도 일부 존재한다. 다시 한 번 더 말하지만, 그러한 노력은 행동이나 태도에 대해 묻는 사전에 정해진 자기-보고식 설문조사 항목들 내의 차이를 평가하는 것이 아니라 어떤 형태의 계량적으로 접근 가능한 응답자 측의 자연스러운 언어를 사용하는 것이다. 이러한 기법들을 포괄하는 가장 폭넓은 의미의 용어는 1984년과 1993년에 발표한 연구에서 앤더스 에릭슨Anders Ericsson과 허버트 A. 사이먼Herbert A. Simon에 의해 대중화된 프로토콜 분석protocol analysis이다. 그들은 주로 심리학 분야에서 사용되는 다양한 기법과 자연스러운 언어 해석 그리고 반구조화된 인터뷰를 검토했다(또한 Mishler, 1986 참조). 관련된 방법론으로는 생각 소리 내어 말하기think-aloud 기법(Eveland and Dunwoody, 2000)과 사고 목록 프로토콜thought-listing protocol(Cacioppo and Petty, 1981; Iyengar, 1987; Cacioppo, von Hipple and Ernst, 1997; Price, Tewksbury and Powers, 1997; Valken burg, Semetko and De Vreese, 1999)이 있다. 그러나 이와 같은 접근방법은 산발적인 주목을 끌 뿐이다.

우리는 다시 중심 논의로 돌아감으로써 이러한 검토에 대한 결론을 내린다. 다의성 현상은 미디어 효과 전통의 주목에서 벗어나 있지는 않지만, 그것을 경험적으로 다루는 것은 좌절감을 불러일으킬 정도로 매우 어렵기 때문에 잠깐 동안 불충분하게, 그리고 대체로 두서없이 다루어졌다. 선구적인 연구들의 공통점과 수렴적인 연구 결과들은 막연하게 인정되고 있을 뿐이다. 그리고 아마도 가장 중요한 점은 이러한 연구 방향이 아직 효과 전통을 지배하는 패러다임적 모델에 통합되지 않았다는 것일 것이다.

만약 문화 연구가 다의성을 진지하게 받아들였다면 어땠을까?

언뜻 보기에 이 절의 제목이 앞선 절의 제목을 그대로 모방하고 있지만, 이 절의 제목은 일부 독자들을 헷갈리게 할 수도 있다. 미디어 효과 전통은 다의적 커뮤니케이션의 다루기 어려움을 꽤 훌륭하게 피해왔기 때문에 그것을 좀 더 진지하게 대하면 이득을 보겠지만, 문화 연구 전통은 오히려 텍스트의 대안적 의미를 논의하는 것에 대해 강박적인 것처럼 보일 것이다. 문화 연구자들은 텍스트가 진정으로 의미하는 바와 (필자가 개인적으로 좋아하는) 텍스트의 의미가 텍스트 속에 있는지 아니면 독자 속에 있는지(혹은 어쩌면 저작자의 의도 속에 있는지)를 둘러싸고 밤늦게까지 논쟁하는 경향이 있는 것으로 알려져 있다. 여기서 주장하려는 바는 문화 연구가 다의성을 진지하게 받아들이지 않았다는 것인가? 실제로 주장하려는 바는 정확히 그것이다.

명제는 한마디로 다음과 같다: 다중적 의미는 다중적 수용자들과 수용자 집단 사이에서 서서히 발전하기 때문에 다의성은 텍스트의 다중적 의미의 지속적인 중요성에 대한 주목을 의미한다. 텍스트는 진정으로 이것을 의미한다거나 저것을 의미해야 한다고 주장하는 것은 텍스트의 단의성單義性, monosemy을 제안하는 것이다. 문화 연구가 다의성을 진지하게 받아들이기 위해서는 의미의 변동 구조를 다룰 필요가 있을 것이다. 그것은 스튜어트 홀의 유명한 에세이 "부호화/해석"(1980)의 동원을 필요로 한다. 홀은 문화 속에 자리하고 있는 대중적인 내러티브의 네 가지 이념형적[39] 유형을 밝혔다: (1)현존하는 엘리트의 이해관계를 반영하는 선호된preferred 혹은 지배적dominant 코드; (2)중개자 역할을 하는 저널리스트, 발행업자, 그리고 방송업자들의 **전문직업적**professional 코드; (3) 일부 수용자들의 **타협된**negotiated 코드(홀은 이것을 "순응적 요소와 대립적 요소의 혼합"으로 기술함); 그리고 (4)완전히 통합적인 **대립적**oppositional 코드. 이것은 홀이 동료들(물론 맑스주의 전통의 많은 혹은 대부분의 학자들)에게 문화 연구가 지배적인 코드를 비판할 뿐만 아니라 지배적인 코드가 액면 그대로 꽤 잘 받아들여지는 조건과 여러 집단에 의해 여러 가지 방식으로 반대에 부딪히는 때를 이해하려 노력하는 것이어야 한다고 요구하는 것으로 필자는 해석한다. 나아가 전문직업적 코드는 언제 지배적인 코드를 강화하거나 진지하게 문제를 제기하는가? 이와 같은 질문은 근본적으로 속성상 경험적이다 — 수용과 저항의 역사적·구조적 조건은 무엇인가? 그것은 좀처럼 수용 아니면 저항이라는 이분법적 개념이 아니라, 거의 항상 문화가 진하게 배어 있는 다의적인 견해와 해석이 골고루 분포된 연속적인 개념이다. 그리고 구조적 패턴은 경제, 젠더, 인종, 성적 정체성, 종교적 정체성 등에 관한 문제부터 쟁점 공간[40]을 따라 이동하면서 체계적으로 변할 수도 있다.

따라서 문화 연구자 집단이 홀의 견해를 진지하게 받아들이기 위해서는 그들이 충실하게 기록하고 분석해 온 텔레비전의 문화적 묘사의 지각된 비진정성inauthenticity을 또다시 입증하는 것에서 나와 실제 세계의 다의성의 등고선을 평가할 수 있는 분야로 들어가야 한다고 계속해서 주장한다. 위에서 언급한 주제로 다시 돌아간다. 문화 연구는 문화기술적 답사를 찬양하지만, 실제로 문화 연구는 극도로 보기 드문 경우에 대한 연구만을 수행한다. 홀의 젊은 동료들인 버밍햄 대학교의 데이비드 몰리와 샬럿 브런스던은 분명 BBC가 전국에 방송한 다큐멘터리 시리즈물 〈네이션와이드〉의 에피소드를 녹화한 테이프를

---

39 이념형(ideal type)이란 현상의 가장 본질적인 특성을 잡아내기 위해 실제 현상의 어떤 특정한 측면들을 강조함으로써 만들어낸 추상적인 묘사이다 — 옮긴이.

40 쟁점 공간(issue space)이란 어떤 이슈의 해결책을 찾는 과정 속에 존재하는 구성 요소들의 전체 범위를 말한다 — 옮긴이.

시청한 수용자 집단을 대상으로 부호화/해독 모델을 조사하는 일에 착수했다(Morley and Brunsdon, 1978; Morley, 1980). 연구는 집단 시청과 전사傳寫된 반구조화된 토론에 대한 문화기술연구의 모델이 되었다. 몰리는 1986년 가족 텔레비전 시청 연구를 위해 이 분야로 되돌아왔지만, 그 후 그가 출간한 책들은 주로 재출간 책과 오리지널 현장 연구에 대한 증보된 해설이었다. 그리고 브런스던은 영화학 학자이자 페미니스트 비평가로서 학문적 뿌리로 되돌아갔다. 마찬가지로 〈댈러스〉 시청자들에 대한 이엔 앙(1985)의 연구와 로맨스 소설 독자들에 대한 재니스 래드웨이(1991)의 연구도 많은 찬사를 불러일으켰지만 동행하겠다는 학자들은 사실상 없었다. 몰리처럼 앙과 래드웨이도 만족스러운 듯 수용 분석을, 예를 들어 "새로운 수용자 연구"(Ang, 1996: 98) 혹은 "수용자 연구의 문화기술적 방향 전환"(Ang, 1996: 138) 혹은 "바뀐 연구 관행"(Radway, 1988: 362)이라고 부르면서 하나의 분석적 행위로서 수용 분석에 대한 글은 자주 발표했으나 불행하게도 어떠한 수용 분석도 수행하지 않았다. (리브스 및 카츠와 더불어) 몰리, 브런스던, 앙, 래드웨이의 연구는 문화 연구 문헌에서 불가피하게 인용되고, 일반적으로 찬사를 받으며 광범위하게 언급되지만 그들의 연구를 흉내 내는 경우는 거의 없다. 그토록 예외적인 이유는 무엇인가?

글쎄, 이 질문에 대합 대답의 일부는 미디어 효과 전통의 상황과 유사하며 굉장히 흥미롭지는 않더라도 아주 흥미로운 현실을 보여준다. 현장 연구는 시간 소모적이며 비용이 많이 든다. 텍스트 분석 및 해석 전통은 길고 두드러져서 문화 연구 전통의 전형적인 조사는 단순히 그러한 관성에 의해 움직이는 방향을 따른다. 그것은 그러한 예외에 대한 가장 간단하고 가장 강력한 설명일 수도 있지만, 어느 정도 주목할 만한 다른 몇몇 혐의점도 존재한다고 생각한다.

첫째, '데이터 수집'의 미끄러운 비탈길[41]에 대한 모호하지만 지속적인 의심

41 미끄러운 비탈길(slippery slope) 논증 오류란 어떤 행위나 사건을 특정한 결과로 나아갈 수밖

이 존재하는데, 이러한 의심은 문화 분석가들을 난처하고도 변명의 여지가 없는 과학만능주의의 잘못에 빠지게 할 수도 있다. 심지어 데이터라는 단어 자체도 등골을 서늘하게 할 수 있다. 예를 들어, 이엔 앙은 한편으로는 경험적 연구와 비판적 연구의 수렴을 옹호하면서도 일부 우려와 심경의 변화를 길게 표명하는 것을 억누르지 못한다: "그러니까 수렴에 대한 생각(과 갈망)의 꺼림칙한 측면은 그것이 오로지 '과학적인' 활동으로만 개념화 되는 경향이 있다는 것이다. 그것의 목적은 실증주의positivism의 교리를 그대로 따라하면서 과학적으로 확인된 '연구 결과'를 점진적으로 축적하는 것처럼 보인다…. 바꾸어 말하면, 이러한 과학적 프로젝트는 은연중에 (실제는 아니더라도) 원칙적으로 '수용자'에 대한 완전한 지식을 생산할 수 있고, 완전하고 객관적인 '진실'을 밝혀낼 수 있다고 주장한다는 것이다. 여기서 수용자는 (선호도, 사용, 효과, 해독, 해석 전략, 혹은 그 비슷한 무엇으로 기술되기는 하지만) 틀림없이 알아낼 수 있는 연구 가능한 속성과 특징을 가진 대상으로 상상되고 그러한 대상으로 바뀐다"(Ang, 1996: 43~44). 래리 그로스버그는 우려를 되풀이하면서 확대하고 있다: "우리는 과학만능주의가 더 이상 문제의 일부가 아니라고 가정해서는 안 된다. 오히려 그러한 상황은 우리가 보통 인정하는 것보다 더 모순적인데, 왜냐하면 과학은 여전히 대학교뿐만 아니라 다양한 공적 영역도 지배하는 것처럼 보이기 때문이다. 그리고 흥미롭게도 과학의 계속되는 권력(과 환원주의)을 의심해야 하는 많은 문화 연구자가 성공을 위해 외견상 더 공감을 불러일으키는 패러다임인 것처럼 보이는 것에 의존해 왔는데 … 왜냐하면 그들이 우리 자신의 표현과 비슷하게 들리는 표현을 … 물론 그들의 연구보조금을 우리와 공유하지도 않으

에 없는 단계들 중 한 단계라고 가정함으로써 범하게 되는데, 원인과 결과 사이의 거리가 너무 멀어 그 사이에 수많은 관계가 개입할 여지가 있다면 이 오류로 이어지게 된다. 비유하자면, 차량이 서울에서 경부고속도로로 진입하면 부산으로 가기까지 수많은 나들목과 분기점이 존재한다는 사실을 무시하고 무조건 그 차량의 목적지가 부산일 것이라고 단정 지어버리는 것과도 같은 꼴이다[나무위키(https://namu.wiki)] — 옮긴이.

면서 … 사용하기 때문이다"(Grossberg, 2010: 46~47).

이러한 문헌에는 전통적인 문화 연구와 경험주의를 지향하는 학문 간의 관계는 피할 수 없이 제로-섬 관계라는 의식과 경험주의를 인정하기까지 한다는 것이 어떻게든 문화 연구를 약화시키고 오해의 소지가 있는 '지배적' 대 '비판적'이라는 이분법을 유지하는 데서 오는 이상야릇한 안도감을 약화시킨다는 의식이 여전히 남아 있다.

둘째, 수용자들을 연구 대상으로 취급하는 데 대한 불편함이 존재한다. 이것은 첫 번째 것과 비슷한 반응이지만, 학파들 사이의 경쟁이 아니라 참여관찰법의 피할 수 없는 부담과 다른 사람들의 사적 존재 침해에 대한 진정한 불편함에 그 뿌리가 있다. 예를 들어, 인간을 연구 대상으로 하는 것에 대한 토머스 린드로프Thomas Lindlof의 항의를 살펴보자: "양적 수용자 조사에서는 어떤 수용자 구성 개념이 이미 결정되어 있든 표본이 (이론적 가설과/이론적으로)[42] 관련되어 있을 때 인간 조사 대상이 만들어진다…. 질적 연구를 하는 연구자들은 인간 조사 대상에게 '독립성을 부여하는', 즉 연구하는 사람들에게 인격적 존재 지위를 부여하고 그들을 연구의 파트너로 삼는 시도에 정당한 자부심을 가질 수 있다"(Lindlof, 1991: 33~34).

인류학의 문화기술연구 전통과 사회학의 참여관찰 전통은 너무나 확고하게 정착되어 있어서 젊은 학자들은 잠재적으로 두려움을 유발하는 과업인 현장연구에 그저 반드시 뛰어들어야 하기 때문에 투지 있게 접근한다. 그러나 문화 연구는 그와 같은 전통을 개발하지 못했으며 연구를 복잡하게 만들 현장연구나 수용 분석이 포함되지 않은 여러 대안적인 텍스트 분석 모델을 제공한다.

세 번째, 어쩌면 이것이 가장 흥미로울 수 있을 텐데, 수용 분석은 흔히 미디어의 강력한 패권적 효과에 대한 규범적인 생각을 뒷받침하는 증거를 제공하지 못하기 때문에 수용 분석에 대한 뿌리 깊은 저항이 존재한다. 물론 이러한

42 저자와의 이메일 교신을 토대로 첨가했다 — 옮긴이.

다루기 힘든 문제는 효과 전통의 학자들 간의 그렇게 작지는 않은 효과를 둘러싼 가짜 논쟁과 여러 가지로 유사한 점이 있다. 패권적 통제를 충분하게 보여주지 못하는 수용 분석에 대한 문화 연구자들의 비판은 글래스고우 대학교 미디어 그룹Glasgow University Media Group 단장인 그레그 필로Greg Philo의 몇몇 논문을 통해 충분히 엿볼 수 있다. 그레그 필로는 수용자의 "개념 구조에는 통상적으로 일어나는 일에 대한 '지식'과 미디어 메시지에 이전에 노출된 것에 이미 영향을 받았을 수도 있는 행동의 합리성과 정당성에 대한 가정이 포함되어 있음"에 주목하지 않고 소홀했던 몰리를 몹시 비난한다. "부호화/해독 모델에는 그와 같은 가능성을 조사할 여지가 거의 없다"(Philo, 2008: 541). 필로는 계속해서 다음과 같이 말한다: "내게 있어 부호화/해독 모델〔과 이것으로 인해 생기게 된 수용 분석〕의 주된 문제는 이것이 이후의 미디어 및 문화 연구 발전에 미친 영향이다. 많은 사람이 이 모델을 통해 가지게 된 관점은 수용자들이 계층과 문화라는 개념의 상자 속에서 안전하게 그리고 한없이 유희적인 언어를 재조정하면서 메시지에 저항할 수 있다는 것이었다. 이것은 결국 미디어 권력 이슈를 심각하게 무시하는 결과로 이어졌다"(Philo, 2008: 541).

아이러니하게도 미디어 권력에 대한 주장을 뒷받침하기 위해 필로가 인용하는 연구는 주로 효과 전통의 연구들이다. 결코 필로 혼자서만 그렇게 한 것은 아니다. 수용자 해석의 다양성에 관한 새로운 연구, 제임스 커런James Curran(1990)에 따르면 "새로운 환원주의new revisionism"가, 실제로 일보 퇴각이며 다원주의-경험주의 바퀴pluralist-empiricist wheel[43]의 재발명인지 여부를 둘러싼 활발한 문헌상의 논쟁이 있었다. 존 코너John Corner(1991)는 이러한 새 전통의 사각지대에 대한 꽤 긴 목록을 만들었으며, 데이비드 몰리(1992)는 활기찬 방어

43 에릭 A. 미스(Eric A. Meece)는 자신의 출간 예정인 저서 『철학자의 바퀴(*The Philosopher's wheel*)』에서 철학자의 바퀴는 근본적으로 세 개의 극성, 즉 유물론 대 유심론(materialism vs. spiritualism), 합리론 대 경험론(rationalism vs. empiricism), 본질주의 대 실존주의(essentialism vs. existentialism)로 구성되어 있다고 말한다 — 옮긴이.

에 나섰다. 그러나 이러한 논쟁은 특히 곤혹스럽게 한다. 그것은 의미가 텍스트 속에 있는지, 작가 속에 있는지, 아니면 독자 속에 있는지를 둘러싼 문학 연구 학파 간의 해결되지 않는 논쟁을 연상시키기 때문이다. 어떤 특정한 역사적 순간에 어떤 특정한 미디어의 묘사가 설득적 반응과 대립적 반응이 혼합된 반응을 어떻게 만들어내는지에 대한 질문은 (1)당면한 가장 근본적이고도 가장 중요한 질문이고, (2)다양한 방법에 의한 경험적 조사로 완전하게 수정할 수 있으며, 그리고 (3)단순히 특정 집단이 따르는 이론적 원칙에 의한 사전결정predetermination이 적절하게 적용되는 대상이 아니다.

다의성 이론을 향해

이러한 다양한 문헌 조사는 전진을 위한 단 하나의 결론과 전략에 도달한 것으로 보인다. 우리가 밟았던 단계를 간략하게 다시 추적해 보자. 인간의 오소통 경향[44]은 믿을 수 없을 정도로 엄청나게 높으며, 실제로 규모나 다양함에 있어 널리 알려져 있는 인간의 커뮤니케이션 능력에 비견될 만하다. 노엄 촘스키Noam Chomsky(1972)는 어린이들의 언어 습득 능력이 너무 신비스러운 나머지 다른 종과 명백히 비교되는 그와 같은 능력을 설명하기 위해 인간의 인지 속에는 어떤 뿌리 깊은 심층 구조deep structure가 있다고 가정하게 되었다. 그러나 커뮤니케이션을 하는 '상대방'의 의도를 알아차리는 감수성과 커뮤니케이션에 영향을 미치고 커뮤니케이션을 맥락화하는 발전된 사회구조에 대한 풍부한 지적 감각도 그러한 기본적인 인간의 능력의 일부이다. 따라서 우리는 오소통과

44 원문에서 저자는 capacity라는 용어를 사용하고 있는데, 단어 그대로 번역해서 능력이라고 해도 무방하지만, 오소통과 매치시키고자 한자면 propensity의 의미로 해석할 수 있다고 한다 – 저자와의 이메일 교신.

같은 용어가 단 하나의 정확한 의미와 이제 시작 단계이자 일반적으로 중요하지 않은 오소통의 무리들, 즉 본질적으로는 오류의 무리들을 의미하는 것처럼 보이기 때문에 추가적인 조사의 대상이 되지 않을 수 있다고 재빨리 결론 내릴 수도 있을 것이다. 인간은 체계적이고도 중요한 패턴으로 오소통한다. 그것을 오류라고 부르는 것은 어리석은 짓일 것이다. 인간은 저작자의 원래 의도와 다양한 거리를 두고 해석하고 지각하는, 사회적으로 그리고 문화적으로 자리하고 있는 독특한 성향을 지닌다. 따라서 아무 소득 없는 커뮤니케이션-미스커뮤니케이션(오소통)이라는 이분법은 그만두고 학문을 위한 핵심적인 분석적 질문으로서 커뮤니케이션의 다의성 현상을 제안한다. 따라서 (효과 전통에서 통상 설득 메시지에 대한 반응에서 통계적으로 유의적인 '동의'의 증가로 평가되는) 단 하나의 효과나 (문학 연구와 문화 연구 전통에서 텍스트 분석을 통해 얻는) 단 하나의 올바른 해석이 아닌, 의미의 분포, 즉 다의성에 대한 연구로서 의미에 대한 연구를 제안한다.

우리는 텍스트의 다의적 특성을 참지 못하는 효과 전통과 텍스트뿐만 아니라 수용자도 끌어들여야 할 필요성을 불편해 하는 문화 연구 전통을 마주하고 있다. 주의 깊은 독자라면 효과 연구가 다의성을 진지하게 받아들였다면 어땠을까?라는 질문과 문화 연구가 다의성을 진지하게 받아들였다면 어땠을까?라는 질문에 대한 대답이 본질적으로 같다는 것, 그래서 일반적으로 수용 분석이라고 불리는 분석행위라는 것을 알아챌 것이다. 이미 역설들로 가득 차 있는 책에 또 하나의 역설을 추가한다. 효과 전통 내에서 수용 분석을 수행하는 간헐적인 연구를 인용하고 때로 찬양하는 것은 기쁜 일이긴 하지만, 효과 전통은 그야말로 이 용어를 사용하지도 않고 이러한 현상을 하나의 일관된 연구방법론으로 인정하지도 않는다. 우리는 다른 연구들 가운데서도 특히 리브스 및 카츠, 엔슨, 그리고 갬슨의 연구를 예로 들었다. 문화 연구 전통은 수용 분석이라는 용어를 인정하고(이 용어의 사용이 다소 논란을 불러일으키기는 하지만) 가능성을 찬양하기는 하지만, 실제로 실행하는 경우는 매우 드물다. 우리는 소수의 다른 연구들 가운데 특히 몰리, 앙, 그리고 래드웨이의 연구도 예로 들었다.

이러한 다양한 관점을 통합하는 것은 어렵지만, 우리는 첫 몇 걸음을 내딛을 수도 있다.

- 다의성을 인간 커뮤니케이션 연구의 중심이 되는 분석 변인으로 취급하라.
- 다의성의 분포에 영향을 미치는 사회적·문화적·경제적·정치적 구조를 인간 커뮤니케이션 연구의 중심이 되는 분석 변인으로 취급하라.
- 다의적인 텍스트와 다의적인 반응을 똑같이 인간 커뮤니케이션의 중요한 구성 요소로 취급하라.

테오도어 아도르노, 폴 라자스펠드를 만나다

1938년, 커뮤니케이션학 역사의 두 전설이 뉴욕시에서 열린 프린스턴 라디오 연구 프로젝트Princeton Radio Research Project에서 만났는데, 두 사람 모두 유럽에서 어렴풋이 나타나기 시작한 갈등과 유대인 대학살을 피해 최근 미국으로 망명한 상태였다(Lazarsfeld, 1941; Adorno, 1969; Rogers, 1994; Scannell, 2007; Cavin, 2008). 물론 능숙한 경험주의자이자 비판적-행정적 연구라는 이분법을 처음 만들어낸 라자스펠드가 먼저 미국에 왔는데 그는 완전히 본래 활동 범위 안에서 라디오 청취자를 평가하기 위한 새로운 연구 도구를 개발하고 있었다. 그는 학자이자 음악 전문가로서의 아도르노의 명성에 대해 들었으며 청취자 연구의 음악적 구성 요소에 관한 연구에 그를 끌어들이는 데 열정적이었다. 아도르노는 새로운 환경에 다소 당황했지만 처음부터 투지 있게 프랑크푸르트 학파 전통에 뿌리를 두고 비판적이고도 미학적인 감수성을 경험주의에 토대를 두고 있는 청취자 연구 아이디어와 연결하고자 시도했다. 이는 너무 무리였고 아도르노는 캘리포니아에 있는 또 다른 프랑크푸르트 학파 망명자들과 합류하기 위해 그곳에서 빠져나왔다. 이러한 매우 열정적이고도 전설적인 두 지식인 간의 논쟁과 언쟁은 많은 일화의 원천이 되었고 아마도 이제는 효과 연구 전통과 문화 연구 전통의 비교할 수 없는 특징을 대단히 상세하게 설명하는 전설이 되었을 것이다. 그들은 그것을 해내려고 노력했지만 포기했다. 그 이유를 추측할 수 있다.

그 이유는 각자가 자신을 독자성과 진실성 모두를 확립할 필요가 있었던 인간 커뮤니케이션 연구에 대해 새롭고 흥미로운 접근 방식을 시도하는 중심인물로 보았기 때문이었다. 그들은 각각 이러한 각각 새로운 접근 방식의 날카로운 부분을 무디게 하는 것이 그들의 자리를 확고하게 잡을 수 있는 역량을 잠재적으로 약화시킬 것이라고, 아마도 정확하게 계산했을 것이다. 화해하기에는 너무 일렀다.

우리는 스튜어트 홀의 연구와 앨버트 밴두라의 연구를 비교함으로써 후속 학문 세대들의 비슷한 노력을 검토해 보았다. 상황이 그랬는지, 이 두 학자는 비록 서로의 연구에 대해서는 알고 있었지만 결코 만난 적은 없다고 필자에게 알려왔으며, 20세기 마지막 연대들을 거치는 동안 만약 그들이 협업하기 위해 만났더라면 서로 중복되는 관심사에도 불구하고 그때도 여전히 적절한 시기는 아니었을 것이다.

우리가 디지털 혁명에 접어들고 커뮤니케이션 기관의 구조와 매스 커뮤니케이션의 정의에서 일련의 극적인 제도적 변화에 접어드는 지금이 화해할 수 있는 또 한 번의 기회를 줄 수 있는 시기이다. 그것이 어떤 길로 인도할지 누가 알겠는가?

5

양극화 성향

Predisposed to Polarization

개인은 부족部族에 의해 난처한 상황에 빠지지 않도록 하기 위해 늘 싸워야만 했다.

— 프리드리히 니체Friedrich Nietzsche가 한 말로 추정

어떤 커뮤니케이션 시스템이 개인들이 선택하는 것을 보고 들을 수 있게 한다면 그리고 그렇게 할 수 있게 하기 때문에 그러한 시스템이 바람직하다고 말하는 것은 너무나도 단순하다. 예상치 못한, 선택되지 않은 노출, 그리고 공유된 경험 역시 중요하다.

— 캐스 선스타인Cass Sunstein(2001)

외집단 비하가 모든 사회와 문화의 가장 기본적이고도 보편적인 특징이라고 말하는 것은 아마도 과장이 아닐 것이다.

— 데이비드 J. 슈나이더David J. Schneider(2004)

❖

여기 여전히 숙고해 보아야 할 인간의 조건human condition[1]에 대한 또 하나의 퍼즐이 있다. 커뮤니케이션이란 단어는 공통성commonness, 공유된 이해shared understanding, 그리고 공동체community 개념을 토대로 한다(Carey, 1989; Peters, 1999). 더욱이 커뮤니케이션은 흔히 갈등에 대한 선호되는 대안으로 받아들여지며, 따라서 갈등은 '커뮤니케이션 실패communication failure'에서 비롯된다. 그렇다면 갈등과 양극화는 어떻게 커뮤니케이션이라는 학문에 매우 중요한가?

이 질문에 대답하는 한 가지 방법은 이것에 대해서는 진정 역설적인 것이 전혀 존재하지 않는다고 주장하는 것이다. 왜냐하면 커뮤니케이션은 불확실성을 줄이고 오해를 바로잡아 주기 때문에 커뮤니케이션에 대조되는 것으로서 갈등과 갈등을 줄이는 것은 자연스럽게 이 학문 분야에 이론적으로 중요할 것이다. 그러나 이와 같은 대답은 분명 만족스럽지 않다. 우선 첫 번째 이유로는 커뮤니케이션-갈등이라는 이분법적인 생각은 꽤 조잡하고 단순하다는 것이다. 커뮤니케이션은 자주 갈등의 확률을 높인다. 새롭게 탄생한 커뮤니케이션 연구 분야가 제2차 세계대전 기간과 그 이후에 민족적 편견과 유혈 충동을 불러일으키는 선전의 나쁜 효과에 대한 우려에 기반을 두고 있다는 점을 상기해 보자. 또 다른 이유로는 커뮤니케이션-갈등이라는 이분법은 4장에서 우리가 주목했던 다의성이라는 핵심 질문을 회피하고 있다는 것이다. 그것은 문화와 역사에 깊이 뿌리를 내리고 있는 인간 커뮤니케이션이 매우 다의적이어서, 예를 들어 어떤 화자가 호의적인 의도를 가지고 한 주장이 청자들 사이에서 정반대로 최악의 두려움을 더 확실하게 갖게 해주는 경우를 자주 볼 수 있기 때문이다.

---

1 인간의 조건이란 탄생, 성장, 정서성, 열망, 갈등, 도덕성과 같은 인간 존재의 본질적인 요소를 구성하는 특성, 핵심 사건 및 상황을 말한다 — 옮긴이.

인간 존재의 역사는 인간 갈등의 역사라고들 흔히 말한다(Durbin and Bowlby, 1939; Walker, 2001). 다소 의심하는 사람들이 있을까 봐, 이와 같은 문제를 전문으로 하는 역사가이자 고고학자인 로렌스 H. 킬리Lawrence H. Keeley(1996)는 역사를 통틀어 알려진 사회의 약 90~95%가 적어도 이따금씩 전쟁을 벌였으며 많은 사회가 끊임없이 싸웠다고 결론 내린다. 그는 1년에 적어도 한 번 이웃 부족과 전쟁을 치르지 않은 남북미 원주민은 전체의 13%에 지나지 않았음에 주목한다. 이보다 더 나아질 것 같지 않다. 서머필드(Summerfield, 1997)의 분석에 따르면, 1945년 이후 160차례의 전쟁과 무력 분쟁이 있었다고 한다. 실제로 사소한 국경 충돌이 많았지만, 위키피디아에서 분석된 136건의 최근 전쟁과 내전에서 전쟁당 군인 및 민간인의 평균 총희생자 수는 200만 명〔제2차 세계대전의 6000만 명에서 1982년 포클랜드 전쟁Falklands Conflict의 907명과 1991년 슬로베니아의 독립 10일 전쟁Ten Day War of Independence의 62명에 이르기까지〕이다. 이 모든 것의 핵심에는 부족과 국가의 집단적인 사회적 정체성이 있다(Isaacs, 1975; Anderson, 1983; Schlesinger, 1991).

사회적 정체성의 중심 개념

아마 대인 커뮤니케이션과 매스 커뮤니케이션이 인간 갈등을 악화시키거나 완화하는 데 매우 가변적이고도 복잡한 역할을 한다는 이슈에 접근하는 더 생산적인 방법이 있는데, 그것은 우리의 진화된 인지 체계 내에서 다의성은 물론 커뮤니케이션에 대한 가변적인 주의력attentiveness의 기저에 있는 중심 기반인 정체성과 동일시의 인지적 역학에 의지하는 것이다.

커뮤니케이션 연구자들의 과제는 이론 구축과 이론 검증, 즉 인간 커뮤니케이션에 대한 지식을 사려 깊게 그리고 체계적으로 축적하는 것이다. 핵심적이면서도 근본적인 질문은 커뮤니케이션 행위는 성공적이었는가 그리고 상징의 흐름은 주목을 받았으며 송신자가 의도한 대로 해석되었는가 하는 것이다. 커뮤니케이션 과학은 커뮤니케이션이 성공적인 혹은 성공적이지 않는 일반화할 수 있는 조건에 대한 일단의 잘 검증되고 합의된 통찰력을 열망한다. 중요한 것은 더욱더 복잡하고 다양한 말과 이미지 속에서 사람들은 언제 주의하는 쪽을 선택하느냐는 것이다. 이와 같은 질문에 대답할 때 일반화할 수 있는 핵심적인 분석적 개념으로 사회적 동일시[2]를 사용할 것을 제안한다. 사회적 동일시는 내러티브가 어떻게 수용자들의 주의를 끄는지에 대한 역학의 중심에 있다. 그것은 사람들이 주목받지 못하고 떠도는 수천 개의 뉴스 기사 가운데 어떻게 몇몇 뉴스 기사에 주목하는지를 설명하는 데 중심 역할을 한다. 그것은 국민주의적[3]이거나 인종차별적인 선전이 수용자들에게 영향을 미치는 메커니즘의 중심에 있다. 따라서 내집단內集團과의 사회적 동일시는 외집단外集團을 향한 편견 및 혐오감과 자연스럽고 불가피한 대비를 이룬다.

사회적 동일시와 진화. 인류가 타인의 기분과 동기에 주의를 기울이며 빠

---

2 타지펠과 터너(Tajfel and Turner, 1979)는 사회적 정체성 이론(social identity theory)을 통해 타인을 '우리'('내집단')와 '그들'('외집단')로 평가하는 데 세 가지 정신적 과정이 동원된다고 주장했다. 범주화(categorization), 사회적 동일시(social identification), 그리고 사회적 비교(social comparison)가 그것인데, 사회적 동일시란 우리가 우리 자신이 속해 있다고 범주화하는 집단의 정체성을 채택하는 것을 말한다(자료: Michael W. Eysenck, *Simply Psychology* (Psychology Press, 2013) — 옮긴이.

3 국민주의(nationalism)는 동일한 국민 정체성을 공유하는 국민(nation)을 사회의 조직과 운영의 근본적인 단위로 삼는 이데올로기로, 일정한 정체성을 가지는 사람들의 집단인 국민과 그 국민에 대해 가지는 소속감이나 애착심, 그리고 그것을 강조하려는 생각이나 정치적 운동을 말한다. 국민의 기준은 여러 가지가 있지만, 크게는 두 가지로 나누어 볼 수 있다. 영국, 프랑스, 미국 등지에서 주로 주창한 같은 신념을 가진 사람들의 모임으로 생각하는 것과, 독일에서 주창한 언어, 문화, 역사, 종교, 혈통 등의 전통을 공유하는 모임인 민족(ethnic group)으로 생각하는 것이 있다. 민족주의(ethnism; ethnic nationalism)는 국민을 후자로 생각하는 국민주의를 말한다. 국민의 개념을 전자로 생각하는 국민주의는 '시민 국민주의'라고 한다. 국민주의를 국가주의로 번역하는 경우도 있으나 '국가주의(statism)'라는 개념은 따로 있다 — 옮긴이.

르게 귀인을 하는 특별히 사회적인 동물을 대표한다는 것은 진화론 전통에서 널리 관찰된다(Barkow, Cosmides and Tooby, 1992; Hauser, 1996; Deacon, 1997). 협력 및 협업 기술은 특별히 강하거나, 빠르거나, 자기-방어나 공격을 위한 타고난 독특한 신체적 특성을 가지지 못한 종의 생존에 특히 중요한 것으로 간주된다. 먹을 것을 채집하고 특히 협업하면서 사냥하는 것은 정보 공유와 노력의 조율 덕을 보았다. 그래서 만약 진화된 사회적 규범에 대한 묵시적 동의와 강한 부족 정체성이 생존 가능성을 높인다면, 이와 같은 특성은 이러한 전통의 관습적인 논리에 따라 수백 세대를 걸쳐 오며 게놈genome 속에서 강화되고 보강될 것이다(Reynolds, Falger and Vine, 1987). 그러나 이러한 가닥의 진화론적 이론화에는 약간의 딜레마가 존재한다. 반박하기가 어렵다. '사회' 혹은 '부족'을 더 지향하는 사람들과 덜 지향하는 사람들이 장기간 생존해 온 것에 관한 신뢰할 수 있는 독립적 데이터도 없이, 우리는 그냥 원인과 그에 따른 결과를 사실로 가정한다. 더욱이 그와 같은 생각은 인간의 조건에 대한 곤란할 정도로 단순하고 결정론적인 모델을 대표한다. 그렇긴 하지만, 진화된 인간의 인지 체계가 사회적 동일시와 양극화를 지향하는 경향이 있다는 명제는 역사적 뿌리가 무엇이든 간에 엄격한 경험적 검토의 대상이 될 수 있고 또 되어야 한다. 사회 집단이 특별히 부족적으로 행동하는 정도는 인간의 조건에 따라 달라질 가능성이 있으며, 그러한 변동은 만약 그것을 확실하게 담아낼 수 있다면, 과학적인 인간 커뮤니케이션 연구의 잠재적인 주요한 원천이 될 것이다. 만약 어떤 커뮤니케이션 관행, 기관, 그리고 규범은 사회적 정체성의 경계들을 가로 질러 양극화를 강화하고 또 어떤 커뮤니케이션 관행, 기관, 그리고 규범은 양극화를 명백히 완화한다면, 그와 같은 연구 결과는 규범적으로는 물론 과학적으로도 가치 있다.

커뮤니케이션과 권력. 사회과학 전통의 커뮤니케이션 연구에 큰 영향을 미친 사상가들(특히, 라스웰, 라자스펠드, 머튼)과 문화 연구 전통의 커뮤니케이션 연구에 큰 영향을 미친 사상가들(특히, 윌리엄스, 호가트, 홀)은 모두 중심적인 매스 커뮤니케이션 기관과 확고하게 자리 잡은 정치적·경제적·문화적 엘리트의 유지(그리고 때로는 그들에 대한 이의 제기) 간의 관계에 깊은 관심을 가졌다. 맑스의 허위의식이라는 기본 개념부터 그람시의 더 정교한 헤게모니의 역학, 괴벨스Goebbels의 선전 이론, 그리고 케이트 스미스Kate Smith의 사람들을 휘어잡는 매력이 있는 전쟁 채권 판촉에 대한 라자스펠드와 머튼의 연구에 이르기까지 국민주의와 사회 계층 동일시social class identification의 심리학에 대한 관심은 지속적으로 존재했다(Monroe, Hankin and Van Vechten, 2000). 더 최근 연대에 들어와서는 권력과 인종 및 젠더 동일시의 정치학 간의 관계가 이러한 연구 전통이 다루는 토픽의 폭을 넓혀주는 역할을 했다. 당연하게도 주변화된marginalized 집단에 대한 연구자들의 공감과 외견상 성공적으로 보이는 여러 엘리트의 매개된 자기-보호적 술책에 상응하는 비판적인 입장은 사회적 동일시의 역학이 복잡한 산업사회에서 작동하는 방식에 대한 꽤 비대칭적인 평가〔소수자 집단minority group 사이의 사회적 동일시는 칭찬할 만한 것으로 평가하는 반면, 다수자 집단majority group 사이의 사회적 동일시는 흔히 생각이 없는 편향으로 특징지어짐〕로 이어졌다. 엘리트의 행동을 단순히 비판하는 것이 커뮤니케이션학에서 그다지 강렬한 목표는 아니지만, 그래도 엘리트 행동의 성공과 실패를 이론화하는 것이 더 낫다. 때때로 엘리트들은 공적 영역에서 놀라울 만큼 성공적으로 자신의 생각대로 행동한다. 예를 들어, 사람들은 많은 노동자 계층의 미국인 역시 부자가 될 때 노동과 운을 통해 얻은 이득을 자식에게 물려주고 싶을 수도 있기 때문에 상속세를 '사망세'라고 비난하면서 그들이 상속세를 반대하도록 설득하는 데 성공했던 것을 꼽을 수도 있을 것이다(Bartels, 2005). 때때로 자기 잇속만 차리는 엘리트의 신화 만들기는 성공하지 못한다. 사람들은 프랑스혁명 동안 수세기에 걸쳐 이어져온 프랑스 군주제 전통을 지키는 데 극적으로 실패한 루이 16세의 노력과 다소 덜 극적인 기존 질서에 대한 항의, 소요, 그리고 가끔은 혁명의 많은 사례를 떠올린다. 문화 간 비교와 세기 간 비교는 어렵지만, 다시 한 번 더 불평등을 재생산하고 유지하는 엘리트의 능력 변동을 이해하는 것은 진화하는 퍼즐의 핵심 요소이다. 헤게모니는 상수常數가 아니라 변수變數이다.

더욱이 특히 동일시와 편견의 심리와 문화적 역학에 관한 커뮤니케이션 연구는 대부분 인구통계학적 요소, 특히 민족성, 젠더, 그리고 국적에 초점을 맞춘다. 내집단과의 동일시는 긍정적으로 묘사된다. 이와 상응해 내집단의 정의에 의해 내집단에 포함되지 않는 사람을 향한 혐오감이나 의심은 부정적으로 묘사된다. 필자가 주목하듯이 이러한 비대칭은 이해할 수 있지만, 문제화 되어 이론 구축에 통합될 필요가 있다. 보스턴 레드 삭스Red Sox를 응원하면서도 뉴욕 양키스Yankees를 싫어하지 않을 수도 있을 것이다. 그것은 어떤 면에서 심지어 바람직할 수도 있다. 그러나 그것은 또한 비교적 보기 드물 수도 있다. 애국적인 것은 가치 있는 것으로 여겨진다. 외국인을 혐오하는 사람은 악마로 묘사된다. 이러한 진화되고 근본적으로 부족적인 인지 성향은 현실적으로 이해될 필요가 있다. 세계화 시대에 부족주의는 실제적인 우려 사항이 적힌 목록의 가장 중요한 곳에 위치하고 있으면서 커뮤니케이션 시스템의 구조에 대한 연구의 동기를 제공한다(Castells, 1997). 그런 뜻에서 동일시와 혐오감에 대한 최근의 심리학 연구가 커뮤니케이션 연구에 어떻게 정보를 제공할 수도 있는지 살펴보자. 게다가 예를 들어, 미디어의 인종 묘사에 관해 연구하는 사람들 가운데 전문화된 인종에 대한 태도 사례연구를 넘어 동일시와 편견의 역학에 대해 일반화하는 사람은 거의 없어서 연구 결과의 축적과 좀 더 일반화할 수 있는 사회적 정체성 이론이 지연될 수도 있다.

확실하게 짚고 넘어가자. 이것은 인간의 편견이 가져다줄 수 있는 어떤 상상된 이득을 옹호하려는 것이 아니다. 오히려 정반대로, 인간 행동에 고정관념에 사로잡힌 예단prejudgment이 존재함을 단순히 보여준 다음 이를 비난하고 그에 따른 불쾌함 때문에 이러한 특성을 가장 강하게 드러내는 사회계층, 대개 충분히 교육받지 못한 사람들을 비난하는 깊이 뿌리 내린 연구 전통에 대한 비판이다. 어쩌면 비난은 그야말로 예술가와 논설위원에게 맡겨져야 한다. 이러한 연구가 유용해지려면 연구의 초점을 커뮤니케이션 구조, 사회적 관행, 제도 및 규범이 동일시와 예단의 변동에 어떻게 기여하는지, 즉 동일시와 예단의 효과를 어떻게 강화하거나 약화하는지에 맞출 필요가 있다.

사회적 동일시의 심리학

동일시의 심리학에는 여전히 주목을 불러일으키고 생각을 일깨우는 영향력이 큰 연구가 존재한다. 1954년, 무자퍼 셰리프Muzafer Sherif와 캐롤린 셰리프Carolyn Sherif는 사회집단 내에서 동일시와 갈등의 역학을 살펴보기 위한 현장연구를 설계했다. 그들은 오클라호마주 로버스 동굴 주립공원Robbers Cave State Park에 연구를 목적으로 한 여름 캠프를 준비한 후 배경이 비슷한 12세 소년 22명을 모집했다. 이들은 버스 두 대에 나눠 탔는데, 각 버스에는 절반의 캠프 참가자들이 탔다. 두 집단 가운데 누구도 상대 집단의 존재를 알지 못했다. 내집단 유대와 집단 동일시가 일어날 수 있도록 하기 위해 각 집단은 실험 첫 단계에서는 상대 집단의 존재를 여전히 알지 못하도록 충분히 떨어져 있는 캠핑장 두 곳에 보내졌는데, 각 집단 내에서의 서열을 포함해 내집단 유대와 집단 동일시는 첫 며칠 동안 자연스럽게 이루어졌다. 한 집단은 자신들을 '방울뱀'이라고 부르기로 결정했고 다른 한 집단은 '독수리'로 결정했다. 이 시점에서 연구자들은 새롭게 형성된 두 사회집단이 일련의 스포츠 경기와 시합을 하게 하기 위해 두 집단을 캠프장의 공동구역으로 데려갔다. '방울뱀' 집단은 승자가 될 것이라는 자신감을 분명히 보였고, 다가오는 이벤트에 대해 이야기하면서 준비하는 데 하루를 보냈으며, 경기장에 '접근 금지' 표지판을 세울 것을 제안했다. 그들은 '접근 금지' 표지판 대신 방울뱀 깃발을 세우기로 결정했고 만약 누군가가 깃발에 손을 댄다면 복수하겠다고 위협했다. 두 집단이 같은 식당에서 식사하는 것으로 결정되자, 거침없는 욕설과 서로를 비난하는 노래가 오갔다. 각 집단이 상대 집단의 숙소를 습격하고 집단 정체성을 나타내기 위해 새롭게 만든 상징물인 상대의 깃발을 태워버리겠다고 위협함에 따라, 각 사회집단의 깃발은 더욱더 중요한 상징이 되었다. 경기는 격렬했고, 주먹다짐을 벌이기 시작했으며, 많은 욕설을 하고 상대 집단의 면전에서 (냄새가 난다고) 보란 듯이 코를 막는 행위를 하는 것도 서슴지 않았다. 그래서 두 연구자는 이러한 거의 즉각적인 유대와 외집단 폄하를 신중하게 기록하긴 했지만, 그들의 시도가 다소 지나치게 성공적인 것을 우려한 나머지 주머니칼과 기타 무기가 될 수 있는 것을 압수하고 재빨리 두 집단이 함께 일할 수 있는 일련의 협력 활동으로 바꾸었고 어느 정도 성공을 거두었던 것으로 보인다(Sherif et al., 1961). 셰리프의 연구 이후 사회적 정체성과 외집단 폄하에 관한 많은 연구가 이루어졌지만, 여름 캠프 현장연구가 보여준 멜로드라마는 여전히 이러한 연구 노력에 대한 공감과 동기부여를 불러일으킨다(이 연구 전통에 대한 개관을 보려면, Tajfel and Turner, 1986; Dovidio, Glick and Rudman, 2005; Trepte, 2006; Kinder and Kam, 2009 참조).

무자퍼 및 캐롤린 셰리프와 연구진이 팀의 사회적 정체성과 힘이 넘치는 팀 경기를 조성하는 데 매우 빨리 그리고 크게 성공한 것을 알고 초기의 폭력을 염려해 무기가 될 수 있는 것을 강제로 빼앗고 경쟁의 강도를 누그러뜨리기에 이르렀다는 사실에 주목할 필요가 있다. 협력적인 활동은 그러한 경쟁을 건강하게 유지하고 그러한 경쟁이 적절한 한계 내에서 이루어지게 했다. **양극화를 향한 충동적 욕구는 당연하지만, 문제는 사회적 상호작용 구조이다.** 따라서 이 장의 남은 부분에서는 양극화를 향한 선유경향의 구성 요소를 그리고 남은 장들에서는 양극화의 건설적인 힘은 촉진하고 양극화의 파괴적인 능력은 제한하는 구조적 요소를 검토할 것이다. 이 책의 초점은 전통적인 일방향적 방송/인쇄미디어 산업에서 서로 불협화음을 이루는 다방향적 뉴미디어 환경으로의 전환이기 때문에 특별한 관련성을 가지고 있는 다섯 가지 심리학적 역학에 초점을 맞출 것이다:

1. 인간은 익숙함을 추구한다.
2. 인간은 정체성 강화를 추구한다.
3. 인간은 범주적 발견법에 상당히 의존한다.
4. 인간의 범주적 발견법은 몹시 차별적인 경향이 있다.
5. 인간은 내재적 즐거움을 위해 커뮤니케이션을 추구한다.

1) **인간은 익숙함을 추구한다.** 인간은 당면한 환경 속에서 익숙한 것을 지속적으로 선호하는 습관의 동물이다. 물론 이와 같은 역학은 새로움과 신기함에 대한 간헐적인 충동으로 인해 중단되는 것이 사실이지만, 익숙한 일상이 위안이 되고 우위를 점한다. 익숙한 것을 추구하는 것은 어쩌면 수용자 행동과 미디어 경제학(영화 스타들은 잠재 수용자들에게 이미 '알려져' 있기 때문에 무명 배우보다 더 엄청난 돈을 벌어들임)에서 가장 두드러진 역학일 것이다(Rosen, 1981). 성공하는 영화는 속편으로 이어질 가능성이 있다(Waterman, 2005). 출판업자들은 선택한 장르에서 익숙한 줄거리상의 적당한 변용[4]을 만들어내는 알려진 작가들에게 의존한다(Compaine and Gomery, 2000). 텔레비전은 적당하게 새로운 환경에 익숙한 방식으로 반응할 수 있도록 익숙한 등장인물이 매주 돌아오는 에피소드로 구성된 프로그램을 바탕으로 한다(Goodhardt, Ehrenberg and Collins, 1980; Napoli, 2003).

심리학자들은 이러한 인지적 성향에 대한 신경생리학을 완전히 이해하지는 못하지만, 그것은 분명 인간에게 한정된 특성은 아니다. 그것은 포유류와 심지어 조류 그리고 곤충에게서도 확인된다(Harrison, 1977). 익숙함에 대한 인간의 욕구를 보여주는 전형적인 본보기는 1960년대에 미시건 대학교의 로버트 자종크Robert Zajonc(1968)가 수행한 일련의 연구이다. 그의 논문에서 인기를 끈 용어는 단순 노출 효과mere exposure effect이다. 이 고전적인 연구에서 자종크는 연

4 문학에서는 variation을 '변용'으로 옮겨 사용한다 — 옮긴이.

구 대상자들(이들 가운데 중국어에 대한 지식이 있는 사람은 없었음)에게 한 세트의 다양한 중국 표의문자를 보여주었다. 그런 다음, 연구 대상자들에게 이미 본 일부 문자와 새로운 문자가 포함된 두 번째 세트의 표의문자를 보여주고 보고 있는 문자들 각각에 대해 미학적으로 얼마나 좋아하는지 평가해 주도록 요청했다. 이전에 본 문자가 일관되게 더 자주 높은 평가를 받았기 때문에 '단순 노출'이 선호의 토대라는 것이다. 자종크는 이와 같은 역학이 진화적 생존에 핵심적일 뿐만 아니라 당연히 진화적 생존과 연결되어 있다고 생각했다.

연구자들은 원래 이러한 단순 노출 효과가 제한된 환경하에서만 입증될 수 있다고 가정했지만, 후속 연구를 통해 이는 상당히 강력하며 지속적임이 밝혀졌다(Harrison, 1977). 흥미롭게도 연구들은 익숙함-호감familiarity-liking 연결고리는 심지어 인식, 기억 및 평가라는 좀 더 복잡한 인지 메커니즘이 효과를 나타내기도 전에 1초보다도 더 짧은 시간에 순간적으로 분명하게 나타남을 보여주었다(Yonelinas, 2002). 추가 연구를 통해 그러한 상호작용은 익숙함이 증가하면서 선호도preference가 상승하다가 과도한 노출과 극도의 반복에 따라 싫증과 지루함에 사로잡히게 되면서 거꾸로 감소하는 역 U자 형태를 띨 수 있다는 것이 밝혀질 수도 있다(Harrison, 1977). 반복에 대한 내성tolerance은 음악 선호도에 관한 연구에서 입증되듯이 여전히 상당히 강할 수도 있다(Bradley, 1971).

여기서 우리의 목적에서 매우 중요한 것은 완벽하게 자연스럽고 기능적인 이러한 인지적 성향이 사회적 동일시, 고정관념화, 그리고 외집단 적대감과 연결되어 있는 것처럼 보인다는 연구 결과이다(Tajfel and Billig, 1974; Smith et al., 2006; Förster, 2009; Housley et al., 2010). 이러한 연관성은 복잡하지만 본질적이다. 예를 들면, 타지펠과 빌리그(Tajfel and Billig, 1974)는 두 집단을 대상으로 실험을 실시했다: 한 집단은 실제 실험과 매우 비슷한 상황에서 이루어질 실험의 사회적·물리적 상황에 익숙해지게 한 다음, 실제 실험이 수행되는 두 번째 세션으로 되돌아왔다; 두 번째 집단은 실제 실험 세션만을 목적으로 왔다. 그 결과, 상황에 '익숙해진' 집단은 '익숙하지 않은' 집단보다 더 많은 외집단 차별에 관여한 것으로 나타났다. 원래 가설은 외집단에 대한 차별이 어느 정도 연구 대상자들의 전반적인 상황 불확실성에서 기인하는 것으로 이해될 수 있으며 따라서 실험 상황에서 습관적이면서도 고정관념에 따른 집단 간 범주화[5]를 이용함으로써 이러한 불확실성을 줄여 상황에 익숙한 의미를 제공할 수 있을 것이라는 것이었다. 그러나 실험자들은 정반대의 결과를 확인했다. 노출이 반복되자 불확실성이 감소되는 것이 아니라 고정관념화와 범주화가 증가했다. 타지펠과 빌리그는 이러한 부정적인 나선 효과는 시간이 흐르면서 연구 대상자들이 내집단-외집단 판단에 더 자신감을 갖게 되고 더 극성極性을 띠게 된다는 사실에서 기인하는 것으로 가정한다.

풍부한 선택, 사회적으로 네트워크화 된 노출 패턴, 그리고 더욱 좁게 표적화 된 정보 및 오락 콘텐트가 사람들이 아는 것 그리고 사람들이 사회 환경에 대해 느끼는 방식과 상호작용하기 때문에 이러한 역학들은 현대 미디어 환경에서 더 두드러질 것 같다. 아주 가까운 서클 밖에 있는 사람들과는 잘 아는 사람과 축소된 상호작용을 하고(Campbell and Kwak, 2010) 의견을 달리할 가능성이 있는 사람과는 접촉을 줄이는(Sunstein, 2001) 증가된 사회적 누에고치화social cocooning에 대한 추측도 존재한다. 이러한 모든 것은 미국의 경우 의회와 정당 활동가들, 특히 강한 당파적 분위기에 의해 강화되는데, 어떤 학자들은 이를 단지 또 다른 순환주기가 아닌 있을 수 있는 추이로 간주한다(Bafumi and

5 자기 범주화 이론(self-categorization theory)은 사람들이 성별, 나이, 정치 성향 등의 사회적 정체성에 따라 자기-개념(self-concept)을 형성하고 이를 기반으로 자기와 타인을 이해한다고 주장한다. 이러한 자기 범주화 가운데 집단 간 범주화(intergroup categorization) 혹은 내집단-외집단 범주화에서는 지각자의 특징과 타인의 특징에 대한 메타-대조가 관찰되는데, 메타-대조(meta-contrast)란 사람들이 새로운 자극을 범주화할 때 다른 범주와의 차이점 대 같은 범주 내의 유사성의 비율을 극대화하는 방식을 취하는 것을 말한다. 이러한 메타-대조의 결과, 지각자의 특징과 타인의 특징 모두를 사회적 범주로 지각하게 된다. 즉, '우리 대 그들'이라는 마인드셋과 유사한 지각을 갖게 되는 것이다. 이러한 집단 간 범주화를 통해 사회적 범주화는 내집단 범주와 외집단 범주 형성으로 이어지고, 외집단과 비교해 가장 차이 나는 내집단의 특성으로 판단의 기준이 되는 원형(prototype)인 사회적 정체성이 형성된다 — 옮긴이.

Shapiro, 2009; 또한 DiMaggio, Evans and Bryson, 1996; Fiorina, Abrams and Pope, 2010 참조).

2) **인간은 정체성 강화를 추구한다.** 개리슨 케일러Garrison Keillor의 일화적인 라디오 내러티브는 매주 우리에게 레이크 워비곤Lake Wobegon[6]에서는 "모든 어린이가 평균 이상이다all the children are above average"라는 점을 일깨워준다. 이것은 분명 유머이지만, 기저에 깔려 있는 심리학은 진지하고 중요하다(Hoorens, 1993; Ehrlinger and Dunning, 2003). 사람들은 긍정적인 자기-개념self-concept을 열망하며, 자기-존중감self-esteem의 유지와 연관된 소망적 사고wishful thinking[7]는 자기-평가와 자신의 1차 동일시 집단에 대한 평가의 체계적 편향으로 이어진다. 이러한 역학은 익숙한 것에 대한 선호와 무관할 수도 있지만, 익숙함 추구를 보완하고 강화하는 기능을 하는 인지적 선유경향이다. 이 분야에서 가장 영향력 있는 이론적 발전은 사회심리학자 헨리 타지펠과 동료들의 연구와 관련이 있으며 사회적 정체성 이론Social Identity Theory을 나타내는 약어인 SIT로 알려져 있다(Tajfel, 1982; Tajfel and Turner, 1986). 기본 아이디어는 사람들의 자기-개념은 자신이 소속되어 있다고 지각하는 1차 사회집단과 깊이 연결되어 있다는 것이다. 결과적으로 이러한 사회집단은 우월한 집단으로 지각되는 반면, 다른 혹은 경쟁하는 집단(보통 외집단으로 불림)은 열등하고/하거나 악의적인 집단으로 지각된다. 어떤 연구자들은 결핍과 경쟁이 존재하는 실제 세계 상황에서 객관적인 집단 이익[8]이 집단 갈등과 집단 간 폄하의 중요한 원천임에 주목했지

---

6 워비곤 호수는 개리슨 케일러가 〈초원의 집 동료들(*A Prairie Home Companion*)〉이라는 라디오 프로그램의 "레이크 워비곤으로부터의 뉴스"라는 세그먼트 배경으로 만들어낸 가상의 도시이다 — 옮긴이.

7 소망적 사고란 증거나 합리성에 호소하는 대신 어떤 것이 상상하기에 기분이 좋으냐에 따라 믿음을 형성하거나 결정을 내리는 것을 말한다 — 옮긴이.

8 피셔(Fisher)와 키슐리(Keashly) 에 따르면, 객관적 이익은 자원 결핍과 관련되어 있는 반면, 주관적 이익은 오지각, 오소통, 혹은 객관적 이익에 대한 차별적인 가치 평가와 관련되어 있다

만, 추가적인 연구들은 주관적인 집단 정체성만으로도 갈등과 편견을 불러일으키기에 충분함을 보여주었다(Sherif et al., 1961; Campbell, 1965; Kinder and Kam, 2009). 타지펠과 동료들은 영국 브리스톨Bristol에서 로버스 동굴 현장연구를 되풀이했다. 여기서는 현지 초등학교 남학생들을 임의적이고 즉흥적으로 집단을 나누었는데, 이들 역시 빠르게 집단 정체성과 최소 집단 패러다임[9]으로 알려진 외집단 적대감을 형성했다. 그들은 점點 패턴을 헤아릴 때 과대평가한 집단 대 과소평가한 집단, 클레Klee[10]를 좋아하는 집단 대 칸딘스키Kandinsky[11]를 좋아하는 집단, 그리고 의례적으로 하는 동전 던지기를 통해 집단을 나누었다(Tajfel et al., 1971). 최소 집단 패러다임은 이후 국제적으로 수많은 상황과 집단을 통해 반복 연구되었다(Billig and Tajfel, 1973; Locksley, Ortiz and Hepburn, 1980). 그렇긴 하지만, 내집단 정체성의 강도와 외집단 편향 간의 불가피한 역학적인 연결고리는 존재하지 않기 때문에 추가적인 연구는 외집단 적대감의 부정적인 측면 없이 사회적 정체성의 긍정적인 측면을 조성할 수도 있는 조건을 이해하려고 한다(Brewer, 1999).

이러한 역학을 자세히 조사하면서 학자들은 거시적 수준과 문화적 분석에서는 좀 더 많은 성공을 거뒀다. 주목할 만하고 자주 인용되는 역사적 분석 가운데 베네딕트 앤더슨Benedict Anderson의 『상상된 공동체*Imagined Communities*』(1983)[12]가 있다. 이 책에서 앤더슨은 자국어로 된 인쇄물의 판매를 극대화하기

고 한다〔Ronald J. Fisher and Loraleigli Keashly, "Third Party Consultation as a Method of Intergroup and International Conflict Resolution," In *The Social Psychology of Intergroup and International Conflict Resolution*, Springer Series in Social Psychology, 211~238(New York: Springer, 1990)〕 — 옮긴이.

9 최소 집단 패러다임(minimal group paradigm)이란 이해관계나 적대감, 구성원들 간의 상호작용이 전혀 없는 일시적인 집단을 만들어 단순히 내집단과 외집단을 구분하는 것만으로도 경쟁이 발생한다는 것을 입증하기 위해 만든 실험 상황을 말한다 — 옮긴이.

10 스위스의 추상파 화가(1879~1940)이다 — 옮긴이.

11 추상화를 창시한 러시아의 표현주의 화가(1866~1944)이다 — 옮긴이.

12 베네딕트 앤더슨, 『상상의 공동체: 민족주의의 기원과 전파에 대한 성찰』, 윤형숙 옮김(나남,

위한 인쇄 자본주의의 시장 동기화market motivation가 어쩌면 우연히, 서서히 발전하고 있는 국민-국가에서 공유되는 아이디어와 관점 그리고 놀라울 정도로 강한 국민주의와 국민 공동체 의식으로 이어졌다고 설득력 있게 주장한다. 마찬가지로 마누엘 카스텔스의 영향력 있는 『정체성의 권력*The Power of Identity*』(1997)도 그러한 주장을 더 연장해 네트워크화 된 세계화 시대로 이어간다. 어쩌면 정체성 역학에 관한 거시적 관점과 미시적 관점 사이에 서서히 나타나고 있는 어떤 연계성이 결실을 거둘 것이다.

3) **인간은 범주적 발견법에 상당히 의존한다**. 어떤 사람들은 범주적 발견법categorical heuristics[13]과 같은 문구가 고정관념, 편향, 혹은 편견을 언급하는 좋은 방법이라고 말할 수도 있을 것이다. 이들의 말에는 일리가 있다. 이 문구는 그와 같은 인지적 역학이 자연스럽고 기능적일 뿐만 아니라 우리의 집단적 공존에 아주 위험하게 오용될 수 있음을 강조하는 방법이기 때문에 선택되었다. 편견에 사로잡힌 사고의 유해성에 대해 인간에게 아주 준엄하게 훈계하는 것은 그다지 효과적일 것 같지 않다. 이러한 인지적 역학이 작동하는 방식을 더 잘 이해하는 것과 어떤 커뮤니케이션 구조와 사회 조직 구조가 사회적 범주에 대한 일반화의 기능적 측면은 촉진하고 역기능적인 측면은 비켜가게 하는지를 더 잘 이해하기 위해 노력하는 것이 더 나은 선택일 수도 있을 것이다.

범주적 발견법을 불가피한 것으로 특징지은 가장 영향력 있는 사상가는 어쩌면 미국의 저널리스트이자 정치철학자인 월터 리프먼일 것이다. 1922년에 첫 발행된 선구적인 저서 『여론』은 오늘날도 여전히 출간되고 또한 널리 읽히고 있다. 그는 이 책의 시작 부분에 플라톤의 동굴 속 그림자 비유를 변형시킨

2002) — 옮긴이.

13 발견법 혹은 휴리스틱스란 경험에 기반하여 문제를 해결하거나 학습하거나 발견하는 방법을 말한다 — 옮긴이.

자주 인용되는 자신의 비유를 소개한다. 리프먼의 표현에 따르면 그것은 복잡한 실제 세계와 아주 단순화된 "우리 머릿속의 상像" 간의 구분이다. "실제 환경은 직접 알기에는 대체로 너무 크고, 너무 복잡하며, 너무 덧없다. 우리는 그처럼 상당한 미묘함과 그처럼 상당한 다양성, 그토록 많은 순열과 조합을 다룰 준비가 되어 있지 않다. 그리고 우리는 이러한 환경 속에서 행동해야 하지만 그것을 좀 더 단순한 모델로 반드시 재구성해야 비로소 다룰 수 있다"(Lippmann, 1922: 16). 리프먼은 발견법이라는 단어를 사용하지 않았다. 그는 고정관념stereotype이라는 단어를 사용했으며 실제로 그의 책을 통해 사회과학계에 이 단어를 소개했다. 리프먼의 생각에 고정관념은 민족적 편견이 아닌 복잡한 실제 세계를 어쩔 수 없이 단순화해서 개념화한 것을 가리키는 비교적 중립적인 개념이었다. 저널리스트로서 그의 문체는 담론적[14]이었고 사람의 마음을 끄는 힘이 있었다. 그는 기대가 지각에 어떻게 영향을 미치는지 강조해 보여주기 위해 간헐적으로 이루어진 심리학적 실험을 인용하곤 했지만 무엇보다 상식적인 사례들에 의존했다. 아마도 전형적인 예시는 다음의 짧은 글 속에 잘 나타나 있는 것 같다: "친구를 기다리면서 철로 플랫폼 끝에 서 있어 보았던 사람은 누구나 친구가 그를 어떤 이상한 사람으로 오인한 적이 있었던 것을 기억할 것이다"(Lippmann, 1922: 76).

그러나 선전 개념처럼 1930년대와 1940년대의 시대정신과 세계적 사건을 감안할 때, 고정관념이라는 개념은 체계적인 연구의 초점으로 자리를 잡기 시작하면서 '국민성'과 자민족 중심적인ethnocentric 편향이라는 과장된 개념의 왜곡과 더욱더 연관되었다. 첫 번째 노력은 고정관념이 존재함을 보여주기 위한 단순한 노력이었다. 예를 들어, 1933년 대니얼 카츠Daniel Katz와 케네스 브레일리Kenneth Braly는 프린스턴 대학교 학부생 100명에게 10개 국가, 종교 및 민족 집단을 기술하는 가장 특징적인 형용사 다섯 개를 골라줄 것을 요청하면서 의

14 담론적(discursive)이란 '어떤 주제에 대한 말이나 글이 체계적인'이라는 의미이다 — 옮긴이.

〈표 5.1〉 특성 고정관념

체크된 특성 순위		수	비율(%)
독일인	과학적인 사고방식을 가진	78	78
	부지런한	65	65
	무신경한	44	44
이탈리아인	예술적인	53	53
	충동적인	44	44
	열정적인	37	37
흑인	미신적인	84	84
	게으른	75	75
	태평스러운	38	38
유대인	상황 판단이 빠른	79	79
	돈 버는 데만 관심이 있는	49	49
	부지런한	48	48
미국인	부지런한	48	48.5[16]
	지적인	47	47.5
	물질주의적인	33	33.3

자료: Katz and Braly(1933: 284~285)의 〈표 1〉에서 발췌. 미국심리학회(American Psychological Association)의 승낙을 받고 재인쇄함.

견을 물었다. 흥미롭게도 저자들은 그 시대를 반영하듯 이러한 종교와 국적을 '인종'으로 불렀으며 정말 친절하게도[15] 100명 가운데 각각의 대답을 한 학생의 숫자와 비율 모두를 보고했다(〈표 5.1〉 참조). 조사 결과는 노골적으로 말하자면 대단히 흥미로우며 무엇을 근거로 그와 같은 일반화를 하는지, 그러한 일반화가 시간이 흐르면서 어떻게 변할지, 그리고 오늘날의 학생들은 그와 같은 견해를 공유하는 것을 심지어 편안해 할지에 대한 독자들의 궁금증을 유발한다. 카츠는 나중에 이러한 고정관념을 잘못되고 어리석을 뿐만 아니라 모순적이라고 기술하면서 그것을 무엇보다도 공적 허구public fiction로 묘사했다(Katz

15 원문의 helpfully는 전체 조사 대상자가 100명이어서 굳이 백분율을 표시하지 않아도 되는 상황에서 백분율을 표시한 것을 반어적으로 표현하기 위해 사용했다고 한다. 따라서 그 맛을 살려 반어적 표현으로 옮겼다 — 저자와의 이메일 교신.

and Schanck, 1938).

어쩌면 역대 최고의 영향력 있는 사회과학 연구 가운데 하나는 고정관념에 관한 다음 단계의 연구인 아도르노 등의 『권위주의적 성격*The Authoritarian Personality*』(1950)일 것이다. 버클리 소재 캘리포니아 대학교에서 연구 중이었던 이 팀은 제2차 세계대전 직후 고정관념을 기술하는 것에 편견을 갖는 성향의 사람들의 심리학적 역학을 이해하기 위한 시도로 이동하기 시작했다. 그들은 교묘하게 경시되었던 맑스와 프로이트에 의존하면서 민족적 편견의 뿌리를 권위와 전통적으로 규정된 집단 정체성에 집착하는 집단적 성격 장애collective personality disorder로 묘사했다.

이 책의 때맞춘 인기와 잘 반복 사용되는 권위주의 성향에 대한 설문조사 척도인 FFascism-척도는 분명 유대인 대학살의 역사적 그늘과 독일인이 특히 권위주의적인지와 어떤 특정한 조건하에서 유사한 대중운동이 다른 곳에서 어쩌면 냉전 맥락에서도 발생할 수 있을지에 대한 관련 질문에 뿌리를 두고 있었다. 그들이 제안한 권위주의 이론의 핵심은 분명 척도 항목, 특히 관습주의conventionalism, 권위에 대한 복종, 공격성, 미신, 그리고 강인성toughness과 같은 특성에 명확하게 나타나 있다. 권위주의자들의 경우, 복종과 권위에 대한 존중은 어린이들이 배워야 할 가장 중요한 미덕이다.

다음은 F-척도 항목의 일부이다:

- 모든 사람은 어떤 초자연적 힘에 대한 완벽한 믿음을 가지고 두말없이 그러한 힘의 결정에 복종해야 한다.
- 젊은이들이 가장 필요로 하는 것은 엄격한 규율, 단호한 결의, 그리고 가족과 국가를 위해 일하고 싸우겠다는 의지이다.
- 우리의 명예를 모욕하는 것은 항상 처벌받아야 한다.

---

16 소수점은 인용 출처상에 있는 오류이다 — 저자와의 이메일 교신.

- 만약 우리가 부도덕하고, 비뚤어져 있으며, 의지가 약한 사람들을 어느 정도 제거할 수 있다면, 사회문제는 대부분 해결될 것이다.
- 사람들은 서로 뚜렷이 구별되는 두 부류로 나누어질 수 있다: 약자와 강자.
- 사람들은 대부분 삶이 얼마나 비밀스러운 장소에서 꾸며지는 음모에 의해 통제되는지 인식하지 못한다.
- 진정한 미국식 삶이 너무 빨리 사라지고 있어서 그것을 보존하기 위해 반드시 힘이 필요할 수도 있다.

잠시 동안 F-척도의 성격과 그것이 실제로 측정하고 있던 것이 학문적 논쟁의 주제가 되기도 했다. 그러나 관련된 이슈들이 계속해서 연구 문헌에 이따금씩 불쑥 나타나기는 하지만 분명한 해결 없이 이 문제는 희미하게 잊혀갔다(Christie and Jahoda, 1954; Kirsht and Dillehay, 1967; Kreml, 1977; Jost, 2009). 돌이켜 생각해 보면, 아도르노와 동료들은 권위주의를 성격 장애로 묘사하면서 고정관념을 형성하는 사람들에 대한 어떤 고정관념 같은 것에 굴복한 것처럼 보인다.

그러나 아도르노와 동료들을 따르는 이 분야 심리학 연구의 주류는 고든 올포트Gordon Allport가 쓴 『편견의 속성*The Nature of Prejudice*』(1954)의 출간으로 새로운 방향 전환을 앞두고 있었다. 올포트는 왜곡된 공적 허구나 성격 이상이 아닌 고정관념화의 뿌리가 범주화와 추상화라는 정상적인 인지 기능에 있음을 강조했다. 그는 그것을 "예단의 정상성normality of prejudgment"이라 불렀다: "인간의 정신은 반드시 범주(이 용어는 여기서 일반화에 해당함)의 도움을 받아 생각해야만 한다. 범주들은 일단 생성되면 정상적인 예단의 토대가 된다. 우리는 도저히 이 과정을 피할 수 없다. 질서정연한 삶은 그것에 의존한다…. 우리의 생각에는 특이한 관성이 존재한다. 우리는 문제를 쉽게 푸는 것을 좋아한다. 만약 재빨리 문제를 어떤 만족스러운 범주로 분류하고 이 범주를 그러한 해결책을 예단하는 수단으로 사용할 수 있다면, 우리는 문제를 가장 쉽게 풀 수 있다"(Allport, 1954: 20).

분명 범주들은 어느 정도 정확할 수도 있고 어느 정도 합리적일 수도 있다. 올포트는 "자신의 종족에 충실하려는" 민족 집단과 종교 집단의 경향이 자연스럽고, 문화적으로 편안하며, 습관적임을 확인했다.

4) **인간의 범주적 발견법은 몹시 차별적인**invidious[17] **경향이 있다.** 올포트와 타지펠의 매우 영향력 있는 연구는 내집단 정체성의 강도가 외집단 적대감의 강도와 반드시 관련되어 있지는 않으며 실제로는 심지어 상응하는 외집단에 대한 의식과도 관련이 없을 수도 있음에 주목한다. 올포트는 다음과 같이 보고하고 있다:

> 발표되지 않은 한 연구에서 연구자들은 많은 수의 성인을 인터뷰했다. 연구자들은 그들이 속해 있다고 생각하는 모든 집단을 말해 주도록 요청했다. 각 성인이 속해 있다고 생각하는 집단의 목록은 꽤 길었다. 언급한 빈도가 가장 높고 강도도 가장 강한 집단은 가족이었다. 이어서 지리적 지역, 직업과 관련된 집단, 사회적(클럽 및 친구관계) 집단, 종교 집단, 민족 집단, 그리고 이념 집단 순이었다.
> 이 목록이 완성되었을 때, 연구자들은 연구 대상자들에게 "당신이 생각하기에 당신이 동일시한 집단 가운데 하나와 직접적인 대조를 이루고 있는 것처럼 보이거나 그러한 집단에 위협이 되는 것처럼 보이는 집단이 있으면 모두" 말해달라고 요청했다. 이러한 직접적인 권유에 연구 대상자의 21%만이 외집단을 언급했다. 79%는 어떤 외집단도 말하지 못했다. 외집단을 확인해 준 사람들은 주로 민족 집

17 invidious는 '심기를 거슬리는', '불쾌하게 하는'이라는 뜻도 있으나 '몹시 차별적인', '부당한'이라는 뜻도 있다. 인간은 고정관념이나 편견으로 인해 두 집단을 비교할 때 한 집단은 깎아내리고 다른 집단은 추켜세우는 '몹시 차별적인' 비교를 할 수도 있는데 이러한 비교를 'invidious comparison'이라고 한다. 이러한 '차별적인(부당한)' 비교로 인해 사람들의 '심기가 거슬리거나' '불쾌해지는' 것이다 — 저자와의 이메일 교신.

단, 종교 집단, 그리고 이념 집단을 거명했다(Allport, 1954: 48).

여기서 우리 분석의 핵심 이슈는 시간이 흐르면서 이러한 역학에 미디어 묘사의 역할과 그와 같은 발견법에 맞서는 '대응 프로그램 편성'에 대한 전망이다. 다음 장들에서 그것을 다룰 것이다. 이 장에서 지금까지 우리는 사회 지향적인 개인 수준의 정보 처리에 관한 논리 정연한 모델을 찾기 위해 사회적 정체성에 관한 문헌들을 쭉 살펴보고 있다. 그와 같은 모델에 대한 우리의 관심은 그것이 증가된 커뮤니케이션이 갈등과 양극화를 증가시키는 조건과 커뮤니케이션이 물리적 갈등을 대체하거나 줄이는 조건을 검토해서 가려내도록 도와줄 것이라는 예상을 전제로 하고 있다. 이러한 모든 것은 압도적으로 정보가 풍부한 세계 속에서 일어나기 때문에 주의 역학attentional dynamics을 더 잘 이해할 필요가 있다. 개인들은 사회적 정체성을 확증하거나 불확증적인 사실을 피해갈 분명한 의도를 가지고 잡지를 펼쳐보거나, TV를 켜거나, 브라우저를 열어보지는 않는다. 교실과 연수과정 같은 제도적 환경 밖에서 전 세계를 인쇄 미디어와 전자 미디어에 참여하게 하는 핵심적인 동기부여의 역학은 분명하다.

5) 인간은 내재적 즐거움[18]을 위해 커뮤니케이션을 추구한다. 커뮤니케이션 이론가들은 많은 시간을 커뮤니케이션 효과에 대해 생각하는 데 보낸다. 예를 들어, 문화 연구 전통은 패권적 영향의 미묘함에 대해 깊이 생각한다. 사회과학 전통은 정치적 불안과 사회적 자본의 상실에서부터 흡연, 건강에 해로운 식습관, 반사회적 행동, 그리고 젠더 및 민족적 고정관념화에 이르기까지 (주로) 부정적인 미디어 효과의 매우 긴 목록을 유지한다. 연구 중인 이러한 역학들

---

18 내재적 즐거움(intrinsic enjoyment)은 강렬한 관여, 흥미, 그리고 몰입된 집중이 특징이다 — 옮긴이.

가운데 몇몇을 제외한 모두에서 효과는 대체로 의도하지 않은 우연한 '부수적 피해'인 것처럼 보이며, 이러한 피해는 커뮤니케이터와 수용자 모두에 의해 어떤 다른 이유로 시작되는 커뮤니케이션 행동에서 기인한다. 또다시, 이것은 자기모순적인 상황 모음집이다. 미디어 산업의 경영진에게 사람들이 미디어 콘텐트를 가지고 무엇을 하는지는 대체로 중요하지 않다. 이들은 상업적인 기업들로 일단 영화표가 판매되었거나 텔레비전 프로그램과 연관된 광고가 시청 되고나면, 그것으로 거의 끝이 난다. 더욱이 그들이 시청하지 않는 이유는 중요하지 않고, 그들이 시청하는 것만이 중요할 뿐이다. 그 결과, 상업적인 수용자 조사에서는 여러 종류의 오락 및 정보 콘텐트에 대한 수용자의 관심과 그러한 콘텐트를 손에 넣고자 하는 의도에 대해서는 상당히 주목하지만, 그보다 더 깊게 동기를 조사하는 것은 최종 손익損益과 무관하다. 이것은 일부 독자들에게 직관에 반하는 듯한 인상을 줄 수도 있기 때문에 간략하게 설명하기로 한다. 물론 영화, 방송, 음악, 텔레비전 및 출판 산업의 미디어 경영진은 스스로를 예술의 미학과 수용자의 취향에 대한 상황 판단이 빠른 사람들이라고 생각한다. 그러나 시장 최종 손익이 직업상 지위와 고용 조건을 끊임없이 그리고 필시 치명적으로 통제하기 때문에 가끔 통제에서 벗어나기도 하는 경영진을 제외한 모든 경영진은 제작 결정을 내릴 때 시장 판단 대신 미학적 판단을 사용하지 못한다. 그것은 각각의 전통적인 매스 미디어의 업계지들이 사용하는 언어와 깊이 뿌리박힌 인식론에 너무나도 분명하게 드러나 있다. ≪뉴욕 타임스≫ 평론가들은 독자들을 위해 특정 영화가 볼 만한 가치가 있는지를 판단하려 한다. ≪버라이어티 *Variety*≫ 평론가는 어떤 영화의 알려진 제작비와 아직 알려지지 않은 매표소 투자수익률 간의 비율을 판단하려 애쓴다. 그와 같은 어떠한 문화산업에서와 같이 수용자들의 의식 고양, 정서적 몰입, 교육, 그리고 생각 자극에 대한 겉만 번지르르한 논의는 존재한다. 그러나 모든 업계 베테랑은 그러한 문화적 미학[19]의 정중한 언어와 최종 손익이라는 현실 언어 간의 차이를 충분히 이해하고 있다.

하나의 구체적인 사례로, 사람들은 지역 텔레비전 방송국의 보도국이 성과를 향상할 수 있도록 도와주는 몇몇 전문 컨설팅 회사를 살펴볼 수도 있을 것이다. 더글러스 드루 미디어Douglas Drew Media, 프랭크 마지드 어소시에이츠Frank Magid Associates, 그리고 애덤스 브로드캐스팅 컨설팅Adams Broadcasting Consulting이 대표적인 예이다. 이들은 뉴스 내용을 다루는 그 어떤 것만큼이나 뉴스룸 세트의 색상 배합과 뉴스 앵커 캐스팅에 초점을 맞출 가능성이 있다. 그리고 성과가 의미하는 것은 분명하고 명백하다: 그것은 저녁식사 시간과 밤 11시 뉴스 프로그램이 지역 텔레비전 시장의 다른 경쟁자에 비해 우위를 점하는 것이다. 성과의 한 구성 요소로서 수용자들이 뉴스캐스트로부터 무엇을 배우는지 살펴보겠다는 생각은 그야말로 방송국이나 컨설팅 회사의 머릿속에 존재하지 않을 것이다(Neuman, 1976).

이러한 업계 문화와 학계 문헌들 속에 존재하는 특이한 차이의 결과로 인해 우리는 놀랍게도 사람들이 어떤 동기에서 책을 읽는지, 라디오 방송을 듣는지, TV를 보는지, 혹은 영화를 보러 가는지 거의 알지 못한다. 연구자들은 분명 단순히 수용자들에게 동기를 묻는 시도를 많이 해왔지만, 그들의 응답은 놀랄 만큼 모호하다. 수용자들은 대부분 그와 같은 문제에 대해 깊이 생각하지 않는다. 연구자들은 수용자들이 어떤 특정한 작가의 소설을 즐긴 후 그 작가의 작품을 계속해서 찾는다거나 좋아하는 에피소드로 구성된 TV 프로그램이 있다는 것 그리고 그들의 의사 결정과 행동의 상당 부분이 매우 습관적이라는 것을 알아냈다. 연구자들은 수용자들이 특정한 텍스트나 장르를 좋아하지만 그 이유를 분명하게 설명하기는 매우 어렵다는 사실도 확인했다(Zillmann and Vorderer, 2000).

---

19 문화적 미학(cultural aesthetics)이란 문화적으로 조건화된 경험을 나타내는 것으로, 사물이 미학적으로 지각되는 방식을 특정적으로 묘사하는 합리적으로 구별되는 감수성을 말한다 — 옮긴이.

연구 문헌에 나타난 이러한 기이한 격차를 더 자세히 보여주기 위해 우리는 구조적인 기능적 분석이 크게 유행했던 시기에 개발되었던 미디어의 '기능'에 관한 고전으로 잠깐 되돌아가 볼 수도 있을 것이다. 미디어의 기능에 대한 묘사로는 해럴드 라스웰의 묘사가 가장 유명하며 여전히 자주 인용된다. 1948년 그는 "사회에서의 커뮤니케이션의 구조와 기능"이라는 간단한 제목의 에세이를 썼으며, 이 에세이는 이후에도 여러 차례 재인쇄되었다. 이것은 "누가 어떤 채널을 통해 누구에게 어떤 효과로who says what through what channel to whom with what effect"라는 상징적인 정형화된 문구가 소개된 에세이와 동일한 에세이이다. 라스웰은 계속해서 다음과 같이 이어간다: "어떤 과정도 두 개의 준거 틀, 즉 구조와 기능의 측면에서 검토될 수 있다; 그리고 우리의 커뮤니케이션 분석은 특정한 기능을 수행하는 전문 분야를 다룰 것인데, 그러한 기능은 다음과 같이 분명하게 구분될 수 있다: (1)환경 감시; (2)환경에 대응하는 사회의 부분들의 상관; 그리고 (3)한 세대에서 다음 세대로의 사회적 유산의 전승"(Lasswell, 1948: 38).

분명 라스웰은 집단적 수준에서의 기능에 대해 생각하고 있다. 개인이 환경을 감시하거나 사회적 유산이 전승되는 것을 받아들이기 위해 앉아 있는 것을 상상하기는 어렵다. 몇 년 지나지 않아 사회학자 찰스 R. 라이트Charles R. Wright(1960)가 네 번째 기능인 오락을 추가하면서 개인적 동기화의 속성을 인정했다. 사회적·문화적 수준의 집단적 이득이라는 개념과 개인 수준의 잠재적으로 쾌락적인 동기화 간의 이러한 특이한 긴장은 그러한 분석에서 되풀이되는 주제이다.

우리는 미디어 행동의 내재적 즐거움이라는 역학을 이해하기 위한 중요한 이론적 출발점을 정말로 가지고 있으며 이는 인간이 익숙한 것 속에서 위안을 찾는다는 것을 이해하는 데서 출발한다. 오락물의 내러티브와 뉴스 기사는 매우 예측 가능한 구조적 속성을 가지고 있다. 서부 영화, 살인 미스터리 소설, 텔레비전의 시트콤, 그리고 예를 들어 기업 부패에 대한 뉴스 기사는 주변적인 것만 차이가 있는 특유의 줄거리를 가지고 있다. 이러한 일반적인 형식에 대한 텍스트 분석과 문학적 분석은 잘 개발되어 있지만, 내러티브 구조와 수용자의 동기 및 행동 간의 연계성은 여전히 잠재적인 이론적 체인 속의 불완전한 연결 고리이다.

양극화와 매스 커뮤니케이션

이 장은 주로 인간 심리학의 역학 가운데 한 가지 차원, 즉 우리는 왜 그렇게 서두르며 갈등에 집착하는지에 관심을 가져왔다. 인간에게는 부족적인 성질이 있기 때문에 이러한 성향을 가리키는 용어를 속된 말로 부족적tribal이라고 할 수도 있을 것이다. 실제로 부족이 없어도 우리가 대충 꿰맞출 수도 있는 지각된 차별적인 구분들로부터 하나의 부족을 만들어 우리의 정체성을 '다른 상대' 부족 혹은 흔히 다수의 다른 부족과 대조적으로 구별 짓고는 흔히 그 부족 혹은 그 부족들과 충돌을 일으킬지도 모른다. 우리는 이 장을 구성하는 데 도움을 준 네 가지 뿌리 깊은 심리학적 메커니즘과 새로운 미디어 환경에서 앞의 네 가지와 흥미로운 방식으로 상호작용할 것으로 기대하는 다섯 번째 요인을 나열했다. 앞의 네 가지 요인은 (1)익숙함, (2)정체성 강화, (3)단순화하는 범주적 발견법 및 (4)차별적인 구분을 지향하는 성향이다. 다섯 번째 요인은 이상하게도 좀처럼 연구되지도 않았고 이론화도 덜된 미디어 행동 측면, 즉 미디어 이용을 견인하는 내재적 즐거움이다. 다섯 번째 요인의 중요성은 미디어 콘텐트 선택이 엄청나게 확대되고 공중의 주의가 잠재적으로 조각화 될 수 있는 세계에서 부족적인 것the tribal의 강화는 하나의 분명한 가능성이라는 것이다. 그래서 이 장의 마지막 부분에서 양극화 성향을 보정하기 위한 사회구조적 메커니즘으로 어떤 것을 살펴볼 수 있는가 하는 질문을 제기한다. 이 책의 나머지 부분에서 이 질문에 주목한다.

실제 가족적 부족들이 인간 커뮤니케이션의 주요한 기초였을 때 이웃과의 갈등을 피하는 한 가지 특별히 유용한 기법은 그냥 '상대'에게서 멀어지는 것이었다. 대부분의 인간 집단이 유목민이었을 때 이것은 특히 적절했다. 길들여진 동물과 농사가 사냥과 채집을 대체하자 그렇게 하는 것이 더 어려워졌다. 밀도가 높은 도시 인구 그리고 군대를 가지고 있는 도시 국가와 국민-국가가 이웃 국가와의 관계가 뒤틀리게 되었을 때도 여전히 그렇게 하기가 더 어려웠다. 그러나 사람들은 여전히 이웃을 무시하는 것(피하고 멀리하는 것)을 선택할 수 있을 것이다.

슬프게도 지구촌화된 세계 체계 속에서 이웃 부족을 무시하려 노력하는 것은 갈수록 더 실행 가능하지 않다. 파키스탄과 아프가니스탄 사이의 허술한 국경에 위치한 술라이만 산맥Sulaiman Mountains과 같은 심지어 가장 외딴 곳에서 일어나는 사건의 영상도 만약 미국의 이익과 관련된 것으로 판단되면 위성을 통해 북미 시청자들에게 즉각적으로 전해진다. 지구촌에서는 심지어 '이웃'의 의미도 재검토가 필요하다.

앤더슨의 상상된 공동체. 이 장의 마지막 부분은 분석 수준을 심리학적인 것에서 사회적·문화적·정치적인 것으로 바꾸는 것에 대해 다루고자 한다. 이 부분을 이끌어갈 주제는 비록 대단한 것은 아니지만 우리의 진화된 심리학적 성향을 바꾸려는 노력이 좋은 성적을 거둘 것 같지는 않다는 것이다. 더 가능성 있는 전략은 아마도 제도화된 보상 체계를 바꾸어 그러한 깊이 뿌리박힌 성향을 현실적으로 처리할 수 있도록 설계하기 위해 노력하는 것일 것이다. 대단히 박식하고 널리 인용되는 베네딕트 앤더슨의 『상상된 공동체』라는 제목의 역사적 분석은 그와 같은 시도를 위한 유용한 출발점이 될 수 있다. 500년 세계 역사에 대한 추론적 고찰에서 앤더슨은 국민주의와 공중들의 깊은 국민 정체성 의식이 17세기에서 19세기까지 유럽과 북미에서 그리고 그 후에는 식민지에서 독립한 남미와 아시아에서 그토록 강했던 것에 대해 깊이 생각했다. 맑스주의 전통에 의존하면서도 맑스주의와는 다소 거리를 두면서 앤더슨은 '인쇄 자본주의print capitalism'라고 스스로 이름 붙인 새롭고도 강력한 역사적 힘에 대한 하나의 개념을 발전시킨다.

> 따라서 자본주의의 논리는 일단 남미의 엘리트 시장이 포화된다면 하나의 언어만 사용하는 대중으로 대표되는 잠재적인 거대한 시장이 유혹의 손짓을 할 것임을 의미했다…. 자유주의[20]와 계몽주의[21]는 무엇보다도 제국 체제와 낡은 체제에 대한 이념적 비판의 무기고를 제공한다는 점에서 분명 강력한 영향을 미쳤다. 내가 제안하는 바는 경제적 이익도, 자유주의도, 계몽주의도 이러한 체제들의 약탈을 방어할 수 있는 그런 종류의 혹은 그런 형태의 상상된 공동체를 자체적으로 만들 수 없었거나 만들지 못했다는 것이다; 바꾸어 말하면, 중간에 위치해 있어 존경 혹은 혐오의 대상이 되는 것과는 대조적으로 시야의 주변부에 있어 좀처럼 보이지 않는 새로운 의식의 틀을 아무도 제공하지 못했다는 것이다. 이러한 특별한 과제를 완수하는 데 있어서는 필그림 크리올[22] 공무원과 식민지의 크리올 인쇄업자들이 역사적으로 중요한 결정적인 역할을 수행했다(Anderson, 1983: 38, 65).

첫 번째로 역사 발전을 촉진한 것은, 특히 자국어로 된 책이었다. 앤더슨은 현대적인 인쇄기가 (재)발명된 지 첫 50년 이내에 200만 부의 책이 유럽에서 출판되었음에 주목했다. 그때까지는 교회가 도전자들보다 더 나은 커뮤니케

---

20 자유주의(Liberalism)는 자유사상을 최상의 정치·사회적 가치로 삼는 역사적 전통이며, 사회철학적 관점이자 이념으로, 어떤 권력자에게서 받는 부당한 지배나 억압, 차별, 방해 등으로부터 해방을 추구하는 것으로 권위주의와는 반대되는 개념이다 — 옮긴이.

21 계몽주의(Enlightenment)는 이성을 통해 사회의 무지를 타파하고 현실을 개혁하자는 사상이며, 17세기에 처음 주창되어 18세기에 확산되었다. 주로 칸트나 볼테르, 몽테스키외에서 그 단초를 찾으나 로크까지 거슬러 올라가기도 한다〔나무위키(https://namu.wiki)〕 — 옮긴이.

22 크리올(creole)이란 필그림(pilgrim), 즉 유럽 이주민의 자손으로 식민지 지역에서 태어난 사람을 부르는 말이다 — 옮긴이.

이션 라인을 가지고 있었기 때문에 이단異端과의 싸움에서 쉽게 이겼다. 그러나 1517년 루터Luther가 비텐베르크Wittenberg에 있는 교회 문에 그의 논제를 못으로 박아 붙였을 때,[23] 독일어로 된 논제의 복사본들이 인쇄되어 2주 이내에 독일의 시골 전역에서 이용 가능했다. 루터는 곧 역사상 첫 베스트-셀링best-selling 작가가 되었으며, 그 후 10년 동안 출판된 독일어 책의 3분의 1을 차지했다(Anderson, 1983: 39). 우리의 목적상 앤더슨의 논지가 매우 흥미로운 이유는 이러한 역사적 힘이 계획되지 않았고, 지시를 받지도 않았으며, 의도하지도 않았다는 점 때문이다. 음모를 꾸민 국민주의 이데올로기 신봉자들은 자국어로 인쇄하겠다는 모의는 하지 않았다. 그것은 인쇄 자본주의의 시장 확대 주의가 빚어낸 의도하지 않은 산물이었다. 유럽 전역에 걸친 로마 가톨릭 단일 종교 정체성이 서로 갈라지는 지역의 신교도 분파들 그리고 그렇지 않았다면 공백으로 남아 있을 수도 있었던 대중 인구 사이의 부족部族 의식과 공명을 이룬 새로운 국민 정체성인 세속주의와 계몽주의에 의해 대체되고 있었다. 독일 도시 국가의 왕자들은 점차 종교적 독립이 정치적 독립이라는 대의大義를 도와주었다고 인식했을 수도 있지만, 루터의 95개 논제는 종교 문서였고 정치는 그다음 문제였다. 칼훈Calhoun이 앤더슨의 논지를 이용하여 지적했듯이, 일단 정치 공동체를 국민으로 상상하는 생각이 나타나자, 그것은 "모듈화 되어서 만약 모듈화 되지 않았다면 다양하게 이질적인 부분들로 구성되었을 환경에 이식될 수 있었다"(Calhoun, 1993: 216).

500년이 지난 지금, 당연하겠지만 종교적 정체성과 국민 정체성은 계속해서 매우 중요하다. 그러나 작아지고 있는 지구촌으로 인해 이러한 정체성들이 지속적으로 강하게 맞부딪히며 경쟁하고 있다. 새뮤얼 헌팅턴Samuel Huntington

---

23 1517년 10월 31일 오후 2시, 33세였던 무명의 신학자 마르틴 루터는 독일 비텐베르크에 있는 성(城)교회의 문에 종교개혁의 직접적인 원인이 된 면벌부(免罰符) 판매의 문제점을 조목조목 지적한 '95개 논제'를 붙였다 — 옮긴이.

(1993, 1996)의 유명한 문명의 충돌clash-of-civilizations 가설이 발표된 이후 이러한 긴장은 인정되었으며 또한 강조되었다. 헌팅턴은 일련의 문화적 단층선斷層線, 매우 주목받고 있는 기독교의 유럽과 이슬람교의 중동 및 북아프리카 간의 긴장을 확인했다. 이와 관련한 현시대의 질문은 수용자를 극대화하고자 하는 현대 '방송 자본주의'가 우연히 그리고 어쩌면 심지어 충동적으로 그러한 문화적 단층선을 강화하는지 여부이다. 북미와 유럽의 미디어가 아랍이 이스라엘을 괴롭히고 있다는 수용자의 기대를 강화하고 있고 아랍의 미디어 역시 그 반대 행위를 하고 있는 것을 보면 이것은 분명하다. 만약 정부가 통제하는 미디어와 정부에게서 독립한 상업적 미디어가, 수용자가 기대하는 것과 어떤 의미에서 수용자가 '원하는' 것을 수용자에게 제공한다는 점에서 결국 정확히 똑같은 일을 하며 진화된 사회적·국가적·종교적 정체성을 토대로 한 더욱더 양극화되는 일단의 상충하는 세계관 속으로 나선형을 그리며 빨려 들어간다면, 디지털 공적 영역은 인간의 양극화 성향을 보정하는 것이 아니라 강화할 것이다. 앞으로 남은 부분에서 이 이슈에 대한 전략적 접근법을 개략적으로 기술하고자 한다. 이 장에서 우리가 추구하는 목적상 검토해 본 심리학적 메커니즘이 워낙 강하게 뿌리 박혀 있기 때문에 제안해 볼 수는 있지만 성공할 가능성은 없는 몇몇 보정적 접근법을 간략하게 검토한다.

양극화에 대한 보정?

문화에서 유래된 적절한 행동에 대한 규범과 그러한 문화 속에 있는 사람들의 충동 사이의 긴장은 첫 부족들의 존재만큼이나 오래되었다. 물론 (종교상·도덕상의) 죄도 사회규범 위반이며, 우리는 얼마나 자주 그런 죄를 짓는 부족 구성원을 볼 수 있는가? 사실상 모든 종교적 전통과 시민법적 전통은 공식적으로 금지된 행동을 규정하는 정교한 규칙을 가지고 있으며 그러한 행동을 다루기 위한 칭찬, 처벌, 의례적 속죄 및 신神의 용서가 복잡하게 섞여 있다. 이러한 권위 있는 체계들이 실제로 인간의 행동을 올바른 길로 이끄는 데 성공적인지 여부는 흥미로운 질문이지만 좌절감을 느낄 정도로 답하기 어려운 질문이기도 하다. 사람들은 이러한 문화적으로 강화된 정교한 탐지 및 집행 체계가 없다면 삶은 야만적인 폭력과 생존 경쟁이 벌어지는 홉스적 혼돈Hobbesian chaos 상태[24]가 될 것이라고 상투적으로 주장한다. 비록 이러한 사회적 계약[25]이 최소한의 사회질서 수준을 확립해 줄지라도, 만약 개인의 동기화가 충분히 강하거나 집단적으로 정해지는 잠재적인 경제적 보상이 충분히 크다면, 조직화되어 있든 그렇지 않든 범죄적 행동이 분명히 나타나게 될 것이다. 그래서 초기 미국의 마녀재판witch trials,[26] 금주 실험prohibition experiment,[27] 12세기부터 16세기까지의 종교재판, 그리고 심지어 유대인 대학살과 같은 강요된 공식적인 도덕적 권위의 역기능적인 발작을 정상적이고도 반드시 필요한 법과 질서의 집행과 구분하는 것은 때로 어렵다. 따라서 우리는 다른 집단과 내집단을 구별하려고 하는 인간의 성향에 균형을 잡아주려는 노력은 극도로 어려운 과제가 될 것이라

---

24 홉스적 혼돈이란 적자생존이 지배하는 극단적인 무정부상태를 말하는데, 따라서 흔히 학자들 사이에서 '홉스적'이라는 표현은 피도 눈물도 없이 잔인하고 무자비한 강압을 의미하곤 한다 — 옮긴이.

25 토머스 홉스는 성악설을 믿었고 자연 상태를 만인의 만인에 대한 투쟁 상태로 보면서 국가가 없는 자연 상태에서 발생하는 문제들을 해결하기 위해서는 사람들의 계약, 즉 사회적 계약(social contract)을 통해 모든 통치권을 군주에게 양도해야 한다는 사회계약설을 주장했다 — 옮긴이.

26 세일럼 마녀재판은 미국 뉴잉글랜드 지방의 매사추세츠주 세일럼 마을(현재 댄버스)에서 1692년 3월 1일에 시작된 일련의 재판을 말한다. 200명에 가까운 마을 사람들이 마녀로 고발되어 총 25명이 죽임을 당했는데, 19명이 처형되고, 1명이 고문 중 압사, 5명이 옥사했다. 무고한 사람들이 차례차례로 고발되고 재판된 과정은 집단 심리가 폭주한 예로 유명하다 — 옮긴이.

27 1920년 1월, 미국에서 주류 판매와 제조를 금지하는 법안이 발표되자, 중간 계급과 혁신주의자로 자처하던 이들의 대다수는 이를 지지했다. 그러나 1년도 못 되어, 금주론자들이 지칭했던 "고상한 실험(noble experiment)"은 성공적이지 않았음이 명백해졌다.(자료: Cato Institute) — 옮긴이.

는 결론을 내릴 수 있다. 이 단계에서 이러한 깊이 뿌리박힌 심리적 역학들을 감안할 때 큰 성공을 거둘 것 같지 않은 세 가지 보정 전략을 검토해 볼 수 있다. 그런 다음, 연구들이 진정한 가능성이 있음을 보여주는 세 가지 전략에 대해 살펴볼 것이다.

회피. 어쩌면 이 전략은 갈등 관리 101Conflict Management 101이라는 강좌의 첫 수업시간에 나오는 내용일 수도 있을 것이다. 대부분의 담임교사는 배운 대로, 3학년인 빌리Billy와 에디Eddie의 접촉과 갈등을 최소화하기 위해 그들의 책상을 교실의 반대편 양끝으로 옮긴다. 심각한 문제가 발생할 때, 빌리나 에디 가운데 한 명은 적절한 다른 교실로 이동해야 할 수도 있다. 물론 유목시대와 부족시대에 부족들은 각자의 길을 가는 것이 생존에 가장 도움이 될 수도 있다는 것을 알았다. 그러나 우리는 커뮤니케이션과 운송의 전 세계적인 흐름과 진정으로 세계화된 경제 체계로 인해 과거의 회피 전략은 실용성이 없으며 비현실적이라는 잠정적인 결론을 내린다. 오늘날 에디는 무선 문자 메시지로 교실 반대편에 있는 빌리를 도발하거나, 그 일로 다른 교실 심지어 다른 학교에 있는 빌리를 도발할 수 있다.

단순 금지. 위의 논의가 시사하듯이, 편견을 금하는 것이 추상적으로는 잘될 것처럼 들릴 수도 있지만, 인간의 충동에 어긋나는 도덕적 행동에 관한 많은 명령처럼 단속이 성공적으로 이루어지더라도 문제가 있는 것으로 드러날 가능성이 있다. 단순 금지란 법규에 해당하지만 사회적이고도 문화적인 폭넓은 규범적 지지를 얻지 못할 수도 있는 제한을 의미한다. 물론 고전적인 사례 하나가 위에서 언급한 1920년부터 1933년까지 미국에서 이루어진 금주 실험이다(Schrad, 2010). 유대인 대학살 및 관련된 제2차 세계대전의 비극의 심각성을 감안할 때, 프랑스 당국과 독일 당국이 나치 기념품의 거래를 금지하는 것이 이해할 만은 하지만, 이러한 단속 노력이 실제 결과를 기대하는 것이 아닌 상징적인 것인지는 분명하지 않다(Virzi, 2001). 프랑스 형사법에 따라 나치 기념품 판매는 프랑스에서 운영되는 야후!Yahoo! 사이트에서 금지되었지만, 프랑스 시민들은 미국에서 운영되는 야후! 사이트에서 파는 물건들을 여전히 살펴볼 수 있으며 미국 법원은 프랑스법이 미국 웹사이트를 강제할 수 없다고 판결했다(United States Court of Appeals for the Ninth Circuit, 2004).

검열. 금지와 마찬가지로, 사람들에게 해를 끼치는 부당한 스피치에 대한 단순한 검열은 이와 같은 복잡한 현상에 대한 신통치 않은 해결책이다. 미국 맥락에서 미국 헌법 수정조항 제1조First Amendment[28]의 표현의 자유를 보장하겠다는 법원의 강한 책임감으로 인해 증오 표현hate speech에 대한 제한은 명예훼손과 전문적인 법적 정의에 해당하는 '공격적 언어fighting words', '폭동 선동incitement to riot'의 경우를 제외하고는 헌법 불합치 판결을 내렸다(Walker, 1994). 흥미롭게도 증오 스피치를 제한하는 것을 꺼리는 미국과는 달리 대부분의 다른 국가와 유엔 같은 국제 포럼에서는 유사한 경우를 거의 찾아볼 수 없다(Schauer, 2005). 그러나 증오 스피치를 검열하려는 이러한 다양한 노력이 성공적임을 보여주는 증거는 거의 없다(Callamard, 2005; Hare and Weinstein, 2011). 또다시, 즉각적으로 전 세계적인 정보 흐름이 이루어지는 세계에서 그와 같은 검열 시도가 얼마나 성공적으로 지속될 수 있을지는 분명하지 않다. 그래서 만약 회피, 단순 금지, 그리고 검열이 그다지 가능성을 보여주지 않는다면, 어떤 옵션이 남아 있을까?

협력적 규범 명령 Cooperative Norms Imperative. 심리학 문헌은 양극화와 갈등

28 '수정헌법 제1조'라고 번역하는 경우를 흔히 볼 수 있는데, 미국 헌법 개정은 최초의 헌법은 그대로 두고 수정하고자 내용을 원래 헌법 뒤에 조항으로 붙여나가기 때문에 '헌법 수정조항 제1조'라고 번역하는 것이 더 합리적이다. 원래 헌법에 '표현의 자유' 보장을 추가하기 위해 원래 헌법 말미에 수정조항 제1조를 추가했다 — 옮긴이.

을 지향하는 인간의 충동에 대한 보상적인 제도적 대응책을 찾고 싶어 하는 사람들에게 몇몇 격려의 말을 건넨다. 여기서 세 가지 보상 전략을 검토하며 남은 장에서 이 주제에 대해 계속해서 살펴볼 것이다. 첫 번째 전략은 단순한 상의하달식 금지는 전망이 밝지 않지만 문화적으로 강화된 규범은 다를 수 있다는 한 문헌의 결론에 의존한다. 핵심은 그러한 규범이 어떻게 분명히 설명되고 그것들이 관련된 사람들과 얼마나 잘 공명을 이루느냐 하는 것이다. 이것에 대한 성공적인 본보기는 흔히 갈등을 금지하기보다는 갈등의 성격을 구조화하거나, 갈등을 다른 데로 돌리거나, 누그러뜨리는 것이라 할 수 있다. 사람들과 집단들 사이의 차이가 발생함에 따라, 규칙을 지키며 '상대편'을 폄하하기보다는 존중하라는 규범은 사회학 기초 문헌(Simmel, 1950; Dahrendorf, 1959; Lipset, 1985; Blalock, 1989)과 이후 조직 연구에서 갈등 관리(Rahim, 2010)와 국민-국가 내에서의 역학과 국민-국가 간의 역학(Kriesberg, 2007)에 관한 더 실용성을 지향하는 문헌에도 되풀이해서 등장한다. 더 최근에는 갈등의 대안을 추구하는 규범을 강화하는 국가와 시장의 영향력뿐만 아니라 중간 기관의 영향력에 초점을 맞추고 있는 시민사회 문헌도 이와 동일한 주제를 다뤄왔다(Calhoun, 1994; Edwards, 2009).

공정성 명령 Fairness Imperative. 규칙을 지키라는 원칙을 규범적으로 강화한다는 생각을 보완해 주는 것은 '상대편'이 정말 공정하게 행동하고 있다는 사람들 사이의 공유된 의식이다. 공정성에 대한 지각, 특히 공정성의 부재에 대한 지각은 정치적 지각과 정치적 참여의 근본적인 동인으로 밝혀졌다. 불공정함, 규칙의 불공평한 적용, 혹은 불공평한 보상에 대한 강한 정서적 반응은 어린이, 심지어 동물에게서 일관되게 그리고 때로는 극적으로 나타난다(Lind and Tyler, 1988; Association for Psychological Science, 2008). 집단행동 연구자들은 지각된 절차적 혹은 정치적 공정성에 대한 커지는 좌절감이 언제 도약점tipping point[29]에 이르는지 그리고 공중의 체념이 언제 공공연한 반란으로 이어지는지에 대한 역학을 연구해 왔다(Gamson. 1968, 1975; Gurr, 1970; Oberschall, 1973; McCarthy and Zald, 1977; Coleman, 1990; Tilly, 2004). 유사한 연구들은 조직 환경에서의 협력과 갈등 그리고 절차적 정의 개념에 초점을 맞추면서 소송 절차에 대해 살펴보았다(Lind and Tyler, 1988).

절차적 공정성, 잠재적 갈등의 단계적 확대, 그리고 잠재적 갈등의 협상에 관한 방대한 문헌이 존재한다는 것을 인정하는 것을 넘어, 여기서 우리의 중심 질문은 커뮤니케이션 역학에 대한 연구가 이러한 학문 분야에 어떻게 가치를 더할 수 있느냐 하는 것이다. 제안하는 바는 아직 커뮤니케이션 역학에 대한 연구가 충분히 발전하지는 않았지만 정말 중요한 역할을 할 것이라는 것이다. 개념상 핵심은 어떤 객관적 의미에서의 '공정성'과 공정성에 대한 지각을 구별하는 것이다. 객관적인 불공정성에 대한 비판적인 공중의 반응은 충분히 합리적이며 장기적으로 분명 중요하다. 그러나 특히 흥미로운 특별한 경우는 왜곡된 커뮤니케이션과 오지각誤知覺으로 인해 불공정성을 잘못 인식하거나 과장되게 인식하는 것이다. 어쩌면 러시 림보Rush Limbaugh, 숀 해너티Sean Hannity, 마이클 새비지Michael Savage 등으로 대표되는 보수적인 토크 라디오 프로그램의 선동적인 수사가 주목할 만한 사례일 수도 있을 것이다. 이러한 개성 강한 이색적인 인물들은 보수적인 관점을 대표하면서 긍정적인 보수적 가치에 대해서는 매우 드물게 이야기하지만 진보주의자들의 비열한 행동과 뒤틀린 논리에 대해 장황하게 조롱하며 말하는 것이 청취율에 이익이 된다는 것을 안다. 이들의 인기 비결은 진보주의자들이 얼마나 이기적이며 속임수를 쓰고 거짓말을 하며 사실을 부정확하게 말하면서 공동의 규범을 잘 위반하는지 지켜본다는 점에서 그들이 표현하는 격한 분노가 보수적인 청취자들 사이에 공유되며

29 작은 변화들이 어느 정도 기간을 두고 쌓여, 이제 작은 변화가 하나만 더 일어나도 갑자기 큰 영향을 초래할 수 있는 상태가 된 단계를 말하는데, 적절한 우리말이 없어서 도약점으로 옮긴다 — 옮긴이.

왠지 모를 만족감을 주기 때문인 것으로 보인다(Jamieson and Cappella, 2008; Neuman, Marcus and MacKuen, 2012).

익숙함 명령 Familiarity Imperative. 로버스 동굴 일화를 회상해 보면, 현장 실험 설계자들은 방울뱀 팀과 독수리 팀 간에 즉각적으로 나타난 경쟁적인 에너지를 너무 우려한 나머지 주머니칼을 압수했고 상황을 다소 진정시키기 위해 두 집단 간에 일련의 협력 활동을 준비했다. 물론 그것은 두 집단이 서로를 더 잘 알게 되면 잘못된 정보에 근거한 편견이 더 줄어들고, 따라서 심각한 갈등의 가능성이 더 낮아질 것으로 생각했기 때문이다. 이것은 편견과 갈등 관리에 관한 심리학적 문헌의 주요 산물로 밝혀졌다. 올포트(1954)의 저서가 출간된 이후 그것은 일반적으로 접촉 가설contact hypothesis로 일컬어졌으며 광범위하게 연구되었다.

올포트(1954)는 그가 편견에 사로잡힌 태도를 줄일 수 있는 가능성을 가장 높이기 위한 최적의 조건으로 본 것, 특히 집단들이 동등한 지위에 있어야 하고, 공동의 목적을 추구해야 하며, 접촉의 맥락을 문화적으로 그리고 규범적으로 지지해야 한다는 것을 열거했다. 50여 년간의 연구와 500편 이상의 다양한 연구에 대한 메타 분석은 외집단에 대한 증가된 지식과 외집단과의 익숙함이 편견과 혐오감을 줄여준다는 명제를 지지하는 일관되고도 통계적으로 강력한 증거를 보여준다(Pettigrew and Tropp, 2006). 이러한 접촉 효과contact effect를 향상하는 몇 가지 조건이 있다. 집단 간 접촉이 동등하거나 거의 동등한 지위 조건 하에서 이루어져야 한다는 것은 중요하다. 공동의 목적을 향한 협력 활동은 한층 더 도움이 된다. 집단 간 상호작용에 대한 전반적인 문화적 지지도 도움이 된다. 그리고 마지막으로 집단들이 추정된 고정관념에 반하는 행동을 보여줄 때, 그것은 그러한 접촉 효과를 높여준다. 올포트는 최초의 연구에서 이러한 조건을 자세히 설명했고 추가적인 연구들을 통해 그러한 조건의 중요성을 뒷받침했지만, 많은 연구는 심지어 이러한 조건이 주어지지 않더라도 접촉을 통해 적어도 어느 정도 편견이 줄어듦을 보여준다(Pettigrew and Tropp, 2006; Hewstone and Swart, 2011). 이 분야의 연구자들은 접촉 과정의 일부가 '단순 접촉'에 의한 익숙함-호감 발견으로 인해 발생할 수도 있다고 추측했다. 흥미롭게도 단순 접촉이 사실상의 접촉, 매개된 접촉, 그리고 심지어 '상상된' 접촉을 가능하게 해주었다는 것은 긍정적인 효과를 분명하게 보여준다(Hewstone and Swart, 2011; Dovidio, Eller and Hewstone, 2011).

양극화와 다원주의

이 장은 차별성의 심리학에 초점을 맞추었다. 판단은 빠르게 하고 용서는 한다 하더라도, 천천히 하려는 충동은 인간의 영혼 깊은 곳에 자리하고 있다. 사회의 구성원임을 통해 우리의 자기-가치를 규정하려는 충동은 어쩌면 더 깊게 자리하고 있을 것이다. 가장 큰 가능성을 제공하는 것은 바로 이러한 후자에 해당하는 역학의 심리학이다. 어떤 조건하에서 커뮤니케이션은 갈등을 최소화할 수 있다. 그러한 구조적 조건을 더 잘 이해하는 것이 당면 과제이다. 내집단과 외집단에 대한 정의는 주로 사회적으로 규정된다. 우리의 매스 커뮤니케이션 기관과 진화하고 있는 소셜 미디어는 디지털 시대에 이루어지는 그러한 과정의 본질적인 부분이다. 의견, 신념, 그리고 행동의 차이에 대한 생산적인 제도적 관리는 다원주의 개념과 연관되어 있다. 다원주의라는 용어는 20세기 후반 정치학과 정치 사회학에서 많이 사용되었으며 립셋(Lipset, 1985), 달(Dahl, 1982), 그리고 린드블롬(Lindblom, 1977)의 연구와 연관되어 있다. 생산적인 이론화와 지속하는 다원주의 구조의 실제적인 성공적 수행은 심리학적 수준의 분석과 제도적 수준의 분석 모두에 대한 주목을 요구한다. 다원주의라는 용어 그리고 이 용어와 연관된 연구와 이론화는 커뮤니케이션 분야에서 큰 주목을 끌지 못했다. 큰 주목을 끌어야 한다고 생각한다.

6

다원주의의 정치학

The Politics of Pluralism

모든 인간 권력은 자신의 특권을 확대하려 애쓴다. 권력을 획득한 사람은
거의 항상 권력을 공고히 하고 권력을 확대하기 위해,
자신의 지위를 방어해 주는 성벽을 증축하기 위해 노력할 것이다.

— 로베르트 미헬스Robert Michels(1962)

심의 집단은 통상 네 가지 문제로 고통받는다. 그들은 구성원들의 실수를 부풀린다.
그들은 구성원들이 가지고 있는 정보를 이끌어내지 않는다. 그들은 장님이 장님을 안내하는
상황을 야기하면서 폭포 효과[1]를 겪는다. 마지막으로 그들은 집단 양극화 경향을 보여,
집단들이 극단으로 치닫는다.

— 캐스 선스타인Cass Sunstein(2006)

오늘날 미디어에 대해 언쟁을 벌이는 것은
거의 틀림없이 정치에 대해 언쟁을 벌이는 것이다.

— 폴 스타Paul Starr(2008)

❖

우리는 이제 네 개의 역설 가운데 마지막인 '다원주의의 정치학'에 대해 살펴보고자 한다. 이 장의 내용은 좀 더 넓은 초점을 반영하며 주의/해석과 같은 개인 수준의 심리학에서 살짝 뒤로 물러나 기관, 집단적 관행 및 문화적 수준과 같은 사회적 수준으로 이동한다. 패권적 미디어 기관, 의제 설정, 공적 영역, 사상의 시장, 그리고 정치적 다원주의 유지라는 까다로운 과제가 이 장의 중심을 구성하는 개념이다. 전제는 매우 간단하다. 작고 동질적이면서 단조로운 목소리를 내는 부족적 환경이나 공동체적 환경에서 사회질서를 유지하는 것은, 윌버 슈람이 강조했듯이 비교적 쉽다: "전형적인 공동체는 최근까지 작고 비교적 동질적이었다. 세대를 지나면서 공동체 구성원들은 대략 동일한 패턴의 문화와 가치 아래서 살 것으로 기대할 수 있었다. 공동체 구성원들은 같은 장소에서 대략 같은 사람들로 구성된 집단과 함께 거주했고, 일했고, 숭배했으며, 놀았다. 사람들은 공동체 전체를 쉽게 이해할 수 있었으며, 공동체 구성원들은 합의와 이해에 도달하기 위해 대면 커뮤니케이션 이외의 어떤 것도 필요하지 않았다. 이제는 그런 것이 더 이상 가능하지 않다"(Schramm, 1948: 2). 전 세계적인 커뮤니케이션 및 상호작용 네트워크에 깊이 빠져 있는 다양한 산업화된 국민-국가에서 공개적이고 활기찬 다원주의를 유지하는 것은 어려운 과제이다. 만약 이 분야의 학문에서 배운 교훈이 있다면, 공공정책은 그러한 교훈을 잠재적으로 잘 활용할 수 있다.

앞에서 진화된 인간의 인지 체계의 특성에 대해 알려져 있는 것과 전달된 메시지에 대한 지각이 대체로 예측 가능한 방식으로 체계적으로 왜곡되는 방식을 문헌을 통해 보여주고자 했다. 이제 방향을 바꾸어 그러한 패턴들이 집단

---

1 폭포 효과(cascade effect)란 어떤 현상이 폭포처럼 순차적으로 증가해 영향을 주고 그 영향이 다시 연쇄적으로 영향을 주는 현상을 뜻한다 — 옮긴이.

적 수준에서 어떻게 나타나는지, 따라서 커뮤니케이션의 흐름을 구조화하는 사회기관과 정치기관들이 알려진 왜곡과 양극화의 패턴들을 상쇄하고 자유로운 표현, 심지어 인기 없는 표현speech에 대한 제도적 개방성을 보호하게끔 설계될 수 있는지 살펴보기로 한다.

여섯 가지 구조적 커뮤니케이션 효과 이론

사회적·문화적, 혹은 제도적 수준의 분석은 메시지 효과에 대한 개인 심리학에서 커뮤니케이션의 제도적 구조가 우리의 집단적 존재에 지속적이고 중요한 효과를 미칠 가능성으로 이동한다. 물론 여섯 가지 구조적 커뮤니케이션 효과 이론에 대한 우리의 작업 목록은 완벽하지 않다. 예를 들면, 다른 것들 가운데 '색인화indexing'(Bennett, 1990) 혹은 '미디어화mediatization'(Mazzoleni and Schultz, 1999)를 포함시키는 것이 유익할 수도 있을 것이다. 그러나 작업 목록은 인간 심리학 위의 수준에서 작용하는 일부 핵심적인 역학을 분명하게 보여주는 역할을 할 것이다. 어떤 경우 이러한 집단 수준의 현상을 한 개인의 인지 체계와 논리적으로 유사한 것, 즉 한 개인의 인지 체계를 집단 인지 개념으로 확장한 것으로 이해하게 될 수도 있을 것이다(〈표 6.1〉 참조). 여섯 개 패턴 가운데 하나인 '주의 공간attention space' 개념은 공중 의제의 다양성을 제약하는 것, 현재 논의되고 있는 공적 이슈의 숫자를 제한하는 것에 대해 살펴보는데, 이 개념은 인간 뇌의 주의력 제한의 자연스러운 확장으로 볼 수 있을 것이다. 그러나 잠시 뒤 보게 되겠지만, 사회적 수준에서 작용하는 주의 메커니즘과 역학 메커니즘은 다른 특성을 가지고 있다.

이러한 '사회적 사실social fact' — 개인 수준의 메커니즘으로 환원될 수 없거나 개인 수준의 메커니즘으로는 그야말로 설명될 수 없는 집단적 현상 — 이라는 개념은 사회학의 중심 개념 가운데 하나로, 사회학을 창립한 이론가 가운데 한 사람인 에

〈표 6.1〉 거시적 수준의 커뮤니케이션 구조의 여섯 가지 가설화된 역학 메커니즘

패턴	영향력 있는 이론가	기본 메커니즘
미디어 의제 설정	맥스웰 맥콤스(Maxwell McCombs) 도널드 쇼(Donald Shaw) 데이비드 위버(David Weaver) 샨토 아이엔거(Shanto Iyengar) 도널드 킨더(Donald Kinder)	공적 이슈에 대한 미디어 보도가 항상 수용자들을 설득하지 못할 수도 있지만, 미디어 보도량과 이슈 현저성에 대한 공중의 지각 간의 밀접한 연관성은 지배적인 미디어의 의제 설정 기능을 보여줌.
과두제의 철칙	로베르트 미헬스(Robert Michels) 네이선 로젠버그(Nathan Rosenberg) 죠얼 모커(Joel Mokyr)	확고히 자리 잡은 엘리트들은 현 지위를 보호하고 비판적인 커뮤니케이션과 이의 제기를 제한하기 위한 이념적·조직적 메커니즘을 개발함.
매튜 효과	로버트 머튼(Robert Merton) 빌프레도 파레토(Vilfredo Pareto) 우드니 율(Udny Yule) 브라이언 아서(Brian Arthur) 얼베르트-라슬로 버러바시 (Albert-László Barabási) 로버트 멧컬프(Robert Metcalfe)	부자가 더 부자가 되고, 유명인이 더 유명해지는 누적 이익, 긍정적 피드백, 선점 우위, 선호적 연결 및 네트워크 효과와 같은 일단의 메커니즘.
주의 공간-소수의 법칙	랜들 콜린스(Randall Collins) 맥스웰 맥콤스(Maxwell McCombs) 에버릿 로저스(Everett Rogers)	제한된 규모의 공중 의제, 새로운 이슈가 오래된 이슈를 대체하고, 재프레임하는 메커니즘, '학파' 수의 자연스러운 제한.
이슈-주의 주기	앤서니 다운스(Anthony Downs) 제임스 스팀슨(James Stimson) 벤저민 페이지(Benjamin Page) 로버트 샤피로(Robert Shapiro)	이슈나 이슈 프레임이 거시적 수준에서 제한된 주의 지속시간을 어떻게 합치고, 최고조에 이르게 하며, 줄어들게 하는지에 대한 역학 모델.
침묵의 나선	엘리자베트 노엘레-노이만 (Elisabeth Noelle-Neumann) 캐롤 글린(Carroll Glynn) 빈센트 프라이스(Vincent Price) 마이클 슬레이터(Michael Slater)	지배적이거나 정치적으로 옳은 견해가 소수견해를 가지고 있는 사람들이 공개적으로 말하고자 하는 자발적 의사를 감소시키는 여론의 부가적인 역학.

밀 뒤르켐Emile Durkheim(1964)과 연관이 있으며 좀 더 최근에는 주요 커뮤니케이션 학자들의 연구에서도 그대로 사용되어 왔다(McLeod and Blumler, 1987). 이러한 각각의 사회적 패턴은 개방된 커뮤니케이션 구조를 유지하는 데 따르는 난제를 이해하는 데 특별히 중요하다. 사실상 각각의 사회적 패턴은 아이디어의 공개적 흐름, 다수 견해와 소수 견해 간의 균형, 그리고 변하고 있는 역사적 조건에 대한 반응으로 오래된 통설에 이의를 제기할 수 있는 능력을 제도적으

로 제한하거나 왜곡할 수 있는 잠재력을 가진 예측 가능한 패턴이다. 첫 세 개, 즉 널리 인용되는 맥콤스와 쇼의 의제 설정 가설, 미헬스의 유명한 '철칙', 그리고 매튜 효과는 자연적으로 발생하고 매우 보수적인 문화적 역학의 편향에 관한 것인데, 확고히 자리 잡은 권력자들은 그러한 역학의 편향을 통해 확고히 권력자로 남아 있기 위해 사물을 조직화하려 한다. 나머지 세 개, 즉 주의 공간 개념, 이슈-주의 주기, 그리고 침묵의 나선은 거시적 차원의 주의 역학을 다룬다. 이것들 역시 보수화하는 구조적 편향에 해당하는데, 공중의 주의력의 폭과 민첩성을 제한하는 흥미로운 편향이다.

이 장의 후반부에서 규범에 입각한 기본적인 커뮤니케이션 정책 원칙으로서의 가능성을 독자들에게 설득하기 위한 노력의 일환으로 '사상의 시장 marketplace of ideas'이라는 개념을 검토하는데, 이 개념은 이러한 여러 제약을 가하는 구조적 메커니즘에 대항하는 것에 도움을 줄 수도 있다(Napoli, 2001). 물론 시장은 신고전주의 경제학의 핵심 개념 — 재화와 용역 같은 구체적인 실체들의 교환을 구조화하는 구성 원칙으로 유명한 공개 시장 — 이다. 이러한 재화와 용역의 시장은 유명한 자기-수정 메커니즘 — 제공된 제품이나 서비스의 가격이 너무 비싸거나, 조잡하거나, 혁신이 결여되어 있을 때 경쟁자의 개방된 시장 진입 — 을 가지고 있다. 사상의 시장은 분명 그와 같은 자기-수정 메커니즘의 도움도 받겠지만, 조금 뒤에 보게 되듯이, 오래된 사상과 경쟁할 수도 있는 새로운 사상의 개방된 진입을 방해하는 관행, 제도, 그리고 규범은 모두 너무 자주 변한다. 이것은 특히 의사 표현과 사상 영역에서 왜 그럴까? 이에 대한 대답은 인간이 위계질서를 만들고자 하는 자연스러운 충동을 따르고, 따라서 일부 사람들은 자신이 권력의 위치에 있다는 것을 알며, 그것을 아는 순간 흔히 그러한 제도화된 권력을 있을 수 있는 지적知的 혹은 정치적 문제 제기로부터 보호하는 데 놀라운 에너지를 쏟아 붓기 때문이다. 회사들은 다양한 합법적 수단, 합법과 불법의 경계에 있는 수단, 그리고 불법적인 수단을 통해 경쟁을 약화하고 피하기 위해 애쓰듯이, 이것은 어쩌면 전통적인 재화와 용역의 경제적인 시장과 완전히 다르지 않을지도 모른다(Williamson, 1975, 1985).

어떤 부족 구성원(필시 남성)이 기술과 용맹함을 보여줌으로써 스스로 부족장 역할을 한 다음, 부족장 지위는 신의 영감을 받은 것이며 그의 자식이 직위와 권력을 이어받을 것이라고 선언하기로 결심했던 것처럼, 분명 이러한 제도적 자기-보호 현상은 인류 역사 초기부터 분명히 나타났다. 그것은 사회 조직, 문화 조직, 그리고 물론 정치 조직에서 개방성과 자유로운 경쟁을 괴롭히는 놀라울 정도로 단순하고 상대적으로 잘 이해되는 메커니즘으로, 경쟁에서 이기는 사람들은 새롭게 확보한 자원과 증명된 재능을 사용하여 어떤 추가적인 경쟁을 왜곡하고 막는다. 확립된 권력 구조와 이러한 구조 속에서 살고 있는 사람들을 비판하는 것은 존경의 결여, 선동, 반란, 그리고 어쩌면 신성 모독을 나타내는 부족 규범 위반으로 규정된다. 시장 경쟁의 보이지 않는 공정한 손이 될 뻔한 것이 권력자의 주먹이 된다. 먼저 잠정적으로 설정한 여섯 개 이론 각각을 소개할 텐데, 이들 각 이론의 지적·역사적 유래부터 살펴본 다음, 새로운 디지털 기술의 잠재적 영향에 특별히 주목하면서 현대 산업민주주의에서 공적 영역의 연약한 역학을 분석하는 데 이러한 아이디어를 사용해 보고자 한다.

미디어 의제 설정. 우리는 2장에서 이러한 이론적 전통이 발전해 온 과정과 축적된 연구 결과를 꽤 자세히 검토한 바 있기 때문에 그러한 논의를 여기서 반복하지는 않을 것이다. 의제 설정 개념이 단순히 태도 변화가 아닌 이슈 현저성issue salience에 주목했기 때문에 잠재적인 미디어 효과를 명시하는 더 정교한 수단으로 빠른 시일 내에 주목을 끌었으며〔한 통계에 의하면, 맥콤스의 영향력 있는 논문이 발표된 후 30년 동안 400편 이상의 연구가 발표되었음(McCombs, 2004)〕 특히 골칫거리였던 '최소효과' 연구 결과를 넘어설 수 있는 가능성을 제공했다고 필자는 결론 내렸다. 더욱이 의제 설정 분석은 (특정 이슈 속성의 현저성에 영향을 미치는) 이슈 프레이밍issue framing 및 〔어떤 이슈나 이슈 속성이 (관련된) 기억에 더 접근 가능하게[2] 해주는〕 이슈 프라이밍issue priming과 같은 훨씬 더 정교한 개념을 통합하기 시작했다. 이러한 확장은 '2단계second-level' 의제 설정 효과라 불렸다(McCombs, 2004). 약점(물론 이론 자체의 약점이 아니라 이론 개발이 비교적 초기 단계라는 인식에 따른 약점)은 측정된 의제 설정 효과의 크기가 때로는 존재하지 않고 때로는 매우 크면서 극적인 차이를 보였다는 것과 이 연구 전통은 여전히 어떤 조건하에서 어떤 종류의 이슈의 효과가 가장 분명하게 드러나는지를 밝혀주는 합의된 보조 이론을 개발하는 중이었다는 것이다. 추가로 실제 세계의 사건과 경향〔소위 실제 세계 단서real-world cue〕(Funkhouser, 1973; Erbring, Goldenberg and Miller, 1980; Behr and Iyengar, 1985; Bartels, 1993)이 저널리스트들의 의제는 물론 이와 독립적으로 이슈의 중요성에 대한 공중의 지각도 설명함으로써 미디어와 여론 간의 상관관계를 허위적인 관계로 만들 수도 있을 거라는 문제도 있었다.

로베르트 미헬스의 과두제의 철칙. 미헬스는 사회학자 막스 베버가 아꼈던 학생으로 그의 후원자는 틀림없이 1911년 『정당 사회학: 근대 민주주의의 과두적 경향에 대한 연구*Political Parties: A Sociological Study of Oligarchical Tendencies of Modern Democracy*』[3]의 출간으로 그를 자랑스럽게 여겼을 거라고 생각하지 않을 수 없다. 미헬스는 영국, 프랑스, 독일, 스위스, 이탈리아를 휩쓸던 사회주의 정치에 적극적으로 참여했으며, 그의 책은 독일 사회민주당Social Democratic Party에 대한 사례연구를 토대로 했다. 그의 분석 결과의 핵심을 시모어 마틴 립셋Seymour Martin Lipset은 다음과 같이 요약했다:

2 기폭 이론(priming theory)에서는 'accessibility(접근 가능성)'가 중요한 개념이어서 'accessible'의 의미를 살리기 위해 'available to memory'를 '기억에 더 접근 가능하게'로 번역했으나, 이것은 '관련된 기억을 더 잘 떠올릴 수 있게'라는 의미이다. 소괄호 속의 '관련된'은 역자가 추가했다 — 옮긴이.

3 로베르트 미헬스, 『정당 사회학: 근대 민주주의의 과두적 경향에 대한 연구』, 김학이 옮김(한길사, 2002) — 옮긴이.

정당, 노동조합, 그리고 모든 다른 대규모 조직은 관료주의적 구조, 즉 위계적으로 조직된 합리적인 (예측 가능한) 조직 체계를, 발전시키는 경향이 있다. 행정 문제 그 자체가 관료주의를 필요하게 만든다. 미헬스는 다음과 같이 말했다: "그것은 조직화의 원칙 그 자체의 불가피한 산물이다⋯."

"상당 정도의 합병증에 이른 모든 정당 조직은 모든 활동을 정당 일에 바치는 특정한 숫자의 사람을 요구한다." 그러나 증대된 관료주의의 대가는 최상층부로의 권력 집중과 평당원의 영향 감소이다. 정당 지도부는 정책을 변화시키기 위해 애쓰는 당원들이 거의 극복하기 어려운 우위를 그들에게 가져다주는 많은 자원을 소유한다. 그들이 가질 수 있는 자산은 다음과 같다: (1)우월한 지식(예, 그들은 프로그램에 대한 찬성을 확보하는 데 사용될 수 있는 많은 정보에 접근함); (2)당원들과의 공식적인 커뮤니케이션 수단에 대한 통제(예: 그들은 기관지를 지배함; 그들은 봉급을 받는 정규 입법 공무원으로 조직의 비용으로 그들의 입장을 제시하면서 여기저기 여행할 수도 있으며, 그들의 지위로 인해 수용자들에게 지시를 내릴 수도 있음), 그리고 (3)정치 기술의 기량(예: 그들은 연설하고, 글을 쓰며, 집단 활동을 조직화하는 데 있어 비전문가보다 훨씬 더 능숙함)(Lipset, 1970: 413).

사회주의 정당 창당의 동기가 된 사명이 노동자들의 역량 강화empowerment였지 또 하나의 자기-본위적인 권력 엘리트를 만들어내는 것은 분명 아니었기 때문에 사회주의 정당을 선택한 것은 특히 적절했다. 미헬스의 연구에 대한 립셋의 관심은 계속되었고, 그로 인해 립셋은 노동조합의 과두제적인 경향에 대한 비슷한 사례연구를 하게 되었다(Lipset, Trow and Coleman, 1956). 그러나 계속해서 사회주의 정당과 노동조합에 초점을 맞추는 것은 미헬스 주장의 기본 핵심을 모호하게 만들 수도 있다. 이 메커니즘은 민주주의를 지향하는 조직에만 국한되는 것은 아니다(비록 이것이 아이러니를 강화하긴 하지만). 미헬스는 이것이 모든 조직의 본질적인 성향이라고 주장했다. 조직이 일단 만들어지면, 조직 지도자들은 집단의 생성을 이끌었던 원래 목적을 조직의 자기-영속화selfperpetuation와 조직 내에서 그들의 권력으로 대체한다. 실제로 미헬스의 저서 영문판은 약간의 오역을 포함하고 있을 수도 있다. 독일어판의 마지막 단어는 민주주의가 아니라 그루펜레벤스Gruppenlebens, 즉 집단생활, 집단성, 조직으로, 여기에는 공식적인 정치를 넘어서는 좀 더 일반적인 법칙과 유사한 현상을 개발하고자 한 그의 바람이 반영되어 있다. 그래서 이 책에서 정치적 좌파에 대한 논평으로 서로 연관된 것은 실제로는 일반적인 사회 조직에 대한 더 폭넓은 주장으로, 최초의 집단 목표가 무엇이든 그것이 조직의 자기-영속화를 위해 근본적으로 보수화 되는 충동으로 대체된다는 것이다. 실제로 미헬스는 자신의 책을 위에서 언급한 바 있는 자기-영속화하는 개인 권력에 대한 더 극단적인 사례 가운데 하나 – 그들의 편리한 발명품이 아니라 신성하게 위임된 신의 의지로서의 왕족으로 특징지어지는 조상 대대로 이어져 오는 군주제 – 에 대한 논의로 시작한다. 인민공화국에 대한 맑스주의자들의 이상이 소련과 중국 공산당의 자기-본위적인 야만성으로 급격히 변질되었다는 점을 감안하면 노동조합과 정당에 대한 강조는 이해할 수 있다. 그러한 변질은 거의 틀림없이 20세기의 가장 유명하면서도 불행한 역사적 사실 가운데 하나일 것이다. 그러나 여기서는 미헬스의 소견의 폭넓은 일반성generality을 강조하고 싶다. 커뮤니케이션의 문화적 구조와 제도적 구조를 연구하는 목적을 위한 교훈은 매우 간단하다: 진정한 사상의 공개 시장을 유지하는 것은 자신이 현 상황으로부터 이익을 얻고 있는 것으로 지각하며 가능한 변화를 제안하고 싶어 하는 목소리에 맞서 엄청난 에너지를 쏟아부을 사람들에 의해 좌절될 것이다.

매튜 효과. 매튜 효과Matthew Effect는 사회학자 로버트 머튼이 마태복음에 나오는 성서의 격언에서 따와서 적절하게 이름을 붙인 또 하나의 널리 인정받는 사회적 메커니즘이다. "무릇 있는 자는 받아 풍족하게 되고 없는 자는 그 있는 것까지 빼앗기리라"〔13:12, 킹 제임스King James 성경[4]〕. 성서에서 이 메커니즘은 신神의 개입처럼 보인다. 그 대신 누적 이득accumulated advantage 현상의 변동을 연구하는 머튼과 다른 이론가들에게는 이 메커니즘의 기원도 그리고 이 메커니즘을 실제 사용하는 주체도 전적으로 인간이다. 여기에서 우리 목적상, 확고히 자리 잡은 엘리트들이 일반적으로 지위를 유지하는 데 사용할 수 있는 자원을 이들에게 이의를 제기할 사람들보다 더 많이 가지고 있다는 것은 미헬스의 주장을 의미 있게 확장한 것이다. 머튼(1968)은 과학적 인용 패턴을 연구하면서 평판의 누적 이익 현상으로서, 더 유명한 과학자들이 덜 유명하거나 더 젊은 연구자들보다 동등하거나 협업적 성과물에 대해 흔히 더 많은 인정을 받게 될 것이라는 점에 주목했다. 이것은 예술, 문학, 그리고 물론 대중예술의 경제학에서, 특히 '돈벌이가 되는' 영화 스타들 사이에서 널리 인정되는 현상이다(Elberse, 2006). 이러한 법칙과도 같은 패턴은 대개 새로운 이름이 있고 다소 다른 경험적 맥락을 가지고 있는 유사한 학문들에서도 되풀이해서 불쑥불쑥 나타난다. 수학에서 그것은 이 메커니즘의 수학적 표상mathematical representation[5]에 대해 공을 들였던 통계학의 개척자 우드니 율Udny Yule(1925)의 이름을 따서 율 과정Yule process이라 불린다. 언어학에서는 조지 지프George Zipf(1949)의 단어 사용 빈도에 대한 통계학적 연구에 따라 지프의 법칙Zipf's law이라 부른다. 컴퓨터 과학, 텔레커뮤니케이션 및 경제학에서는 멧컬프의 법칙Metcalfe's law, 네트워크 외부성network externality, 선호적 연결preferential attachment, 그리고 긍정적 피드백positive feedback 및 잠김 효과lock-in를 포함해 몇 가지 다른 이름으로 불리고 있다(Arthur, 1994; Economides, 1996; Barabasi, 1999; Shapiro and Varian, 1999). 비즈니스 세계에서는 동일한 기본적인 패턴이 흔히 선점 우위first mover advantage, 편승 효과bandwagon effect, 혹은 정보 폭포information cascade라 불린다(Sherif, 1936; Lieberman and Montgomery, 1988; Bikhchandani, Hirshleifer and Welch, 1992). 이 모든

---

4 1604년에 번역을 시작하여 1611년에 끝마친 기독교 성경의 영어 번역본이다 — 옮긴이.

5 수학적 표상이란 추상적인 수학적 개념이나 관계를 표현하는 다양한 방법을 말한다 — 옮긴이.

것은 누적되는 이익 메커니즘이다. 네트워킹에서 일단 어떤 네트워크가 대부분의 사람이나 단위들을 통합하면서 커지면, 당연히 작은 규모로 시작하는 어떤 새로운 경쟁 네트워크는 상호연결 수단으로서 덜 매력적이다. 컴퓨터 시스템에서 분석가들은 비즈니스 단어 및 숫자 처리에서 거의 보편적인 마이크로소프트Microsoft의 존재감을 지적하는데, 마이크로소프트의 존재감은 상호 운용이 불가능한 어떠한 잠재적인 경쟁자에게도 골치 아픈 문제가 된다(Eisenach and Lenard, 1999). 이와 같은 과정은 본질적으로 어떠한 유망한 대안에도 맞선 채 현상 유지를 강화하면서 보수화된다. 사회적 불평등, 서열, 그리고 계층화는 정치학에서 이와 상응하는 개념들이 그러한 것처럼 사회학에서도 매우 중요하다. 이러한 메커니즘이 각 분야에서 어떻게 전개되는지에 대해서는 자세히 말하지 않겠지만(Newman, 2005 참조), 우리가 우리 사회에서의 커뮤니케이션의 조직화와 사상의 흐름에서 그것이 어떻게 구체적으로 나타나는지에 대한 연구를 다루기 시작할 때 그것과 유사한 구조의 존재를 보여줄 것이다.

콜린스의 주의 공간과 소수의 법칙. 랜들 콜린스Randall Collins는 펜실베이니아 대학교에서 연구를 많이 하는 사회학자로, 특이하게 관심사가 광범위했다. 꽤 오래전 그는 지적知的인 토론의 패턴에 매료되어 그것을 체계적으로 연구하기로 결심했다. 이 연구는 수십 년이 걸렸고 마침내 1998년 『철학의 사회학: 지적인 변화에 대한 전 세계적인 이론*The Sociology of Philosophies: A Global Theory of Intellectual Change*』이라는 제목의 1100쪽짜리 책으로 출간되었다. 이 책은 여러 차원에서 전례가 없고 색다른 연구이다. 역사적 깊이와 지리적 넓이는 깜짝 놀랄 정도이다. 그는 고대 그리스, 중국, 일본, 인도, 중세 이슬람 및 유대인 세계, 중세 기독교 국가들, 그리고 근대 유럽 철학자들의 영향 및 토론 네트워크를 자세히 추적했다. 그러나 그는 철학적 내용 자체보다 여러 세대에 걸친 지적 영향의 패턴화 된 네트워크 구조에 더 관심이 있었다. 많은 지적 노력처럼 철학도 '학파', 즉 생각이 비슷한 사람들의 공식적 혹은 비공식적 집합체를 발전시킨다. 학파들은 매우 자기-인식적self-aware이고, 학파들 간의 경계를 규정하는 것을 의식하며, 서로 충돌(이 경우는 지적 충돌)하는 경우가 매우 잦다. 이러한 수천 년에 걸친 지적 작업을 검토하면서 그가 내린 극적인 결론은 뚜렷하게 제한된 수(어떤 시대건 한 시대에 3~6개 학파)의 학파라는 일관된 패턴, 그가 '소수의 법칙Law of Small Numbers'이라고 부르는 현상이 존재한다는 것이다. 더욱이 그는 이 법칙의 속성들을 유지하는 역학 메커니즘을 확인했다. 간단히 말해, 지배적인 학파는 파벌로 나눠지는 경향이 있는 반면, 더 작고 더 약한 학파는 주의를 끌 수 있는 더 강한 경쟁력을 만들어내기 위해 연합하고 결합한다. 그것은 콜린스의 계산에 따라 전 세계 136명의 중요한 철학자, 366명의 부차적으로 중요한 철학자, 그리고 2152명의 별로 중요하지 않은 철학자의 여러 세대에 걸친 영향을 추적한 궁극의 '인용 출처 분석'이었다. 커뮤니케이션 구조 전반과 관련 있는 핵심 발견 사항은 그러한 장(부르디외의 장 개념[6]에서처럼) 혹은 사상 공동체 구성원들 사이에서 주의를 끌기 위해 지속적인 경쟁을 벌인다는 생각이다. 적어도 주의를 끌 수 있는 집단적 능력 역시 제한되어 있다는 의미에서 집단 역학은 개인 수준에서의 인지적 역학과 매우 유사하게 작용한다. 콜린스의 표현에 의하면 각 장場에는 주의 공간attention space이 존재하며 그리고 그의 분석에 따르면 그 공간은 최소 세 개 학파에서 지속 가능한 최대 숫자인 여섯 개 학파에 의해 규정되는 것으로 드러난다. 따라서 소수의 법칙과 주의 공간 개념은 미시적·심리학적 수준에서의 개인 시민의 제한된 주의를 집단적·거시적 수준에서 되풀이하는 것이다. (이러한 되풀이는 여섯 개의 모든 메커니즘에서 정도의 차이는 있지만 분명히 나타난다.) 두 수준 모두 커뮤니케이션 체계와 공적 영역의 역학 구조를 이해하는 데 매우 중요하다. 물론 콜린스는 일반

6 부르디외(Bourdieu)는 장(field, champ)이라는 개념을 만들어서 사회를 동적이고 다양한 잠재적인 인식의 공간으로 설명한다. 부르디외의 이론적 모델에 따르면, 모든 사회는 여러 개의 장(경제적 장, 교육적 장, 정치적 장, 문화적 장…)으로 이루어져 있다 — 옮긴이.

사회와 동떨어진 철학적 대화의 표본들을 분석하면서 자신의 이론을 수립했다; 근대 국가의 공적 영역에서 주의의 제한이 미디어 의제와 여론에 분명히 나타나는 소수의 법칙을 발생시키는 것과 동일한 제약과 동일한 메커니즘을 반영할 것인지 여부는 미해결 문제로 남아 있다. 우선 그것을 다루어져야 할 경험적인 문제로 남겨두기로 한다.

다운스의 이슈-주의 주기. 유명한 경제학자이자 공공정책 분석가인 앤서니 다운스Anthony Downs는 환경적인 문제에 특별한 관심을 가진 정책 토론의 주기에 대해 깊이 생각하고 있었고 공적 영역의 미묘한 역학과 폭넓고도 의미 있게 관련된 공중의 주의와 부주의의 다섯 단계에 관한 다소 냉소적인 이론을 만들었다. 다운스는 다음과 같이 설명한다:

> 〔그러한 주기는〕 특정한 국내 문제의 속성 그리고 주요 커뮤니케이션 미디어가 공중과 상호작용하는 방식 모두에 뿌리를 두고 있다. 그 주기 자체는 다섯 단계로 이루어지는데, 관련된 특정 이슈에 따라 각 단계의 지속 시간에는 차이가 있을 수 있지만 거의 항상 다음과 같은 순서로 발생한다:
>
> 1. 문제 이전 단계. 이 단계는 어떤 매우 바람직하지 않은 사회적 조건이 존재하지만, 일부 전문가나 이익집단은 그것에 대해 이미 우려하고 있을 수 있다 하더라도, 공중들은 아직 많은 주의를 기울이지 않을 때 널리 나타난다….
> 2. 놀란 발견과 들뜬 열광. (1965~1967년의 빈민가 폭동처럼) 일련의 다소 극적인 사건이나 다른 이유로 인해, 공중이 갑자기 어떤 특정한 문제의 유해성을 의식하고 깜짝 놀라게 된다. 이러한 놀란 발견은 예외 없이 '이 문제를 해결할 수' 있거나 '비교적 짧은 시간 안에 효과가 나타나는 무언가를 할 수' 있는 사회의 능력에 대한 들뜬 열광을 동반한다…."
> 3. 중대한 진전의 비용 자각. 세 번째 단계에서는 문제를 '해결하는' 비용이 실제

로 정말 크다는 자각이 점진적으로 확산된다. 정말 그렇게 하는 것에는 엄청난 돈이 들뿐만 아니라 전체 인구 가운데 큰 집단들의 더 많은 희생도 필요할 것이다….

4. 열광적이었던 공중의 관심이 점진적으로 감소. 앞 단계는 거의 알아차릴 새도 없이 네 번째 단계로 바뀐다. 더욱더 많은 사람이 그것이 얼마나 어렵고 또 그들 자신에게 얼마나 많은 비용을 요구하는지 자각함에 따라, 그 문제에 대한 해결책은 세 가지 반응으로 고정될 것이다. 어떤 사람들은 단지 낙담할 뿐이고, 또 어떤 사람들은 그 문제에 대해 생각하는 것만으로도 분명히 위협감을 느낀 나머지 그와 같은 생각을 억누른다. 또 어떤 사람들은 그 이슈에 싫증을 느끼게 된다….
5. 문제 이후 단계. 마지막 단계에서는 다시 공중의 우려의 중심에 서게 된 어떤 이슈가 장기적인 불확실한 상태(덜 주목받거나 관심이 돌발적으로 되풀이되는 불분명한 영역)로 이동한다(1972: 39~40)

이것은 소수의 법칙 및 관련된 주의 공간 개념의 논리적인 확장처럼 들린다. 필자는 블로거, 소셜 네트워커social networker, 그리고 사상의 공개 전시public display를 위한 무한한 온라인 '진열대 공간shelf space'[7]이 궁극적으로 이러한 제약을 받고 있는 의제들을 수용할 수 있는 용량을 확대하는지 여부에 대한 질문을 제기한다. 이 질문에 대한 대답이 간단히 "예"일지는 결코 분명하지 않다. 여기서 맥스웰 맥콤스Maxwell McCombs와 도널드 쇼Donald Shaw가 1972년에 제시한 언론의 '의제 설정 기능'에 대한 커뮤니케이션 연구에 등장하는 훨씬 더 유명한 개념이 아닌 콜린스와 다운스를 인용한다. 왜냐하면 콜린스와 다운스는 제한된 공중의 의제 수용 능력을 강조하는 반면 맥콤스와 쇼는 잠재적인 미디어 효과에 대한 그들의 연구에서 그러한 제한을 의식하지 못한 채 그냥 주어진

7 소매점에서 어떤 상품 종류가 점하는 진열대의 면적 혹은 길이를 말한다 — 옮긴이.

것으로 여기기 때문이다.

노엘레-노이만의 침묵의 나선. 독일의 여론 연구자 엘리자베트 노엘레-노이만Elisabeth Noelle-Neumann은 1970년대에 커뮤니케이션 연구에서 인정받는 주요 개념이 된 여론의 역학에 대한 한 개념을 소개했다(Noelle-Neumann, 1973, 1984, 1993). 그것이 위르겐 하버마스(1990)의 유명한 이상적 담화 상황[8]이라는 개념을 경험주의에 입각해 변형한 것으로 본다. 왜냐하면 두 개념 모두 진정한 의견이 소수 의견에 속할 수도 있다는 것을 두려워할 때 자신의 의견을 공개적으로 밝히는 것을 사람들이 매우 민감하게 여긴다는 것과 만약 의견을 밝힌다면 그들은 당혹해하거나 사회적으로 고립될 것이라는 점을 강조하기 때문이다. 노엘레-노이만은 이 개념을 체계화하면서 자신의 의견을 공개적으로 밝히는 것이 안전하다고 느끼는 사람들이 점점 더 줄어들면서 인기 없는 소수자의 지위에 대한 지각이 증가하기 때문에 공개 토론에서 소수자 입장의 하향 나선negative spiral이 발생한다고 가정했다. 노엘레-노이만(Noelle-Neumann, 1984)은 그 시대 독일 국민의 투표 의향에 관한 장기적인 여론 데이터를 사용해 변화하는 여론의 분위기를 감지하는 투표자들의 놀라운 능력과 특히 정치적 견해를 가장 확신하지 못하는 사람들이 고립이나 당혹감을 가장 두려워한 나머지 '무리와 함께 달리고' 싶어 함에 따라 나타나는 편승 효과bandwagon effect를 입증했다. 자신의 여론조사에서 그러한 현상을 발견한 노엘레-노이만은 역사적 문헌들에 의지한 결과, 그러한 생각이 로크Locke, 흄Hume, 루소Rousseau, 그리고 특히 드 토크빌de Tocqueville의 저서와도 강한 공명을 일으킨다는 사실을 확인했다:

---

8 이상적 담화 상황(ideal speech situation)이란 대화나 토론에서 토론 참가자 간에 왜곡되지 아니한 평등한 발언의 기회가 보장되는 상황을 말한다 — 옮긴이.

나는 1856년에 출간된 알렉시스 드 토크빌Alexis de Tocqueville의 프랑스혁명의 역사에 관한 책에서 침묵의 나선spiral of silence 역학에 대한 정확한 기술을 발견하고 고무되었다. 토크빌은 18세기 중반 프랑스 교회의 쇠퇴와 종교에 대한 경멸이 어떻게 프랑스 국민 전반에 널리 퍼져 열정적 관심사가 되었는지 자세히 기술한다. 그는 주요 요인이 프랑스 교회의 침묵이었다고 말한다: "교회의 교리에 대한 믿음을 유지하고 있던 사람들은 교회에 대한 충실함으로 인해 외톨이가 되는 것을 두려워하게 되었고 죄를 짓는 것보다 고립이 더 무서워 다수파의 정서를 공유하겠다고 자처하기에 이르렀다. 그래서 실제로는 프랑스의 … 극히 일부에 지나지 않았던 의견이 만인의 의지로 여겨지게 되었고 이런 이유에서 겉으로 그런 것처럼 보였던 사람들에게도 그러한 의견은 거부할 수 없는 것처럼 보였다"(Noelle-Neumann, 1984: 7).

노엘레-노이만의 연구에 대한 좀 더 최근의 논의와 그 후 다른 학자들에 의한 경험적 검증은 자신의 견해가 공동체 내의 견해와 얼마나 다른가에 대한 지각이 실제로 자신의 견해를 공개적으로 밝히고자 하는 의향의 감소와 상관관계가 있음을 보여준다. 그러나 그 상관관계는 상당히 약하며, 상관관계의 강도는 문화적 환경, 이슈 유형, 그리고 서로 다른 견해를 가지고 있다고 지각하는 '공중'의 특이성specificity에 따라 차이가 있다(Scheufele and Moy, 2000). 도덕성을 지향하는 공적 이슈와 더 작고 더 근접한 사회 집단으로서의 공중의 정의는 침묵의 나선 효과를 강화하는 것처럼 보인다. 그와 같은 연구 결과는 그 개념의 중요성을 반드시 줄이는 것이 아니라 오히려 그것이 가장 분명하게 드러나는 조건을 명확하게 해준다. 여기서 나선 효과를 언급하는 것은 여론의 거시적 수준과 여론 분위기climate-of-opinion 현상을 강조하기 위함이다. 이러한 역학들은 다수 의견에 대한 공중의 지각이 때로는 틀릴 수도 있는 가능성으로 인해 더욱 복잡해지는데, 카츠 및 올포트(1931)는 정체성 형성 및 편견의 사회심리학에 관한 초기 저서에서 이러한 실수를 '다원적 무지pluralistic ignorance'라 불렀다. 따라서 어떤 이슈든 어느 순간에는 실제로 '의견 분포distribution of opinion'가 두 개 존재하는데, 하나는 실제 의견 분포이고 다른 하나는 사건과 사건에 대한 지각(및 오지각)이 역동적인 방식으로 상호작용하면서 공중에 의해 지각되고 아마도 미디어 보도에 반영되는 것으로서의 분포이다. 두 분포는 밀접히 관련되어 있을 수도 있고 관련되어 있지 않을 수도 있다. 미국의 정치적 수사와 분석에 등장하는 **침묵하는 다수**silent majority라는 용어는 어떤 이슈에 관해서는 두 분포가 불일치할 수도 있음을 인정하는 것이다(Rosenberg, Verba and Converse, 1970).

우리는 지금까지 공적 영역의 역학을 특징짓는 여섯 가지 서로 관련된 거시적 수준의 현상, 즉 미디어 의제 설정, 과두제의 철칙, 매튜 효과(및 관련된 누적 이익의 역학), 집단적 주의 공간, 이슈-주의 주기, 그리고 침묵의 나선을 살펴보았다. 각각은 동일한 다원주의의 근원적인 역설에 기여하는 요소이며 각각은 아주 유명한 민주적이며 다원적인 사상의 공개 시장open marketplace of ideas이 유지되기 어려운 이유를 설명하는 데 도움을 준다는 주장이 제기될 수 있고 또 사상의 개방된 흐름을 보호하기 위해서는 제도적 메커니즘이 필요할 수도 있다는 주장도 제기될 수 있을 것이다.

커뮤니케이션 구조와 사회구조: 역사적 맥락 속의 빅 데이터

영향력 있고 부유한 엘리트들은 사회적 관계와 의사소통 관계를 구조화하도록 동기화 되며, 따라서 그들은 영향력과 부를 유지한다는 것이 일부 독자들에게는 꽤 명백해 보일 수도 있다. 그와 같은 문제는 커뮤니케이션 학자들의 주목을 피하지 못했다. 그러나 이 문제에 대한 연구는 특이하게 발전해 왔다. 이 주제에 관해서는 한 전통의 문헌만 존재하는 것이 아니라 두 전통의 문헌이 존재하는데, 각각은 거의 완전히 상대의 존재를 알지 못했다. 물론 국가주의statism[9] 정권의 선전의 힘에 관한 연구에 뿌리를 두고 있는 미디어 효과의 사회과학 전통도 이 이슈를 다룬다. 그리고 문화 연구 전통도 자본주의 정권의 패권적 권력에 대한 연구에서 동일한 이슈를 다룬다. 그러나 두 전통 모두 사실상 동일한 근원적인 사회적 역학, 즉 사회적으로 구조화된 사상 흐름의 체계적인 왜곡을 다루고 있는 것으로 볼 수 있다. 두 전통 모두 기존 엘리트에게는 엄청난 권력이 주어진 반면 대중 수용자들이 저항할 수 있는 역량은 제한되어 있다고 가정한다. 따라서 두 학문적 전통 모두 통상적인 정책 싸움, 서로 경합하는 이슈 및 사건의 프레이밍, 엘리트의 순환[10]을 다루는 세 번째 학문적 풍조, 즉 여론 및 선거 정치 분야를 무시한다. 이러한 학문적 분열balkanization은 의심할 여지없이 의미 있는 지적 진보의 장애물이긴 하지만 충분히 이해할 수 있다. 정치 기관과 미디어 기관의 자기-보호적인 충동으로부터 어떻게 최적으로 보호해야 하는가라는 분석적 질문을 적정하게 재프레이밍 하는 것으로 지적 에너지와 지적 연구의 합류가 이루어질 수 있는가? 그 가능성을 검토해 보자.

헤게모니(와 선전). 안토니오 그람시Antonio Gramsci는 20세기 초 이탈리아의 활동적인 공산주의자 조직자로서 역사를 깊이 생각할 시간이 그리 많지 않았다. 그러나 1926년 무솔리니Mussolini가 그를 감옥에 보냈을 때, 그는 매력을 느끼는 대상인 이탈리아의 노동자 계층이 노동 계층 지위class status의 '진정한 양심'이 아닌 부르주아bourgeois나 파시스트fascist의 환상이 더 이끌리는 이유에 대해 생각할 시간이 아주 많아졌다. 1929년부터 1935년까지 감옥에 있을 때 쓴 자본주의자 엘리트의 '문화적 헤게모니cultural hegemony'에 대한 그의 분석은 사

9 국가를 가장 우월적인 조직체로 인정하고 국가 권력이 경제나 사회정책을 통제해야 한다고 주장하는 신조를 의미한다 — 옮긴이.

10 엘리트층은 쇠퇴하는 경향이 있으며 비엘리트층에는 우수한 엘리트 후보를 산출하는 경향이 있기 때문에 역사란 귀족계급의 묘지와 같다. 엘리트 순환의 목적은 구엘리트의 몰락으로 인한 사회 전체의 파괴를 방치하는 데 있으며 그 순환 과정은 몰락한 구엘리트가 비엘리트층으로 강등하고 비엘리트층 내의 우수한 자는 엘리트층으로 승진하는 절차를 의미한다 — 옮긴이.

후死後에 『옥중수고*Prison Notebooks*』(1971)[11]란 제목으로 출간되었는데 한 세기가 지난 지금도 여전히 영향력이 있으며 많은 문화 연구 분야에서 필독 도서이다. 이 책이 영향력 있는 이유는 고전적인 맑스의 글에서 불완전하게 수립되었을 뿐만 아니라 다소 결정주의적인 상부구조superstructure와 허위의식 개념을, 층화되고layered, 부분적으로 이의가 제기되고, 다차원적이며, 역사적으로 진화하는 대중 수용자의 '상식' 개념으로 바꾸는 운동을 그가 시작했기 때문인데, 대중 수용자는 미디어 기관에 의해 반드시 통제되지는 않지만 미디어의 기관에 영향을 받을 수는 있다(Hall, 1986). 이와 같은 개념은 당연한 것으로 받아들여지는 사회적 불평등과 권력관계의 있을 수 있는 강화에 초점을 맞춘다. 이 개념은 단어 사용, 이슈 프레이밍, 그리고 인과 귀인causal attribution[12]의 미묘함에 주목하게 한다. 이 개념은 연구거리가 풍부하고 유망한 연구 분야이다.

'미디어 편향'에 관한 연구. 그람시의 위 개념에 응답하는 한 가지 방법은 참된 의식true consciousness과 허위의식이라는 맑스주의의 원래 이분법으로 되돌아가는 것이다. 이 모델에 따라 세상을 관찰하는 연구자들은 자신들이 세상을 정확히 이해하고 있다고 믿는다. 그들은 계속해서 미디어 내용을 분석하고는 미디어 내용이 그들의 견해와 다소 차이가 있다고 판단하면서 그러한 차이를 미디어 기관의 자기-이익이나 이념 혹은 결함이 있는 직업적 관행에 의해 야기되는 '미디어 편향'이라고 부른다. 미디어 편향을 잘 보여주는 사례를 신중하게 고르는 일은 누구나 그것을 해보고 싶은 마음이 생길 정도로 쉬우며, 부당한 편향을 비난하는 것 역시 많은 독자의 공감을 살 정도로 절박한 일이다. 그런 이유로 좌파 비판가들(예, Glasgow University Media Group, 1976, 1980; Gitlin,

11 원서에는 그람시가 이 노트를 쓴 시기가 1926~1937년 그리고 최초의 영문 번역판이 출간된 시기가 1933년으로 나와 있으나 조사 결과 오타인 것으로 확인되어 각각 1929~1935년과 1971년으로 바로잡았다 — 옮긴이.

12 어떤 일이 원인이 무엇인지를 찾아가는 심리학적인 과정을 말한다 — 옮긴이.

1979; Herman and Chomsky, 1988; Entman, 1989, 2004; Alterman, 2004; Chomsky, 2004; Bennett, 2011)은 일반적으로 미디어 경영진과 투자자의 보수적인 견해에서 기인하는 보수적 편향의 증거를 찾는다. 이어서 우파 비판가들(예: Efron, 1971; Theberge, 1981; Lichter, Rothman and Lichter, 1986; Kincaid, Aronoff and Irvine, 2007; Groseclose, 2011)은 대개 좌경 기자와 학자들에게서 기인하는 진보적 편향의 증거를 찾는다. 논란이 되는 이슈에 대한 미디어 보도를 싫어하는 현상은 아주 두드러져서 '적대적인 미디어 효과hostile media effect'라는 이름까지 얻었는데, 즉 당신의 정치적 관점이 어떠하든, 당신은 제도화된 편향이 반대 방향을 향하고 있다고 확신한다는 것이다(Vallone, Ross and Lepper, 1985). 정치적 옹호political advocacy를 연구하는 전통에서는 이러한 종류의 미디어 편향에 대한 비판은 중요하며 가장 환영받는다. 정말로 이와 같은 다양한 정치적 옹호자들이 강력한 편향의 증거를 찾는다는 사실은 사상의 시장에 정치적 견해들이 건강하게 혼합되어 있음을 보여주는 합리적인 증거로 간주할 수도 있을 것이다. 유일하게 우려하는 바는 그와 같은 미사여구적 표현이 그람시의 논지와 리프만 및 라스웰의 선전에 대한 연구에 등장하는 유사한 개념에 대한 더 진지하고 체계적인 검토를 대체해버리는 경향이 있을 수도 있다는 것이다. 체계적인 검토를 통해 우리는 아마도 이러한 편향의 강력한 효과뿐만 아니라 그러한 편향이 성공을 거두거나 거두지 못하는 조건 – 직접 체험하는 사건과 미디어에 묘사된 사건에 대한 반응으로 대중이 보여주는 냉소와 열광, 참여, 분개, 그리고 가끔은 체념의 역사적 주기 – 도 다뤄볼 수 있을 것이다.

현시점에서 우리는 이러한 주장을 약간 앞으로 전진시켜 전통적인 패권적 미디어 효과 패러다임의 추론과 인과적 방향의 문제점에 대한 하나의 잠재적인 해결책 – 역사적 맥락 속의 빅 데이터 – 을 제의할 수 있다. 이러한 연구 접근 방법을 커뮤니케이션 추이 분석communication trend analysis이라 부른다. 이것은 매우 기억하기 쉬운 전문용어는 아니지만 꽤 기억하기 쉬운 개념이며, 디지털 미디어 환경에서 생성된 빅 데이터를 (개인 프라이버시의 적절한 보호와 더불어) 매우 잘 사용할 수 있는 매우 적절한 시기라고 생각한다. 전통적인 여론 모델은 지배력을 가진 기존 미디어가 어떤 이슈와 사건이 논의하기에 적절한지와 같은 공중의 의제를 설정할 뿐만 아니라 그 이슈를 전반적으로 어떻게 프레임할지도 정한다고 제안한다.

미디어 의제 효과

미디어 효과 전통의 의제 설정 가설은 원래 단 두 가지 요소, 즉 미디어 의제media agenda와 공중의 의제public agenda로 구성되어 있었다. 미디어 의제는 여러 이슈에 대한 뉴스 보도의 내용을 분석함으로써 측정되었으며, 공중의 의제는 이슈의 중요성에 대한 여론 측도를 통해 측정되었다. 맥콤스와 쇼의 영향력 있는 1972년 연구와 이 연구 전통을 따른 대부분의 후속 연구에서 그렇게 했다. 둘 간의 높은 상관계수는 미디어 효과의 증거로 여겨졌다. 왜냐하면 그 반대 방향(공중의 관심이 미디어 보도에 영향을 미치는 것)은 타당해 보이지 않았기 때문인데(McCombs and Shaw, 1972), 이 명제는 후속 연구에서 어느 정도 지지되었다(Weaver et al., 1981; Behr and Iyengar, 1985; McCombs, 2004). 인과 방향에 대한 질문에 적절하게 대답하기 위해서는 세 가지 요소가 반드시 필요할 것이라는 것이 곧 분명해졌는데, 다음 세 요소에는 가급적 시간이 흐르면서 의미 있는 변동이 존재해야 한다: (1) 이슈나 사건의 중요성과 관련된 어떤 종류의 진정한 실제 세계의 데이터; (2) 미디어 보도; (3) 여론.

이러한 연구의 전반적인 방향은 문화 연구 전통의 패권적 통제 가설은 물론 거브너 및 동료들과 연관되어 있으면서 미디어의 효과가 그렇게 적지는 않음을 기백 있게 보여주는 것으로 많은 연구자의 공감을 산 배양 효과에 맞먹는 미디어 효과였다. 그러나 다음과 같은 다양한 패턴이 실제로 분명하게 나타날 수도 있음이 점차 확실해졌다: (1) 미디어와 공중 모두 실제 세계의 단서에 반응하지 않을 수도 있다; (2)미디어는 실제 세계의 단서에 반응하지 않지만 공중은 반응할 수도 있다; (3)미디어는 실제 세계의 단서와 별개로 어떤 이슈를 강조할 수도 있으며 공중은 그것에 반응하거나 (4)반응하지 않을 수도 있다; (5)실제 세계의 극적인 단서에도 불구하고 미디어는 어떤 이슈를 대수롭지 않게 여길 수도 있으며 공중은 그것에 반응하거나 (6)반응하지 않을 수도 있다. 이것은 훨씬 더 풍성한 체계적 정리인데, 왜냐하면 '미디어 효과'의 증거나 증거 부재 대신 어떤 조건하에서 미디어가 의제를 설정하려 하는지 그리고 만약 의제를 설정한다면 왜 설정하며 또 때로는 왜 설정하지 않는지, 그리고 어떤 조건하에서 그러한 의제 설정이 성공하는지 알아볼 것을 제안하기 때문이다.

많은 연구자가 이러한 종류의 동시에 발생하는 커뮤니케이션 추이에 대한 분석과 씨름해 왔다. 그러나 엄청난 측정상의 복잡성으로 인해 완전한 분석 모델은 어쩌다 한 번씩 사용될 뿐이다(Land and Spilerman, 1975; Aborn, 1984; Fan, 1988; Neuman, 1989). 신뢰할 만한 여론 데이터의 체계적 수집이 시작된 지 아직 100년도 채 되지 않았기 때문에 여론과 신념에 대한 체계적인 데이터 수집에는 역사적으로 제약이 뒤따랐다. 그러나 저장 보관되어 있는 경제 및 기관 관련 데이터와 동시에 발생하는 이슈와 사건에 대한 미디어 보도는 주의를 끌며, 사학자들은 선거 데이터뿐만 아니라 그 이상의 유용한 민심의 지표를 찾아내는 데 매우 창의적임을 입증했다(Tilly, 1970). 미국 독립혁명과 프랑스혁명 그리고 미국 남북전쟁 기간이 특히 흥미롭다(Davidson, 1941; Wilson, 1962; Burnham, 1970; Tilly, 1998, 2002, 2004). 널리 알려진 바와 같이 18세기, 19세기, 그리고 20세기 초의 미국 문화에 대한 드 토크빌(1955, 1961)과 리프먼(1922)의 역사적 분석은[13] 계속 진행 중인 현대의 연구에 계속해서 영감을 불어넣고 있다. 벤 페이

13 원문 "Famously the historical analyses from the eighteenth, nineteenth and early twentieth centuries of de Tocqueville (1955, 1961) and Lippmann (1922)…"에 사용된 전치사들이 다소 혼란스러워 저자에게 문의한 결과, "… analyses of American culture by these analysts de Tocqueville…"임을 확인했고, 토크빌과 리프먼 분석은 원래 각각 1835년과 1922

지Ben Page와 로버트 샤피로Robert Shapiro는 이러한 이슈들에 대해 상당히 많은 생각을 했으며, 그들의 1991년 대작 『합리적 공중*The Rational Public*』은 이러한 맥락의 광범위한 분석을 포함하고 있다. 그들은 미디어의 역할이나 편향보다는 변화하는 의견의 정치학에 더 관심이 있지만, 〔페이지와 샤피로(1992: 354)의 〈그림 8.3〉에 나와 있는 대로〕 기본 모델은 변화하는 조건의 직접이면서도 간접적인 (매개되는) 효과를 독립적으로 평가할 필요성이 절실함을 잘 표현하고 있다. 사실상 동일한 요소와 인과적 경로를 가진 유사한 모델, 예를 들면 봄과 포터(Baum and Potter, 2008), 슈메이커와 보스(Shoemaker and Vos, 2009) 같은 다른 문헌에 등장했다. 어떤 특정한 추이에 대해 조사할 때 미디어와 엘리트들이 사회적·경제적 조건의 실제적인 변화와 무관하게 사건에 대한 공중의 현저성과 사건의 프레이밍에 영향을 미치는 것을 발견할 수도 있을 텐데, 이것은 패권적 효과에 대한 명백한 증거이다. 혹은 공중의 정서public sentiment가 미디어의 변화와 무관하게 혹은 어쩌면 미디어의 변화에 앞서 공중의 정서 자체의 역학을 따른다는 것이 명백히 드러날 수도 있는데, 이는 실제 세계의 단서와의 독립성 혹은 실제 세계 단서에 대한 정반대의 해석을 보여준다. 정보 흐름에서 왜곡이 어떻게 발생하는지 그리고 당연히 풍부한 자원을 갖춘 왜곡, 억압, 혹은 과장 시도가 언제 실제로 실패하는지 이해하기 위한 누적되는 경험적 기준을 마련하기 위해 다양한 이슈와 정치적 맥락을 가로지르는 분석들을 비교하고 대비하는 것이 과제이다.

미디어 헤게모니의 철칙?

현대 산업민주주의에서 시가cigar를 피우는 미디어 거물과 정치 엘리트 사이

년에 출간되었다고 한다 — 저자와의 이메일 교신.

에 잠재적으로 자본주의와 사회적·경제적 불평등에 대해 비판적인 표현을 억압하기 위한 거대한 음모가 존재하는가? 유명한 미디어 거물인 루퍼트 머독Rupert Murdoch의 막후 공작에 대한 최근의 폭로와(McKnight, 2012) 유사한 최근의 미디어 기업 스캔들에도(Halberstam, 1979) 불구하고, 가장 신랄한 비평가조차도 그러한 권력 구조를 거대한 음모로 묘사하고 싶어 하지 않는다(Gitlin, 1980; Herman and Chomsky, 1988; McChesney, 1999; Bennett, 2011). 그러한 패권적 패턴은 변변치 않게도 불완전하고, 자기-모순적이고, 경쟁적이며, 흥미로운 것은 특별히 비밀도 아니라는 점이다. 예를 들면, 허먼과 촘스키는 음모론이라는 명칭에 발끈한다: "우리는 매스 미디어 성과를 설명하기 위해 어떠한 종류의 '음모' 가설도 사용하지 않는다. 실제로 우리의 논의는 그러한 결과가 주로 시장의 힘이 작용한 결과로 본다는 점에서 '자유 시장' 분석에 훨씬 더 가깝다. 미디어의 가장 편향된 선택은 올바른 생각을 지닌 사람들의 사전 선택, 내면화된 선입견, 그리고 소유권, 조직, 시장, 무엇보다 정치권력의 제약에 대한 직원들의 순응에서 야기된다. 검열은 주로 정보원情報源의 실재[14]와 미디어 조직의 요구 조건에 순응하는 기자와 해설가에 의한, 그리고 전유권專有權 소유자와 기타 시장 그리고 정부 권력 중심에 의해 가해지는 제약에 … 의한 자기-검열이다" (Herman and Chomsky, 1988: xii).

이러한 패턴은 실제로 거대한 음모보다 훨씬 더 흥미롭다. 정치, 경제, 불평등 및 사회문제 이슈에 대한 여론은 복잡하고 놀라울 정도로 역동적이다(Stimson, 1991; McCombs and Zhu, 1995). 때때로 공중의 지각은 1980년대의 저축대부조합 사태Savings and Loan debacle[15]나 더 최근의 모기지 사태[16]와 같은 경제

---

14 실재(實在, reality)란 인식 주체로부터 독립해 객관적으로 존재한다고 여겨지는 것을 말한다 — 옮긴이.

15 미국의 저축대부조합 사태는 금리 리스크의 관리 실패 및 감독 당국의 부적절한 대응, 그리고 1980년대 부동산 경기의 급랭으로 인해 1986년에 발생했다 — 옮긴이.

16 2007년에 발생한 서브프라임 모기지 사태(subprime mortgage crisis)는 미국의 초대형 모기

및 금융 스캔들에 의해 잠시 중단되는 불가피한 경기 순환 주기에 맞게 움직이는 듯 보이는 반면, 권력과 기회의 분배에 대한 다른 일반적인 지각은 변하지 않는다(Mayer, 1992; Owens, 2012). 때로 경제에 대한 지각은 사회 계층 지위와 보조를 같이 맞추지만 다른 지각은 그렇지 않다(Lipset, 1960; Gilens, 1999; Frank, 2004; Bartels, 2008). 경제적 불평등에 대한 공중의 우려를 완화하기 위한 어떤 노력은 놀랍도록 성공적이지만, 또 어떤 노력은 꽤 놀라울 정도로 실패한다(Lippmann, 1925; Ginsberg, 1986; Zaller, 1991; Lewis, 2001; Bartels, 2008).

스탠퍼드 대학교의 정치학자 샨토 아이옌거는 우리에게 이러한 역학을 조사하는 특별히 유용한 분석 도구를 제공했다. 공적 관심사 영역의 비난 심리학psychology of blame에 대한 연구에서 아이옌거(1991)는 일이 잘못 되었을 때 공중은 누구에게 책임을 돌리는지 그리고 미디어 보도 패턴이 이러한 역학에 어떻게 영향을 미칠 수 있는지 묻는다. 핵심적인 차이는 그가 주제적thematic이라고 일컫는 뉴스 보도와 일화적episodic이라고 칭하는 뉴스 보도 간의 차이다. 주제적 뉴스 보도는 더 폭넓은 역사적·구조적 조건을 강조하는 반면, 일화적 뉴스 보도는 사례연구나 사건 지향적 보도의 형태를 띠며 공적 이슈를 구체적인 사례와 사람의 측면에서 묘사한다. 그는 일화적 보도가 지나치게 많다는 사실을 발견하고 실험을 통해, 예를 들어 빈곤에 대한 일화적 뉴스 기사에 노출된 사람은 그러한 상황에 이르게 된 것에 대해 사회적 조건보다 가난한 사람 자신을 비난하는 경향이 더 강하다는 것을 관찰한다. 이러한 스타일의 보도에 이르게 된 요인을 저널리즘 전통 속에서 찾는 것은 미묘하고 복잡하며 파워 엘리트power elite[17]의 전략적 변명apologia을 대변하기보다는 단순히 구체적인 전형을 담고 있는 흥미롭거나 재미있는 이야기[18]를 들려주고 싶은 충동에서 비롯된 것

지론 대부업체들이 파산하면서 시작된, 미국만이 아닌 국제금융시장에 신용 경색을 불러온 연쇄적인 경제위기를 말한다 — 옮긴이.

17 사회의 주요 제도의 정점에서 의사 결정과 정책 수행 등을 하는 권력자 집단을 말하는 것으로, 밀스(C. W. Mills)의 동명의 책으로 일반화된 개념이다 — 옮긴이.

이라고 말할 수도 있다(Schudson, 1982; Neuman, Just and Crigler, 1992).

이러한 학문적 전통에서 또 하나의 중요한 개념은 가난한 사람들이 불평등 자체에 반대하는 것이 아니라, 단지 그들이 불공평한 소득분포 곡선의 좋지 않은 쪽 끝에 놓이게 된 것뿐이라는 생각이다. 직관에 반하지만 중요한 이러한 결과를 강력하게 드러내 보여주는 것 가운데 하나는 프란츠 파농Frantz Fanon (1963)의 1950년대 프랑스 식민 통치하의 알제리아인에 대한 연구이다. 그는 정신과 의사였기 때문에 억압받는 식민지 주민들이 공정하고 공평한 정권을 꿈꾸는 것이 아니라, 그들이 프랑스 통치자들과 군대에서 목격한 아무 의심 없이 받아들여지는 그들의 권력을 자신들이 행사할 수 있는 정권을 매우 자주 꿈꾼다는 사실에 놀라움을 금하지 못했다. 이보다 덜 극적이긴 하지만 앞에서 언급한 바 있고 널리 인용되는, 매우 부유한 사람들에게 부과되는 상속세에 대해 중산층 미국인들이 불쾌감을 나타내는 것 역시 놀라움을 금할 수 없는데, 이러한 불쾌감은 부분적으로 그들 역시 언젠가 매우 부자가 될 것이라는 많은 중산층의 공통된 염원에 기반을 두고 있다(Bartels, 2008).

여론과 경제적 지위가 더욱 극적으로 일치될 수도 있다는 명제에 대해서는 여전히 이론이 있긴 하지만, 노동자 계층 문화가 총기 통제에 대한 혐오, 낙태에 대한 종교적 반대에 대한 혐오, 그리고 동성애 수용에 대한 혐오 같은 보수적인 사회 이슈에 공감을 보이는 것은 이러한 명제를 복잡하게 만든다는 것 역시 흔히 인정된다(Frank. 2004; Bartels, 2008).

따라서 지금까지 이용 가능한 증거는 미디어 헤게모니의 철칙도 거대하고도 은밀한 음모도 보여주지 않는다. 문화 연구 전통은 헤게모니라는 용어를 사용해 이러한 패턴을 묘사하고 주로 텍스트 분석에 의존해 헤게모니의 존재를

---

18 저널리즘에서 good story는 '수용자가 판단하기에 흥미롭거나 중요한 무언가에 대한 것'이다(A good story is about something the audience decides is interesting or important)(https://www.americanpressinstitute.org/journalism-essentials/makes-good-story/) — 옮긴이.

반복해서 보여준다. 사회과학 전통은 헤게모니가 아닌 의제 설정이라는 용어를 사용하여 거의 동일한 과제를 수행하며 미디어의 이슈 부각도issue prominence와 여론 데이터의 이슈 현저성issue salience의 상관관계 분석을 이용해 미디어 권력의 존재를 보여준다. 두 전통 모두 그러한 현상을 특별한 관심 변인이라기보다는 필연적인 상수常數 혹은 어떤 종류의 법칙으로 취급하는 것 같다. 어떤 조건하에서 그리고 어떤 종류의 이슈에 대해 패권적 의제 설정이 성공하거나, 부분적으로 성공하거나, 그냥 실패하는가? 아니면 실제로 부메랑 효과가 발생하는가? 대규모 영화 스튜디오 기업과 텔레비전 네트워크들은 기업주와 금융업자를 탐욕스럽고, 정직하지 않으며, 허영심이 많은 사람으로 묘사하는 내러티브가 특히 수익성이 있는 것으로 판명될 경우, 그러한 내러티브를 판촉하는 것을 주저하지 않는다. 예를 들어, 허구의 인물 고든 게코Gordon Gekko의 '탐욕은 좋은 것이다Greed Is Good'라는 제목의 연설은 상징이 되었다. 머독 자신의 신문들이 그의 회사 전화 해킹 스캔들을 고통스러울 정도로 상세하게 다뤘다. 일반적으로 시위 보도 가운데서 시위자 측의 폭력이나 불법 행동 가능성이 가장 주의를 끄는 것처럼 보이지만, 전통적인 뉴스 미디어와 온라인 뉴스 미디어는 월가 점령Occupy Wall Street 운동의 경제적 불평등, 기업의 정치적 권력, 그리고 모기지 사태 및 관련 금융 스캔들에 대한 형사 고발 부재와 같은 주제의 강조를 포함해 이 운동을 충분히 보도했다(Alessi, 2011; Santo, 2011). 한 관측자는 다음과 같이 말했다: "바로 이 순간, CNN과 폭스 뉴스Fox News에서 놀림감이 되었고, 미트 롬니Mitt Romney에 의해 계층 전쟁이라는 비난을 받았으며, 백악관에 의해 민감하게 취급되었던 시위자들은 상당히 양호한 시청률을 … 올려주고 있다. 시위자들 자신에 대한 미국인의 의견이 갈렸다. 33%는 시위자들에게 우호적인 의견을, 27%는 우호적이지 않은 견해를, 가장 많은 40%는 아무 의견도 가지고 있지 않다…. 이것을 바라보는 한 가지 방법은 월가 점령 운동이 의회보다 두 배 이상 인기가 있다는 것이다"(Weigel, 2011).

"우리는 99%이다We are the 99 percent"라는 슬로건은 공적 영역에서 어느 정도

〈그림 6.1〉 '불평등'과 '월가를 점령하자'의 구글 검색 빈도

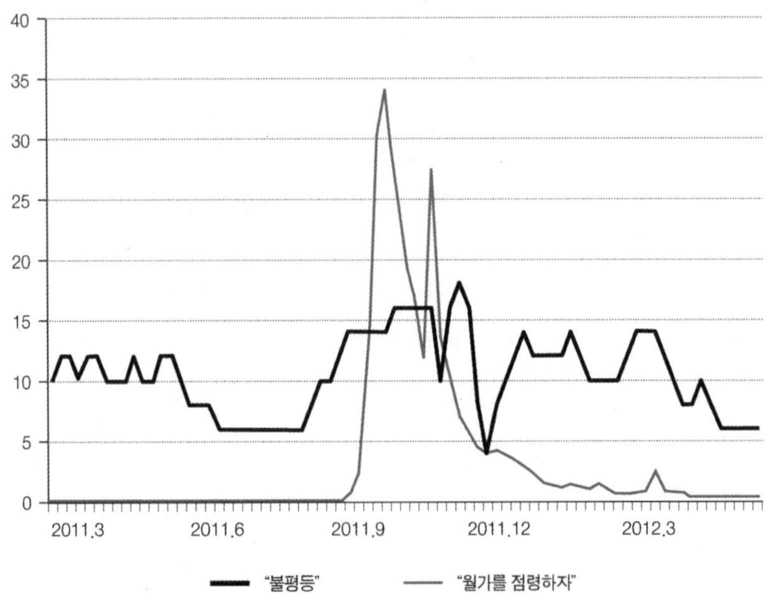

영향력을 얻은 것처럼 보이지만, 공중의 주의 지속시간attention span은 짧으며 맨해튼Manhattan 공원 시위자들의 본능적인 상징성이 정책과 관행의 변화를 위한 공중의 압력으로 해석되는지 여부는 여전히 분명하지 않다.

〈그림 6.1〉은 월 스트리트에 가까운 맨해튼 남부의 주코티 공원Zuccotti Park 점령에 대한 일화적 내러티브가 미국의 경제적 불평등에 대한 커져가는 공중의 우려로 해석되었는지 여부에 대한 개략적인 대답을 보여준다. 이 그래프는 2011년 봄부터 2012년 중반까지의 구글의 표준화된 검색량 지수search volume index를 이용한 '월가를 점령하자'와 '불평등'이라는 용어의 구글 검색어 빈도를 보여준다. 겉으로 드러난 대답은 그렇지 않았음을 보여주지만, 더 완전한 대답을 알기 위해서는 공중이 시위자들의 동기와 특성을 어떻게 해석하는지 그리고 불평등에 대한 주제적 우려가 공원 점령과 법 집행 당국의 대응에 대한 일화적인 세부적 내용에 의해 가려지지는 않았는지 여부에 대한 더 미묘한 차이

까지도 반영하는 조사가 필요할 것이다. 어떤 관측자는 십중팔구 시위자들을 시간이 남아 주체하지 못하는 지저분한 현대판 히피로 간주한 반면, 또 어떤 관측자는 기를 쓰고 경제체계 개혁을 요구하는 정치적으로 활동적인 젊은이로 간주했다. 그와 같은 지각 렌즈perceptual lens는 아마 몇 주 동안 뉴스를 시청한 후 생긴 것이 아니라 평생에 걸쳐 형성되었을 가능성이 있다. 또다시, 그러한 패턴은 어떤 기계적인 원인과 결과가 아니라 공적 사건이 해석되는 방식에서의 독특한 공명 가운데 하나이다. 더욱이 그러한 패턴은 시간이 흐르면서 자기를 강화하는 나선들 가운데 하나처럼 보이는데, 이것은 우리의 연구방법이 이제 막 다루기 시작한 (그리고 다루기 위해 애쓰고 있는) 현상이다.

매개된 매튜 효과

블로고스피어는 실제로 활기찬 풀뿌리 기업가주의grassroots entrepreneuralism — 1000그루의 필리스 슐래플리Phyllis Schlaflys[19]와 1000그루의 글로리아 스타이넘Gloria Steinems[20]을 꽃피우게 하라 — 의 가능성을 제공한다. 이 얼마나 흥미로운 정원이 되겠는가! 그러나 매튜 효과 현상은 '부자는 더 부유해진다'라는 문구로 흔히 요약되는 정반대 방향으로 작용하는 일단의 누적 이익 메커니즘을 가정한다. 이와 같은 현상을 분석하는 데 사용되는 좀 더 전문적인 용어로는 '긍정적 피드백positive feedback', '선점 우위first mover advantage', '선호적 연결preferential attachment', 그리고 '네트워크 효과network effect'가 있다. 이와 관련된 폭넓은 문헌이 존재한다(Merton, 1968; Adamic et al., 2001; Barabasi, 2002; Watts, 2004; Newman, 2005;

---

19 미국의 보수적 반여성 운동가이다 — 옮긴이.

20 미국의 페미니스트 저널리스트이자 사회운동가로 1960년대와 1970년대에 여성주의 운동의 지도자이자 대변자로 알려져 있다 — 옮긴이.

Napoli, 2008). 공적 영역 분야에서 우리의 특별 관심사는 유명인이 더 유명해지는 방식과 공중의 제한된 주의의 폭 때문에 공중이 새로운 목소리와 새로운 아이디어를 듣는 것을 유명인이 특히 어렵게 만드는 방식이다. 이러한 기본적인 현상은 널리 인정되며 잘 이해되고 있다 — 베스트셀러 목록에 오르거나 영화 매표소 챔피언이 된다는 사실 자체가 자기-강화적인 추가적인 주의를 끈다.

그러나 지금 하나의 새로운 어휘가 인기를 끌면서 실제로 디지털 풍부함의 역학이 이미 유명해서 모든 주의를 끄는 역학에 대한 중요하고도 크게 환영받는 대항 세력을 만들어낼 수도 있음을 암시한다. 이 대목에서 매우 영향력 있는 사상가는 ≪와이어드*Wired*≫라는 잡지의 당시 편집장 크리스 앤더슨Chris Anderson이며 그가 유행시킨 용어는 '긴 꼬리the long tail'[21] 개념에 초점을 맞추고 있다(Anderson, 2004, 2006). 앤더슨은 베스트셀러들의 자기-강화 심리학이 여전히 유효하다는 것을 인정하지만 서점을 중심 사례로 사용해, 몇 천 권의 각기 다른 제목의 책들을 들여놓을 수 있는 지역 소매상점과 달리, 아마존과 같은 웹 기반의 전국 거대 서점은 수십만의 권의 각기 다른 제목의 책을 들여놓을 수 있으며 지금까지 700만 권 이상의 각기 다른 제목의 책을 판매했다고 자랑한다(Rosenthal, 2011). 7장에서 긴 꼬리 역학을 다소 자세하게 다루겠지만, 우선은 재고가 풍부한 서점(물론 이것은 분명 좋은 것임)이 기민하고 역동적인 공중의 의제와 완전히 개방되고 공평한 경쟁이 이루어지는 사상의 시장으로 반드시 이어지는 것은 아니라는 점을 인정하는 것이 중요하다. 블로거들은 당연히 매우 중요한 불의不義에 대해 유익한 정보를 제공하는 설득력 있는 글을 쓰겠지만, 어떤 이슈가 정치 및 공공정책 분야에서 그리고 수용자가 많은 주류 상업 미디어에서 진지하게 다뤄지기 위한 집단적 공중의 주의의 경계점은 여전히 존재하는가? 물론 이와 같은 질의는 궁극적으로 주의 공간은 얼마이며 디지털 환경은 이를 의미 있게 확장하는가와 같은 질문으로 귀착된다.

---

21 3장의 각주 9 참조 — 옮긴이.

매개된 주의 공간

이 장의 앞부분에서 사회학자 랜들 콜린스(1998)의 철학 학파의 역사에 대한 연구를 언급하면서 주의 공간이라는 아이디어를 소개한 바 있다. 그의 분석을 통해 소수의 법칙이 드러난 것을 기억할 것이다. 즉, 수천 년에 걸쳐 기록된 철학의 역사에서 세 개 이상, 여섯 개 이하의 학파가 중요한 철학 사상 학파로 인정되고 있다고 그는 결론 내렸다. 이것은 그가 이러한 기록된 특정 학문 분야 내에서 주의 공간이 제한되어 있음을 증명하는 방식이었다. 그리고 그는 소수의 법칙이 일반적으로 유지되는 어떤 역동적인 사회학적 메커니즘을 제시했다. 즉, 큰 학파는 쪼개지고 더 작고 덜 유명한 학파들은 합친다는 것이다. 앞에서 인간 인지 심리학을 검토하면서 유사한 소수의 법칙인 조지 밀러(1956)의 유명한 마법의 수 7을 접한 바 있는데, 실험을 통해 우리 대부분이 머릿속에서 한 번에 고려하거나 구별할 수 있는 개수가 일곱 개임을 밝혀냈다. 그리고 밀러는 사람들이 고려해야 할 요인의 수가 훨씬 더 클 때 사용하는 놀라울 정도로 비슷한 메커니즘인 덩이 짓기를 제시했다. 즉, 우리는 전체 요인 수를 더 잘 처리하기 위해 일단의 유사한 요인들을 하나로 묶는다는 것이다.

공적 영역에서 작동하는 상응하는 소수의 법칙에 대한 증거는 존재하는가? 집단적 주의도 개인의 주의처럼 작동하는가? 단답형으로 말하자면 실제로 그렇다고 답할 수 있으며, 그러한 효과에 대한 증거는 아주 많다. 전통적인 미디어의 공중의 의제에 대한 연구에서 그리고 다양한 여론 측도를 통해 분석가들은 세 개에서 일곱 개에 이르는 밀러와 콜린스의 한계와 상당히 비슷한 한계를 발견했다(Hilgartner and Bosk, 1988; Neuman, 1990; Zhu, 1992; Brosius and Kepplinger, 1995; McCombs and Zhu, 1995). 용어는 서로 다르지만 근본적인 생각은 같다. 힐가트너와 보스크(Hilgartner and Bosk, 1988)는 그들이 공적 영역의 '수용력carrying capacity'이라 부르는 것에 대해 언급한다. 여론이 반응하기에 앞서 미디어의 주의의 임계 최소치가 존재함을 보여주는 장기 분석에서 필자는 뉴스 속의 이슈에 대한 '공중 주의 임계값threshold of public attention'이라는 용어를 사용했다(Neuman, 1990). 주 지-엔화Zhu Jian-Hua는 '의제 설정의 제로-섬 이론zero-sum theory of agenda setting'이라 부르고(Zhu, 1992), 한스-베른트 브로셔스Hans-Bernd Brosius와 마티아스 한스 케플링거Mathias Hans Kepplinger는 '이슈 경쟁issue competition'이라는 용어와 새로운 이슈가 더 오래된 이슈를 '제거한다는' '동등 전치equal displacement' 모델을 사용한다(Brosius and Kepplinger, 1995). 맥콤스와 주는 공중 의제의 '수용력', '다양성', '휘발성volatility'이라 부른다(McCombs and Zhu, 1995). 그리고 이 학자들은 대부분 앤서니 다운스의 영향력 있는 연구에 경의를 표하면서, 일부는 "어떤 국내 이슈가 사회에 매우 중요한 문제를 계속해서 일으킨다고 하더라도 미국의 여론은 좀처럼 그 이슈에 오랫동안 초점을 맞추면서 선명하게 유지되지 않는다"(Downs, 1972: 38)라는 다운스의 대표적인 소견을 인용한다.

그러나 이제 새로운 상황이 전개되고 있다 — 정보가 풍부한 디지털 기술로의 전환과 푸시에서 풀 미디어-수용자 역학으로의 진화가 만약 영향을 미친다면, 공중 의제의 규모와 특성에 어떤 영향을 미칠까? 이것은 정말 다루기 어려운 문제로 드러난다. 그러한 역학이 작동하는 방식에 대한 우리의 경험적 측정과 이론적 개념이 아직 그리 정교하지 않다. 다룰 필요가 있는 몇 가지 어려움에 대해 언급하겠다.

맨 먼저, 공중 의제라는 개념 자체가 다루기 까다로운 개념이다(Wlezien, 2005). 만약 어떤 면접자가 당신에게 이 나라가 직면한 가장 중요한 이슈가 무엇이냐고 묻고는〔갤럽Gallup과 전미선거연구American National Election Study가 수년 동안 사용한 전형적인 질문〕 당신이 대답하기를 인내심 있게 기다린다면, 당신은 기억하는 뉴스 속의 몇몇 이슈, 즉 당신이 개인적으로 가장 중요하다고 평가하는 것이 아닌 다른 사람들이 가장 중요하다고 평가하는 것을 떠올리기 위해 당신의 기억 저장소를 스캔할 것이다. 그런 다음, 몇 가지를 확인한 후 더 이상 기억해내기가 어려워서 중단하고는 몇몇 대답을 제공함으로써 예의 바르게 면접자의 요구 사항을 수행할 것이다. 어쩌면 더 깊이 조사하는 질문이 주어질 수도 있을 것이다: "당신이 생각하기에 마땅히 주의를 끌어야 함에도 주의를 끌지 못하고 있는 이 나라가 직면하고 있는 중요한 이슈 몇 가지를 말해 주시겠습니까?" 그러나 이와 같은 질문이 체계적으로 주어졌다고 생각하지 않는다. 더욱이 단 한 면의 웹페이지나 신문의 1면 혹은 지상파 뉴스캐스트라는 한정된 제약이 한정된 뉴스 의제를 기계적인 뻔한 말로 만들어버린다. 공중의 의제가 이슈의 다양성과 이슈 프레이밍 그리고 시민들의 사고 속에 깊이 자리하고 있는 우려에 대한 적절한 반응인지 여부에 대한 미묘하지만 매우 중요한 질문은 경험적인 학문의 제한된 도구들에 의해 아직 충분히 다뤄지지 않았다. 안토니오 그람시가 좌절하듯 '패권적 통제hegemonic control'라고 부른 현상에 대해 처음 깊이 생각하게 된 계기가 된 것은 그가 이탈리아에서 살았던 시대의 공중의 정치적 의제와 그 자신의 개인적인 정치적 관심사 간의 괴리라고 말할 수 있을 것이다.

둘째, 쟁점 공중issue publics으로 불려온 것에 대한 어려운 문제가 존재하는데, 쟁점 공중이라는 개념은 시민들은 보통 모든 공적 이슈를 깊이 조사하지 않지만 일부 이슈 전문가 집단이 있을 수도 있음을 인정하고자 한 필립 칸버스Philip Converse(1964)에 의해 처음으로 대중화되었다. 쟁점 공중의 예로는 인권을 추구하는 아프리카계 미국인(Iyengar, 1990), 중동 문제를 다루는 유대인(Krosnick and Telhami, 1995), 군대 관련 이슈를 주시하는 퇴역 군인(Jennings and Markus, 1977)이 있다. 여기서의 논리는 만약 어떤 관련된 집단이 빈틈없이 감시한다면 그들은 성공적인 감시자 기능을 수행하고 문제가 나타날 때 더 많은 공중에게 경고 신호를 보낼 것이라는 것이다(Neuman, 1986; Schudson, 1998; Zaller, 2003). 따라서 조사 기법들은 이슈에 대한 더 폭넓은 공중의 주의력뿐 아니라 더 전문화된 집단의 주의력도 추적할 필요가 있을 것이다.

존 잴러John Zaller는 도난방지 경보의 은유를 사용하는데, 예를 들어, 블로고스피어의 어떤 전문화된 집단이 어떤 이슈나 사건에 대한 경보를 울릴 때 어떤 조건하에서 공중 전반이 그것을 알아차리는지 혹은 알아차리지 못하는지를 이해하는 것은 더 광범위한 과제가 될 것이다(Zaller, 2003).

미디어 효과와 이슈-주의 주기

공중의 주의의 제한된 폭에 대해 논의할 때, 우리는 어쩔 수 없이 경제학자인 앤서니 다운스(1972)의 통찰력과 이슈-주의 주기에 대한 그의 사례연구로 되돌아간다. 물론 그는 전통적인 인쇄 및 방송 미디어의 지배가 정점에 이르렀을 때 글을 쓰고 있었으며, 스스럼없이 이러한 이슈 주기가 필시 일日 단위나 월月 단위가 아닌 어느 정도 적정한 연수年數 단위로 측정될 것으로 기대했다. 그러나 바이럴 동영상viral video[22]과 24시간 뉴스 사이클news cycle 시대에 우리는 분分 단위 그리고 시간 단위로 측정된 것을 고려하고 싶어 할 수도 있다. 다운스가 선택한 생태 이슈에 대한 사례연구는, 비록 다운스가 예상했을 것 같지는 않지만, 이례적인 것으로 드러났다. 레이철 카슨Rachel Carson의 영향력 있는 저서인 『침묵의 봄*Silent Spring*』(1962)이 살충제의 특정한 위험에 대한 공중의 관심을 야기함으로써 하나의 사회운동이 되도록 자극하기 시작한 지 딱 10년 뒤에 글을 쓴 다운스는 생태 이슈를 "우리의 공기와 물을 깨끗하게 하고 녹지를 보존하고 복원하는 것"으로 정의했다(Downs, 1972: 43). 그는 다음과 같이 적으면서 분석을 끝맺는다: "따라서 '환경 개선'이라 불리는 일단의 이슈 역시 '이슈-주의 주기'의 후반 단계의 특징인 공중의 주의의 점진적인 감소를 겪게 될 것이라고 믿는 데는 충분한 이유가 있다"(Downs, 1972: 50). 이 특정한 사례에서 다운스가 정말 크게 틀린 것으로 드러났는데, 이것이 여러 형태의 이슈 '마모issue wear-out'에 대한 그의 통찰력이 지니는 중요성을 줄여주지는 않는다. 그러나 그것은 사

22 바이러스처럼 유행하고 널리 퍼지는 동영상이다 — 옮긴이.

건이 발전하기 시작하고 정책이 개발됨에 따라 근원적이고 지속하는 관심사가 새로운 유인가를 띠게 될 때 더욱 정교한 쟁점 진화issue evolution 모델이 중요함을 보여준다(Carmines and Stimson, 1989; Page and Shapiro, 1991; Stimson, 1991, 2004; Kellstedt, 2003).

정치 캠페인 전략가, 저널리스트, 그리고 공중 관계 전문가는 일반적으로 어떤 기사, 어떤 사건, 어떤 이슈, 혹은 어떤 종류의 폭로가 '계속 관심을 끌지' 아니면 다음 뉴스 사이클에서 무엇이 발생하건 발생하는 어떤 것으로 인해 사라져 잊히게 될지 여부를 꽤 잘 판단한다(Arno, 2009). 그들의 판단은 직관적이며 틀림없이 수천 건의 기사를 통해 겪은 경험을 토대로 한다. 그러나 미디어 전문가로서 의견을 밝힐 수도 있지만, 어떤 체계적인 이론의 측면에서 그들의 생각을 공식화하거나 검증하고 싶어 하지는 않는다. 그것은 연구 공동체가 해야 할 일이다.

불행하게도 연구 공동체가 어떤 이슈나 뉴스 기사가 계속 관심을 끄는 이유가 무엇인지를, 즉 무엇이 지속적인 공중의 관심사 및 주의 그리고 미디어 보도의 대상이 되게 하는지를, 밝힌 문헌들이 아직 수렴된 상태가 아니다. 많은 학자가 어떤 사건이 공적 영역에서 지속적으로 생존하는 데 기여하는 요인들의 목록을 작성했지만 적어도 어느 정도 경험적으로 지지되는 일관성 있는 모델은 여전히 찾기 힘들다. 〈표 6.2〉는 몇몇 유명한 목록을 다른 말로 바꾸어 요약한 것이다. 저널리즘 및 매스 커뮤니케이션 분야의 학자들은 지난 세기 상당 기간 동안 뉴스가 가치 있게 해주며 언론과 공중의 지속적인 주의를 받게 해주는 어떤 이슈나 사건의 속성인 '뉴스 요인news factor'의 신뢰할 만한 유형 분류 체계를 개발하기 위해 애써왔다(Hughes, 1940; Ostgaard, 1965; Galtung and Ruge, 1965; Buckalew, 1969; Molotch and Lester, 1974; Gans, 1979; Schulz, 1982; Gamson, 1984; Staab, 1990; Heath and Heath, 2007). 〈표 6.2〉에 표본으로 제시된 분류 체계들이 강조하는 바의 차이는 놀랍다. 이 연구들은 대부분 공중의 관심사를 평가하기 위한 시도도 없이 단순히 뉴스 내용이나 저널리스트의 '게이트키핑

〈표 6.2〉 공적 영역에서의 이슈 지속성에 대한 모델

히스와 히스(2007)	브로셔스와 케플링거(1995)	간스(1979)	버컬루(1969)
1. 단순성	1. 개인적 결과	1. 공무원의 지위	1. 중요성
2. 의외성	2. 위험과 위협	2. 국가에 대한 집합적 영향	2. 갈등성
3. 구체성	3. 지식의 변화	3. 최대 다수의 사람들에게 미치는 영향	3. 저명성/유명인사
4. 공신력	4. 피드백	4. 미래에서의 중요성	4. 근접성
5. 정서적 관여	5. 관련성		5. 시의성
6. 이야기식 구조	6. 상징적 가치		6. 시각적 흥미

gatekeeping' 행동을 분석했다. 저널리스트의 뉴스 가치에 대한 판단과 시민들의 판단을 경험적으로 비교한 연구에 따르면, 이 둘 간의 상관관계는 놀라울 정도로 낮고 때로는 전혀 없다(Martin, O'Keefe and Nayman, 1972; Neuman, Just and Crigler, 1992; Jones, 1993; Boczkowski and Peer, 2011). 나아가 예를 들면, 도리스 그레이버Doris Graber는 지난 20년에 걸쳐 이루어진 퓨 리서치 센터Pew Research Center 설문조사에서 조사된 뉴스 기사의 7%만이 적어도 50%의 피면접자들로부터 '상당한 주의'를 끌었음을 상기시켜 준다(Graber, 2007: 265). 따라서 우리는 어떤 특정한 이슈가 공적 영역에서 오랜 기간 공명을 일으킬 수 있게 해주는 것에 관한 연구는 여전히 초기 단계에 머물러 있으며, 또한 미디어 내용과 수용자의 주의, 수용자의 댓글 달기, 그리고 수용자의 전달하기/링크하기forwarding/linking에 관한 광범위한 장기 빅 데이터는 이론 수립 및 검증을 진전시킬 수 있는 큰 가능성을 제공한다고 결론 내릴 수 있다.

〈표 6.3〉은 뉴스 가치성newsworthiness 문제뿐만 아니라 더 장기적인 지속성 문제도 강조하는 개발 중인 뉴스 요인 관련 문헌들에 관한 것으로, 이러한 문헌들의 핵심 차원을 통합하고자 한다. 그래서 시간이 흐르면서 생태 이슈는 미디어와 공중의 주의에서 사라질 것 같다는 앤서니 다운스의 부정확한 예측의 원래 역설로 되돌아가본다면, 〈표 6.3〉에 나와 있는 제안된 요소들 각각이 공적 이슈를 지속시키고 점진적으로 발전시키는 데에 적어도 부분적으로 관여되

〈표 6.3〉 공적 영역에서의 이슈 지속성에 대한 수정된 모델

차원	핵심 요소	출처
1. 지각된 이슈 현저성/중요성	미디어와 수용자가 중요성과 인간적 흥미 측면에서 본 기본적인 뉴스 가치성	갈퉁 및 루게(1965) 슈메이커 및 보스(2009)
2. 계속되는 발전,[25] 해답이 제시되지 않는 문제	새로운 발전으로 인해 이슈에 관심을 유지시킬 수 있는 추가적인 '에너지'	브로셔스 및 케플링거(1995)
3. 공중의 피드백	여론, 시위, 의견 제시	브로셔스 및 케플링거(1995)
4. 인정된 이슈의 새 차원	미디어나 수용자에 의한 이슈 프레이밍의 변화	카민스 및 스팀슨(1989)
5. 기존 이슈나 사건의 새로운 플레이어	정치 혹은 경제 지도자들의 방향 전환	잴러(1999)

어 있고 또 기여했다는 것을 알 수 있다. 첫째, 환경적 방치[24]가 건강에 미치는 심각한 결과에 대한 새로운 과학적 증거가 세상에 알려지면서 영향을 받는 사람의 중요성과 수가 원래 지각했던 것보다 더 큰 것으로 이해되었다. 둘째, 원자로의 재앙에 대한 새로운 수퍼펀드superfund[25] 사이트의 폭로로 밝혀진 새로운 사건으로 인해 공중이 환경 이슈를 계속해서 마음에 담아두게 된다. 셋째, 행동주의자와 지지자들의 본격적인 환경운동이 이러한 이슈에 대한 공중의 주의를 유발했다. 넷째, 예를 들어, 지구촌 기후 변화와 같은 환경적 관심사의 새로운 차원이 이러한 이슈 영역에 대한 새로운 주의와 에너지를 끌어들인다. 다섯째, 새로운 엘리트가 아니라 관심을 가지고 있는 더 젊은 시민 세대 전체가

23 국어사전에서 발전의 의미는 '더 낫고 좋은 상태나 더 높은 단계로 나아감'이라는 의미 외에도 '일이 어떤 방향으로 전개됨'이라는 의미도 있다. 여기서 발전의 의미는 후자의 의미이다 — 옮긴이.

24 환경적 방치(environmental neglect)란 환경이 어린이의 신체적 건강이나 안전에 부당한 위험을 끼치는, 즉 아동 방치(child neglect)를 초래하는, 것을 의미한다(https://www.lawinsider.com/dictionary/environmental-neglect) — 옮긴이.

25 미국에서 유해물질 오염 부지의 환경위해성 문제를 다루기 위해 만들어진 법안과 이를 구현화하기 위한 국가 정책 프로그램으로 1980년 종합 환경대응·보상·책임법(Comprehensive Environmental Response, Compensation and Liability Act: CERCLA)에 의해 조성된 펀드이다 — 옮긴이.

이 이슈를 그들의 문제로 삼았다(Van Liere and Dunlap, 1980; Guber, 2003; Nisbet and Myers, 2007; Hansen, 2009).

몇몇 연구 전통에서 누적된 연구들의 결론은 미디어와 공중의 관계는 단순하고 어쩌면 기계적인 의제 설정 모델이 아닌 매우 역동적이고 가변적인 것처럼 보인다는 쪽으로 수렴된다. 어떤 때는 이슈들이 점차 사라지기도 하고, 또 어떤 때는 대중운동으로 발전하기도 한다. 우리는 이제 막 그 둘을 구분 지어 주는 조건을 이해하기 시작했다.

어쩌면 이러한 궁극적인 문제를 공적 이슈에 대한 프레이밍을 더 구체적인 '일화적' 프레이밍과 더 역사와 사회에 입각한 '주제적' 프레이밍으로 나눈 유명한 샨토 아이옌거의 구분의 한 변형으로 묘사할 수도 있을 것이다. 아이옌거의 분석은 미디어 프레이밍의 그와 같은 차이가 어떤 한 시점에 수용자의 지각에 어떻게 영향을 미칠 수 있는지에 초점을 맞추었다. 아이옌거의 통찰력을 이용하는 것은 공적 영역에서의 장기적인 추이 분석에도 유용할 것 같다. 우리가 아직 충분히 이해하지 못하는 이유로 인해 미디어와 공중 모두 다운스의 실패한 예측 이후 수십 년 동안 대체로 환경 이슈를 일화적으로 해석하다가 주로 주제적으로 해석하는 쪽으로 점진적으로 변한 것처럼 보인다.

지배적인 의견의 나선

마지막으로 흥미를 유발하는 노엘레-노이만의 침묵의 나선에 대한 논제로 시선을 돌린다. 이 장의 앞부분에서 이 연구를 소개했을 때, 노엘레-노이만의 이론화는 장기적인 미디어-수용자 상호작용에 대한 분석에 몇몇 새로운 차원을 더했다고 언급한 바 있다. 첫째, 자기-강화적인 나선 역학이라는 개념 자체가 기초적인 자극-반응 인과 모델로부터 훌륭한 진전을 이뤄낸 것이다. 둘째, 비록 그녀의 데이터는 주로 단기적인 선거 여론조사였지만, 유럽과 북미의 사례를 들어가며 자신의 이론을 훨씬 더 풍부하게 더 장기적인 사회 변화와의 역사적 기반성 속에 위치시켰다. 셋째, 비록 그녀는 소수 의견을 가지고 있는 사람들이 의견을 공개적으로 밝히는 것을 더욱더 꺼림에 따라 하향 나선의 가능성에 초점을 맞추었지만, 대세를 따르는 이러한 심리 역학은 장단기 유행이 어떤 특정한 입장을 지지하거나 어떤 이슈를 프레임하도록 더 많은 수의 사람을 끌어들임에 따라 정반대 방향으로도 작용할 수 있음이 분명하다. 넷째, 이 연구의 근본적인 핵심 아이디어는 중요하게도 의견의 분포 외에 두 번째로 지역사회의 분위기를 정확하게 반영할 수도 있고 반영하지 않을 수도 있는 지각된 의견 분위기perceived climate of opinion의 분포도 존재한다는 것이다. 미디어는 후자의 분포에 특히 영향력을 미칠 수 있는 것으로 추정된다. 다섯째, 이러한 역학은 미디어 기술의 변화하는 구조와 연관성이 있을 것으로 가설화 되는 의견 양극화, 정치적 예양,[26] 그리고 문화적 관용의 추이 문제를 강조한다. 침묵의 나선 전통에서 제기되는 이러한 모든 이슈는, 예를 들어 그람시, 하버마스, 홀의 잠재적인 패권적 영향에 관한 더 넓은 범주의 연구들과 상당한 공명을 이룬다. 그러나 이러한 이슈들은 장기적인 역학과 엘리트 개인이나 기관이 잠재적으로 영향을 미치고자 하는 노력의 성공이나 실패에 대한 경험적 조사를 강조한다.

흔히 폭력적인 범죄에 대한 기대와 경찰처럼 법을 집행하는 직업에 종사하는 사람의 수에 대한 지각에 상당히 좁게 초점을 맞춘 배양 분석 연구 전통의 경우와 마찬가지로, 침묵의 나선 연구도 원래 노엘레-노이만에 의해 확인된 비교적 작은 일단의 이슈에 초점을 맞추었다. 현재의 과제는 영향력 있는 연구들을 넘어 더 폭넓은 이슈와 연구 설계로 이동해 상향 나선과 하향 나선 모두의

26 정치적 예양(political comity)이란 법적 행동, 행정적 행동 및 사법적 행동을 포함해 (국가, 주, 혹은 서로 다른 관할 지역의 법원과 같은) 서로 다른 정치적 실체들 사이에서 서로를 존중해주는 행위를 말한다 — 옮긴이.

역학과 이러한 과정에서 미디어의 잠재적 역할을 평가하는 것이다. 1970년대에 그녀가 이 분야에 던졌던 도전장은 오늘날에도 여전히 중요하며 깊은 울림을 준다: "매스 미디어는 개인이 환경에 대한 정보를 얻기 위해 사용하는 체계의 일부이다. 당면한 개인적 영역 밖의 모든 문제에 대해 사실을 파악하고 여론의 분위기를 평가하기 위해 개인은 거의 전적으로 매스 미디어에 의존한다. 개인은 늘 그렇듯이 공개되는(즉, 발표되는) 여론의 압력에 반응할 것이다. 연구는 특정한 토픽이나 사람에 관한 의견의 확산이 미디어 체계 내에서 어떻게 처음 시작되며 어떤 요인이 그것을 촉진 혹은 방해하는지에 대한 문제에 더욱더 관심을 가져야 할 것이다"(1974: 50~51).

노엘레-노이만은 여론 조사원이었으며, 그녀가 확립한 전통에 따라 연구하는 대부분의 연구자 역시 설문조사 연구 전문가들이다. 그 결과, 대부분의 연구가 미디어 체계의 제도적 특성이 아닌 의견 추이에 초점을 맞추었다. 따라서 한 걸음 뒤로 물러나서 가장 근본적인 질문을 해보는 것이 유용할 수도 있다. 즉, 현대 산업민주주의의 미디어 체계들이 주로 사적으로 소유되는 상업적 기업임을 감안할 때, 우리는 이러한 기관들이 무엇보다 의견의 지배적인 분위기를 강조하고 강화할 것으로 기대할까 아니면 소수 관점이나 비정상적인 관점을 강조하고 강화할 것으로 기대할까?

이 질문에 대해서는 완전히 일치된 대답이 없을 수도 있지만, 관련 문헌들을 읽어본 결과 상업적 미디어는 양극성을 띠는 경향이 있다는 결론을 내렸다. 즉, 상업적 미디어는 매우 보수적이고 상업적인 마케팅 지향성으로 인해 전통 규범을 위반함으로써 어떠한 중요한 집단의 기분도 상하게 하는 일이 없도록 하기 위해 조심하며, 동시에 비정상적 행동을 강조하는 것이 수용자의 주의를 끌기 때문에 그런 쪽으로 끌린다. 예를 들어, 미국 상업 텔레비전의 인종 다양성과 집 밖에서 일하는 전문직 여성 묘사와 같은 이슈에 관해 상업 텔레비전 업계는 변하고 있는 문화적 규범에 적응하는 속도가 느렸다. 반면에 1960년대와 1970년대에 있었던 전쟁 반대 시위와 환경주의 이슈에 관해서는 미디어들이 전반적으로 상당히 신경을 썼다. 미디어처럼 이 분야의 연구 문헌도 좌파 진영의 비평가와 우파 진영의 비평가가 반대 진영에 빠져 있는 미디어를 비판하면서 다소 양극성을 띤다.

더 최근의 침묵의 나선 문헌에서 나온 것으로 특별히 주의할 만한 가치가 있는 조사 결과가 두 가지 있는데, 이것들은 이 전통이 진화하는 정치 커뮤니케이션 구조에 대한 더 광범위한 모델과 통합하는 데 도움을 줄 수도 있다. 첫 번째 조사 결과는 이 전통의 경험적 연구들을 신중하게 메타-분석한 결과이다. 메타-분석의 결론은 비록 그러한 효과가 대부분의 연구에서 명백하고 매우 흔히 통계적으로도 유의적이긴 하지만, 효과의 크기는 실제로 상당히 작다는 것이다(Glynn, Hayes and Shanahan, 1997; Shanahan, Glynn and Hayes, 2007). 따라서 공개적으로 밝히지 않으면 사상의 공개 시장에 분명하게 해로울 의견을 공개적으로 밝히는 것을 꺼리는 것은 일부 시민과 일부 상황에 국한되어 있으며, 그 결과 그것은 여전히 중요하지만 어쩌면 덜 치명적일 수 있다. 두 번째 조사 결과는 의견을 공개적으로 밝히는 것을 꺼리는 것은 더 일반화된 추상적인 여론 공동체가 아닌 개인적인 지인들 사이에서 가장 분명하게 드러나는 것처럼 보인다는 것이다(Moy, Domke and Stamm, 2001). 이것은 노엘레-노이만이 수행한 원래의 경험적 연구들이 (최근까지) 민족적·문화적 동질성과 국민 정체성이 비교적 높기로 유명했던 국가인 독일에서 이루어졌다는 사실을 부각시킨다. 문화적으로 그리고 민족적으로 더 다양한 국민-국가에서는 의견을 표현하고 행동하는 하부 공동체들이 서로 균형을 잡아주는 중요한 과정을 보여줄 가능성이 있다.

이 학문 영역으로 가져올 수 있고 또 가져와야 할 이웃 연구 분야의 분석 개념이 하나 있다. 이 개념은 색인 작성indexing(Bennett, 1990) 혹은 괄호 묶기 bracketing(Hallin, 1984)로 불리는데, 이것은 기본적으로 "허용될 수 있는 논란의 경계를 규정함으로써 공중이 채택할 수도 있는 타당한 의견의 범위를 미디어가 규정하는 것"으로 정의되는 역학이다(Mutz, 2006: 239). 바꾸어 말하면, 비록 소수 견해가 주류 미디어에 의해 다루어질 수 있다 하더라도, 그러한 보도는 비정상적이거나 타당하지 않은 견해로 묘사될 수도 있다는 것이다. 그것은 미디어에 대한 더 정교한 텍스트 분석이 필요한 유망한 분야로, 이러한 분석은 의견뿐만 아니라 지각된 의견 분위기에 대한 확장된 설문조사 연구와도 결합된다.

따라서 여기서 제기할 마지막 질문은 지금까지 우리는 변화하는 디지털 환경이 어떻게 침묵의 나선이나 이슈 관여issue engagement에 영향을 미칠 것인지에 대한 어떤 증거를 개발해 왔는가 하는 것이다. 문헌들을 통해 우리는 다음과 같은 다섯 가지 잠정적인 결론에 도달할 수 있다.

1. 전자 커뮤니케이션 채널의 풍부함은 고도 선택high-choice 환경을 만들어 낸다. 특히 마커스 프라이어Markus Prior는 정치에 거의 관심이 없는 사람들은, 선택권이 주어질 때 비정치적인 오락물을 선택할 것이고 그 결과 제한된 정치적 정보 및 관여에서 훨씬 더 제한된 정치적 정보 및 관여로 나선을 그릴 것이라고 지적했다(Prior, 2007). 기본적으로 의도하지 않은 정치에 대한 노출이 줄어든다. 의도하지 않은 노출은 의미 있는 정치 교육의 장이 되지 않을 수도 있지만 여전히 한계적으로는 중요하다. 따라서 어떤 사람들에게서는 비관여의 나선을 목격할 수도 있다.
2. 반대로 정치적으로 참여하는 사람들에게 풍부한 환경은 공적 정보와 정치 토론을 파는 사실상의 캔디 가게와도 같다. 피파 노리스Pippa Norris는 이것을 선순환virtuous circle이라고 밝혔다(Norris, 2000). 따라서 우리는 다른 환경하에서는 정치적 참여의 상향 나선을 목격할 수도 있고 어쩌면 서로 다른 집단들에게서 동시에 긍정적인 추이와 부정적인 추이 모두를 목격할 수도 있다.
3. 풍부함은 틈새 뉴스niche news, 즉 매우 전문화되고, 더 세부적이며, 흔히 훨씬 더 자기 의견을 고수하는 적대적인 뉴스와 논평이라 불릴 수도 있는

환경으로 이어진다. 이러한 관측에는 두 가지 중요한 제한점이 있다. 비록 틈새 뉴스가 이용 가능하다 하더라도, 온라인 정보 추구자의 절대다수는 계속해서 주류 미디어, 특히 기존의 신문과 지상파 방송 네트워크에 의존한다(Hindman, 2009). 그리고 나아가 사람 간의 대화, 집단 참여, 그리고 정보 및 해석의 2단계 흐름의 지속적인 중요성을 감안할 때 우리는 이러한 정보의 틈새 출처의 등장이 실제로 새로운 현상인지 확신할 수 없다(Katz and Lazarsfeld, 1955; Huckfeldt and Sprague, 1995; Mutz, 1998, 2006; Huckfeldt, Johnson and Sprague, 2004). 단순히 사람 간 대화의 일정 부분이 온라인 포맷으로 이동했을 수도 있다.

4. 중요하게도, 터로(Turow, 1997)와 선스타인(Sunstein, 2001)이 가설화한 자신과 다른 사람 및 공동체로부터의 고립 증가와 그러한 사람 및 공동체의 지식 결핍에 관한 광범위한 연구는 데이터로 뒷받침되지 않았다(DiMaggio and Sato, 2003; Mutz, 2006; Garrett, 2009; Hindman, 2009). 공화당원은 민주당원이 제안하는 정책에 불만일 수도 있지만, 그들은 분명 그러한 정책에 대해 잘 알고 있다.
5. 그리고 마찬가지로 비록 엘리트들의 양극화 심화를 보여주는 극적인 증거가 존재하기는 하지만, 이러한 양극화가 적어도 지금까지는 일반 대중에게 반영되지 않았다(DiMaggio, Evans and Bryson, 1996; Evans, 2003; Baldassarri and Gelman, 2008; Fiorina, Abrams and Pope, 2010). 괄호 묶기와 색인 작성 이슈는 여전히 중요한 이슈이지만, 불행하게도 공적 영역이 더욱더 전자화 되고 있는 지금까지도 그러한 차원에서의 추이나 연속성을 확인해 주는 적절한 분석은 존재하지 않는다.

디지털 사상의 시장

우리가 전통적인 인쇄 및 방송 미디어에 기반을 둔 체계에서 엄청나게 더 크고 더 복잡한 전자 커뮤니케이션 구조로 이동함에 따라 이 장은 공적 영역에서 문화적·정치적 다원주의를 유지하는 시련과 고난에 초점을 맞추었다. 한 가지 계속되는 주제는 우리가 스스로를 자신과 비슷한 다른 사람들과 동일시하고 외집단을 차별적으로 취급하려는 인간의 자연스러운 충동이 개인 심리학 수준에서 공적 영역의 조직적 구조로 이동할 것인가 하는 질문이다. 이와 같은 어려운 질문에 대답하기 위해 먼저 미국 사례를 강조하면서 전통적 미디어 체계 내의 다수에 의한 여러 검열majority censorship 메커니즘으로부터 소수 의견의 공개적 제시를 보호하는 데 있어 어떤 것이 효과가 있고 어떤 것이 효과가 없는지에 대한 이론을 제시한 지난 세기의 관련 연구 문헌들로 시작했다. 여섯 가지 인기 있는 이론을 사용했는데, 각 이론은 기득권을 위해 개방성을 제한하거나 시장 메커니즘을 왜곡하는 특정한 사회적 메커니즘을 가정하고 있다. 이 이론들 가운데 세 가지, 즉 의제 설정, 과두제의 철칙, 그리고 매튜 효과는 주로 있을 수 있는 엘리트의 지배 패턴을 다루었다. 다른 두 가지, 즉 집단적 주의 공간과 이슈-주의 주기는 공중 주의의 한계를 다루었다. 그리고 마지막 이론적 전통인 침묵의 나선은 공적 영역 참여에 대한 분석에 하나의 중요한 새로운 차원(즉, 인기 없는 견해나 소수 견해를 표현하는 것의 타당성에 대한 지각)을 추가했다.

우리의 분석에서 하나의 패턴이 드러났다. 그리고 이 패턴은 사회과학과 사회과학에 더 가깝게 경험주의를 지향하는 문화 연구 분야에서 이론을 수립하고 검정할 때 나타나는 일반적인 약점을 반영했다. 그 패턴은 다음과 같다: 영향력 있는 이론가들은, 예를 들어 의제 설정과 같은 메커니즘을 가정한 다음 계속해서 그러한 메커니즘의 존재를 뒷받침해 줄 증거를 찾고자 노력할 것이다. 장기적인 측정은 비용이 많이 들고 많은 시간을 소모하기 때문에 대부분의 연구는 단기 설문조사와 내용 분석 혹은 실험을 포함했다. 반대 증거는 일반적으로 무시되었으며, 그러한 메커니즘의 강도를 나타내는 지수들의 극적인 분산도 무시되었다. 필요로 했던 것은 어떤 통계적으로 유의적인 측정과 가정된 메커니즘이 실제로 존재한다고 주장하는 증거를 찾은 것에 대한 축하와 함께 뒤따라오는 논문 게재였다.

그런 다음, 효과(와 효과의 부재 그리고 역방향의 효과) 강도의 극적인 변동이 실제로 이론적 정교화 – 만약 그렇지 않다면 개방되어 있을 사상의 시장을 이렇듯 통제하고 왜곡하는 메커니즘들은 어떤 조건하에서 그리고 어떤 종류의 이슈에 대해 시장을 제어하는가? – 에 대한 가장 흥미로운 기여임을 주장하기 위해 이 장의 논의는 분석에서 간곡한 권고로 바뀌었다.

기계적인 효과 모델과 참-거짓이라는 이분법적 이론 검정 개념에서 더 역동적이고 정교한 개념으로 이동하는 것은 여전히 초기 단계에 머물러 있다. 더 오래되고 더 단순한 모델이 더 직관적이며 특히 정치적 좌파들의 규범적 기반성과 더 큰 공명을 일으킨다. 더 조건적인 의제 설정 등의 모델로 이동하는 것이 정치의 기본 원칙[27]을 포기하는 것으로 간주되지 않기를 희망한다.

우리는 디지털 공적 영역이 20세기의 산업적인 인쇄 및 방송 미디어보다 활기차고 개방적인 사상의 시장이 더 쉽게 작동될 수 있게 해줄 것인지 여부에 대한 확고한 결론을 가지고 있는가? 그렇다고 결론 내릴 수 있지만, 확고한 결론이라고 하기엔 아직 이르다. 전자적 공적 영역의 다양성, 개방성, 유연성, 그리고 전 세계적인 범위, 이 모든 것은 중요한 진일보에 해당한다고 결론 내릴 수 있다. 거기에는 예외도 있으며 여러 버전의 문화적·정치적 획일성의 힘들이 세기가 바뀌어도 줄어들지 않았다. 중국과 일부 다른 국민-국가들이 시도했듯이, 많은 나라가 인터넷을 다시 프로그래밍할 것이다. 따라서 우리는 벤저민

---

27 정치의 기본 원칙이란 표현의 자유, 사상의 공개 시장, 민주주의의 이상 등을 말한다 – 저자와의 이메일 교신.

프랭클린Benjamin Franklin에게 경의를 표하는 것으로 결론 내리는데, 1787년 헌법 제정 회의Constitutional Convention가 끝날 무렵인 숙의熟議의 마지막 날, 벤저민 프랭클린이 독립기념관을 떠나려 할 때 한 여성이 다가와 "저, 박사님, 우리나라는 공화국입니까 아니면 군주국입니까?"라고 물었다. 프랭클린 박사는 "만약 당신이 지킬 수 있다면, 공화국입니다"라고 대답했다. 그것은 전자적 공적 영역의 과제이다. 대체로 출발의 조짐은 좋다. 그러나 이런 점에서 미래는 전적으로 기술의 발전이 아니라 공공정책의 발전에 달려 있다. 이와 같은 질문을 다루기 위해 우리는 서로 다른 문헌, 다소 서로 다른 스타일의 주장과 분석, 그리고 심지어 규범적인 것과 명백히 경험적인 것 같은 서로 다른 유형의 상호작용에 의존할 필요가 있다. 이것이 바로 7장의 과제이다.

7

공공정책

Public Policy

우리는 전체 정보 분야, 즉 음악부터 신문, 텔레콤, 인터넷, 반도체, 그리고 이것들 사이에 있는 그 어떤 것도 천천히 엄청난 시장 실패를 겪게 되었다는 점을 인정할 필요가 있다.

— 일라이 노엄Eli Noam(2004)

재산권이 없는 문화, 즉 창작자가 대가를 받지 못하는 문화는 자유가 아니라 무정부상태이다.

— 로런스 레식Lawrence Lessig(2006)

공중과 대항-공중counter-public[1]이 제도적 권력에 손을 뻗어 영향을 미칠 수 없다면, 온라인 네트워크는 민주적 미디어를 확립하려 한 이전 시도들의 운명을 위태롭게 할 것이다: 온라인 네트워크는 그 자체의 정치적 무가치함의 그늘에 가려 시들어갈 것이다.

— 스티븐 콜먼Stephen Coleman과 제이 블럼러Jay Blumler(2009)

❖

6장에서 사상의 시장이 커뮤니케이션학의 지침이 되는 규범적 원칙이라는 주장을 편 바 있다. 이제 더 광의적으로 정의되는 공공정책에도 마찬가지로 좋은 기반이 되는 원칙으로서의 사상의 시장 개념을 살펴볼 것이다. 사업 및 금융 행위의 지침이 되는 광범위한 형법과 민법이 존재하는데, 왜 인간 커뮤니케이션 분야를 위한 공공정책 및 규제의 특별 범주가 필요한가? 좋은 질문이다. 그러나 대답은 분명하게 필요하다이며, 공적 스피치public speech[2]는 특별한 범주이기 때문이다.

레이건 대통령이 이 분야의 최고 규제기구인 연방 커뮤니케이션 위원회Federal Communication Commission: FCC 위원장으로 임명한 마크 파울러Mark Fowler는 다음과 같은 답을 내놓은 바 있다: "텔레비전은 또 하나의 가정용 기기일 뿐이다. 텔레비전은 그림이 나오는 토스터이다. 사람들이 시장 메커니즘을 통해 보고 듣고 싶은 것을 결정하게 해보라. 왜 국가는 ≪타임*Time*≫지에 대해서는 그러지 않으면서 이 트랜지스터와 튜브 상자는 길들이려 집착하는가?"(Fowler, 1981). 그의 발언은 진보주의자들을 격분하게 만들었고 그들에게 동력을 제공하는 계기가 되었는데, 그들은 오늘날까지 계속해서 이 발언을 공적 영역의 활력, 개방성, 그리고 공정성을 보호하기 위해 지속적인 공중의 조사와 때로 규제를 요구할 특별한 필요성에 대한 보수주의자들의 무지함을 보여주는 표지판으로 인용한다.

---

1 대항-공중이란 특정한 사회적 담론이나 관점을 중심으로 하고 대안 미디어와 공적 활동을 통해 자신들의 입장(그들은 자신들이 주변화 되었다고 느낌)을 매스 미디어에 전달하는 것을 목적으로 하는 특정한 공중을 말한다 — 옮긴이.

2 원문의 public speech는 하버마스가 말하는 '공적 영역에서 이루어지는 스피치(speech in the 'public sphere' in the sense of Habermas)' 혹은 '공적 이슈에 대한 스피치(speech about public issues)'를 의미한다 — 저자와의 이메일 교신.

이제 30년이나 된 파울러의 발언은 매우 상징적이어서, 미국 커뮤니케이션 정책 전문가 모임에서 사람들은 다 안다는 듯 한바탕 껄껄 웃으면서 **토스터라**는 단어를 언급하기만 하면 된다. 그러나 계속 하기에 앞서, 파울러의 은유에 깔려 있는 정부 규제에 대한 보수주의자와 진보주의자의 견해에 대한 단순한 고정관념(보수주의자는 더 적은 규제를 원하고 진보주의자는 더 많은 규제를 원함)이 이러한 정책 분야에서 잘못 해석될 수 있음을 분명히 할 필요가 있다. 이러한 모든 전통적인 보수적 수사修辭에 의존하는 정책 행동주의자와 로비스트들은 대개 실제로 정부 개입을 요구하고 있다. 그들이 대표하는 특정 실체에 정부 개입이 경제적으로 이익이 될 때 그들은 정부가 시장에 개입하는 것을 기뻐한다. 이것은 경제학자 브루스 오언Bruce Owen과 동료들이 일련의 사례연구에서 강력하게 밝힌 주장이다(Owen and Braeutigam, 1978; Noll and Owen, 1983). 로비 사업에는 철학적 순수주의자purist[3]가 거의 없다. 처음부터 이 점을 강조했는데, 왜냐하면 이 점은 이 장의 중심 주제의 중요한 구성 요소이기 때문이다. 미국과 전 세계의 적극적이고 지략 있는 정책 참여자 집단은 각기 그들과 관계자들에게 지속 가능한 경쟁 우위를 가져다주는 재화와 사상의 디지털 시장을 추구한다. 진정한 공개 시장은 순진한 몽상가의 목표이거나 정확히 정반대의 것을 추구하는 사람들을 위한 유용한 수사 전략에 지나지 않을 수 있다. 따라서 로비 사업 내에 일부 철학적 순수주의자들, 즉 공적 기부와 열정적인 학생과 베테랑 변호사들의 자원봉사로만 버티고 있는 전자자유재단Electronic Freedom Foundation, 자유언론Free Press, 공적 지식Public Knowledge 같은 단체가 존재한다는 것은 미국과 전 세계의 정책 과정에 행운이다. 그들은 '자유롭고 공개된 인터넷free and open Internet'을 위한 싸움이 그들이 존재하는 이유라고 말한다(Declaration of Internet Freedom, 2012). 그들은 지략 있고 헌신적이긴 하지만, 여러 대기업과 산업 단체의 화력火力이 그들보다 압도적으로 우세하다. 그것은 다윗

---

3 어떤 분야에서 매우 전통적인 규칙이나 사상을 믿고 따르는 사람을 말한다 — 옮긴이.

〈표 7.1〉 인터넷 정책의 정치 세력

이익집단	동기화	전형적인 법적 이니셔티브 – 미국
인터넷 서비스 공급자	가격 차등화 이용	네트워크 중립성 정책
지적재산권 소유자	잠재적인 침해 제한	1998년 디지털 밀레니엄 저작권법 온라인 저작권 침해 금지 법안(제안)
보안 및 법 집행	범죄적인 커뮤니케이션 차단	1994년 법 집행기관에 대한 커뮤니케이션 지원법
정치 당국	선동적인 표현 예방/모니터	미국에는 지금까지 어떤 구체적인 이니셔티브가 없지만 전 세계적으로는 수많은 사례가 있음
조세 당국	지역 온라인 판매세 부과	미국 연방법 제안됨
윤리 당국	노골적으로 성적인 내용 제한	2000년 아동 인터넷 보호법
윤리 당국	증오 표현 제한	미국에는 지금까지 어떤 구체적인 이니셔티브가 없지만 캐나다와 전 세계적으로는 일부 사례가 있음
마케터	세부적인 소비자 행동 프로파일 개발	광범위한 데이터 수집 일부 프라이버시 보호법안 계류 중

과 골리앗의 싸움이다. 따라서 이 장의 주제는 다음과 같다: 앞으로 수십 년 동안 공적 커뮤니케이션의 구조에 중대한 영향을 미칠 여러 정책 결정이 내려질 때, 사상의 공개 시장이 동기를 부여하는 중심 가치가 될 것 같지 않다. 그 대신, 정책 결정은 지적재산intellectual property의 수익성과 법 집행을 보호하고 어린이를 포르노그래피로부터 보호하고자 하는 목표에 의해 동기화될 것이다. 사회학자 로버트 머튼은 "경험적인 관찰은 이론異論의 여지가 없다: 특정 가치를 지향하는 활동은 그러한 활동을 촉발한 가치 척도 자체와 상호작용하고 그 결과 가치 척도 자체를 변화시키는[4] 과정이 일어나게 한다"고 경고한 것으로 유명하다(Merton, 1936: 903). 바꾸어 말하면, 우리가 경계를 계속 유지하지 않으면서 여러 다른, 어쩌면 심지어 바람직한 목적을 추구할 때, 활기찬 사상의 디지털 공개 시장은 서서히 그렇지만 효과적으로 약화할 수도 있다. 〈표 7.1〉은 앞으로

4 원문의 "so react as to change the very scale"은 'interact and as a result change the very scale'을 의미한다 — 저자와의 이메일 교신.

남은 부분에서 우리의 주의를 끌 일부 정치 세력을 개괄적으로 보여준다.

사상의 시장에 대한 규제

마크 파울러의 도발적인 은유는 불행하게도 미국의 정책 토론에서는 특별히 예외적인 것이 아니다. 전형적이면서도 일부 사람들은 본질적이라고 말하는 미국인의 기본적인 신념[5]은 가능하다면 언제나 행정적 메커니즘이 아닌 시장 메커니즘에 의존하는 것이다(Lindblom, 1977; Williamson, 1985). 세계 대부분의 국가는 상당히 최근까지도 정부에 의존해 우체국뿐만 아니라 전화 체계와 방송 체계도 운영했다(Neuman, McKnight and Solomon, 1998). 우리는 일반적으로 인정되는 미국의 제도적 전통에서 한 걸음 뒤로 물러나 그러한 체계가 실제로 상당히 기이하다는 점을 인식해야 한다. 1930년대에 미국 정부는 본래 상업방송 신청자들에게 라디오용 공영방송 스펙트럼과 나중에는 텔레비전용 공영방송 스펙트럼을 할당하고는 단순히 '공중의 이익, 편의, 그리고 필요public interest, convenience, and necessity'에 봉사할 것을 요구했다. 그런데 이 이상한 문구는 역사적으로 공공서비스 사업public utility[6] 규제에서 유래했으며 결코 분명하게 정의되지도 않았고 80년 동안의 정기적인 면허 갱신 심사에서 사실상 집행된 적이 한 번도 없다(Pool, 1983; Neuman, McKnight and Solomon, 1999). 법원과 규제기관의 판결 분석 결과는 시청률과 결부된 상업적인 시장의 규율만으로도 충분했을 것이라고 간단하게 추정되었음을 보여준다(Krasnow, Longley and Terry, 1982; Robinson, 1989; Brock, 1994; Einstein, 2004). 그 결과, 선거 시기에 후보자들이 자신의 정책 견해와 포부를 잠재적인 투표자와 공유하기를 원할 때, 광고시간에 대

---

5 원문의 impulse는 fundamental beliefs의 의미로 사용했다고 한다 — 저자와의 이메일 교신.

6 전기, 가스, 수도 등의 공공시설을 말한다 — 옮긴이.

한 상업광고 요금을 지불해야 한다. 온라인 선거운동의 성장에도 불구하고 텔레비전은 여전히 선거 공적 영역의 주된 토론장이며 광고 요금은 비싸다. 2012년 캠페인 시즌에는 대통령 선거 광고로 20조 달러가 넘는 돈이 지출되었고 상원과 하원의원 선거용 광고로도 20조 달러가 지출되었는데, 이 역시 주로 텔레비전 광고에 지출되었다(Center for Responsive Politics, 2012). 상업광고 지출비가 정치 과정에 미치는 악영향은 널리 인정되고 있다(Ackerman and Ayres, 2004). 유럽인들(유럽에서 캠페인은 주로 정부의 지원을 받으며 방송시간은 공공서비스로서 제공됨)은 공적인 전파 스펙트럼을 이용하기 위해 끊임없이 수십 억 달러를 조성해서 지출하는 이러한 과정을 호기심 어린 눈으로 바라본다(Nassmacher, 1993). 만약 대통령이 미국 국민에게 말하기를 원하는데 어떤 이유에서 언론이 그러한 요청을 무시한다면, 추정컨대 세계에서 가장 큰 권력을 가지고 있는 그 사람은 무력해져서 어쩌면 이따금씩 백악관 홈페이지Whitehouse.gov를 방문하는 사람을 제외하고는 효과적으로 커뮤니케이션할 자원이 없을 것이다. 물론 이와 같은 시나리오가 현실이 될 가능성은 없지만, 그럼에도 그것은 미국 공적 영역의 이상한 구조적 배열[7]을 적나라하게 강조하는 역할을 한다.

공공정책이 커뮤니케이션 구조에 어떻게 영향을 미치는지 검토하는 이 장은 디지털 정치경제학digital political economy에 대한 근본적인 논쟁을 조금 더 자세하게 살펴볼 수 있는 기회를 제공한다. 인터넷은 공적 영역에서 들을 기회만을 가지고 있었던 모든 사람에게 이제 말할 기회도 제공한다. 그러나 인터넷은 독립 저널리즘, 특히 매우 중요하면서도 비용이 많이 드는 전통인 심층조사 저널리즘investigative journalism에 대한 재정적인 지원에 일부 사람들이 재앙적이라고 말하는 극적인 영향을 미쳐왔다(Downie and Schudson, 2009). 그리고 하나의 웹

7 행정학에서 행정은 조직을 통해 이루어지고, 조직은 집단 목적을 달성하기 위해 조직 구성원들의 협동적 노력을 이끌기 위한 구조적 배열(structural arrangement)이며, 관리(management)의 도구이다 — 옮긴이.

사이트나 블로그를 만든다고 해서 방문자가 있으리라는 보장도 없다. 예를 들어, 하인드먼Hindman은 "그렇다. 거의 모든 사람이 정치 웹사이트를 만들 수 있다. 그러나 만약 방문자가 있는 정치 사이트가 거의 없다면, 이러한 사실은 거의 의미가 없다. 정치 웹사이트를 만드는 것은 대개 새벽 3시 30분에 공중 접근 채널[8]에서 토크 쇼를 진행하는 것과 마찬가지이다"라고 말한다(Hindman, 2009: 56). 따라서 공적 커뮤니케이션의 지침이 되는 공공정책 자체에 대한 논의 외에 수용자 행동 역학 및 이와 연관된 디지털 환경의 미디어 경제학도 검토한다. 먼저 3~6장에서 확인된 네 가지 핵심적인 역설부터 살펴보는데, 각각의 역설은 앞으로 다룰 공공정책 과제에 대해 다소 서로 다른 견해를 제시한다.

풍부함. 물론 정보와 커뮤니케이션 채널이 풍부한 것은 보수주의자들이 옹호하는 탈규제 움직임의 주된 배경 논리이다. 피터 후버Peter Huber(1997) 같은 시장을 옹호하는 자유주의자들은 FCC를 폐지할 것을 제안하며, 보수적인 그의 동료인 조지 길더George Gilder(2002)는 무제한의 주파수 대역과 무제한의 커뮤니케이션을 강조하는 데 동의할 것이다. 이러한 규제 거부는 조금 아이러니한 정도 이상이다. 왜냐하면 지난 세기 동안 텔레커뮤니케이션과 방송 분야의 미디어가 수익을 올릴 수 있었던 것의 상당 부분은 각각 일반 운송[9] 규정과 스펙트럼 부족을 내세워 잠재 경쟁자의 시장 진입을 제한했기 때문이다; 일반 운송 규정은 자연 독점[10]으로 규제받는 유선전화 서비스의 독점 공급을 명하

---

8 공중 접근 채널(public access channel)이란 케이블 시스템 운영자가 일반 시민이 제작한 프로그램을 내보내도록 의무화한 채널을 말하는데, 대체로 시청률이 매우 낮다 — 옮긴이.

9 일반 운송사업자(common carrier)란 운수 및 통신 산업에서 불특정한 일반 공중에 대해 운송·전송 서비스의 제공을 업으로 하고 '합리적인 요금'과 '고객에 대한 차별적 취급'을 인정받지 못하는 사설 운송업자를 말한다. 여기에 대치되는 개념은 계약 운송사업자(contract carrier)로 특정한 고객과의 개별 계약에 의해 운송 업무 등을 행하는 사업자를 말한다. 일반 운송사업자 개념은 영국과 미국에서 15·16세기 이후 확립되었다 — 옮긴이.

고, 스펙트럼 부족은 이미 주파수 사용 허가를 받은 대체로 상업적인 기업들로 지상파 방송을 효과적으로 제한한다.

미국의 정치 문화는 중앙집중화된 정부의 권력에 대한 대안으로 미국 헌법 수정조항 제1조와 언론의 자유 전통을 칭송한다. 디지털 풍부함이 특히 아이러니한 점은 독립 신문independent newspaper[11](과 일정 정도의 방송 뉴스)의 광고를 기반으로 하는 비즈니스 모델이 과도한 경쟁으로 위협을 받고 있다는 것이다. 일련의 복잡한 이유로 온라인 배급 뉴스의 광고 수입은 전통적인 종이신문 뉴스 수입의 7분의 1밖에 되지 않는다(Edmonds et al., 2012). 미디어 경제학은 유동적이어서 새로운 상업 모델이 구舊모델을 대체할지는 아직 분명하지 않다. 그러나 정부와 여러 기득권 모두에 맞설 수 있는 충분한 자금력을 갖춘 투자자들 때문에 전문적이고 독립적이며 질 높은 저널리즘을 뒷받침해 주는 경제학에 대해 걱정하는 데는 이유가 있다. 수요가 공급을 초과할 때 매우 수익성 있는 미디어 기업이 나타나는데, 디지털 풍부함은 그러한 부분에서 많은 문제를 일으킨다.

상업적인 공적 영역을 비판하는 사람들은 전통적으로 그리고 적절하게 잠재적으로 무의미해지게 될 미디어 산업(미디어 산업의 핵심 관심사는 미디어 소유권의 다양성과 의제 설정임)의 게이트키퍼 기능을 우려해 왔다. 풍부함은 게이트키퍼 개념을 완전히 바꿔놓고 있지만, 완전히 새로운 케이트키퍼/의제-통제 문제의 가능성을 제기한다. 정보가 풍부할 때, 문제는 정보의 존재가 아니라 잠재적으로 거대한 디지털 건초 더미 속에서 원하는 정보 바늘을 찾는 것이다.

---

10 자연독점(natural monopoly)은 단일 공급자를 통한 재화의 생산 및 공급이 최대 효율을 나타내는 경우 발생하는 경제 현상을 말한다. 이와 같은 현상은 규모의 경제(economies of scale)가 특정 산업에 영향을 주고, 이것이 독점화 경향으로 이어질 때 나타난다 — 옮긴이.

11 미국의 신문사 가운데 가족이 소유하면서 대를 이어 소유권을 유지하는 소규모 지역 신문사로 대규모 신문 기업의 소유로부터 독립적(independently owned)이라는 의미이다. 많은 독립 신문사들이 이후 등장한 대규모 신문 기업에 인수·합병되었다 — 옮긴이.

따라서 제작 과정이 아닌 검색 과정 통제가 점차 심각한 우려의 대상이 된다. 미국에서 구글은 웹 검색 시장의 약 3분의 2에서 4분의 3을 통제하는 것으로 유명하다(Auletta, 2009; Segev, 2010). 그들은 이용자들을 소외시키면 안 되기 때문에 이익을 위해 검색을 조종하는 것을 고려하지 않을 것이라고 주장한다. 그렇지만 편향은 미묘할 수 있으며 검색 후 첫 번째 페이지에 나열되느냐 나열되지 않느냐 하는 가시성visibility의 차이는 중요하기 때문에 여전히 그것에 대한 우려가 남아 있는 것은 적절하다. 구글 검색 결과의 첫 번째 페이지에 나열되는 것은 두 번째 페이지에 나열되는 것보다 30배 이상의 반응을 불러일으킬 가능성이 있다(iProspect, 2006). 더욱이, 심지어 더 심각하고 더 미묘한 디지털 게이트키퍼 경쟁자도 존재하는데, 그것은 바로 인터넷 서비스 제공업자Internet Service Provider: ISP이다. ISP는 정보 흐름을 걸러내고, 하고자 한다면 효과적으로 정보원情報源을 얼마든지 검열할 수 있는 기술적인 능력을 가지고 있다. 일부 권위주의 정권에서는 이러한 것들이 당국의 명령에 따라 분명히 이루어져 왔지만 서구의 산업화된 민주주의 국가에서는 아직 분명히 나타나지 않고 있다. 그러나 이전처럼 경계vigilance에 대한 동기가 적절하게 부여되고 있으며 또한 경계는 공공정책에 잠재적인 미묘한 문제가 될 수 있다. 미국의 경우 이것은 지금까지 '네트워크 중립성network neutrality'에 대한 논쟁에서 명백하게 드러났는데, 잠시 뒤 이 토픽에 대해 다소 자세하게 다룰 것이다.

마지막으로, 풍부함은 본질적으로 시민들이 삶의 사적인 세부 사항에 대한 접근을 통제할 수 있는 능력의 문제를 제기한다. 사실상 모든 통신 및 금융 거래는 복잡한 디지털 발자국digital footprint을 남긴다. 네트워크화 된 세계에서 논란이 되고 있는 프라이버시의 정치학은 이 책 전체를 할애해 주목할 수도 있었지만, 앞으로 몇 페이지에 걸쳐 단지 간단하게 검토해 보고자 한다.

다의성. 인간 커뮤니케이션의 시적詩的인 강점과 중대한 약점은 어떤 사람이 말하는 것과 다른 사람이 듣는 것이 단어와 이미지의 근본적이고도 불가피한 모호성을 끌어들인다는 사실에서 비롯된다. 그리고 실제로 상황에 따라, 예를 들어 화랑畵廊과 외과의사의 수술실을 대비할 때 우리는 의사소통상의 모호성을 칭송할 수도 있고 그러한 모호성으로 고통스러워할 수도 있을 것이다. 집단적 커뮤니케이션의 이와 같은 근본적이고 본질적인 의미를 규정하는 특징이 공공정책의 설계에 어떻게 영향을 미칠 수 있는가? 이 대목에서 어쩌면 내용 규제 영역으로부터 비교적 적당한 통찰력을 얻을 수도 있겠다. 음란물과 포르노그래피의 전파를 제한하려는 오랜 기간에 걸친 시도를 예로 들어보자. 미국 연방 대법원 판사인 포터 스튜어트Potter Stewart가 자코벨리스 v. 오하이오 *Jacobellis v. Ohio*(1964) 사건에서 포르노그래피 역치 검사threshold test for pornography를 기술하면서 한 다음 발언은 유명하다: "나는 오늘 〔하드-코어 포르노그래피에 대한〕 그러한 약식 표현 안에서 받아들여지고 있다고 생각하는 그런 종류의 내용물에 대한 정의를 더 이상 시도하지 않을 것입니다; 그리고 어쩌면 나는 결코 알기 쉽게 정의할 수 없을지도 모릅니다. 그러나 그것을 보면 포르노그래피라는 것을 알고, 이 사건에 연루된 영화는 포르노그래피가 아닙니다." 그와 같은 법관의 솔직한 고백은 좀처럼 보기 드물지만, 그것은 어떤 범주의 표현은 검열하고 또 어떤 범주의 표현은 보호하기 위해 관료주의적으로 시행되는 엄격한 규칙을 적용하는 어려움을 그대로 보여준다. 공적 표현을 검열하고 규제하고자 하는 열망은 강할 수 있다. 그러나 정확히 다의성의 역설 때문에 더 나은 공공정책이 분별없는 발화發話를 모두 찾아내 없애려 하는 것이 아니라 공적 영역의 나쁜 사상을 더 많은 표현으로 맞서는 것이다. 일반적인 용어로 표현하자면, 검열에 기대는 정책은 분명 옳지 못한 생각이며, 사악한 선전의 공포는 이상한 공공정책을 유발한다.

그러한 질문에 확실하게 맞닥뜨렸을 때 사실상 모든 관찰자가 근본적으로 인간 커뮤니케이션의 다의적인 특성을 인정한다는 점을 되풀이해서 언급한 바 있다. 그러나 정책을 만들고 매우 평이 좋지 않고 위협적인 표현의 존재에 대응할 때, 제3자 효과가 효력을 발휘해 기계적이고 단순한 인과 개념으로 생각이 회귀한다. 이것은 선전 문제가 환생한 것처럼 보인다. 공공정책의 과제는 공개 시장 원칙에 대한 신념을 유지하고 오류투성이거나 해로운 표현에 대한 최상의 대안은 그것을 억압하려 시도하는 것이 아니라 오류를 바로잡아주는 표현임을 경험적으로 검증하는 것이다.

양극화. 여러 장에서 다루었던 되풀이되는 주제는 법학자 캐스 선스타인 Cass Sunstein(2001)과 다른 사람들이 완벽하게 보여준 바 있는, 특히 미국뿐만 아니라 전 세계적으로 정치적·문화적 양극화가 심화되는 것에 대한 우려이다. 푸시 미디어 세계에서는 조정moderation, 균형, 그리고 공정성이라는 저널리즘의 원칙을 강화해 주는 구조적인 유인誘因이 존재하는데, 이러한 유인은 수용자 규모를 극대화하고 잠재적인 광고 표적을 소외시키지 않는 것과 연관되어 있다. 특히 선스타인은 계속해서 정체성에 이끌리는 동종성homophily[12]을 향한 충동이 자기-본위적 고립으로 이어지고, 데일리 미Daily Me[13]는 우리가 동의하지 않는 사람이나 서로 다른 문화적 전통의 견해와 논리를 더욱더 무시하는 것으로 이어진다고 주장한다. 선스타인은 절반만 맞춘 것으로 드러난다. 사람들은 실제로 동종을 선호하는 쪽으로 행동하며 동종의 사람들과 함께 있고 자신의 견해를 강화해 주는 의견에 노출되는 것을 좋아한다. 그러나 중요한 점은 그들이 그러한 예측된 회피 행동avoidance behavior을 실행으로 옮기는 것처럼 보이지는 않는다는 것이다(Garrett, 2009). 실제로 옹호자들과 자기 의견을 고집하는 전문가들은 '상대편' 견해를 피하기보다는 비판하고 비웃는 데 적지 않은 시간을 소비한다. 민주주의는 복잡하게 뒤엉켜 있다. 옹호자들은 수단과 목적 모두에 대해 의견을 달리할 수도 있다. 활기차지만 가능하면 예의 바르고 사려 깊은

---

12 동질성이라고 번역되기도 하나 동질성을 뜻하는 homogeneity라는 단어와 구분하기 위해 심리학 분야에서 사용하는 동종성으로 옮긴다 — 옮긴이.

13 이 용어는 개인의 취향에 맞춤화된 가상 일간지를 기술하기 위해 MIT 미디어 랩(MIT Media Lab) 설립자인 니컬러스 네그로폰티가 유행시켰다 — 옮긴이.

공적 영역 보호에 대한 전망을 검토한다.

다원주의. 만약 우리가 검토해 본 여러 개인 수준과 기관 수준의 왜곡에 맞서기 위해 커뮤니케이션 흐름이 어떻게 자의식적으로 구조화될 수 있는지 생각해 보고자 한다면, 당면 과제는 정확히 활기차고 공개된 다원주의를 유지하는 것이다. 비판적인 커뮤니케이션학의 논지는 자본주의 엘리트들이 역사적으로 미디어를 지배해 왔기 때문에 미디어는 지배적인 위치를 강화하고 재생산하기 위해 패권적으로 정보와 공적 논의의 흐름을 왜곡해 왔다는 것이다. 담배 연기가 자욱한 방과 미디어 경영진 공모자들로 구성된 비밀스러운 단체를 상상할 필요는 없다. 비록 관련된 메커니즘이 불완전하고, 특별히 자의식적이지 않으며, 자주 성공적이지 않은 것으로 판명된다 하더라도 우리는 그러한 비판에 더 주의를 기울일 만하다. 공적 영역에서 자기-이익을 매우 분명히 밝히는 것 자체가 나쁜 것은 아니다; 비결은 모든 사람이 기회를 갖는지 그리고 경쟁의 장이 공평한지 확인하는 것이다.

자유의 기술

디지털 혁명의 꽤 초창기였던 1983년 MIT 정치학 교수였던 이시엘 드 솔라 풀Ithiel de Sola Pool은 『자유의 기술*Technologies of Freedom*』이라는 제목의 예지력 있는 책을 출간했다. 이 책은 기술의 힘이 방송과 출판의 속성을 어떻게 바꿔 놓을 것 같은지에 대한 그의 생각을 종합해 놓은 것이다. 이 책의 제목은 매력적이며, 중요하고도 영향력 있는 것으로 드러난 이 책을 잘 소개하고 있다. 이 책은 현대의 공공 인터넷이 처음으로 형태를 갖추기 시작하기 10년 전에 출간되었다. 그러나 정치 철학에 초점을 맞추면서 학자의 길을 걷기 시작한 이시엘은 기술에 더 경도된 MIT 동료들과의 상호작용을 통해 처음 목격한 바뀌고 있

〈표 7.2〉 미국 커뮤니케이션 정책의 세 가지 규제 전통

커뮤니케이션의 기술적 기반	규제 전통	기본 논리
출판	수정조항 제1조—언론의 자유	1791년 이래로 미국 민주주의의 칭송받는 원칙이자 뒤이은 세기에도 수많은 법원의 결정에 의해 뒷받침됨 — 인쇄 언론의 수에는 제한이 없기 때문에 잠재적으로 잘못된 표현에 대해서는 어떤 형태의 정부의 검열, 규제, 혹은 세금 부과가 아닌 더 자유로운 표현으로 맞섬
공공 전화 네트워크	일반 전송	1913년 이후 당시 사적으로 소유되고 서로 경쟁했던 전화 회사들은 단일 체계, 사실상 일반 전송 원칙(공공서비스 위원회의 규제를 받는 비용을 지불하면 접근이 보장되며 표현에 대한 어떤 제약도 없음)에 의해 규제되는 독점체제가 되었음
방송	공적 수탁자	라디오 및 텔레비전 방송용 전자기 스펙트럼의 제한적인 이용 가능성으로 인해 1934년 이후 공식화된 FCC는 방송사업자들이 스펙트럼의 공적 수탁자 역할을 하면서 '공중의 이익, 편의 및 필요'(많은 사람이 단순히 광고 수요와 시청률을 통한 상업적인 시장의 규율에 의해 가장 잘 지켜진다고 믿는 모호하고도 좀처럼 시행되지 않은 요구 조건)에 봉사하는 대가로 채널을 이용할 수 있게 해줌

자료: Pool(1983).

는 커뮤니케이션의 기술 기반이 미국 헌법 수정조항 제1조를 약화하는 데 사용될 수도 있다는 점을 점점 더 우려했다. 그는 젊은이로서 맑시즘에 손을 대기도 했지만 좌파와 신좌파에 환멸을 느꼈으며 당시에는 변화하고 있는 미디어 환경의 잠재적인 상업적 남용에 특히 관심을 가졌다. 그의 초점은 공개된 비판을 제한하거나 단념하게 하려는 정부의 성향과 커지고 있는 능력에 맞추어졌다. 미국 커뮤니케이션 분야의 규제 전통에 대한 그의 개관은 대가大家다우며 세심한 주의를 기울일 만하지만, 지면의 제약으로 이러한 이슈들을 여기서 간략하게 요약할 수밖에 없다. 그의 개관이 특히 특별한 이유는 출판과 방송뿐만 아니라 전화 규제의 역사도 포함하고 있기 때문이다. 〈표 7.2〉는 그의 모델의 얼개를 요약하고 있다.

자유의 기술의 중심 주장은 공적 표현에 대한 우리의 규제 전통이 서로 다른 역사 시대, 서로 다른 기술, 그리고 그러한 기술들의 특성이 경쟁을 위한 개방된 시장 진입을 가능하게 하는지 아니면 스펙트럼 부족이나 자연독점 속성

으로 인해 더 강한 규제를 요구할지에 대한 서로 다른 가정에 깊은 뿌리를 두고 있다고 단정한다. 그러한 역사에 대한 풀의 검토와 그의 책이 출간된 후 25년간에 걸쳐 극적으로 일어났던 전자적 수렴electronic convergence에 대한 그의 예지력 있는 예측은 그에 상응하는 질문을 제기한다: 만약 이러한 분리된 세 가지 규제 전통이 더 이상 적절하지 않다면, 앞으로 우리는 어떤 모델(즉, 세 개의 혼합, 세 개 가운데 하나, 완전히 새로운 규제, 아니면 완전한 탈규제와 자랑스러워하는 커뮤니케이션 자유방임 정책)을 채택해야 하는가? 나아가 어쩌면 우리는 활기찬 공적 영역의 이상(즉, 존중과 심지어 소수 의견 장려 그리고 그 결과로 생기는 사상의 공개 시장)을 충족시키기 위해 지금까지 이러한 전통들의 성공과 실패를 통해 배운 것을 발판으로 삼을 수 있다.

이 질문에 대한 풀의 대답은 모호하지 않다: 수정조항 제1조의 원칙들에 의존하라, 공중을 정부의 검열로부터 보호하라, 그리고 저널리스트와 공공 옹호자들이 긴장의 끈을 늦추지 않게 하기 위해 시장의 역학에 의존하라. 이 질문에 대한 풀의 역사에 바탕을 둔 입장 정리는 미묘하고도 효과적이다. 그의 대답은 명쾌하고 일관된 특징이 있다. 그러나 그의 대답은 불완전하다. 불완전하다고 한 이유는 사상의 공개 시장에서 왜곡에 대한 그의 우려는 정부의 검열에 초점을 맞추었고 사실상 거기서 끝났기 때문이다. 그러나 우리가 보았듯이, 다수의 다른 강력한 형태의 시장 왜곡과 자기-본위적인 조작, 시장 실패가 존재하며 이것들은 지속적인 경계, 공중과 다양한 정책 옹호자(유급과 무급 모두), 그리고 정부 자체에 의한 경계를 요구한다. 광고를 수입원으로 하는 독립 저널리즘의 몇 백 년 된 비즈니스 모델이 기술의 대변동으로 인해 위험에 직면하고 또한 창작물의 지적재산을 보호하려는 예술인, 저작자, 그리고 다른 창작인들 역시 위험에 처할 때, 이것은 특히 사실이다. 따라서 우리는 풀의 모델을 우리의 출발점으로, 즉 수정조항 제1조를 커뮤니케이션 구조의 개방성을 보호하기 위한, 더욱 완벽한 공공정책을 수립하기 위한 발판으로 삼을 것이다.

풀의 분석은 미국 사례에 초점을 맞추었기 때문에 그는 전 세계 다른 곳에서 널리 받아들여져 온 공적 수탁자/상업방송 모델public trustee/commercial broadcast model에 대한 대안, 즉 전형적인 예인 영국 BBC와 캐나다 CBC의 공공서비스 방송 모델public service broadcasting model에 대해 깊이 있게 논의하지 않았다. 공영방송 모델은 미디어 사용자들에게 부과되는 특수 목적세[14]를 수입원으로 하며 수신료 지원은 받지만 대체로 직접적인 정부 통제에서는 벗어나 있는 독립위원회[15]가 프로그램 편성 결정을 결정한다. 상업적 재정 지원을 받지 않는 공공서비스 방송의 임무는 오락을 제공하는 것뿐만 아니라 공중에게 정보를 제공하고 공중을 교육하는 것도 강조했다(Scannell, 1990; Blumler and Gurevitch, 1995; Coleman and Blumler, 2009). 미국의 공영방송public broadcasting은 역사적으로 훨씬 뒤에 도입되었고, 훨씬 더 적은 재정 지원이 이루어지고, 공중의 관심도 더 적으며, 존재 자체가 계속해서 논란이 된다(Ickes, 2006). 예를 들어, 실제로 미국 사례에는 국무부State Department 공공외교국Office of Public Diplomacy에 의해 정부가 제작한 프로그램의 국내 방송을 분명하게 금하는 법에 명시된 '국내 전파 금지domestic dissemination ban'가 계속해서 존재한다(Manheim, 1994). 그것은 물론 제한된 인쇄 및 방송 미디어 시대에 정부의 공식적인 의견이 공적 영역을 강력하게 압도해버릴 수도 있다는 두려움 때문이

---

14 수신료(license fee)를 말하는데, 수신료를 준조세(quasi-tax)라고도 한다 — 옮긴이.

15 원문은 'an arm's length agency(팔길이 위원회)'로 되어 있는데, 팔길이 원칙(the arm's length principle: ALP)이란 어떤 거래의 당사자들이 서로 독립적이며 동등한 입장에 있는 조건이나 사실을 말한다. 그와 같은 거래를 '팔길이 거래'라고 한다. 이 원칙은 '정상가격 원칙'이라고도 하는데, 즉 양 당사자가 팔길이 이상의 거리를 유지한 채 맺은 계약은 정상적인 가격에 계약이 체결되겠지만 팔길이 이내, 예를 들면 고용주-고용인 관계나 가족과 같은 특수관계자들 간의 거래는 정상적인 가격에 계약이 체결되기 어렵다는 의미이다. 팔길이 원칙은 공공 지원 정책의 준거 기준이다. '지원은 하되 간섭은 하지 않는다'는 것으로, 공공에서 지원은 하지만 민간의 자율성을 최대한 보장하겠다는 의미이다. 1945년 영국이 예술평의회(Arts Councils)를 만들면서 예술이 정치와 행정 관료로부터 독립성을 유지할 수 있도록 하기 위해 이 원칙을 채택한 바 있다. 따라서 여기서는 '팔길이 위원회'라고 번역하지 않고 그 의미를 살려 '독립위원회'로 의역한다 — 옮긴이.

다. 이와 같은 진화된 전통들은 디지털 시대에 새롭게 다루어져야 할 필요가 있다.

상업적 헤게모니

이 시점에서 매우 중요한 질문을 제기하고자 한다. 질문을 가장 간단하게 표현하면 다음과 같다: 디지털 혁명과 이에 수반되는 푸시에서 풀 수용자 역학으로의 전환으로 인해 오랫동안 지속되어 온 미디어 시장의 상업적 지배가 큰 어려움에 직면하게 되었는가? 이 질문에 대한 대답을 가장 간단하게 표현하면 그것은 관심을 가진 공공 시민 공동체의 일원으로서 이러한 중요한 시기의 공공정책과 상업적 관행에 우리가 어떻게 대응하는가에 좌우될 것이라는 것이다. 따라서 이 같은 결론은 이 책이 다루고자 하는 이슈들의 절박감을 말해 준다고 주장한다. 앞으로 이 문제를 다루기 위한 2단계 전략을 채택할 것이다. 첫 번째 단계는 현재 잘 확립되어 있는 비판 커뮤니케이션 학자들의 공동체가 디지털 혁명에 어떻게 대응해 왔는지 캐묻는 것이다. 또한 이 첫 번째 단계에서 비판 공동체의 주된 주장이 새로운 미디어 환경에서 잘 견디는지 여부에 대해 살펴본다. 두 번째 단계는 특히 적절하면서도 미디어/수용자 환경의 바뀐 환경에 의해 다시 활기를 띨 수 있는 비판적 논평과 연구의 몇몇 새로운 방향을 검토하는 것이다. 비판적 평가와 경험적 학문의 완전히 새로운 패러다임, 아마도 '신비판적 관점NeoCritical Perspective'이 요구될 것이라는 결론을 내린다. 〔이 용어는 흔히 사용되는 별칭인 신자유주의적neoliberal이라는 용어에서 따왔는데, 일반적으로 신자유주의적이라는 용어는 사실상 보수적이면서도 시장 지향적인이라는 의미로 받아들여진다. 물론 신보수주의적neoconservative이라는 용어도 보수적이면서 시장 지향적이라는 의미여서, 용어 선택의 폭은 제한되어 있다.〕

비판 공동체, 디지털 혁명에 대응하다. 패권적인 상업적 미디어 체계를 비판하는 여러 학문적 비판가의 반응을 식별할 수 있는 중심 주제와 일관된 목소리가 존재하는가? 필자는 존재한다고 생각하며, 그것은 "너무 서두르지 마!"라는 경고로 요약될 수 있을 것이다. 이 말은 비판 공동체가 인터넷과 이에 수반되는 디지털 새로움이 대기업 지배, 일방향적인 공적 영역, 그리고 흔해빠진 대중문화로 인해 오랫동안 지속되어 온 많은 문제를 해결해 줄 것이라고 제안하는 낙관적인 목소리가 순진해빠진 것이라고 생각하고 있음을 시사한다는 의미이다. 이러한 비판가들은 낙관론자들을 놀릴 수 있는 기회를 즐기고 있는 것처럼 보일 것이다. 이러한 비판가들 가운데는 빈센트 모스코Vincent Mosco가 포함될 수도 있을 것이다. 2005년에 출간된 그의 저서 제목은 『디지털의 숭고함: 신화의 힘과 사이버공간*The Digital Sublime: Myth Power and Cyberspace*』이다. 어쩌면 그는 비즈니스 컨설턴트인 돈 탭스콧Don Tapscott을 인용하면서 필요 이상으로 그를 놀리고 있는지도 모른다(탭스콧은 현재까지 비즈니스 세계의 혁명적인 변화에 대한 책을 13권 썼으며 도서 판매, 연설, 그리고 물론 컨설팅으로 살아가고 있음). 모스코는 다음과 같이 적고 있다: "여기 사이버공간 혁명에 관한 노래책에서 자주 반복되는 말이 있다: '오늘날 우리는 인류 역사의 그 어떤 다른 시기만큼이나 중요한 격동의 혁명 초기를 목격하고 있다. 인간 커뮤니케이션의 새로운 미디어가 등장하고 있는데, 이는 우리의 경제와 사회생활에 미치는 영향 면에서 이전의 모든 혁명 — 인쇄기, 전화, 텔레비전, 컴퓨터 — 을 능가하는 것으로 증명될 수도 있다'"(Mosco, 2005: 18).

모스코는 그와 같은 과장이 실제로 미국이 오랫동안 지속적으로 천재 발명가와 물질 혁신을 칭송해 온 것을 대표한다고 생각하며 그러한 메시아와 같은 수사가 미디어 소유권과 지배적인 이데올로기에 대한 지속적인 관심에 대한 우리의 주의를 다른 곳으로 돌린다고 경고한다. 댄 실러Dan Shiller의 『디지털 자본주의*Digital Capitalism*』(2000)도 많은 똑같은 점을 지적하며 새로운 기술이 더욱더 커지는 초국가적 기업의 힘이 미치는 범위를 어떻게 확대하는지 강조한다. 비판 공동체의 거의 모든 구성원 사이에 공유되는 핵심은 비록 20세기 커뮤니케이션 자본주의의 일부 유명한 기관들, 특히 존경받았고 한때 지배적이었던 대도시권metropolitan 신문이 쇠퇴할 수도 있지만 근본적인 정치경제학의 역학은 여전히 우리와 함께하고 있다는 것이다.

자주 지적되는 두 번째 사항(이 역시 경고조임)은 이전의 사람들은 개방된 기술(특히, 생활 무전기,[16] 아마추어 무선기, 지역사회 접근 케이블 텔레비전 채널[17] 등)을 경험해 왔으며 재정적 자원과 제도적 지원 없이는 독립적인 공중의 목소리를 유지하기 어렵다는 것이다(McChesney and Scott, 2004). 제도적 지원 없는 공중 접근을 역설적으로 보여주는 가장 인상적인 실례는 케이블 운영업자가 지역 시민이 저작권법, 포르노그래피법, 명예훼손법을 위반하지 않는 한 하고 싶어 하는 것이 무엇이든 프로그램을 내보낼 수 있는 채널을 이용 가능하게 하도록 지역 독점사업권 심사 당국과 연방정부가 명령했던 1970년대에 미국에서 발생했다. 케이블 회사는 영상 녹화 장비 및/혹은 스튜디오 공간을 요청하는 사람에게 제공해야 했지만, 그 이상의 것은 제공하지 않아도 되었다. 고등학생 집단과 영화 제작자를 꿈꾸는 사람들에 의한 한바탕의 소동 같은 실험을 거친 결과 수용자와 시민 프로그램 제작자 모두 다른 활동을 찾아 떠나버렸다. 1970년대 중반, FCC는 규모가 더 큰 케이블 SO[18]에 최대 20개의 공중 접근 채널을 이용할 수 있게 하라고 요구했지만, 이들 채널은 대체로 이용되지 않았다. 소수의 인터뷰 프로그램과 지역사회 모임을 다루는 프로그램만 살아남았다. 1979년, 연방 대법원은 이러한 지역 자주 프로그램Local Origination: LO 요구조항이 케이블 회사의 표현의 자유 권리를 침해한다고 판결했고, 사용되지 않고 비

---

16 27MHz대 생활 무전기를 CB(Citizens Band)라고 부른다. 아마추어 무선과 달리 허가나 신고 절차 없이 무전기를 구입하는 즉시 운영이 가능하다는 장점이 있다 — 옮긴이.

17 공공 접근(public access)과 같이 지역사회 주민들이 이용할 수 있는(community access) 케이블 채널을 말한다 — 옮긴이.

18 케이블 시스템 운영업자(system operator)의 약자이다 — 옮긴이.

어 있는 채널은 상업 지상파 방송 재전송retransmission 채널로 대체되었다(Pool, 1977; Englemann, 1990; Boyle, 1997; Linder, 1999; Lewis, 2000; Melullen, 2003).

그 누구보다도 에드윈 베이커Edwin Baker(1994)와 로버트 맥체스니Robert McChesney가 강조하는 세 번째 사항은 디지털 시대의 자유 시장 경쟁 확대를 극찬하는 수사修辭는 시장이 결코 자유로웠던 것이 아니라 사실상 연방 정부의 기존 시장 참여자들에 대한 보조금과 보호가 만들어낸 산물이라는 중요한 사실을 무시한다는 것이다. 맥체스니에 따르면, "미국 미디어 체계의 이윤 주도 속성이 좋든 싫든 미디어 회사들이 하는 대로 행동하도록 그들에게 요구하는 불변의 논리를 만들어내는 것처럼 보일 수도 있다. 이와 같은 입장에는 일리가 있긴 하지만, 따로 떼어내서 보면 이 역시 사실을 호도하는 것이다. 더 큰 진실은 현 미디어 시장의 속성이 명확한 정부의 정책, 규제, 그리고 보조금에 의해 결정되었다는 것이다"(McChesney, 2004: 210).

맥체스니는 계속해서 미국의 지상파 텔레비전 산업은 지상파 방송사업자들에게 공짜로 새롭게 할당된 주파수 대역에서 디지털 시그널로 계속 방송할 수 있도록 하기 위해 그가 "부패한" 정부의 70억 달러 가치의 스펙트럼 공짜 선물하기라 부르는 일을 놀라울 정도로 성공적으로 꾸며냈는데, 이것 역시 경쟁을 증가시키기 위한 새로운 TV 방송용 스펙트럼은 이용 가능하지 않음을 분명히 하는 데 성공한 것이라고 지적했다(McChesney, 2004: 214). 그러나 그가 말하는 부패는 떳떳하지 못한 막후 거래 혹은 뇌물을 의미한다. 실제로 그것은 훨씬 더 흥미로운, 비교적 개방된 정책 과정에서 교묘한 법적·기술적 조작에 대한 막전幕前[19] 사례연구, 승리를 거두는 강력한 기득권을 가진 기존 기업 사례연구이다(Brinkley 1997; Neuman, McKnight and Solomon, 1998). 그러나 일이 항상 그렇게 잘 풀리는 것은 아니며, 이동통신 및 컴퓨터 산업을 포함한 다른 강력한 이

19 막후(幕後)가 어떤 일이나 결정의 뒤 상황이라면, 막전은 어떤 일이나 결정의 앞 상황을 말한다 — 옮긴이.

해관계자들이 지상파 방송사업자의 스펙트럼 자원을 탐내는 바람에 지상파 방송사업자들은 몇 년 뒤 그들의 스펙트럼이 또다시 공격을 받는 상황을 맞는다 (Genachowski, 2011).

이 책에서 자주 제기되는 네 번째 주장은 상품화와 소비주의를 향한 충동은 여전히 강하며 여러 가지 방식으로 웹의 진화하는 문화를 특징짓는다고 강조한다. 팝-업 윈도우Pop-up window는 '푸시'를 다시 미디어 믹스media mix[20] 안으로 집어넣으려는 상업 문화의 시도를 대표한다고 말할 수도 있다. 실제로 포인트캐스트PointCast라는 주목을 끈 신생 인터넷 벤처기업start-up이 개입적 차단obtrusive interruption과 플래시 배너flash banner[21]를 통해 만들어지는 광고를 수입원으로 하면서 '무료' 뉴스와 오락 서비스를 제공해 상당한 주목을 받았던 1996년에 팝-업 윈도우가 일시적으로 유행했었다. 포인트캐스트는 그들이 주도한 기술을 '푸시' 기술이라 불렀으며 이 표현을 사용하는 특허를 출원했다. 포인트캐스트는 심지어 이처럼 초창기에도 웹 이용자들이 서로 다른 기대를 가지고 있다는 것을 알았다; 차단으로 인해 짜증이 난 이용자들은 닷-컴dot-com 기업의 초기 실패 사례인 포인트캐스트를 떠나 다른 곳으로 옮겨갔다. 포인트캐스트는 인터넷 역사에서 최악의 10대 아이디어 가운데 하나로 기억된다 (Himelstein and Siklos, 1999; Meyer, 2005). 푸시 개념은 스팸 이메일과 변형된 팝-업 윈도우 속에 아직 살아 있지만, 스팸 필터spam filter와 팝-업 차단기pop-up blocker가 효과성을 제한하고 있다. 따라서 잠재적인 소비자와 판매자 간의 상호작용의 특성이 변하긴 했지만, 미국 대중문화의 상업적인 소비주의적 특성

---

20 미디어 믹스는 광고업계에서 사용하는 일본식 영어 조어로, 상품을 광고하기 위해 여러 미디어를 조합함으로써 각 매체의 약점을 보완하는 수법을 가리키는 말이었다. 하지만 최근에는 하나의 매체로 표현할 수 없는 것을 소설, 만화, 애니메이션, 게임, 음악 CD, TV 드라마, 영화, 탤런트, 캐릭터 상품 판매 등의 다양한 방면으로 전개하는 것을 뜻하기도 한다 — 옮긴이.

21 플래시는 세계적으로 널리 이용되고 있는 웹용 클라이언트 프로그램인 플래시 플레이어를 사용하는 운용체제 및 장치에서 사용자가 볼 수 있는 다양한 멀티미디어 콘텐트를 제작하는 프로그램이다 — 옮긴이.

은 변하지 않았다. 흥미롭게도 사람들이 일상적으로 검색 엔진을 사용하는 방식을 분석한 결과, 전형적인 검색 가운데 30~40%가 제품과 서비스에 대한 쿼리를 포함하는 것으로 나타났다. 따라서 이 경우에서 볼 수 있는 물질주의는 푸시 행동이라기보다는 풀 행동에서 나온다(Neuman and Gregorowicz, 2010). 미국의 유명한 물질주의적 소비문화가 광고를 기반으로 하는 미디어에 의해 과장되어 있는지 아니면 단순히 미디어에 이용당하고 있는지 여부는 추가적인 연구가 필요한 어려운 질문이다. 우리는 포르노그래피가 새롭게 개발된 미디어 기술과 연관된 콘텐트에서 두드러진 요소이고, 다른 콘텐트 범주들이 성장함에 따라 물론 사라지지는 않겠지만 점차 뒤로 밀려난다는 것을 안다(Theroux, 2012). 아마도 상품과 서비스에 대한 풀 검색어도 마찬가지일 것이다.

다섯 번째 주장은 더 오래된 미디어 기술에서 발전된 법적 구조가 새로운 미디어 기술에 어떻게 중대한 장애물이 되는지에 초점을 맞추는데, 이 현상을 올드 미디어의 복수라고 부를 수도 있을 것이다(Marvin, 1988; Chadwick, 2013). 여기서 주요 사례는 전통적인 지적재산법인데, 이것은 원래 발명과 문화적 창의성을 유인하기 위해 만들어졌는데 어설프게도 뉴미디어 환경에 접목되었다(Litman, 2000; Lessig, 2004, 2006). 창작물을 통해 재정적인 이득을 취할 수 있도록 창작자의 권리를 보호하는 것은 P2Ppeer-to-peer 복제와 공유가 비용이 들지 않을 뿐만 아니라 편리한 세계에서 중요한 과제이다. 뒤에서 이러한 이슈에 대해 좀 더 자세히 다루겠지만, 혁신과 창의성을 촉진하기 위해 만든 법이 혁신과 창의성에 저항하는 레코드 회사와 서적 출판사 같은 쇠퇴하고 있는 더 오래된 미디어 회사에 의해 이용당하고 있다는 것은 역설적이다.

마지막으로, 비판 공동체 내의 많은 사람과 가장 두드러지는 로버트 맥체스니는 만약 공중이 이러한 이슈에 관여해서 변화를 일으키고자 한다면, 지금이 적기인데, 왜냐하면 과거의 비즈니스 모델과 규제 패러다임이 흔들리고 있고 새로운 기술이 새로운 이슈를 제기하거나 더 자주는 오래된 이슈를 새로운 환경에서 제기하기 때문이다. 맥체스니는 결정적 분기점critical juncture이란 문구를

사용해 이러한 기회의 창을 확인해 준다. 필자는 열렬하게 동의한다. 그는 다음과 같이 주장한다:

> 결정적 분기점[이란] 정책 수립 옵션이 비교적 폭넓게 존재하고 마련된 정책들이 미디어 체계를 수십 년, 심지어 수 세대 동안, 재편성하기 어려울 궤도 위에 올려놓을 그러한 역사적 순간을 말한다. 결정적 분기점은 사회가 미디어 문제를 처리하기 위해 일종의 '헌법 제정 회의'를 개최한다는 것을 다른 식으로 표현하는 것이다. 이 시점에는 공중들이 덜 혼란스러운 시기보다 미디어 체계와 정책에 대해 훨씬 더 많이 비판하고 공중의 참여도 훨씬 더 많이 조직화되는 경향이 있다. 결정적 분기점은 중요한 뉴미디어 기술이 등장하거나, 기존의 미디어 체계가 위기를 맞거나, 받아들여져 온 정책에 문제를 제기하거나 새로운 정책을 요구하기에 충분할 만큼 정치적 분위기가 변할 때 발생할 수 있다. 두 요인이나 세 요인 모두 작동할 때, 결정적 분기점이 발생할 가능성이 높다. 이 역사적 순간에는 정상적인 상황에서는 거의 불가능할 미디어 재구성 기회가 생길 수 있다(McChesney and Scott, 2004: 24)

맥체스니는 학계 비판가들 가운데서도 정책 과정에 직접 관여해 본 색다른 경험을 가지고 있다. 그는 자유 언론Free Press이라 불리는 옹호단체를 성공적으로 조직한 바 있는데, 이 단체는 미디어 정책 이슈에 관한 로비활동을 벌이며 학계, 지역사회 조직가, 재단 간부, 독립 미디어 행동주의자, 그리고 예술인이 참여하는 대규모 연례회의인 전미 미디어 개혁 회의National Conference for Media Reform도 준비한다.

디지털 혁명에 대한 비판 공동체의 대응은 여전히 불완전하다. 우리는 미디어 개혁 공동체의 에너지와 인내를 높이 평가해야 한다. 그것은 분명 다윗과 골리앗의 싸움으로 묘사되며, 이 시나리오에서 누가 다윗 역할을 하는지에 대해서는 의심의 여지가 없다. 골리앗인 거대 미디어는 상당한 선거 기부금을 책임지고 많은 보수를 받는 노련한 로비스트 단체를 고용한다. 이러한 로비스트 가운데 많은 이가 과거 국회의원이었거나 미디어 분야를 전문적으로 담당했던 의회 보좌관 출신이다. 다윗을 응원하고 싶은 마음이 크지만, 디지털 시대에는 더 이상 의미가 없는 과거의 슬로건과 어필에 매달리며 그들 주변을 소용돌이치는 디지털 디퍼런스의 많은 긍정적인 요소를 수용하고 추구하지 못하는 비판가들에 대해 계속해서 비판적인 자세를 취할 것이다.

미디어 개혁에 관한 문헌들은 방송의 황금기를 칭송하는데, 당시 적극적인 행동주의자였던 FCC는 방송사업자들이 교육하고 정보를 제공하며 논란이 되는 이슈에 대한 공개된 공적 논의를 촉진시켜야 하는 공적 수탁자로서의 의무를 다해야 한다고 주장했다 — 당시는 형평의 원칙Fairness Doctrine[22]이 적용되던 시기였다. 공동체의 관심사 확인, 공중 접근 요구 및 방송국 복수 소유 금지와 연관된 방송사업자에 대한 여러 규제적 제한이 약화되었거나 폐기되었다는 사실이 엄청난 좌절의 원천이다. 그러나 이러한 황금기에 대한 사고에는 두 가지 문제가 있다고 판단한다. 첫째, 그러한 규제들이 결코 그렇게 잘 작동된 적이 없었으며, 둘째 방송사업자들은 어느 누구도 상업적 스타일을 방해하는 것을 허락하지 않기로 악명 높았다. 공익적이고 교육적인 프로그램은 흔히 사람들이 잘 시청하지 않는 밤 12시에서 새벽 6시 시간대에 편성되었다. 만약 형평의 원칙의 전면적인 원상 복귀 절차가 시작된다면(매우 불가능할 것 같은 시나리오이긴 하지만), 공중에게 억수같이 쏟아지는 정보와 오락물의 흐름 속에서 아주 작은 일시적인 상황 변화일 뿐이다. 현재 활동의 중심은 온라인이며, 온라인 환경은 실제로 대규모 출판 및 상업 방송 시대의 접근 관문 문제를 극복한다. 그것은 멜로드라마적인 것처럼 들릴 수도 있지만, 우리가 미국 독립전쟁 시대처럼 공

---

22 공적으로 중요한 쟁점에 대해 대립되는 여러 견해를 다룰 때에는 상대편에게도 공정한 방송 기회를 가질 수 있게 균형을 유지해야 한다는 이른바 '균형'의 의무를 말한다 — 옮긴이.

개된 팸플릿 배포를 장려하는 시대로 돌아갔으며 제2의 존 피터 젱어John Peter Zenger[23]와 제2의 토머스 페인Thomas Paine[24]을 기다리고 있다는 것은 사실이다. 일부 사람들은 블로그와 웹사이트를 대안적인 목소리와 비전vision을 제안하는 데 사용하기보다는 독립적이고 대안적인 목소리와 비전을 무시하는 미디어를 꾸짖는 데 사용한다는 생각이 든다. 토머스 쿤(1962)은 구 패러다임이 결코 구 패러다임을 옹호하는 사람들에 의해 폐기되는 것이 아니라 구 패러다임의 옹호자들이 마침내 새 패러다임을 지지하는 젊은 옹호자들에 의해 대체될 때 비로소 쇠퇴한다고 주장한 것으로 유명하다. 어쩌면 그와 같은 역학이 미디어 개혁에 관한 문헌도 특징지어 줄지 모른다.

좋은 소식은 공적 표현에 대한 제도적·재정적·기술적 장벽이 극적으로 낮아졌다는 것이다. 블로고스피어는 활기차다. 많은 공개토론장이 있으며 계속해서 늘어나고 있다. 토론 의제에도 제한이 없다. 이것은 축하할 이유가 될 수 있을 것이다. 그러나 비판 공동체는 정치적 다양성이 풍부하긴 하지만, 우리가 보았듯이 대부분의 인기 웹사이트는 ESPN, CNN, ≪뉴욕 타임스≫와 같은 상업성을 지향하는 익숙한 올드 미디어 기업에 의해 계속해서 지배되고 있다는 점을 재빨리 지적한다. 이것은 중요한 점이며 또한 온라인 미디어 환경에서의 주의 역학에 관한 진지한 연구의 주제가 되어야 하지만, FCC나 의회의 규제 책임 추궁invocation에 의해 다루어질 수 있거나 다루어져야 하는 문제는 아니다.

---

23 영국 지배하의 뉴욕에서 인쇄업자, 출판업자로 활동했던 독일계 미국 식민지인이다. 식민지 총독을 비판하는 신문을 발행한 것으로 체포·기소되었지만, 배심원의 무죄 판결을 받았다. 이 재판은 이후 미국의 언론 자유의 확립을 향한 첫 걸음을 쌓은 것으로 평가되고 있다 — 옮긴이.

24 18세기 미국의 작가이자 국제적 혁명이론가로 미국 독립전쟁과 프랑스혁명 때 활약했다. 1776년 1월에 출간된 『상식론(*Common Sense*)』에서 미국이 공화국으로 독립해야 한다고 촉구하고, 독립이 가져오는 이익을 펼쳐 사람들에게 독립에 대한 열망을 불어넣어준 영향을 끼쳤다. 또한 이 책에서 봉건과 왕을 강하게 비판했다 — 옮긴이.

어쩌면 뉴미디어 환경에서 가장 흥미진진한 구조적 혁신은 새로운 형태의 네트워킹과 정보 공유 그리고 콘텐트의 체계적인 통합aggregation을 가능하게 하는 협업 미디어collaborative media와 소셜 미디어의 폭발적인 증가이다. 위키피디아, 페이스북, 트위터, 유튜브YouTube, 플리커Flickr,[25] 디그Digg[26]가 전형적인 본보기이다. 이러한 더 참여적이고, 상호작용적이며, 유연한 스타일의 온라인 행동online behavior은 웹 2.0이라 불렸는데, 이는 웹이 사용되는 방식이 세대를 이동하면서 변한다는 것을 인정하는 것이다. 웹 1.0은 웹사이트를 기반으로 했는데, 기본적으로 방송·출판 모델이 방송 및 인쇄 미디어에서 인터넷 전송과 스크린 디스플레이로 대규모 이동한 것에 가깝다. 위키미디어 재단 Wikimedia Foundation[27]과 같은 이러한 혁신 과정의 참여자 가운데 어떤 참여자들은 으레 비영리 조직으로 남아 있다. 다른 참여자들(다른 참여자들 가운데 대부분일 것임)은 광고, 특히 표적화된 광고와 새로운 형식의 추천-기반 마케팅을 통한 수입을 기대한다. 페이스북은 2012년 50억 달러가 넘는 수입을 올렸기 때문에 페이스북의 주가株價에 관한 초기의 진통에도 불구하고 저커버그 Zuckerberg와 동료들은 계속해서 그들의 소셜 네트워킹 플랫폼의 인기를 성공적인 수익 창출 수단으로 활용할 것이라고 많은 사람은 예상한다. 그러나 그것은 방해받지 않는 자본주의자들이 부당 이득을 취하는 모습과는 거리가 멀다. 대부분의 신생 벤처기업은 수년간 적자를 보며 극히 소수만이 고비를 넘기고 수익을 올린다. 그리고 인기라는 측면에서 성공을 거두는 것이 수익성이라는

---

25 미국 기업 야후!의 온라인 사진 공유 커뮤니티 사이트로 2004년 2월부터 운영되고 있다. 웹 2.0의 대표적인 프로그램 중 하나로 거론되며, 캐나다 밴쿠버의 기업인 루디코프에서 개발했다 — 옮긴이.

26 2004년 12월에 만들어진 소셜 북마크, 블로그를 섞은 듯한 웹사이트로, 특정 편집자가 편집하는 것이 아닌 누구나 참여할 수 있는 커뮤니티 기반의 웹사이트이다. 주로 기술, 과학, 게임 등에 관한 사실을 공유한다 — 옮긴이.

27 위키미디어 재단은 위키피디아와 같은 각종 위키 관련 사이트를 관리하는 비영리 단체인데, 원서에는 위키피디아 재단으로 잘못 표기되어 있다 — 옮긴이.

측면에서의 성공을 반드시 반영하는 것은 아니다. 널리 사용되는 유튜브의 오픈-액세스open-access 동영상 공유 플랫폼은 동영상을 저장하고 스트리밍streaming 하는 것과 연관된 엄청난 기술 비용을 필요로 하기 때문에 한 추정치에 따르면 유튜브는 최근까지 연간 5억 달러의 손실을 보았으며 모회사인 구글의 지속적인 후원으로 살아남았다고 한다(Spangler, 2009). 이 장 후반부에서 이러한 새로운 형식의 사회적 상호작용의 활력 및 영리기관과 비영리기관의 혼합으로 다시 돌아간다. 여기서 강조하는 점은 비판 공동체가 계속해서 기업 합병과 올드 미디어 공적 영역에 대한 규제 감독 결여에 대해 수십 년 묵은 비난을 퍼붓는 동안 이러한 문제는 거의 다루지 않았다는 것이다.

이러한 고전적인 개혁론자들의 비판이 업데이트되어야 할 필요가 있는가? 물론 그렇다. 엘리트들이 유리한 입장을 강화하기 위해 자원을 사용해 정보의 흐름과 해석을 왜곡할 것이라는 근본적인 우려는 물론 변함없이 주의할 만한 가치가 있다. 그러나 기업 미디어에 대한 전통적인 비판과 강화된 규제제도의 필요성에 의존하는 것은 역효과를 낳는 전략일 수도 있다. 그러한 점을 보강하기 위해 레이건Reagan 정부 시절에 처음 출간된 에드워드 허먼Edward Herman과 노엄 촘스키(1988)의 기업 미디어에 대한 고전적인 비판으로 되돌아간다. 그들은 분석을 '선전 모델propaganda model'이라 불렀으며 도입 장에 이후 장들과 사례연구에서 그들이 행한 분석의 지침이 된 주제 여섯 개를 펼쳐놓았다. 이 주제들은 공적 커뮤니케이션의 구조에서 변화된 것에 대한 논평과 함께 〈표 7.3〉에 요약되어 있다. 허먼과 촘스키의 책이 강조하는 바는 미국의 정치경제 체계 내에서의 불평등이라기보다는 국제 사건 보도에서 미디어가 보여주는 편향이다. 사건을 가장 유리하게 해석하려는 행정부의 동기는 변함없이 강하다; 그러나 사람들이 전 세계의 뉴스를 찾아볼 수 있는 잠재적인 능력이 커지고 있다는 점을 무시하면서, 사실상 여섯 개 주제 모두에서 그들의 원래 비판은 관련성이 없거나, 더 흔하게는 불완전하다. 예를 들어, 2011년 중동의 반정부 시위는 알 자지라Al Jazeera 영어 케이블 채널의 관심을 끌었고, 알 자지라는 광범위한 보도를

〈표 7.3〉 허먼-촘스키의 선전 모델

엘리트가 통제하는 정보 필터	올드 미디어 패턴	뉴미디어 패턴
1) 미디어 접근	비판적인 소수 목소리는 주요 인쇄 및 방송 미디어를 소유할 형편이 안 됨	주요 미디어는 여전히 손이 닿지 않지만, 이제는 온라인상에 많은 대안이 존재함
2) 수용자 극대화	광고의 경제학은 정치와 관련이 없고 최소 공분모적 오락물 쪽으로 편향되어 있음	더 낮은 제작 및 배급 비용, 광고에 대한 더 낮은 의존, 긴 꼬리의 확장, 완전히 비영리적인 대안이 온라인에서 생존 가능함
3) 뉴스의 공식 출처 의존	뉴스 가치가 있는 신뢰할 수 있는 뉴스원에 대한 수요가 엘리트의 관점을 반영하는 공식 대변인에 대한 의존으로 이어짐	여전히 대체로 사실이긴 하지만, 아마추어 블로고스피어, 대안 국제 뉴스원 및 진행 중인 사건에 대한 아마추어의 동영상 캡처가 가능성 있는 대안을 제공함
4) 반대 목소리에 대한 맹공격	우익 싱크탱크와 재단에 의한 반엘리트 관점에 대한 제도화된 비판	여전히 대체로 사실이긴 하지만, 좌익의 논평을 들을 수 있는 기회가 증가함
5) 반공 이데올로기	공산주의가 위협적이라는 비방이 반공주의 독재자에 대한 지지를 정당화하고 국제 뉴스의 흐름을 왜곡함	대체로 관련성이 없지만 다른 위협, 특히 이슬람적인 요소에 대한 비방이 유사한 종류의 왜곡으로 이어질 수도 있음
6) 엘리트의 선전 캠페인	정부 엘리트들은 이념적 입장을 강화하기 위해 정교하게 만들어진 사건과 이슈에 주목함	미국의 우파가 좌파보다 공중 관계에 더 낫다는 오랜 신념의 한 변형임. 이것은 사실일 수도 있지만 아직 체계적인 연구가 이루어졌거나 왜 그래야 하는지를 보여주는 모델이 개발되지는 않았음

내보냈다. 예상대로 이 채널이 처음 출범했을 때 이 채널을 공급한 케이블 시스템이 거의 없었기 때문에 시청자들은 온라인 동영상 스트리밍을 이용했고 더 최근에는 동영상 스트리밍과 소셜 미디어를 함께 이용했다(Weprin, 2011).

국가 헤게모니

앞에서 언급했듯이, 미국의 미디어 체계를 비판하는 사람들은 기업 미디어와 연방 정부가 모두 현상 유지를 보호하는 데서 오는 자연스러운 이익을 공유하기 때문에 이 둘 간의 긴밀한 연계와 상호 지원에 초점을 맞춘다. 미국의 경우, 국가가 실제로 미디어의 프로그램 자체를 쓰고, 편집하고, 제작하지는 않는다. 더욱이 미디어 콘텐트에 대한 직접적인 검열은 특별한 국가 안보 사안과 거의 항상 연결되어 있고 극도로 드물게 이루어지는 일이다. 그러나 전 세계의 다른 국가에서는 국가의 통제와 검열이 훨씬 더 직접적이면서 두드러지기 때문에 국가의 직접적인 패권적 관행에 대해 간략하게 검토해 보는 것이 순서일 것 같다.

헤게모니hegemony라는 용어는 물론 어느 정도 자유로운 언론을 가진 산업화된 자본주의적 민주주의의 커뮤니케이션 흐름을 특징짓는 더 미묘한 형태의 필터링, 해석하기interpreting, 낙인찍기labeling, 프레이밍, 내러티브 만들기narrative creating 및 의제 설정에 초점을 맞춘다. 그러나 많은 추정상의 민주주의에서 국가 헤게모니는 치밀하지 않게 실행된다고 말할 수도 있을 것이다. 정부를 비판하는 사람과 독립 저널리스트들에 대한 위협, 구금, 그리고 때로는 노골적인 살인이 계속해서 전 세계적인 주요 관심사가 되고 있다. 더 많은 주목을 끄는 국가들에서 이따금씩 발생하는 세간의 주목을 끄는 저널리스트에 대한 살인이나 투옥이 미국 신문의 중간 페이지 어딘가에 보도될 수도 있지만, 전 세계적으로 저널리스트라는 직업이 가지고 있는 위험성으로 인해 무심한 관찰자들의 눈에는 띄지 않을 수도 있다. 브뤼셀에 본부가 있는 국제기자연맹International Federation of Journalists: IFJ은 20년 동안 저널리스트 협박에 관한 연례 보고서를 발행해 오고 있다. 최근의 연례 보고서는 다음과 같이 보고했다: "그것은 2010년 사망한 94명의 저널리스트와 미디어 스태프, 표적 살해, 폭탄 공격 및 집중 공격crossfire의 희생자들을 … 포함한 동료 2271명의 죽음을 기록한 비극과 인명 손실에 대한 가슴 아픈 점호點呼이다. 많은 약속에도 불구하고 정부는 계속해서 살인자를 끝까지 추적해 잡아야 하는 본연의 임무를 다하지 못하고 있다. 많은 죽음이 진지한 조사도 없이 사망으로 기록된다. 경찰의 부패 때문이건 사법부의 무능력 때문이건 아니면 정치적 무관심 때문이건, 법치의 부재는 저널리스트를 위험에 빠뜨릴 뿐만 아니라 민주주의를 위태롭게 하고 평화와 발전에 대한 희망도 손상한다"(White and Sagaga, 2011: 2). 이러한 비극적

〈표 7.4〉 국가 헤게모니의 요소들

구분	부정적 정부 조치	긍정적 정부 조치
검열	직접적인 미디어 내용 통제 비정부 미디어 검열 웹사이트 차단	
협박	저널리스트/비판자에 대한 물리적 공격 저널리스트/비판자 구금 저널리스트/비판자에 대한 위협	
경제	미디어에 세금 부과	공영방송 재정 지원 정치 캠페인 재정 지원 공공 인터넷 재정 지원
법과 규정	명예훼손법,[28] 선동법 전파/네트워크에 대한 접근 통제	저널리스트의 정보원에 대한 법적 보호 표현의 자유에 대한 법적 보호 정부 정보에 대한 접근

인 사건들이 모두 국가 기관에 의해 지휘되는 것은 아니다. 범죄 조직과 같은 다른 요소가 관련되어 있을 가능성도 있다. 꼬치꼬치 파고드는 언론을 침묵시키려는 이러한 종류의 기도 대부분에서 누구의 지문指紋이 그러한 범죄와 연관되어 있는지 불분명한 것은 역설적이다.

〈표 7.4〉는 자유로운 표현과 때로는 비판적 표현을 보호하거나 방해하기 위한 일련의 긍정적·부정적 국가 개입을 개략적으로 보여주고 있다. 비영리단체인 프리덤 하우스Freedom House는 IFJ와 매우 흡사하게 정부와 언론 간 관계의 역동적 케미chemistry를 추적해 왔다. 그들이 들려주는 이야기는 흥미롭다 – 그들이 들려주는 이야기는20세기 말, 권위주의 국가들을 휩쓴 외견상 성공적으로 보이는 선거 민주주의의 물결과 그에 상응하는 구소비에트 연방 국가들이 해방을 맞이하면서 극적인 진전을 이뤄낸 후, 국가 및 사법 체계가 계속해서 자유 언론과 개방된 선거 민주주의를 가장하면서 이전 방식으로 되돌아가고 있는 것처럼 보임에 따라, 어쩌면 러시아

28 말로 하는 명예훼손을 'slander'라 하고 글로 하는 명예훼손을 'libel'이라고 하며, 이 둘을 포함하는 일반적인 명예훼손을 'defamation'이라고 한다 – 옮긴이.

자체에서 가장 눈에 띄게, 실망스러운 반전과 후퇴가 있었다(Puddington, 2011).

우리의 경우 특히 흥미로운 것은 네트워크상에서의 표현의 자유에 대한 특별한 사례이다. 이번 이야기도 대단히 흥미롭다:

> 1990년대에 인터넷을 처음 상업적으로 이용할 수 있게 되었을 때는 온라인 커뮤니케이션과 콘텐트에 관한 제한이 극히 적었다…. 심지어 오늘날 인터넷에 대한 가장 정교한 통제 제도를 가지고 있는 중국 당국자들도 초기에는 거의 감시를 하지 않았다. 그러나 1990년대 말 여러 반체제 단체가 인터넷을 사용해 국내외 수용자들과 정보를 공유하기 시작하면서, 중국 정부는 다층적인 감시 및 검열 장치를 만드는 데 엄청난 인적·물적 자원을 쏟아부었다. 중국이 가장 심한 경우에 속하기는 하지만, 현재 다른 많은 나라에서도 유사한 역학이 분명히 드러나고 있다…. 평가된 37개 국가 가운데 23개국에서 블로거나 다른 인터넷 사용자들이 온라인에 게시한 콘텐트 때문에 체포되었다….
>
> 조사된 39개 국가 가운데 12개 국가에서 당국자들은 유튜브, 페이스북, 트위터, 혹은 이에 상응하는 서비스 이용을 지속적으로 혹은 잠정적으로 전면 금지했다. 더욱이 새로운 플랫폼에 의해 촉진된 이용 참여 증가로 인해 보통사람도 유명 블로거, 온라인 저널리스트, 그리고 인권 활동가들이 직면하는 것과 동일한 처벌을 다소 경험했다. 다른 최근 사례 가운데 한 중국 여성은 풍자적인 트위터 메시지를 올렸다는 이유로 강제노동 수용소에 보내졌으며, 인도네시아의 한 가정주부는 친구에게 지역 병원에 대해 불평하는 이메일을 보냈다는 이유로 많은 벌금을 처분받았다….
>
> 조사된 37개 국가 가운데 15개 국가의 정부가 정치와 관련된 콘텐트를 상당 정도 차단한 것으로 확인되었다. 이들 국가에서는 웹사이트가 차단되는 사례의 빈도나 규모가 상당하다. 더 정확히 말하면, 이러한 사례들은 독립적인 뉴스매체와 반대세력의 뉴스매체, 국제 및 지역 인권 단체, 그리고 개인 블로그, 온라인 동영상, 혹은 소셜-네트워킹 그룹의 웹사이트를 포함해 수십, 수백, 혹은 가장 흔하게

는 수천 개의 웹사이트에 대한 사용자의 접근을 제한하려는 명백한 국가 정책의 결과이다…. 프리덤 하우스가 선거 민주주의 국가로 분류한 국가들 가운데 터키와 한국 역시 상당한 정치적 검열을 하는 나라로 확인되었다…. 우회 도구의 폭넓은 사용은 콘텐트 검열의 영향을 완화해 주었으며 때로는 그러한 영향을 상당히 약화시켰다. 이와 같은 도구는 컴퓨터 리터러시computer literacy[29]의 수준이 높거나 비교적 정교하지 못한 차단 기술을 가진 나라에서 특히 효과적이다. 예를 들어, 유튜브는 터키에서 2년이 넘도록 공식적으로 차단되었음에도 터키 이용자들 사이에서 여전히 여덟 번째로 가장 인기 있는 웹사이트였으며, 베트남의 페이스북 이용자 수는 일반적인 수단으로는 접근이 불가능해진 2009년 11월 이후 1년 안에 100만 명에서 200만 명으로 두 배가 되었다. 필터링 방법이 더 정교하고 당국자들이 우회 도구를 쓸모없게 만들기 위해 상당한 자원을 쏟아 붓는 중국과 이란 같은 나라에서는 이용자들이 차단을 극복하기 위한 특별한 기술과 지식이 필요하다. 그럼에도 필요한 능력을 갖춘 활동가들은 용케 서로 소통하고, 검열받지 않는 공간에서 국가적 사건을 논의하며, 인권 남용에 대한 뉴스와 보도를 해외로 전송할 수 있었다.

많은 정부는 인터넷 콘텐트를 통제하기 위해 기술적 정교함에 전적으로 의존하기보다는 조악하지만 그럼에도 효과적인 전술을 사용해 정치적으로나 사회적으로 관련된 정보를 제거하거나 조작한다. 이러한 방법은 일반적인 차단보다 효과를 추적해서 방해하기가 더 어렵다는 점에서 흔히 기발할 정도로 단순하다. 한 가지 일반적인 방법은 예를 들면, 정부 관리가 전화로 콘텐트 제작자나 호스트host[30]에게 연락해 특정 정보를 인터넷에서 삭제하도록 요구하는 것이다. 어떤 경우, 개인 블로거나 웹마스터webmaster가 그러한 요구를 거절한다면 여러 가지 보

29 컴퓨터를 조작하여 원하는 작업을 실행하고, 필요한 정보를 얻을 수 있는 지식과 능력을 말한다 — 옮긴이.

30 타인의 정보(정보 제공자가 제공하는 정보)를 매개하는 자를 말한다 — 옮긴이.

복 위협을 받는다(Kelly and Cook, 2011: 1~7).

헤게모니 문제에 국가가 직접 관여하는 측면에 대한 이러한 짧은 검토에는 분명한 핵심이 있다고 생각한다. 그것은 요컨대 강하고 뿌리 깊은 언론의 자유/표현의 자유 전통이 부재한 상태에서는 (그리고 때로는 존재하는 상태에서도) 기존 당국자들 사이에 비판을 검열하고자 하는 열망이 극도로 강하며, 사상의 공개 시장을 유지하는 것은 엄청난 에너지와 자원을 요구하는 끊임없는 투쟁이라는 것이다. 20세기의 전통적인 미디어 세계에서 그러한 에너지와 자원의 기반은 재단과 학계의 혼합체였으나, 주된 기반은 전문 저널리즘 문화와 그러한 문화를 뒷받침한 수익성 있는 인쇄 및 방송 뉴스 산업이었다. 디지털 시대의 이러한 자원의 기반은 결코 보장되지 않는다. 그것이 우려의 원인이다.

이데올로기를 넘어

정치경제학 분야는 다음과 같은 단 하나의 미묘하고도 근본적이며 역동적인 질문을 중심으로 구성되어 있다: 정체政體, polity 혹은 forms of government[31]와 경제 간의 경계를 어떻게 가장 잘 체계화할 수 있는가? 열렬한 좌파 지지자와 우파 지지자 간의 점점 더 공격적인 논쟁이 그러한 질문에 대한 그들의 완전히 정반대되는 직관적 관점[32]을 중심으로 일어나고 있다. 확신이 서지 않을 때 진

31 정체란 통치권의 행사 방법을 기준으로 한 국가 형태의 분류 기준이다. 국체에 상대되는 용어로서, 국체는 주권자가 누구냐에 의한 분류이며, 정체는 주권을 어떻게 행사하느냐에 의한 분류를 말한다. 정체의 유형은 민주제와 독재제, 단일제와 연방제, 입헌제와 비입헌제(전제 정체) 등으로 나눌 수 있다 — 옮긴이.

32 여기서 원문의 impulse는 직관적인 관점(instinctive points of view) 혹은 근본적인 신념(fundamental beliefs)이라는 의미로 썼다고 한다 — 저자와의 이메일 교신.

보적인 명령imperative은 규제받지 않는 시장의 탐욕스러운 욕구와 파괴적인 순환의 고삐를 죄기 위해 우리가 공적 기관에 의존할 것을 지시한다. 상대적으로 보수적 관점은 자유 시장의 우월성을 경제의 엔진으로 칭송하며 (관료제적)[33] 지연遲延, 자기-본위적 관료주의, 비효율성, 그리고 규제 기구를 지원하는 데 반드시 필요한 세금을 비난한다. 물론 두 관점 모두 타당한 점이 있다. 그러나 또 다시 역설적이게도 광분한 군중이 응원을 벌이는 가운데 언쟁을 벌이는 이념 전투부대의 전투원들이 필사적으로 상대를 말에서 떨어뜨리려 노력하는 수사적修辭的인 팀 스포츠가 정체政體와 경제 간의 경계를 역동적으로 규정하는 최선의 방법이라는 것은 분명하지 않다. 미국의 경우 양극화는 역사적으로 진화해 온 민주당과 공화당의 (정치적 성향과) 경제적 연계성[34]에 의해 강화된다. 양극화는 또한 인간의 부족 정체성 성향, 카리스마 있는 수사修辭 전문가, 그리고 야만적인 토너먼트 전투[35]에 의해 강화될 수도 있다.

물론 궁극적으로 사회적·문화적·경제적 생산성을 뒷받침하는 데에 시장과 공적 메커니즘 간의 왜곡되지 않은 커뮤니케이션의 최적 균형과 그러한 왜곡되지 않은 커뮤니케이션을 수용할 수 있는 능력은 경험적으로 검증되어야 할 문제이다. 역사적으로 도시에서 국민-국가에 이르는 많은, 아마도 대부분의 정치적 실체들은 처음에는 연속적으로 볼썽사나운 과도한 주장을 하다가 뒤이어서는 마찬가지로 예측 가능한 과잉 수정overcorrection을 하는 행동 사이를 왔다 갔다 하는 것으로 보인다. 이러한 순환은 유명한, 규제받지 않는 시장의 호황-불황 순환boom-and-bust cycle과 같다. 이 문제를 정치적 수사에서 매우 흔한 시장

---

33 괄호 안은 역자 첨가.

34 저자는 원문의 alignment를 correlation(상관성 혹은 연계성)이라는 의미로 사용했다고 한다. 즉, 민주당은 가난한 자는 곧 민주당원이 될 가능성과 연계하고, 공화당은 부유층이 공화당원이 될 가능성과 연계함을 의미한다. 괄호 안은 이해도를 높이기 위해 역자가 첨가했다 – 저자와의 이메일 교신.

35 부족 간의 경쟁, 로마시대의 기독교인 사자 우리에 던져 넣기, 죽음에 이르는 검투사들의 결투 등을 말한다 – 옮긴이.

대 정부라는 양자택일의 이분법으로 프레이밍하는 것은 더 근본적인 문제를 이해하기 힘들게 한다. 수사 전문가들은 그것이 유용하다고 생각하면서 그러한 사실을 무시할 수도 있지만, 현대사회에서 거의 모든 배분 과정은 상호작용하는 공공정책과 시장 메커니즘이 섞여 있는 복잡한 과정이다. 강력한 참여자는 기득권에 이익이 되게 하기 위해 공공정책 구조뿐 아니라 시장 구조도 똑같이 조작하고자 하는 유인을 가진다. 정치경제학의 과제는 행정 구조와 시장 구조가 어느 정도 합리적인 균형을 이루도록 유지하고 둘 모두를 여러 이기적인 당사자들에 의해 시작되는 왜곡에서 가능한 한 벗어날 수 있게끔 유지하는 것이다.

만약, 예를 들어 농업, 국방, 운송, 혹은 커뮤니케이션과 같은 여러 영역에서 시장과 행정적 메커니즘의 최적 균형이 경험적 검증의 대상이라면 도대체 왜 이렇게 이념적 호들갑을 떠는 걸까? 이 질문에 대한 여러 대답 가운데 네 가지가 특히 이 책의 중심 주제와 관련 있다. 첫째, 생산성을 측정하는 것은 어려울 뿐만 아니라 그 자체가 여러 미묘한 혹은 그다지 미묘하지 않은 왜곡의 대상이다. 둘째, 생산성의 어떤 차원은 서로 다른 관찰자들에 의해 서로 다르게 평가된다. 예를 들면, 관행에 따라 어떤 사람은 형평성equity에 더 관심을 갖는 반면, 또 어떤 사람은 구조적 과정의 효율성efficiency에 더 관심을 갖는다. 셋째, 많은 관찰자에게 국가 대 시장 이슈는 종교적 정통성과 닮은 문제이며, 따라서 어떠한 종류의 경험적 피드백, 특히 복잡하고 부분적으로 편향된 측정에 영향을 받을 가능성은 없다. 넷째, 정책 과정은 역사적으로 복잡하고 다루기 힘든 과정이다. 대부분의 정책 과정은 단순히 실험, 평가, 그리고 조정의 전통이나 체계적 통제를 받는 실험 전통을 가지고 있지 않다. 따라서 공적 영역에서 이루어지는 정책 토론 가운데 몇몇을 제외한 모든 경우에서 계획에 따른 성공 혹은 실패에 대한 이용 가능한 경험적 피드백은 모호하며 이념적 해석이 지배하는 경향이 있다.

만약 여기서 하고 있는 주장이 합리적인 주장이라면, 공적 커뮤니케이션 분야의 공공정책에 미치는 결과는 꽤 간단명료해야 한다. 그리고 이와 같은 접근법은 사상의 자유 시장 모델과 공명을 일으킨다. 공적 영역에서의 커뮤니케이션은 피드백이 가능한 한 투명하게 반영되도록 구조화되어야 한다. 이기적인 프레이밍과 피드백 필터링은 피할 수 없을 것이기 때문에 최상의 전략은 아마도 정보 생산 및 유통 비용을 가능한 한 낮게 유지하고 지속적인 경계를 통해 공적 커뮤니케이션의 흐름을 체계적으로 필터링하는 것을 막으려는 노력과 함께 1000송이의 꽃[36]이 피게 하는 것일 것이다. 체계적인 필터링에 대해서는 잠시 뒤에 더 다루기로 한다.

이념의 심리학과 진화하는 공적 영역에 기술이 미치는 영향 간의 상호작용은 커뮤니케이션 연구 공동체가 중요하고 유용해질 수 있는 유망한 기회를 제공한다. 우리는 열성 지지자들이 반대하는 사람이 제공하는 아이디어와 정보에 주목하게 되는 조건과 특히 그들이 실제로 그와 같은 정보에 반응하게 되는 조건을 제한적으로 이해해 왔다. 진보주의자와 보수주의자 간의 이념적 격차가 어떻게 생기게 되었는지에 대해 역사적으로, 구조적으로 그리고 심리학적으로 어느 정도 이해하고 있다. 우리는 대다수 시민이 그것이 무엇이건 정치 영역과 공공정책 영역의 구성 요소에 대해 제한적인 주의를 기울이는 이유에 대해 어느 정도 알고 있다. 유료 정치 광고, 특히 오락물 속에 섞여 있는 광고가 잠재적인 투표자들에게 도달하는 데 왜 여전히 매우 중요한지를 설명해 주는 것은 바로 이 제한된 주의력이다. 대부분의 시민은 대부분의 경우 정치 웹사이트나 정책 브로슈어를 특별히 찾고 싶어 하지 않는다. 그러나 때로는 찾으며, 이러한 진화하는 역학에 관한 연구는 계속해서 중요하다.

36 6장 '매개된 매튜 효과' 절의 시작 부분을 참조하라 — 옮긴이.

디지털 경제학과 공공정책

만약 공적 커뮤니케이션 제도와 규범에 대한 자각적인 구조조정의 시기가 무르익은 역사적 조건이 존재한다면, 디지털 혁명의 파괴적인 힘이 특별한 가능성을 제공할 것이라는 점을 다소 강조하면서 언급한 바 있다. 출판업자와 방송사업자부터 소비자용 전자제품 제조업자와 텔레커뮤니케이션 복합기업뿐 아니라 관련 노동조합, 전문직 협회, 음반회사, 저작권 관리자 등과 노련한 로비스트에 이르기까지 현대 미디어 체계의 여러 행위자는 기존 체계가 어떻게 작동하는지에 대해 많은 것을 알고 있으며 그 결과로 발생하는 디지털 미디어 체계에서도 마찬가지로 지속 가능한 유리한 위치를 지키기 위해 상당한 재능과 자원을 쏟아 붓는다. 따라서 만약 합리적 비용, 공개경쟁, 활기찬 공적 영역과 같은 공적 가치도 그러한 과정의 일부로 인정하고자 한다면, 기술 발전이 어떻게 실제로 전통적인 미디어 경제학에 영향을 미치는지 좀 더 자세하게 살펴보는 것이 유용할 수도 있다.

〈그림 7.1〉의 기본 경제 모델이 일부 사람들에게는 어설플 정도로 단순해 보일 수도 있다. 그러나 이 모델이 전통적으로 작동해 온 방식에 대한 세부 사항 속에는 흔히 잘못 이해되고 있을 뿐만 아니라 디지털 혁명이 미디어 경제학과 수용자 행동에 영향을 미치는 방식에 결정적으로 중요한 어떤 미묘함이 존재한다.

〈그림 7.1〉의 중앙을 차지하는 세 가지 지배적인 요소, 즉 콘텐트 제작, 전송 및 소비는 물론 상업적 미디어 제작을 보여주는 전통적인 푸시 모델에 해당한다. 이런 식으로 묘사될 때 분명해지는 것은 산업화된 인쇄 및 방송 전송 기술이 게이트키퍼 역할을 한다는 것이다. 전문 저널리스트, 작가, 음악인, 그리고 여러 전통의 창작 예술인들은 대개 수용자와 직접 거래하지 않는다. 출판사, 음반회사, 신문사 체인, 영화 스튜디오, 그리고 지상파, 케이블 및 위성 시스템은 매우 중요한 게이트키퍼 중개인으로, 이들은 시청률, 베스트셀러 목록,

〈그림 7.1〉 미디어 산업의 기본 경제학

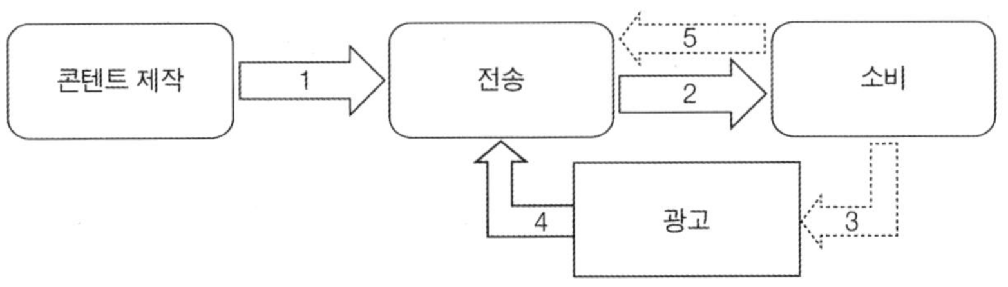

매표소 집계로 측정되는 수용자 취향을 예측하기 위해 노력한다. 창작 공동체와 접촉하고 제작에 필요한 재정 자원을 공급하며 화살표 1과 화살표 2를 통해 사실상 수용자를 창작자에게 그리고 창작자를 수용자에게 데려다준다. 게이트키퍼들의 힘, 그들의 창의성이 아닌 수익 지향성, 그리고 이러한 미디어 복합 기업의 상당한 관료적 특성은 수 세대 동안 창작 공동체 내에서 끊임없는 좌절과 비판의 표적이 되어왔다.

물론 대부분의 현대 산업민주주의에서 이러한 과정의 핵심적인 재정적 원동력은 광고 산업인데, 광고 산업이 대체로 비용의 대부분을 지불한다(화살표 4). 전통적인 지상파 방송에서는 광고가 제작 및 전송을 100% 뒷받침하고, 신문의 경우는 70%, 잡지는 50%, 그리고 케이블 텔레비전은 50%를 뒷받침한다. 영화, 서적 및 음반은 전통적으로 수용자의 직접 지불금direct payment으로 재정을 충당한다(화살표 5). 텔레비전(1940년대)과 케이블 텔레비전(1970년대) 같은 더 새로운 기술이 나타났어도 신문과 라디오 같은 더 오래된 산업이 사업을 영위할 수 있을 정도의 충분한 수요로 인해 100년이 넘도록 이러한 체계는 비교적 안정적이었고 수익성도 있었다. 미국 한 나라의 미디어 산업 규모만 해도 통계의 목적상 산업의 경계가 어떻게 규정되느냐에 따라 1조에서 1조 5000억 달러 사이로 추정된다(Veronis, Suhler and Stevenson, 2011).

논리가 적절한 단어라면, 이러한 체계의 논리는 궁극적으로 소비자들이 직접(화살표 5) 제작 및 배급 비용을 지불하거나 혹은 제조 회사의 광고 예산으로 인해 불가피하게 수반되는 소비자 제품 비용 증가를 통해 간접적으로(화살표 3)

제작 및 배급 비용을 지불한다는 것이다. 따라서 예를 들어, 제너럴 모터스 General Motors는 광고에 차 한 대당 1000달러에서 2000달러 사이(추정치마다 차이가 있음)를 지출하며(Goetz, 2011) 맥도날드McDonald's는 지구상에 있는 모든 사람에 대해 광고비로 연간 1인당 23센트를 지출하는 것으로 유명하다(Nelson, 2010).

이러한 체계, 특히 전송 미디어의 수익성의 핵심은 공급을 제한해 가격을 올리는 것이다. 그리고 일련의 복잡한 제도적·역사적·기술적 이유로 대부분의 대도시권 시장에는 지역 소매 광고를 지배했던 하나 혹은 어쩌면 두 개의 신문이 있었으며, 방송 스펙트럼 부족으로 제한된 수의 라디오 및 텔레비전 방송국이 있었다. 그 결과, 방송사업자와 신문 발행업자는 전통적으로 이익률[37]이 20~25%이었는데, 이는 미국 산업 평균인 약 5%보다 4~5배 높은 것이다(Compaine and Gomery, 2000). 그러나 디지털 배급이 전통적인 미디어의 과점적 통제를 점점 더 약화하기 때문에 디지털 혁명은 미디어 분야에 큰 혼란을 초래했다. 만약 당신이 과두 지배 지지자가 아니라면, 이것은 매우 중요하고 긍정적인 소식이다.

세심한 관찰자라면 〈그림 7.1〉에 화살표 3과 5가 실선이 아닌 점선으로 표시되어 있는 것을 알아챌 것이다. 그 이유는 그것들이 디지털 디퍼런스에 가장 직접적으로 영향을 받는 경제적 거래 인터페이스interface이기 때문이다. 화살표 5는 광고를 통한 간접 지불이 아닌 직접 지불을 나타낸다. 경제 이론가들이 판단하기에 시장은 직접 지불에 의해(즉, 소비자가 대안들을 평가하고 궁극적으로 수요와 가격을 결정하는 재화나 용역의 질을 판단함으로써) 훨씬 더 잘 작동하기 때문에 직접 지불제를 옹호한다. 광고주는 특정 인구통계학적 속성을 가진 수용자를 선호하고 미디어 콘텐트를 그 자체로 잠재적으로 가치 있는 대중문화의

37 이익률 혹은 매출 이익률(profit margin)은 순이익(net profit)을 순매출액(net sales)으로 나눈 값이다 — 옮긴이.

요소가 아닌 광고를 전달하는 상품으로 취급하기 때문에 간접 시장은 온갖 종류의 왜곡을 초래한다. 어쩌면 더 중요한 것은 지적재산의 디지털 전송이 중개인 전송/게이트키퍼 기업을 완전히 배제하고 소비자가 가치 있게 여기는 글이나 작품의 실제 저널리스트, 작가 및 예술가와 더 직접적으로 상호작용할 수 있는 가능성을 제공한다는 것이다. 다시 한 번 말하지만, 이것은 디지털 디퍼런스의 중요하고도 유망한 요소이다.

그러나 〈그림 7.1〉에서 점선으로 된 화살표 3은 이제 막 이해되고 있는 또 하나의 새로운 상황 변화가 있음을 시사한다. 그것은 광고와 마케팅에서의 구글 혁명Google revolution이라고 불릴 수도 있을 것이다. 그것은 두 요소를 가지고 있다. 첫째, 그것은 푸시 광고를 풀 광고에 가까운 어떤 것(잠재 소비자가 어떤 제품 범주를 검색하고 있을 때 핵심어 기반 상품 판촉을 사용하는 것)으로 대체한다. 만약 당신이 그것에 대해 잠시 생각해 본다면, 그것은 시장에서 어떤 제품을 찾고 있을 가능성이 가장 높은 사람에게 판촉 메시지를 표적화한다는 측면에서 정말 그럴 듯하다. 어떤 이탈리아제 하이힐을 찾고 있다면, 구글 검색 엔진에서 문구를 검색한 다음 구글 검색 알고리즘이 대부분의 사람이 찾고 싶어 하는 것으로 판단해서 제시해 주는 웹사이트들을 추가로 검색해 보라. 거기에는 유료 광고 11개와 구글 자체 쇼핑 시스템의 광고인 열두 번째 광고가 제시되어 있다. 자동차, 보험, 신발, 향수 같은 검색어와 연관된 웹페이지상의 온라인 광고 공간은 금전적 가치가 엄청나며, 구글은 그러한 제한된 판촉 공간을 최고액 입찰자에게 경매로 처분함으로써 그 시장이 마법을 부리게 한다. 예를 들어, 구글은 2012년 총수입 500억 달러의 대다수를 온라인 광고 공간 경매를 통해 올렸다(U.S. Security and Exchange Commission, 2012).

둘째, 구글의 공학적 사고방식은 광고 가격을 책정하는 경매 및 시장 기반auction-and market-based 메커니즘으로 이어진다. 이것은 이 업계에서 (CPM으로 알려진) 1000회 노출당 비용cost-per-thousand을 토대로 한 노출 기반 광고에서 행위당 비용cost-per-action: CPA으로 중대한 변화가 일어날 가능성이 있음을 시사하는

데, 여기서 '행위'란 통상 추가적인 정보를 찾기 위해 클릭하는 것이나 실제 온라인 구매를 말한다. 광고주들은 오랫동안 광고비에 대한 투자수익률을 정확하게 규정하기가 어렵다는 점을 인정했었는데, 이러한 인정은 자주 인용되는 다음 구절에 잘 나타나 있다: "내가 광고에 지출하는 돈의 절반은 낭비된다; 문제는 어느 쪽 절반이 낭비되는지 모른다는 것이다." 이러한 탄식을 한 사람은 19세기 백화점 업계 거물이었던 존 워너메이커John Wanamaker였다. 실제로 1년에 걸쳐 진행되는 기존 브랜드의 텔레비전 광고 캠페인에 관해 구할 수 있는 것들 가운데 가장 나은 데이터에 따르면, 그러한 캠페인 중 17%만이 매출에 통계적으로 유의적인 영향을 미친다고 한다(Lodish et al., 1995).

이러한 두 가지 상황 변화가 미디어 산업에 미칠 잠재적 중요성은 엄청나다. 만약 광고주들이 판촉 예산 전액 혹은 심지어 판촉 예산의 상당 부분을 노출 기반 메커니즘에서 검색 기반 메커니즘으로 옮긴다면, 그것은 미디어 기업에 엄청난 재정적 손실을 의미할 것이다. 나아가 온라인에서 메시지를 전달하는 미디어가 최종적으로 (재화나 용역의) 판매가 이루어지는 미디어이기도 하기 때문에 만약 판매자들이 언제 광고가 실제로 효과를 발휘하는지 더 잘 판단할 수 있게 된다고 생각해 보자. 만약 이것이 사실이라면, 그들은 성공적이지 않거나 덜 성공적인 광고 투자를 단숨에 끊어버릴 수 있을 것이다. 이에 따라 마케팅과 판매의 연계에 대한 즉각적인 피드백은 지적재산의 제작 및 배급에 필요한 수입의 추가적이면서도 잠재적으로 상당한 손실을 의미한다.

출판, 방송, 영화 등과 같은 전통적인 아날로그 전송 미디어는 지역 시장에서 확고한 준독점적 지위를 가지고 있다. 연재만화 작가인 개리 트뤼도Garry Trudeau를 예로 들어보자. 그는 1970년대 이후 신디케이션[38] 형태로 제공되는 연재만화 『둔스버리*Doonesbury*』를 유니버설 프레스 신디케이트Universal Press

38 독립적인 도매 배급업자가 기사, 사진, 텔레비전 프로그램 등을 여러 신문사나 방송국 등에 공급하는 형태를 말하며, 그러한 사업자를 신디케이터(syndicator)라 한다 — 옮긴이.

Syndicate를 통해 지역 신문에 연재해 오고 있으며 추종하는 팬도 상당하다. 최근까지는 지역의 독점 신문사와 신디케이터syndicator[39]를 통하면서 그들의 가치를 더해주지 않고서는 일간 연재만화를 독자들이 볼 수 있게 하는 그야말로 확실한 방법이 없었다. 지금은 트뤼도의 연재만화를 포함해 대부분의 연재만화가 온라인에서도 이용 가능하고(이 경우 직접 가입direct subscription[40] 및/혹은 광고가 수입원) 여전히 상당한 종이신문 구독자를 위해 늘 그래왔듯 신문에서도 이용 가능하다. 그러나 이러한 예를 통해 우리는 게이트키퍼의 힘이 상대적으로 어떻게 쇠퇴했는지 알 수 있다. 몰론 『둔스버리』 연재만화에 대한 인식과 이후 이 만화의 독자적인 인기는 처음에 신문을 통해 만화를 볼 수 있었기 때문에 높아진 것은 사실이다. 야심을 가진 작가들이 온라인에 연재만화를 출판하는 것은 비교적 쉽다. 임계질량critical mass[41]에 해당되는 수용자를 찾는 것은 다른 문제일 수도 있다. 그러나 입소문을 통한viral 추천과 소셜 미디어 회람pass-along이 인기의 최종 결정권자가 되고 마침내 대중 가시성public visibility과 경제적 지속 가능성에 이르는 열쇠로서 대형 미디어의 공식 승인을 대체할 수도 있다.

〈그림 7.2〉는 더욱더 보편화되고 있는 디지털 배급 시스템이 아날로그 전송사업자, 프로모터promoter, 이익 수혜자[42]처럼 이전에는 반드시 필요했던 중

---

39 원문의 aggregator는 syndicator로 바꾸는 것이 더 적절하겠다는 저자의 의견에 따라 '신디케이터'로 바꾸었다 — 저자와의 이메일 교신.

40 우리 언론에서 요즘 subscription을 '구독'으로 번역하고 있으나 구독은 '책, 신문, 잡지 등 인쇄매체를 구입해서 읽는 것'을 말하기 때문에 모든 유료 가입 서비스를 일괄적으로 구독으로 번역하는 것은 문제가 있다. 따라서 더 포괄적인 '가입'이라고 옮기는 것이 더 정확하다 — 옮긴이.

41 물리학에서 시작된 개념으로 '어떤 핵분열성 물질이 일정한 조건에서 스스로 계속해서 연쇄반응을 일으키는 데 필요한 최소한의 질량'을 말한다. 이 개념은 언론학, 사회학, 심리학, 경영학 등에서 차용되면서 널리 알려져 유효한 변화(혁신)를 얻기 위해 필요한 충분한 사람의 수나 양의 개념으로 다양하게 쓰인다. 혁신의 확산(diffusion of innovation) 이론에서는 진정한 혁신의 확산이 이루어지기 위해 필요한 '결정적인 다수'란 뜻으로 쓰이기도 한다 — 옮긴이.

42 여기서 이익 수혜자(profit recipient)는 콘텐트 창작자와 소비자 사이의 거래에서 발생하는 이익을 가져가는 중개인(middlemen who take a profit in the transaction between content

〈그림 7.2〉 아날로그에서 디지털 전송으로의 전환이 미치는 경제적 영향

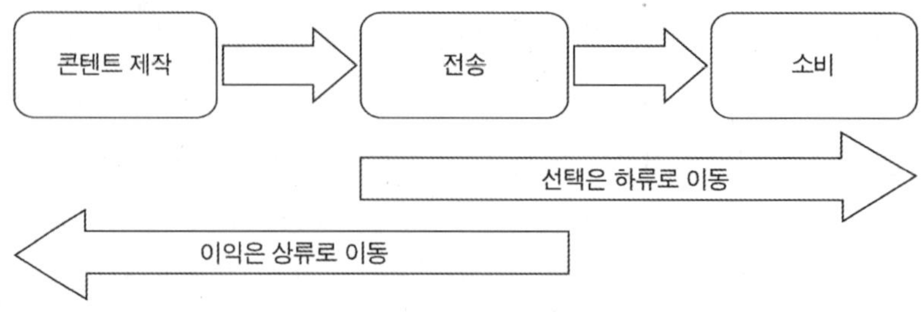

개인의 힘을 약화시킴에 따른 이러한 힘의 이동을 잘 보여준다. 디지털 환경에서 수익성은 실제 창작자와 지적재산권 소유자를 향해 상류로[43] 이동한다. 그리고 선택은 풀이 푸시를 대체함에 따라 하류로 이동한다. 예를 들면, 1960년 전형적인 미국 가정은 3.4개의 텔레비전 방송국, 8.2개의 라디오 방송국, 1.1종의 신문, 1.5권의 최근에 구입한 책, 그리고 3.6종의 잡지를 이용했는데, 이것은 인간적 척도[44]의 선택에 해당한다(Neuman, Yong and Panek. 2012). 이에 반해, 웹은 최근 추정치에서 400억 개가 넘는 웹페이지에 대한 즉각적인 접근을 제공한다 worldwide websize.com. 사실이다. 유명 검색 엔진, 특히 구글은 주의를 조종할 수 있는 힘이 없지 않는데, 이는 잠재적으로 사익을 추구하거나 검열하는 데 사용될 수 있을 것이다. 따라서 대단히 중요하고도 완전히 새로운 연구 문제가 주목받고 있다: 역동적이고, 투명하며, 사회적으로 네트워크화 된 웹상의 공적 영역의 특성이 이와 같은 잠재력을 행사하는 것을 제한할 것인가? 이것은 익숙한 미디어의 게이트키퍼/의제 설정 가설이 새롭게 환생한 것이다. 대규모 미디어 게이트키퍼 및 대규모 미디어 이익 센터[45] 시대가 위기에 처한 것처럼 보일 것

---

creator and consumer)의 의미로 사용되었다 — 저자와의 이메일 교신.

43 모든 재화와 용역의 생산단계(stage of production) 혹은 가치사슬(value chain)은 원재료→제작→도매→소매→소비자 단계로 구성되는데, 원재료 쪽을 상류(upstream) 그리고 소비자 쪽을 하류(downstream)라고 한다 — 옮긴이.

44 3장의 "풍부함의 차원" 절 참조 — 옮긴이.

이다. 이러한 재정이 탄탄한 기업들은 새로운 디지털 환경에서 준독점적인 지위를 재확립하기 위한 방법을 찾으려는 강한 유인을 가지고 있으며, 이 장의 나머지 부분 가운데 상당 부분은 그러한 일이 일어날 공산이 있는 이용권 exploitation rights[46]을 위한 싸움에 대해 살펴본다.

네트워크 중립성

네트워크 중립성network neutrality은 하나의 슬로건이며, 대부분의 슬로건처럼 정치적 목적이 있다. 그리고 대부분의 효과적인 슬로건처럼 잠재적인 설득력을 가진 상징적 힘이 어느 정도 내재되어 있다. 네트워크 중립성을 지지하지 않는 사람은 누구인가? 이것에 대한 수사상修辭上의 대안은 '네트워크 편향network bias'인 것처럼 보이는데, 매우 매력적으로 들리지는 않는다. 네트워크 중립성을 찬성하는 주장과 반대하는 주장은 미국에서 그리고 어느 정도는 전 세계적으로 인터넷 정책 및 경제학 분야에서 주목을 독차지하고 있기 때문에 이 이슈에 대한 논란의 출발점과 이슈의 더 광범위한 중요성을 간략하게 살펴보는 것은 유용할 것이다. 수사적 허세와 기술적 난독화obfuscation[47] 아래에서

---

45 기업을 이익을 내야 하는 '이익 센터(profit center, 이익 중심점)'가 아니라 비용을 소모하게끔 되어 있는 '비용 센터(cost center, 비용 중심점)'라거나, 그동안 '비용 센터'로 인식되어 오던 IT 부서가 이제 '이익 센터'로 바뀌어가고 있다는 표현을 통해 그 의미를 파악할 수 있다 — 옮긴이.

46 여기서 이용(exploitation)이란 배타적인 권리를 가지는 저작권자가 저작물을 통해 경제적인 가치를 획득하는 것을 말한다 — 옮긴이.

47 난독화란 말 그대로 읽기 어렵게 만든다는 뜻인데, 코드 난독화는 프로그램 코드의 일부 또는 전체를 변경하는 방법 중 하나로, 코드의 가독성을 낮춰 역공학(reverse engineering, 바이너리 코드를 분석해 유용한 정보를 뽑아내는 작업)에 대한 대비책을 제공한다. 난독화를 적용하는 범위에 따라 소스 코드 난독화와 바이너리 난독화로 나눈다. 또한 난독화의 목적에 따라 각각 기술의 무단복제를 막는 것과 불법으로 침입하려는 프로그램을 방지하는 것으로 나뉘기도

디지털 사상의 공개 시장의 미래가 위태로울 수도 있는 것으로 밝혀졌다(Farrell and Weiser, 2003; Wu, 2003).

오늘날 워싱턴 DC의 권력의 회랑corridor of power[48]에는 네트워크 중립성 이슈에 관해 마음껏 독립적으로 논평하는 독립적인 로비스트나 컨설턴트가 없다고들 이야기한다. 소문에 의하면, 그 이유는 싸움을 벌이고 있는 양측이 이러한 이슈에 대한 전문성과 경험이 있는 모든 사람을 이미 고용했기 때문이라고 한다. 그렇다면 경제적으로 중요하지만 꽤 불가사의한 전문적 정책 이슈로 드러난 것을 둘러싸고 싸움을 벌이는 양측은 어떻게 규정되고 있는가? 이 논쟁의 한쪽에는 네트워크 중립성을 분명히 찬성하는 대규모 회사들이 있는데, 이들은 특히 구글, 페이스북, 아마존, 넷플릭스처럼 인터넷을 사용해 비즈니스를 하는 회사들이다. 반대쪽에는 AT&T, 버라이즌Verizon, 컴캐스트Comcast 같은 대규모 전화회사와 케이블 ISP[49]들이 있다. 이것은 거대 기업, 즉 대규모 네트워크 사용자 대 대규모 네트워크 제공자의 싸움이다. 이 싸움은 그렇지 않다면 엄숙할 워싱턴 K가街[50]의 전문 정책 선전자들의 얼굴에 미소를 띠게 해줌이 틀림없다(Herman, 2006).

네트워크 중립성이라는 문구를 채택한 쪽은 대규모 사용자들이었는데, 왜냐하면 그들이 네트워크를 많이 사용하는 것에 대해 네트워크 제공자들이 추가 요금을 물리지 않는다는 것을 확실하게 하길 원하기 때문이다. 예를 들어, 넷플릭스의 영화 스트리밍은 엄청난 대역폭을 필요로 하기 때문에 컴캐스트는 넷플릭스에 추가 요금을 부과할 수 있을 것이다. 넷플릭스의 관점에서 보면, 그와 같은 행위는 일종의 공갈恐喝[51]이며 비트bit는 비트일 뿐이고 모든 비트는

한다 — 옮긴이.

48 권력의 회랑이란 정부에서 중요 사항들이 결정되는 상층부를 뜻한다 — 옮긴이.

49 Internet Service Provider(인터넷 서비스 제공자)의 약자이다 — 옮긴이.

50 K 스트리트(K Street)는 원래 백악관 근처 거리의 명칭이나 미국 로비 및 그 집단을 상징하는 용어로 통용된다 — 옮긴이.

네트워크에 동등한 접근성을 갖도록 해야 한다는 기본적인 인터넷 설계 원칙 위반일 것이다. 컴캐스트와 다른 전송사업자의 관점에서 보면, 네트워크를 효율적으로 최적화하고 그들이 '대역폭 돼지bandwidth hog'[52]라고 간주하는 자들의 행동을 제한하기 위해 '트래픽 셰이핑traffic shaping',[53] 즉 통신량 조절을 할 필요가 있다. 전송사업자들은 그들이 선택하는 어떠한 웹 주소로부터의 트래픽도 차단하거나 단순히 느리게 하는 기술적인 능력을 가지고 있다. 미국 대부분의 가구의 경우 지역 시장에서 광대역 네트워크에 연결하는 실질적인 옵션은 두 가지, 즉 지역 케이블 선과 지역 전화선뿐이기 때문에 사실상 복점duopoly 기업의 손에 주어져 있는 그와 같은 힘을 다른 거대 기업들은 우려한다(Pasquale, 2010).

왜 여러 기업 이해관계자들의 상대적인 수익성을 우려해야 하는가? 그 이유는 네트워크 중립성 이슈가 현재는 상충하는 기업 이해관계의 측면에서 상당히 협의적으로 정의되고 있지만, 기술적인 네트워크 아키텍처network architecture[54]와 그러한 아키텍처의 잠재적인 왜곡이 사상의 공개 시장 약속에 영향을 미치는 방식에 대한 더 깊고도 훨씬 더 지속적인 문제를 제기하기 때문이다. 이 시점에서 인터넷의 역사적 출발점과 인터넷이 어떻게 유명한 오픈 디

---

51 재산상의 불법적인 이익을 얻기 위해 다른 사람을 협박하는 것을 말한다 — 옮긴이.

52 대역폭 돼지란 동일한 네트워크상에서 다른 사용자들보다 훨씬 더 많은 대역폭을 사용하는 인터넷 사용자를 지칭하는 속어로, 인터넷 과다 사용자(heavy Internet user)라 하기도 한다 — 옮긴이.

53 트래픽 셰이핑은 컴퓨터 네트워크의 통신량을 제어하여, 패킷을 지연시킴으로써 대역폭을 확보하고 통신 성능을 보장하거나 최적화하는 일이다 — 옮긴이.

54 네트워크 아키텍처는 네트워크의 물리적인 요소들과 기능 조직, 구성, 동작 원칙, 절차, 사용되는 통신 프로토콜의 사양을 위한 프레임워크이다. 전기 통신에서 네트워크 아키텍처의 사양은 통신 네트워크를 통해 전송되는 제품과 서비스의 자세한 설명, 그리고 서비스가 보상되는 세세한 속도와 지불 구조를 포함할 수도 있다. 인터넷의 네트워크 아키텍처는 네트워크의 상호 연결 네트워크나 노드를 위한 특정한 모형이 아닌, 인터넷 프로토콜 스위트의 이용 또는 특정한 유형의 하드웨어 링크의 이용을 통해 대부분 표현된다 — 옮긴이.

자인[55]을 이끌어내게 되었는지 잠깐 되돌아가 보는 것은 유용할 수도 있다.

원래 알파넷ARPANET이었던 인터넷은 당시 새롭게 발명된 '패킷 교환packet switching'[56]이라는 유연한 시스템을 토대로 했다. 이 디자인은 미국 국무부 고등 연구계획국Advanced Research Projects Agency: ARPA을 위해 학계와 정부 연구자들이 개발했으며 잠재적인 적의 공격하에서 군사 커뮤니케이션을 유지하도록 최적화되었다. 그 시대의 전화와 대부분의 다른 아날로그 시스템은 잠재적으로 표적화된 공격에 취약한 중앙집중화된 허브hub 기반 스위칭 시스템을 가지고 있었다. 인터넷은 패킷들을 목적지까지 전달하는 라우터router[57]들의 측지선 그리드geodesic grid[58]를 토대로 했으며, 만약 어떤 라우터가 차단되거나 과부하되면 각각의 라우터는 그 트래픽을 위한 일단의 대안 라우터를 갖게 된다. 따라서 취약한 중앙 커뮤니케이션 허브는 존재하지 않았고, 단지 비트의 패킷들을 가능한 한 빠르고 효율적으로 통과시키는 일을 하는 더 작은 각각의 라우터들

---

55 오픈 디자인 운동(open-design movement)은 공개적으로 공유되는 디자인 정보 사용을 통해 물리적 제품, 기계 및 시스템의 발전을 도모하고자 한다. 여기에는 공개-소스 하드웨어뿐만 아니라 무료 공개-소스 소프트웨어 제작도 포함된다. 이 과정은 일반적으로 인터넷에 의해 촉진되며 흔히 금전적 보상 없이 수행된다 — 옮긴이.

56 패킷 교환이란 컴퓨터 네트워크와 통신의 방식 중 하나로 현재 가장 많은 사람이 사용하는 통신 방식이다. 작은 블록의 패킷으로 데이터를 전송하며 데이터를 전송하는 동안만 네트워크 자원을 사용하도록 하는 방법을 말한다. 정보 전달의 단위인 패킷은 여러 통신 지점(node)을 연결하는 데이터 연결상의 모든 노드 사이에 개별적으로 경로가 제어된다 — 옮긴이.

57 라우터 혹은 라우팅 기능을 갖는 공유기는 패킷의 위치를 추출하여 그 위치에 대한 최적의 경로를 지정하며, 이 경로를 따라 데이터 패킷을 다음 장치로 전향시키는 장치이다. 이때 최적의 경로는 일반적으로는 가장 빠르게 통신이 가능한 경로이므로, 이것이 최단거리일 수도 있지만, 돌아가는 경로라도 고속의 전송로를 통해 전달이 되는 경로가 될 수 있다. 간단히 말해 서로 다른 네트워크 간에 중계 역할을 해준다 — 옮긴이.

58 측지선은 지구의 실제 모양(타원형, 정확하게는 지오이드)을 고려하며 평면(직교좌표 평면)의 두 점이 아닌 곡선 표면(지오이드)의 두 점 간의 거리를 계산한다. 그리드란 미국 시카고 대학교 이안 포스터(Ian Foster) 컴퓨터공학과 교수가 창시했으며, 한 번에 한곳만 연결할 수 있는 웹과 달리 정보통신 자원을 초고속 네트워크로 연동함으로써 신경조직처럼 작동하는 인터넷망 구조를 말한다 — 옮긴이.

이 광범위하게 배분될 뿐이다. 이 설계 원칙은 네트워크의 '끝', 즉 사용자들의 컴퓨터에서 음성, 영상, 그리고 암호화encryption를 해석·실행하는 복잡한 지적 능력에도 불구하고 네트워크 자체를 가능한 한 단순하게 유지하는 것이었다(Blumenthal and Clark, 2001). 비트는 비트일 뿐이며, 우선순위가 높은 비트는 없다. 비트 스트림에는 일등석 구역이 없다. 비트를 단위로 하는 요금 청구도 없다 — 이것은 하나의 정부 시스템이다. 설계자들은 요금 청구 시스템을 만들거나 특히 큰 파일들을 가진 사람에게 과속 방지턱을 설치하는 것을 생각하지 않았다. 물론 합리적이고 분별력 있는 자본주의자였다면 그 누구도 완벽히 통제할 방법도 없고 사용시간이나 사용량에 따라 정확하게 요금을 부과할 방법도 없는 시스템을 설계하지 않았겠지만, 이 엔지니어들은 알파넷이 광대역 연결 시스템으로 극적으로 성장하고 현재 거의 보편적으로 사용되는 상황을 예견하지 못했을 것이다(Edwards, 2010).

인터넷은 지금 1960년대와 1970년대보다 훨씬 더 복잡하지만, 인터넷의 기본적인 설계 원칙은 여전히 그대로다. 즉, 비트는 비트일 뿐이며, 원래 일반 전송사업자 개념과 매우 흡사하다. 어떤 비트들의 패킷의 정치적 정확성, 경제적 가치, 혹은 도덕적 입장을 판단하는 것은 네트워크가 할 일이 아니다. 실제로 통상적인 조건하에서 라우터들은 그냥 디지털 패킷의 주소를 읽고 그것을 연쇄적으로 연결된 다음 라우터로 넘겨주며 내용은 무시한다. 그러나 패킷의 내용을 읽는 것이 기술적으로 가능은 하다; 그것을 일컬어 '패킷 스니핑packet sniffing'이라고 한다. 그리고 네트워크가 작동하는 방식에 대한 미국 서부 개척시대 때와 같은 개방성에 불편해하면서 여러 차례 다양한 종류의 잠재적 장애물, 게이트키퍼, 과속 방지턱, 비트 경찰,[59] 그리고 검열관을 제안한 여러 이해

59 네그로폰티는 1993년 2월 1일 자 ≪와이어드≫ 기사 "비트 경찰: FCC는 비트 방출 허가를 규제할 것인가?(The Bit Police: Will the FCC Regulate Licenses to Radiate Bits?)"에서 이 용어를 처음 사용했다 — 옮긴이.

관계자들이 있다. 따라서 설령 네트워크 중립성을 기반으로 하는 개방 인터넷이 행복한 역사적 사고事故였다 하더라도, 그것을 그대로 유지하는 것은 중대한 과제가 될 것이라고 예측하는 것은 합리적이다.

미국과 전 세계의 기술·정책 토론에서 일반적으로 등장하는 네트워크 중립성이란 용어를 여기서는 다소 더 폭넓은 의미에서 사용하고 있으며, 이 개념은 다사용자와 ISP의 행동뿐만 아니라 포털, 소셜 미디어 플랫폼, 정보 통합관리자,[60] 그리고 특히 검색 엔진의 행동과도 관련이 있다. 현재의 네트워크 중립성 논쟁에 대한 상징적인 사례연구는 중간 규모의 ISP이자 텔레커뮤니케이션 회사인 매디슨 리버 커뮤니케이션즈Madison River Communications인데, 이 회사는 FCC에 의해 반경쟁anticompetitive 행위로 적발되어 벌금 처분을 받을 때까지 음성 인터넷 프로토콜Voice-over-Internet-Protocol: VOIP[61] 전화 서비스 경쟁사에 고객들이 접근하는 것을 막았다(Yoo, 2006). 이와 같은 경제적 사익 추구 사례는 비교적 간단하고 적발하기 쉬우며, 이 경우 차단된 경쟁사들은 아주 빨리 그러한 기술적 상황을 인지하고 이에 대한 불만을 제기한 것은 훨씬 더 빨랐다. 그러나 만약 검색 엔진, 온라인 백과사전, 혹은 소셜 네트워크가 자사의 제품이나 그들이 지지하는 정치적 입장에 유리하도록 아마도 미묘한 방법으로 복잡한 알고리즘을 조정한다면, 찾아내서 대처하기가 훨씬 더 어려울 수도 있다(Crawford, 2016). 더욱이 중국과 다른 권위주의 정권에서 흔히 보듯이, 상업회사와 ISP들에게 바람직하지 않은 표현으로 보이는 것을 검열하라는 엄청난 압력이 가해지기도 한다(MacKinnon, 2012).

불행하게도 인류 역사에는 전령傳令, 즉 메신저를 죽이는 광범위하고도 지속적인 전통이 존재한다. 그것은 나쁜 소식을 전달받는 자에게는 위안이 될 수도

---

60 콘텐트 통합관리자(Content Aggregator: CA)는 말 그대로 콘텐트를 통합적으로 수집해서 유통·관리하는 자를 말한다 — 옮긴이.

61 인터넷과 같은 인터넷 프로토콜(IP) 네트워크를 통해 음성 통신과 멀티미디어 세션의 전달을 위한 기술들의 모임을 가리키는 용어이다 — 옮긴이.

있지만 메신저 비즈니스에는 대재앙이다. 만약 인터넷 백본backbone[62]을 관리하는 전문가들이 특히 수익성 있는 비트 스트림을 개발하기 위해 차별화된 종류의 인터넷 트래픽에 더 많은 통제력을 행사할 필요가 있다고 생각한다면, 그들은 머지않아 반갑지 않은 디지털 트래픽 경찰traffic cop이 될 수도 있다〔트래픽 경찰은 네그로폰티(1995)가 처음 사용한 용어인 '비트 경찰'을 적절하게 조롱한 말임〕. 인터넷이 어떤 식으로든 범죄자의 사악한 계획에 기여하는 요소로 사용될 때, 공중의 눈에 이것은 인터넷 범죄로 비친다. 따라서 ISP를 규제하고 싶은 충동이 생기게 된다. 특히 온라인 성적 약탈sexual predation과 폭력 및 테러 권장의 경우 이것은 사실이다. 만약 지난 세기 동안 전화를 사용해 범죄를 저지르는 것을 전화 범죄라 표현하지 않았다면, 어쩌면 그것은 디지털 시대에도 유지될 수 있는 전통일 것이다.

디지털 재산권

저작권에 대한 풍부하고도 유명한 전통은 지적재산intellectual property의 독특한 특성을 인정하는데, 물리적 재산과는 달리 지적재산은 특별한 취급을 필요로 한다. 미국 헌법 제1조 8절 8항에는 새롭게 설립된 연방 정부에 하나의 분명한 임무를 부여하고 있다: "연방 의회는 … 저작자와 발명자에게 저술과 발명에 대한 독점적인 권리를 일정 기간 확보해 줌으로써 과학과 유용한 기술의 발달을 촉진할 수 있는 권한을 가진다" — 이 항은 7항의 우체국의 책임과 9항의 연방 사법 체계에 둘러싸여 있다. 일단 어떤 독창적인 아이디어가 존재하면 저작자

62 백본 또는 백본망(backbone network)은 다양한 네트워크를 상호 연결하는 컴퓨터 네트워크의 일부로서, 각기 다른 LAN이나 부분망 간에 정보를 교환하기 위한 경로를 제공한다 — 옮긴이.

나 발명가에 대한 적절한 보상 없이 쉽게 복제될 수 있기 때문에 저작권과 특허권은 중요하다. 저작권의 기본 아이디어는 논란의 여지가 없으며 전 세계적으로 인정된다. 저작권은 1710년 앤여왕법British Statute of Anne에 뿌리를 두고 있는데, 이 법은 다음과 같은 인정으로 시작한다: "출판업자와 도서판매업자 할 것 없이 최근 들어 저작자의 동의 없이 책과 다른 글을 … 마음대로 찍어내고 있어 … 이들에게 막대한 손해를 끼치고 심지어 저작자는 물론 그들의 가족까지 파멸로 내모는 일이 너무 흔하게 일어나고 있다." 제네바에 있는 유엔 세계 지적재산권 기구World Intellectual Property Organization가 현재 감독하고 있는 1886년의 원래 베른 조약Berne Convention에서 시작된 일련의 국제 협약은 실제로 항상 그렇지는 않지만 원칙적으로 그러한 특별한 경우를 전 세계가 인정하고 있음을 상징적으로 보여준다(Johns, 2009).

구텐베르크의 인쇄기가 대중화된 이후 그리고 다양한 녹음 및 방송 기술의 발전을 통해, 예측 가능한 기업가적 중개인 집단이 결성되어 창작자의 아이디어가 수수료를 받고 수용자에게로 이동하는 것이 촉진되었다. 마찬가지로 예측할 수 있듯이 중개인 집단 또한 그러한 저작권 전통을 이용해 비즈니스 모델을 보호하기로 한다. (미국의 저작권은 상당 정도 유명한 디지털 기술인 피아노 롤piano roll[63]의 저작물성copyrightability[64]을 둘러싼 법적 다툼을 토대로 한다고 때때로 언급된다. 1908년, 연방 대법원은 피아노 롤이 현행법하에서는 음악 저작물의 복제물이 아니라는 만장일치의 판결을 내렸다. 1909년, 의회는 법을 개정했다.) 그 결과, 과두제의 철칙의 오랜 전통에서 법적 구조는 더욱더 음반회사, 출판사, 그리고 업계 집단

63 둘둘 말린 피아노 롤에 나 있는 자잘한 패턴에 따라 곡을 연주하게 만든 자동 피아노(piano player)이다 — 옮긴이.

64 저작물성이란 저작권법에서 저작물로 보호받기 위해 필요한 요건이며, 한국 저작권법에서는 '인간의 사상 또는 감정을 표현한 창작물'이어야 한다(저작권법 제2조 1호). 따라서 사람이 아닌 기계가 작성한 경우나 단순한 사실, 표현이 아닌 아이디어 등은 저작물이 아니다 — 옮긴이.

에 유리하게 설계되었으며 창작자에게 동기부여를 하고 유익한 예술을 전파한다는 원래 목적과의 연계성을 어느 정도 잃게 되었다(Litman, 2000; Lessig, 2001).

바로 위 문장에는 저작권 보호의 이유가 되는 두 가지 목적(즉, 새로운 아이디어와 창의적인 예술이 생성[65]되게 하는 것과 그것들이 '이용되게' 하는 것)이 내포되어 있음에 주목하라. 이용되게 하자는 부분은 예술가와 그들의 많은 대리인이 대가를 지불받는 것에 대한 모든 소동으로 뒷전으로 밀려나버렸다. 이 점의 중요성은 경제학자 스탠리 버선Stanley Besen의 특히 통찰력 있는 지적재산권 경제학에 관한 일련의 논문 속에 잘 나타나 있다. 예를 들면, 법률 전문가인 레오 라스킨드Leo Raskind와 함께 쓴 논문에서 그는 저작권의 기본 목적을 다음과 같이 표현한다. "지적재산권 보호의 목적은 생성되고 이용되는 지적재산의 가치와 그것을 만들어내는 데 드는 사회적 비용social cost[66] 간의 차이를 극대화하는 유인을 만드는 것이다"(Besen and Raskind, 1991: 5). 경제학자답게 버선은 효율성, 즉 생성되고 이용되는 아이디어를 극대화하고 비용은 최소화하는 것의 이점을 강조하는 표현의 사용을 거스르지 못했다. 따라서 버선과 라스킨드는 중개인과 관리자층이 존재하는 것과 시스템이 진화하면서 우연히 생긴 이용 금지에 대해 회의적이다. 미국 헌법(제1조 8절 8항)의 원래 동기가 허가받지 않은 이용을 처벌하는 것에만 초점을 맞추고 있다기보다는 생성과 촉진을 유인하는 것이었다는 한 분석가의 지적은 신선하다.

도를 넘음을 보여주는 한 가지 터무니없는 예는 미국에서 현재 시행되고 있는 저작권 집행copyright enforcement 기간이다. 원래 미국 법에서 저작권 집행 기간은 14년이었으며 정식 갱신을 통해 14년 연장할 수 있었다. 그 정도면 창의성에 동기를 부여하기에 충분한 것으로 보였을 것이다. 그러나 미국에서 저작

65 creation의 대상에는 아이디어도 포함되기에 '창작'이라 하지 않고 '생성'이라고 했다 — 옮긴이.

66 무언가 재화를 생산할 때 생산자(사적 비용)와 사회 전체가 부담(외부 효과)하는 모든 비용을 말한다 — 옮긴이.

〈그림 7.3〉 업계의 정치적 압력에 따른 저작권 보호기간 연장

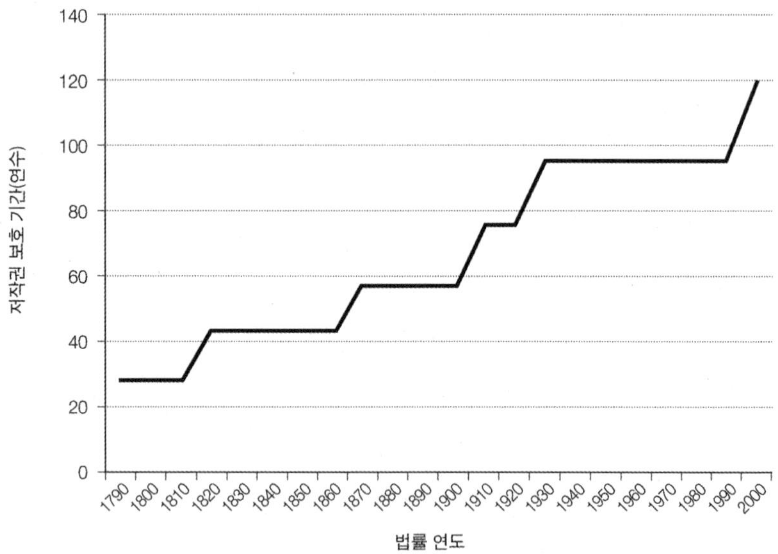

권 집행 기간은 그 후 다섯 차례 법안 발의를 통해 현재 적용되고 있는 생성 시점부터 저작자의 생존 기간 더하기 70~120년으로 확대되었다(〈그림 7.3〉 참조). 손자들은 정말 기쁘겠지만, 손자와 증손자가 적절하게 보상받게 해주는 법적 보장이 없다고 저작자가 되기를 거부하는 저작자를 상상하기는 어렵다. 물론 각각의 법안 발의에서 의회 복도를 그림자처럼 따라다닌 사람은 반바지를 입은 손자들의 무리가 아니라, 어두운 색의 정장을 입은 기업 변호사 무리였다. 또 하나의 터무니없는 사례는 소위 고아 저작물orphan work, 즉 저작자가 부재不在하거나 저작자를 모르는 저작물의 출판이나 공표를 금지하는 것이다(Litman, 2000).

추정 논리는 만약 다른 사람에 의해 저작물이 출판된 후에 이전에는 부재했던 저작자들이 나타난다면, 그들은 손해 배상 소송을 하거나 출판을 금지할 수 있어야 한다는 것이다. 최종 결과는 이와 같은 법적 책임이 사실상 고아가 된 저작물의 유익한 이용을 막는다는 것이다. 출판을 장려한 후 사라졌던 저작자

lost author가 나서는 아주 드문 경우에 보상을 위한 펀드를 조성하는 어떤 법적 구조가 제안되기는 했지만 아직 여러 업계 대표와의 절충을 통한 합의에 이르지는 못했다. 이러한 제안은 존재하는 사실상 모든 책을 디지털화하려는 노력의 일환으로 구글에 의해 시작되었다(Samuelson, 2010).

사사로운 개인이 비교적 쉽게 보호받는 지적재산을 복제할 수 있는 기술적 능력은 새로운 것이 아니다. 20세기 후반을 거치면서 복사기와 오디오 및 비디오 리코더의 존재로 가능해졌으며 해가 갈수록 점점 더 편리해지고 저렴해졌다. 흥미롭게도 오락산업은 쉽게 녹음물 복제를 가능하게 했던 듀얼 카세트 플레이어와 시간 이동time shifting과 공유를 가능하게 해준 VCR 등장에 불편해하기도 했지만, 그들이 이러한 기술을 전멸시키는 법률을 제정할 수 있는 위치에 있지 않다는 사실을 받아들였다. 실제로 1992년 오디오 가정 녹음법Audio Home Recording Act[67]은 개인적 이용을 위한 복제의 적법성을 명시적으로 인정했다(Fisher, 2004). 1984년, 연방 대법원까지 간 베타맥스Betamax 사건에서 재판부는 시간 이동과 같이 개인적으로 이용할 목적으로 가정에서 VCR을 사용하는 것은 법을 위반하는 것이 아니라고 분명하게 판결했다(Samuelson, 2006).

업계를 특히 긴장하게 만든 것은 더 새로운 디지털 기술은 이들의 아날로그 선조와는 달리 결점 없는 복제를 가능하게 할 뿐만 아니라 복제품의 복제품을 통해서도 할 수 있다는 것이었다. 그들의 우려는 고품질의 복제가 실제 녹음물에 대한 수요를 낮출 수도 있지만, 대형 휴대용 카세트로 음악을 듣던 열광적인 젊은 음악팬들이 그러한 차이를 심지어 알아차리지도 못할 것 같다는 것이었다. 업계에 닥친 진정한 기술 문제는 복제의 질이 아니라 어떠한 품질의 복제물이

67 1986년 아날로그 테이프와 CD를 대체할 수 있는 디지털 오디오 테이프(DAT) 녹음기가 시장에 선을 보이자 음반업계는 복제가 무한대로 행해질 수 있는 저장장치 출현에 긴장하게 되었다. 이에 1992년 제정된 미국의 오디오 가정 녹음법(AHRA)은 디지털 녹음기기에 대해 이차녹음 방지 장치(SCMS: Serial Copyright Management System)의 장착을 의무화했다 — 옮긴이.

든 그러한 복제품을 공유할 수 있는 네트워크화 된 능력이라는 것이 드러났다. 이것이 분명해진 역사적 시기를 확인하는 것은 어렵지 않다. 1998년, 보스턴Boston에 있는 노스이스턴 대학교Northeastern University의 한 기숙사 방에서 19세의 숀 패닝Shawn Fanning은 룸메이트가 온라인에서 음악을 찾기 어려운 것에 불평하는 것을 들었다. 패닝은 어떤 직감이 들었다. 먼저 그는 사람들의 하드 드라이버에는 틀림없이 많은 음악이 저장되어 있다고 판단했다; 둘째, 어쩌면 윈도우 API[68] 프로토콜, 인터넷 릴레이 챗Internet Relay Chat: IRC,[69] 그리고 유닉스Unix[70] 서버 명령어를 결합하여 그러한 네트워크의 일부가 되기를 선택하는 모든 개인을 위한 친화적인 P2Ppeer-to-peer 음악 공유 시스템을 만들 수 있겠다고 판단했다; 셋째, 그러한 기회가 주어진다면 사람들은 실제로 공유할 것이라고 그는 판단했다. 패닝은 학교를 그만두고 보스턴 매사추세츠만Massachusetts Bay에서 좁은 육로를 따라 아주 멀리 떨어진 헐Hull에 있는 삼촌 사무실의 한 공간에서 밤낮없이 일했다. 밤낮 가리지 않고 일한 이유는 다른 사람들이 똑같은 아이디어를 떠올릴 수 있다고 생각했기 때문이다. 그는 공유 프로그램을 학교의 별칭을 따서 냅스터Napster라고 불렀으며, 그의 아이디어 그리고 친구 몇 명과 함께 설립한 신생 벤처회사는 불과 6개월 뒤인 1999년 6월 즉시 큰 인기를 끌었다. 그의 세 가지 직감은 적중했다. 두말할 필요도 없이 미디어 기업과 업계 협회는 주목했고 그해가 가기 전에 소송을 제기했다. 2001년 봄, 일련의 법원 심리를 거친 끝에 P2P 공유는 공정 사용 원칙fair use doctrine[71]에 따른 자격이 없으며

---

68 응용 프로그램 인터페이스(Application Program Interface)란 응용 프로그램을 개발하기 위한 함수의 집합을 말한다 — 옮긴이.

69 인터넷 중계 채팅은 인터넷에서 여러 사용자가 채팅할 수 있는 장치로, 전 세계 많은 서버가 서로 접속되어 있어 수천 수백의 사용자들이 동시에 채팅할 수 있으며 접속할 때는 특수한 IRC 클라이언트가 필요하다 — 옮긴이.

70 컴퓨터 운영 체제의 하나이다 — 옮긴이.

71 저작물 이용자가 저작권이 있는 정보나 지식을 적절하게 사용할 경우 사용에 따른 비용을 지불하지 않거나, 저작권자에게 허락을 받지 않아도 되는 것을 말한다 — 옮긴이.

설사 냅스터의 서버들이 보호받는 지적재산의 교환 가운데 99.4%를 차단할 수 있다고 할지라도 그것으로 충분하지 않으며 따라서 시스템은 폐쇄되어야 한다는 판결이 내려졌는데, 그때가 2001년 9월이었다(Zittrain, 2006; Gillespie, 2007).

냅스터의 P2P 공유 시스템 탄생과 그것을 폐쇄하라는 명확한 법원의 판결 모두 과소평가하기 쉽다. 20년 전 베타맥스 사건에서 연방 대법원은 기본적으로 가정 복제 기술은 합법적이라고 결론 내린 바 있다. 이는 네트워크로 연결되어 있지 않던 시기에 노던 캘리포니아 제9 순회 법원Ninth Circuit Court[72]에서 메럴린 파텔Marilyn Patel 판사가 내린 결론이다. 파텔 판사의 결론은 항소심에서 인용認容[73]되었으며 따라서 커뮤니케이션 구조에 지속적이면서도 중요한 영향을 미쳤다. 파텔 판사의 판결은 P2P 커뮤니케이션 개념 자체를 법적 위험에 빠뜨린 것은 아니지만, 법적 우선순위에 상당한 영향을 미쳤다.[74] 텔레비전 산업은 베타맥스 판결과 비디오 리코더의 존재하에서도 살아남았다. 베타맥스처럼 만약 냅스터 시스템이 지적재산의 정당한 이용으로 여겨졌다면, 즉 원본이 합법적으로 획득되었다면 어떤 일이 벌어졌을지 짐작해 보는 것은 흥미롭다(반사실적 시나리오를 살펴보려면, Carrier, 2012 참조).

지적재산은 디지털 시대에도 번창해야 한다. 새로운 기술은 생산비용을 낮추고, 수용자들이 저작자를 더 쉽게 찾을 수 있게 하며, 또한 저작자들도 더 쉽

---

72 콜롬비아 특별구를 포함하여 미국은 11개의 순회재판구역으로 구분되어 각기 하나씩의 공소순회법원이 있어서 모두 11개의 공소순회법원이 존재한다. 이러한 중간적인 공소법원은 각 순회재판구역 내에 있는 연방지방법원에 의해 제1심에서 결정된 사건의 공소를 심의하며 법률에 의해 대심원이 직접 재심하게 되어 있는 경우를 제외하고 순회법원의 모든 최종적 판결과 중간 판결을 재심한다 — 옮긴이.

73 인정되어 용납된다는 의미이다 — 옮긴이.

74 원문의 "… but influence of her ruling on its structure is more than subtle"은 "her ruling had a big influence on legal precedence"(그녀의 판결은 법적 구조, 즉 법적 우선순위에 상당한 영향을 미쳤다)를 고급스럽게 표현한 것이라고 한다 — 저자와의 이메일 교신.

게 저작물을 수용자에게 전송할 수 있게 한다. 더욱이 약간의 창의성만 있으면 네트워크는 수용자들이 저작자에게 보상할 수 있는 다양한 방법을 제공할 수 있다. 이와 같은 시나리오에서 잠재적인 패배자는 수익의 상당 부분을 전송 기술의 통제를 통해 얻었던 전통적인 중개인/게이트키퍼들이다. 이들은 대개 디지털 전환이 우리 생활의 일부임을 인정하는 꽤 노련한 참여자들이다. 지적재산권법이 역사적으로 진화해 온 복잡성은 네트워크화 된 세계에서 그들에게 중개인 역할과 수익성을 창출해 낼 기회를 제공한다. 따라서 디지털 권리 관리 영역은 기업가적인 신선한 아이디어가 기존 기업의 기득권과 싸우는 전장이 될 것이라고 예상할 수 있다.

그렇긴 하지만, 이러한 주장 가운데 그 어떤 것도 저작자에 대한 보상에 적대적인 의도가 있는 것은 없다는 점에 주목하는 것은 중요한데, 이와 같은 기도企圖는 전적으로 칭찬할 만하다. 미국 음반산업협회Recording Industry Association of America: RIAA가 온라인 피어peer들이 음악을 공유하고 있다는 것을 알아차렸을 때, 그들은 업계 협회가 쉽게 하는 일인 소송에 착수했다. 이 협회는 처음에는 뉴욕의 12세 우등생과 텍사스Texas주 리처드슨Richardson의 71세 된 할아버지를 포함해 다운로드를 엄청나게 많이 한 261명의 개인을 겨냥했다. RIAA는 한 곡당 최고 15만 달러의 배상 책임을 물리겠다고 위협했다. 이 소송의 상징적 표적 대부분은 소액의 배상금을 무는 것으로 합의를 보았으며, 법정으로 간 소수의 사람은 엄청난 피해에 직면했다. 고객을 고소해서 굴복시키는 것이 지속 가능한 비즈니스 계획을 대표할 수는 없다. RIAA는 온라인 공중 전반에 어떤 메시지를 전달하는 데는 성공했다고 생각하고 대량 소송 전략을 중단하겠다고 제안했다. 한 분석가는 RIAA가 6400만 달러의 소송 비용을 지출했으며 100만 달러가 조금 넘는 배상금을 회수했다고 보고했다(Beckerman, 2008; Electronic Freedom Foundation, 2008).

이러한 대응을 크리스 브라운Chris Brown의 노래 〈포에버Forever〉가 2009년 단 일주일 만에 1200만 명이라는 기록적인 수의 시청자들이 다운로드한 한 바이럴 웨딩 댄스 비디오에 사용되고 있음을 발견한 한 음반회사와 비교해 보라. 이 음반회사는 소니Sony였으며, 그 비디오를 유튜브에서 사용하지 못하게 해줄 것을 요청한 후, 소니는 마음을 바꾸어 비디오 사용을 허락하면서 그 노래를 아이튠즈나 아마존 뮤직 스토어에서 구입할 수 있도록 비디오에 링크를 추가했다. 그 노래는 아이튠즈 최다 다운로드 차트에서 4위를 기록했고 아마존에서는 3위를 기록했다(Parfeni, 2009).

법학자 마이클 캐리어Michael Carrier(2012)는 소송을 일삼는 게이트키퍼들의 전략은 지적재산의 생성, 통합aggregation 및 배급에 대한 새로운 접근 방법을 개발하는 과정에서의 혁신과 실험에 중대하고도 지속적인 부정적 영향을 미친다고 평가했다. 이것은 새로운 이야기가 아니다. 웨스턴 유니온 텔레그래프 컴퍼니Western Union Telegraph Company는 전화의 발명이 탐탁지 않았으며 전화 발명을 곁길로 새게 하고 벨Bell을 특허 분쟁으로 묶어놓는 데 성공할 수도 있었을 것이다. 다행히도 웨스턴 유니온의 경영진은 전화기를 전자 장난감으로 일축해버렸다(Wu, 2010). 좋은 소식은 뉴미디어 신생기업들이 성숙기에 접어든 산업으로 성장하면서 다윗과 골리앗의 싸움으로 적절하게 묘사되는 불가피한 법적 다툼이 줄어들 것이라는 점이다. 확실히 해두자면, 웨스턴 유니온이 전화기를 장난감으로 일축해버린 지 몇 십 년 뒤, 웨스턴 유니온은 당시 훨씬 더 크고 더 성공적이었던 벨 텔레폰 컴퍼니Bell Telephone Company에 인수되었고 웨스턴 일렉트릭Western Electric으로 개명되어 벨의 제조 자회사 가운데 하나가 되었다(Brock, 1981).

긴 꼬리의 교훈

사상의 공개 시장은 아이디어의 다양성을 통해 이득을 본다. 만약 모든 사람이 손에 책 한 권을 쥐고 있다면, 좋은 것이다. 그런데 만약 그러한 책 모두

가 똑같은 책, 예를 들어 마오Mao의 『마오 주석 어록*Little Red Book*』이라면, 그건 별로다. 최고의 아이디어를 최고의 자리에 오르게 하는 것의 핵심은 애당초에 가장 다양한 아이디어를 수집해 놓는 것이다. 특히 스캇 페이지(2007)[75]는 모두 똑같이 생각할 것 같지 않은 기여자들로 배경이 점점 더 다양해지는 집단들 사이에서 더 성공적인 아이디어가 창출된다는 것을 보여줌으로써 그것을 경험적으로 증명했다. 그것은 중요한 통찰력이다. 그래서 ≪와이어드≫의 편집장인 크리스 앤더슨이 2004년에 유명한 에세이 「긴 꼬리The Long Tail」를 발표하고, 이어 2006년에는 책으로 출간했을 때, 칭송을 받았던 이유가 있었다. 그는 익숙한 80-20 파레토 원칙Pareto Principle을 반박하는 듯한 몇몇 인상 깊은 통계로 시작한다. 중요한 소수의 법칙인 파레토 원칙은 대략 결과의 80%가 20%의 원인으로부터 나온다는 아이디어이다. 공적 영역에서 그것은 소수의 매우 인기 있는 영화, 책, 혹은 음반과 대체로 무시되는 매우 많은 그러한 것들로 바꾸어 표현할 수 있다. 그는 질문을 다소 다르게 표현함으로써 원하는 `는다: "어떤 온라인 미디어 스토어(넷플릭스, 아이튠즈, 아마존, 혹은 다른 어떤 것)에 있는 상위 1만 개의 타이틀 가운데 몇 퍼센트가 한 달에 적어도 한 번 대여되거나 팔릴까?" 대부분의 사람은 20%라고 짐작한다…. 주요 스튜디오 영화의 20%만이 히트를 칠 것이다. TV 프로그램, 게임, 그리고 매스-마켓 페이퍼백mass-market paperback[76]도 마찬가지여서 모두 20%이다. RIAA에 따르면, 주요 음반회사 CD의 경우는 승산이 더 낮아서, 수익성이 있는 것은 10% 미만이다. 그

---

75 미시간 대학교의 복잡계 경제학 및 정치학 교수이자 『다양성과 복잡성(*Diversity and Complexity*)』의 저자인 페이지는 문제해결 영역에서 다음 세 가지 조건이 충족될 때 다양한 구성원으로 조직된 팀이 최고의 개개인으로 구성된 팀보다 성적이 좋다는 사실을 확인했다: ① 모든 조직 구성원이 어느 정도 기본 능력을 갖출 것; ② 전문성의 힘을 배제하기 위해 아주 다양한 문제의 퍼즐이 주어질 것; ③ 다양성을 보장하기 위해 아주 다양한 배경의 사람들로 구성할 것 — 옮긴이.

76 매스-마켓 페이퍼백은 책의 판형도 일반 페이퍼백보다 작고, 종이의 질도 좋지 않은 대신 가격이 매우 싼 보급형 염가판 서적이다〔나무위키(https://namu.wiki)〕 — 옮긴이.

〈그림 7.4〉 긴 꼬리

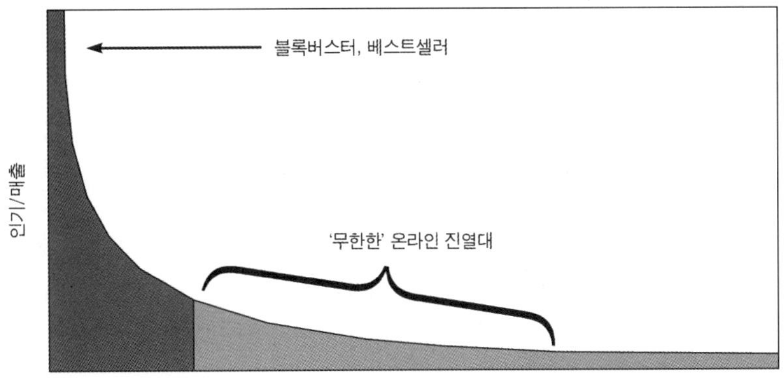

러나 정답은 … 99%이다. 그러한 상위 1만 개의 트랙 가운데 거의 모든 것에 대한 수요가 있다(Anderson, 2004).

그는 〈그림 7.4〉에 재현된 유명한 그래픽을 소개하는데, 이 그래픽은 영화, 책, 혹은 비디오 게임과 같은 인기 있는 미디어 영역의 서로 다른 타이틀을 가장 인기 있는 것부터 가장 인기 없는 것까지 배열하고 있다. 우리는 이 곡선에서 블록버스터blockbuster와 베스트셀러를 나타내는 익숙한 극적인 머리head와 이용 가능한 타이틀의 절대다수에 대한 적정한 판매나 인기를 보여주는 완만한 기울기의 꼬리tail를 볼 수 있다. 흥미를 유발하는 예로서 아마존과 넷플릭스에 초점을 맞추고 있는 앤더슨의 주장은 두 부분으로 이루어져 있다. 첫째, 지역 서점과는 달리 전국 온라인 지적재산 공급자들은 사실상 '무한한' 진열 공간이 있는 창고를 가지고 있다. 그들은 덜 인기 있는 타이틀의 재고를 훨씬 더 많이 가지고 있을 수 있어서, 이용 가능한 타이틀 섹션이 수익을 올리면서 곡선의 훨씬 먼 쪽까지 이동하며 따라서 '긴 꼬리'를 가진다. 둘째, 이러한 온라인 소매업자들은 덜 인기 있는 타이틀에 대한 고객의 주목을 장려하도록 동기부여 된다. 실물 DVD를 빨간 봉투에 넣어 가입자에게 발송하는 넷플릭스의 경우 특히 그러하다.[77] 수요를 곡선 아래쪽으로 밀어 내림으로써 특히 출시 때 에

측 가능한 인기 정점의 순간에 대비해, 그 수가 더 적은 가장 인기 있는 타이틀의 재고만 가지고 있으면 된다. 따라서 앤더슨의 디지털 다양성에 대한 이야기는 앞으로의 전망을 밝게 해주고 호평 또한 받았다. 거기에는 단지 한 가지 문제가 있는데, 그것은 매우 오해의 소지가 높다는 것이다.

원래 전제로 돌아가자. 그의 요점은 곡선의 모양이 변했다는 것이 아니라, 단지 아마존과 넷플릭스 같은 회사는 지역의 오프라인 소매업자가 할 수 있는 것보다 곡선 더 아래쪽에서 수익성을 유지하며 타이틀을 팔 수 있다는 것이다. 사실 온라인 인기의 바이럴 역학은 실제로 가장 인기 있는 것과 가장 인기 없는 것 간의 주목의 차이를 보여주는 더 가파른 곡선으로 이어질 수도 있다. 이는 온라인 네트워크 역학을 연구하는 사람들이 자주 지적하는 사항이다. 물리학자이자 네트워크 이론가인 얼베르트-라슬로 버러바시Albert-László Barabási (1999, 2002)는 이를 '우선적 부가'[78]라 부른다. 즉, 네트워크 노드node[79]가 더 많이 연결되어 있을수록 새로운 링크를 수신할 가능성이 더 높다는 것이다. 정치학자인 매튜 하인드먼Matthew Hindman은 그것을 '구글아키Googlearchy'[80]라 부른

77 넷플릭스의 1세대 서비스는 고객이 온라인 스토어에서 원하는 영화를 선택하면 원하는 DVD를 빨간 봉투에 넣어 우편으로 배송했다. 영화를 다 보고 배송 받았던 봉투에 담아 보내면 원하는 목록에 들어 있던 다음 영화가 배송되는 식이었다 — 옮긴이.

78 흔히 '선택적 연결'이라 번역되어 소개되고 있는데, 이 용어의 개념을 살펴보면 이것은 잘못된 번역임을 알 수 있다. 위키피디아에 따르면, 'preferential attachment' 과정이란 통상 어떤 형태의 부나 신용과 같은 어떤 수량(quantity)이 사람들이나 물체들 사이에 분배될 때 그들(그것들)이 이미 얼마나 많이 가지고 있는지에 따라 분배되어서, 이미 부유한 사람이 부유하지 않은 사람보다 더 많이 받는 어떤 종류의 과정이라고 한다. 즉, 이미 많이 가지고 있는 자에게 부나 명예나 신용이 '우선적으로(preferentially)' '더 추가되는(more added 혹은 attached)', 즉 부가되는 과정을 의미하므로 '우선적 부가'라고 번역하는 것이 원래 개념에 좀 더 가까운 번역이다 — 옮긴이.

79 네트워크에서 노드란 연결점을 의미하며, 데이터 송신의 재분배점 또는 끝점을 말하기도 한다. 일반적으로 노드는 데이터를 인식하고 처리하거나 다른 노드로 전송하기 위해 특별히 강화된 성능을 가지도록 프로그램 된다 — 옮긴이.

80 온라인의 승자 독식 체제를 의미한다. — 옮긴이.

다. 또한 하인드먼은 검색 엔진으로서의 구글 인기의 본질은 웹페이지가 다른 사이트로부터 수신하는 링크의 수에 비례해 중요성을 부여하는 유명한 페이지랭크PageRank 알고리즘[81]에 나타난 본래의 통찰력을 토대로 하고 있음을 우리에게 상기시켜 준다(Hindman, Tsioutsiouliklis and Johnson, 2003; 또한 Menczer et al., 2006 참조). 현재의 알고리즘이 더 정교하지만, 그러한 논리는 여전히 구글 성공의 핵심이며, 사실상 현재의 모든 온라인 검색 경쟁자가 그것을 흉내 내고 있다. 따라서 당연히 의미론적 검색semantic search의 결과는 승자독식/부익부富益富 주의 역학을 강화한다. 하인드먼은 경제학자들이 산업 집중률을 측정할 때 사용하는 고전적 공식을 적용한 결과, 온라인 주의의 측면에서 주로 인기 있는 기업 웹사이트가 라디오, 신문 및 잡지 분야에서 그에 상응하는 경쟁자보다 더 큰 주의를 점유하고 있다는 사실을 확인했다. 상위 50개 라디오 시장에서 상위 10개 라디오 방송국은 단지 7%의 청취율을 얻는 데 그쳤다. 잡지 시장에서 그에 상응하는 집중률은 27%이다. 웹의 경우, 상위 10개 웹사이트가 상위 100개 웹사이트 전체에 대한 주의의 62%를 차지하고 있다(Hindman, 2006: 338).

따라서 우리는 앤더슨을 제대로 이해할 필요가 있다. 그렇다. 전 세계적인 아마존과 넷플릭스는 다양한 콘텐트를 진열할 수 있는 전례 없이 넓은 진열 공간을 가지고 있으며 인기 곡선의 더 먼 아래쪽에 있는 타이틀을 공중이 편리하게 (그리고 수익성을 유지하면서) 이용 가능하도록 하는 것은 분명 사상의 시장에는 좋은 소식이다. 그러나 인기 곡선의 실제 모양이 곧 바뀔 것 같지는 않으며, 온라인 주의 역학으로 인해 인기 곡선은 실제로 더 가팔라질 수도 있다. 럿거스 대학교의 미디어 정책 분석가인 필립 나폴리Philip Napoli(2008)는 그 이유를

---

81 페이지랭크는 월드 와이드 웹과 같은 하이퍼링크 구조를 가지는 문서에 상대적 중요도에 따라 가중치를 부여하는 방법이다. 이 알고리즘은 서로 간에 인용과 참조로 연결된 임의의 묶음에 적용할 수 있다 — 옮긴이.

다음과 같이 설명한다. 그는 세 요인이 계속되고 있는 대량화massification의 힘을 반영한다고 주장한다. 첫째, 지적재산의 기본 경제학은 변하지 않았다. 책, 음반, 혹은 영화의 초판first copy을 제작하는 데는 엄청난 비용이 든다.[82] 두 번째 이후의 판을 만드는 데 드는 비용은 아주 적다. 따라서 일단 어떤 저작물을 만들어내는 데 매몰 비용sunk cost 혹은 retrospective cost[83] 투자가 이루어지고 나면, 가능한 최대 수용자에게 그것을 판매하는 데 모든 에너지를 쏟아 붓게 된다. 이 가능한 최대 수용자 논리largest-possible-audience logic는 광고 경제학에 의해 강화되는데, 광고 경제학은 틈새 미디어 광고 노출보다는 대량의 효율성을 즐긴다. 둘째, "대부분의 미디어 맥락에서 수용자 주의의 분포는 대중에게 어필하는 예산을 많이 들인 내용을 중심으로 무리를 이루는 경향이 있는데, 물론 이러한 콘텐트는 (예산이 많이 드는 콘텐트에 쓸 자원을 가진) 전통적인 기관 커뮤니케이터에 의해 제작되는 경향이 있다"라고 그는 지적한다. 셋째, 그는 미디어 산업 내의 전통적인 사고思考와 수용자 측정 기술의 편향이라는 유산을 포함해 그가 제도적 힘의 행렬matrix of institutional forces이라 이름 붙인 것에 주목한다 (Napoli, 2008: 59).

나폴리의 분석은 흥미로운 질문을 제기한다. 온라인 문화 1세대는 일방향적인 산업적 상업 미디어의 전통 문화에 의해 심한 제약을 받는가? 웹 1.0과 웹 2.0이라는 용어는 기본적으로 잡지와 신문을 정적인 웹페이지 포맷(웹 1.0)의 컴퓨터 스크린에 집어넣은 첫 번째 역사적 단계와 그 후 시간이 지나면서 진화하여 상호작용적이고, 역동적이며, 네트워크화 된 소셜 미디어(웹 2.0) 간의 대

---

82 이를 미디어 경제학에서는 '초판 비용(first copy cost)' 혹은 '원본 비용'이라고 하며 그 비용이 엄청나기 때문에 'very high first copy cost'라는 표현을 자주 쓰며, 이러한 아주 높은 초판 비용으로 인해 발생하는 효과를 '초판 비용 효과(first copy cost effect)'라고 한다 — 옮긴이.

83 매몰 비용이란 이미 지출해서 회수할 수 없는 비용을 말하는데, 미디어 산업은 콘텐트 제작 측면에서도 그렇고 시설 투자 측면에서도 매몰 비용이 상당하며, 이는 산업에 대한 진입 장벽(entry barrier)으로도 작용하지만 동시에 퇴출 장벽(exit barrier)으로도 작용한다 — 옮긴이.

비되는 차이를 강조한다.

공중의 주의가 대체로 상업적인 소수의 웹사이트와 웹 포털에 과도하게 쏠림을 보여준 하인드먼의 집중률 계산은 우려의 원인이 된다. 그러나 온라인 상호작용, 전자적 이동성,[84] 그리고 게이밍gaming을 경험하며 자라는 새로운 사용자 세대가 나타남에 따라, 새로운 패턴의 수용자 행동과 기관의 대응이 나타날 것이라고 믿을 만한 이유가 생겼다. 기술 채택에 대한 연구에서는 혁신적인 기술의 초기 이용은 성숙기의 이용에 대한 신뢰할 만한 예측 변인이 아니라는 사실이 널리 인정되고 있다(Rogers, 2003).

정책 숙고하기

공적 (및 사적) 커뮤니케이션 영역이 특별한 주의를 필요로 하는지 그리고 아마도 일단의 독특한 관행과 법적 원칙을 필요로 할 것인지 여부에 대한 질문을 검토하면서 이 장을 시작했다. 필자는 정말 필요하다는 결론을 내렸다. 텔레비전은 그냥 그림이 나오는 토스터가 아니다. 주방기구 시장은 공중의 건강과 안전, 에너지 사용 같은 환경적 영향, 그리고 물론 광고의 진실성과 독점이 아닌 시장 경쟁에 대한 흔히 볼 수 있는 규칙을 다루는 공공정책과 맞물려 돌아간다. 그러나 사상의 시장은 다른 모든 정책과 집단적 발의가 논의되고 결정되는 장소이기 때문에 특별한 속성과 특별한 중요성을 지닌다.

여기서 우리가 가장 많이 다룬 미국 사례는 역사적으로 공중 문화, 텔레커뮤니케이션, 방송, 그리고 출판 분야에서 개인 주도, 사기업, 그리고 공적 기관

84 여기서 전자적 이동성(electronic mobility)이란 네트워크화 되고 이동성이 가미된 전자기기 사용에 의해 사람들이 서로 연결된 상태에서 이동성이 증가하는 것을 의미한다 – 저자와의 이메일 교신.

의 비교적 제한된 역할을 강조해 왔다. 산업시대에 미국은 이 점에서 전 세계적으로 다소 특이한 국가였다. 디지털 혁명과 동시에 전 세계의 패턴은 줄어들고 있는 공공 기관, 탈규제, 그리고 사기업의 확대와 함께 미국의 패턴과 더욱 더 닮아가고 있는 것으로 보인다. 따라서 미국 사례가 주는 교훈이 대체로 관련 있는 것으로 판명날 수도 있다.

미국 모델은 공적 영역의 관여가 더 적은 것이 가장 좋다는 명제를 토대로 하고 있다. 그것의 전제는 거의 혼자 내버려두면 사상의 시장이 스스로 알아서 해결할 것이라는 것이다. 이와 같은 철학은 권위주의적인 국가주의를 피하는 데는 성공적이었지만, 정책이 형성되고 궁극적으로 결정되는 방식에 영향을 미치는 여러 형태의 기업 헤게모니를 피하는 데는 덜 성공적이었다. 그렇다고 경기장이 평평하고 사상의 시장이 규제받지 않는다고 결론 내리기도 어렵다.

외견상 산업시대에서 정보시대로 이동하면서 나타나는 디지털 디퍼런스는 디지털 공유지digital common의 다양성, 형평성, 그리고 기회의 개방성을 약속한다. 산업시대에는 표출되는 목소리의 수가 많지 않았고, 공적 표현의 시장에 진입하는 장벽이 위압적일 정도로 높았으며, 게이트키퍼들이 위협적일 정도로 힘이 셌다. 지금은 목소리와 선택이 풍부하고 진입 비용이 아주 적으며, 오히려 위협적인 것은 선택의 다양성이다. 그러나 우리는 디지털 경제학에 대한 논의에서 문화 및 정보 산업이 결핍의 시대에 그들이 누렸던 권력과 수익성을 되찾을 수 있는 방법을 찾아야 한다는 엄청난 경제적 압박을 받고 있는 상황을 다뤘다. 네크워크 중립성, 지적재산권, 개인 프라이버시, 그리고 공중의 주의에 대한 접근의 미묘한 역학의 미래는 유동적인 정책 영역이다. 이러한 이슈들은 워싱턴에 있는 사람들의 표현대로, "경기가 진행 중in play"이다. 설령 인터넷의 등장이 행복한 사고事故였다 하더라도, 이러한 사고의 결과를 뒤집으려는 동기를 가진 경제적 힘은 믿을 수 없을 정도로 강하다. 이와 같은 위험 인식은 하버드 대학교의 법학자인 조너선 지트레인Jonathan Zittrain의 책 표지를 대문자로 된 큰 제목(『인터넷의 미래: 우리는 무엇을 멈춰야 하나*THE FUTURE OF THE*

INTERNET AND HOW TO STOP IT?』[85])과 함께 낭떠러지로 향하는 철로 표지 사진으로 장식하게끔 만들었다.

독립적인 학계 학자들의 목소리를 포함해서 이러한 결정 과정에 참여하는 많은 목소리가 존재할 것이다. 이러한 학계의 목소리는 대부분 경제학자와 법학자들의 목소리일 것이다. 이러한 정책 문제를 주도해서 제기하고 다루고자 하는 커뮤니케이션 학자는 많지 않을 것이며, 그러한 요청을 받는 커뮤니케이션 학자는 더 적을 것 같다. 달리 행동할 수도 있을 것이고, 달리 행동해야 할 것이다. 이것은 8장의 주제이다.

85 조너선 지트레인, 『인터넷의 미래: 우리는 무엇을 멈춰야 하나?』, 박기순 옮김(커뮤니케이션북스, 2014) — 옮긴이.

8

실천

Praxis

미디어 이론은 기본적으로 공적 커뮤니케이션 체계가 변할 때 일어나는 것에 대한 지식에 기초한 의식informed consciousness이다…. 정책 적용을 위해서는 문제 식별과 대안적인 행동 방침에 주된 강조점이 주어져야 한다.

— 데니스 맥퀘일Denis NcQuail(1986)

커뮤니케이션 과학은 아직 확립된 상태로 작동하는 실재가 아니다.

— 스티븐 채피Steven Chaffee 및 찰스 버거Charles Berger(1987)

미디어 효과에 관한 연구의 상태는 현대 사회과학에서 가장 눈에 띄는 당혹스러운 상황 가운데 하나이다.

— 래리 바털스Larry Bartels(1993)

❖

디지털 디퍼런스에 대한 우리의 폭넓은 탐구는 어쩌면 불가피하게 숲과 나무의 난제難題와 유사한 어떤 것에 직면했다. 다시 말해, 사실, 수치, 예, 그리고 반례反例들이 너무 많아서 주장하고자 하는 바의 중심 맥락을 놓치기 쉽다는 것이다. 나아가 비록 그러한 주장들이 합리적으로 설득력이 있다 하더라도, 그다음엔 무엇인가? 우리는 어떻게 이러한 소견들이 커뮤니케이션 학문에 활용될 수 있게 하고 또 어떻게 커뮤니케이션 학문을 실무 및 정책과 연결시킬 것인가? 이것은 흔히 간과되는 실천 이슈이다. 어쩌면 실천은 어려운 부분이기 때문에 자주 간과될 수도 있다. 합의가 도출될 수도 있는 커뮤니케이션 학문과 학술적 지원활동outreach의 여덟 가지 실천 원칙을 밝히고자 한다. 각 원칙은 앞에서 제시한 주장 및 분석과 친밀하게 관련되어 있어야 하며 그것들과 공명을 이뤄야 한다. 다시 한 번 말하지만, 이것들은 이상理想이며 장기적인 목표이기 때문에 당연하게도 쉽게 달성되지 않는다.

이 장 첫머리에 있는 인용문, 특히 채피와 버거의 인용문과 바털스의 인용문은 필자가 느끼는 커뮤니케이션 학문의 상태와 일치한다. 이와 같은 견해는 소수의견일 수도 있다. 이 분야 다수의 학자는 연구 전체가 탄탄하며 최근 연대에 들어 이론과 방법이 극적으로 향상되었다고 여길 가능성이 있다. 그 점에 동의하지 않는 것은 아니지만, 디지털 혁명을 무시할 수 없는 지렛대의 중요한 받침돌로 사용함으로써 더 멀리 더 빨리 이동할 수도 있으며 중요한 것은 우리는 여전히 갈 길이 멀다는 것이다.

다多수준적 연구 분야

인류학자와 심리학자는 공통점이 많이 없다. 비록 둘 모두 인간 행동에 대한 연구에 전념하지만, 서로 다른 수준에서 연구한다. 즉, 인류학자는 문화적·집단적 현상의 수준에서 연구하며, 심리학자는 개인 수준에서 연구한다. 마찬가지로 설득과 지각을 연구하는 커뮤니케이션 분야의 학자는 미디어 기관, 미디어 경제학, 커뮤니케이션 정책, 미디어 문화를 연구하는 학자와 서로 다른 문헌, 이론, 그리고 방법에 의존한다. 경제학 분야도 마찬가지라고 할 수 있을 텐데, 거시 경제학 전통과 미시 경제학 전통은 뚜렷이 다르다. 그러나 거기에는 매우 중요한 차이가 있다. 경제학의 경우 수준이 서로 다른 연구를 연결해주는 중요한 이론적·패러다임적 연결고리가 존재한다. 그와 같은 연결이 커뮤니케이션에서도 가능하다고 생각하며 매우 생산적일 거라고 믿는다.

주의 깊은 독자라면 다의성과 양극화에 대한 논의에서 이 책이 해석과 사회적 동일시에서의 개인차에 초점을 맞추면서 주로 개인 수준의 분석을 다뤘다는 것을 알아차릴 것이다. 그러고 나서 다원주의와 공공정책에 대한 논의는 주로 사회적·제도적·집단적 수준을 다뤘다. 두 종류의 문헌은 단지 한계적으로만[1] 겹칠 뿐이다. 이것은 이론적인 결합조직[2]이 아직 충분히 발전되지 않았기 때문으로 보인다. 이렇듯 규정하기 어려운 이론적 연결고리의 속성은 무엇인가?

잠재적인 연결이 다음과 같이 이루어질 수도 있을 것이다. 개별 인간에 대한 심리학은 속성상 부족적이다. 인간은 양극화되기 쉬워서, 다양한 사회적 정체성과 생활세계[3]의 경험으로 인해 다의적인 표현을 서로 다른 방식으로 해석하기 쉽다. 오소통과 비소통이 발생한다. 사회적 수준에서 커뮤니케이션과 공

---

1 2장 각주 5 참조 ― 옮긴이.

2 결합 조직(connective tissue)이란 동물체의 기관 및 조직 사이를 메우고, 이들을 지지하는 조직을 말한다 ― 옮긴이.

3 하버마스의 이론에 따르면 사회는 '체계'와 '생활세계(lifeworld)'의 두 부분으로 구성되어 있는데, 생활세계란 사회구성원들의 합의에 따라서 사회의 규범을 구성해나가는 사회적 행위의 공간으로, 사회 구성원들이 의지와 자유에 따라 행동할 수 있는 공간이다. (≪한림학보≫, 2002년 9월 1일, http://news.hallym.ac.kr/news/articleView.html?idxno=19) ― 옮긴이.

적 영역을 구조화하면서 집단 규범과 집단적 제도를 수립할 때 해야 할 과제는 그러한 인간 본성의 구성 요소를 자의식적으로 고려하는 것, 즉 부족적 양극화를 향한 충동적 욕구에 대응해 제도적·문화적으로 보완하는 것이다.

그것은 간단해서, 일부 사람들에게는 초보적이고 단순해 보일 수도 있다. 첫눈에 커뮤니케이션학을 갈등 관리, 평화 협상, 혹은 노동관계와 같은 활동과 일치시키는 것처럼 보일 수도 있을 것이다. 그러나 그것은 역사에 기반을 두고 있는 하버마스(1979, 1981)의 의사소통행위communicative action와 보편화용론universal pragmatics[4] 개념을 열렬하게 인정하는 것으로 보는 것이 어쩌면 더 적절할 수 있다. 하버마스(1988) 자신은 추상적이고 철학적인 수준에서 글을 쓰는 것을 매우 좋아하긴 했지만 경험적 사회과학과 사회철학의 재통합을 요구했다. 하버마스의 평생 프로젝트는 사회적 조건이 인간의 의사소통 능력을 어떻게 향상하고 이어서 공적 영역에서의 상호 이해를 어떻게 향상하는지의 문제를 해결하는 것이었다. 그의 지적 스타일은 매우 철학적이었기 때문에 모든 저서는 이러한 사회적 조건과 이것이 합의 형성과 상호 이해에 미치는 예언된 영향에 관한 경험주의에 입각한 연구에 아직 영감을 불어넣지 못했다. 그러나 영감을 불어넣을 수 있으며 불어넣어야 한다고 생각한다(Neuman, Bimber and Hindman, 2011).

통합적인 다수준적multilevel 연구에 대한 필자의 요구는 커뮤니케이션 문

4 기본적으로 하버마스는 비판을 위한 근거를 제시할 수 있는 능력 때문에 언어를 주목한다. 모든 지배와 억압으로부터 자유로운 삶의 건설이라는 비판 사회이론의 목표가 진리의 개념 안에 이미 내재되어 있고, 우리의 의사소통행위 안에 이미 구조적으로 짜여 들어가 있음을 증명하는 것이 보편화용론의 목적이다. 언어는 이데올로기나 왜곡된 상징 작용을 전파시키는 매체이기도 하지만 왜곡된 의사소통이라는 말 자체가 왜곡되지 않은 의사소통의 상황을 이념적으로나마 전제하고 있다. 인간이 이 같은 이념을 보편적으로 소유한다는 사실을 보편화용론은 증명하려고 한다. 하버마스의 보편화용론은 가능한 모든 대화 상황에 나타나는 일반적 구조를 체계적으로 재구성하려고 하며, 성공적인 대화 상황에 필연적으로 전제되는 요소들을 밝히고 말이 갖는 보편적 효력의 근거를 해명하려 한다 — 옮긴이.

헌의 많은 분석 및 권고와 공명을 이룬다(Paisley, 1984; Chaffee and Berger, 1987; McLeod, Kosicki and McLeod, 2009). 맥클러드McLeod와 동료들은 이 점에 관해 특히 단호하다. 그들은 널리 논의되는 생태학적 오류[5] 문제를 감안할 때 수준을 가로지르는 추론은 특히 세심한 주의가 필요하다는 점을 지적하지만 창발성emergent property[6]과 독립적인 보조(즉, 연결) 이론이 도움이 되었음에 주목한다(McLeod, Kosicki and McLeod, 2009). 그들은 위계적 분석hierarchical analysis과 같은 새로운 데이터 분석 도구의 중요성을 강조하는데, 위계적 분석은 이러한 이슈를 다루기 위해 명확하게 체계화되어 있다(Pan and McLeod, 1991). 나아가 그들은 배양 분석과 침묵의 나선 같은 이론적 전통들은 논리 구조상 본질적으로 다수준적이라고 주장한다. 아주 흥미롭게도 사회학자 제임스 S. 콜먼James S. Coleman(1987)은 거시-미시 분리macro-micro disjuncture와 씨름한 결과, 미시적인 것과 거시적인 것을 연결하는 경제학의 시장 모델market model이 일반화될 수 있으며 사회학에서의 유사한 역학에 주목하게 만든다는 결론을 내렸다. 커뮤니케이션학도 마찬가지라고 믿는다. 사상의 시장 은유와 (미디어의 인과적 효과가 아닌) 공중의 공명public resonance 개념이 개인적인 것과 사회적인 것의 연결을 특별히 약속한다고 생각한다. 마지막으로 맥클러드와 블럼러(McLeod and Blumler, 1987)는 수준 간의 연결은 커뮤니케이션 연구가 권력과 공공정책의 회랑에서 진지하게 받아들여지게 하는 데 매우 중요함을 강조한다.

---

5 생태학적 오류(ecological fallacy)란 집단을 관찰하여 얻은 사회과학적 결론을 개인에 적용하는 오류를 말한다 — 옮긴이.

6 창발(創發) 또는 떠오름 현상은 하위 계층(구성 요소)에는 없는 특성이나 행동이 상위 계층(전체 구조)에서 자발적으로 돌연히 출현하는 현상이다. 또한 불시에 솟아나는 특성을 창발성 또는 이머전스(emergence)라고도 부른다 — 옮긴이.

연구를 정책 및 실무와 연결할 수 있는 새로운 기회

엘리후 카츠는 학계의 회랑〔최근에는 히브루 대학교Hebrew University와 펜실베이니아 대학교〕뿐만 아니라 권력의 회랑〔이스라엘 텔레비전Israel Television의 초대 국장〕도 걸어봤다. 그는 이러한 경험을 통해 독립적인/초당파적인 과학적 연구와 정책 결정의 복잡성 간의 미묘한 연관성을 이해할 수 있는 특별히 섬세한 귀를 갖게 되었다. 폭넓은 국제 방송 경험으로 인해 그는 사회과학자로서 영국의 방송 심사에 참여해 줄 것을 요청받았으며 "사서 고생하기Looking for Trouble"라는 제목의 그의 경험에 대한 글을 ≪저널 오브 커뮤니케이션*Journal of Communication*≫에 싣기도 했다(Katz, 1978). 커뮤니케이션 산업은 제기되는 질문을 통제하고 그들의 이해관계에 맞도록 마음대로 연구 결과를 선택적으로 공개하는 전유적專有的 연구에 자금을 지원하고 전유적 연구를 함께하는 것이 아무런 문제가 되지 않는다. 그러나 독립적인 학자 및 학술단체와 함께 일하는 것은 화를 자초하는 것이다. 그것은 1940년대에 업계 경영진이 존 마셜과 열정적인 제1세대 커뮤니케이션 연구자들에게 보인 최초의 반응이 현대에 그대로 반영된 모습인데, 당시 한 경영진은 평지풍파를 일으키길 원하지 않으며 독자적으로 파생된 연구 의제에 관여하거나 자금을 지원하는 것을 긍정적으로 보지 않는다고 이례적으로 솔직하게 설명했다.

카츠의 글은 연구를 정책 및 실무와 연결하는 어려움에 관한 냉철한 성찰이다. 그는 멘토인 폴 라자스펠드를 인용하는데, 라자스펠드는 습관적으로 다른 사람을 비판하는 업계에 비해 미디어는 자신에 대한 비판에 매우 민감하다고 말했다. 물론 BBC는 공공서비스 방송 문화를 반영하는데, 상업방송과 대조적으로 공공서비스 방송은 광고주가 관심을 가지고 있는 인구통계학적 범주의 시청률 계산을 넘어 사회적 영향에 관심을 둘 의무가 있다. 그는 미국의 경우 연구 공동체와 업계 및 공공정책 영역 간의 연계에 아주 문제가 많은 것이 아니라 그러한 연계가 아예 존재하지 않음에 주목한다.

그러나 우리 시대의 디지털 디퍼런스는 서로 밀접하게 연결되어 있는 연구와 실무 간의 연계에 변화가 일어날 가능성을 세 가지 차원에서 제시한다. 첫 번째 차원은 방송, 출판 및 텔레커뮤니케이션 분야의 전통적인 비즈니스 모델에 대한 디지털 파괴digital disruption[7]이다. 산업시대 동안 방송 및 출판 분야의 경영진은 놀라울 정도로 수익성 있는 기업을 경영했다. 그들은 외부의 충고를 구하거나 새로운 비즈니스 모델을 거의 살펴보고 싶어 하지 않았다. 그러나 이러한 산업에서 일어나는 기술적으로 파괴적인 변화의 속도는 새로운 행위자가 기존 행위자를 대체함에 따라 빠르며, 7장에서 논의한 대로 산업의 기본 구조가 지각을 변동시킬 정도로 강한 변화 압력에 굴복하고 있다. 그에 따라 현재는 새로운 아이디어와 새로운 관점에 대해 놀랄 정도로 개방적인데, 이는 어쩌면 절망의 빛이 도는 개방성일지도 모른다. 구글, 마이크로소프트, 야후!, 그리고 다른 많은 하이테크 회사는 자체 연구소를 두고 인류학자, 심리학자, 경제학자, 데이터 과학자를 고용해 순수 연구와 응용 연구가 아주 흥미롭게 혼합된 연구를 수행하고 있으며 학계의 연구를 후원한다. 상호작용하는 연구 문화들의 케미가 어떻게 발전할지 지켜보는 것은 흥미로울 것이다.

두 번째 중요한 변화 차원은 공공정책의 완전히 새로운 차원과 적용이라는 새로운 국면이다. 지상파 방송의 공적 수탁자 전통과 출판의 수정조항 제1조 전통은 계속되고 있지만 새로운 정의와 실무에의 적용을 요구한다. FCC는 네트워크 중립성 개념과 연관된 일단의 규제 이슈와 씨름해 오고 있다. 미국의 경우, ISP들은 고객이 특정 콘텐트나 특정 콘텐트 제공자에게 접근하는 것을 거르거나 지연시킬 수 있는 힘을 아직 체계적으로 행사하지 않았지만, 이는 분명 그들의 기술적 능력 범위 내에 있다. 법원은 만약 FCC가 정상적으로 전통적인 전화 규제와 연관된 일반 전송사업 관리 권한하에서 규제한다면 FCC는 ISP를 규제할 법적 권한을 가지고 있음을 분명히 했다. FCC는 그러한 노선을

7 디지털 혁신이 불러일으키는 변화이다 — 옮긴이.

택하는 것을 꺼렸지만 2015년 그러한 노선으로 계속 나아가기로 마지못해 결정했다. 사상의 공개 시장에 대한 동등한 접근을 보장할 수 있도록 노력하기 위해 앞으로 10년에 걸쳐 새로운 가이드라인으로서 규제적 결정, 새로운 법안, 그리고 법원 판결의 미묘한 상호작용이 전개될 것으로 많은 사람은 예측한다. 이 책을 통해 쭉 검토해 왔듯이, 만약 그렇지 않으면 평평할 경기장을 자기-본위적으로 왜곡하려는 유인은 강하고 집요하다. 다양한 학자의 참여와 개방된 공적 논의를 통해 이득을 보는 것이 있다면 그건 분명 정책 토론일 것이다. 게다가 새로운 디지털 현실에 비추어 다시 생각해 볼 필요가 있는 지적재산법과 프라이버시법의 새로운 차원도 존재한다.

세 번째 차원은 맥락의 변화로, 아직은 그리 대단하지 않지만 중요한 세계화로의 전환이다. 표현, 출판 및 방송에 대한 규제는 전통적으로 국민-국가의 영역이었다. 그러나 위성방송과 전 세계적인 인터넷 시대에 사상의 시장은 국가 정책이 아닌 전 세계적인 이슈가 되고 있다. 이러한 분명하고도 귀 기울이지 않을 수 없는 소견이 좀처럼 인정되지 않고 있다는 것에 주목하는 것은 매우 흥미롭다. 국민-국가가 마치 공적 커뮤니케이션의 흐름이 여전히 엄격하게 전통적으로 규제받았던 현지 발행업자와 방송사업자의 영역이었던 것처럼 여느 때와 다름없이 행동하는 것은 편리한 듯 보인다. 세계지적재산기구World Intellectual Property Organization는 전 세계적인 저작권 집행 문제를 다루기 위해 구성되었다. 국제인터넷주소관리기구Internet Corporation for Assigned Names and Numbers: ICANN와 국제전기통신연합International Telecommunication Union: ITU은 기술 기준과 상호 연결성을 다루기 위해 설립된 기구이며, 전 세계적인 공적 영역에서 정보의 자유로운 흐름을 주시하는 소규모 비정부 기관도 약 10여 개 존재한다. 그러나 정책을 논의하거나 개발하기 위해 합의된 국제 포럼은 아직 존재하지 않는다. 그런 일은 결코 일어나지 않을 수도 있다. UN은 2000년대 초 ITU와 협력하여 정보사회에 관한 세계정상회의World Summit on the Information Society를 개최함으로써 일부 세계적인 회사들을 이 회의에 불러 모으기도 했지만, 많은 관측자는 UN이 이와 같은 이슈를 다룰 준비가 잘되어 있는지 의문스러워한다(Dutton and Peltu, 2009). 지금까지 진지하고 체계적인 연구가 아닌 수사적인 과장이 지배했던 분야에서 진행 중인 연구가 지지될지 그리고 의미 있는 연구-정책 연계가 유지될지는 아직 분명하지 않다. 이른바 우리는 흥미로운 시대에 살고 있다.

새로운 역사적 기반성

19세기 중반에 있었던 체계적인 커뮤니케이션 연구의 원류에 대한 1장의 검토에서 제2차 세계대전의 발발과 뒤이은 냉전이 커뮤니케이션 연구 분야의 개척자들 사이에 강한 절박감과 역사적·정치적 관련성을 만들어냈다는 점에 주목했다. 선전은 절박한 문제였다. 나쁜 사람들이 수월하게 파악되었다. 연구 공동체의 에너지와 초점은 분명했다. 그들은 새로운 분야를 만들어내고 있었다.

그러나 시간이 흐르면서 절박감과 역사적 연관성이 더욱 약해지면서 에너지와 초점도 불가피하게 약해지는 경향이 있다. 이 책의 논지는 디지털 디퍼런스가 새로워진 문제의식, 절박감, 그리고 관련성의 중심 에너지원 역할을 할 수 있고 또 해야 한다는 것이다. 값싸고 즉각적인 광대역 글로벌 커뮤니케이션이 가까이 다가와 있지만 전제적인 정치, (다양한 수준의 폭력을 수반하는) 정치 시위, (국가의 지원을 받는 혹은 그 밖의 다른) 테러, 참여적인 공개 민주 선거, 민족적·종교적 편견, 경제적 불평등, 혹은 경제 성장에서 그에 상응하는 분명한 변화는 없는 것 같다. 오히려 문화적·지리적·종교적·경제적 차별이 이루어지는 여러 영역에서 양극화가 그야말로 증가하고 있다. 이것은 또 하나의 역설이다. 커뮤니케이션 능력이 있다는 것은 폭력적인 갈등 성향을 줄일 수 있다는 의미이다. 그러나 커뮤니케이션 능력과 실제로 의미 있는 커뮤니케이션이 동일한 것은 아니다.

낙관론자들은 불평등과 생산성 문제를 다루고 사상의 공개 시장을 보호하기 위해 우리 가까이에서 발견하는 이러한 새로운 기술의 사용법을 우리가 아직 알아내지 못했을 뿐이라고 주장할 수도 있을 것이다. 비관론자들은 기득권자들과 권력자들이 이러한 새로운 커뮤니케이션 도구 사용에 더 능숙해져 이러한 도구를 과두제의 철칙의 역학을 강화하는 데 이용할 것이라고 주장할 수도 있을 것이다. 이러한 두 주장이 상호 배타적이지 않음에 주목하는 것은 흥미롭다.

우리가 매우 중요한 역사적 시점을 목격하고 있다고 주장하기 위해 아마도 최근에 가장 강력하고 가장 영향력 있는 목소리를 내는 사람은 마누엘 카스텔스이다. 3부작 『정보시대*The Information Age*』(1996~1998)에서 그는 네트워크 구조와 글로벌 커뮤니케이션이 어떻게 현시대의 국민-국가의 특성뿐 아니라 정치권력과 사회적 정체성의 특성에도 영향을 미치는지 자세히 설명한다. 그는 이후 10년에 걸쳐 출간된 일련의 책, 특히 『커뮤니케이션 권력*Communication Power*』(2009)과 『분노와 희망의 네트워크*Networks of Outrage and Hope*』(2012)에서 업데이트된 연구와 새로운 사례연구를 통해 이러한 주제를 발전시키고 다듬는다. 그는 정치사회학 언어를 이용해 사회적 저항과 정치적·경제적 불평등 이슈 프레이밍의 역학, 네트 대 자기의 양극성, 그리고 그가 흐름의 공간과 매스셀프-커뮤니케이션이라고 부르는 것에 초점을 맞춘다. 그의 어휘는 필자의 어휘와 다소 다르긴 하지만 근본적인 관심사는 같다.

카스텔스는 파시스트 정권이 스페인을 통치하던 시절에 자랐으며 반-프랑코anti-Franco 운동에 적극 참여했다. 그 결과, 고국을 떠나 파리에서 학업을 마쳐야만 했기 때문에 그가 공개 정치 포럼의 중요성을 공개적으로 선언한 후 스스로 진보적인 옹호자로서 그러한 포럼에 들어가는 것을 보는 것은 놀라운 일이 아니다. 그의 사례연구의 직관성immediacy[8]과 분석의 폭넓음은 특히 주의를

---

8 직관성이란 감각, 경험, 연상, 판단, 추리 따위의 사유 작용을 거치지 아니하고 대상을 직접적

끈다. 그러나 필자의 주장은 학계 수용자를 향해 있으며 이는 정치 활동보다는 연구 활동의 방향에 영향을 미치려는 시도이다. 그러나 이 사례도 나름대로 주목을 끌기를 희망한다.

카스텔스의 목소리처럼 역사에 입각한 연구와 이론의 패러다임 전환과 역사에 입각한 정책 및 실무와의 연관성에 대한 전망을 칭송하는 다른 목소리도 존재한다. 오픈 소스open source,[9] 동료 생산peer production,[10] 협업 모델collaborative model을 포함하는 편재遍在하는 네트워킹으로 가능해진 새로운 유형의 사회 조직이 공중과 학자들의 주목을 끌고 있다(Raymond and Young, 2001; Benkler, 2006; Tapscott and Williams, 2006; Shirky, 2008). 지적재산에 대한 새로운 접근 방법 역시 공중의 디지털 미디어 복제와 공유가 쉽게 이루어지고 사실상 비용이 들지 않는다는 사실에 의해 활성화되었다(Litman, 2000; Lessig, 2006). 어떤 관측자들은 디지털 저작자author/수행자performer와 수용자 간의 근본적인 관계가 변화를 겪고 있다는 점에 주목한다(Jenkins, 2006; Zuckerman, 2013).

지금까지 커뮤니케이션학에서 '뉴미디어'에 대한 연구는 소셜 미디어, 디지털 경제학, 혹은 모바일 기술을 연구하는 사람들을 위한 전문화된 분야로 규정되었으며, 학술 연구직 목록에도 통상 이러한 희소한 전문 분야가 표기되어 있다. 그와 같은 어휘가 단순히 현시대의 인간 커뮤니케이션 연구가 무엇인가에 대한 이상한 수사적 표현일 뿐이라고 생각한다(Chadwick, 2013).

으로 파악할 수 있는 성질을 말한다 — 옮긴이.

9 오픈 소스란 소프트웨어 혹은 하드웨어의 제작자의 권리를 지키면서 원시 코드를 누구나 열람할 수 있도록 한 소프트웨어 혹은 오픈 소스 라이선스에 준하는 모든 통칭을 일컫는다 — 옮긴이.

10 시장 논리나 기업의 통제로부터 자유로운 개인들이 공동체가 공유할 수 있는 재화의 생산을 위해 서로 동등한 위치에서 자발적으로 협력하는 생산 모델을 말한다 — 옮긴이.

새로운 형식의 데이터

한 세기의 4분의 3에 해당하는 시기에 걸쳐 진화해 온 양적인 커뮤니케이션 연구 전체는 주로 설문조사와 실험이라는 기반 위에서 확립되었다. 이 전통의 기본적인 패러다임은 개인이나 집단이 설득 메시지/관점에 어느 정도 노출되었는지 평가하고 그에 따라 노출과 관련되어 있을 수도 있는 태도 및 행동의 통계적으로 유의적인 차이를 평가한다. 2장에서 이러한 이슈에 대해 다소 자세하게 검토했다. 이 연구 전통의 지속적인 문제는 측정이 통상 노출에 대한 자기-보고와 행동 혹은 태도에 대한 자기-보고에 의존한다는 것이었는데, 이러한 관행은 신뢰도 문제와 흔히 체계적인 왜곡을 수반한다. 현시대의 디지털 디퍼런스는 미디어에서 보는 것과 이에 반응하여 소셜 미디어에서 말하는 것이 독립적으로 그리고 부분적인 기억의 왜곡과 면접자에 의해 동기화된 자기-제시self-presentation 없이도 측정될 수 있다.

여러 미디어와 메시지가 부침浮沈을 거듭하면서 시간이 흐름에 따른 공중의 주의가 계속해서 변하고 있음을 보여주기 때문에 현존하는 소셜 미디어와 전통 미디어에서 수집된 실제 데이터는 분석가로 하여금 더 전체적인 미디어 생태계에 주목하게 만든다. 사회적 맥락에서 메시지의 다양성과 복잡성은 태도 'y'에 영향을 미치는 메시지 'x'로부터의 많은 메시지 가운데 어떤 것이 공중의 의식과 공명을 일으켜 주의나 댓글을 이끌어내고, 전달되며, 오랜 시간에 걸쳐 유지되는지에 대한 질문으로 분석가가 이동하도록 만든다. 그것은 전통적인 미디어 효과 모델을 대체하기보다는 보완한다. 실제 세계의 빅 데이터는 특히 역사적 맥락에서의 의제 역학, 자기-강화 메커니즘, 감쇠 효과, 임계값 및 나선 현상을 분석하는 것과 잘 조화된다(McCombs and Shaw, 1972; Noelle-Neumann, 1974; Neuman, 1990; Page and Shapiro, 1992; Erikson, MacKuen and Stimson, 2002; Slater, 2007).

당시 평균적인 수용자가 이용할 수 있는 인쇄 및 방송 정보원情報源의 수가 제한되어 있었다는 부분적인 이유 때문에 20세기 중반의 커뮤니케이션 연구 초기에 노출/설득 효과를 강조한 것은 역사적으로 이해가 된다. 그러나 각각의 광대역 웹 연결로 인해 기술적으로 동등하게 들을 수 있을 뿐 아니라 말할 수 있는 역량이 강화되고 있는 시대에 우리의 이론적 렌즈는 태도 변화의 역학에서 확대되어 주의의 역학(디지털 불협화음 속의 많은 목소리 가운데 어떤 것이 주의를 끌며 공적 이슈의 어떤 프레이밍이 계속 진행되고 있는 공적 논의에서 가장 강력한 공명을 불러일으키는가?)까지 포함한다.

빅 데이터와 전산 사회과학이라는 문구가 이러한 일반적인 유형의 데이터와 분석의 통칭이 되고 있다. 초기 옹호자들의 숨이 가쁠 정도의 열정은 이러한 전산 기술이 더 전통적인 방법을 대체하기보다는 보완하고 확장할 것임을 인정하는 쪽으로 바뀌고 있다(Shah, Cappella and Neuman, 2015).[11]

뉴미디어에 관한 초기 연구에서 연구자들은 통상 인터넷을 자주 사용한다고 말하는 사람과 그렇지 않다고 말하는 사람을 비교하면서 지식, 태도 및 행동에서 있을 수 있는 차이를 살펴보았으며, 실험 연구자들은 온라인 미디어와 전통적인 미디어의 콘텐트 표현을 대응 비교했다(DiMaggio et al., 2001). 이러한 연구 문제는 전송 미디어에 초점을 맞추고 있다는 점에서 맥루언적 McLuhanesque이었다. 요즈음은 웹 1.0으로 불리는 인터넷 확산 초기에 온라인 신문과 다른 미디어는 기본적으로 원래 콘텐트와 포맷을 비디오 스크린에 재현한 것이었기 때문에 그와 같은 연구 설계는 아마 틀림없이 적절했을 것이다. 조직 연구 전통을 따르는 다른 연구자들도 대면 커뮤니케이션과 컴퓨터-매개 커뮤니케이션(초기에는 주로 이메일이었음)을 비교함으로써 '뉴미디어는 다른지'를 묻는 유사한 모델을 가지고 있었다(Walther, 1996).

그러나 점점 더 커지는 절대다수가 온라인상에 있고 또 어디에서나 온라인에 접속할 수 있기 때문에 온라인-오프라인 대비가 하나의 분석적 접근으로서

11 원문의 'is giving was to'는 'is giving way to'로 바로잡는다 — 저자와의 이메일 교신.

별 의미가 없다. 더욱이 더 젊은 세대들은 때때로 말하는 것만큼이나 자주 문자를 보냄에 따라(퓨 인터넷 프로젝트Pew Internet Project에 따르면, 10대 소녀들은 하루에 80개, 소년들은 단지 30개의 문자를 보낸다고 함), 다소 희귀한 혹은 특별한 유형의 커뮤니케이션으로서 디지털 매개 커뮤니케이션digitally mediated communication이라는 개념은 점점 더 부적절해진다. 디지털 디퍼런스는 디지털 커뮤니케이션이 곧 커뮤니케이션인 것이다. 디지털 세대는 술을 마시거나 저녁식사를 위해 만날 때도 스마트폰을 꺼내 전략적으로 테이블 위에 올려놓는다. 새로 온 문자를 힐끗 내려다보거나 스마트폰 링톤ringtone의 요청에 응답하는 것을 용인하는 것에 대한 규범이 서로 다르기 때문이다.

빅 데이터의 약속과 위험은 관련 연구들에서 좀 더 자세히 다루어져 있다(Neuman et al., 2014; Shah, Cappella and Neuman, 2015). 분명 문자로 보내지고, 게시되며, 이메일로 보내지는 것이 어떤 공동체가 생각하고 말하고 있는 것을 대표하는 표본은 아니지만, 공적 영역의 역학을 보여주는 흥미로운 새로운 창이다. 분명 인간을 대상으로 하는 다른 형태의 연구에서와 마찬가지로 프라이버시를 보호하기 위한 적절한 규범과 절차가 개발되어 신중하고 일관되게 시행될 필요가 있다. 소셜 미디어 영역에서 무엇이 사적인 것이고 무엇이 공적인 것인지에 대해 점진적으로 발전하는 정의 자체가 추후 연구의 중요한 초점이다.

커뮤니케이션 학자들은 어떤 이슈와 아이디어가 공동체와 국가의 집단의식과 공명을 일으키는 것처럼 보이는지 더 잘 이해하기 위해 닐슨Nielsen 시청률, 박스 오피스box office 추이, 그리고 베스트셀러 목록을 연구했다. 이와 같은 데이터는 계속해서 흥미롭지만 통합된 검색 엔진 쿼리 분석이 공중의 마음속에 무엇이 있는지 그리고 이러한 문제가 시간이 흐르면서 어떻게 점진적으로 변할지에 대한 훨씬 더 선명하고 미세한 그림을 제공한다(Segev, 2010; Ripberger, 2011).

필자가 강조해 온 주된 새로운 형태의 데이터는 상업적인 통합관리자aggregator

를 통해 현재 접근할 수 있는 소셜 네트워크와 다른 미디어에서 자연스럽게 발생하는 미디어 콘텐트, 디지털 방식으로 매개되는 공중의 반응이다. 핵심은 인위적으로 조성된 실험 환경이나 설문지의 격식에 대한 반응이 아닌 '자연스럽게 발생하는' 것이다. 유진 웹Eugene Webb과 동료들은 그래피티graffiti[12]나 박물관의 각기 다른 전시실의 바닥 타일 마모에 대한 조사와 같은 창의적인 비개입적 사회 행동 지표의 사용을 통해 전통적인 설문조사를 보충하는 것이 중요함을 강조했다(Web et al., 2000). 그들은 전통적인 사회과학 도구에서 반응적 편향reactive bias[13]에 대한 주의를 끄는 데도 특히 성공적이었지만, 그들의 창의적인 발명품들이 진지한 대안보다 때로 더 흥미롭기도 하다. 그러나 현시대의 디지털 발자국은 흥미를 유발하는 웹의 초기 발명품의 물리적 발자국이 하는 것보다 훨씬 더 나은 연구 자원을 제공한다.

그러나 디지털 하부구조를 이용해 더 자연스러운 현장 상황과 여러 형태의 자연적인 실험에서 반응을 평가함으로써 실험과 설문조사 연구에서 인위성과 개입 정도를 낮추는 다른 중요한 발전이 이루어졌다. 경험표집법experience sampling method: ESM[14]으로 알려진 한 가지 특히 유망한 기법은 조사 대상자들에

12 그래피티란 공공장소에 하는 낙서를 말한다 — 옮긴이.

13 특히, 외적 타당도(external validity)를 위협하는 반응적 편향으로 'reaction to testing'과 'reaction to research arrangement'가 있다. 전자는 실험이 시작된 후 실험의 목적이 무엇인지 파악하고 자신의 행동을 목적에 맞게 수정하는 경우를 말하고, 후자는 실험이 시작된 후 누군가가 자신을 보고 있거나(Hawthorne effect), 자신이 실험 처치를 받고 있지 않다는 것을 알고 보상을 받기 위해 더 열심히 노력하거나(John Henry effect), 그것이 새로운 상황이어서 평소와 달리 행동하거나(novelty effect), 통제집단에 속해 있어 처치를 받지 않았는데도 처치에 대한 자신의 기대에 반응함으로써〔placebo effect〕 자신의 행동을 바꾸는 것을 말한다 — 옮긴이.

14 경험표집 방법은 사회과학에서 유래한 것으로 연구의 탐색적·생산적 단계에서 이용할 때 특히 유용하며, 일기장과 사진 조사와 함께 이용되기도 한다. 새로운 기술과 소프트웨어 등은 경험표집 방법의 적용 방식과 그 가능성을 폭넓게 확장시키고 있다. 경험표집 방법에서는 조사 참여자에게 주위 환경이나 연관된 사물들을 즉석 스케치나 사진으로 남기게 하기도 한다. 이러한 일련의 과정을 통해 연구자는 시간과 개인적 차원을 뛰어넘어 더 전체적인 시각을 갖추

게 자연스러운 환경에서 실시간으로 이루어지는 약간의 질문에 대답해 줄 것을 요청한다(Kubey, Larson and Csikszentmihalyi, 1996; Hektner, Schmidt and Csikszentmihalyi, 2006). 처음에 연구자들은 삐삐beeper나 프리셋 타이머preset timer를 사용해 미디어 노출과 같은 행동 그리고 노출과 동시에 발생하는 태도나 기분을 기록했다. 물론 현대의 스마트폰은 자연스러운 환경에서 이루어지는 실시간 평가 생태계를 더 정교하게 평가할 수 있게 한다.

게다가 실험 방법은 적절하다면 실험실 밖으로 나갈 태세도 갖추고 있다. 광대역 무선전화 연결의 편재성으로 인해 서로 다른 조건으로의 무작위 할당이라는 지극히 중요한 요소를 포함해 더욱더 정교한 현장 실험 설계가 가능해졌다(Yaros, 2006; Gerber and Green, 2012; Ryan, 2012).

새로운 데이터 분석 모델

다시 한 번 더 커뮤니케이션 효과 연구의 기본적인 패러다임을 고려해 보자. 분석가는 주어진 모집단에 대한 적절한 표본을 통해 설득적이거나 정보를 제공하는 메시지에 대한 노출과 그에 상응하는 태도나 행동의 수준을 평가하며 통상 이 둘 간의 어떤 분명한 상관관계는 커뮤니케이션 효과의 증거일 수도 있다고 가정한다. 물론 노출이 태도나 신념으로 이어지는 것이 아니라 그 반대일 수도 있다는 것이 지속적이면서도 매우 중요한 어려움이다. 한 차례의 설문조사나 다른 어떤 한 차례의 평가로 인과적 방향을 결정하거나 측정되지 않은 제3의 변인으로 인한 허위성spuriousness을 배제하기는 매우 어렵다. 실험 전통에서는 노출이 매우 흔히 무선 할당되기 때문에 자기-선택self-selection[15]이 배제

고 연구 주제인 사용자 행동 양식에 대해 비교적 완벽한 그림을 그릴 수 있게 된다 ― 옮긴이.

15 조사 대상자를 선택할 때의 편향과 그들을 그룹에 할당할 때의 편향을 말한다 ― 옮긴이.

되며 인과적 방향도 더 수월하게 평가된다. 그러나 실험은 인위적 환경에서 단기간에 이루어진다. 노엘레-노이만(Noelle-Neumann, 1984), 프라이스와 앨런(1990), 슬레이터(2007)에 의해 확인된 증가된 노출과 점차 강해지는 신념의 상호 간 장기적인 나선 현상은 보통 실험실에서는 손에 넣기 어려운 커뮤니케이션 효과가 실제 상황에서 자명하게 나타나는 방식의 특징임을 특별히 증명하는 것일 수도 있다.

빅 데이터로 들어가 보자. 이 경우, 새로운 형태의 데이터 분석을 가능하게 하는 것은 바로 새로운 형태의 데이터이다. 상업회사들은 메시지 노출 패턴과 그에 따라 시간이 흐르면서 나타나는 수신자들의 잠재적인 태도, 신념, 행동을 일상적으로 수집하고 통합한다. 주된 상업적 관심은 브랜드 명성의 부침浮沈과 광고 및 판촉이 구매에 미치는 잠재적 효과를 추적하는 데 있다. 그것이 전부이다. 상업적 연구자들은 브랜드와 소수의 핵심 경쟁자에 초점을 맞춘다. 공적 이슈, 건강 관심사, 경제적 관심사, 외교정책, 문화적 추이에 대해 전통적 미디어와 소셜 미디어에서 통합된 나머지 모든 데이터는 브랜드 매니저가 어려운 작업과 데이터 통합에 대한 비용을 치른 후 대개 상당히 합리적인 가격으로 분석에 사용할 수 있다. 게다가 중요한 것은 현재는 이것이 약 10년 치의 장기 데이터라는 점인데, 지난 5년간에 대해서는 가장 정교한 데이터를 얻을 수 있으며 호기심 많은 데이터 과학자들에게는 상호작용 추이를 볼 수 있는 금광金鑛이다.

기본 논리는 강력하다. 만약 변인 x가 변인 y에 시간적으로 선행한다면, y가 x의 원인이라기보다는 x가 y의 원인일 가능성이 있다는 것이다. 더욱이, 만약 시간이 흐르면서 상호 간 영향이 있다면, 그것 역시 추이 데이터에서 평가될 수 있다. 물론 장기적인 경제 데이터는 수 세기 동안 이용 가능했기 때문에 경제학자들은 추이 데이터의 인과 패턴을 가려내기 위해 매우 정교한 수학적 기법을 사용해 왔다. 이러한 통계분석 분야는 일반적으로 계량경제학으로 불리지만, 이 기법은 데이터 소스가 어디든 장기 데이터 분석에 완벽하게 적합하다. 그것은 마법이 아니라 많은 노력을 기울여야 하는 일이다. 측정 오류 및 추론 오류 가능성은 여전히 중요하다. 그리고 중요한 것은 그것이 전통적인 측정 및 분석 도구의 대체재가 아니라 보완재로 제안된다는 점이다.

능동적인 수용자에 대한 새로워진 주목

수용자 능동성audience activity 이슈는 "짧은 커뮤니케이션 연구 역사에서 가장 오래 지속되는 논란"으로 묘사되어 왔다(Levy and Windahl, 1985: 109). 이 책의 앞의 내용과 연구 문헌에 대한 독립적인 계량서지학적 분석[16]에서(Neuman and Guggenheim, 2011) 커뮤니케이션 이론화 진행을 대체로 제2차 세계대전에서 비롯된 선전 중심의 연구 문헌들이 수용자를 수동적이고 아노미적 특성을 지닌 존재로 묘사한 것에 대한 반발로 묘사했다. 1960년 이후 거의 대부분의 학문적 업적들이 능동적 수용자 편에 서 있는 것으로 판명되었다 하더라도, 어떤 의미에서 그것은 실제로 대단한 논란거리가 아니다. 서로 다른 수용자가 미디어 내용에 주목할 때 이용/충족, 선택적 주의, 그리고 사회적 정체성 이론은 매우 차별화된 동기화와 기대를 드러낸다는 점을 강조했다. 2단계 흐름 모델과 네트워크 분석 및 확산 전통은 의견 주도성과 정보 확산의 사회적 구조에 주목했다. 현실의 사회적 구성social construction of reality, 구성주의constructivism 및 의미 형성sense making과 같은 개념은 미디어 내용이 신념과 태도에 기계적이면서도 일방향적으로 영향을 미치기보다는 수용자들의 기존 이해와 상호작용한다는 점을 강조했다.

---

16 계량서지학(bibliometrics)은 저자나 출판물의 영향력을 측정하기 위한 분석 방법으로, 학술 논문의 인용색인 검색을 통해 저자 간 혹은 논문 간의 관계를 분석하여 그 영향력을 측정한다 ― 옮긴이.

그러나 디지털 디퍼런스는 수용자 능동성에 대한 이론화에 새로운 요소를 추가한다. 디지털 광대역의 쌍방향 수용력에는 기본적으로 새로운 두 가지 수용자 능동성 차원이 존재한다. 첫째는 산업시대의 전통적인 일방향적 방송 및 출판 논리에서처럼 콘텐트가 밀려나오는pushed out 것이 아니라 '수용자' 구성원들이 콘텐트를 끌어당긴다pull. 즉, 널리 인정되고 있는 선택의 풍부함이다. 둘째, '수용자' 구성원들은 들을 수 있는 만큼이나 쉽게 댓글을 달거나, 재편집하거나, 리트윗하거나retweet, '좋아요 버튼'을 클릭하면서 말할 수 있다. 능동적인 수용자는 전과 마찬가지로 푸시되는 콘텐트나 풀하는 콘텐트의 상당 부분을 역동적으로 해석할 수 있고 아마도 선택적으로 무시할 수 있을 것이다. 그러나 이러한 능동성의 두 차원은 능동적 수용자 개념에 새로운 의미를 부여하는 복잡한 과정에 영향을 미치거나 어쩌면 디지털 시대를 맞아 '수용자'의 기본 개념을 완전히 넘어서야 할 필요가 있음을 시사한다.

의견 주도력과 집단 논의를 수반하는 유명한 미디어 콘텐트의 2단계 흐름은 능동적 수용자의 원래 개념화의 일부였다. 이는 현재의 소셜 미디어 시대에 분명 때로는 분리되고 때로는 결합하는 하부문화들의 진화, 외견상 바이러스성 전염viral contagion으로 보이는 패턴, 그리고 가상 연결과 물리적 실재 간의 구분을 모호하게 하는 스마트 몹smart mob[17]을 포함하는 복잡한 패턴을 가진 다단계 흐름이다. 전통적인 뉴스 기사와 당연히 블로그의 전자적 출판은 늘 그렇듯 논평commentary과 자연스럽게 논평에 대한 논평을 요청한다. 우리는 다단계 흐름의 역학, 편집 기능이 있는 다단계 흐름, 그리고 논평 기능이 있는 다단계 흐름이 실제로 어떻게 통상적으로 작동하는지 이제 막 이해하기 시작했을 뿐이다(Garrett, 2011; Bakshy et al., 2012; Boczkowski and Mitchelstein, 2012). 연구자들은 리트위팅의 패턴, 위키피디아 내에서의 편집과 분쟁 해결, 정치 블로그의 양극화

17 휴대전화, 메신저, 인터넷 등 첨단 정보통신 기술을 바탕으로 네트워크를 형성하여 정치, 경제, 사회 전반의 문제에 참여하는 사람들의 집단을 의미한다 — 옮긴이.

와 수렴, 그리고 이메일 네트워크 내 정보 확산을 분석할 수 있는 그래픽 도구와 수학적 도구를 개발 중이다(Haythornthwaite, 2005; Gaines and Mondak, 2009; Wu et al., 2011).

여기에는 새로운 기술적 어포던스affordance,[18] 네트워킹 데이터, 그리고 새로운 애널리틱스analytics[19] 외에 더 많은 것이 작용하고 있다. 디지털 디퍼런스는 완전히 새로운 이론적 접근뿐만 아니라 옛 이론에 대한 재고를 촉구할 만큼 충분히 중요하다. 많은 예에 대해 이미 논의했지만 여기서 몇몇 추가적인 새로운 방향을 다루는 것이 적절할 수도 있다.

그 가운데 하나는 조직에서 커뮤니케이션의 구성적 역할constitutive role로 알려진 관점이다. 전통적으로 조직에 대한 연구에서 분석가들은 주어진 조직 구조 내에서 커뮤니케이션 패턴을 찾곤 했다. 분석가들은 로버트 맥피Robert McPhee, 패멀라 장Pamela Zang 그리고 린다 퍼트넘Linda Putnam과 동료에 의한 몇몇 영향력 있는 연구들을 따라 커뮤니케이션 패턴이 조직에 의해 구성되는 것이 아니라 조직이 커뮤니케이션 패턴에 의해 구성되는 것으로 간주될 수 있다고 주장하면서 그러한 원래 공식을 완전히 뒤집었다(McPhee and Zang, 2000; Putnam and Nicotera, 2009). 예를 들어, 이메일 알림 명단과 전자문서 접근 명단에 의도치 않게 혹은 우연히 포함되거나 배제되는 것조차도 사회 조직에 엄청난 구조적 결과를 가져올 수 있기 때문에 이것은 특히 중요하다. 커뮤니케이션 기술과 데이터 시스템의 연결이 조직의 경계를 약화하고 기능과 심지어 결정의 '외주화outsourcing'를 증가시킨다는 것은 조직 연구에서 널리 인정된다

---

18 어포던스는 어떤 행동을 유도한다는 뜻으로 행동유도성이라고도 한다. 인간 컴퓨터 상호작용, 인지심리학, 산업디자인, 인터액션 디자인, 환경심리학 그리고 인공지능학 분야에서는 '서로 다른 개념을 연결하는 것'이란 뜻으로 쓰이기도 한다. 다시 말해 물건(object)과 생물(organism, 주로 사람) 사이의 특정한 관계에 따라 제시되는 것이 가능한 사용(uses), 동작(actions), 기능(functions)의 연계 가능성을 의미한다 — 옮긴이.

19 애널리틱스란 데이터의 패턴을 파악해서 사용자에게 제공할 수 있는 기술이나 프로세스를 말한다 — 옮긴이.

(Brynjolfsson and McAfee, 2014).

이러한 소견은 우리가 검토해 온 공적 영역과 사상의 시장에 대한 더 폭넓은 질문과 관련이 있다. 마이클 셔드슨Michael Schudson의 흥미를 유발하는 에세이 「대화는 왜 민주주의의 영혼이 아닌가?Why Conversation Is Not the Soul of Democracy」를 예로 들어보자. 셔드슨은 듀이Dewey와 하버마스의 전통을 따르는 민주주의 이론가들은 공적인 대화라는 이상理想을 어쩌면 심지어 강박 수준에 이를 정도로 칭송한다고 주장한다. 그러나 그는 전형적인 인간의 대화는 실제로 요구되는 것에 못 미치는 비형식성informality과 사회성sociability의 규칙을 따른다고 주장한다. "민주적 대화는 본질적으로 자발적인 것이 아니라 본질적으로[20] 규칙의 지배를 받고, 본질적으로 예의 바르며, 흔히 자유와 재치를 가장 높이 평가하며 이루어지는 그런 종류의 대화와 다르다. 그것은 본질적으로 문제 해결problem-solving을 지향한다"(Schudson, 1997: 298). 사람들은 그와 같은 문제를 해결하기 위해 고안된 『로버트의 토의절차 규칙*Robert's Rules of Order*』[21]의 격식을 떠올릴지도 모르겠다. 연구를 위한 질문, 사실은 실제 실무를 위한 질문은 디지털 공적 영역을 위한 그와 같은 대화 참여 규칙을 어떻게 만들어야 하는가라는 것이다. 많은 웹사이트와 토론방이 그와 같은 규칙을 발전시켜 왔으며 심지어 그러한 규칙을 시행할 신임받는 참여자를 지명하기도 했다. 위키피디아는 가장 많은 공을 들였고 가장 정교한 구조화된 편집 및 분쟁 해결 시스템 가운데 하나이다(Leskovec, Huttenlocher and Kleinberg, 2010). 기술 지향적인 토론방인 슬래시닷Slashdot과 같은 다른 실체들은 의견 개진의 질과 적합성에 관한 협업적이고 집단적인 결정을 허용하는 동료 조정peer moderation 시스템을 발전시켜 왔다(Poor, 2005). 이러한 역동적인 시스템은 온라인 민주주의의 로버트 규칙

20 여기서 '본질적으로'는 오타가 아니라, 저자가 원문에서 실제로 'essentially'라는 단어를 세 차례나 반복해서 강조해 사용하고 있는 것에 따른 것이다 — 옮긴이.

21 미국의 군인이자 작가였던 헨리 마틴 로버트(Henry Martyn Robert)가 1876년에 쓴 책이다 — 옮긴이.

이다. 그것은 점진적으로 발전하고 있는 매우 현실적이고 실용적인 방식으로 사상의 공개 시장을 허락하거나 좌절시킬 가능성이 있다. 로런스 레식Lawrence Lessig(Lessig, 2006)는 코드의 이중적 의미〔법code of law과 컴퓨터 코드computer code〕에 대한 상세한 설명과 두 가지 형태의 코드 모두 우리의 자유를 제한하고 상호작용 능력을 조종할 수도 있으며 컴퓨터 코드가 점점 더 강력해질 뿐만 아니라 점점 더 공적인 감시와 통제에서 벗어나고 있는 것에 대한 행동을 촉구하는 분명한 메시지를 통해 이러한 이슈에 공중이 관심을 가지게 만든 최초의 사람들 가운데 한 명이었다. 산업시대의 능동적 수용자는 살롱이나 커피숍 혹은 시청사에 모이고, 시위에 참여하며, 편집인에게 편지를 쓸 수 있었다. 규칙과 규범이 그와 같은 참여를 해야 하는 쪽으로 발전했다. 디지털 시대의 능동적 수용자는 어쩌면 똑같이 규칙과 규범에 의해 제약을 받을 것이다. 연구를 통해 이러한 참여 규칙을 누가 설계하고, 어떻게 시행하며, 공중이 그러한 규칙의 존재를 어떻게 알고, 그러한 규칙들이 어떻게 논란이 될지와 같은 문제를 다룰 필요가 있다.

당연시되는 연구 패러다임에 대한 재고

커뮤니케이션 연구 학계는 약 60년쯤 되었다. 필자는 중년의 위기가 다가왔다고 주장한다. 이와 같은 자기-분석과 재평가가 심지어 조금 늦었을 수도 있다. 중년의 위기midlife crisis라는 용어는 심리학과 대중문화에서 통상적으로 사용되듯이, 매우 예측 가능하고 당연하게 여겨지는 틀에 박힌 시기가 있고, 그런 다음 어떤 종류의 촉발 사건이 일어나 제일원리first principle[22]에 자극을 주는

22 철학에서 제일원리는 기초적이고 근원적인 가정 또는 제안을 의미하며, 이는 다른 가정 또는 제안에서 유도될 수 없다 — 옮긴이.

의문 제기와 목표 및 전략에 대한 재고가 뒤따르게 된다. 필자의 시나리오에서 촉발 사건은 바로 디지털 디퍼런스이다.

우려하는 바는 새로운 기술이, 음, 새롭고 다르다는 것이 널리 인정되기는 하지만 학자들의 반응은 늘 그렇듯이 하던 일을 고수하면서[23] 아마도 그 부서에서 뉴미디어 '일을 할' 사람을 새로 고용하는 것일 것이다. 필자의 주장은 뉴미디어를 하나의 새롭고 분리된 하부 분야로 규정하는 것은 그것의 중요성을 뒤엎는 것이고 이러한 발전이 제시하는 매우 중요한 패러다임 개혁의 기회를 무시하는 것이라는 것이다.

위 문단에서 패러다임의 개혁paradigmatic reformation이라는 문구가 사용되었다. 이 책에서 패러다임과 패러다임 전환이라는 용어를 빈번히 사용했다. 그것이 역설적이지 않는 것은 아니다. 많은 사람이 커뮤니케이션학 분야에는 패러다임이 없다고 주장하곤 했다. 커뮤니케이션학은 그저 학과명과 학과 커피 휴게실에 써 붙여놓은 커뮤니케이션이라는 용어 달랑 하나로 뭉쳐진, 다른 학문에서 빌려온 다양한 형태의 학술적 탐구와 개념들을 이상하게 끌어다 모아놓은 집합체라는 것이다. 사회과학 전통과 인문학 전통은 심지어 같은 커피 휴게실을 공유하는 것을 완전히 편안해하지 않을 수도 있다. 우리는 1장에서 로버트 크레이그의 탄식을 인용했다: "커뮤니케이션 이론이 아직 일관성 있는 연구 분야가 아니라는 결론을 피할 수 없을 것 같다"(Craig, 1999: 20). 그의 사려 깊은 단어 선택과 '아직'에 대한 강조를 늘 고맙게 생각한다. 커뮤니케이션 과학과 커뮤니케이션학의 기본적이고 독특한 패러다임의 중심 요소는 내내 거기에 있었다고 생각한다. 여러 역사적·구조적 이유 때문에 핵심 요소들이 감춰지고 왜곡되었을 뿐이다.

---

23 원문의 'double down'은 원래 블랙잭(Blackjack)이라는 카드 게임에서 내기에 건(down) 돈을 두 배(double)로 늘리고 카드 한 장을 더 받은 다음, 그 패를 가지고 딜러와 승부를 겨루는 행위를 말하는데, 시사 영어에서는 '자신의 주장이나 정책을 (외부 압력에 굴하지 않고) 계속 밀고 나간다'라는 의미로 사용된다 — 옮긴이.

10단계 패러다임 개혁 프로그램을 제안한다. 앞에서 이 모든 점에 대해 다소 자세하게 다루었지만 여기서 다시 간략하게 요약하는 것은 개혁을 위한 의제 역할을 할 수도 있을 것이다.

1. 선전 같은 기계적인 커뮤니케이션 효과 개념을 버려라. 수용자는 능동적이다. 인간 커뮤니케이션은 근본적으로 다의적이다. 수신된 대로의 의미는 의도한 대로의 의미와 자주 상충한다.
2. 기계적/인과적 커뮤니케이션 효과 대신, 표현된 어떤 아이디어는 청자와 공명을 일으키는 데 반해 어떤 아이디어는 그렇지 않다는 점을 고려하라. 서로 다른 종류의 아이디어가 서로 다른 종류의 청자와 공명을 일으킨다.
3. 단 하나의 가설화된 커뮤니케이션 효과 대신, 보통 의도한 반응에서 정반대의 반응에 이르는 반응의 분포를 고려하라.
4. 커뮤니케이션 효과가 아주 작은지 아니면 그렇게 아주 작지는 않는지를 판단하기 위해 노력하는 결실 없는 산만함을 버려라.
5. 다음 질문을 가장 중요한 패러다임적 질문으로 받아들여라: 수신된 대로의 의미가 의도한 대로의 의미와 일치하는 조건은 어떤 조건인가? 커뮤니케이션은 언제 성공적인가? 이것은 정책과 전문적 실무에서 커뮤니케이션에 대한 가장 중심이 되는 질문이다. 이것은 커뮤니케이션학을 모든 자매 학문 분야와 구분할 수 있게 해주는 독특한 질문이다.
6. 커뮤니케이션의 엄청난 풍부함은 현시대의 특징을 나타내는 표식이다. 이러한 풍부함이라는 특성과 엘리트와 수용자가 그것에 어떻게 반응하는가 하는 것은 커뮤니케이션 연구의 가장 중심이 되는 질문에 해당한다. 커뮤니케이션의 풍부함은 설득 역학 외에 선택적 주의 역학도 중요함을 강조한다. 검색 엔진 역학은 전통적인 저널리즘의 규범을 보완하며 때로는 그것을 대체할 수도 있다.
7. 공중은 양극화하는 성향이 있다. 대부분의 커뮤니케이션은 유인가를 가

지고 있다. 이것은 인간 존재에서 사회적 정체성이 매우 중요한 역할을 하는 데서 유래한다. 글로벌 네트워크 내의 부족 간 증오는 의미 있는 대화에 특별한 문제를 제기한다. 이 분야의 연구는 이 분야가 정책 및 전문 실무에 매우 중요한 기여를 할 수 있음을 보여줄 것이다.

8. 정치·경제·문화 엘리트들은 권력을 이용해 권력을 보호하는 경향이 있다. 이것은 공적 커뮤니케이션 영역에도 마찬가지이며 사상의 공개 시장과 공적인 대화에 대한 지속적이고도 구조적인 문제를 제기한다. 이러한 과두제의 철칙은 양극화의 지속성과 밀접히 관련이 있으며 이러한 이슈에 관한 연구는 정책 및 전문 실무에 마찬가지로 중요한 잠재적 기여를 할 것이다.
9. 인문학 전통에 따라 텍스트를 연구하고 싶어 하는 학자들은 패러다임에 수용자 반응에 대한 연구를 포함하는 것이 득이 될 것이다. 사회과학 전통을 따르는 학자들은 그들이 단순히 설득적이라고 부르는 텍스트의 복잡하고도 다의적인 특성을 다루는 것이 득이 될 것이다.
10. 제2차 세계대전 동안과 그 이후에 탄생한 커뮤니케이션 연구 분야는 역사에 뿌리를 두고 있는 절박감과 관련성에 의해 특징지어졌는데, 이러한 절박감과 관련성은 현재 상당 부분 널리 흩어져 사라졌다. 디지털 디퍼런스는 재충전과 재연결의 중요한 기회를 제공한다.

돌아온 사상의 시장

이 책에서 다룬 이슈와 문헌의 광범위한 다양성에도 불구하고, 논점은 이 책이 하나의 긴 주장으로 간주될 수 있다는 것이다. 그러한 주장을 아주 축약해서 표현하면 다음과 같다. **디지털 네트워크 및 미디어의 혁명은 중요한 가치와 이상에 더 잘 이바지하기 위해 우리가 공적 영역의 관행, 제도, 규범을 체계적으로 연**

구하는 방식과 그에 따라 그러한 관행, 제도, 규범을 자의식적으로 구조화할 수 있는 방식을 재고할 수 있는 매우 환영받는 기회를 제공한다. 따라서 디지털 디퍼런스는 양날의 검으로, 한쪽 날은 우리가 커뮤니케이션 하는 방식에서의 차이이고, 다른 한쪽 날은 우리가 커뮤니케이션 하는 복잡한 과정을 이해하는 방식에서의 차이이다.

커뮤니케이션 학자들은 처음부터 공적 영역의 약점과 편향에 대해 분명히 비판적이었다. 그들은 공중의 많은 부들segments이 충분한 정보나 지식을 갖추고 있지도 않고 정치적으로 참여적이지도 않다는 점과 이 두 요인이 십중팔구 밀접히 관련되어 있다는 점에 주목했다. 극소수의 정치 관측자를 제외한 모든 사람은 충분한 지식을 갖춘 채 잘 참여하는 시민들이 중요하고도 긍정적인 이상을 상징적으로 나타낸다는 데 논란의 여지없이 동의할 것이다. 어떤 구조적 배열[24]이 그와 같은 이상에 가장 잘 이바지하는가에 대한 평가에는 의견 불일치가 발생한다. 예를 들어, 미국인은 통상적으로 민영화된 시장 메커니즘을 선호하는 반면(Streeter, 1996), 다른 나라 사람들은 공공서비스 방송과 같은 공공부문 모델의 기여를 강조한다(Blumler and Gurevitch, 1995). 디지털 디퍼런스는 이러한 고전적인 논쟁에 세 가지 중요한 방식으로 영향을 미친다. 첫째, 민영화된 공적 커뮤니케이션의 경제학은 유동적이며, 어떤 사람들은 포위당했다고 말할 것이다 — 지금까지 특히 좋은 예는 신문 산업이다. 제도적인 자기-보호의 철칙을 실행하는 국가 권력, 기업 권력, 그리고 기타 기득권자들에 대한 대안으로서 민영화된 독립적인 심층조사 저널리즘의 개념이 신중하게 평가될 필요가 있다(Downie and Schudson, 2009). 둘째, 네트워크화 된 커뮤니케이션에 대한 새로운 모델은 네트워크화 된 참여와 즉각적인 공중 동원 및 조직화를 가능하게 하는 아주 흥미롭고 새로운 기회를 제공한다(Benkler, 2006; Bennett and Segerberg, 2013). 셋째, 체계적 연구는 어떤 제도적 혁신이 실제로 합의된 가치와 이상에

24 7장 각주 7 참조 — 옮긴이.

기여하는가라는 어려운 질문에 답변하는 과정에 기여할 수 있다. 공공서비스 방송 이슈를 예로 들어보자. 실제로 공공 모델이 시민들의 더 높은 경성 뉴스 hard news 지식수준과 관계가 있음을 보여주는 체계적인 증거가 존재하는 것으로 드러나긴 했지만, 중요한 것은 그것이 공공서비스 기관이 운영되는 특성과 조건에 좌우된다는 점이다(Soroka et al., 2012). 물론 공적·사적 기관의 역동적 변화와 수용자들의 기대의 역동적 변화를 감안할 때, 그와 같은 모든 결론은 기한이 정해져 있다. 그러나 그것이 요점이다. 그와 같은 제도적 변화에 진화하고 있는 빅 데이터와 그러한 변화가 공중의 신념, 공중의 참여, 공적 영역의 역학에 미치는 영향에 관한 현장 연구로부터, 어떤 경우에는 실시간으로 정보가 제공될 수 있을 것이다. 이와 같은 연구가 결정력을 가지고 있을 가능성은 없지만 그러한 과정의 일부는 될 수 있을 것이다. 이러한 것들은 심원한 학문적 이슈가 아니다. 공적-사적 논쟁의 네트워크 중립성 측면은 활기찬 공공정책 토론과 미국 및 전 세계 민간 기업의 전략적 계산에서 매일 분명히 드러난다.

우리가 미디어 경제학, 미디어 심리학, 정치 커뮤니케이션, 그리고 문화 연구 문헌들을 다 읽고 비교하면서 들은 이야기는 역설이 역설을 만들어내면서 좌절감을 느낄 정도로 복잡한 것으로 드러났다. 공적 영역 구축을 위한 가장 유망한 이상적 목표는 공개되고 활기찬 사상의 시장 개념이라고 제안했다.

대부분의 관측자들은 이론적으로 그와 같은 개념의 매력을 인정한다. 그러나 그 개념을 실무에 끌어들이는 것은 매우 어려운 것으로 드러난다. 왜냐하면 우리 가운데 매우 많은 사람이 종교, 민족, 사회계층, 혹은 이념적 정체성이나 젠더와 연관된 신념을 품고 있으며 또한 우리가 정서적으로 그리고 정치적으로 보는 것을 그러한 소중한 정체성에 역행하는 문화적·구조적 편향으로 바꾸는 작업을 하기 때문이다. 따라서 지난 반세기 동안 이루어진 커뮤니케이션 연구의 전형적인 사례들은 두 가지를 증명하려 시도했다. 하나는 매개되는 커뮤니케이션은 큰 효과를 가지고 있다는 것이고, 다른 하나는 그러한 효과는 편견을 갖게 한다는 것, 즉 정치적 편향, 어쩌면 여러 형태의 성차별주의, 인종차별주의, 연령차별주의를 강화하거나 폭력이나 상업주의를 지나치게 강조할 가능성이 있다는 것이다. 그러한 연구 작업에는 동기부여가 충분히 되어 있으며, 그러한 주장은 장점도 지니고 있다. 그러나 이러한 학문적 입장은 미디어 연구와 전문 실무 간의 완전한 단절로 이어졌다. 이러한 분리는 불행한 일이다. 왜냐하면 만약 체계적인 학문적 주목이 건설적으로 사용될 수 있는 기회가 언제든 주어진다면, 그것은 우리가 디지털 디퍼런스라고 부르는 전통적인 미디어에서 네트워크화 된 디지털 미디어로 '파괴적' 전환이 이루어지고 있는 바로 지금이다.

현대 커뮤니케이션학의 패러다임이 20세기 중반 유럽 파시스트 선전 위협에 대한 도덕적 혐오감에 깊이 뿌리를 내리고 있는 것과 계속해서 공명을 일으킬 것이라고 여전히 확신한다. 이것은 고귀한 유산이 아니다. 연구 활동을 활발하게 하는 연구자들은 이와 같은 주장을 비웃을 수도 있다. 왜냐하면 그들의 이론과 방법 그리고 실질적인 초점이 더 정교해졌으며 라스웰, 라자스펠드 및 호블랜드 시절의 단순한 설득 모델을 훨씬 뛰어넘었기 때문이다. 필자의 주장은 이 분야가, 획기적인 혁명 방식이 아니라 오히려 중심축을 회전하는 식으로, 더 멀리 나아갈 수 있다는 것이다. 내 생각에 (효과의 크기에 초점을 맞추는) 대효과 만트라mantra와 (부정적인 설득적 소구 및 묘사에 맞서는 것에 초점을 맞추는) 나쁜 효과 만트라는 새로운 시대의 새롭고도 중요한 과제와 기회를 다룰 수 있는 이 분야의 능력에 심각한 제약을 초래했다.

커뮤니케이션은 구조를 가지고 있다. 커뮤니케이션의 구조는 차이를 만들어낸다. 새로운 아이디어가 오래된 아이디어와 경쟁하는 평평한 디지털 경기장 위에서 번창하는 사상의 공개 시장이 목표가 될 수 있고 또 되어야 한다.

경제를 개방적이고 건강하게 유지하는 것은 어려운 일이다. 경제학 분야의 우리 동료들은 바쁘다. 그들 연구의 중요성은 널리 인정받고 있다.

민주주의를 개방적이고 건강하게 유지하는 것은 어려운 일이다. 정치학과 공공정책 분야의 우리 동료들은 바쁘다. 그들의 연구의 중요성은 널리 인정받고 있다.

커뮤니케이션의 구조를 개방적이고 건강하게 유지하는 것은 어려운 일이다. 커뮤니케이션 분야의 연구자들은 지금까지 이러한 중요한 과제를 단지 간접적으로 그리고 완곡하게 다뤄왔다. 이 연구 공동체는 다른 가치 있는 규범적 관심사와 연구 과제로 바빴다. 디지털 디퍼런스는 커뮤니케이션 연구 공동체가 난국에 잘 대처할 수 있는 기회와 이 일의 긴급한 중요성이 학문 분야뿐만 아니라 공공정책 분야에서도 널리 인정받을 수 있는 기회를 제공한다.

참고문헌

Abdelal, Rawi, Yoshiko M. Herrera, Alastair Iain Johston, and Rose McDermott(eds.). (2009a). "Identity as a Variable." In *Measuring Identity: A Guide for Social Scientists,* 17~32. Cambridge: Cambridge University Press.

________. (2009b). *Measuring Identity: A Guide for Social Scientists.* Cambridge: Cambridge University Press.

Aborn, Murray. (1984). "The Short and Happy Life of Social Indicators at the National Science Foundation." *Items (Social Science Research Council)* SSRC Items 38, no.2/3 (September), 32~40.

Abrams, Dominic, and Michael A. Hogg(eds.). (1999). *Social Identity and Social Cognition.* New York: Blackwell.

Abrams, Jessica R., and Howard Giles. (2007). "Ethnic Identity Gratifications Selection and Avoidance by African Americans: A Group Vitality and Social Identity Gratifications Perspective." *Media Psychology* 9(1), 115~134.

Achen, Christopher. (1975). "Mass Political Attitudes and the Survey Response." *American Political Science Review* 69, 1218~1231.

Ackerman, Bruce, and Ian Ayres. (2004). *Voting with Dollars.* New Haven, CT: Yale University Press.

Adamic, Lada A., Rajan M. Lukose, Amit R. Puniyani, and Bernardo A. Huberman. (2001). "Search in Power-Law Networks." *Physical Review* 64(4), 1~8.

Adams, Laura L. (2009). "Techniques for Measuring Identity in Ethnographic Research." In *Measuring Identity: A Guide for Social Scientists.* edited by Rawi Abdelal, Yoshiko M. Herrera, Alastair Iain Johnston, and Rose McDermott, 316~344. Cambridge: Cambridge University Press.

Adomavicius, Gediminas, and Alexander Tuzhilin. (2005). "Toward the Next Generation of Recommender Systems: A Survey of the State-of-the-Art and Possible Extensions." *IEEE Transactions on Knowledge and Data Engineering* 17(6), 734~749.

Adorno, Theodor W. (1969). "Scientific Experiences of a European Scholar in America." In *The Intellectual Migration: Europe and America, 1930-1960.* edited by Donald Fleming and Bernard Bailyn, 337~370. Cambridge, MA: Harvard University Press.

Adorno, Theodor W., Else Frenkel-Brunswik, Daniel J. Levinson, and R. Nevitt Sanford. (1950). *The Authoritarian Personality.* New York: Harper and Row.

Alessi, Christopher. (2011). "Occupy Wall Street's Global Echo." *Council on Foreign Relations.* www.cfr.org/united-states/occupy-wall-treets-global-echo/p26216.

Alexander, Jeffrey C.(ed.). (1998). *Neofunctionalism and After.* Malden, MA: Blackwell.

Allen, Jodie T. (2010). *How a Dif fer ent America Responded to the Great Depression.* Washington, DC: Pew Research Center.

Allport, Gordon W. (1954). *The Nature of Prejudice.* Garden City, NY: Doubleday.

Alterman, Eric. (2004). *What Liberal Media?: The Truth about Bias and the News.* New York: Basic Books.

Alwin, Duane. (2010). "How Good Is Survey Measurement? Assessing the Reliability and Validity of Survey Measures." In *Handbook of Survey Research.* edited by Peter V. Marsden and James D. Wright, 405~436. Bingley, UK: Emerald.

Amar, Vikram David(ed.). (2009). *The First Amendment, Freedom of Speech: Its Constitutional History and the Contemporary Debate.* New York: Prometheus Books.

Anderson, Benedict. (1983). *Imagined Communities.* London: Verso.

Anderson, Chris. (2004). "The Long Tail." *Wired,* October.

________. (2006). *The Long Tail: Why the Future of Business Is Selling Less of More.* New York: Hyperion.

Anderson, Doug, and Radha Subramanyam. (2011). *The New Digital American Family: Understanding Family Dynamics, Media and Purchasing Be havior Trends.* New York: A. C. Nielsen.

Anderson, James A. (2011). *Media Research Methods: Understanding Metric and Interpretive Approaches.* Thousand Oaks, CA: Sage.

Andersson, Lynne M., and Christine M. Pearson. (1999). "Tit for Tat? The Spiraling Effect of Incivility in the Workplace." *Academy of Management Review* 24, 452~471.

Ang, Ien. (1985). *Watching Dallas: Soap Opera and the Melodramatic Imagination.* New York: Methuen.

________. (1996). *Living Room Wars: Rethinking Media Audiences for a Postmodern World.* New York: Routledge.

Ansolabehere, Stephen, Shanto Iyengar, Adam Simon, and Nicholas Valentino. (1994). "Does Attack Advertising Demobilize the Electorate?" *American Political Science Review* 88(4), 829~838.

Ansolabehere, Stephen, and Brian F. Schaffner. (2014). "Does Survey Mode Still Matter? Findings from a 2010 Multi-Mode Comparison." *Political Analysis* 33 (2), 285~303.

Arendt, Hannah. (1951). *The Origins of Totalitarianism.* New York: Harcourt Brace.

Aristotle. (2009). *Nicomachian Ethics.* New York: Oxford University Press.

Arno, Andrew. (2009). *Alarming Reports: Communicating Conflict in the Daily News.* New York: Berghahn Books.

Arthur, W. Brian. (1994). *Increasing Returns and Path Dependence in the Economy.* Ann Arbor: University of Michigan Press.

Ascher, William, and Barbara Hirschfelder-Ascher. (2005). *Revitalizing Political Psychology: The Legacy of Harold D. Lasswell.* Mahwah, NJ: Lawrence Erlbaum.

Ashley, Richard, Clive W. J. Granger, and Richard Schmalensee. (1980). "Advertising and Aggregate Consumption: An Analysis of Causality." *Econometrica* 48: 1149~1168.

Association for Psychological Science. (2008). "Are Humans Hardwired for Fairness?" *ScienceDaily*, April 18. www.sciencedaily.com/releases/2008/04/080416140918.htm.

Auletta, Ken. (1992). *Three Blind Mice: How the TV Networks Lost Their Way*. New York: Vintage.

________. (2009). *Googled: The End of the World as We Know It*. New York: Penguin.

Babbie, Earl R. (2010). *The Practice of Social Research*. Florence, KY: Cengage Learning.

Baird, Jay W. (1975). *The Mythical World of Nazi War Propaganda, 1939-1945*. Minneapolis: University of Minnesota Press.

Baker, C. Edwin. (1994). *Advertising and a Democratic Press*. Princeton, NJ: Princeton University Press.

________. (2007). *Media Concentration and Democracy: Why Own ership Matters*. New York: Cambridge University Press.

Bakshy, Eytan, Itamar Rosenn, Cameron Marlow, and Lada Adamic. (2012). "The Role of Social Networks in Information Diffusion." In *Proceedings of the 21st International Conference on World Wide Web*. International World Wide Web Conference Committee (IW3C2), 519~528. Lyon, France: ACM.

Baldassarri, Delia, and Andrew Gelman. (2008). "Partisans without Constraint: Political Polarization and Trends in American Public Opinion." *American Journal of Sociology* 114(2), 408~446.

Bandura, Albert. (1977). *Social Learning Theory*. Englewood Cliffs, NJ: Prentice Hall.

________. (2001). "Social Cognitive Theory: An Agentic Perspective." *Annual Review of Psychology* 52, 1~6.

________. (2009). "Social Cognitive Theory and Mass Communication." In *Media Effects: Advances in Theory and Research*. edited by Jennings Bryant and Mary Beth Oliver, 94~24. New York: Routledge.

Barabási, Albert-László. (1999). "Internet: Dia meter of the World-Wide Web." *Nature* 401(6749), 130.

________. (2002). *Linked: The New Science of Networks*. Cambridge, MA: Perseus Publishing.

Barkow, Jerome H., Lisa Cosmides, and John Tooby(eds.). (1992). *The Adapted Mind: Evolutionary Psychology and the Generation of Culture*. New York: Oxford University Press.

Baron, Sabrina A., Eric N. Lindquist, and Eleanor F. Shevlin(eds.). (2007). *Agent of Change: Print Culture Studies after Elizabeth L. Eisenstein*. Amherst: University of Massachusetts Press.

Bartels, Larry M. (1993). "Message Received: The Political Impact of Media Exposure." *American Political Science Review* 87, 267~285.

________. (2005). "Homer Gets a Tax Cut: In equality and Public Policy in the American Mind." *Perspectives on Politics* 3, 15~31.

________. (2008). *Unequal Democracy: The Political Economy of the New Gilded Age*. New York: Princeton University Press.

Baum, Matthew A., and Philip B. K. Potter. (2008). "The Relationships between Mass Media, Public Opinion, and Foreign Policy: Toward a Theoretical Synthesis." *Annual Review of Political Science* 11(1), 39~65.

Bayley, Edwin R. (1981). *Joe McCarthy and the Press.* New York: Pantheon Books.

Beckerman, Ray. (2008). "Large Recording Companies v. The Defenseless: Some Common Sense Solutions to the Challenges of the RIAA Litigations." *Judges' Journal* 47(3). http://shop.americanbar.org/eBus/Store/ProductDetails.aspx?productId=218521&sponsor=Judicial%20Division.

Behr, Roy L., and Shanto Iyengar. (1985). "Television News, Real-World Cues, and Changes in the Public Agenda." *Public Opinion Quarterly* 49(1), 38~57.

Bell, Daniel. (1973). *The Coming of Post-Industrial Society: A Venture in Social Forecasting.* New York: Basic Books.

________. (1979). "The Social Framework of the Information Society." In *The Computer Age.* edited by Michael L. Dertouzos and Joel Moses, 163~211. Cambridge, MA: MIT Press.

Beniger, J. R. (1978). "Media Content as Social Indicators." *Communication Research* 5(4), 437~453.

________. (1986). *The Control Revolution: Technological and Economic Origins of the Information Society.* Cambridge, MA: Harvard University Press.

________. (1987). "Toward an Old New Paradigm: The Half-Century Flirtation with Mass Society." *Public Opinion Quarterly* 51, S46~S66.

Benkler, Yochai. (2006). *The Wealth of Networks: How Social Production Transforms Markets and Freedom.* New Haven, CT: Yale University Press.

Bennett, W. Lance. (1990). "Toward a Theory of Press-State Relations in the United States." *Journal of Communication* 40(2), 103~127.

________. (2011). *News: The Politics of Illusion.* New York: Longman.

Bennett, W. Lance, and Shanto Iyengar. (2008). "A New Era of Minimal Effects? The Changing Foundations of Political Communication." *Journal of Communication* 58(4), 707~731.

Bennett, W. Lance, and Alexandra Segerberg. (2013). *The Logic of Connective Action.* New York: Cambridge University Press.

Benoit, William L., and R. Lance Holbert. (2008). "Empirical Intersections in Communication Research: Replication, Multiple Quantitative Methods, and Bridging the Quantitative-Qualitative Divide." *Journal of Communication* 58(4), 615~628.

Berelson, Bernard. (1952). *Content Analysis in Communications Research.* New York: Free Press.

Berger, Arthur Asa. (2000). *Media and Communication Research Methods: An Introduction to Qualitative and Quantitative Approaches.* Thousand Oaks, CA: Sage.

Berger, Charles R., Michael Roloff, and David Roskos-Ewoldsen(eds.). (2009). *Handbook of Communication Science.* Thousand Oaks, CA: Sage.

Berger, Peter L., and Thomas Luckman. (1966). *The Social Construction of Real ity: A Treatise in the Sociology of Knowledge.* Garden City, NY: Anchor.

Bernard, H. Russell, Peter Killworth, David Kronenfeld, and Lee Sailer. (1984). "The Problem of Informant Accuracy: The Validity of Retrospective Data." *Annual Review of Anthropology* 13, 495~517.

Bertrand, Ina, and Peter Hughes. (2005). *Media Research Methods: Audiences, Institutions, Texts.* New York: Palgrave Macmillan.

Besen, Stanley M., and Leo J. Raskind. (1991). "An Introduction to the Law and Economics of

Intellectual Property." *Journal of Economic Perspectives* 5(1), 3~7.

Bettinger, Robert L. (1991). *Hunter-Gatherers: Archaeological and Evolutionary Theory*. New York: Plenum Press.

Bikhchandani, Sushil, David Hirshleifer, and Ivo Welch. (1992). "A Theory of Fads, Fashion, Custom, and Cultural Change as Informational Cascades." *Journal of Political Economy* 100(5), 992~1026.

Billig, Michael, and Henri Tajfel. (1973). "Social Categorization and Similarity in Intergroup Behavior." *European Journal of Social Psychology* 3, 27~52.

Bimber, Bruce. (2003). *Information and American Democracy: Technology in the Evolution of Political Power*. New York: Cambridge University Press.

Bimber, Bruce A., Andrew J. Flanagin, and Cynthia Stohl. (2012). *Collective Action in Organizations: Interaction and Engagement in an Era of Technological Change*. New York: Cambridge University Press.

Bineham, Jeffery L. (1988). "A Historical Account of the Hypodermic Model in Mass Communication." *Communication Monographs* 55, 230~249.

Blalock, Hubert M., Jr. (1989). *Power and Conflict: Toward a General Theory*. Newbury Park, CA: Sage.

Blogpulse. (2011). "Blogpulse.Com." NM Incite.www.nielsen.com.

Blumenthal, Marjorie, and David Clark. (2001). "Rethinking the Design of the Internet: The End-to-End Arguments vs. The Brave New World." In *Communications Policy in Transition: The Internet and Beyond*. edited by Benjamin M. Compaine and Shane Greenstein, 91~140. Cambridge, MA: MIT Press.

Blumler, Jay G. (1980). "Information Overload: Is There a Problem?" In *Human Aspects of Telecommunication*. edited by Eberhard Witte, 229~263. New York: Springer.

Blumler, Jay G., and Michael Gurevitch. (1995). *The Crisis of Public Communication*. New York: Routledge.

Blumler, Jay G., and Elihu Katz(eds.). (1974). *The Uses of Mass Communications*. Newport Beach, CA: Sage.

Boczkowski, Pablo J., and Eugenia Mitchelstein. (2012). "Clicking, Emailing, and Commenting: How Users Take Advantage of Dif fer ent Forms of Interactivity on Online News Sites." *Human Communication Research* 38(1), 1~22.

Boczkowski, Pablo, and Limor Peer. (2011). "The Choice Gap: The Divergent Online News Preferences of Journalists and Consumers." *Journal of Communication* 61, 857~876. doi: 10.1111/j.1460-2466.2011.01582.x

Bollier, David. (2010). *The Promise and Peril of Big Data*. Washington, DC: Aspen Institute.

Boorstin, Daniel J. (1961). *The Image: A Guide to Pseudo-Events in America*. New York: Harper and Row.

________. (1989). *The Republic of Letters: Librarian of Congress Daniel J. Boorstin on Books, Reading, and Libraries*. Washington, DC: Library of Congress.

Borrero, Juan D., and Estrella Gualda. (2013). "Crawling Big Data in a New Frontier for Socioeconomic Research: Testing with Social Tagging." *Journal of Spatial and Organizational Dynamics-Discussion Papers* 12, 6~28.

Bourdieu, Pierre. (1991). *Language & Symbolic Power*. Cambridge, MA: Harvard University

Press.

________. (1993). *The Field of Cultural Production*. New York: Columbia University Press.

boyd, danah, and Kate Crawford. (2012). "Critical Questions for Big Data." *Information, Communication and Society* 15(5), 662~679.

Boyle, Deirdre. (1997). *Subject to Change: Guerrilla Television Revisited*. New York: Oxford University Press.

Bradac, James J. (1983). "On Generalizing Cabbages, Messages, Kings, and Several Other Things: The Virtues of Multiplicity." *Human Communication Research* 9(2), 181~187.

Bradley, Ian L. (1971). "Repetition as a Factor in the Development of Musical Preferences." *Journal of Research in Music Education* 19, 295~298.

Brashers, Dale E., and Sally Jackson. (1999). "Changing Conceptions of 'Message Effects': A 24-Year Review." *Human Communication Research* 25(4), 457~477.

Brewer, Marilynn B. (1999). "The *Psychology* of Prejudice: Ingroup Love or Outgroup Hate?" *Journal of Social Issues* 55(3), 429~444.

Briggs, Asa, and Peter Burke. (2009). *A Social History of the Media: From Gutenberg to the Internet*. Malden, MA: Polity.

Brinkley, Joel. (1997). *Defining Vision: The Battle for the Future of Television*. New York: Harcourt Brace.

Brock, Gerald W. (1981). *The Telecommunications Industry*. Cambridge, MA: Harvard University Press.

________. (1994). *Telecommunications Policy for the Information Age*. Cambridge, MA: Harvard University Press.

Brosius, Hans-Bernd. (2008). "Research Methods." In *The International Encyclopedia of Communication*. edited by Wolfgang Donsbach. Blackwell Reference Online. www.communicationencyclopedia.com/public/.

Brosius, Hans-Bernd, and Mathias Hans Kepplinger. (1995). "Killer and Victim Issues: Issue Competition in the Agenda-Setting Process of German Tele vision." *International Journal of Public Opinion Research* 7(3), 211~231.

Brown, John Seely, and Paul Duguid. (2000). *The Social Life of Information*. Cambridge, MA: Harvard Business School Press.

Bryant, Jennings. (1993). "Will Traditional Media Research Paradigms Be Obsolete in the Era of Intelligent Communication Networks?" In *Beyond Agendas: New Directions in Communication Research*. edited by Philip Gaunt, 149~166. Westwood, CT: Greenwood.

Bryant, Jennings, and John Davies. (2006). "Selective Exposure Processes." In *Psychology of Entertainment*. edited by Jennings Bryant and Peter Vorderer, 19~34. Mahwah, NJ: Lawrence Erlbaum.

Bryant, Jennings, and Mary Beth Oliver(eds.). (2009). *Media Effects: Advances in Theory and Research*. New York: Routledge.

Brynjolfsson, Erik, and Andrew McAfee. (2014). *The Second Machine Age: Work, Progress, and Prosperity in a Time of Brilliant Technologies*. New York: Norton.

Buckalew, James K. (1969). "News Elements and Selection by Television News Editors." *Journal of Broadcasting* 14, 47~54.

Bucy, Erik Page, and R. Lance Holbert(eds.). (2014). *Sourcebook for Political Communication*

Research: Methods, Measures, and Analytical Techniques. New York: Routledge.

Buonomano, Dean V., and Michael M Merzenich. (1998). "Cortical Plasticity: From Synapses to Maps." *Annual Review of Neuroscience* 21, 149~186.

Burnham, Walter Dean. (1970). *Critical Elections and the Mainsprings of American Politics*. New York: Norton.

Buxton, William J. (2003). "John Marshall and the Humanities in Europe: Shifting Patterns of Rocke fel ler Foundation Support." *Minerva* 41(2), 133~153.

Cacioppo, John T., and Richard E. Petty. (1981). "Social Psychological Procedures for Cognitive Response Assessment: The Thought-Listing Technique." In *Cognitive Assessment*. edited by Thomas V. Merluzzi, Carol R. Glass, and Myles Genest, 309~342. New York: NYU Press.

Cacioppo, John T., William von Hippel, and John M. Ernst. (1997). "Mapping Cognitive Structures and Processes through Verbal Content: The Thought-Listing Technique." *Journal of Consulting and Clinical Psychology* 65(6), 928~940.

Calhoun, Craig. (1993). "Nationalism and Ethnicity." *Annual Review of Sociology* 19, 211~239.

_____(ed.). (1994). *Social Theory and the Politics of Identity*. New York: Wiley Blackwell.

Callamard, Agnès. (2005). "Striking the Right Balance." In *Words and Deeds: Incitement, Hate Speech and the Right to Free Expression*. edited by Ursula Owen, 30~31. London: Index on Censorship.

Campbell, Angus, Philip E. Converse, Warren E. Miller, and Donald E. Stokes. (1960). *The American Voter*. New York: Wiley.

Campbell, Donald T. (1965). "Ethnocentric and Other Altruistic Motives." In *Nebraska. Symposium on Motivation*. edited by Donald Levine, 283~311. Lincoln: University of Nebraska Press.

Campbell, Scott W., and Nojin Kwak. (2010). "Mobile Communication and Civic Life: Linking Patterns of Use to Civic and Political Engagement." *Journal of Communication* 60(3), 536~555.

Cantor, Muriel G. (1971). *The Hollywood TV Producer: His Work and His Audience*. New York: Basic Books.

Cappella, Joseph N., and Kathleen Hall Jamieson. (1997). *Spiral of Cynicism: The Press and the Public Good*. New York: Oxford University Press.

Carey, James W. (1989). *Communication as Culture: Essays on Media and Society*. Boston: Unwin Hyman.

Carmines, Edward G., and James A. Stimson. (1989). *Issue Evolution: Race and the Transformation of American Politics*. Princeton, NJ: Princeton University Press.

Carr, Nicholas. (2008). "Is Google Making Us Stupid? What the Internet Is Doing to Our Brains." *Atlantic Monthly*, July-August. www.theatlantic.com/magazine/archive/2008/07/is-google-making-us-stupid/306868/.

________. (2010). *The Shallows: What the Internet Is Doing to Our Brains*. New York: Norton.

Carrier, Michael A. (2012). "Copyright and Innovation: The Untold Story." *Wisconsin Law Review* 891, 891~962.

Carson, Rachel. (1962). *Silent Spring*. Boston: Houghton Miffl in.

Castells, Manuel. (1996). *The Rise of the Network Society*. Malden, MA: Blackwell.

________. (1997). *The Power of Identity*. Malden, MA: Blackwell.
________. (1998). *End of Millennium*. Malden, MA: Blackwell.
________(ed.). (2004). *The Network Society*. Northhampton, MA: Edgar Elgar.
________. (2009). *Communication Power*. New York: Oxford University Press.
________. (2012). *Networks of Outrage and Hope: Social Movements in the Internet Age*. Malden, MA: Polity.
Cavin, Susan. (2008). "Adorno. Lazarsfeld and the Princeton Radio Project, 1938-1941." Presented at the American Sociological Association Annual Meeting, Boston.
Center for Responsive Politics. (2012). "2012 Election." www.opensecrets.org.
Chadwick, Andrew. (2013). *The Hybrid Media System: Politics and Power*. New York: Oxford University Press.
Chaffee, John. (1988). "Differentiating the Hypodermic Model from Empirical Research: A Comment on Bineham's Commentaries." *Communication Monographs* 55, 230~249.
Chaffee, Steven H. (1975). "The Diffusion of Political Information." In *Political Communication: Issues and Strategies for Research*. edited by Steven H. Chaffee, 85~128. Beverly Hills, CA: Sage.
Chaffee, Steven H., and Charles R. Berger. (1987). "What Communication Scientists Do." In *Handbook of Communication Science*. edited by Charles R. Berger and Steven H. Chaffee, 99~122. Newbury Park, CA: Sage.
Chaffee, Steven H., and John L. Hochheimer. (1982). "The Beginnings of Political Communications Research in the United States: Origins of the 'Limited Effects' Model." In *The Media Revolution in America and in Western Europe*. edited by Everett M. Rogers and Francis Balle, 267~296. Norwood, NJ: Ablex.
Chaffee, Steven H., and Miriam J. Metzger. (2001). "The End of Mass Communication." *Mass Communications and Society* 4, 365~379.
Chance, Michael R. A., and Ray R. Larsen(eds.). (1976). T*he Social Structure of Attention*. London: John Wiley.
Chang, Ray M., Robert J. Kauffman, and YoungOk Kwon. (2014). "Understanding the Paradigm Shift to Computational Social Science in the Presence of Big Data." *Decision Support Systems* 63, 67~80.
Choi, Hyunyoung, and Hal R. Varian. (2012). "Predicting the Pres ent with Google Trends." *Economic Record* 88, 2~9.
Chomsky, Noam. (1972). *Language and Mind*. New York: Harcourt Brace.
________. (2004). *Media Control: The Spectacular Achievements of Propaganda*. New York: Seven Stories.
Chong, Dennis, and James N. Druckman. (2007). "Framing Theory." *Annual Review of Political Science* 10(1), 103~126.
Christie, Richard, and Marie Jahoda(eds.). (1954). *Studies in the Scope and Method of the Authoritarian Personality*. New York: Free Press.
Clarke, Peter, and F. Gerald Kline. (1974). "Media Effects Reconsidered." *Communication Research* 1(2), 224~240.
Cmiel, Kenneth. (1996). "On Cynicism, Evil, and the Discovery of Communication in the 1940s." *Journal of Communication* 46(3), 88~87.

Cohen, Bernard C. (1963). *The Press and Foreign Policy*. Princeton, NJ: Princeton University Press.

Cohen, Stephen S., and John Zysman. (1987). *Manufacturing Matters: The Myth of the Post-Industrial Economy*. New York: Basic.

Cole, Barry, and Mal Oettinger. (1978). *Reluctant Regulators: The FCC and the Broadcast Audience*. Reading, MA: Addison-Wesley.

Coleman, James S. (1987). "Microfoundations and Macrosocial Behavior." In *The Micro-Macro Link*. edited by Jeffrey C. Alexander, Bernhard Giesen, Richard Munch, and Neil J. Smelser, 153~173. Berkeley: University of California Press.

________. (1990). *Foundations of Social Theory*. Cambridge, MA: Harvard University Press.

Coleman, Stephen, and Jay G. Blumler. (2009). *The Internet and Democratic Citizenship*. New York: Cambridge University Press.

Collins, Randall. (1986). *Weberian Sociological Theory*. New York: Cambridge University Press.

________. (1998). *The Sociology of Philosophies: A Global Theory of Intellectual Change*. Cambridge, MA: Harvard University Press.

Comins, Neil F., and William J. Kaufmann. (2011). *Discovering the Universe*. New York: W. H. Freeman.

Compaine, Benjamin, and Douglas Gomery(eds.). (2000). *Who Owns the Media? Competition and Concentration in the Mass Media Industry*. Mahwah, NJ: Lawrence Erlbaum.

Comstock, George, Steven Chaffee, Natan Katzman, Maxwell McCombs, and Donald Roberts. (1978). *Television and Human Behavior*. New York: Columbia University Press.

Condon, Richard. (1959). *The Manchurian Candidate*. New York: McGraw-Hill.

Converse, Philip. (1964). "The Nature of Belief Systems in Mass Publics." In *Ideology and Discontent*. edited by David Apter, 206~261. New York: Free Press.

________. (2000). "Assessing the Capacity of Mass Electorates." *Annual Review of Political Science* 3(1), 331~353.

Cook, Elizabeth Adell, Ted G. Jelen, and Clyde Wilcox. (1992). *Between Two Absolutes: Public Opinion and the Politics of Abortion*. Boulder, CO: Westview.

Cook, Michael. (2003). *A Brief History of the Human Race*. New York: Norton.

Corner, John. (1991). "Meaning, Genre and Context: The Problematics of 'Public Knowledge' in the New Audience Studies." In *Mass Media and Society*. edited by James Curran and Michael Gurevitch, 267~284. London: Edward Arnold.

Corso, Regina. (2008). *National Anthem Survey Results Summary*. New York: Harris Interactive.

Coser, Lewis A. (1971). *Masters of Sociological Thought; Ideas in Historical and Social Context*. New York: Harcourt Brace Jovanovich.

Cowan, Nelson. (1998). *Attention and Memory: An Integrated Framework*. New York: Oxford University Press.

Craig, Robert T. (1999). "Communication Theory as a Field." *Communication Theory* 9(2), 119~161.

Crawford, Kate. (2016). "Can an Algorithm Be Agonistic? Ten Scenes from Life in Calculated Publics." *Science, Technology & Human Values* 41(1), 77~92.

Crick, Bernard. (1959). *The American Science of Politics: Its Origins and Conditions*. New York:

Routledge.
Curran, James. (1990). "The New Revisionism in Mass Communications Research: A Reappraisal." *European Journal of Communication* 5(2-3), 135~164.
Dahl, Robert A. (1982). *Dilemmas of Pluralist Democracy: Autonomy vs. Control?* New Haven, CT: Yale University Press.
Dahrendorf, Ralf. (1959). *Class and Class Conflict in Industrial Society*. Stanford, CA: Stanford University Press.
D'Andrade, Roy G. (1995). *The Development of Cognitive Anthropology*. New York: Cambridge University Press.
Davidson, Philip Grant. (1941). *Propaganda and the American Revolution, 1763-1783*. Chapel Hill: University of North Carolina Press.
Davis, Dennis K. (1990). "News and Politics." In *New Directions in Political Communication: A Resource Book*. edited by David L. Swanson and Dan Nimmo, 147~184. Newbury Park, CA: Sage.
Davis, James C. (2004). *The Human Story: Our History from the Stone Age to Today*. New York: HarperCollins.
Davison, W. Phillips (1983). "The Third Person Effect in Communication." *Public Opinion Quarterly* 47, 1~15.
Deacon, Terrence W. (1997). *The Symbolic Species*. New York: Norton.
Dearing, James W., and Everett M. Rogers. (1996). *Agenda-Setting*. Thousand Oaks, CA: Sage.
Declaration of Internet Freedom. (2012). "Free Press." www.freepress.net.
Delia, Jessie G. (1987). "Communication Research: A History." In *Handbook of Communication Science*. edited by Charles R. Berger and Steven H. Chaffee, 20~98. Newbury Park, CA: Sage.
Delli Carpini, Michael X., and Scott Keeter. (1996). *What Americans Know about Politics and Why It Matters*. New Haven, CT: Yale University Press.
Demers, David Pearce, Dennis Craff, Yang-Yo Choi, and Beth M. Pessin. (1989). "Issue Obtrusiveness and the Agenda-Setting Effects of National Network News." *Communication Research* 16(6), 793~812.
de Tocqueville, Alexis. (1955). *The Old Regime and the French Revolution*. Garden City, NY: Doubleday Anchor Books.
________. (1961). *Democracy in America*. New York: Schocken Books.
de Vreese, Claes H. (2005). "News Framing: Theory and Typology." *Information Design Journal* 13(1), 51~62.
de Waal, F. B. M. (1982). *Chimpanzee Politics: Power and Sex among Apes*. New York: Harper and Row.
Dewey, John. (1925). *Experience and Nature*. New York: Dover.
________. (1927). *The Public and Its Problems*. Denver, CO: Alan Swallow.
Diamond, Jared. (1992). *The Third Chimpanzee: The Evolution and Future of the Human Animal*. New York: Harper Perennial.
DiMaggio, Paul, John Evans, and Bethany Bryson. (1996). "Have Americans' Social Attitudes Become More Polarized?" *American Journal of Sociology* 102(3), 690~755.
DiMaggio, Paul, Eszter Hargittai, W. Russell Neuman, and John Robinson. (2001). "Social

Implications of the Internet." In *Annual Review of Sociology*, 307~336. Palo Alto, CA: Annual Reviews.

DiMaggio, Paul, and Kyoko Sato. (2003). "Does the Internet Balkanize Political Attention?: A Test of the Sunstein Theory." Paper presented at the annual meeting of the American Sociological Association, Atlanta, GA.

Doob, Leonard W. (1948). *Public Opinion and Propaganda*. New York: Holt.

Dordick, Herbert S., and Georgette Wang. (1993). *The Information Society*. Newbury Park, CA: Sage.

Dovidio, John F., Anja Eller, and Miles Hewstone. (2011). "Improving Intergroup Relations through Direct, Extended and Other Forms of Indirect Contact." *Group Processes and Intergroup Relations* 14(2), 147~160.

Dovidio, John F., Peter Samuel Glick, and Laurie A. Rudman(eds.). (2005). *On the Nature of Prejudice: Fifty Years after Allport*. Malden, MA: Blackwell.

Downie, Leonard, Jr., and Michael Schudson. (2009). *The Reconstruction of American Journalism*. New York: Columbia University Press.

Downs, Anthony. (1972). "Up and Down with Ecology: The Issue Attention Cycle." *Public Interest* 28, 38~50.

Doyle, Gillian. (2013). *Understanding Media Economics*. Thousand Oaks, CA: Sage.

Drucker, Peter. (1969). *The Age of Discontinuity*. London: Heinemann.

Druckman, James N. (2001). "Evaluating Framing Effects." *Journal of Economic Psychology* 22(1), 91~101.

Druckman, James N., and Kjersten R. Nelson. (2003). "Framing and Deliberation: How Citizens' Conversations Limit Elite Influence." *American Political Science Review* 47, 728~744.

Dupagne, Michel, and R. Jeffery Green. (1996). "Revisiting the Principle of Relative Constancy: Consumer Mass Media Expenditures in Belgium." *Communication Research* 23, 612~635.

Durbin, E. F. M., and John Bowlby. (1939). *Personal Aggressiveness and War*. London: Routledge and Kegan Paul.

Durham, William H. (1991). *Coevolution: Genes, Culture and Human Diversity*. Stanford, CA: Stanford University Press.

Durkheim, Emile. (1964). *The Rules of Sociological Method*. New York: Free Press.

Dutton, William H., and Malcolm Peltu. (2009). "The New Politics of the Internet: Multi-Stakeholder Policy-Making and the Internet Technocracy." In *Routledge Handbook of Internet Politics*, edited by Andrew Chadwick and Philip N. Howard, 384~400. New York: Routledge.

Economides, Nicholas. (1996). "The Economics of Networks." *International Journal of Industrial Organization* 14, 673~699.

Edmonds, Rick, Emily Guskin, Tom Rosenstiel, and Amy Mitchell. (2012). "Newspapers: Building Digital Revenues Proves Painfully Slow." In *The State of the News Media* 2012. Washington, DC: Pew Project for Excellence in Journalism.

Edwards, Kari, and Edward E. Smith. (1966). "A Disconfi rmation Bias in the Evaluation of Arguments." *Journal of Personality and Social Psychology* 77, 5~24.

Edwards, Michael. (2009). *Civil Society*. Malden, MA: Polity.

Edwards, Paul N. (2010). "Some Say the Internet Shouldn't Have Happened." In *Media, Technology, and Society: Theories of Media Evolution*. edited by W. Russell Neuman, 141~160. Ann Arbor: University of Michigan Press.

Efron, Edith. (1971). *The News Twisters*. New York: Nash.

Ehrlinger, Joyce, and David Dunning. (2003). "How Chronic Self-Views Influence (and Potentially Mislead) Estimates of Per for mance." *Journal of Personality and Social Psychology* 84(1), 5~17.

Einstein, Mara. (2004). *Media Diversity: Economics, Own ership and the FCC*. Mahwah, NJ: Lawrence Erlbaum.

Eisenach, Jeffrey A., and Thomas M. Lenard. (1999). *Competition, Innovation, and the Microsoft Mono poly: Antitrust in the Digital Marketplace*. Boston: Kluwer Academic Publishers.

Eisenstein, Elizabeth L. (1979). *The Printing Press as an Agent of Change*. Cambridge: Cambridge University Press.

________. (2011). *Divine Art, Infernal Machine: The Reception of Printing in the West from First Impressions to the Sense of an Ending*. Philadelphia: University of Pennsylvania Press.

Elberse, Anita. (2006). "The Power of Stars: Do Stars Drive Success in Creative Industries?" Working paper, Harvard Business School. http://hbswk.hbs.edu/item/the-power-of-stars-do-stars-drive-success-in-creative-industries.

Electronic Freedom Foundation. (2008). "RIAA v. The People: Five Years Later." Washington, DC. https://www.eff.org/wp/riaa-v-people-five-years-later.

Eliade, Mircea. (1979). *The Forge and the Crucible: The Origins and Structure of Alchemy*. Chicago: University of Chicago Press.

Emmers-Sommer, Tara M., and Mike Allen. (1999). "Surveying the Effect of Media Effects a Meta-Analytic Summary of the Media Effects Research in Human Communication Research." *Human Communication Research* 24(4), 478~497.

Entman, Robert M. (1989). *Democracy without Citizens: Media and the Decay of American Politics*. New York: Oxford University Press.

________. (1993). "Framing-toward Clarification of a Fractured Paradigm." *Journal of Communication* 43(4), 51~58.

________. (2004). *Projections of Power: Framing News, Public Opinion, and U.S. Foreign Policy*. Chicago: University of Chicago Press.

Eppler, Martin J., and Jeanne Mengis. (2004). "The Concept of Information Overload: A Review of Literature from Organization Science, Accounting, Marketing, MIS, and Related Disciplines." *Information Society* 20, 325~344.

Erbring, Lutz, Edie M. Goldenberg, and Arthur H. Miller. (1980). "Front Page News and Real World Cues: A New Look at Agenda-Setting by the Media." *American Journal of Political Science* 24, 16~49.

Ericsson, K. Anders, and Herbert A. Simon. (1993). *Protocol Analysis: Verbal Reports as Data*. Cambridge, MA: MIT Press.

Erikson, Robert S., Michael MacKuen, and James A. Stimson. (2002). *The Macro Polity*. New York: Cambridge University Press.

Esser, Frank, and Barbara Pfetsch(eds.). (2004). *Comparing Political Communication: Theories,*

Cases and Challenges. New York: Cambridge University Press.

Evans, John. (2003). "Have Americans' Social Attitudes Become More Polarized?—an Update." *Social Science Quarterly* 84(1), 71~90.

Evans, Richard I. (1989). *Albert Bandura, the Man and His Ideas—a Dialogue*. New York: Praeger.

Eveland, William P., Jr., and Sharon Dunwoody. (2000). "Examining Information Processing on the World Wide Web Using Think Aloud Protocols." *Media Psychology* 2(3), 219~244.

Fan, David P. (1988). *Predictions of Public Opinion from the Mass Media*. Westport, CT: Greenwood.

Fanon, Frantz. (1963). *The Wretched of the Earth*. New York: Grove Press.

Farrell, Joseph, and Philip J. Weiser. (2003). "Modularity, Vertical Integration, and Open Access Policies: Towards a Convergence of Antitrust and Regulation in the Internet Age." *Harvard Journal of Law and Technology* 17(1), 87~134.

Febvre, Lucien, and Henri-Jean Martin. (1997). *The Coming of the Book: The Impact of Printing 1450-1800*. London: Verso.

Fiorina, Morris P., Samuel J. Abrams, and Jeremy C. Pope. (2010). *Culture War? The Myth of a Polarized America*. New York: Longman.

Fisher, William W. (2004). *Promises to Keep: Technology, Law, and the Future of Entertainment*. Stanford, CA: Stanford Law and Politics.

Forster, Jens. (2009). "Cognitive Consequences of Novelty and Familiarity: How Mere Exposure Influences Level of Construal." *Journal of Experimental Social Psychology* 45(2), 444~447.

Fowler, Mark S. (1981). "Reason Interview: Mark S. Fowler." *Reason*, November. Reason.com.

Frank, Thomas. (2004). *What's the Matter with Kansas?: How Conservatives Won the Heart of America*. New York: Metropolitan Books.

Fromm, Erich. (1941). *Escape from Freedom*. New York: Farrar and Rinehart. Fuchs, Christian. (2008). *Internet and Society: Social Theory in the Information Age*. New York: Routledge.

Funk houser, Gerald R. (1973). "Trends in Media Coverage of the '60s." *Journalism Quarterly* 50(3), 533~538.

Gaines, Brian J., and Jeffery J. Mondak. (2009). "Typing Together? Clustering of Ideological Types in Online Social Networks." *Journal of Information Technology and Politics* 6(3-4), 216~231.

Galtung, Johann, and Mari Holmboe Ruge. (1965). "The Structure of Foreign News." *Journal of Peace Research* 2, 64~91.

Gamson, William. (1968). *Power and Discontent*. Homewood, IL: Dorsey Press.

________. (1975). *The Strategy of Social Protest*. Chicago: Dorsey Press.

________. (1984). *What's News*. New York: Free Press.

________. (1992). *Talking Politics*. New York: Cambridge University Press.

Gans, Herbert J. (1979). *Deciding What's News*. New York: Pantheon Books.

________. (1999). *Popular Culture and High Culture: An Analysis and Evaluation of Taste Revised and Updated*. New York: Basic Books.

Garrett, R. Kelly. (2009). "Politically Motivated Reinforcement Seeking: Reframing the Selective Exposure Debate." *Journal of Communication* 59(4), 676~699.

________. (2011). "Troubling Consequences of Online Political Rumoring." *Human Communication Research* 37(2), 255~274.

Gary, Brett. (1996). "Communication Research, the Rocke fel ler Foundation, and Mobilization for the War on Words, 1938-1944." *Journal of Communication* 46(3), 124~147.

________. (1999). T*he Nervous Liberals: Propaganda Anxieties from World War I to the Cold War.* New York: Columbia University Press.

Gates, Bill. (1996). *Content Is King.* Redmond, WA: Microsoft.

Geertz, Clifford. (1973). *The Interpretation of Cultures.* New York: Basic Books.

________. (2000). *Available Light: Anthropological Reflections on Philosophical Topics.* Princeton, NJ: Princeton University Press.

Gelman, Andrew. (2005). "Analysis of Variance—Why It Is More Important Than Ever." *Annals of Statistics* 33(1), 1~53.

Genachowski, Julius. (2011). "Remarks on Spectrum." *The White House*, April 6.

Gerber, Alan S., and Donald P. Green. (2012). *Field Experiments: Design, Analysis, and Interpretation.* New York: Norton.

Gerbner, George. (1956). "Toward a General Model of Communication." *Educational Technology Research and Development* 4(3), 171~199.

________. (1967). "Mass Media and Human Communication Theory." In *Human Communication Theory: Original Essays.* edited by Frank E. X. Dance, 40~60. New York: Holt, Rinehart, and Winston.

________. (1969). "Toward 'Cultural Indicators': The Analysis of Mass Mediated Public Message Systems." *AV Communication Review* 17(2), 137~148.

________(ed.). (2002). *Against the Mainstream: The Selected Works of George Gerbner.* New York: Lang.

Gerbner, George, and Larry Gross. (1976). "Living with Television: The Violence Profile." *Journal of Communication* 26(2), 173~199.

Gerbner, George, Larry Gross, Michael F. Eleey, Marilyn Jackson-Beeck, Suzanne Jeffries-Fox, and Nancy Signorielli. (1977). "TV Violence Profile No.8: The Highlights." *Journal of Communication* 27(2), 171~180.

Gerbner, George, Larry Gross, Marilyn Jackson-Beeck, Suzanne Jeffries-Fox, and Nancy Signorielli. (1978). "Cultural Indicators: Violence Profile No.9." *Journal of Communication* 28(3), 176~206.

Gerbner, George, Larry Gross, Michael Morgan, and Nancy Signorielli. (1980). "The 'Mainstreaming' of *America*: Violence Profile No.11." *Journal of Communication* 30(3), 10~29.

________. (1981a). "A Curious Journey into the Scary World of Paul Hirsch." *Communication Research* 8, 39~72.

________. (1981b). "Final Reply to Hirsch." *Communications Research* 8(1), 259~280.

Gerbner, George, Larry Gross, Nancy Signorielli, Michael Morgan, and Marilyn Jackson-Beeck. (1979). "The Demonstration of Power: Violence Profile No.10." *Journal of Communication* 29(3) 177~196.

Gibson, James L. (1988). "Political Intolerance and Political Repression during the McCarthy Red Scare." *American Political Science Review* 82, 511~529.

Giddens, Anthony. (1976). *New Rules of Sociological Method: A Positive Critique of Interpretative Sociologies*. New York: Basic Books.

Gilder, George. (1989). *Microcosm: The Quantum Revolution in Economics and Technology*. New York: Simon & Schuster.

________. (2002). *Telecosm: The World after Bandwidth Abundance*. New York: Free Press.

Gilens, Martin. (1999). *Why Americans Hate Welfare: Race, Media and the Politics of Antipovery Policy*. Chicago: University of Chicago Press.

Giles, Jim. (2005). "Internet Encyclopedias Go Head to Head." *Nature* 438(7070), 900~901.

Gillespie, Tarleton. (2007). *Wired Shut: Copyright and the Shape of Digital Culture*. Cambridge, MA: MIT Press.

Ginsberg, Benjamin. (1986). *The Captive Public: How Mass Opinion Promotes State Power*. New York: Basic Books.

Gitlin, Todd. (1978). "Media Sociology: The Dominant Paradigm." *Theory and Society* 6, 205~253.

________. (1979). "Prime Time Ideology: The Hegemonic Process in Television Entertainment." *Social Problems* 26(3), 205~253.

________. (1980). *The Whole World Is Watching*. Berkeley: University of California Press.

________. (2002). *Media Unlimited: How the Torrent of Images and Sounds Overwhelms Our Lives*. New York: Owl Books.

Glander, Timothy Richard. (2000). *Origins of Mass Communications Research during the American Cold War: Educational Effects and Contemporary Implications*. Mahwah, NJ: Lawrence Erlbaum.

Glasgow University Media Group. (1976). *Bad News*. London: Routledge and Kegan Paul.

________. (1980). More Bad News. London: Routledge and Kegan Paul.

Glynn, Carroll. (1989). "Perceptions of Others' Opinions as a Component of Public Opinion." *Social Science Research* 18, 53~69.

Glynn, Carroll J., Andrew F. Hayes, and James Shanahan. (1997). "Perceived Support for One's Opinions and Willingness to Speak Out: A Meta-Analysis of Survey Studies on the 'Spiral of Silence.'" *Public Opinion Quarterly* 61(3), 452~463.

Goetz, David. (2011). "Total Auto Ad Spend to Grow 6.4%." *Media Daily News*, March 17.

Goldberg, Robert Alan. (2001). *Enemies Within: The Culture of Conspiracy in Modern America*. New Haven, CT: Yale University Press.

Goldstein, Kenneth, and Travis N. Ridout. (2004). "Measuring the Effects of Televised Political Advertising in the United States." *Annual Review of Political Science* 7(1), 205~226.

Goodhardt, G. J., A. S. C. Ehrenberg, and M. A. Collins. (1980). *The Television Audience: Patterns of Viewing*. Lexington, MA: Lexington Books.

Graber, Dons A. (2007). "The Road to Public Surveillance: Breeching Attention Thresholds." In *The Affect Effect: Dynamics of Emotion in Political Thinking and Behavior*. edited by W. Russell Neuman, George E. Marcus, Ann N. Crigler, and Michael MacKuen, 265~290. Chicago: University of Chicago Press.

Gramsci, Antonio. (1933). *Selections from the Prison Notebooks*. New York: International Publishers.

Gray, Ann, Jan Campbell, Mark Erickson, Stuart Hanson, and Helen Wood. (2007). *CCCS*

Selected Working Papers, Volume 1 and 2. New York: Routledge.

Grehan, John R., and Jeffrey H. Schwartz. (2011). "Evolution of Human-Ape Relationships Remains Open for Investigation." *Journal of Biogeography* 38(12), 2397~2404.

Gripsrud, Jostein. (1992). "The Aesthetics and Politics of Melodrama." In *Journalism and Popular Culture*. edited by Peter Dahlgren and Colin Sparks, 84~95. Thousand Oaks, CA: Sage.

Groseclose, Tim. (2011). *Left Turn: How Liberal Media Bias Distorts the American Mind*. New York: St. Martin's Press.

Grossberg, Lawrence. (2010). *Cultural Studies in the Future Tense*. Durham, NC: Duke University Press.

Grossman, Dave, and Gloria DeGaetano. (1999). *Stop Teaching Our Kids to Kill: A Call to Action against TV, Movie and Video Game Violence*. New York: Crown Publishers.

Guber, Deborah Lynn. (2003). *The Grassroots of a Green Revolution: Polling America on the Environment*. Cambridge, MA: MIT Press.

Gulli, Antonio, and Alessio Signorini. (2005). "The Indexable Web Is More Than 11.5 Billion Pages." Paper presented at the Fourteenth International World Wide Web Conference, Chiba, Japan.

Gurr, Ted Robert. (1970). *Why Men Rebel*. Princeton, NJ: Princeton University Press.

Habermas, Jurgen (1979). *Communication and the Evolution of Society*. Toronto: Beacon Press.

________. (1981). *The Theory of Communicative Action, Volumes 1 and 2*. Boston: Beacon Press.

________. (1988). *On the Logic of the Social Sciences*. Cambridge, MA: MIT Press.

________. (1989). *The Structural Transformation of the Public Sphere*. Cambridge, MA: MIT Press.

________. (1990). *Moral Consciousness and Communicative Action*. Cambridge, MA: MIT Press.

Hagel, John, and John Seely Brown. (2005). "From Push to Pull-Emerging Models for Mobilizing Resources." *McKinsey Quarterly*. www.mckinsey.com/insights/mckinsey_quarterly.

Halberstam, David. (1979). *The Powers That Be*. New York: Knopf.

Hall, Stuart. (1980). "Encoding/Decoding." In *Culture, Media, Language: Working Papers in Cultural Studies, 1972-79*. edited by Stuart Hall, Dorothy Hobson, Andy Lowe, and Paul Willis, 128~138. London: Routledge.

________. (2003). "The Whites of Their Eyes: Racist Ideologies and the Media." In *Gender, Race, and Class in Media: A Text-Reader*. edited by Gail Dines and Jean McMahon Humez, 89~93. Thousand Oaks, CA: Sage.

Hall, Stuart, Dorothy Hobson, Andy Lowe, and Paul Willis(eds.). (1980). *Culture, Media, Language: Working Papers in Cultural Studies*, 1972-79. London: Routledge.

Hallin, Daniel C. (1984). "The Media, the War in Vietnam, and Political Support: A Critique of the Thesis of an Oppositional Media." *Journal of Politics* 46(1), 2~24.

Hamilton, James T. (1998). *Channeling Violence: The Economic Market for Violent Television Programming*. Princeton, NJ: Princeton University Press.

Hamilton, Richard F. (1972). *Class and Politics in the United States*. New York: Wiley.

________. (1982). Who Voted for Hitler? Princeton, NJ: Princeton University Press.

Hansen, Anders(ed.). (2009). *Mass Communication Research Methods*. Thousand Oaks, CA:

Sage.

Hare, Ivan, and James Weinstein(eds.). (2011). *Extreme Speech and Democracy*. New York: Oxford University Press.

Hargittai, Eszter. (2002). "Second Level Digital Divide: Differences in People's Online Skills." First Monday 7(4). firstmonday.org.

________. (2015). "Is Bigger Always Better? Potential Biases of Big Data Derived from Social Network Sites." *ANNALS of the American Academy of Political and Social Science* 659, 63~76.

Hargittai, Eszter, and Yuli P. Hsieh. (2010). "Predictors and Consequences of Differentiated Social Network Site Uses." *Information, Communication and Society* 13(4), 515~536.

Hargittai, Eszter, W. Russell Neuman, and Olivia Curry. (2012). "Taming the Information Tide: Americans' Thoughts on Information Overload, Polarization and Social Media." *Information Society* 28, 161~173.

Harris, Richard J. (1994). "Forever Random (Factors): A Single-Message Treatment of Message Research Methods." *PsycCRITIQUES* 39(5), 474~475.

Harris, Richard Jackson. (2004). *A Cognitive Psychology of Mass Communication*. Mahwah, NJ: Erlbaum.

Harrison, Albert A. (1977). "Mere Exposure." In *Advances in Experimental Social Psychology*. edited by L. Berkowitz, 39~83. New York: Academic Press.

Harwood, John. (2009). "If Fox Is Partisan, It Is Not Alone." *New York Times*, November 1.

Hauser, Marc D. (1996). *The Evolution of Communication*. Cambridge, MA: MIT Press.

Hauser, Marc D., Noam Chomsky, and W. Tecumseh Fitch. (2002). "The Faculty of Language: What Is It, Who Has It, and How Did It Evolve?" *Science* 298, 1569~1579.

Hayes, Andrew F., Michael D. Slater, and Leslie B. Snyder. (2008). *The Sage Sourcebook of Advanced Data Analysis Methods for Communication Research*. Los Angeles: Sage.

Haythornthwaite, Caroline. (2005). "Social Networks and Internet Connectivity Effects." *Information, Communication and Society* 8(2), 125~147.

Heath, Chip, and Dan Heath. (2007). *Made to Stick: Why Some Ideas Survive and Others Die*. New York: Random House.

Hektner, Joel M., Jennifer A. Schmidt, and Mihaly Csikszentmihalyi(eds.). (2006). *Experience Sampling Method: Measuring the Quality of Everyday Life*. Thousand Oaks, CA: Sage.

Herman, Bill D. (2006). "Opening Bottlenecks: On Behalf of Mandated Network Neutrality." *Federal Communication Law Journal* 103, 103~156.

Herman, Edward S., and Noam Chomsky. (1988). *Manufacturing Consent: The Political Economy of the Mass Media*. New York: Pantheon Books.

Herzstein, Robert Edwin. (1978). *The War That Hitler Won: The Most Infamous Propaganda Campaign in History*. New York: Putnam.

Hewstone, Miles, and Hermann Swart. (2011). "Fifty-Odd Years of Inter-Group Contact: From Hypothesis to Integrated Theory." *British Journal of Social Psychology* 50(3), 374~386.

Hilgartner, Stephen, and Charles L. Bosk. (1988). "The Rise and Fall of Social Problems: A Public Arenas Model." *American Journal of Sociology* 94(1), 53~78.

Himelstein, Linda, and Richard Siklos. (1999). "Pointcast: The Rise and Fall of an Internet Star." *Business Week*, April 26.

Hindman, Matthew, Kostas Tsioutsiouliklis, and Judy A. Johnson. (2003). "Googlearchy: How a Few Heavi ly Linked Sites Dominate Politics Online." Presented at the Annual Meeting of the Midwest Political Science Association, Chicago.

Hindman, Matthew Scott. (2006). "A Mile Wide and an Inch Deep: Measuring the Diversity of Political Content Online." In *Localism and Media Diversity: Meaning and Metrics*. edited by Philip Napoli, 327~347. Mahwah, NJ: Lawrence Erlbaum.

________. (2009). *The Myth of Digital Democracy*. Princeton, NJ: Princeton University Press.

Hirsch, Paul M. (1980). "The 'Scary World' of the Nonviewer and Other Anomalies: A Reanalysis of Gerbner et al.'s Findings on Cultivation Analysis, Part 1." *Communication Research* 7(4), 403~456.

________. (1981a). "Distinguishing Good Speculation from Bad Theory." *Communication Research* 8(1), 73~95.

________. (1981b). "On Not Learning from One's Own Mistakes: A Reanalysis of Gerbner et al.'s Findings on Cultivation Analysis Part II" *Communication Research* 8(1), 3~37.

Hoggart, Richard. (1957). *The Uses of Literacy*. Piscataway, NJ: Transaction Publishers.

Holbert, R. Lance, and Erik Page Bucy. (2014). "Advancing Methods and Measurement: Supporting Theory and Keeping Pace with the Modern Political Environment." In *Sourcebook for Political Communication Research: Methods, Measures, and Analytical Techniques*. edited by Erik Page Bucy and R. Lance Holbert, 3~15. New York: Routledge.

Hoorens, Vera. (1993). "Self-Enhancement and Superiority Biases in Social Comparison." *European Review of Social Psychology* 4(1), 113~139.

Hornik, Robert, Lela Jacobsohn, Robert Orwin, Andrea Piesse, and Graham Kalton. (2008). "Effects of the National Youth Anti-Drug Media Campaign on Youths." *American Journal of Public Health* 98(12), 2229~2236.

Housley, Meghan K., Heather M. Claypool, Teresa Garcia-Marques, and Diane M. Mackie. (2010). "'We' Are Familiar but 'It' Is Not: Ingroup Pronouns Trigger Feelings of Familiarity." *Journal of Experimental Social Psychology* 46(1), 114~119.

Hovland, Carl. (1959). "Reconciling Conflicting Results Derived from Experimental and Survey Studies of Attitude Change." *American Psychologist* 14, 8~17.

Hovland, Carl, Irving Janis, and Harold H. Kelley. (1953). *Communication and Persuasion*. New Haven, CT: Yale University Press.

Hovland, Carl I., Arthur A. Lumsdaine, and Fred D. Sheffield. (1949). *Experiments on Mass Communication*. Princeton, NJ: Princeton University Press.

Huber, Peter W. (1997). *Law and Disorder in Cyberspace: Abolish the FCC and Let the Common Law Rule the Telecosm*. New York: Oxford University Press.

Huckfeldt, Robert, Paul E. Johnson, and John Sprague. (2004). *Political Disagreement: The Survival of Diverse Opinions within Diverse Communication Networks*. New York: Cambridge University Press.

Huckfeldt, Robert, and John Sprague. (1995). *Citizens, Politics and Social Communication: Information and Influence in an Election Campaign*. New York: Cambridge University Press.

Hughes, Helen MacGill. (1940). *News and the Human Interest Story*. Chicago: University of Chicago Press.

Hughes, Michael. (1980). “The Fruits of Cultivation Analysis: A Reexamination of Some Effects of Television Watching.” *Public Opinion Quarterly* 44(3), 287~302.

Hunter, John E., Mark A. Hamilton, and Mike Allen. (1989). “The Design and Analysis of Language Experiments in Communication.” *Communication Monographs* 56(4), 341~363.

Huntington, Samuel P. (1993). “The Clash of Civilizations.” *Foreign Affairs* 72, 22~49.

________. (1996). *The Clash of Civilizations and the Remaking of World Order*. New York: Simon & Schuster.

Huron, David. (2006). *Sweet Anticipation: Music and the Psychology of Expectation*. Cambridge, MA: MIT Press.

Huston, Aletha C., et al. (1992). *Big World, Small Screen: The Role of Television in American Society*. Lincoln: University of Nebraska Press.

Ickes, L. R.(ed.). (2006). *Public Broadcasting in America*. Hauppauge, NY: Novinka Books.

Innis, Harold A. (1950). *Empire and Communication*. New York: Oxford University Press.

________. (1951). *The Bias of Communication*. Toronto: University of Toronto Press.

________. (1952). *The Strategy of Culture*. Toronto: University of Toronto Press.

iProspect. (2006). “Search Engine User Behavior Study.” iProspect.com.

Isaacs, Harold R. (1975). *Idols of the Tribe: Group Identity and Political Change*. Cambridge, MA: Harvard University Press.

Iyengar, Shanto. (1987). “Television News and Citizens' Explanations of National Affairs.” *American Political Science Review* 81(3), 815~831.

________. (1990). “Shortcuts to Political Knowledge: The Role of Selective Attention and Accessibility.” In *Information and the Democratic Process*. edited by John A. Ferejohn and James H Kuklinski, 160~185. Urbana: University of Illinois Press.

________. (1991). *Is Anyone Responsible? How Television Frames Political Issues*. Chicago: University of Chicago Press.

Iyengar, Shanto, and Donald R. Kinder. (1987). *News That Matters: Television and American Opinion*. Chicago: University of Chicago Press.

Iyengar, Sheena. (2010). *The Art of Choosing*. New York: Twelve.

Jackson, Sally. (1991). “Meta-Analysis for Primary and Secondary Data Analysis: The Super-Experiment Meta phor.” *Communication Monographs* 58(4), 449~462.

________. (1992). *Message Effects Research: Principles of Design and Analysis*. New York: Guilford.

Jackson, Sally, and Scott Jacobs (1983). “Generalizing about Messages: Suggestions for Design and Analysis of Experiments.” *Human Communication Research* 9(2), 169~191.

Jackson, Sally, Daniel J. O'Keefe, and Dale E. Brashers. (1994). “The Messages Replication Factor: Methods Tailored to Messages as Object of Study.” *Journalism Quarterly* 71(4), 984~996.

Jackson, Sally, Daniel J. O'Keefe, and Scott Jacobs. (1988). “The Search for Reliable Generalizations about Messages a Comparison of Research Strategies.” *Human Communication Research* 15(1), 127~142.

Jackson, Sally, Daniel J. O'Keefe, Scott Jacobs, and Dale E. Brashers. (1989). “Messages as Replications: Toward a Message-Centered Design Strategy.” *Communication Monographs* 56(4), 364~384.

Jacobellis v. Ohio. (1964). 378 U.S. 184(1964) No.11.

Jamieson, Kathleen Hall, and Joseph N. Cappella. (2008). *Echo Chamber: Rush Limbaugh and the Conservative Media Establishment*. New York: Oxford University Press.

Janowitz, Morris. (1976). "Content Analysis and the Study of Sociopolitical Change." *Journal of Communication* 26(4), 10~21.

Jeffres, Leo W. (1997). *Mass Media Effects*. Prospect Heights IL: Waveland Press.

Jenkins, Henry. (1992). *Textual Poachers: Television Fans and Participatory Culture*. New York: Routledge.

________. (2006). *Convergence Culture: Where Old and New Media Collide*. New York: NYU Press.

Jennings, M. Kent, and Gregory B. Markus. (1977). "The Effect of Military Service on Political Attitudes: A Panel Study." *American Political Science Review* 71(1), 131~147.

Jensen, Klaus Bruhn. (1987). "Qualitative Audience Research: Toward an Integrative Approach to Reception." *Critical Studies in Mass Communication* 4(1), 21~37.

________. (1990). "The Politics of Polysemy: Television News, Everyday Consciousness and Political Action." *Media Culture and Society* 12(1), 57~78.

________(ed.). (1998). *News of the World: World Cultures Look at Television News*. New York: Routledge.

________(ed.). (2002). *A Handbook of Media and Communication Research: Qualitative and Quantitative Methodologies*. New York: Routledge.

________(ed.). (2011). *A Handbook of Media and Communication Research: Qualitative and Quantitative Methodologies*. New York: Routledge.

Johns, Adrian. (2009). *Piracy: The Intellectual Property Wars from Gutenberg to Gates*. Chicago: University of Chicago Press.

Jones, Robert Alun. (1983). "The New History of Sociology." *Annual Review of Sociology* 9(1), 447~469.

Jones, Robert W. (1993). "Coorientation of a News Staff and Its Audience." *Communication Reports* 6(1), 41~46.

Jonscher, Charles. (1999). *The Evolution of Wired Life: From the Alphabet to the Soul-Catcher Chip—How Information Technologies Change Our World*. New York: Wiley.

Jost, John T. (2009). ""Elective Affi nities": On the Psychological Bases of Left-6 Right Differences." *Psychological Inquiry* 20, 129~141.

Kahneman, Daniel, Paul Slovic, and Amos Tversky(eds.). (1982). *Judgment under Uncertainty*. New York: Cambridge University Press.

Kahneman, Daniel, and Amos Tversky. (2000). *Choices, Values, and Frames*. New York: Cambridge University Press.

Kaid, Lynda Lee. (2004). "Political Advertising." In *Handbook of Political Communication Research*. edited by Lynda Lee Kaid, 155~202. New York: Routledge.

Katz, Daniel, and Floyd H. Allport. (1931). *Student Attitudes*. Syracuse, NY: Craftsman.

Katz, Daniel, and Kenneth Braly. (1933). "Racial Ste reo types of One Hundred College Students." *Journal of Abnormal and Social Psychology* 28, 280~290.

Katz, Daniel, Dorwin Cartwright, Samuel Eldersveld, and Alfred McClung Lee(eds.). (1954). *Public Opinion and Propaganda*. New York: Holt, Rinehart, and Winston.

Katz, Daniel, and Richard Schanck. (1938). *Social Psychology*. New York: Wiley.

Katz, Elihu. (1978). "Looking for Trou ble." *Journal of Communication* 28(2), 90~95.

________. (1987). "Communications Research since Lazarsfeld." *Public Opinion Quarterly* 51, S25~S45.

________. (2001). "Media Effects." *International Encyclopedia of the Social and Behavioral Sciences* 9472~9479. www.communicationencyclopedia.com/public/.

Katz, Elihu, Jay G. Blumler, and Michael Gurevitch. (1973). "On the Use of the Mass Media for Important Things." *American Sociological Review* 38(2), 164~181.

Katz, Elihu, and Paul F. Lazarsfeld. (1955). *Personal Influence: The Part Played by People in the Flow of Communications*. New York: Free Press.

Katz, Elihu, John Durham Peters, Tamar Liebes, and Avril Orloff(eds.). (2003). *Canonic Texts in Media Research: Are There Any? Should There Be? How about These?* Cambridge: Polity.

Keeley, Lawrence H. (1996). *War before Civilization*. New York: Oxford University Press.

Keller, Bill. (2011). "A Theory of Conspiracy Theories." *New York Times*, June 3.

Kellstedt, Paul M. (2003). *The Mass Media and the Dynamics of American Racial Attitudes*. New York: Cambridge University Press.

Kelly, Sanja, and Sarah Cook. (2011). *Freedom on the Net 2011: A Global Assessment of Internet and Digital Media*. Washington, DC: Freedom House.

Kenneally, Christine. (2007). *The First Word: The Search for the Origins of Language*. New York: Viking.

Key, V. O., Jr. (1961). *Public Opinion and American Democracy*. New York: Alfred A. Knopf.

Key, Wilson Bryan. (1974). *Subliminal Seduction: Ad Media's Manipulation of a Not So Innocent America*. New York: New American Library.

Kincaid, Cliff, Roger Aronoff, and Don Irvine. (2007). *Why You Can't Trust the News, Volume Two*. Washington, DC: Accuracy in Media.

Kinder, Donald R., and Cindy D. Kam. (2009). *Us against Them: Ethnocentric Foundations of American Opinion*. Chicago: University of Chicago Press.

Kinder, Donald R., and Lynn M. Sanders. (1996). *Divided by Color: Racial Politics and Democratic Ideals*. Chicago: University of Chicago Press.

King, Barbara J. (1994). *Information Continuum: Evolution of Social Information Transfer in Monkeys Apes and Hominids*. Santa Fe, NM: School of American Research Press.

King, Gary. (2004). "The Future of Replication." *International Studies Perspectives* 4, 443~499.

Kirscht, John P., and Ronald C. Dillehay. (1967). *Dimensions of Authoritariansim: A Review of Research and Theory*. Lexington: University of Kentucky Press.

Klapper, Joseph. (1960). T*he Effects of Mass Communication*. New York: Free Press.

Klingberg, Torkel. (2009). *The Overfl owing Brain: Information Overload and the Limits of Working Memory*. New York: Oxford University Press.

Kornhauser, William. (1959). *The Politics of Mass Society*. New York: Free Press.

Krasnow, Erwin G., Lawrence D. Longley, and Herbert A. Terry. (1982). *The Politics of Broadcast Regulation*. New York: St. Martin's Press.

Kreml, William P. (1977). *The Anti-Authoritarian Personality*. New York: Pergamon Press.

Kriesberg, Louis. (2007). "The Conflict Resolution Field: Origins, Growth, Differentiation." In *Peacemaking in International Conflict: Methods and Techniques*. edited by William

Zartman, 25~60. Washington, DC: United States Institute of Peace.
Krippendorff, Klaus. (1994). "A Recursive Theory of Communication." In *Communication Theory Today*. edited by David Crowley and David Mitchell, 78~104. Stanford, CA: Stanford University Press.
Krosnick, Jon A. (1999). "Survey Research." *Annual Review of Psychology* 50, 537~567.
Krosnick, Jon A., and Laura A. Brannon. (1993). "The Impact of the Gulf War on the Ingredients of Presidential Evaluations: Multidimensional Effects of Political Involvement." *American Political Science Review* 87, 963~975.
Krosnick, Jon A., and Shibley Telhami. (1995). "Public Attitudes toward Israel: A Study of the Attentive and Issue Publics." *International Studies Quarterly* 39, 535~554.
Kubey, Robert, Reed Larson, and Mihaly Csikszentmihalyi. (1996). "Experience Sampling Method Applications to Communication Research Questions." *Journal of Communication* 46(2), 99~120.
Kuhn, Thomas. (1962). *The Structure of Scientifi c Revolutions*. Chicago: University of Chicago Press.
Kull, Steven, Clay Ramsay, Stephen Weber, Evan Lewis, and Ebrahim Mohseni. (2009). *Public Opinion in the Islamic World on Terrorism, Al Qaeda, and US Policies*. Washington, DC: Worldpublicopinion.org.
Land, Kenneth C., and Seymour Spilerman(eds.). (1975). *Social Indicator Models*. New York: Russell Sage Foundation.
Lang, Annie. (2013). "Discipline in Crisis? The Shifting Paradigm of Mass Communication Research." *Communication Theory* 23(1), 10~24.
Lasswell, Harold D. (1927). *Propaganda Technique in the World War*. New York: Smith.
________. (1935). *World Politics and Personal Insecurity*. New York: Free Press.
________. (1941). "The World Attention Survey." *Public Opinion Quarterly* 5(3), 456~462.
________. (1948). "The Structure and Function of Communications in Society." In *The Communication of Ideas*. edited by Lyman Bryson, 37~51. New York: Harper.
________. (1963). *The Future of Political Science*. New York: Atherton Press.
Lazarsfeld, Paul F. (1941). "Remarks on Administrative and Critical Communication Research." *Studies in Philosophy and Social Science* 9, 2~16.
Lazarsfeld, Paul F., Bernard Berelson, and Hazel Gaudet. (1944). *The People's Choice: How the Voter Makes Up His Mind in a Presidential Campaign*. New York: Columbia University Press.
Lazarsfeld, Paul F., and Robert K. Merton. (1948). "Mass Communication, Popular Taste, and Organized Social Action." In *The Communication of Ideas*. edited by Lyman Bryson, 95~118. New York: Harper.
Lecheler, Sophie, Claes de Vreese, and Rune Slothuus. (2009). "Issue Importance as a Moderator of Framing Effects." *Communication Research* 36(3), 400~425.
Lee, Alfred McClung, and Elizabeth Briant Lee. (1939). *The Fine Art of Propaganda*. New York: Harcourt Brace.
Leeds-Hurwitz, Wendy. (1993). *Semiotics and Communication: Signs, Codes, Cultures*. Mahwah, NJ: Lawrence Erlbaum.
Leskovec, Jure, Daniel Huttenlocher, and Jon Kleinberg. (2010). "Governance in Social Media:

A Case Study of the Wikipedia Promotion Process." In *Proceedings of the 4th International AAAI Conference on Weblogs and Social Media*. www.aaai.org/Library/ICWSM/icwsm10 contents.php.

Lessig, Lawrence. (2001). *The Future of Ideas: The Fate of the Commons in a Connected World*. New York: Random House.

________. (2004). *Free Culture: How Big Media Uses Technology and the Law to Lock Down Culture and Control Creativity*. New York: Penguin Press.

________. (2006). *Code: Version 2.0*. New York: Basic.

Levy, Mark R., and Sven Windahl. (1985). "The Concept of Audience Activity." In *Media Gratifications Research: Current Perspectives*. edited by Karl Erik Rosengren, Lawrence A. Wenner, and Philip Palmgreen, 109~122. Newport Beach, CA: Sage.

Lewis, Ian. (2000). *Guerrilla TV: Low Bud get Programme Making*. Boston: Focal Press.

Lewis, Justin. (2001). C*onstructing Public Opinion: How Political Elites Do What They Like and Why We Seem to Go Along with It*. New York: Columbia University Press.

Lichter, S. Robert, Stanley Rothman, and Linda S. Lichter. (1986). *The Media Elite*. Bethesda, MD: Adler and Adler.

Lieberman, Marvin, and David Montgomery. (1988). "First-Mover Advantages." *Strategic Management Journal* 9, 41~58.

Liebes, Tamar, and Elihu Katz. (1990). *The Export of Meaning: Cross-Cultural Readings of Dallas*. New York: Oxford University Press.

Lifton, Robert Jay. (1961). *Thought Reform and the Psychology of Totalism: A Study of "Brainwashing" in China*. New York: Norton.

Lind, E. Allan, and Tom R. Tyler. (1988). *The Social Psychology of Procedural Justice*. New York: Plenum Press.

Lindberg, David C. (2007). *The Beginnings of Western Science: The European Scientific Tradition in Philosophical, Religious, and Institutional Context, Prehistory to A.D. 1450*. Chicago: University of Chicago Press.

Lindblom, Charles E. (1977). *Politics and Markets: The World's Political-Economic Systems*. New York: Basic Books.

Linder, Laura R. (1999). *Public Access Television: America's Electronic Soapbox*. Westport, CT: Praeger.

Lindlof, Thomas R. (1991). "The Qualitative Study of Media Audiences." *Journal of Broadcasting and Electronic Media* 35(1), 23~42.

Lindlof, Thomas R., and Bryan C. Taylor. (2010). *Qualitative Communication Research Methods*. Los Angeles: Sage.

Lipp mann, Walter. (1922). *Public Opinion*. New York: Free Press.

________. (1925). T*he Phantom Public*. New York: Macmillan.

Lipset, Seymour Martin. (1960). *Political Man*. New York: Doubleday.

________. (1970). *Revolution and Counterrevolution: Change and Persistence in Social Structures*. Garden City, NY: Anchor Books.

________. (1985). *Consensus and Conflict*. New Brunswick, NJ: Transaction Books.

Lipset, Seymour Martin, Martin A. Trow, and James S. Coleman. (1956). *Union Democracy*. Garden City, NY, Anchor Books.

Litman, Jessica. (2000). *Digital Copyright: Protecting Intellectual Property on the Internet.* Amherst NY, Prometheus Books.

Liu, Xun, and Robert LaRose. (2008). "Does Using the Internet Make People More Satisfied with Their Lives? The Effects of the Internet on College Students' School Life Satisfaction." *CyberPsychology and Behavior* 11(3), 310~320.

Livingstone, Sonia. (1998). "Relationships between Media and Audiences: Prospects for Audience Reception Studies." In *Media, Ritual and Identity.* edited by Tamar Liebes and James Curran, 237~252. New York: Routledge.

Locksley, Anne, Vilma Ortiz, and Christine Hepburn. (1980). "Social Categorization and Discriminatory Behavior: Extinguishing the Minimal Intergroup Discrimination Effect." *Journal of Personality and Social Psychology* 39, 773~783.

Lodish, Leonard M., Magid Abraham, Stuart Kalmensen, Jeanne Livelsberger, Beth Lubetkin, Bruce Richardson, and Mary Ellen Stevens. (1995). "How TV Advertising Works: A Meta Analysis of 389 Real World Split Cable TV Advertising Experiments." *Journal Marketing Research* 32, 125~139.

Logan, Robert K. (1986). *The Alphabet Effect: The Impact of the Phonetic Alphabet on the Development of Western Civilization.* New York: Morrow.

Lotz, Amanda. (2007). *The Television Will Be Revolutionized.* New York: NYU Press.

Lubken, Deborah. (2008). "Remembering the Straw Man: The Travels and Adventures of Hypodermic." In *The History of Media and Communication Research: Contested Memories.* edited by David W. Park and Jefferson Pooley, 19~42. New York: Peter Lang.

Lull, James. (1988). "Critical Response: The Audience as Nuisance." *Critical Studies in Mass Communication* 5(3), 239~242.

Lyman, Peter, and Hal R. Varian. (2003). *How Much Information?* Berkeley: University of California.

Machlup, Fritz. (1962). *The Production and Distribution of Knowledge in the United States.* Princeton, NJ: Princeton University Press.

MacKinnon, Rebecca. (2012). *Consent of the Networked: The Worldwide Strug gle for Internet Freedom.* New York: Basic Books.

MacKuen, Michael, and Steven Lane Coombs. (1981). *More Than News: Media Power in Public Affairs.* Beverly Hills, CA: Sage.

Man, John. (2002). *The Gutenberg Revolution: How Printing Changed the Course of History.* London: Headline.

Manheim, Jarol B. (1994). *Strategic Public Diplomacy and American Foreign Policy: The Evolution of Influence.* New York: Oxford University Press.

Mannheim, Karl. (1936). *Ideology and Utopia.* New York: Harcourt Brace.

Mansell, Robin(ed.). (2009). *The Information Society: Critical Concepts in Sociology.* New York: Routledge.

Marcus, George E., W. Russell Neuman, and Michael MacKuen. (2000). *Affective Intelligence and Political Judgment.* Chicago: University of Chicago Press.

Marsden, Peter V., and James D. Wright. (2010). *Handbook of Survey Research.* Bingley, UK: Emerald.

Martin, Ralph K., Garrett J. O'Keefe, and Oguz B. Nayman. (1972). "Opinion Agreement and

Accuracy between Editors and Their Readers." *Journalism and Mass Communication Quarterly* 49(3), 460~468.

Marvin, Carolyn. (1988). *When Old Technologies Were New: Thinking about Technology in the Late 19th Century*. New York: Oxford University Press.

Masuda, Yoneji. (1980). *The Information Society as Post Industrial Society*. Bethesda, MD: World Future Society.

Mattelart, Armand. (2003). *The Information Society: An Introduction*. London: Sage.

Mayer, Martin. (1992). *The Greatest Ever Bank Robbery: The Collapse of the Savings and Loan Industry*. New York: C. Scribner's Sons.

Mazzoleni, Gianpietro, and Winfried Schulz. (1999). "'Mediatization' of Politics: A Challenge for Democracy?" *Political Communication* 16(3), 247~261.

McCarthy, John D., and Mayer N. Zald. (1977). "Resource Mobilization and Social Movements: A Partial Theory." *American Journal of Sociology* 82, 1212~1241.

McChesney, Robert W. (1999). *Rich Media, Poor Democracy: Communication Politics in Dubious Times*. New York: New Press.

McChesney, Robert W., and Ben Scott(eds.). (2004). *Our Unfree Press: 100 Years of Radical Media Criticism*. New York: New Press.

McChesney, Robert Waterman. (2004). *The Problem of the Media: U.S. Communication Politics in the Twenty-First Century*. New York: Monthly Review Press.

McCombs, Maxwell, Donald L. Shaw, and David Weaver(eds.). (1997). *Communication and Democracy: Exploring the Intellectual Frontiers in Agenda-Setting Theory*. Mahwah, NJ: Lawrence Erlbaum.

McCombs, Maxwell, and Jian-Hua Zhu. (1995). "Capacity, Diversity, and Volatility of the Public Agenda: Trends from 1954 to 1994." *Public Opinion Quarterly* 59(4), 495~525.

McCombs, Maxwell E. (2004). *Setting the Agenda: The Mass Media and Public Opinion*. Malden, MA: Polity.

McCombs, Maxwell E., and Chaim H. Eyal. (1980). "Spending on Mass Media." *Journal of Communication* 30(1), 153~158.

McCombs, Maxwell E., and Amy Reynolds. (2002). "News Influence on Our Pictures of the World." In *Media Effects: Advances in Theory and Research*. edited by Jennings Bryant and Dolf Zillmann, 1~18. Mahwah, NJ: Lawrence Erlbaum.

McCombs, Maxwell E., and Donald L. Shaw. (1972). "The Agenda Setting Function of the Mass Media." *Public Opinion Quarterly* 36, 176~187.

________. (1993). "The Evolution of Agenda-Setting Research: Twenty-Five Years in the Marketplace of Ideas." *Journal of Communication* 43(2), 58~67.

McGuire, William J. (1968). "Personality and Susceptibility to Social Influence." In *Handbook of Personality Theory and Research*. edited by Edgar F. Borgatta and William W. Lambert, 1130~1187. Chicago: Rand-McNally.

________. (1985). "Attitudes and Attitude Change." In *The Handbook of Social Psychology*. edited by Gardner Lindzey and Elliot Aronson, 233~346. New York: Random House.

McKnight, David. (2012). *Rupert Murdoch: An Investigation of Political Power*. Chicago: Allen & Unwin.

McLeod, Jack, Lee B. Becker, and James E. Byrnes. (1974). "Another Look at the Agenda

Setting Function of the Press." *Communications Research* 2, 131~166.

McLeod, Jack, and Jay Blumler. (1987). "The Macrosocial Level of Communication Science." In *Handbook of Communication Science.* edited by Charles R. Berger and Steven H. Chaffee, 271~322. Newbury Park, CA: Sage.

McLeod, Jack M., Gerald M. Kosicki, and Douglas M. McLeod. (2009). "Levels of Analysis and Communication Science." In *Handbook of Communication Science.* edited by Charles R. Berger, Michael Roloff, and David Roskos-Ewoldsen, 183~200. Thousand Oaks, CA: Sage.

McLeod, Jack M., and Byron Reeves. (1980). "On the Nature of Mass Media Effects." In *Television and Social Behavior.* edited by Stephen B. Withey and Ronald P. Abeles, 17~54. Hillsdale, NJ: Lawrence Erlbaum.

McLeod, Jack M., Jessica Zubric, Heejo Keum, Sameer Deshpande, Jaeho Cho, Susan E. Stein, and Mark Heather. (2001). "Refl ecting and Connecting: Testing a Communication Mediation Model of Civic Participation." Paper presented to the Association for Education in Journalism and Mass Communication annual meeting, Washington, DC.

McLuhan, Marshall. (1964). *Understanding Media.* New York: American Library.

________. (1969). *The Gutenberg Galaxy: The Making of Typographic Man.* New York: Mentor.

McNally, Peter F.(ed.). (1987). *The Advent of Printing: Historians of Science Respond to Elizabeth Eisenstein's the Printing Press as an Agent of Change.* Montreal: McGill University.

McPhee, Robert D., and Pamela Zaug. (2000). "The Communicative Constitution of Organizations: A Framework for Explanation." *Electronic Journal of Communication/La Revue Electronique de Communication* 10(1-2), 1~16.

McQuail, Denis. (1986). "Is Media Theory Adequate to the Challenge of the New Communications Technologies?" In *New Communications Technologies and the Public Interest: Comparative Perspectives on Policy and Research.* edited by Marjorie Ferguson, 1~17. Newbury Park, CA: Sage.

McQuail, Denis, Jay G. Blumler, and J. R. Brown. (1972). "The Television Audience: A Revised Perspective." In *Sociology of Mass Communication.* edited by Denis McQuail, 135~165. Baltimore, MD: Penguin.

McQuail, Denis, and Sven Windahl. (1993). *Communication Models for the Study of Mass Communications Second Edition.* New York: Longman.

Menczer, Filippo, Santo Fortunato, Alessandro Flammini, and Alessandro Vespignani. (2006). "Googlearchy or Googlocracy?" *IEEE Spectrum Inside Technology*, February.

Merton, Robert K. (1936). "The Unanticipated Consequences of Purposive Social Action." *American Sociological Review* 1(6), 894~904.

________. (1968a). "The Matthew Effect in Science." *Science* 159(3810), 56~63.

________. (1968b). *Social Theory and Social Structure.* New York: Free Press.

Metcalfe, Robert M. (2000). *Internet Collapses and Other Infoworld Punditry.* Foster City, CA: IDG Books Worldwide.

Meyer, Katherine. (2005). "The Best of the Worst." *Wall Street Journal*, May 3.

Michels, Robert. (1962). *Political Parties: A Sociological Study of Oligarchical Tendencies of Modern Democracy.* New York: Collier Books.

Miller, Arthur, Edie Goldenberg, and Lutz Erbring. (1979). "Type-Set Politics: Impact of

Newspapers on Public Confidence." *American Political Science Review* 73, 67~84.

Miller, George A. (1956). "The Magical Number Seven, Plus or Minus Two: Some Limits on Our Capacity for Processing Information." *Psychology Review* 63, 81~97.

Miller, Gerald R., and Mark Steinberg. (1975). *Between People: A New Analysis of Interpersonal Communication*. Chicago: Science Research Associates.

Miller, James G. (1960). "Information Input Overload and Psychopathology." *American Journal of Psychiatry* 116, 695~704.

Mishler, Elliot G. (1986). *Research Interviewing: Context and Narrative*. Cambridge, MA: Harvard University Press.

Moffi tt, Sean. (2011). "Wikibrands' Top 80 Social Media Monitoring Companies." *Wikibrands*. http://wiki-brands.com/.

Mokyr, Joel. (1990). *The Lever of Riches: Technological Creativity and Economic Progress*. New York: Oxford University Press.

Molotch, Harvey, and Marilyn Lester. (1974). "News as Purposive Behavior: On the Strategic Use of Routine Events, Accidents, and Scandals." *American Sociological Review* 39, 101~112.

Monge, Peter R., and Joseph N. Cappella(eds.). (1980). *Multivariate Techniques in Human Communication Research*. New York: Academic Press.

Monroe, Kirsten Renwick, James Hankin, and Renee Bukovchik Van Vechten. (2000). "The Psychological Foundations of Identity Politics." *Annual Review of Political Science* 3, 419~447.

Morgan, Michael, and James Shanahan. (1996). "Two Decades of Cultivation Research: An Appraisal and Meta-Analysis." *Communication Yearbook* 20, 1~45.

Morley, David. (1980). *The Nationwide Audience: Structure and Decoding*. London: British Film Institute.

________. (1986). *Family Television: Cultural Power and Domestic Leisure*. London: Comedia.

________. (1992). *Television, Audiences and Cultural Studies*. New York: Routledge.

Morley, David, and Charlotte Brunsdon. (1978). *Everyday Television: Nationwide*. London: British Film Institute.

________. (1999). *The Nationwide Television Studies*. New York: Routledge.

Morley, Donald Dean. (1988a). "Colloquy on Generalization Meta-Analytic Techniques When Generalizing to Message Populations Is Not Possible." *Human Communication Research* 15(1), 112~126.

________. (1988b). "Reply to Jackson, O'Keefe, and Jacobs." *Human Communication Research* 15(1), 143~147.

Morrison, David E. (1978). "The Beginnings of Modern Mass Communication Research." *European Journal of Sociology* 19, 347~359.

Mosco, Vincent. (2005). *The Digital Sublime: Myth, Power, and Cyberspace*. Cambridge, MA: MIT Press.

Moy, Patricia, David Domke, and Keith Stamm. (2001). "The Spiral of Silence and Public Opinion on Affi rmative Action." *Journalism & Mass Communication Quarterly* 78(1), 7~25.

Mullen, Megan Gwynne. (2003). *The Rise of Cable Programming in the United States: Revolution or Evolution*. Austin: University of Texas Press.

Murdock, Graham, and Peter Golding. (1989). "Information Poverty and *Political* In equality: Citizenship in the Age of Privatized Communications." *Journal of Communication* 39(3), 180~195.

Mutz, Diana. (1998). *Impersonal Influence: How Perceptions of Mass Collectives Affect Political Attitudes*. New York: Oxford University Press.

________. (2006). "How the Mass Media Divide Us." In *Red and Blue Nation: Characteristics and Causes of America's Polarized Politics*. edited by Pietro S. Nivola and David W. Brady, 223~248. Washington, DC: Brookings Institution.

Napoli, Philip M. (2001). "The Marketplace of Ideas." In *Foundations of Communications Policy: Principles and Process in the Regulation of Electronic Media*. edited by Philip M. Napoli, 97~124. Cresskill, NJ: Hampton Press.

________. (2003). *Audience Economics: Media Institutions and the Audience Marketplace*. New York: Columbia University Press.

________. (2008). "Hyperlinking and the Forces of 'Massifi cation.'" In *The Hyperlinked Society: Questioning Connections in the Digital Age*. edited by Joseph Turow and Lokman Tsui, 56~69. Ann Arbor: University of Michigan Press.

________. (2010). *Audience Evolution: New Technologies and the Transformation of Media Audiences*. New York: Columbia University Press.

Nassmacher, Karl-Heinz. (1993). "Comparing Party and Campaign Finance in Western Democracies." In *Campaign and Party Finance in North America and Western Europe*. edited by Arthur B. Gunlicks, 233~267. Boulder, CO: Westview.

Negroponte, Nicholas (1995). *Being Digital*. New York: Knopf.

Nelson, Bryan (2010). "McDonald's Spent 23 Cents on Advertising for Every Human on Planet Earth in 2001." briankelson.com.

Nelson, Thomas E., Rosalee A. Clawson, and Zoe M. Oxley. (1997). "Media Framing of a Civil Liberties Conflict and Its Effect on Tolerance." *American Political Science Review* 91, 567~583.

Neuman, W. Russell. (1976). "Patterns of Recall among Television News Viewers." *Public Opinion Quarterly* 40, 115~123.

________. (1982). "Television and American Culture." *Public Opinion Quarterly* 46, 471~487.

________. (1986). *The Paradox of Mass Politics*. Cambridge, MA: Harvard University Press.

________. (1989). "Parallel Content Analysis: Old Paradigms and New Proposals." In *Public Communication and Behavior, Volume 2*. edited by George Comstock, 205~289. Orlando, FL: Academic Press.

________. (1990). "The Threshold of Public Attention." *Public Opinion Quarterly* 54(2), 159~176.

________. (1991). *The Future of the Mass Audience*. New York: Cambridge University Press.

Neuman, W. Russell, Bruce Bimber, and Matthew Hindman. (2011). "The Internet and Four Dimensions of Citizenship." In *The Oxford Handbook of American Public Opinion and the Media*. edited by Robert Y. Shapiro and Lawrence R. Jacobs, 22~42. New York: Oxford University Press.

Neuman, W. Russell, and Krysha Gregorowicz. (2010). "A Critical Transition in Mass Communication: From Push Media to Pull Media." Presented at the American Political

Science Association Annual Conference, Washington, DC.

Neuman, W. Russell, and Lauren Guggenheim. (2011). "The Evolution of Media Effects Theory: Fifty Years of Cumulative Research." *Communication Theory* 21(2), 169~196.

Neuman, W. Russell, Lauren Guggenheim, Seung Mo Jang, and Soo Young Bae. (2014). "The Dynamics of Public Attention: Agenda-Setting Theory Meets Big Data." *Journal of Communication* 64(2), 193~214.

Neuman, W. Russell, Marion R. Just, and Ann N. Crigler. (1992). *Common Knowledge: News and the Construction of Political Meaning*. Chicago: University of Chicago Press.

Neuman, W. Russell, George E. Marcus, Ann N. Crigler, and Michael MacKuen(eds.). (2007). *The Affect Effect: Dynamics of Emotion in Political Thinking and Be havior* Chicago: University of Chicago Press.

Neuman, W. Russell, George E. Marcus, and Michael B. MacKuen. (2012). "The Affective Resonance of Tea Party Politics." Presented at the Midwest Political Science Association Annual Meeting, Chicago.

Neuman, W. Russell, Lee McKnight, and Richard Jay Solomon. (1998). *The Gordian Knot: Political Gridlock on the Information Highway*. Cambridge, MA: MIT Press.

Neuman, W. Russell, Yong Jin Park, and Elliot Panek. (2012). "Tracking the Flow of Information into the Home: An Empirical Assessment of the Digital Revolution in the U.S. from 1960-2005." *International Journal of Communication* 6, 1022~1041.

Neuman, W. Russell, and Ithiel de Sola Pool. (1986). "The Flow of Communications into the Home." In *Media, Audience and Social Structure*. edited by Sandra J. Ball-Rokeach and Muriel Cantor, 71~86. Beverly Hills: Sage.

Newhagen, John E., and Sheizaf Rafaeli. (1996). "Why Communication Researchers Should Study the Internet." *Journal of Communication* 46(1), 4~13.

Newman, Mark E. J. (2005). "Power Laws, Pareto Distributions and Zipf's Law." *Contemporary Physics* 46, 323~351.

Nie, Norman, Sidney Verba, and John R. Petrocik. (1976). *The Changing American Voter*. Cambridge, MA: Harvard University Press.

Nielsen. (1986). *1986 Nielsen Report on Television*. New York: A. C. Nielsen.

________. (2010). *Television, Internet and Mobile Usage in the U.S.* New York: A. C. Nielsen.

________. (2014). *The Total Audience Report*. New York: A. C. Nielsen.

Nielsen, Jakob. (2000). *Designing Web Usability*. Indianapolis, IN: New Riders.

Nielsen, Jakob, and Kara Pernice. (2010). *Eyetracking Web Usability*. Berkeley, CA: New Riders.

Nisbet, Matthew C., and Teresa Myers. (2007). "Twenty Years of Public Opinion about Global Warming." *Public Opinion Quarterly* 71(3), 444~470.

Nivola, Pietro S., and David W. Brady. (2006). *Red and Blue Nation?: Characteristics and Causes of America's Polarized Politics*. Washington, DC: Brookings Institution.

Noam, Eli. (2004). *Market Failure in the Media Sector*. New York: Columbia University Center for Telecommunication and Information Studies.

________. (2009). *Media Own ership and Concentration in America*. New York: Oxford University Press.

Noelle-Neumann, Elisabeth. (1973). "Return to the Concept of Power fulMass Media." *Studies of Broadcasting*, 102~123.

________. (1974). "The Spiral of Silence: A Theory of Public Opinion." *Journal of Communication* 24, 43~51.

________. (1984). *The Spiral of Silence*. Chicago: University of Chicago Press.

________. (1993). *The Spiral of Silence*, 2nd ed. Chicago: University of Chicago Press.

Noll, Roger G., and Bruce M. Owen(eds.). (1983). *The Political Economy of Deregulation: Interest Groups in the Regulatory Process*. Washington, DC: American Enterprise Institute.

Nora, Simon, and Alain Minc. (1980). T*he Computerization of Society*. Cambridge, MA: MIT Press.

Norris, Pippa. (2000). *A Virtuous Circle: Political Communications in Post-Industrial Societies*. New York: Cambridge University Press.

Nunnally, Jum C., and Ira Bern stein. (1994). *Psychometric Theory*. New York: McGraw-Hill.

Oberschall, Anthony. (1973). *Social Conflict and Social Movements*. Englewood Cliffs, NJ: Prentice Hall.

Office of National Drug Control Policy. (2000). *The National Drug Control Strategy: 2000 Annual Report*. Washington, DC: Government Printing Office.

Ogden, Charles K., and Ivor A. Richards. (1923). *The Meaning of Meaning*. Orlando, FL: Harcourt Brace.

O'Keefe, Daniel J., Sally Jackson, and Scott Jacobs. (1988). "Reply to Morley." *Human Communication Research* 15(1), 148~151.

O'Keefe, Daniel J., and Jakob D. Jensen. (2006). "The Advantages of Compliance or the Disadvantages of Noncompliance? A Meta-Analytic Review of the Relative Persuasive Effectiveness of Gain-Framed and Loss-Framed Messages." *Communication Yearbook* 30, 1~43.

Orwell, George. (1949). *1984*. New York: Signet Books.

Osgood, Charles E., George J. Suci, and Percy Tannenbaum. (1957). *The Measurement of Meaning*. Urbana: University of Illinois Press.

Ostgaard, Einar. (1965). "Factors Infl uencing the Flow of News." *Journal of Peace Research* 2, 39~63.

Owen, Bruce M., and Ronald Braeutigam. (1978). *The Regulation Game: Strategic Use of the Administrative Process*. Cambridge: Ballinger.

Owens, Lindsay A. (2012). "Trends: Confidence in Banks, Financial Institutions, and Wall Street, 1971-2011." *Public Opinion Quarterly* 76(1), 142~162.

Packard, Vance. (1957). *The Hidden Persuaders*. New York: McKay.

Page, Benjamin I., and Robert Y. Shapiro. (1992). *The Rational Public: Fifty Years of Trends in Americans' Policy Preferences*. Chicago: University of Chicago Press.

Page, Scott E. (2007). *The Difference: How the Power of Diversity Creates Better Groups, Firms, Schools, and Societies*. Princeton, NJ: Princeton University Press.

Paisley, William. (1984). "Communication in the Communication Sciences." In *Progress in the Communication Sciences*. Vol.5. edited by Brenda Dervin and Melvin J. Voigt, 1~43. Norwood, NJ: Ablex.

Pajares, Frank. (2004). "Albert Bandura: Biographical Sketch." http://stanford. edu/dept/psychology/bandura/bandura-bio-pajares/Albert%20Bandura%20_BiographicalSketch.html.

Pan, Zhongdang, and Jack M. Mcleod. (1991). "Multilevel Analysis in Mass Communication Research." *Communication Research* 18(2), 140~173.

Papper, Robert A., Michael E. Holmes, Mark N. Popo vich, and Michael Bloxham. (2005). *Middletown Media Studies*. Muncie, IN: Ball State University. https://insightandresearch.wordpress.com/category/other-projects-research-in-the-news/middletown-media-studies/.

Pareto, Vilfredo. (1935). *The Mind and Society*. New York: Harcourt Brace.

Parfeni, Lucian. (2009). "Jk Wedding Dance Serves YouTube's Profi tability Case." *Softpedia.com*, July 31.

Pariser, Eli. (2011). *The Filter Bubble: What the Internet Is Hiding from You*. New York: Penguin Press.

Park, David W., and Jefferson Pooley(eds.). (2008). *The History of Media and Communication Research: Contested Memories*. New York: Peter Lang.

Parsons, Talcott. (1942). "Propaganda and Social Control." *Psychiatry* 5(4), 551~572.

Pasquale, Frank. (2010). "Beyond Innovation and Competition: The Need for Qualified Transparency in Internet Intermediaries." *Northwestern University Law Review* 104(1), 105~174.

Patterson, Thomas. (1993). *Out of Order*. New York: Knopf.

Pencil, Murdock. (1976). "Salt Passage Research: The State of the Art." *Journal of Communication* 26, 31~36.

Perse, Elizabeth M. (2001). *Media Effects and Society*. Mahwah, NJ: Lawrence Erlbaum.

Peters, John Durham. (1999). *Speaking into the Air: A History of the Idea of Communication*. Chicago: University of Chicago Press.

Peters, John Durham, and Peter Simonson(eds.). (2004). *Mass Communication and American Social Thought: Key Texts 1919-1968*. Lanham, MD: Rowman & Littlefield.

Pettigrew, Thomas F., and Linda R. Tropp. (2006). "A Meta-Analytic Test of Intergroup Contact Theory." *Journal of Personality and Social Psychology* 90(5), 751~783.

Pew Center for the People and the Press. (2006). *Online News, Pew Research Center for the People and the Press*. www.people-press.org/2006/07/30/online-papers-modestly-boost-newspaper-readership/.

Pew Project for Excellence in Journalism. (2010). *New Media, Old Media: How Blogs and Social Media Agendas Relate and Differ from the Traditional Press*.

Pew Research Center. (2015). *State of the News Media 2015*. Annual Report. www.journalism.org/2015/04/29/state-of-the-news-media-2015/.

Philo, Greg. (2008). "Active Audiences and the Construction of Public Knowledge." *Journalism Studies* 9(4), 535~544.

Pinker, Steven. (2004). "Why Nature and Nurture Won't Go Away." *Daedalus* 133, 1~13.

Pool, Ithiel de Sola(ed.). (1959). *Trends in Content Analysis*. Urbana: University of Illinois Press.

________. (1973). "Communication in Totalitarian Societies." In *Handbook of Communication*. edited by Ithiel de Sola Pool and Wilbur Schramm, 462~511. Chicago: Rand McNally.

________. (1983). *Technologies of Freedom*. Cambridge, MA: Harvard University Press.

Pool, Ithiel de Sola, Hiroshi Inose, Nozomu Takasaki, and Roger Hurwitz. (1984). *Communications Flows: A Census in the United States and Japan*. Amsterdam: Elsevier

North Holland.

Pooley, Jefferson. (2008). "The New History of Mass Communication Research." In *The History of Media and Communication Research: Contested Memories*. edited by David W. Park and Jefferson Pooley, 43~70. New York: Peter Lang.

Poor, Nathaniel. (2005). "Mechanisms of an Online Public Sphere: The Website Slashdot." *Journal of Computer-Mediated Communication* 10(2). onlinelibrary.wiley. com/journal/10. 1111/%28ISSN%291083-6101.

Porat, Marc U. (1977). *The Information Economy*. Washington, DC: U.S. Government Printing Office.

Potter, W. James. (1994). "Cultivation Theory and Research: A Methodological Critique." *Journalism Monographs* 147, 1~34.

Pratkanis, Anthony R. (1992). "The Cargo-Cult Science of Subliminal Persuasion." *Skeptical Inquirer* 16(3), 260~272.

Preacher, Kristopher J., and Andrew F. Hayes. (2008). "Contemporary Approaches to Assessing Mediation in Communication Research." In *The Sage Sourcebook of Advanced Data Analysis Methods for Communication Research*. edited by Andrew F. Hayes, Michael D. Slater, and Leslie B. Snyder, 13~54. Thousand Oaks, CA: Sage.

Preiss, Raymond W., Barbara Mae Gayle, Nancy Burrell, Mike Allen, and Jennings Bryant(eds.). (2007). *Mass Media Effects Research: Advances through Meta-Analysis*. Mahwah, NJ: Lawrence Erlbaum.

Price, Derek de Solla. (1963). *Little Science, Big Science*. New York: Columbia University Press.

Price, Vincent, and Scott Allen. (1990). "Opinion Spirals, Silent and Other wise: Applying Small-Group Research to Public Opinion Phenomena." *Communication Research* 17(3), 369~392.

Price, Vincent, David Tewksbury, and Elizabeth Powers. (1997). "Switching Trains of Thought: The Impact of News Frames on Reader's Cognitive Responses." *Communication Research* 24(5), 481~506.

Priest, Susanna H. (2009). *Doing Media Research: An Introduction*. Thousand Oaks, CA: Sage.

Prior, Markus. (2007). *Post-Broadcast Democracy: How Media Choice Increases In equality in Political Involvement and Polarizes Elections*. New York: Cambridge University Press.

Procter, James. (2004). *Stuart Hall*. New York: Routledge.

Puddington, Arch. (2011). *Freedom in the World*. New York: Freedom House.

Putnam, Linda L., and Anne M. Nicotera(eds.). (2009). *Building Theories of Organization: The Constitutive Role of Communication*. New York: Routledge.

Putnam, Robert D. (2000). *Bowling Alone: The Collapse and Revival of American Community*. New York: Simon & Schuster.

Radway, Janice A. (1984). *Reading the Romance: Women, Patriarchy, and Popular Literature*. Chapel Hill: University of North Carolina Press.

________. (1988). "Reception Study: Ethnography and the Problems of Dispersed Audiences and Nomadic Subjects." *Cultural Studies* 2, 359~376.

________. (1991). "Writing Reading the Romance." In *Reading the Romance: Women, Patriarchy, and Popular Literature*. edited by Janice A. Radway, 1~18. Chapel Hill:

University of North Carolina Press.
Rahim, M. Afzalur. (2010). *Managing Conflict in Organizations.* New Brunswick, NJ: Transaction Publishers.
Raymond, Eric S., and Bob Young. (2001). *The Cathedral and the Bazaar: Musings on Linux and Open Source by an Accidental Revolutionary.* Sebastopol, CA: O'Reilly.
Reynolds, Vernon, Vincent Falger, and Ian Vine(eds.). (1987). *The Sociobiology of Ethnocentrism: Evolutionary Dimensions of Xenophobia, Discrimination, Racism, and Nationalism.* Athens: University of Georgia Press.
Richerson, Peter J., and Robert Boyd. (2005). *Not by Genes Alone: How Culture Transformed Human Evolution.* Chicago: University of Chicago Press.
Richtel, Matt. (2010). "Hooked on Gadgets, and Paying a Mental Price." *New York Times,* June 6.
Riesman, David. (1950). *The Lonely Crowd: A Study of the Changing American Character.* New Haven, CT: Yale University Press.
Ripberger, Joseph T. (2011). "Capturing Curiosity: Using Internet Search Trends to Measure Public Attentiveness." *Policy Studies Journal* 39(2), 239~259.
Robinson, Glen O. (1989). "The Federal Communications Act: An Essay on Origins and Regulatory Purpose." In *A Legislative History of the Communications Act of 1934.* edited by Max Paglin, 3~24. New York: Oxford University Press.
Robinson, John P. (1971). "The Audience for National TV New Programs." *Public Opinion Quarterly* 35(3), 403~405.
Robinson, John P., and Geoffrey Godbey. (1997). *Time for Life: The Surprising Ways Americans Use Their Time.* University Park: Pennsylvania State University Press.
Robinson, John P., and Mark Levy. (1986). *The Main Source.* Beverly Hills, CA: Sage.
Rodden, John. (1989). *The Politics of Literary Reputation: The Making and Claiming of "St. George" Orwell.* New York: Oxford University Press.
Rogers, Everett. (1973). "Mass Media and Interpersonal Communications." In Handbook of Communication. edited by Ithiel de Sola Pool and Wilbur Schramm, 290~310. Chicago: Rand McNally.
________. (1985). "The Empirical and Critical Schools of Communication Research." In *The Media Revolution in America and in Western Europe.* edited by Everett M. Rogers and Francis Balle, 219~235. Norwood, NJ: Ablex.
________. (1986). *Communication Technology: The New Media in Society.* New York: Free Press.
________. (1992). "On Early Mass Communication Study." *Journal of Broadcasting and Electronic Media* 36(4), 467~471.
________. (1994). *A History of Communication Study: A Biographical Approach.* New York: Free Press.
________. (2003). *Diffusion of Innovations*, 5th ed. New York: Free Press.
Rogin, Michael Paul. (1967). *The Intellectuals and McCarthy: The Radical Specter.* Cambridge, MA: MIT Press.
Rojek, Chris. (2003). *Stuart Hall.* Cambridge: Polity.
Romney, Kimball, and Susan C. Weller. (1984). "Predicting Informant Accuracy from Patterns

of Recall among Individuals." *Social Networks* 6(1), 59~77.

Rosen, Stanley. (1981). "The Economics of Superstars." *American Economic Review* 71, 845~858.

Rosenberg, Milton J., Sidney Verba, and Philip E. Converse. (1970). *Vietnam and the Silent Majority: The Dove's Guide.* New York: Harper & Row.

Rosenberg, Nathan, and L. E. Birdzell Jr. (1986). *How the West Grew Rich: The Economic Transformation of the Industrial Revolution.* New York: Basic Books.

Rosenthal, Morris. (2011). "Understanding Sales Rankings for Books." www.fonerbooks.com.

Rothley, K. D., Oswald J. Schmitz, and Jared L. Cohon. (1997). "Foraging to Balance Conflicting Demands: Novel Insights from Grasshoppers under Predation Risk." *Behavioral Ecology* 8(5), 551~559.

Rowland, Willard D., Jr. (1983). *The Politics of TV Violence: Policy Uses of Communication Research.* Beverly Hills, CA: Sage.

Rubin, Alan. (1986). "Uses, Gratifications, and Media Effects Research." In *Perspectives on Media Effects.* edited by Jennings Bryant and Dolf Zillmann, 281~301. Hillsdale, NJ: Lawrence Erlbaum.

Rubin, Alan M., Elizabeth M. Perse, and Donald S. Taylor. (1988). "A Methodological Examination of Cultivation." *Communication Research* 15(2), 107~134.

Rubin, Rebecca B., Alan M. Rubin, and Paul M. Haridakis. (2009). *Communication Research: Strategies and Sources 7th Edition.* Belmont, CA: Thomson.

Rudolph, Frederick. (1993). *Curriculum: A History of the American Undergraduate Course of Study since 1636.* San Francisco: Josey-Bass.

Ryan, Timothy J. (2012). "What Makes Us Click? Demonstrating Incentives for Angry Discourse with Digital-Age Field Experiments." *Journal of Politics* 74(4), 1138~1152.

Samuelson, Pamela. (2006). "The Generativity of Sony v. Universal: The Intellectual Property Legacy of Justice Stevens." *Fordham Law Review* 74, 1831~1876.

________. (2010). "Google Book Search and the Future of Books in Cyberspace." *Minnesota Law Review* 94, 1308~1374.

Santo, Alysia. (2011). "Occupy Wall Street's Media Team." *Columbia Journalism Review*, October 7. www.cjr.org/.

Scannell, Paddy. (1990). "Public Service Broadcasting: The History of a Concept." In *Understanding Television.* edited by Andrew Goodwin and Garry Whannel, 11~29. New York: Routledge.

________. (2007). *Media and Communication.* Thousand Oaks, CA: Sage.

Schauer, Frederick (2005). "The Exceptional First Amendment." Working Paper Series from Harvard University, John F. Kennedy School of Government(RWP05-021).

Schein, Edgar H. (1971). *Coercive Persuasion: A Socio-Psychological Analysis of the "Brainwashing" of American Civilian Prisoners by the Chinese Communists.* New York: Norton.

Scheufele, Dietram A. (1999). "Framing as a Theory of Media Effects." *Journal of Communication* 49(1), 103~122.

Scheufele, Dietram A., and Patricia Moy. (2000). "Twenty-Five Years of the Spiral of Silence: A Conceptual Review and Empirical Outlook." *International Journal of Public Opinion*

Research 12(1), 3~28.

Schiller, Dan. (2000). *Digital Capitalism: Networking the Global Market System*. Cambridge, MA: MIT Press.

Schlesinger, Philip. (1991). *Media, State and Nation: Political Violence and Collective Identities*. Newbury Park, CA: Sage.

Schneider, David J. (2004). *The Psychology of Stereotyping*. New York: Guilford.

Schrad, Mark Lawrence. (2010). *The Political Power of Bad Ideas: Networks, Institutions, and the Global Prohibition Wave*. Oxford: Oxford University Press.

Schramm, Wilbur(ed.). (1948). *Communication in Modern Society*. Urbana: University of Illinois Press.

________. (1980). "The Beginnings of Communication Study in the United States." In *Communication Yearbook, Volume 4*. edited by Dan Nimmo, 73~82. New Brunswick, NJ: Transaction.

________. (1997). *The Beginnings of Communication Study in America*. Thousand Oaks, CA: Sage.

Schrecker, Ellen. (1998). *Many Are the Crimes: McCarthyism in America*. New York: Little Brown.

Schroder, Kim Christian. (1987). "Convergence of Antagonistic Traditions?

The Case of Audience Research." *European Journal of Communication* 2(1), 7~31.

Schudson, Michael. (1982). "The Politics of Narrative Form: The Emergence of News Conventions in Print and Television." *Daedalus* 111, 97~112.

________. (1984). *Advertising, the Uneasy Persuasion*. New York: Basic Books.

________. (1997). "Why Conversation Is Not the Soul of Democracy." *Critical Studies in Mass Communications* 14, 297~309.

________. (1998). *The Good Citizen: A History of American Civic Life*. New York: Free Press.

Schulz, Winfried Friedrich. (1982). "News Structure and People's Awareness of Political Events." *International Communication Gazette* 30(3), 139~153.

Schuman, Howard, and Stanley Presser. (1981). *Questions and Answers in Attitude Surveys: Experiments on Question Form, Wording, and Context*. New York: Academic Press.

Schuman, Howard, Charlotte Steeh, Lawrence D. Bobo, and Maria Krysan. (1997). *Racial Attitudes in America: Trends and Interpretations*. Cambridge, MA: Harvard University Press.

Schuman, Howard S., Stanley Presser, and Jacob Ludwig. (1981). "Contextual Effects on Survey Responses to Questions about Abortion." *Public Opinion Quarterly* 41, 216~223.

Schwartz, Barry. (2004). *The Paradox of Choice: Why More Is Less*. New York: HarperCollins.

Segev, Elad. (2010). *Google and the Digital Divide: The Basis of Online Knowledge*. Cambridge: Chandos.

Shah, Dhavan V., Joseph Cappella, and W. Russell Neuman(eds.). (2015). *Toward Computational Social Science: Exploiting Big Data in the Digital Age*. Philadelphia: ANNALS of the American Academy of Political and Social Science.

Shanahan, James, Carroll Glynn, and Andrew Hayes (2007). "The Spiral of Silence: A Meta-Analysis of Its Impact." In *Mass Media Effects Research: Advances through Meta-Analysis*. edited by Raymond W. Preiss, Barbara Mae Gayle, Nancy Burrell, Mike

Allen, and Jennings Bryant, 415~428. Mahwah, NJ: Lawrence Erlbaum.

Shannon, Claude E., and Warren Weaver. (1949). *The Mathematical Theory of Communication*. Urbana: University of Illinois.

Shapiro, Carl, and Hal R. Varian. (1999). *Information Rules: A Strategic Guide to the Network Economy*. Boston: Harvard Business School Press.

Shenk, David. (1998). *Data Smog: Surviving the Information Glut*. New York: Harper.

Sherif, Muzafer. (1936). *The Psychology of Social Norms*. New York: HarperCollins.

Sherif, Muzafer, O. J. Harvey, B. Jack White, William R. Hood, and Carolyn W. Sherif. (1961). *Intergroup Conflict and Cooperation: The Robbers Cave Experiment*. Norman: University of Oklahoma Book Exchange.

Shils, Edward. (1957). "Daydreams and Nightmares: Reflections on the Criticism of Mass Culture." *Sewanee Review* 65(4), 586~608.

Shirky, Clay. (2008). *Here Comes Every body: The Power of Organizing without Organizations*. New York: Penguin.

Shoemaker, Pamela J., and Tim P. Vos. (2009). *Gatekeeping Theory*. Newbury Park, CA: Sage.

Shrum, L. J. (2007). "Cultivation and Social Cognition." In *Communication and Social Cognition: Theories and Methods*. edited by David. R. Roskos-Ewoldsen and Jennifer M. Monahan, 245~272. Mahwah, NJ: Lawrence Erlbaum.

Simmel, Georg. (1950). *The Sociology of Georg Simmel*. New York: The Free Press.

Simon, Herbert A. (1956). "Rational Choice and the Structure of the Environment." *Psychological Review* 63(2), 129~138.

________. (1971). "Designing Organizations for an Information-Rich World." In *Computers, Communication, and the Public Interest*. edited by Martin Greenberger, 37~72. Baltimore, MD: Johns Hopkins University Press.

Simonson, Peter. (1999). "Mediated Sources of Public Confidence: Lazarsfeld and Merton Revisited." *Journal of Communication* 49(2), 109~122.

________. (2010). *Refi guring Mass Communication: A History*. Urbana: University of Illinois Press.

Simonson, Peter, and Gabriel Weimann. (2003). "Critical Research at Columbia: Lazarsfeld and Merton's 'Mass Communication. Popular Taste and Organized Social Action.'" In *Canonic Texts in Media Research: Are There Any? Should There Be? How about These?*. edited by Elihu Katz, John Durham Peters, Tamar Liebes, and Avril Orloff, 12~38. Cambridge: Polity.

Singletary, Michael W.(ed.). (1994). *Mass Communication Research: Contemporary Methods and Applications*. New York: Longman.

Slater, Michael D. (1991). "Use of Message Stimuli in Mass Communication Experiments: A Methodological Assessment and Discussion." *Journalism Quarterly* 68(3), 412~421.

________. (2007). "Reinforcing Spirals: The Mutual Influence of Media Selectivity and Media Effects and Their Impact on Individual Behavior and Social Identity." *Communication Theory* 17(3), 281~303.

Small, Gary, Teena Moody, Prabha Siddarth, and Susan Bookheimer. (2009). "Your Brain on Google: Patterns of Ce re bral Activation during Internet Searching." *American Journal of Geriatric Psychiatry* 17, 116~126.

Small, Gary W., and Gigi Vorgan. (2008). *iBrain: Surviving the Technological Alteration of the Modern Mind*. New York: Collins Living.

Smith, Alfred G.(ed.). (1966). *Communication and Culture: Readings in the Codes of Human Interaction*. New York: Holt, Rinehart, and Winston.

Smith, Eliot R., Daniel A. Miller, Angela T. Maitner, Sara A. Crump, Teresa Garcia-Marques, and Diane M. Mackie. (2006). "Familiarity Can Increase Stereotyping." *Journal of Experimental Social Psychology* 42(4), 471~478.

Sniderman, Paul, Richard Brody, and Philip Tetlock. (1991). *Reasoning and Choice: Explorations in Political Psychology*. New York: Cambridge University Press.

Soroka, Stuart, Blake Andrew, Toril Aalberg, Shanto Iyengar, James Curran, Sharon Coen, Kaori Hayashi, et al. (2012). "Auntie Knows Best? Public Broadcasters and Current Affairs Knowledge." *British Journal of Political Science*, December.

Spangler, Todd. (2009). "YouTube May Lose $470 Million in 2009: Analysts Credit Suisse Report Estimates Video Site Will Generate $240 Million in Revenue." *Multichannel News*, April 4.

Sparks, Glenn G. (2010). *Media Effects Research: A Basic Overview Third Edition*. New York: Wadsworth.

Sparrow, Betsy, Jenny Liu, and Daniel M. Wegner. (2011). "Google Effects on Memory: Cognitive Consequences of Having Information at Our Fingertips." *Science*, 776~778.

Staab, Joachim Friedrich. (1990). "The Role of News Factors in News Selection: A Theoretical Reconsideration." *European Journal of Communication* 5(4), 423~443.

Starr, Paul. (2008). "Democratic Theory and the History of Communications." In *Explorations in Communication and History*. edited by Barbie Zelizer, 35~45. New York: Routledge.

Steiner, George, and Robert Boyers. (2009). *George Steiner at the New Yorker*. New York: New Directions.

Stempel, Guido H., and Bruce H. Westley(eds.). (1989). *Research Methods in Mass Communication*, 2nd ed. Englewood Cliffs, NJ: Prentice Hall.

Stimson, James A. (1991). *Public Opinion in America: Moods, Cycles and Swings*. Boulder, CO: Westwood.

________. (2004). *Tides of Consent: How Public Opinion Shapes American Politics*. New York: Cambridge University Press.

Strasburger, Victor C., and Barbara J. Wilson. (2002). *Children, Adolescents, and the Media*. Thousand Oaks, CA: Sage

Streeter, Thomas. (1996). *Selling the Air: A Critique of the Policy of Commercial Broadcasting in the United States*. Chicago: University of Chicago Press.

Stroud, Natalie Jomini. (2011). *Niche News: The Politics of News Choice*. New York: Oxford University Press.

Summerfi eld, Derek. (1997). "The Social, Cultural and Political Dimensions of Contemporary War." *Medicine Conflict and Survival* 13, 3~25.

Sunstein, Cass. (2001). *Republic.Com*. Princeton, NJ: Princeton University Press.

________. (2006). *Infotopia: How Many Minds Produce Knowledge*. Oxford: Oxford University Press.

Tajfel, Henri. (1982). "Social Identity and Intergroup Relations." *Annual Review of Psychology*

33, 1~39.

Tajfel, Henri, and Michael Billig. (1974). "Familiarity and Categorization in Intergroup Behavior." *Journal of Experimental Social Psychology* 10(2), 159~170.

Tajfel, Henri, Michael Billig, Robert P. Bundy, and Claude Flament. (1971). "Social Categorization and Intergroup Behaviour." *European Journal of Social Psychology* 2, 149~178.

Tajfel, Henri, and John Turner. (1986). "The Social Identity Theory of Intergroup Behavior." In *Psychology of Intergroup Relations*. edited by Stephen Worchel and William G. Austin, 7~24. Chicago: Nelson Hall.

Tapscott, Don, and Anthony D. Williams. (2006). *Wikinomics: How Mass Collaboration Changes Every thing*. New York: Portfolio.

Tetlock, Philip. (2005). *Expert Political Judgment: How Good Is It? How Can We Know?* Princeton, NJ: Princeton University Press.

Theberge, Leonard J. (1981). *Crooks, Con Men and Clowns*. Washington, DC: Media Institute.

Theroux, Louis. (2012). "How the Internet Killed Porn." *Guardian*, June 5.

Tilly, Charles. (1970). "Clio and Minerva." In *Theoretical Sociology; Perspectives and Developments*. edited by John C. McKinney and Edward A. Tiryakian, 433~466. New York: Appleton-Century-Crofts.

________. (1998). *Durable In equality*. Berkeley: University of California Press.

________. (2002). *Stories, Identities, and Political Change*. Lanham, MD: Rowman & Littlefield.

________. (2004). *Contention and Democracy in Europe, 1650-2000*. New York: Cambridge University Press.

Toffl er, Alvin. (1980). *The Third Wave*. New York: Morrow.

Tomasello, Michael. (1999). *The Cultural Origins of Human Cognition*. Cambridge, MA: Harvard University Press.

Traber, Michael. (1986). *The Myth of the Information Revolution*. Newbury Park, CA: Sage.

Trepte, Sabine. (2006). "Social Identity Theory." In *Psychology of Entertainment*. edited by Jennings Bryant and Peter Vorderer, 255~272. Mahwah, NJ: Lawrence Erlbaum.

Tuch, Hans N. (1990). *Communicating with the World: U.S. Public Diplomacy Overseas*. New York: St. Martin's Press.

Tufekci, Zeynep, and Christopher Wilson. (2012). "Social Media and the Decision to Participate in Political Protest: Observations from Tahrir Square." *Journal of Communication* 62(2), 363~379.

Turner, Charles E., and Elizabeth Martin(eds.). (1984). *Surveying Subjective Phenomena*. New York: Sage.

Turow, Joseph. (1997). *Breaking up America: Advertisers and the New Media World*. Chicago: University of Chicago Press.

United States Court of Appeals for the Ninth Cir cuit. (2004). "Yahoo! versus La Ligue Contre Le Racisme Et L'antisemitisme and L' union Des Opinion Etudiants Juifs De France." San Francisco. http://openjurist.org/379/f3d/1120/yahoo-inc-v-la-ligue-contre-le-racisme-et-lantisemitisme.

U.S. Securities and Exchange Commission. (2012). "Google Inc. Form 10-K." Washington, DC. www.sec.gov/.

Valkenburg, Patti M., Holli A. Semetko, and Claes H. De Vreese. (1999). "The Effects of News Frames on Readers' Thoughts and Recall." *Communication Research* 26(5), 550~569.

Vallone, Robert P., Lee Ross, and Mark R. Lepper. (1985). "The Hostile Media Phenomenon: Biased Perception and Perceptions of Media Bias in Coverage of the Beirut Massacre." *Journal of Personality and Social Psychology* 49(3), 577~585.

van Dijk, Jan A. G. M. (1999). *The Network Society: Social Aspects of New Media*. Thousand Oaks, CA: Sage.

Van Liere, Kent D., and Riley E. Dunlap. (1980). "The Social Bases of Environmental Concern: A Review of Hypotheses, Explanations and Empirical Evidence." *Public Opinion Quarterly* 44(2), 181~197.

Veronis, Suhler, & Associates. (2011). *Communications Industry Report*. New York: Veronis, Suhler, & Associates.

Veysey, Laurence R. (1965). *The Emergence of the American University*. Chicago: University of Chicago Press.

Virzi, Anna Maria. (2001). "Hate or History?" *Forbes*, July 3.

Wahl-Jorgensen, Karin. (2004). "How Not to Found a Field: New Evidence on the Origins of Mass Communication Research." *Journal of Communication* 54(3), 547~564.

Walker, Phillip L. (2001). "A Bioarchaeological Perspective on the History of Violence." *Annual Review of Anthropology* 30, 573~596.

Walker, Samuel. (1994). *Hate Speech: The History of an American Controversy*. Lincoln: University of Nebraska Press.

Walther, Joseph B. (1996). "Computer-Mediated Communication: Impersonal, Interpersonal, and Hyperpersonal Interaction." *Communication Research* 23, 3~43.

Wanta, Wayne, and Salma Ghanem. (2007). "Effects of Agenda Setting." In *Mass Media Effects Research: Advances through Meta-Analysis*. edited by Raymond W. Preiss, Barbara Mae Gayle, Nancy Burrell, Mike Allen, and Jennings Bryant, 37~52. Mahwah, NJ: Lawrence Erlbaum.

Wartella, Ellen, and Byron Reeves. (1985). "Historical Trends in Research on Children and the Media: 1900-1960." *Journal of Communication* 35(2), 118~133.

Waterman, David. (2005). *Hollywood's Road to Riches*. Cambridge, MA: Harvard University Press.

Watts, Duncan J. (2004). "The 'New' Science of Networks." *Annual Review of Sociology* 30, 243~270.

Weaver, David H., Dons A. Graber, Maxwell McCombs, and Chaim H. Eyal. (1981). *Media Agenda-Setting in a Presidential Election*. New York: Praeger.

Webb, Eugene J., Donald T. Campbell, Richard D. Schwartz, and Lee Sechrest. (2000). *Unobtrusive Measures*. Thousand Oaks, CA: Sage.

Weber, Max. (1910). "Towards a Sociology of the Press" (1910). *Journal of Communication* 26(3), 96~101.

Webster, Frank. (2008). *Theories of the Information Society*. New York: Routledge.

Weerakkody, Niranjala. (2008). *Research Methods for Media and Communication*. New York: Oxford University Press.

Weigel, David. (2011). "Occupy Wall Street Starts Off with Favorable Ratings." *Slate*, October 5.

Weprin, Alex. (2011). “Al Jazeera En glish Gets Social.” *TVNewwer*, April 21.

West, Darrell M. (1997). *Air Wars: Television Advertising in Election Campaigns, 1952-1996*. Washington, DC: Congressional Quarterly.

Westoff, Charles F., Emily C. Moore, and Norman B. Ryder. (1969). “The Structure of Attitudes toward Abortion.” *Milbank Memorial Fund Quarterly* 47(1), 11~37.

White, Aidan, and Ernest Sagaga. (2011). *Gunning for Media: Journalists and Media Staff Killed in 2010*. Brussels: International Federation of Journalists.

Wilensky, Harold L. (1964). “Mass Society and Mass Culture.” *American Sociological Review* 29(2), 173~197.

Williams, Raymond. (1958). *Culture and Society*. London: Chatto and Windus.

________. (1961). *The Long Revolution*. New York: Columbia University Press.

________. (1974). *Television: Technology and Cultural Form*. New York: Schocken Books.

Williamson, Oliver E. (1975). *Markets and Hierarchies: Analysis and Antitrust Implications*. New York: Free Press.

________. (1985). *The Economic Institutions of Capitalism: Firms, Markets, Relational Contracting*. New York: Free Press.

Willis, Paul. (1980). “Notes on Method.” In *Culture, Media, Language: Working Papers in Cultural Studies, 1972-79*. edited by Stuart Hall, Dorothy Hobson, Andy Lowe, and Paul Willis, 68~74. London: Routledge.

Wilson, Edmund (1962). *Patriotic Gore; Studies in the Literature of the American Civil War*. New York: Oxford University Press.

Wilson, Edward O. (1975). *Sociobiology: The New Synthesis*. Cambridge, MA: Harvard University Press.

________. (1998). *Consilience: The Unity of Knowledge*. New York: Knopf.

Winn, Philip. (2008). “State of the Blogosphere.” Technorati.Com.

Wirth, Louis. (1948). “Consensus and Mass Communication.” *American Sociological Review* 13, 1~13.

Wlezien, Christopher. (2005). “On the Salience of Political Issues: The Problem with ‘Most Important Problem.’” *Electoral Studies* 24(4), 555~579.

Wober, J. Mallory, and Barrie Gunter. (1982). “Television and Personal Threat: Fact or Artifact? A British Survey.” *British Journal of Social Psychology* 21, 239~247.

Wohn, D. Yvette, and Eun-Kyung Na. (2011). “Tweeting about TV: Sharing Television Viewing Experiences via Social Media Message Streams.” *First Monday* 16(3). firstmonday.org.

Wolf, Mauro. (1988). “Communication Research and Textual Analysis: Prospects and Problems of Theoretical Convergence.” *European Journal of Communication* 3, 135~149.

Wright, Charles R. (1960). “Functional Analysis and Mass Communication.” *Public Opinion Quarterly* 24, 605~620.

Wu, Shaomei, Jake M. Hofman, Winter A. Mason, and Duncan J. Watts. (2011). “Who Says What to Whom on Twitter.” In *Proceedings of the International World Wide Web Conference*. www.w3.org.

Wu, Tim. (2003). “Network Neutrality, Broadband Discrimination.” *Journal of Telecommunications and High Technology Law* 2, 141~176.

________. (2010). *The Master Switch: The Rise and Fall of Information Empires*. New York: Knopf.

Yaros, Ronald A. (2006). "Is It the Medium or the Message? Structuring Complex News to Enhance Engagement and Situational Understanding by Nonexperts." *Communication Research* 33(4), 285~309.

Yonelinas, Andrew P. (2002). "The Nature of Recollection and Familiarity: A Review of 30 Years of Research." *Journal of Memory and Language* 46(3), 441~517.

Yoo, Christopher S. (2006). "Network Neutrality and the Economics of Congestion." *Georgetown Law Journal* 94, 1849~1907.

Yu, Jason J., and Deb Aikat, (2005). *News on the Web: Agenda Setting of Online News in Web Sites of Major Newspapers, Television and Online News Services*. New York: International Communication Association.

Yule, G. Udny, (1925). "A Mathematical Theory of Evolution, Based on the Conclusions of Dr. J. C. Willis, F.R.S." *Philosophical Transactions of the Royal Society of London* 213, 21~87.

Yzer, Marco C., et al. (2003). "The Effectiveness of Gateway Communications in Anti-Marijuana Campaigns." *Journal of Health Communication* 8(2), 129~143.

Zajonc, Robert B. (1968). "Attitudinal Effects of Mere Exposure." *Journal of Personality and Social Psychology* 9(2), 1~27.

Zaller, John. (1991). *The Nature and Origins of Mass Opinion*. New York: Cambridge University Press.

________. (1999). *A Theory of Media Politics: How the Interests of Politicians, Journalists and Citizens Shape the News*. Chicago: University of Chicago Press.

________. (2003). "A New Standard of News Quality: Burglar Alarms for the Monitorial Citizen." *Political Communication* 20(2), 109~130.

Zaller, John, and Stanley Feldman. (1992). "A Simple Theory of the Survey Response: Answering Questions Means Revealing Preferences." *American Journal of Political Science* 36, 579~618.

Zhou, Shuhua, and William David Sloan. (2001). *Research Methods in Communication*, 2nd ed. Fair Lawn, NJ: Vision Press.

Zhu, Jian-Hua. (1992). "Issue Competition and Attention Distraction: A Zero-Sum Theory of Agenda-Setting." *Journalism and Mass Communication Quarterly* 69(4), 825~836.

Zillmann, Dolf. (2000). "Humor and Comedy." In *Media Entertainment: The Psychology of Its Appeal*. edited by Dolf Zillmann and Peter Voderer, 37~58. Mahwah, NJ: Lawrence Erlbaum.

Zillmann, Dolf, and Jennings Bryant. (1985a). "Affect, Mood, and Emotion as Determinants of Selective Exposure." In *Selective Exposure to Communication*. edited by Dolf Zillmann and Jennings Bryant, 157~190. Hillsdale, NJ: Lawrence Erlbaum.

________(eds.). (1985b). *Selective Exposure to Communication*. Hillsdale, NJ: Lawrence Erlbaum.

Zillmann, Dolf, and Peter Vorderer(eds.). (2000). *Media Entertainment: The Psychology of Its Appeal*. Mahwah, NJ: Lawrence Erlbaum.

Zimmer, Carl. (2011). "It's Science, but Not Necessarily Right." *New York Times*, June 25.

Zimmermann, Manfred. (1989). "The Nervous System in the Context of Information Theory."

In *Human Physiology*. edited by Richard F. Schmidt and Gerhard Thews, 166~173. Berlin: Springer.

Zipf, George Kingsley. (1949). *Human Behavior and the Principle of Least Effort: An Introduction to Human Ecology*. New York: Hafner.

Zittrain, Jonathan L. (2006). "A History of Online Gatekeeping." *Harvard Journal of Law and Technology* 19(2), 253~298.

________. (2008). *The Future of the Internet and How to Stop It*. New Haven, CT: Yale University Press.

Zucker, Harold G. (1978). "The Variable Nature of News Media Influence." In *Communication Yearbook II*. edited by Brent D. Ruben, 225~240. New Brunswick, NJ: Transaction.

Zuckerman, Ethan. (2013). *Rewire: Digital Cosmopolitans in the Age of Connection*. New York: Norton.

감사의 글

이 프로젝트는 여러 해에 걸쳐 진행되었으며, 작업이 진행되는 동안 적지 않은 사람들이 친절하게도 시간을 내어 말해주고, 도움을 주고, 설명해 주고, 질문을 해주고, 함께 식사를 해주고, 격려해 주고, 사용을 허락해 주고, 단념시켜 주고, 제안해 주고, 지적해 주고, 답해 주고, 캐물어주고, 바로잡아 주었으며, 나의 설익은 아이디어에 대해 반응을 보여주었다. 그럼에도 여전히 눈에 띄는 실수들은 물론 나의 잘못이다. 나는 또한 도움을 주려했던 몇몇 친구와 동료들을 분명 간과했다. 다음은 내가 간과한 사람들 가운데 일부를 나열한 것으로 특별한 순서는 없다. 마누엘 카스텔스Manuel Castells, 샨토 아이옌거Shanto Iyengar, 데일 컨컬Dale Kunkel, 폴 스나이더먼Paul Sniderman, 클라우스 브룬 옌슨Klaus Bruhn Jensen, 제이 블럼러Jay Blumler, 엘리후 카츠Elihu Katz, 일라이 노엄Eli Noam, 데니스 맥퀘일Denis McQuail, 패디 스캐널Paddy Scannell, 수전 뉴먼Susan Neuman, 맷 하인드먼Matt Hindman, 루이스 프리들런드Lewis Friedland, 에스터 하지타이Eszter Hargittai, 에릭 뷰시Erik Bucy, 잭 맥클러드Jack McLeod, 마이크 트라것Mike Traugott, 브루스 빔버Bruce Bimber, 마이클 슬레이터Michael Slater, 댄 오키프Dan O'Keefe, 존 잴러John Zaller, 마이클 델리 카르피니Michael X. Delli Carpini, 샐리 잭슨Sally Jackson, 론 라이스Ron Rice, 조 카펠라Joe Cappella, 조지 마커스George Marcus, 팸 슈메이커Pam Shoemaker, 폴 디마지오Paul DiMaggio, 밥 크레이그Bob Craig, 랜디 콜린스Randy Collins, 밥 샤피로Bob Shapiro, 파블로 보츠코스키Pablo Boczkowski, 수전 더글러스Susan Douglas, 울프 돈스바크Wolf Donsbach, 필 나폴리

Phil Napoli, 로웰 휴스먼Rowell Huesmann, 실비아 노블록-웨스터윅Silvia Knobloch-Westerwick, 크리스천 샌드빅Christian Sandvig, 로이 데이비슨Roei Davidson, 클라우스 크리펜돌프Klaus Krippendorff, 바이런 리브스Byron Reeves, 곽노진Nojin Kwak, 다반 샤Dhavan Shah, 로렌 구겐하임Lauren Guggenheim, 랜스 베닛Lance Bennett, 앨버트 밴두라Albert Bandura, 스튜어트 홀Stuart Hall, 대나 보이드danah boyd, 앤디 리프먼Andy Lippman, 랜스 홀버트Lance Holbert, 로이드 모리셋Lloyd Morrisett, 렌 로디시Len Lodish, 마이클 맥쿤Michael MacKuen, 맥스 맥콤스Max McCombs, 다이애나 머츠Diana Mutz, 마커스 프라이어Markus Prior, 벤 페이지Ben Page, 마이클 셔드슨Michael Schudson, 웨인 원타Wayne Wanta, 주성희Sung-Hee Joo, 요차이 벤클러Yochai Benkler, 박용진Yong Jin Park, 앤디 채드윅Andy Chadwick, 앤 크리글러Ann Crigler, 대니얼 다얀Daniel Dayan, 엘리엇 파넥Eliot Panek, 엘리자베스 아이젠스타인Elizabeth Eisenstein, 조시 파섹Josh Pasek, 마르코 스코릭Marko Skoric, 맷 리치텔Matt Richtel, 리처드 제이 솔로몬Richard Jay Solomon, 모 장Mo Jang, 샌드라 브래먼Sandra Braman, 배수영Soo Young Bae, 그리고 도리스 그레이버Doris Graber.

옮긴이의 글

역자가 대학을 다녔던 시절에는 이른바 'PC'가 없었다. 학부 졸업논문도 500자 원고지에 작성했고, 파트타임으로 번역일을 할 때도 200자 원고지에 직접 써 내려갔다. 한글 소프트웨어에서 처음으로 원고지를 접했을 이 책의 젊은 독자들에게는 상상하기 힘든 일일지도 모르겠다. 어디 그뿐인가? 역자의 대학원 초창기만 하더라도 통계를 돌리려면 설문조사 결과를 일일이 OMR 카드에 옮겨 적은 후 학교 전산실에 가져가 천공을 하고 난 후에라야 대형 컴퓨터를 통해 통계 처리가 가능했다. 그 후 PC가 우리 사회에 등장했고, 1993년 미국 유학 시절 처음 접한 인터넷은 정말 문화 충격이었다. 그 후 우리의 미디어 환경은 급격하게 변해 모자이크와 넷스케이프를 거쳐 익스플로러와 크롬에 이르기까지 인터넷 브라우저는 눈부시게 발전했고, 구글, 트위터, 페이스북, 유튜브, 인스타그램 등 소셜 미디어도 그야말로 전에 없던 새로운 경험의 세계로 우리를 이끌고 있으며, 케이블, 위성, IPTV에 이어 OTT 서비스의 등장으로 그야말로 본격적인 풀 미디어pull media의 생태계가 열리고 있다.

그런데 역자가 PC가 없던 시절에 배운 미디어 효과 이론들 가운데 상당 부분을 지금 교수가 된 후에도 그대로 가르치고 있다. 미디어는 혁명적으로 변해왔고 여전히 변하고 있는데도 미디어에 관한 이론은 크게 바뀌지 않은 것이다. 이제 미디어에 관한 이론적 패러다임이 변해야 한다. 이에 러셀 뉴먼의 『디지털 디퍼런스』는 많은 학자들의 이러한 답답함, 의아함 혹은 자괴감에 긍정적이든 부정적이든 신선한 충격을 줄 만한 책을 소개했다. 『디지털 디퍼런스』는 산업시대의 일방향적인 출판 및 방송 미디어에서 쌍방향적인 디지털 시대의 온라인 검색 및 소셜 미디어로의 전환이 공중의 생활 역학에 어떻게 영향을 미쳤는지 살펴보면서, 커뮤니케이션 생태계의 디지털 재구성digital reconfiguration을 우리가 더 잘 이해할 수 있도록 도와주고 있다.

인간관계의 매개가 오랫동안 자리 잡아왔던 미디어 효과 패러다임으로는 더 이상 설명될 수 없음을 사려 깊고 정교하며 경험적으로 풍부한 분석을 제공하고 있는 이 책은 크게 세 부분으로 구성되어 있다. (첫 두 장으로 구성되어 있는) 첫 번째 부분에서는 미디어 효과 이론의 발전과 급격하게 확대된 미디어 흐름의 등장으로 인해 그러한 이론들의 기본 가정 대부분이 직면해 있는 중대한 도전에 대해 통찰력 있게 설명한다. 3~5장으로 구성된 두 번째 부분에서는 풍부함profusion, 다의성polysemy, 그리고 양극화polarization라는 세 가지 개념을 중심으로 더 커진 해석적 변동성이 불러일으키는 미세한 파문들에 대해 살펴본다. 디지털 재구성을 보여주고 있는 현재의 커뮤니케이션 생태계에서는 선택할 수 있는 권위 있는 지식의 원천이 더 많고, 주관적인 재상징화subjective resymbolization의 기회 또한 더 많으며, 원치 않는 정보를 무시한 채 자신만의 이념의 누에고치ideological cocoon 속에 계속 머묾으로써 기존의 신념을 강화할 수 있는 더 많은 방법이 존재한다는 것이다. 마지막 부분(6장 및 7장)에서는 이러한 상황적 변화로 인한 정책적 딜레마에 대해서 이야기한다. 여기에서 뉴먼 교수는 '사상의 시장marketplace of ideas' 은유에 대해 추궁하고 상업화된 공적 지식 및 토론 시스템이 직면하고 있는 구조적 위험을 폭로한다. 그럼에도 그는 "인터넷은 공적 영역에서 들을 기회만을 가지고 있었던 모든 사람에게 이제 말할 기회도 제공한다"; "어쩌면 뉴미디어 환경에서 가장 흥미진진한 구조적 혁신은 새로운 형태의 네트워킹과 정보 공유 그리고 콘텐트의 체계적인 통합aggregation을 가능하게 하는 협업 미디어collaborative media와 소셜 미디어의 폭발적인 증가이다"라고 말하면서 낙관적인 듯 보인다.

그러나 거시적이면서 깊은 통찰력을 주는 분석에도 불구하고 필자의 서체는 추상적이면서 다소 난해하다. 영어사전에만 의존할 수 있는 의미의 다양성으로 인해 역자는 수십 차례 필자에게 이메일을 보내 단어의 구체적인 의미와 문맥에 대한 도움을 요청하지 않을 수 없었다. 따라서 번역하는 과정에서 필자의 통찰력 있는 설명과 분석과 주장이 우리말로 제대로 전달되었을지 고심하지 않을 수 없는 부분이기도 하다. 그럼에도 이 책은 미디어 효과 이론의 기본 가정들이 현대 미디어 생태계에 직접 적용될 수 있다고 믿는 사람들이 반드시 읽어보아야 한다고 믿는다. 또한 현대의 공적 커뮤니케이션이 안고 있는 문제에 대해 종합적이고도 통찰력 있게 설명하고 있다는 점에서도 이 책은 미디어와 커뮤니케이션에 관심이 있는 모든 학생이 읽어야 할 필수 도서 가운데 하나라는 점에 아무런 이의가 없다. 이 말을 뒷받침하기 위해 두 대가의 서평을 소개하는 것으로 역자 후기를 마친다:

"이 책은 필수 도서이다. 커뮤니케이션 분야의 위대한 연구자인 러셀 뉴먼은 기술, 문화, 제도, 비즈니스, 그리고 사회적 진화 간의 상호작용을 살펴봄으로써 디지털 시대의 커뮤니케이션의 구조와 역학을 정확하게 기록하고 있다. 그의 분석은 명쾌하고, 경험적 근거를 토대로 하고 있으며, 이론적으로 의미 있다."

— 서던 캘리포니아 대학교University of Southern California 마누엘 카스텔스Manuel Castels

"소셜 미디어는 권력은 향상시킨 반면, '적극적인 수용자들'의 문제는 악화시켰다. 커뮤니케이션 연구의 거장이 쓴 이 야심찬 책은 즉시 이 분야의 역사이자 이 분야의 변화하는 시대정신이 되었고, 이 분야의 지배적인 패러다임들에 대한 비판이자 조정이 되었고, 수신의 인지적 과정과 사회적societal 과정에 대한 진단이 되었으며, 이 분야와 공공정책 수립 간의 관련성에 대한 주장이 되었다."

— 펜실베이니아 대학교University of Pennsylvania 엘리후 카츠Elihu Katz

W. 러셀 뉴먼 W. Russell Neuman

뉴미디어 및 디지털 교육 분야 전문가로, 그의 강의와 연구는 교육 성과, 정보 과부하, 정보 경제학, 학습 방식, 학습 평가, 그리고 교실 밖에서의 학습에 초점이 맞추어져 있다. 그는 현재 뉴욕 대학교 스타인하트 문화·교육·인간개발학부 미디어 기술 담당 교수이자 미시간 대학교 커뮤니케이션 대학 (명예)교수이다. 뉴먼 교수는 코넬 대학교 정부학과에서 학사학위를, 버컬리 소재 캘리포니아 대학교 사회학과에서 석사 및 박사학위를 받았다. 그는 예일 대학교, 하버드 대학교, 펜실베이니아 대학교, 미시건 대학교에서 오랜 기간에 걸쳐 강의 및 연구 경력을 쌓았다. 그는 MIT 미디어 랩의 초창기 창립 멤버이기도 하며 고인에 된 이시엘 드 솔라 풀(Ithiel de sola Pool)과 함께 정치학과에서 강의를 하기도 했다. 또한 그는 백악관 과학기술정책실 수석 정책분석가로 정보 기술, 브로드밴드 정책 및 국경 보안 분야에서 일하기도 했다.

뉴먼은 텔레커뮤니케이션, 디지털 미디어 및 정치를 주제로 한 수많은 논문을 발표하면서 이러한 주제들이 서로 맺고 있는 관계와 서로에게 주는 영향을 살펴보았다. 그의 논문 가운데는 일찍이 인터넷의 영향력을 살펴본 「인터넷의 사회적 함의(Social implications of the Internet)」가 있다. 뉴먼은 ≪정치 커뮤니케이션(*Political Communication*)≫과 ≪저널 오브 커뮤니케이션(*Journal of Communication*)≫의 편집위원이기도 하다.

주요 저서로는 『대중 수용자의 미래(*The Future of Mass Audience*)』(Cambridge University Press, 1991), 『고르디아스의 매듭: 정보고속도로상의 정치적 교착상태(*The Gordian Knot: Political Gridlock on the Information Highway*)』(MIT Press, 1997), 『정서지능과 정치적 판단(*Affective Intelligence and Political Judgment*)』(University of Chicago Press, 2000), 『미디어, 기술, 그리고 사회: 미디어 교육 이론(*Media, Technology, and Society: Theories of Media Evolution*)』(University of Michigan Press, 2010) 등이 있다.

배현석

1984년 연세대학교 사회과학대학 신문방송학과를 졸업하고, 1986년 연세대학교 대학원(신문방송학 전공)에서 석사 과정을 마쳤다. 1989년부터 1993년까지 방송위원회(현 방송통신위원회) 연구원을 거쳐, 1998년 미시건 주립대학교(Michigan State University) 텔레커뮤니케이션학과(Dept. of Telecommunication)에서 박사학위를 받았다. 1998년 영남대학교 언론정보학과 객원교수를 지낸 후, 1999년부터 지금까지 동 대학에서 교수로 지내고 있다. 주요 관심분야는 미디어의 효과, 특히 교육적 오락물(Entertainment-Education)과 보건 커뮤니케이션이며, *Asian Journal of Communication* 편집자문위원으로 활동 중이다.

주요 논문

Bae, H.-S., Lee, D., & Bae, R. E. (2014). Emotional engagement with the plot and characters: A narrative film on hearing-impaired sexual assault victims. *Narrative Inquiry, 24*(2), 309~327.

Bae, H.-S., Brown, W. J., & Kang, S. (2011). Social influence of a religious hero: The late Cardinal Stephen Kim's impact on cornea donation and volunteerism. *Journal of Health Communication, 16*(1), 62~78.

Kang, S., Gearhart, S., & Bae, H.-S. (2010). Coverage of Alzheimer's disease from 1984 to 2008 in television news and information talk shows in the United States: An analysis of news framing. *American Journal of Alzheimer's Disease and Other Dementia, 25*(8), 687~697.

Bae, H.-S. (2008). Entertainment-education and recruitment of cornea donors: The role of emotion and issue involvement. *Journal of Health Communication, 13*(1), 20~36.

Bae, H.-S., & Kang, S. (2008). The influence of viewing an entertainment-education program on cornea donation intention: A test of the Theory of Planned Behavior. *Health Communication, 23*(1), 87~95.

Lee, B., & Bae, H.-S. (2004). The effect of screen quotas on the self-sufficiency ratio in recent domestic film markets. *The Journal of Media Economics, 17*(3), 163~176.

Bae, H.-S., & Lee, B. (2004). Audience involvement and its antecedents in entertainment-education: An analysis of bulletin board messages and drama episodes on divorce in Korea. *Asian Journal of Communication, 14*(1), 6~21.

Bae, H.-S. (2000). Product differentiation in national TV newscasts: A Comparison of the cable all-news networks and the broadcast networks. *Journal of Broadcasting & Electronic Media, 44*(1), 62~77.

Bae, H.-S. (1999). Product differentiation in cable programming: The case in cable all-news networks. *The Journal of Media Economics, 12*(4), 265~277.

Bae, H.-S., & Baldwin, T. F. (1998). Policy issues for cable startup in smaller countries: The case in South Korea. *Telecommunications Policy, 22*(4/5), 371~381.

주요 역서

배현석(역). (2019). 『공유시대: 공유 개념과 공유 행위에 대한 분석(*The age of sharing*)』. 파주: 한울.

배현석(역). (2018). 『노화와 커뮤니케이션 이해하기: 지식 및 의식 개발하기(*Understanding communication and aging: Developing knowledge and awareness*)』. 경산: 영남대학교 출판부.

배현석(역). (2018). 『초연결사회: 인터넷, 디지털 미디어, 그리고 기술-사회 생활(*Superconnected: The internet, digital media, and techno-social life*)』. 파주: 한울.

배현석(역). (2017). 『퍼블릭 스피치: 대중 앞에서 말하기(*Public speaking: Concepts and skills for a diverse society*)』. 경산: 영남대학교 출판부.

배현석(역). (2016). 『디지털 시대의 위기 커뮤니케이션: 계획수립, 관리, 그리고 대응(*Ongoing crisis communication: Planning, managing, and responding*)』. 파주: 한울.

배현석(역). (2015). 『대인관계와 소통: 일상의 상호작용(*Interpersonal communication: Everyday encounters*)』. 서울: 한경사.

배현석(역). (2015). 『미디어 메시지와 공중보건: 내용분석에 대한 의사결정 접근방법(*Media message and public message: A decisions approach to content analysis*)』. 경산: 영남대학교 출판부.

배현석(역). (2013). 『저항과 설득(*Resistance and persuasion*)』. 경산: 영남대학교 출판부.

배현석(역). (2012). 『커뮤니케이션 정책의 기초: 전자 미디어 규제의 원칙과 과정(*Foundations of communications policy: Principles and process in the regulation of electronic media*)』. 서울: 한국문화사.

배현석·배은결(역) (2011). 『미디어 메시지 분석: 양적 내용분석방법(*Analyzing media messages: Using quantitative content analysis in research, 2nd ed.*)』(개정판). 경산: 영남대학교 출판부.

배현석(역) (2011). 『방송시장의 경제적 규제: 진화하는 기술과 정책적 과제(*The economic regulation of broadcasting markets: Evolving technology and challenges for policy*)』. 경산: 영남대학교 출판부.

배현석(역). (2009). 『국제 커뮤니케이션(*International communication: Continuity and change, 2nd ed.*)』(개정판) . 파주: 한울.

배현석(역). (2008). 『교육적 오락물과 사회 변화: 역사, 연구 및 실제(*Entertainment-education and social change: History, research, and practice*)』. 서울: 나남출판사.

배현석(역). (2005). 『 미디어 효과의 기초(*Fundamentals of media effects*)』. 파주: 한울.

한울아카데미 2229
뉴스통신진흥총서 26

디지털 디퍼런스

미디어 기술과 커뮤니케이션 효과 이론

지은이 | W. 러셀 뉴먼
옮긴이 | 배현석
펴낸이 | 김종수
펴낸곳 | 한울엠플러스(주)
편　집 | 조인순

초판 1쇄 인쇄 | 2020년 5월 25일
초판 1쇄 발행 | 2020년 5월 28일

주소 | 10881 경기도 파주시 광인사길 153 한울시소빌딩 3층
전화 | 031-955-0655
팩스 | 031-955-0656
홈페이지 | www.hanulmplus.kr
등록번호 | 제406-2015-000143호

Printed in Korea.
ISBN 978-89-460-7229-9 93300 (양장)
978-89-460-6903-9 93300 (무선)

※ 책값은 겉표지에 표시되어 있습니다.

※ 이 책은 강의를 위한 학생용 교재를 따로 준비했습니다.
강의 교재로 사용하실 때에는 본사로 연락해 주시기 바랍니다.

※ 이 책은 뉴스통신진흥자금을 지원받아 번역·출간되었습니다.